2020년판 교원임용시험 교육학논술 대비

K교육학

고려대학교 교육문제연구소 편

머 리 말

「K교육학」은 1990년대에 처음 탄생한 이래로 초, 중등 교원임용 교육학시험을 준비하는 많은 분들에게 사랑을 받아왔다. 2014년도부터 출판사를 박영스토리로 옮겨서 전면개정판을 내게 되면서, 교육학논술 준비를 위한 최선의 대비서가 될 수 있도록 새롭게 기획을 하였고, 이번에 개정 6판을 내게 되었다.

2014년도부터 시행되고 있는 교육학논술은 무엇보다도 예비교사가 현대의 핵심적 교육이론들을 현장교육과 연관 지어 이해하고 적용할 수 있는 능력을 갖출 것을 요구하고 있다. 이에 부응하여 K교육학은 핵심적인 교육학 이론들을 단계적으로 학습하면서 현장교육에 대한 문제의식과 이론적 안목을 키우면서 자연스럽게 논술문 작성능력이 길러지도록 꾸며졌다.

그동안 고려대학교 교육문제연구소에서는 교원임용고사를 비롯한 각종 교육학 관련시험을 준비하는 수험생들을 대상으로 20년 가까이 여름방학과 겨울방학에 교육학특강을 실시해 왔다. 이 특강에 참여하는 강사들은 각기 담당하는 교육학 과목을 전공하고 학위를 취득한 분야별 전문가들이며, 이 분들이 특강교재의 집필에 직접 참여하여 매년 수정 보완되고 있다는 점이 K교육학의 커다란 장점이자 특징이라고 하겠다.

임용고사 교육학시험 출제경향에 기초하여 각 전공영역의 집필진들이 심사숙고해서 만든 K교육학은 풍부하면서도 정선된 내용으로 구성되어 있으므로, 수험생들의 부담을 크게 덜어줄 뿐 아니라, 상대적으로 적은 노력만으로도 커다란 효과를 얻게 할 수 있을 것으로 기대해 마지않는다.

이 책이 나오기까지 애써주신 고려대학교 교육문제연구소 연구원 여러분과, 근 20년 동안 교육학특강 강의와 교재 집필에 참여했던 강사진 여러분들에게 진심으로 감사의 말씀을 전한다. 이 분들의 노고가 K교육학에 고스란히 배어 있다. 이 책을 통해 공부한 학생들이 합격의 영광을 얻는다면 그 영광의 일부는 이 분들의 정성에 돌려져야 할 것이다.

끝으로 어려운 출판계의 사정에도 불구하고 K교육학의 출판을 흔쾌히 맡아주신 도서출판 박영스토리 대표님과 편집진들에게 깊은 사의를 표한다.

2020년 1월
교육문제연구소장 신 창 호

C·O·N·T·E·N·T·S

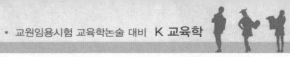

P·A·R·T 3 교육심리학 · 교수학습 · 교육공학 · 생활지도와 상담

P·A·R·T 4 교육평가 · 교육과정

P·A·R·T 5 교육사회학

P·A·R·T

1

교육학 논술 시험의 기초

교원임용 대비 교육학논술 K 클래스

교육학 논술 시험의 기초

> ▶ **교육학 논술 길라잡이**

 ✓ 교육학 논술의 도입배경을 이해하며 2020년 기출문제를 분석하고 이에 기초하여 향후의 출제경향에 대해 대비한다.
 ✓ 논술시험을 준비하는 자세와 방법에 대해서 살펴보고, 논술문 작성 시에 유의해야 할 점들에 대해 간략히 살펴본다.

> ▶ **한 눈에 보는 핵심요점**

 ✓ 교육학 논술은 교직 수행에 필요한 이론적 지식과 더불어 그것을 활용하여 실제로 현장의 문제를 해결할 수 있는 사고능력을 갖추고 있는 사람을 선발하기 위해서 도입되었다.
 ✓ 교육학 논술문제는 실제 교직 사례를 제시하고 이에 대해서 수험생들이 종합적인 교육학 이론, 지식 및 역량을 동원하여 주어진 문제 상황을 해결하도록 요구하는 방향으로 출제되고 있다.
 ✓ 교육학 논술은 많은 정보와 지식의 암기가 아니라 교육학의 개념과 이론을 이해하고 구사하며 적용하는 문제해결능력을 요구한다.

I 서 론

　2012년 말 중등 교원 임용시험에서 교육학 시험이 객관식에서 논술식으로 변화된다는 발표가 나왔을 때 사람들은 반신반의했다. 무엇보다도 수만 명이 치르는 시험을 논술식으로 치를 경우 과연 국가고시의 생명이라고 할 수 있는 객관성을 어떻게 담보할 수 있을 것인지가 의문이었다. 객관식 시험과 구분되는 논술시험의 특징은 수험자들이 주어진 문제에 대해서 자유롭게 여러 가지 방식으로 답을 할 수 있다는 것이다. 즉 문제의 요구에 기초해서 수험생 각자가 지닌 지식과 정보를 활용하여 자신의 견해와 논점을 자유롭게 표현할 수 있는 것이 논술시험의 특징이다. 따라서 논술시험은 수험자의 지식의 폭과 수준, 분석능력, 비판적 사고력, 창의성과 문제해결 능력 등과 같이 객관식 시험으로는 평가하기 힘든 부분을 종합적으로 평가할 수 있다는 장점을 지닌다.

　교육학 시험이 논술로 바뀌게 된 배경은 두세 가지 정도로 추측된다. 예를 들면 교육학 임용고사를 위한 사교육이 과도하게 팽창되고 있다는 우려나 객관식 문제출제가 누적되면서 너무 지엽말단의 내용을 다루지 않을 수 없게 되었다는 반성이다. 그러나 가장 중요한 것은 학교 현장에서 교사의 권위가 흔들리고 동시에 학교 폭력이 증대하는 상황에서 기존의 객관식 시험으로는 현장에서 요구되는 교사의 자질을 갖춘 후보자들을 선발하기 어렵다는 인식이 고조되었던 것으로 보인다. 교사가 학급 내의 갈등이나 긴장을 조정, 해소하는 능력을 발휘하기는커녕 스스로 학생들과 원만한 관계를 맺지 못하는 사례조차 종종 보고되고 있다. 이런 상황에서 정책 당국은 교직 수행에 필요한 이론적 지식과 더불어 그것을 활용하여 실제로 현장의 문제를 해결할 수 있는 사고능력을 갖추고 있는 사람을 선발하기 위해서 교육학 시험을 논술식으로 변경했던 것이다.

이러한 변화의 방향은 기본적으로 바람직한 것이라고 할 수 있다. 그러나 수험자의 교직능력과 적성을 심층적으로 파악하려는 의도는 수만 명이 응시하는 국가고시라는 객관적인 제약조건을 고려하지 않을 수 없다. 그래서 처음 시행된 2014년 교육학 논술시험에서 명백히 드러났듯이 교육학 논술은 매우 강한 '제한반응형'의 문제가 출제되었다. 이것은 어느 정도 예상되었던 바이기도 하다. 제한반응형 논술문제는 수험생들이 일정한 한계와 틀 내에서 답안을 작성하게 함으로써 정답과 오답의 판별을 용이하게 하고 또한 답안들 간의 비교에서 어느 정도 객관성을 담보할 수 있다. 반면 수험생이나 창의성이나 문제해결능력을 심층적으로 평가하는 일은 그 만큼 어려워진다. 2014년 교육학 논술문제는 이 두 마리의 토끼를 모두 잡기 위해서 정교하게 고안된 문제이지만, 필자의 생각으로는 수험생의 창의성과 문제해결능력을 평가하는 일보다는 평가의 객관성에 좀 더 치중한 강한 '제한반응형'의 문제였다고 생각된다.

이러한 강한 제한반응형의 출제는 이후 시도된 여러 가지 문제 유형에도 불구하고 대체로 지켜져 왔고 앞으로도 지속될 가능성이 높다고 생각된다. 그러므로 아래에서는 그동안의 논술시험을 중심으로 앞으로의 출제경향 및 준비방법 등에 대해서 생각해 보고자 한다.

II 교육학 논술시험의 특징

1. 개 요

교육학 논술시험은 1문항이 출제되며, 60분간 시행된다. 1차 임용고사의 총 점수 100점 중 20점의 비중을 차지한다. 답안 작성을 위해서는 원고지가 아니라 대략 20여 줄로 된 B4 크기의 답안지 2매가 배부된다. 분량에 대해서는 아무런 언급이 없지만 필요한 내용을 쓰려면 보통 크기의 글씨로 대략 한 페이지 반 전후가 소요될 것으로 보인다. 글자 수에 따른 감점은 없을 것으로 생각되지만 지나치게 여백을 많이 남기는 것은 불리하다.

항목별 배점을 보면 답안의 논리적 구성 및 표현이 총 5점이고 논술의 내용이 총 15점으로 되어 있다. 현행 논술 시험의 내용에 비추어 볼 때, 논리적 구성은 결국 문제의 요구를 충실히 반영하여 글을 전개하고 있는가를 보는 것이다. 왜냐하면 현행 논술문제 자체가 수험자에게 일정한 논리적 구조에 따라서 글을 쓰도록 요구하고 있기 때문이다. 그러므로 일단 출제된 문제의 요구 및 순서에 따라서 본론을 전개하는 것이 중요하다. 다만 전후에 본론의 내용을 뒷받침하고 그 의미를 부각시킬 수 있는 서론과 결론이 추가되어야 할 것이다. 한편 '표현'은 문장의 표현이 얼마나 올바르고 적절한지를 평가하는 항목이다. 여기서는 잘못된 맞춤법, 불명료한 문장이나 아예 문법이 맞지 않는 비문, 부적절한 접속사 사용 등등을 체크할 것으로 보인다. 그러므로 정확하고 명료하게 글을 쓰는 것이 중요하지 문학적으로 세련되거나 화려한 문장을 구사할 필요는 없다. 논술의 내용은 다름 아닌 문제의 직접적 요구에 대응하는 지식과 견해가 서술되고 있는가를 평가하는 것이다. 교육학 논술에서 문제의 요구는 여러 교육학 분과의 핵심개념이나 이론을 특정한 주제와 연결시키는 데 있다. 그러므로 여기서는 '답안이 얼마나 적합하고 적절하게 개념이나 이론을 설명하고 있는가? 그리고 그 개념이나 이론을 주어진 문제 상황과 얼마나 긴밀하게 연결시키고 있는가?'가 평가의 대상이다.

더 이상의 세부적인 채점 기준은 공식적으로 발표된 바가 없다. 그러나 대체적인 방향에 대한 추측은 가능하다. 과연 수 만장의 논술 답안지를 채점하는 과정에서 채점자들이 주목하는 것은 무엇일까? 먼저 '논리적 구성 및 표현'과 연관해서 볼 때 답안 속에 맞춤법이나 문장 표현의 명백한 오류나 문제의 요구를 무시한 논리적 전개가 등장하지 않는 것이 중요하다. 둘째로 '논술의 내용'과 연관해서 볼 때는 출제자들이 미리 작성해 놓고 있는 모범답안에 포함된 핵심어들이 반드시 등장해야 한다는 것이다. 예를 들어 답안 작성에서 중요시되는 핵심 개념이 명시적으로 서술되지 않으면 아무리 내용을 잘 이해하고 답안을 썼다고 하더라도 채점자가 높은 평점을 주지는 않을 것으로 생각된다. 왜냐하면 그렇게 친절한 평가는 많은 시간과 노력을 들인 숙독의 과정을 요구하기 때문이다. 이런 점에서 평소 교육학의 개념과 이론에 대한 체계적인 학습과정이 매우 중요하다고 생각된다.

2. 교육학 논술시험 출제방향(평가원 발표)

국가고시인 교원임용시험은 분명한 목표와 의도를 가지고 출제되는 만큼 어떤 방식으로 출제할 것인가에 대해서도 분명한 방향을 견지하고 있다. 다시 말하면 매년 출제위원이 바뀌고 전공영역의 배합도 달라지겠지만 기본적인 출제방향은 견지된다는 것이다. 그러므로 기출문제를 살펴보기에 앞서 당국에서 의식적으로 설정한 출제방향에 대해서 알아 둘 필요가 있다.

2013년 12월 최초의 교육학 논술시험이 치러지기 이전에 교육과정평가원은 출제의 방향을 다음과 같이 세 가지로 제시했다.

(1) **"교원 양성 대학에서 제공하는 교육학 수강 및 폭넓은 교직 소양활동을 통해 터득한 지식과 정보를 활용한 문제 해결능력 평가"** 여기에 암시되고 있는 바는 학교에서 개설되는 교육학 교직과목을 충실히 수강하고 또 인성교육이나 교수법 개선 프로그램 등 다양한 교직 소양 프로그램을 이수한 경험이 있는 학생들이라야 해결방안을 찾을 수 있는 문제를 출제하여 그 해결능력을 평가하겠다는 것이다. 그러므로 수험생들은 교직과목을 충실히 수강하고 또 자기 대학 및 다른 대학들에서 개설하는 교직소양 프로그램들의 주제와 내용을 살펴 둘 필요가 있다.

(2) **"지엽적인 교직현상과 주제보다는 교직의 다양한 영역과 요소에 대한 종합적인 역량평가"** 이것은 교직의 한 측면이나 부분에 고정되어 있는 주제보다는 교직의 다양한 영역과 요소를 포괄하는 주제를 선택하겠다는 선언이다. 예를 들면 요즘 이슈가 되고 있는 '9시 등교' 정책이나 '자유학기제', '진로교육', '교사전문성' 같은 특수한 문제보다는 2014년 출제되었듯이 '학습동기'와 같이 다양한 교육학 분야에서 공동으로 다룰 수 있는 문제를 출제하겠다는 것이다.

(3) **"교육학 이론에 대한 지식과 정보를 활용하여 실제 교직 사례에 대하여 체계적이고 논리적으로 설명할 수 있는 능력 평가"** 여기서 주목할 만한 단어는 실제 '교직 사례'이다. 물론 이것은 이론적 문제를 도외시한다는 뜻은 아니다. 이론적인 지식과 정보를 다루되 이것을 실제 학교 현장에서 있음직

한 상황과 연관하여 살펴보게 한다는 뜻이다. 예를 들면 2014년 문제에서처럼 '학습동기'라는 교육학의 중요한 문제를 다루되 그것을 단지 개념적 수준에서만 다루는 것이 아니라 한 초임교사가 자신의 학급에서 처한 생생한 상황을 토대로 하여 다루게 한다는 것이다. 출제방향을 표로 정리하면 다음과 같다.

1	교원 양성 대학에서 제공하는 교육학 수강 및 폭넓은 교직 소양활동을 통해 터득한 지식과 정보를 활용한 문제 해결능력 평가
2	지엽적인 교직현상과 주제보다는 교직의 다양한 영역과 요소에 대한 종합적인 역량평가
3	교육학 이론에 대한 지식과 정보를 활용하여 실제 교직 사례에 대하여 체계적이고 논리적으로 설명할 수 있는 능력 평가

평가원은 이러한 출제 방향 위에서 출제범위를 교직 필수 과목으로 정하고, 출제의 관점으로서는 1) 교육에 대한 이해, 2) 교직에 대한 이해, 3) 학습자에 대한 이해, 4) 교육내용의 선정, 조직, 평가에 대한 이해로 제시하고 있다. 교육에 대한 이해에서는 주로 교육철학과 교육사가 중요하고, 교직에 대한 이해에서는 교육철학, 교육행정, 교직실무, 교직윤리 등이 중요하며, 학습자에 대한 이해에서는 교육심리, 교육사회, 생활지도와 상담 등이 중요하며, 마지막에서는 교육과정, 교육방법, 교육공학, 교육평가 등이 중요하다. 2014년 문제에 비추어 본다면 '잠재적 교육과정'은 교육내용의 선정에 관련되며, '문화실조'는 학습자에 대한 이해에 관련되고, '협동학습'은 교육방법에, '형성평가'는 평가에, '교사지도성'은 교직에 대한 이해에 관련된 것이다. 평가원에서 발표한 출제범위를 표로 정리하면 다음과 같다.

구분	출제범위	출제의 관점
교직필수과목	1) 교육학 개론, 2) 교육철학 및 교육사, 3) 교육과정, 4) 교육평가, 5) 교육방법 및 교육공학, 6) 교육심리, 7) 교육사회, 8) 교육행정 및 교육경영, 9) 생활지도 및 상담	• 교육에 대한 이해 • 교직에 대한 이해 • 학습자에 대한 이해 • 교육내용의 선정, 조직, 평가에 대한 이해

이상의 간단한 고찰에서 드러나듯이 2014년 이후 지금까지 교육학 논술문제는 2013년 발표된 교육과정평가원의 출제 방향을 충실히 반영하고 있다고 하겠다. 다시 말해 2014년 이후의 기출 문제들은 실제 교직 사례 또는 상황에 대해서 수험생들이 그동안 배운 종합적인 지식과 정보 및 교육학적 사고력을 동원하여 하나의 문제 상황을 해결하도록 요구하고 있으며 그 과정에서 교육, 교직, 학습자, 교육내용과 방법, 평가에 대한 학생의 이해수준이 드러나도록 고안되었던 것이다. 그러므로 앞으로도 2013년 평가원이 제시한 출제방향과 범위 및 관점에 부합하는 방향으로 문제가 출제될 가능성이 높다고 하겠다.

3. 2020학년도 교육학 논술시험 분석과 해설

(1) 구조 분석

2020학년도 교육학논술은 제4차 산업혁명의 주요한 특징 중 하나인 '초 연결 사회'를 배경으로 하여 '토의식 수업 활성화'를 현안 문제로서 제시하고, 과연 수험자가 교사로서 향후 학교 현장에서 실제로 이 문제를 해결하려 할 때 필요한 교육학적 개념과 지식 그리고 그것을 활용할 사고능력을 갖추고 있는지를 묻고 있다. 이것은 과연 수험자가 학교 현장에서 교사로서 실제적으로 교직을 수행할만한 기본 소양을 갖추고 있는지를 판정하려는 의도를 가진 문제라고 할 수 있다.

그러므로 2020학년도 교육학 논술 문제도 역시 현장의 현안 문제를 중심에 놓고 이를 해결하는 데 필요한 다양한 파트(이번 경우는 교육심리, 교육과정, 교수학습, 교육행정)의 교육학적 이론 지식을 교사의 교육실천의 맥락에서 물어 보는 예년의 출제경향과 맥을 같이 한다. 또한 제시문으로서 교사협의회 등에서 나온 교사들의 생각과 의견을 스케치하듯 추상적으로 제시한 뒤, 거기에 포함된 교육학적 배경지식과 그것의 교육학적 의의를 수험생들이 스스로 구체화시키도록 하는 출제방식도 예년과 다르지 않다. 이런 출제방식은 한편으로 수험자의 교육학적 이론지식 수준을 검사하면서 더불어 어느 정도 수험자의 교육학적 사고능력을 평가할 수 있다는 점에서 교육학 논술 시험의 취지에 잘 부합한다.

2020년 교육학 논술의 하위 문항들의 특성은 대략 다음과 같이 구분될 수 있다.

첫째, 널리 알려진 교육학의 기본 개념에 속하면서 주어진 제시문에도 어느 정도 해답이 암시되어 있는 문제가 있다. 예를 들어, 비고츠키 지식론의 특징이나 그에 따른 지식의 성격, 교사와 학생 역할은 비교적 평이한 문제이면서 제시문에서도 제법 도움을 얻을 수 있다. 이런 문제들은 정답이 비교적 분명하고 교육학을 체계적으로 열심히 공부한 학생들에게 기본 점수를 주기 위한 질문이라고 할 수 있다. 그러나 교육학의 기본 개념과 체계적 지식은 아래와 같이 좀 더 응용적인 문제를 풀기 위해서도 기본적으로 중요하다는 것을 잊어서는 안 된다.

둘째, 교과서적인 지식을 통해서 보다는 주어진 상황을 교육적으로 응용하고 판단해서 답해야 하는 — 상대적으로 — 열린 문제가 있다. 예를 들어, 교사가 토의식 수업을 할 때, '영 교육과정'이라는 개념으로부터 어떤 시사점을 끌어 낼 수 있는지, 토의식 수업에서 '위키(Wiki)'를 활용할 때 발생할 수 있는 문제점은 무엇인지, 그리고 기계적 학교문화를 개선하기 위한 방안으로는 무엇이 있는지 등은 단지 정해진 개념이나 지식을 답으로 요구하는 문제는 아니다. 그것은 수험자가 자신의 교육학적 기초 지식을 상황에 대입한 뒤 어느 정도 맥락에 맞는 답을 쓰면 정답으로 인정될 수 있는 열린 문제라고 생각된다. 이 두 번째 유형의 문제에서는 — 정확한 답이 무엇인지 감이 잡히지 않더라도 당황하지 말고 — 주어진 상황과 실제적 맥락을 최대한 신중하게 파악하여 최대한 설득력 있는 교육학적 판단을 제시하는 것이 중요하다고 생각된다.

세 번째는 개념이나 용어에 대한 분명한 기억을 요구하는 문제가 있다. 물론 주어진 제시문에 내용이 암시되어 있기는 하지만 '사회적 구성주의'나 '중핵 교육과정'이라는 명칭을 분명히 기억하고 있어야 정답을 쓸 수 있을 것이다. 특히 스타인호프와 오웬스의 학교문화 유형의 명칭에 대한 문제는 전문가들도 잘 예상하지 못했던 것으로 만점을 방지하기 위한 문제로 생각된다. 이런 문제는 운 좋게 기억하고 있어서 맞추면 행운이고, 틀려도 대세에는 큰 지장을 주지는 않을 것이다.

이하에서는 2020학년도 중등학교교사 임용후보자 선정경쟁시험 문제해설을 위해서 교육문제연구소가 의뢰했던 각 파트 전문연구자의 견해를 소개한다.

(2) 내용 해설

가. 토의식 수업 활성화 방안 중 비고츠키 지식론, 지식의 성격, 교사와 학생의 역할

토의식 수업을 활성화하기 위해서는 지식을 보는 관점, 즉 인식론에 대한 **변화가 필요**하다. 즉, A교사가 언급한 것처럼 교과서의 지식이 절대적인 진리라는 관점이나, 지식은 개인의 인지과정을 통해 구성된다는 관점에서 벗어나야 한다. 이런 관점은 비고츠키로 대표되는 **사회적 구성주의** 지식관이 유용한 함의점을 준다. **사회적 구성주의에서는 지식은 사회문화적 맥락 속에서 언어를 사용한 사회적 상호작용을 통해 구성되는데, 개인은 이렇게 구성된 지식을 내면화**한다고 본다. 사회적 구성주의는 지식이 구성되는 과정 중에서 사회적 상호작용과 문화적 맥락을 강조하므로 **지식은 사회적, 맥락의존적인 성격**을 띤다. 사회적 구성주의에서는 교수−학습은 교사와 학생의 공동의 지식구성 과정이다. **교사의 역할은 사회적 상호작용을 통해 학생들의 지식구성을 촉진**하는 데 초점이 있다. 따라서 **학생들이 문제해결을 위해 의견을 교환하고 협력할 수 있는 학습환경을 조성하는 것이 교사의 주요한 역할인** 것이다. 즉, 교사는 학습자 중심의 사회문화적 맥락이 있는 학습환경을 설계하고 학습을 안내하며 촉진하는 역할을 한다. 또한 **학생들은 지식구성에 능동적으로 참여하는 참여자**이며, **적극적인 사회적 상호작용자**이며, 사회적 상호작용과 협동에 참여하여 **사회적으로 구성된 지식을 내면화하는 지식의 능동적인 창조자**라고 할 수 있다.

나. '영 교육과정' 및 중핵 교육과정과 토의식 수업 활성화

이번 교육학 문제에서 교육과정 영역과 관련해서는 '영 교육과정'과 '중핵 교육과정' 개념이 출제되었다. '토의식 수업 활성화'라는 측면에서, 교육내용의 선정에 있어서는 '영 교육과정'이라는 개념을, 교육내용의 조직에 있어서는 '중핵 교육과정'이라는 개념을 활용할 것을 제시하고 있다. 즉, 토의식 수업을 활성화할 때, '영 교육과정'이 교육내용 선정에 있어 주는 시사점 1가지, '중핵 교육과정'이 교육내용 조직에 있어 가지는 장점과 단점 각각 1가지씩을 기술하도록 하였다.

영 교육과정은 교육과정을 개발할 때부터 의도적으로 배제된 영역이다. 교육과정은 한정된 시간·공간·재정이라는 측면 때문에 선택과 배제의 산물일 수밖에 없다. 즉 '영 교육과정'은 의도적, 계획적으로 선택에 의해 교육과정이 만들어진 이후, 선택되지 못한 나머지 부분들로 개발된 교육과정의 필연적 결과물이다. 교육과정에 포함된 영역은 빙산의 일각에 불과하기 때문에, '영 교육과정'의 범위는 무궁무진하다. 따라서 '영 교육과정'이라는 개념을 교사가 알고 있다면, 만들어진 교육과정에 의해 교육이 이루어지기 이전에 학생들이 애초부터 학습할 수 없는 영역이 있다는 판단이 가능하고, 그만큼 교육내용을 풍부하게 할 수 있는 가능성을 가지게 된다. 따라서 토의식 수업을 활성화하는 측면에 있어서 현재 교육과정에 포함되어 있는 교육내용 외의 것을 검토하는 과정에서 토의에 활용할 수 있는 다양한 주제, 소재, 제재 등을 선정할 수 있는 여지를 준다는 점에서 '영 교육과정'의 개념은 중요한 시사점을 가진다.

한편 지문에서 설명하고 있는 교육내용 조직의 방식은 '중핵 교육과정'이다. '중핵 교육과정'에서 중핵이란 사물의 중심 부분, 즉 핵심을 말한다. 어떤 내용이나 영역이 중핵이 되면 그 외의 부분은 중핵을 중심으로 하여 그 영향 밑에서 그것과 긴밀한 관계를 가지며 하나의 통합된 구조를 이루게 된다. 즉, '중핵 교육과정'의 구조는 통합적인 중심학습과 분화된 주변학습이 동심원적으로 결합된 모습이다. 중핵에 놓일 수 있는 영역이나 내용은 여러 가지이지만, 지문에서는 학생들이 관심을 가질 만한 생활 문제를 중심으로 놓고, 여러 교과의 내용을 연결하는 방식을 제안하고 있다. 이러한 문제 중심의 '중핵 교육과정'을 통해 교육이 이루어지면, 여러 교과의 내용을 통합적으로 구성함에 따라 지식의 단절에서 벗어나 지식의 상호관련성에 대한 학생의 이해를 고취시킬 수 있을 뿐만 아니라 학생의 자발적, 능동적 참여를 강조하여 교사와 학생이 함께 교육과정을 계획하게 함으로써 학생에게 의미 있는 학습경험을 촉진시킬 수 있다. 또한 학생의 문제해결력 및 비판적 사고력의 향상을 촉진시켜 궁극적으로 개인의 통합적 성장에 도움을 줌과 동시에 개인적, 사회적 문제를 해결하는 적극적인 시민을 양성하는 데에 긍정적 영향을 미칠 수 있다. 반면 제대로 된 '중핵 교육과정'을 준비하기 위해 개별 교사들은 많은 시간과 노력을 투여해야 하는데, 현실적으로 쉽지 않은 문제이며, 충분한 준비가 결여된 중핵 교육과정이 운영될 경우, 오히려 학생들이 배워야 할 주요한 내용이 누락될 수 있을 뿐만 아니라 단순히 흥미 위주의 수업이 이루어질 가능성이 있고, 때로는 체계적인 학습이 어려워 교과교육 측면에서 심도 있는 학습을 하기에 적합하지 않은 측면이 있다.

다. 토의식 수업 설계에서의 정착수업과 위키 활용

정착수업(Anchored Instruction)에서 '앵커(anchor)'는 학습자의 인지구조 내에 존재하는 구체적인 지식, 개념, 아이디어 등으로 새로운 정보와 관련을 지을 수 있는 것을 의미한다. 학생들은 문제를 해결해 나가는 데 있어 문제를 정의하는 단계부터 문제를 해결하고 평가하는 전 과정을 학습자 주도로 이끌어 나가게 된다. 수업의 원리는 1) 이야기, 사례, 학생들의 관심사와 관련된 주제 또는 문제 등과 같은 정황을 중심으로 이루어진다는 것과 2) 다양한 교수매체(비디오, 컴퓨터 등)를 활용하여 실제 문제 상황을 학습자에게 제시한다는 것 그리고 3) 팀원들이 함께 협동하여 문제해결 방안을 탐색하는 방식이라는 것 등이다. 이 원리는 학습자 주도로 과정을 이끌어 나가게 하며, 궁극적으로 사실적 지식을 습득하는 것에서 탈피하여 문제해결력 증진에 도움을 준다.

'위키 활용 시 문제점'은 위키 자체를 활용함에 있어서 나타나는 문제점보다는 정착수업에 다양한 교수매체가 활용된다는 관점의 연상선에서 해석하여 문제점을 찾는 것이 더 바람직하다. 학습도구로써의 위키 활용에 있어 나타나는 문제점으로는 1) 너무 많은 정보가 존재하여 정보 과부하를 초래하고, 2) 결론(문제해결)에 도달하기까지 다양한 정보와 의견을 조율하는데 많은 시간이 소요될 수 있으며, 3) 검증되지 않은 많은 정보들 속에서 잘못된 오류들로 인한 정보의 정확도가 떨어지거나 오 개념이 형성될 수 있다는 것 등을 들 수 있다. 또한 인터넷 활용능력이나 테크놀로지 역량이 낮은 팀원이 있는 경우, 4) 협동하여 글을 작성하는 상황에서 중요한 정보가 삭제될 수도 있고, 5) 소극적인 참여를 나타낼 수 있다.

라. 스타인호프와 오웬스의 학교문화 유형 구분과 토의식 수업 활성화

기존의 강의식 수업은 교사가 학생에게 일 방향적으로 지식을 전달함에 따라 학생들이 수동적으로 지식을 습득하게 된다. 이러한 방식은 생활 속에서 접할 수 있는 문제를 해결하는데 학교에서 배우는 지식이 도움을 주지 못하게 되어 결국 학교교육의 효과성을 저하시킨다는 문제의식을 낳게 되었다. 이러한 문제의식에서 출발한 토의식 수업은 교사의 안내를 바탕으로 진행되는 학생들 간의 소통을 중심으로 학생 중심의 지식 생성을 추구하고 있다.

그러나 소통을 중시하는 토의식 수업 방식은 현재 경쟁 중심의 학교교육 문화에서는 한계를 보일 수밖에 없다. 명문대학 입학이라는 목표를 가지고 정시와 학종과 같은 다수의 전형에서 각각 경쟁을 펼치고 있는 상황은 서로 간의 소통과 협업을 중시하는 토의식 수업을 구현하기 어렵게 만드는 한국교육의 학교문화를 보여준다.

스타인호프와 오웬스의 학교문화 유형에 따르면 한국교육의 학교문화를 기계문화(Machine Culture)로 분류할 수 있다. 기계문화는 학교를 하나의 공산품을 생산하는 기계로 비유하고 있다. 즉, 기계는 하나의 공산품을 생산하기 위해 주어진 틀과 재료, 동력원에 따라 오차를 최소화하고 최대한의 효율성을 강조하는 것처럼, 학교도 명문대학 입학 학생의 배출이라는 목표를 위해 교장과 교사를 중심으로 짜여진 교육과정의 틀에 맞추어 효율성을 극대화한 상태의 교육방식을 채택하고 있다는 것이다.

따라서 기계문화에서는 학생의 다양성, 교사의 자율성을 존중하기보다는 통제된 방식의 일종의 테일러리즘(Talyorism)을 기반으로 토의보다는 강의식 수업을 통한 효율적인 지식 전달을 강조할 가능성이 높다. 토의식 수업은 학생들의 다양한 의견을 들어보고 그 의견들을 종합해 나가는 일련의 과정을 거쳐야 하고 일정한 방식의 지식전달을 위한 통제가 어렵기 때문에 기계문화에서는 구현하기 어려운 수업방식이다.

따라서 토의식 수업을 학교에 정착하기 위해서는 기계문화를 개선하는 과정이 수반되어야 한다. 기계문화를 개선한 형태로 제시되는 문화유형은 스타인호프와 오웬스에 따르면 공연문화와 가족문화다.

공연문화는 오케스트라 합주와 같이 서로의 역할과 의견에 대해 존중하고 각각의 교육주체들 간의 조화를 중시한다. 즉, 교장이라는 지휘자가 있지만 교장은 교사와 학생들의 관계를 조정하고 전체적인 화합을 최우선의 목표로 두게 되며 교사는 각기 다른 악기 파트의 악장(concertmaster)으로서 단원으로서의 학생들이 서로 같은 음을 낼 수 있도록 도와주고 때로는 솔선수범하는 태도를 보이는 유동적인 태도를 지향하게 된다. 한편 가족문화에서는 교장과 교사, 학생이 모두 가족과 같이 하나의 공동체를 형성하는 것을 최우선의 목표로 설정하는 학교문화를 말한다. 경쟁보다는 배려와 관용, 상생의 정신을 중시하는 문화라고 볼 수 있을 것이다.

기계문화를 개선하기 위해서는 효율성과 통제보다는 공동체와 화합을 중시해야 하고 이를 위해 생각해볼 수 있는 방안은 결과 중심의 평가보다는 과정 중심의 평가를 지향하여 지식의 형성과정에 주목하여 협업을 강조하고 교장과 교사는 학생 각각의 흥미와 요구를 분석하여 대학입시라는 단일한 목표를 설정하기보다 진로설계라는 맞춤형 목표를 설정하는 방향으로 학교의 경쟁을 완화하려는 시도를 행하는 것이다.

Ⅲ 교육학 논술 준비

이상에서 보았듯이 중등 교육학 논술시험 답안을 작성할 때 필요한 것은 단편적이고 피상적인 지식과 정보들이 아니라 각 분과의 체계적인 개념과 이론들이다. 더 나아가 수험생들은 이 핵심 개념과 이론들이 실제적 교육상황에서 갖는 의미를 숙지, 이해하고 있을 필요가 있다. 예를 들어 2014년 문제에서 '형성평가'를 단지 정의나 개념의 차원에서만 암기하고 있는 학생은 그것을 '학습동기증진' 문제와 연관시키는 데서 어려움을 느낄 것이다. 이러한 측면에서 볼 때 교육학 논술에 대비하기 위해서는 단기 속성식 암기가 아니라 지속적인 학습과정 속에서 교육학의 개념과 이론이 수험자의 생각과 태도 속으로 배어드는 과정이 필요하다.

그러므로 교육학 논술 준비를 위해 무엇보다 중요한 것은 대학에서 실시하는 교직수업시간과 교직소양 프로그램을 충실히 활용하는 것이다. 왜냐하면 이곳이 교육학을 본격적으로 연구하고 논의하면서 몸과 마음으로 배울 수 있는 장소이기 때문이다. 두 번째로는 개인적으로 교육학 이론이나 교육학 현안 문제에 대한 학습을 할 때, 정기적으로 토론 모임을 갖고 교육의 이론과 실천적 문제에 대한 공동탐구의 기회를 스스로 마련할 필요가 있다. 특히 토론 모임은 교육학의 근본 이슈들에 대해서 자신과 타인의 생각을 비교하고 자신의 논점을 풍부하게 하며 더 나아가 교육에 대한 자신만의 내공과 안목을 형성시키는 지름길이 된다. 토론 후에는 직접 글을 써보고 서로 논평과 첨삭을 하는 것도 바람직하다. 말을 문자로 옮기는 것이 곧 글이다. 그러므로 평소 글쓰기에 대한 두려움을 가진 사람들도 많은 토론을 거친 후에는 글을 쓰는 것이 훨씬 용이하게 느껴진다.

교육학 논술을 준비하는 사람은 물론 합격을 위해서 공부를 한다. 그러나 적어도 책상에 앉아서는 합격 자체에 목적을 두기보다는 교육학에 대한 깊은 이해를 목적으로 시험 준비를 할 필요가 있다. 단지 시험을 위한 공부 또는 공자의 용어로 하면 위인지학에서는 공부의 내용과 학습자의 내면이 서로 화학적으로 결합되지 못한다. 머리는 넘쳐나는 정보들로 혼란에 빠지고 미처 소화되지 못한 지식들은 수험자의 정신 건강 뿐 아니라 심할 경우 육체적 건강까지도 위험에 빠뜨릴 수 있다. 그러므로 교육학 논술 준비는 교육에 대한 탄탄한 학문적 기초와 균형잡힌 안목 그리고 실천적인 문제해결능력을 갖추기 위한 과정으로 이해되어야 한다. 이런 공부는 설사 시험에 합격하지 못하더라도 자신의 정신세계를 확장하고 고양하는 역할을 하며 평생을 살아가는 데서 밑거름 역할을 할 것이며, 시험 준비의 기간을 단지 빨리 끝내고 싶은 고역의 나날이 아니라 비록 고통스럽지만 자신의 교육 역량이 확대되어 감을 느끼는 기쁨의 날들로 변형시켜 줄 것이다. 이상 교육학 논술준비에서 주의할 사항을 표로 정리해 보면 다음과 같다.

1	교육학의 핵심개념과 이론들을 교육의 전체적 맥락 속에서 학습하고 그것이 교육실천에서 갖는 의미나 적용가능성을 숙지한다.
2	학부나 대학원에서 실시하는 교직전공 수업이나 교육소양활동 및 프로그램을 교육학 학습의 장으로서 진지하게 활용한다.

3	가능하면 별도의 학습 집단을 구성하여 정기적으로 교육학의 근본 문제들에 대한 공동 연구나 토론 그리고 글쓰기를 실천한다.

Ⅳ 답안 작성 시 유의할 점

1. 먼저 문제와 제시문을 세심히 읽어서 논제의 의도와 요구가 무엇인지를 신중하게 숙고하고 정확하게 파악하라. 문제의 요구를 명료하게 파악한 후에 그 구조를 메모하여 옆에 두고 글을 쓰기 시작한다. 이때 별도의 요구가 없다고 하더라고 서론(그리고 나중에 결론)을 덧붙인다. 물론 2014년 문제에서는 문제의 요구를 오해할 여지는 별로 없어 보인다. 그러나 그런 경우에도 실제의 답안 작성에서는 문제의 요구를 망각하고 딴 길로 새는 경우가 많다. 이렇게 문제의 요구를 충실히 따르지 않는 원인으로는 글을 쓰는 데 집중하여 전체적인 맥락을 망각하거나 문제의 요구보다는 자신 있게 아는 내용을 중심으로 글을 쓰기 때문이다. 미리 메모해둔 전체 구조를 틈틈이 참고하여 부분과 전체를 동시에 조망하면서 답안을 작성해야 옆길로 새는 일을 방지할 수 있다. 한편 2015년 문제의 경우에는 논제의 의도와 요구에 대한 좀 더 세심한 주의가 필요했다. 왜냐하면 제시문의 내용과 문제의 요구 사항(예를 들면 교육과정 설계방식의 특징 3가지 제시)을 연결시켜야 짜임새 있는 답변이 가능했기 때문이다. 또한 2016년 문제는 글 전체에 통합성을 줄 주제(즉 교사가 갖추어야 할 역량)를 분명히 제시하였다는 점에 주목해서 서론과 결론의 내용을 만들어야 한다. 이런 점에서 논제의 의도와 요구를 신중하게 파악하고 거기에 맞게 내용을 구성하는 것은 아무리 강조해도 지나치지 않다.

2. 문제의 요구에 정확히 부합하는 문단 구조를 설정하라. 답안 전체의 문단 구조는 문제의 개개 요구와 1:1로 대응되는 형태로 구성되어야 한다. 2014년의 문제를 놓고 본다면 서론과 결론 이외에는 잠재적 교육과정, 문화실조, 협동학습, 형성평가, 교사지도성행동이 각각 한 문단으로 구성되는 것이 좋다. 더 나아가서 채점자가 이러한 1:1의 서술 구조를 분명히 알 수 있도록 각 문단에 핵심 문장이나 단어를 분명하게 명기할 필요가 있다. 말하자면 형성평가에 답하는 문단에서는 형성평가라는 단어 또는 '이제 형성평가를 통해서 학습동기를 진작시키는 방안에 대해 서술하겠다'는 등의 문장이 반드시 등장할 필요가 있다. 이것은 채점자의 작업을 훨씬 수월하게 만들어 주며 그런 만큼 좋은 인상을 줄 수 있다.

3. 가급적 문단 간의 연결성을 살려 주는 간단한 구절이나 문장을 첨가한다. 2014년의 문제처럼 서로 긴밀한 연관이 없는 개념들을 각 문단에서 설명할 경우 문단 간의 연결성은 별로 드러나기 어렵다. 이것은 출제된 문제 자체가 내적인 통합형이 아니라 외적이고 인위적으로 여러 주제를 묶은 문제이기 때문에 어느 정도는 피할 수 없다. 그러나 그럼에도 엄연한 논술문제이기 때문에 기계적으로 각 개념을 설명하는 데 그친다면 좋은 인상을 주기 힘들다. 느슨하게라도 문단 간의 연결성을 살려서 글의 완결성을 보완해 줄 필요가 있다. 예를 들면 전반부에서 '잠재적 교육과정'과 '문화실조'에 대해

답한 이후 '협동학습'으로 넘어 갈 때, 이상의 진단에 기초하여 먼저 '협동학습'에서 그 해결방안을 찾아보겠다는 등의 언급이 추가될 수 있을 것이다. 특히 2016년 문제처럼 하나의 주제 아래서 서론, 본론, 결론의 형식을 갖추어 쓰라고 명시한 경우에는 문단 간의 연결성이 직접적 평가의 대상이 될 수 있다. ("논술의 구성요소와 '교사가 갖추어야 할 역량'과의 연계 및 논리적 형식 3점")

4. 답안을 작성할 때, 제시문의 내용을 반드시 참고하고 경우에 따라서는 인용하라. 출제자들이 고심해서 만들어 낸 제시문은 문제에서는 단지 암시되거나 잘 드러나지 않았던 상황적 맥락을 포함하고 있다. 그래서 문제의 의도와 요구는 제시문과 상호 비교하는 속에서 분명히 드러난다. 우리가 제시문을 반드시 세심하게 읽고 답안 작성해야 하는 이유가 거기에 있다. 2014년 문제로 본다면 제시문은 초임교사 학급의 학습동기 부진의 정도가 매우 심각하다는 점을 암시하고 있으며 이것은 교사 지도성의 유형을 선택할 때 변혁적 접근이나 참여적 접근처럼 교사의 적극적 역할을 강조하는 쪽으로 답안을 작성해야 함을 말해 준다. 또한 협동학습의 활용방안에서도 제시문의 경력 있는 교사가 조언했던 "서로 도와주고 의존하도록 하는 구조"를 염두에 두고 협동학습의 활용방안을 서술해야 한다. 그러므로 제시문을 제대로 읽지 않았거나 읽었더라도 답안의 작성에서 활용하지 않는다면 출제자의 의도를 무시한 채 답안을 쓰기 쉽다. 또한 제시문을 활용하면 문제의 요구의 여러 가지 다양한 측면 중에서 어느 것을 선택할 것인가의 문제에서도 확신을 가지고 답안을 작성할 수 있다는 장점이 있다. 이것은 2015, 2016년 문제에서도 마찬가지였다.

5. 답안 작성에서 최소한 피해야 할 요소들
- 교육학 논술에서는 비유적 표현이나 문학적 수사법을 자제하고 가급적 명료하고 사실적인 표현을 사용할 필요가 있다.
- 표현력이 부족한 학생의 답안 작성에서 종종 등장하는 오류는 채점자가 전문가라는 것을 전제로 하고 비록 약간 내용이나 논리의 비약이 있어도 충분히 이해하시겠지라고 생각하며 답안을 쓰는 것이다. 주변의 친구에게 내용을 설명한다는 기분으로 차근차근 문맥에 따라서 써나아가야 한다.
- 개인적인 이야기나 경험담을 늘어놓는 것은 금물이며, 주관적 관점을 피하고 객관적 관점에서 글을 써야 한다. 이를 위해서는 내용도 중요하지만 표현에서 '나', '필자' 같은 일인칭 어법을 자세하고 '교사', '학생', '학교' 등과 같은 일반적인 주어를 사용하여 서술하는 것이 좋다.
- 자신 없음을 드러내는 표현은 가급적 쓰지 말아야 한다. 예를 들면 '... 인 듯하다', '... 인 것 같다' 등의 표현이다. 또한 '어쨌든', '아무튼' 같은 우리가 일상생활에서는 무심코 쓰지만 비논리적인 인상을 주는 표현도 자제할 필요가 있다. 그밖에 논제에서 벗어난 지식의 과시, 논점의 일탈, 지나치게 멀리 나아가 버린 결론, 인용이 필요한 정도의 정확한 수치나 자료 제시도 피해야 한다.
- 그리고 마지막으로 지적하고 싶은 것은 지나치게 작게 글씨를 쓰거나, 알아보기 힘들 정도로 흘려 쓴 글씨체, 교정부호를 무시한 성의 없거나 난잡한 교정은 반드시 피해야 할 것이다. 아무리 내용이 좋아도 형식적 측면에서 읽기가 힘들 정도이거나 순조롭게 읽히지 않아서 자주 정신을 집중해야 하는 답안은 응분의 평가를 받기 힘들 것이다.

답안 작성 시 유의할 점을 표로 정리해 본다면 다음과 같다.

1	주어진 문제의 요구사항과 출제의도를 간파하고 이에 충실한 답안을 작성하도록 시종일관 주의를 기울인다.
2	문제의 요구에 1:1로 정확히 부합하는 문단 구성을 하라. 그리고 각 문단에는 반드시 문제의 요구에 상응하는 핵심개념이 포함되도록 하라.
3	각각의 문단을 하나의 핵심개념을 중심으로 서술하되, 가급적 문단 간의 연결성과 전체 글의 통합성을 살려 줄 수 있는 내용을 문단 간의 이행부분에서 간략하게 언급하라.
4	제시문은 출제자들의 출제의도가 응집되어 있는 곳이다. 적절하게(두세 군데 정도) 제시문의 내용을 활용하여 자신의 논지를 날카롭게 하고 동시에 출제의도를 충분히 이해했음을 보여주라.
5	원고지에 쓰는 것은 아니지만 수정이 필요할 경우 기본적인 원고지 교정부호를 활용하도록 하고, 최소한 상투적이고 어색한 표현들을 사용하지 않도록 주의하라.

P·A·R·T

EDU

2

교육사 · 교육철학

01 교육학개론

▶ **교육학 논술 길라잡이**

✓ 특강 교재라는 성격으로 인해 여기서의 교육학개론은 교육학의 여러 분과를 소개하는 부분을 배제하고 교육의 일반적 개념과 문제들에 대해서만 다룬다.

✓ 교육학개론은 논술시험의 직접적 주제로서 등장하지 않더라도, 수험생의 교육에 관한 기본적인 태도와 관점을 드러내는 데에 기여할 수 있다.

▶ **한 눈에 보는 핵심요점**

중점 주제	개요 및 학습주안점	세부학습 포인트	다른 교육학 이론과의 연관성
1. 교육의 어원과 정의	서양과 중국, 한국어에서의 교육의 어원 그리고 교육에 대한 정의.	어원에서 볼 때 교육은 지도와 방임, 강제와 자유의 변증법적 긴장을 포함한다. 기능적, 서술적, 규범적, 조작적, 준거적 정의.	교육철학 및 교육사에서의 교육에 대한 이해방식.
2. 환경이냐 소질이냐	환경을 강조하면 교육의 역할을 강조하게 되고, 소질을 강조하면 교육의 역할을 과소평가하는 경향이 나온다.	교육만능설도 교육부정설도 용인하기 힘들다. 상호작용설에 대한 이해가 필요하다.	교육심리학 및 학습이론에서 행동주의는 교육만능설로 귀결된다.
3. 교육의 목적과 본질	교육의 목적을 교육의 외부에서 찾을 것인가, 내부에서 찾을 것인가? 교육의 본질을 어떻게 통합적으로 규정할 수 있는가?	듀이와 피터스에 의해서 명확하게 제기된 내재설은 한국의 교육현실에 대해 비판적인 시각을 제공할 수 있다.	교육철학 및 교육사에서 등장했던 교육의 목적과 본질에 대한 논의와 연관된다.
4. 평생교육사회와 교육의 세 형식	평생교육사회는 형식교육, 비형식 교육, 무형식 교육의 세 가지 교육형식을 등장시켰다.	70년대 이래 평생교육사회가 도래하면서 '비형식교육'이라는 새로운 형태의 교육의 필요성이 제기된 맥락을 이해한다.	평생교육
5. 학문으로서의 교육학	학문으로서의 교육학의 특성과 이를 둘러싼 세 가지 입장 즉 정신과학적, 경험적, 비판적 입장을 이해한다.	각 입장의 철학적 출발점을 비교하고, 장단점을 이해한다. 경험적 교육학과 정신과학적 교육학 간의 논쟁점을 이해한다.	해석학적, 비판적, 분석적 교육철학과의 연관성. 교육사에서 과학적 교육학의 성립과정과 연관됨.
6. 지식정보사회와 교육	지식정보사회에 대한 이해와 이에 기초한 교육 및 학교의 변화의 필요성에 주목한다.	산업사회를 주도했던 교육 패러다임을 비판적으로 검토한다.	교육공학에서의 매체연구 및 교육행정에서의 학교개혁 논의와 연관됨.

1. 어원으로 본 교육

(1) 서양언어에서의 교육: paideia와 education

paideia는 원래 '어린이와 함께 있다'라는 뜻의 희랍어 동사인 paideuo의 명사형이다. 그런데 이 단어가 기원전 6세기부터 훈련, 교육의 과정 또는 그 결과 얻어진 도야된 상태를 의미하는 말로 사용되기 시작하였다. 그러므로 희랍어에서 교육이라는 말은 어떤 구체적인 교육의 방식을 함축하기보다는 어른과 아이가 함께 있는 상태 자체를 가리켰다. 그럼에도 거기에는 훈련하고 기르고 인도한다는 의미가 1차적으로 표현되어 있다. 이것은 교육학 또는 교육의 기예를 뜻하는 pedagogy라는 단어에서도 확인된다. 이 단어는 어린이를 뜻하는 paidos와 인도하다 또는 지도하다를 뜻하는 agoge의 합성어로서 결국 어린이를 길안내하고 인도하는 기예를 의미한다. 그런데 고대 희랍에서 이렇게 아이를 지도하고 인도하는 사람은 주로 학식 있는 노예가 맡았는데, 이들을 paidagogos(교복, 敎僕)라고 불렀다.

한편 라틴어에서 유래하는 education은 안에 있는 것을 밖으로(e-) 이끌어 내다(-duco)의 합성어인데, 이때 밖으로 이끌어 내는 방식은 부모나 어른이 주도하는 방식과 학생이 스스로 자신의 잠재력을 실현하는 방식을 모두 포함한다. 그러므로 education은 맥락에 따라서 또는 발화자의 입장에서 따라서 주형의 교육을 의미할 수도 있고 성장의 교육을 의미할 수도 있다. 그러나 education의 진정한 의미는 양자택일이 아니라, 이 두 가지 방식이 하나의 내적인 연관성 속에서 통일되어야 한다는 데서 찾을 수 있을 것이다. 이렇게 교육의 어원 속에 이중적인 의미가 포함되어 있는 것은 동양의 전통을 대표하는 한자에서도 발견된다.

(2) 한자에서의 교육: 敎育

한자의 교육의 어원에 대해서는 여러 가지 조금씩 다른 해석들이 존재한다. 그중 가장 풍부한 내용을 가진 해석(신창호, 「교육과 학의 근원에 대한 탐구」, 2006)을 살펴보자. 敎育이라는 단어에서 敎자를 파자(破字)하여 살펴보면, 어린 아이(子)가 세계(爻)와 마주하며 삼라만상과 그 이치를 깨달아가는 과정 옆에 손에 회초리 든 사람이 있어서 톡톡 쳐주고(攵, 攴) 있는 형상이다. 흥미롭게도 敎자에는 교육의 3요소(학생, 교사, 교육내용)가 모두 포함되어 있다. 그리고 교사가 손에 들고 있는 것이 원래 타작할 때 쓰는 도리깨의 모습을 가지고 있다는 점에서 다분히 강제적인 지도와 편달의 역할이 강조되고 있다고 할 수 있다. 그러나 학생이 스스로 세계와 대면하고 있고 교사는 그 과정을 감독하고 있다는 점에서 보면 학생 스스로의 노력과 경험이 강조되고 있는 측면도 있다. 이것은 플라톤의 동굴의 비유에서 죄수(학생)가 교사의 강제에 힘입어 스스로 가파른 동굴의 오르막길을 올라야 하는 상황에 비견할 수 있다.

그러나 한자의 교육의 의미는 뒷글자인 育자의 의미까지 살펴보아야 온전히 드러난다. 이 글자의 원래 형태를 보면 이것은 어머니가 자신의 몸 속에서 10달 동안 품었던 아기를 출산하는 장면을 생생하게 묘사하고 있다. 그렇다면 교육의 또 한 가지 의미요소는 마치 어머니가 따뜻한 사랑과 보살핌으로 태아를 키워 세상에 내보내듯이 학생의 내적인 소질과 성향을 온전히 발전시켜 성숙한 인간으로 길러낸다는 것이다. 그러므로 한자에서 '교육'은 한편으로는 교사의 엄격한 지도를 통하여 아이가 세계를 학습하여 알아나간다는 뜻과 아이가 따스하고 온화한 교육환경에서 자신의 내적인 소질과 잠재력을 계발, 완성시킨다는 뜻을 포괄하고 있다. 물론 이것은 어원적으로 보았을 때 그렇다는 것이고, 실제 교육의 의미에 대한 이해 방식은 시대와 역사적 조건에 따라서 다르게 이해되었다는 것은 두말할 나위 없다. 한자 문헌에서 교육이라는 용어가 처음으로 등장하는 것은 '맹자'의 '진심편 상편' '군자유 삼락장' 중의 "득천하영재이교육지"라는 문장에서였다.

(3) 한글에서의 교육의 의미: 가르치고 기르기

한글에서 교육은 주로 사람을 '가르치고 기르는 활동'을 뜻한다. 먼저 '가르치다'는 '갈다'와 '치다'의 합성어로 되어 있다. '갈다'는 씨앗을 심어 가꾸다, 낡은 것을 새것으로 바꾸다, 맷돌로 갈아 고운 가루로 만들다, 문질러서 예리하게 하거나 광채가 나게 하다 등의 뜻을 지닌다. '치다'는 두드리거나 때리다, 가지나 잎을 잘라 다듬다, 고운 가루를 뽑아내다, 길러 번식시키다, 엮어서 만들어내다 등의 의미를 갖는다. 합성어인 '가르치다'의 사전적 의미는 지식이나 기능, 이치를 깨닫게 하거나 익히게 하다, 그릇된 버릇 따위를 고치어 바로잡다, 상대방이 모르는 것을 알도록 일러주다 등을 뜻한다. 한편 '기르다'는 동식물을 보살펴 자라게 하다, 아이를 보살펴 키우다, 육제나 정신을 단련하여 더 강하게 만들다 등의 의미를 갖는다. 그러므로 한글에서 가르치고 기른다는 것은 아이를 보살펴 키움으로써 올바른 방향으로 변화시키고 완성시킨다는 뜻을 함축한다. 따라서 한글에서도 교육 활동의 본질적 두 측면이 드러나 있다. '가르치다'에는 어른이나 교사의 주도적인 활동이 함축되어 있고 '기르다'에는 학생의 자연스러운 성장에 대한 지향이 함축되어 있다.

(4) 어원을 통해서 본 교육의 기본 요소

이상에서 우리는 다양한 언어, 문화권에서의 교육의 의미를 살펴보았다. 거기에 기초해서 볼 때, 교육은 어른 또는 교사의 지도와 격려 아래서 학습자가 지닌 잠재적인 능력이 올바른 방향으로 발전되고 실현되는 과정이라는 데에 핵심이 있다. 이렇게 교육자의 외적인 지도라는 객관적인 요소와 학습자의 자발적인 성숙이라는 주체적인 요소가 조화롭게 결합될 때 올바른 교육이 이루어질 수 있다는 생각은 이미 '줄탁동시'(알 속의 병아리가 밖으로 나가고 싶어서 안에서 쪼고 동시에 그 소리를 포착한 어미 닭이 새끼의 탄생을 도와주기 위해 밖에서 쫀다는 뜻)라는 고사성어에서 표현되어 있다. 또한 교사와 학생이 관계가 단지 일방적이고 수직적이어서는 안 되고, 상호촉진과 교류를 통한 발달이어야 한다는 생각은 '교학상장'이라는 고사 성어에 잘 나타나 있다. 물론 교육의 역사에서 교육의 본질과 의미는 역사적 조건 속에서 변화되었지만, 거기에 변함없이 관통하고 있는 것은 강제와 자유, 외적 간섭과 내적 발달, 주형과 성장이 교육의 기본적인 요소라는 사실이다.

2. 교육에 대한 개념 정의

교육에 대한 개념 정의는 정의하는 사람이 갖는 세계관이나 가치관 그리고 철학적, 교육학적 문제의식에 따라서 다르게 나타난다. 실제로 역사상 수많은 교육학자들이 자기 나름대로 교육의 개념을 이해하고 정의해 왔다. 공자 같은 이는 내면적 인격의 완성이라는 관점에서, 듀이나 페스탈로치 같은 이는 사회의 진보라는 관점에서, 루소나 맹자는 인간의 자연적 본성의 실현을 돕는다는 관점에서 교육을 바라보았다. 더 나아가 한 사상가 내에서도 논의 맥락에 따라서 교육에 대한 다양한 정의가 내려질 수 있다.

이러한 다양한 정의들을 나열하기보다는 교육에 대한 정의들을 몇 가지 유형으로 나누어서 살펴보자. 교육에 대한 정의는 교육학자의 연구관심이나 기본 성향에 따라서 약 네 가지의 유형에 따라서 내려진다.

첫째, **기능적 정의** 방식이 있다.

기능적 정의는 교육이 수행하는 사회적 역할을 중심으로 교육을 바라보는 방식이다. 이런 방식으로 교육을 보는 사람들은 주로 구조 기능주의적 관점에 서 있는 사람들이며, 교육을 내재적 가치보다는 외재적인 가치에 따라서 이해하려 한다. 예를 들면 "교육은 사회문화를 계승하고 이를 발전시키는 역할을 한다"는 정의를 들 수 있다.

둘째, **기술적 정의** 방식이 있다.

여기서 기술은 테크닉을 의미하는 것이 아니라 어떤 사태를 있는 그대로 서술하고 묘사하는 것을 말한다. 기술적 정의는 가치판단을 개입시키지 않고 교육이라는 개념이 사용되는 현실적인 용법과 용례를 그대로 서술함으로써 성립되는 정의이다. 즉 교육이 일상적 언어 용법 속에서 어떻게 사용되고 있는가를 정식화해서 명확하게 기술할 뿐 연구자의 관점이나 문제의식을 혼합시키지 않는 정의 방식이다. 예를 들면 "교육은 교육자의 가르침과 학습자의 배움으로 이루어진 전체 과정이다."

셋째, **조작적 정의** 방식이 있다.

여기서 조작은 사건을 날조하거나 조작하는 것을 의미하는 것이 아니라 기계나 물건을 다루고 조작하는 것을 의미한다. 조작적 정의는 경험적 연구방법을 채택한 교육자들이 선호하는 정의 방식이다. 이에 따른 교육의 정의는 먼저 거기에 포함되어 있는 모든 애매한 의미 요소를 제거하고 오직 명료하고 구체적인 요소들로만 교육을 정의하며 그리하여 이 요소들이 어떻게 실제로 작동하며 통제될 수 있는지를 경험적으로 확인할 수 있도록 정의한다. 이 정의의 대표적인 사례는 정범모 교수의 "교육은 인간행동의 계획적인 변화이다"라는 정의이다. 물론 여기에 포함된 '인간행동', '계획적', '변화'라는 의미요소는 다시 명확한 또는 확인 가능한 구체적 방식으로 규정된다. 조작적 정의는 기술적 정의와 함께 경험적 교육학자들이 선호하는 정의 방식이다.

넷째, **규범적 정의** 방식이 있다.

규범적 정의는 '교육은 과연 무엇이며 무엇이어야 하는가?', '어떤 교육이 올바른 교육인가?', '교육이라는 명칭에 부합하기 위해서 마땅히 갖추어야 할 기준은 무엇인가?' 등의 가치 또는 당위 물음에 기초해서 교육을 정의하는 방식이다. 규범적 정의 방식의 대표적인 사례는 피터스가 제시한 교육의 정의인데, 이를 우리는 특별히 '준거적 정의'라고 부른다. 왜냐하면 그는 교육을 세 가지 준거 또는 가치 기준에 입각해서 정의했기 때문이다. 준거적 정의는 규범적 정의의 일종이다.

피터스는 어떤 활동이 교육이라고 간주될 수 있으려면 그 활동은 다음과 같은 세 가지 기준 또는 준거를 충족시켜야 한다고 주장했다.

가. 규범적 준거

교육은 무익하거나 해로운 것이 아니라 오직 가치 있는 것을 전달하는 활동이어야 한다. 예를 들어 소매치기 기술은 가치 있는 것이 아니기 때문에 그것을 가르치는 활동은 교육이라고 할 수 없다. 그러므로 교육은 언제나 인류의 보편적 가치와 연결되어 있거나 연결될 수 있는 것을 가르치는 데에 한정되어야 한다.

나. 인지적 준거

교육은 단지 단편적 지식의 전달에 그치는 것이 아니라 다양한 맥락에서 활용될 수 있는 지식, 포괄적인 지적 안목 그리고 헌신할 수 있는 신념체계를 전달하는 활동이어야 한다. 그러므로 교육은 최소한 다양한 맥락에서 전이되고 응용될 수 있는 살아 있는 지식을 전달하는 활동이며, 가장 바람직하기로는 교육받은 자의 삶과 행동에 영향을 주는 올바른 신념체계를 전달하는 활동이다.

다. 과정적 준거

교육은 결코 주입식 교육이나 단순한 반복을 통한 외적 변화가 아니라 학생 자신의 주체적인 의식에 기초한 내면적 활동과 결합되어서 진행되어야 한다. 이 세 가지 준거에 부합되지 않는 활동은 '교육'이라고 부르지 말아야 한다는 것이 피터스의 주장이다. 그러므로 이 주장에 충실히 따른다면 예를 들어 '주입식 교육'이란 말은 형용모순이며 혼란된 언어용법이다. 주입식으로 이루어지는 활동은 결코 교육이라고 말할 수 없기 때문이다.

3. 교육에 대한 비유

교육에 대한 비유는 개념적 정의와는 달리 은유를 통해서 교육에 대한 하나의 이해 방식을 표현하려는 시도이다. 대표적으로 **주형의 비유**와 **성장의 비유**가 있다. 주형의 비유는 교육을 '제작'(making)으로 보고 교육자는 제작자이며 학생은 수동적인 재료라고 생각한다. 그래서 교육은 장인이나 기술자가 쇳물이나 진흙을 일정한 모양의 틀에 넣어 의도된 모양의 물건을 찍어 내는 과정으로 이해된다. 여기서는 고정된 교육내용의 전달에 치중하게 된다. 이런 교육 이해는 일반인의 상식적 교육관에서 자주 발견되지만 교육자들에게도 종종 발견된다. 반면 성장의 비유는 학생의 내부에 있는 성장하는 힘에 초점을 맞추며 따라서 교사는 이러한 학생의 잠재력이 자연스럽게 성장해 가도록 도와주는 보호자 또는 지원자의 역할을 해야 한다고 주장한다. 여기서는 아동의 요구, 흥미, 발달단계 등이 교육의 과정에서 중심적으로 고려되어야 할 요소로 간주된다. 성장의 교육관은 루소의 '자연주의' 교육사상에서 강하게 표현되었고 이후 개혁교육 전통의 기본적 관점을 형성해 왔다. 피터스는 주형의 교육관과 성장의 교육관은 공히 "교육이라는 것이 본질상 한 집단의 언어와 개념에 의하여 규정되는 공적인 세계로 사람들을 입문시키며 분화된 사고의 형식에 상응하는 경험 영역들을 탐색하는 일에 참여하도록 이끄는 일"이라는 점을 간과하고 있다고 비판했다. 그러므로 피터스는 교육을 **성년식에 비유**할 수 있다고 주장했다. 마지막으로 **예술의 비유**를 들 수 있다. 예술의 비유는 교사와 학생의 상호적 관계를 강조하여 교육은 교사와 학생이 함께 가르치고 배우는 과정이라고 간주한다. 이 과정에서 교사는 '예술가'로서의 창조성과 유연성을 발휘하여 학생의 자유를 교육자로서의 임무 및 과제와 조화시키지 않으면 안 된다. 여기서 교사는 예술가로서의 역할을 수행하지 않으면 안 된다. 이것은 슈타이너나 아이즈너 같은 사상가들이 제시했던 비유이다.

Ⅱ 교육은 타고난 소질을 얼마나 바꿀 수 있는가?

교육이 인간의 내면적 외면적 성장과 발달에 미칠 수 있는 영향력이 어느 정도인가에 대해서는 오랫동안 논쟁이 있었다. 한편으로 유전학자들은 교육을 통한 인간의 변화 가능성에 대해 의심을 품어 온 반면, 몇몇 교육학자는 교육의 역할을 지나칠 정도로 강조하기도 하였다. 전자를 교육부정설이라 하고 후자의 입장을 교육가능설 또는 교육만능설이라고 한다. 이러한 두 입장 간의 논쟁은 현대의 교육에서는 다문화 교실 상황과 연관해서 재연되기도 한다. 예를 들어 1970년대 초 Jensen이라는 미국의 교육학자는 다문화 교실에서의 학력격차가 천부적인 인종적 차이에서 온다는 주장을 펼쳤으며, 이런 생각은 현대 한국의 다문화 교실 교사의 심층의식 속에서도 종종 발견된다. 반면 현대의 다문화 교육학자들은 교사가 가진 이러한 인종적 차별의식이 전혀 근거 없는 것이라고 비판한다. 과연 유전적 소인과 교육을 포함한 환경적 요인 간의 올바른 관계는 무엇인가?

1. 교육가능설

교육가능설은 교육의 효과를 매우 낙관적으로 보는 입장이며, 인간의 성장과 발달은 선천적인 유전적 소질보다 '환경' 또는 교육의 힘에 의해 결정된다고 본다. 이런 입장은 서양 근대의 계몽주의 사조에서 강하게 대두했다. 대표적인 학자로는 라이프니쯔와 로크를 들 수 있다. 라이프니쯔는 "우리에게 교육을 다오. 그러면 반 세기 안에 유럽인의 성격을 바꾸어 놓겠다!"고 호언장담했다. 로크는 갓 태어난 아기의 최초의 의식은 '백지'(tabula rasa)와 같고, 그 이후 얻어지는 모든 의식의 내용 즉 지식, 사고, 표상은 경험으로부터 유래한다는 경험론 철학을 주장하였다. 이런 입장에 서서 본다면, 좋은 환경 속에서 좋은 교육을 받고 자란 사람은 반드시 도덕적이고 선한 인간이 되기 마련이다. 로크와 같은 '백지설'을 주장한 것은 아니지만, 동양의 유학자인 맹자와 순자는 각기 성선설과 성악설에 기초하면서도 교육을 통한 인격 완성의 가능성을 믿었다는 점에서 공(共)히 교육가능설의 입장에 서 있다.

2. 교육부정설

교육부정설은 교육의 효과를 과소평가하는 관점으로써, 인간의 능력과 인성은 이미 선천적인 요인(유전)에 의해 결정되어 있기 때문에 교육을 아무리 열심히 해도 그것을 변화시킬 수 있는 부분은 아주 작을 뿐이라고 주장한다. 대표적인 학자로는 유전법칙의 발견자인 멘델, 신체적 특성을 범죄형으로 연결시킨 롬브로소, 인종에 따른 지능의 차이를 주장한 옌센 등이 있다. 멘델은 어떤 경우에도 염색체상의 유전인자는 변화하지 않는다는 사실을 강조했다. 롬브로소는 골상학적 입장에서 출발한다. 그는 골상학 연구를 통해서 범죄자들의 골상이 비슷한 것은 이들이 이미 범죄자로서의 유전적 소인을 가지고 태어났다는 증거라고 보았다. 그리고 이러한 유전적 소인을 가진 사람은 아무리 좋은 환경에서 좋은 교육을 받고 성장해도 결국 범죄자가 되기 마련이라고 주장했다. 한편 옌센은 정교한 통계적 연구기법을 통해서 인간의 지능은 유전에 의해 80%, 환경이나 교육에 의해서 15%, 우연 오차 5%에 의해 결정된다고 주장했다.

3. 상호작용설

교육만능설과 교육부정설의 논쟁은 결국 '소질−환경 논쟁'에 뿌리를 둔다. 이 논쟁은 소질과 환경은 서로 분리된 독립변수라는 가정을 전제로 하고 있다. 그러나 과연 그런가? 상호작용설은 이 전제된 가정을 비판한다. 즉 전체적 시각에서 볼 때, 개인의 발달은 그의 유전자 속에 이미 주어져 있는 잠재적 소질들이 환경적 요인들과 지속적으로 상호작용하는 속에서 이루어진다고 주장한다. 따라서 개인의 발전에서 유전적인 소인과 환경적인 요인 중 어느 것이 더 큰 역할을 하는가를 양적으로 규정하려는 시도는 잘못된 시도이다. 왜냐하면 개인의 발달과정에서 유전적 소인이 차지하는 영향력은 미리 고정되어 있는 것이 아니기 때문이다. 즉 유전적 소인 속에 주어진 다양한 가능성들은 어떠한 환경이나 교육 아래 놓이느냐에 따라서 다르게 발현되며 따라서 그것이 개인의 발달에서 차지하는 위상도 가변적이다.

그 내용을 좀 더 자세히 살펴보자. 신경생리학적 연구에 따르면, 개인의 뇌의 신경망에서 일어나는 복잡하고 능동적인 활동들은 환경의 영향 아래서 특수한 기능적 체계를 형성하게 되며, 이 체계는 점점 더 확고한 인격적, 행동적 특징을 만들어 낸다. 즉 개인의 발달은 유전적인 소인과 환경적인 요인이 뇌 자체의 자기조절 규칙에 따라서 지속적으로 상호작용하는 속에서 이루어진다. 그러므로 개인의 발달의 초기에는 유전적 소인이 실현될 수 있는 다양한 방식들이 존재하며, 이 실현과정은 적절한 사회적 환경조건이 마련되었느냐에 따라서 다른 방향으로 진행된다. 즉 천재의 소질을 가지고 태어난 아이도 제대로 교육받지 못할 때는 평범한 사람으로 성장할 수 있는 것이다.

이러한 상호작용의 과정을 우드워스는 $D = f(H \cdot E)$로 정식화하였고, 레빈은 $B = f(P \cdot E)$로 정식화하였다. 말하자면 우드워스는 인간발달(Development)을 천부적 소질(Heredity)과 환경(Environment) 간의 함수(function)라고 보았고, 레빈은 인간행동(Behavior)을 인성(Person)과 환경(Environment) 간의 함수라고 보았던 것이다. 유사한 맥락에서 슈테른은 인간의 모든 행동은 외적인 환경과 내적인 것이 동시에 상호작용하는 속에서 나타나며, 획득된 태도와 타고난 태도는 외적인 상황과 일치하여 서로 근접, 수렴한다는 이론(Konvergenztheorie)을 제시했다.

Ⅲ 우리가 교육을 하는 목적과 본질

1. 교육목적: 내재설이냐, 외재설이냐?

교육목적 **내재설**은 교육의 목적이 교육의 과정이나 실천 자체에 놓여 있어야 하며 따라서 교육이 교육 이외의 다른 무엇을 위한 수단이 되어서는 안 된다는 입장이다. 간단히 말한다면 교육의 목적은 교육하는 행위 자체에 있다는 주장이다. 이런 입장을 가장 뚜렷하게 제시했던 사람은 듀이와 피터스이다.

듀이에 따르면, "교육은 교육하는 것 이외의 다른 목적을 갖지 않는다." 여기서 듀이에게 중요한 것은 교육이 사회의 특권계층이나 특수집단의 이해관계나 목적에 의해서 좌우되는 것을 막는 것이다. 지배와 예속이 없는 민주주의적인 사회에서 교육의 목적은 언제나 각 개인이 자신의 경험의 자유로운 성장을 도모하는 데로 귀결된다. 반면 억압적인 사회에서는 교육받는 다수가 사회 특수 계층이 원하는 외재적인 목적에 따라서 교육을 받게 된다. 듀이는 이런 상황을 비판하기 위해서 교육목적이 교육 자체에 있다고 주장한다.

듀이가 정치-사회적인 맥락에서 내재설을 주장한 반면 **피터스**는 교육의 규범적인 맥락을 강조한다: "교육의 목적에 관한 혼란은 '교육'이라는 개념 속에 붙박혀 있는 규범적 측면을 빼고 교육을 다른 목적을 위한 수단으로 생각하는 데서 비롯된 것이다." 즉 많은 사람들은 단지 개인의 출세나 성공 그리고 사회적 생산성의 고양을 교육의 목적이라고 말한다. 예를 들어 세계화시대에 국제 사회에서 경쟁할 수 있는 '전사'를 기른다는 것을 교육의 목적으로 내세운다. 그러나 이것은 교육의 목적에 대한 오해에서 기인한다. 우리가 모든 교육은 '바람직한 정신 상태를 도덕적으로 온당한 방식으로 의도적으로 실현하는 것'임을 직시한다면, 단지 출세라든가 사회적 생산성의 고양 같은 것을 교육의 목적이라고 주장할 수 없다는 것이다. 피터스는 "개인의 잠재능력의 발달이나 지력과 인격의 발달" 같은 교육의 본질에서 유래하는 내재적인 목적만을 교육의 목적으로 간주해야 한다고 주장한다.

교육목적 내재설은 교육목적을 교육 이외의 사회적, 개인적 필요나 욕구에서 찾는 입장 즉 교육목적 **외재설**에 대한 비판으로서 제기된 것이다. 교육목적 외재설에 따르면 교육은 어쩔 수 없이 교육의 외부에 존재하는 사회적 필요에 따라 설정된 목적의 실현을 위한 수단으로서 기능해야 한다. 예를 들면, 생계를 위한 취업, 사회적으로 필요한 전문 인력 양성 등등을 외재적인 교육목적이라고 할 수 있다. 그러나 피터스는 이러한 외재적인 목적을 추구하는 교육활동에 대해서는 '교육'이라는 말보다는 '훈련'이라는 말을 사용해야 한다고 주장한다.

2. 한국의 교육목적

교육의 목적은 시대에 따라, 사회에 따라 그리고 사람에 따라서 각기 다르게 제시된다. 브루바커라는 교육학자는 교육사에서 등장했던 교육목적들을 11개로 정리하고 있다: 체제의 보수적 계승(고대사회), 자유시민의 육성(아테네), 인간의 영적인 구원(중세), 폭넓은 교양을 갖춘 신사의 육성(에라스무스), 다방면의 지식습득(코메니우스), 형식적 능력의 도야(로크), 민주사회의 실현(콩도르세), 인간능력의 조화로운 발전(페스탈로치), 완전한 생활을 위한 준비(스펜서), 사회적응 능력의 육성(보빗, 챠터스), 지속적인 경험의 재구성(듀이).

그렇다면 우리나라는 교육목적을 어떻게 정의하고 있는가? 우리나라 헌법에는 교육목적 규정이 없고, 교육기본법 제1장 제2조에 다음과 같은 규정이 나온다. "(교육이념) 교육은 홍익인간의 이념 아래 모든 국민으로 하여금 인격을 도야하고 자주적 생활능력과 민주시민으로서 필요한 자질을 갖추게 하여 인간다운 삶을 영위하게 하고 민주국가의 발전과 인류공영의 이상을 실현하는 데 이바지하게 함을 목적으로 한다." 그러므로 한국의 교육기본법은 교육의 내재적 목적과 외재적 목적을 하나의 전체적인 연관 즉 홍익인간의 이념 아래서 종합함으로써 교육목적을 설정하고 있다고 할 수 있다. 반면 북한은 헌법 제43조에서 "국가는 사회주의 교육학의 원리를 구현하여 후대들을 사회와 인민을 위하여 투쟁하는 견결한 혁명가로, 지덕체를 갖춘 공산주의적 새 인간으로 키운다."고 교육목적을 명시하고 있다. 혁명가를 기른다든지 공산주의적 인간을 기른다는 목적은 명백히 외재적인 목적이라고 할 수 있다.

3. 교육의 본질: 교육의 4대 목적의 조화로운 통일

참된 교육이 무엇이며 그 본질은 어디에 있는가를 정식화한다는 것은 불가능에 가까운 과제이다. 이러한 어려운 과제에 다가서는 간결한 방법 중 하나는 역사적으로 등장했던 다양한 교육목적들 중에서 핵심적이고 주축적인 요소들을 추출하여 그것을 하나의 개념적 구조 속에서 제시하는 것이 될 것이다(참고: 김정환, 강선보, 『교육학개론』, 박영사). 이러한 방향에서 접근할 때 등장하는 교육의 4대 기본 목적은 "첫째는 체제의 보수적 계승, 둘째는 인격의 조화적 도야, 셋째는 인류의 정신문화 계승, 그리고 끝으로 사회혁신기반 조성이 될 것이다."(상게서 38쪽) 차례대로 간단히 살펴보자.

첫째는 **체제의 보수적 계승**이다. 즉 교육의 가장 기본적인 목적은 성장세대가 기존의 사회체제에 대해 애착을 갖고 그것을 계속해서 존속, 유지해 가도록 하는 데 있다. 우리는 왜 자식을 낳고 가르치는 활동을 하고 있는가? 이 물음에 대해, 뜻밖에 생겼으니 어쩔 수 없이 기른다고 대답할 사람은 없을 것이다. 물론 여러 가지 대답이 가능하겠지만 가장 근본적인 이유는 '우리는 많든 적든 바람직한 가치와 삶의 방식을 가지고 있는데 그것이 자식들을 통해서 연속되어 나가기를 바란다.'는 데 있을 것이다. 교육은 이러한 기존 제도와 가치체계가 연속되어 나가게 하는 데에 목적이 있다. 기독교의 십계명, 불교의 오계, 유교의 삼강오륜은 바로 이러한 맥락에서 나온 것이다. 여기서 교육은 위에서 아래로의 방향을 취한다.

둘째는 **인격의 조화로운 도야**이다. 인간은 단지 가능성의 존재로서 세상 속에 나온다. 이 가능성을 실현하여 조화로운 인격을 형성할 때 비로소 인간은 인간이 될 수 있다. 이런 의미에서 칸트는 인간은 "교육을 필요로 하는 유일한 피조물"이라고 하였던 것이다. 그러므로 인간의 참된 삶은 인격의 완성을 위한 끊임없는 의지적 노력의 과정이다. 교육은 바로 이러한 인간의 형성과정을 도와서 지덕체를 겸비한 전인이자 자유인으로 성장하도록 하는 데에 근본 목적이 있다. 이런 교육은 외적인 강압이나 규율의 강제만으로는 이루어질 수 없다. 여기서 교육은 안에서 밖으로 방향을 취한다.

셋째는 인류의 **정신문화 계승**이다. 문화의 전승을 빼놓고 교육의 본질을 논하기는 어렵다. "교육은 성장한 세대가 자라나는 세대에게 문화를 전해 주는 것, 예컨대, 언어는 가르쳐야 한다. 완성도를 높이는 수작업과 기술은 가르쳐야 한다. 나이프와 포크 같은 도구도 그렇고, 읽기와 쓰기도 가르쳐야 한다. ... 무엇이 선하고 무엇이 악한지 가르쳐야 한다."(슈프랑거) 그러므로 교육은 인류의 축적된 문화유산을 기성세대가 인격적인 관계를 통해서 후속세대에게 전수하는 데 목적이 있다. 더 나아가 문화의 계속적인 발전을 위해서 교육은 후속세대의 내면세계를 '각성'시켜야 하며 자신의 집단 문화에 대한 더 나아가 인류의 문화 발전에 대한 책임의식을 일깨워 주어야 한다. 여기서 교육은 밖에서 안으로의 방향을 취한다.

넷째는 **사회혁신 기반 조성**이다. 교육은 이미 시대에 뒤떨어진 삶의 방식을 혁신하여 새로운 가치 체계, 사회체제, 문화의 창출을 꾀하는 것이다. 교육은 단지 체제 유지의 보수적 기능만을 수행해서는 안 된다. 교육은 사회의 새로운 세대가 자신이 몸담고 있는 사회를 분명히 이해하고, 경우에 따라서는 그 문제점을 비판함으로써 더 나은 사회질서를 만들어 낼 수 있도록 인도해야 한다. 이런 방면에서 교육의 목적을 이해한 사람은 브라멜드(Brameld)이다. 그는 "교육의 주된 목적은 현대의 위기에 대처하기 위하여 사회를 재건하는 데 있다. 이러한 목적을 수행하기 위하여 학교는 서구문명의 기본적 여러 가치를 재검토할 필요가 있다"고 말한다. 여기서 교육은 아래에서 위로의 방향을 향하게 된다.

이러한 네 가지 교육의 근본 목적은 이미 보았듯이 서로 모순, 대립의 관계에 있다. 여기서 우리는 왜 교육의 본질을 한마디로 규정한다는 일이 어려울 수밖에 없는지를 이해할 수 있다. 즉 교육은 서로 길항하는 다양한 힘들의 각축 속에서 진행될 수밖에 없는 활동이며, 자신 속에 내포되어 있는 모순과 대립의 역동적 운동을 통해서 발전해 가는 과정인 것이다. 참된 교육의 본질은 이러한 교육의 갈등과 긴장을 통합할 수 있는 구체적이고 잠정적인 지점들을 찾아 나가는 지속적 과정이라고 정의할 수 있을 것이다. 그러므로 이러한 위−아래, 안−밖의 모순적이고 역동적인 개념 구조는 우리가 교육이라는 문제를 생각할 때 항상 되돌아가는 나침반이라고 할 수 있을 것이다.

Ⅳ 현대의 평생교육사회에서 교육의 기본적 형태와 유형

60년대 말 교육학자들은 세계적 차원에서 대두된 '교육의 위기'에 주목하기 시작했다. 여기서 교육의 위기란 급속한 사회 발전 과정에서 기존의 교육과정의 현실 사회로부터 동떨어진 것이 되었고, 또 기존의 교육제도가 급속한 경제적 팽창에 부응하지 못하게 되었다는 데 있었다. 다시 말하면 급변하는 사회적, 경제, 문화적 현실에서 파생되는 교육적 수요와 요구는 더 이상 형식적 제도교육으로는 감당할 수 없게 되었다. 왜냐하면 현대 사회 체제는 모든 사람들에게 평생에 걸친 지속적인 재교육을 요구하기에 이르렀기 때문이다. 그러나 대다수 나라들에서 형식적 제도교육을 급속하게 확대하여 이러한 요구에 대응하는 데는 여러 가지 한계가 있었다.

이런 상황에서 교육학자들은 기존의 제도교육의 틀을 과감히 벗어나서 더 광범위한 사회적 맥락으로 교육을 확장함으로써 교육의 위기에 대처할 필요성을 느끼게 되었다. 이런 필요성에 입각해서 세계

은행(Worldbank)은 처음으로 형식, 비형식, 무형식 교육의 3원적 학습체계를 구상하기 시작했다. 같은 맥락에서 1970년대 초 유네스코(Unesco)는 '평생교육'과 '학습사회'라는 개념을 제시하면서 마찬가지로 3원적 교육체계를 확립해야 한다고 제안했다.

(1) **형식교육**은 교육의 3요소인 교사, 학생, 교육내용이 조직적, 의도적, 계획적, 지속적으로 맞물려서 이루어지는 교육이며 대표적인 것이 학교교육이다.

(2) **비형식교육**도 교육의 3요소를 갖추고 있다. 그러나 학교교육이 제도의 틀 속에서 엄격한 형식을 유지하는 것과는 달리 비형식교육은 요즘 많이 생겨난 평생교육원의 교육과 같이 특정 교육장소나 교육대상, 교육 형태와 방법, 생애주기를 고정시키지 않고 다양하고 유연하게 그리고 일정한 조직적 틀(정해진 목적과 내용) 아래서 운영되는 교육이다. 이때 피교육자는 교육적 욕구가 생길 때마다 자신의 자발적 의지에 따라 교육에 참여하게 된다.

(3) **무형식교육**은 자연발생적이고 우발적으로 이루어지는 교육을 말하며 가정교육처럼 무의도적이고 비조직적이라는 점에서 비형식교육과도 다르다.

그러나 학자에 따라서는 무형식교육을 따로 구분하지 않고, 여전히 형식적 교육과 비형식교육만을 언급하는 사람들도 있다. 이때에는 제도화되고 형식적 틀이 분명한 교육 이외의 모든 교육활동을 통틀어 비형식교육이라고 부르고 있는 것이다.

Ⅴ 학문으로서의 교육학의 정체성의 이해

1. 교육학이란 무엇인가?

가장 소박하게 규정한다면, 교육학은 교육에 대해서 연구하는 학문이라고 할 수 있다. 그러나 이러한 정의는 거의 말해주는 것이 없다. 교육학에 대한 정의로서 자주 인용되는 것은 "인간형성을 대상으로 삼는 자율적인 종합과학"(한기언)이라고 할 수 있다. 이 정의에서 출발해 보자.

먼저 교육학의 연구 대상은 '인간형성'이다. 교육학이 인간형성을 연구하는 학문이라면 교육학은 세 가지의 기본적 연구 주제를 갖지 않을 수 없다. 첫째는 인간이란 무엇인가(인간학, 심리학, 사회학)라는 문제이고, 둘째는 인간은 무엇이 되어야 하는가(윤리학)라는 문제이고, 셋째는 어떻게 인간을 이런 사람으로 교육할 수 있는가(심리학, 사회학, 정치학)이다. 이 세 가지 문제를 하나의 긴밀한 연관 속에서 천착하는 유일무이한 학문이 바로 교육학이다.

그러므로 오늘날 교육학이 독립적이고 자율적인 학문 분야임을 의심하는 사람은 거의 없다. 여기서 자율적이라고 함은 교육학이 독자적인 연구 분야, 연구목적, 연구방법 및 연구에 대한 평가의 방법 등을 확보하고 있기 때문이다. 그러나 처음부터 그랬던 것은 아니다. 이렇게 교육학이 하나의 독립적 학문으로 자리 잡게 된 데에는 19세기 독일의 교육학자인 헤르바르트의 공헌이 결정적이다. 그는 교육학을 어엿한 학문의 반열에 올려놓는 데 성공했던 최초의 인물이다.

마지막으로 교육학은 종합적인 과학이다. '인간형성'이라는 문제가 이미 인간학, 심리학, 사회학, 정치학, 윤리학 등 인간 삶과 관련된 전 영역을 포괄하고 있기 때문에 교육학은 종합학문일 수밖에 없다.

이러한 특성으로 인해 오늘날 교육학은 교육의 현실에 대한 이론적이고 객관적인 지식을 탐구하는 **경험과학**이자 동시에 올바른 교육을 위해서 교육을 어떻게 실행하고 개선해야 하는가를 밝혀내는 **행동과학**이며 동시에 항상 교육의 참된 목적과 가치 지향을 검토하는 **규범과학**이다. 이런 의미에서 교육학은 '이론과 실천이 통합'된 영역에서 움직이며 '학문성과 실천성을 겸비'한 학문이다. 더 나아가 최근 평생학습사회가 도래하면서 교육학은 삶의 전체 과정 또는 인간 발달의 전 과정에 대한 학문으로서 더욱 확장된 지평을 확보하게 되었다.

2. 교육학의 기본 경향

(1) 정신과학적 교육학

정신과학적 교육학을 이해하려면 먼저 정신과학이라는 용어를 이해해야 한다. 정신과학은 독일의 철학자인 딜타이가 처음 사용한 단어이다. 그는 19세기말 자연과학이 승승장구하면서 상대적으로 위축되어가던 인문학을 하나의 떳떳한 학문으로서 재정립하려 했던 사람이다. 딜타이의 전략은 자연과학과 정신과학을 전혀 다른 방법론에 기초하고 있는 이질적인 학문 분야로 분할하는 것이었다. 그래서 자연과학은 자연 현상을 객관적이고 보편적인 법칙에 기초하여 설명하려는 학문인 반면, 정신과학은 개별적인 인간의 활동과 사회의 변화를 의미의 차원에서 이해하려는 학문이라고 규정하였다. 이것은 인간적인 것과 가치의 영역을 자연과학의 칼날로부터 보호하려는 딜타이의 고육지책이었다.

이러한 정신과학의 정신 위에서 탄생한 정신과학적 교육학은 교육을 정신적－문화적이고 역사적인 현상으로서 이해하려고 한다. 따라서 방법론적으로는 **해석학** 또는 이해의 방법을 적용한다. 그러므로 교육학은 자연과학처럼 법칙이나 가치중립적 이론을 정립하는 학문이 아니라 개개의 교육현실에 대한 의미 부여를 통해 교육 실천에 도움을 주는 학문이어야 한다. 정신과학적 교육학은 개별 교육 현상을 이해하기 위해서는 그 역사적 발전과정을 고려해야 한다는 점에서 '역사성'을 강조하며 교육학의 '이론적－실천적 자율성'을 강조한다.

(2) 경험적 교육학

경험적 교육학을 이해하려면 먼저 경험과학을 이해해야 한다. 경험과학은 자연과학과 같이 세계의 사건이나 사물들을 실험, 관찰 등을 통해서 실증적으로 연구하는 학문이다. 그래서 경험적 연구는 주로 실험실이나 현장(field)에서 진행된다. 경험적 교육학은 자연과학의 방법론, 특히 칼 포퍼가 제시한 '비판적 합리주의'의 방법에 기대어서 교육에 대한 연구를 수행하려 한다는 점에서 정신과학적 교육학과 정면으로 대립하는 입장에 서 있다.

정신과학적 교육학자가 기본적으로 개별적인 사례에 대한 이해를 중시하고 실천적 맥락을 강조하는 반면, 경험적 교육학자는 철저히 자연과학자가 자연법칙을 탐구할 때의 태도를 견지한다. 이들은 교육현상을 연구하지만 교육의 실천을 위한 직접적 지침을 찾아내는 데 목적이 있는 것이 아니라 교육현상 속에서 작동하고 있는 **법칙적 연관성**을 찾아내는 데에 목적이 있다.

경험적 교육학을 통해서 교육의 계획적 수행과 평가 그리고 효과적인 교수방법들이 획기적으로 발전될 수 있었고 교육현상에 대한 객관적인 설명과 예측이 가능해졌다는 점은 긍정적인 측면이다. 그러나 경험적 교육학은 경험적 방법에 의해 접근할 수 없는 윤리적 영역이나 가치의 차원을 배제함으로써 자칫 인간을 도구화하는 교육학으로 귀결될 위험성이 있다.

(3) 비판적 교육학

비판적 교육학을 이해하려면 먼저 비판이론에 대한 이해가 필요하다. 1960대부터 부각된 비판이론은 무엇보다도 경험과학의 실증주의에 대한 비판에서 시작되었다. 실증주의는 주어진 사회나 현실이 어떻게 사실적으로 작동하는가에 대해서는 탐구하지만 그런 기존 질서가 과연 정당한 것인가에 대해서 전혀 다루지 못한다. 따라서 비판이론가들이 보기에 실증주의적 경험과학은 가치중립성을 내세우지만, 그 이면에는 기존 질서와 기득권 세력을 옹호하는 정치적 당파성이 감추어져 있다. 이런 비판은 곧바로 경험적 교육학에 대한 비판으로 읽힐 수 있다.

비판적 교육학은 교육을 철저히 사회적, 정치적 맥락에 제약되어 있는 영역으로 간주한다. 그러므로 교육은 사회적 지배 – 예속의 관계나 경제적인 모순으로부터 자유로울 수 없다. 비판적 교육학은 이렇게 교육의 영역으로 틈입해 오는 사회의 부당한 힘을 폭로하고 교육이 사회적 불평등과 억압을 재생산하는 것이 아니라 오히려 그것을 폐지할 수 있는 길을 모색한다. 그러므로 교육학의 주도적인 관심은 사회와 **인간의 해방**에 놓여야 한다. 더불어 교육은 학생들을 자유롭고 이성적이며 비판적인 주체로서 길러내야 한다. 결과적으로 비판적 교육학은 모든 정치적, 경제적 억압으로부터의 인간해방을 강조하며 사회적 불평등을 극복하고 지양할 수 있는 교육적 실천을 모색한다.

3. 1970년대 한국에서의 교육학 학문성격 논쟁: 정범모와 이규호

(1) 정범모의 경험적 교육학 선언

정범모 교수는 교육학으로부터 모든 규범적인 요소를 제거하려 하였다. 교육학이 엄밀한 학문이 되려면 윤리적이거나 가치적이거나 실천적인 측면이 거기에 포함되어 있으면 안 되기 때문이라는 것이다. 그리하여 그는 다음과 같이 말한다. "교육이라는, 즉 교사, 내용, 학생의 상호작용을 중심으로 하는 인간행동의 계획적 변화라는 현실적인 사실세계를 기술하고 설명하고 예언(따라서 어떤 바람직한 방향으로 통어하고)하는 것을 목적으로 하는 개념, 법칙, 이론의 어떤 체계적인 집합이라면, 교육학은 다른 사회과학과 같이, 우선 경험과학으로 그 중심을 잡아야 한다. 이런 과학으로서 그 중심을 구성하려면 교육학도 경험과학의 개념구성, 법칙발견, 이론형성의 경험적 그리고 논리적인 원칙에서 벗어날 수 없다. 그것이 교육학의 내적 규율이 되어야 한다. 이런 의미에서의 교육학은 아주 어리다."(정범모)

(2) 이규호 교수의 반론: 정신과학적 교육학

정범모 교수의 주장에 대해 이규호 교수는 다음과 같은 요지의 반론을 제기했다. '교육적으로 의의 있는 현상에 대한 정당한 관찰은 먼저 그 현상의 끝없는 복잡성에 대한 이해와 더불어 시작되어야 하며, 이렇게 복합적인 교육현상을 이해하려는 교육학적 사고 자체도 매우 복잡하고 다양할 수 있다. 따라서 모든 가능한 방법론들을 자세히 살펴서 될 수 있는 대로 다양한 관찰방법들을 동원해서 연구해야 한다. 결론적으로 교육학은 과학적 성격과 규범적 성격을 포괄하는 해석학적 성격을 띤 학문이어야 한다.' (이규호) 그러므로 이규호 교수는 교육학이 경험적 교육학을 지나치게 신봉하는 것을 경계하고, 교육학은 철학적 인간학이나 해석학을 통해서 경험 과학의 협소한 관점을 넘어서야 한다고 강조했던 것이다.

(3) 종합을 향하여

교육학은 교육의 현실에 대한 경험적이고 객관적인 지식과 더불어 교육의 본질과 목적 그리고 의미에 대한 실천적 가치 지향에 대한 연구를 모두 필요로 한다. 경험적 교육학의 옹호자들은 교육학의 개념들을 조작화 즉 관찰 가능한 사실들로 변환하는 작업에 몰두하지만, 그들도 이러한 작업 속에서 언제나 교육의 '의미'와 관련된 물음과 필연적으로 부딪히게 된다. 반면 교육을 역사적, 해석학적인 의미 물음이나 규범적 실천의 측면에서 접근하는 사람들도 언젠가는 자신이 생각하는 올바른 교육의 실현을 위해서는 교육의 현실적 조건, 사실, 법칙, 원리들에 의거하지 않을 수 없다. 따라서 경험적 교육학과 규범적 또는 정신과학적 교육학은 상호 보완적인 협동의 관계 속에서 발전해 나가야 한다.

Ⅵ 지식정보사회에서 요구되는 교육과 학교의 새로운 발전 방향

1. 지식정보사회

20세기 후반 이래 과학문명의 급속한 발달로 인해 인류 사회는 이제 새로운 단계로 진입하고 있다. 산업혁명 이래 사회적 발전의 주도적 역할을 담당했던 물질적 자원이나 재화의 중요성이 감소하고 대신에 지식과 정보가 점점 더 핵심적인 지위를 점해 가고 있다. 산업사회에서 자본과 노동력 그리고 자연자원이 점했던 역할이 이제 정보와 지식으로 이전되고 있는 것이다. 특히 세계화의 흐름과 신자유주의의 득세 그리고 정보 통신 기술의 폭발적 발전과 더불어 정보와 지식의 가치는 획기적으로 증대하고 있다. 한 개인이나 사회의 발전은 이제 축적한 지식과 정보의 양 및 새로운 지식을 창출할 수 있는 능력에 달려 있다. 이렇게 경제적, 사회적, 문화적 과정들이 점점 더 지식과 정보에 의존하게 되고 그리고 지식과 정보가 한 사회의 발전과 경쟁력의 원동력이 되고 있다는 점에서 현대 사회를 우리는 지식정보사회라고 부른다.

지식정보사회로의 이행은 첨단 정보통신과 교통기술의 발달로 인해 국가 간의 경계선이나 시간 공간의 제약이 점점 줄어들면서 나타나는 현상인 세계화와 긴밀히 맞물려서 진행되고 있다. 이와 함께 지식의 이전, 저장, 공유와 연관된 모든 장벽들이 사라지고, 아이디어들이 상호 교차하여 풍부하게 될 가능성이 증대하며 이에 따라 기존의 지식을 가공하고 변형하거나 새로운 지식을 창출할 가능성도 급속도로 증대한다. 지식의 양이 기하급수적으로 증가하는 반면, 새로운 지식의 생겨나고 사라지는 주기는 극도로 짧아지는 현상이 나타난다. 그러므로 지식을 소유하는 것이 중요한 것이 아니라 기존의 지식을 응용, 활용하면서 끊임없이 새로운 지식을 창출하는 능력이 요구된다.

산업사회에 대비되는 지식정보사회에서의 사회, 문화 패러다임의 변화는 다음과 같은 표로 정리할 수 있다.

구분	산업사회	지식-정보사회
행동양식	획일성, 적당주의, 권위주의 지향	다양성, 완벽성, 자율성 추구
조직유형	관료제, 경직성, 대형화 추구	학습조직, 유연조직, 최적화 추구
법제와 규율	규제, 통제, 투입 중심	탈규제, 능력, 성과 중심
지식의 기능	권위와 통제의 원천	삶의 질 향상과 경쟁력의 원천

출처: 강만철 외, 「한국교육의 이해」, 교육과학사.

2. 지식정보사회와 교육

지식정보사회에서는 자기 학습능력에 기초하여 스스로 지식을 구성하고 창출하는 능력이 중요하다. 그러므로 가장 중요한 것은 '가르침'에서 '배움'으로의 패러다임 전환이다. 17세기의 교육학자 코메니우스가 대교수학을 쓴 이래, 근대 교육은 어떻게 하면 세계의 전체적인 모습과 바람직한 삶의 방식을 효율적으로 학생들의 마음에 각인시키느냐의 문제를 중심으로 발전하였다고 해도 과언이 아니다. 교육심리학과 교육과정 그리고 교수학습방법의 방대한 지식과 체계는 바로 이러한 문제의식의 소산이었던 것이다.

지식정보사회에서는 이제 이러한 산업사회의 교육 패러다임에서 과감히 벗어나야 한다. 물론 이러한 전환은 학습자의 발달단계에 맞추어 점진적으로 적용되어야 한다. 어린 학생들에게는 기초적인 지식과 생활방식에 대해 '가르치는' 교육이 더 많이 필요할 수 있다. 그러나 전체 교육 패러다임은 어디까지나 학생이 자기 주도적으로 학습하는 속에서 스스로 배움의 의미와 기쁨을 느낄 수 있도록 하는 데에 초점이 놓여야 한다. 왜냐하면 지식정보사회를 살아가는 데서 필요한 것은 바로 평생에 걸쳐 스스로 학습하려는 자세와 학습하는 능력이기 때문이다.

3. 지식정보사회와 학교

그렇다면 지식정보화사회의 도래는 학교교육에 대해 어떤 변화를 요구하고 있는가?

당연한 말이지만 무엇보다 먼저 학교교육은 지식정보화사회에서 자신과 사회의 발전을 도모할 수 있는 역량과 품성을 갖춘 인간을 길러내는 데 적합하게 변화되어야 한다. 그리고 지식정보사회 속에서 자신을 실현하며 살아가기 위해서는 위계적 사회 조직 아래서 통용되는 표준적인 지식과 능력이 아니라 새로운 지식을 창출할 수 있는 다양한 개성과 주체적 역량이 요구된다. 그러므로 학교는 학생의 **자기주도적인 활동**을 조장하고 표준화된 지식과 능력보다는 **창의적 사고**를 길러 주는 데 주력해야 한다. 또한 교사와 학생의 관계가 좀 더 민주적이고 협동적으로 변모되어야 하며 교수학습의 과정 자체가 학생의 학습활동과 체험활동을 중심으로 조직되어야 한다.

이러한 패러다임의 전환은 다음과 같은 몇 가지 측면으로 요약될 수 있다.

가. 일반적 측면

개인의 자아실현을 조장하기 위한 수요자 중심의 교육을 강화하고, 자율성과 책무성에 기초한 집단 혹은 조직 내에서 학생의 개성적 발달을 도와주는 맞춤형 교육체제를 수립해야 한다.

나. 학습목표의 측면

급속한 사회적 변화에 대응하여 평생에 걸쳐서 요구되는 학습의 과정을 실행하는 데에 필요한 능력 즉 '학습하는 능력'을 길러 주고, 더불어 창의성, 협동심, 비판적 사고를 함양하는 데에 학습의 목표를 두어야 한다.

다. 교수학습 방법의 측면

교사는 학습의 안내자, 동반자가 되어 협동적이고 유연한 교수학습 환경을 제공해야 하며, 과제나 문제의 해결을 중심으로 하는 상호작용적인 교수학습이 진행될 필요가 있다. 또한 역동적인 멀티미디어를 활용하여 양방향적 의사소통을 강화하여야 한다.

Ⅶ 내용 확인을 위한 질문

다음의 몇 가지 질문은 본문의 논의를 충실히 이해했는가를 자가 평가해 볼 수 있는 기회를 주려는 의도에서 만들어 본 것이다. 가능하다면 약 1500자 정도의 논술문으로 답안을 작성해 보면 좋고, 그렇지 않으면 앞에서 학습한 내용을 확인하는 차원에서 찬찬히 검토해 보는 것도 좋다. 이도 저도 아니라면, 본문의 내용에 대한 보완의 차원에서 읽어 두어도 무방하다.

1. 중국의 고사 성어에 '줄탁동시'(부화 직전의 병아리는 알 안쪽에서 쪼고 어미 닭은 밖에서 껍질을 쫀다)라는 말이 있다. 가) 이 고사성어의 의미를 '교육'의 어원과 연관하여 설명하고, 나) 거기에 기초하여 아래의 제시문에 나타난 교육관에 대해서 찬성 또는 반대의 입장에서 논평하시오.

"부모들은 자녀들이 일생 동안 다른 어느 시기보다도 바로 어린이기에 평화에 대한 욕구, 즉 모든 외적인 움직임 사이에서 내적인 평화를 취하고자 하는 욕구가 가장 크다는 사실을 인식하지 못한다. 어린이는 자신만의 고유한 무한한 세계를 지니고 있다. 그 안에서 올바른 길을 찾고 그 세계를 정복하고 꿈을 꾸게 된다. 그러나 실제로 어린이는 무엇을 경험하는가? 하루 종일 장해와 간섭, 훈계 등을 경험한다. 어린이는 항상 어떤 뭔가에 손을 대면 안 되거나, 아니면 자신이 행하고 발견하고 원하는 것과는 다른 뭔가를 행하고 발견해야만 하는 상황에 놓여 있다. 어린이는 언제나 자신의 감각이 지시하는 방향과는 다른 방향으로 단련된다. 교육자는 어린이가 단번에 완성되고 완전해지기를 원한다. 교육자는 어린이에게 질서와 자기 통제 능력을 요구하고 의무에 충실할 것과 성실한 태도를 강요한다. 그러나 어린이들의 실수 앞에서 열 번 중 아홉 번을 눈감아 주는 것, 직접적인 간섭을 경계하는 것, 그 대신에 어린이가 성장할 수 있는 환경의 조성에 주의를 집중하는 것, 그리고 자기 스스로 행하는 교육에 주목하는 것, 이것이 자연적 교육을 실천하는 기술이다."(엘렌 케이, 어린이의 세기)

2. 교육이 인간의 내면적인 성장과 발달에 대해 미칠 수 있는 영향이 어느 정도인가에 대해서는 교육만능설(교육가능설, 교육긍정설)과 교육부정설이라는 두 가지 입장이 대립하고 있다. 각각의 입장에 대해서 설명하고, 아래의 제시문에 근거해서 다문화교실에서 학력격차에 대한 인종주의적 해석을 비판하시오.

"교육만능설과 교육부정설의 논쟁은 '소질-환경 논쟁'에 뿌리를 둔다. 소질-환경 논쟁은 타고난 것과 획득한 것의 관계에 관한 논쟁이다. 인간의 개인적 발달은 인간의 유전자 속에 이미 주어져 있는 잠재적 소질들이 -그 유기체가 우연적인 생물학적, 사회적 환경영향과 능동적으로 상호작용하는 속에서- 실현되는 과정을 통해서 이루어진다. 그런데 이때 개인의 발전에서 차지하는 유전적인 소인과 환경적인 소인 간의 양적 비율을 계산해 내려는 시도는 무의미하다. 왜냐하면 그런 물음은 유전적 소인을 이미 하나의 결정된 크기로 간주하고 있고 그리하여 유전적 소인 속에 주어진 다양한 가능성들은 발달과정에서의 우연적 계기에 따라서 점점 더 크게 영향을 받는다는 사실을 무시하고 있기 때문이다. 즉 유기체의 뇌의 신경망에서 일어나는 복잡한 능동적 활동들은 고도로 가변적이고 위계적으로 구성된 기능적 체계를 형성하게 되며, 이 체계는 점점 더 안정된 인격적 특성과 행동 특징을 만들어 낸다(즉 유전적 소인의 힘은 약화된다!). 그리하여 현대의 연구결과에 따라서 볼 때, 개별적 유기체의 발달은 유전적인 요인과 환경적인 요인이 뇌 자신의 자기조직화의 규칙에 따라서 지속적으로 상호작용하는 속에서 이루어진다. 발달의 초기에는 유전적 질서원리의 가능한 실현 방식들이 매우 다양하게 존재하며, 이 실현과정은 연령대에 맞는 사회적 환경조건 아래서 가장 성공적으로 진행된다. 그러나 나이가 들면서 발달의 다양한 가능성들은 점점 더 제한되고 유전적인 소인보다는 사회적인 환경조건으로부터 점점 더 결정적인 영향을 받는다."

3. 다음의 글은 듀이가 민주주의와 교육에서 교육의 목적에 대해서 논하고 있는 부분이다. 인용문에 기초하여, 가) 교육 목적 내재설과 외재설이라는 두 가지 기본 입장을 설명하고, 거기에 기초하여 나) 현재 한국의 교육의 문제점에 대해서 논하시오.

"교육의 목적은 개인들로 하여금 자기 자신의 교육을 계속할 수 있도록 하는 데에 있으며, 학습의 목적과 보람은 성장의 능력이 계속 증대하는 데에 있는 것이다. 그런데 이러한 생각이 사회의 모든 구성원에게 적용되려면 인간과 인간의 교섭이 상호적이어야 하며, 이해관계의 공평한 분배와 그로 말미암은 광범위한 참여에 의하여 사회적 습관과 제도를 재구성하는 적절한 조치가 취해져야 한다. 이것은 곧 그 사회가 민주적인 사회여야 한다는 뜻이다. 그러므로 교육의 목적을 찾는 데 있어서 우리의 관심은 교육보다 높은 자리에서 교육을 지배하는, 교육 바깥의 목적을 찾는 데에 있는 것이 아니다. 이러한 사고방식은 이때까지 이 책에서 말한 교육관과 맞지 않는 것이다. 오히려 우리의 관심은 목적이 그 달성을 위한 과정(＝교육의 과정) 안에 있을 때와 목적이 바깥에서 주어졌을 때 나타나는 상태를 대조시키는 데 있다. 이 후자의 사태, 즉 목적이 바깥에서 주어지는 사태는 사회적 관계가 균등하게 평형을 이루지 않을 때 반드시 생겨나기 마련이다. 왜냐하면 사회적 관계가 균등하지 않을 때에는 사회 집단 전체 중에서 일부는 필연적으로 그 목적이 외적 규제에 의하여 결정되는 운명을 겪게 되기 때문이다. 그들의 목적은 그들 자신의 경험이 자유롭게 성장하는 과정에 있는 것이 아니요, 그들의 목적이라는 것은 명목적으로만 목적이며, 실제로는 그들 자신의 목적이라기보다는 다른 사람들의 보다 궁극적인 목적을 위한 수단에 불과하다."(듀이, 민주주의와 교육)

> **4.** 다음의 두 인용문은 교육학의 학문적 성격에 대한 두 가지 기본 입장을 대변하고 있다. 주어진 인용문에 기초하여 두 가지 교육학의 경향을 비교하여 설명하고 '학교폭력' 문제를 다룬다고 가정할 때 두 교육학의 장단점에 대하여 논하시오.

가. 교육학이 있을 수 있다면 그리고 그것이 교육이라는, 즉 교사, 내용, 학생의 상호작용을 중심으로 하는 인간행동의 계획적 변화라는 현실적인 사실세계를 기술하고 설명하고 예언(따라서 어떤 바람직한 방향으로 통어하고)하는 것을 목적으로 하는 개념, 법칙, 이론의 어떤 체계적인 집합이라면, 교육학은 다른 사회과학과 같이, 우선 경험과학으로 그 중심을 잡아야 한다. 이런 과학으로서 그 중심을 구성하려면 교육학도 경험과학의 개념구성, 법칙발견, 이론형성의 경험적 그리고 논리적인 원칙에서 벗어날 수 없다. 그것이 교육학의 내적 규율이 되어야 한다. 이런 의미에서의 교육학은 아주 어리다. (정범모)

나. '교육적으로 의의 있는 현상에 대한 정당한 관찰은 먼저 그 현상의 끝없는 복잡성에 대한 이해와 더불어 시작되어야'하며, 이렇게 복합적인 교육현상을 이해하려는 '교육학적 사고 자체도 매우 복잡하고 다양할 수 있다.' 따라서 '모든 가능한 방법론들을 자세히 살펴서 될 수 있는 대로 다양한 관찰방법들'을 동원해서 연구해야 한다. 결론적으로 교육학은 과학적 성격과 규범적 성격을 포괄하는 '해석학적' 성격을 띤 학문이어야 한다. (이규호)

C·H·A·P·T·E·R

02 한국교육사

▶ **교육학 논술 길라잡이**

✓ 시대적 상황 속에서 학교나 교육제도가 형성될 수밖에 없었던 필연성을 유추해 본다.

✓ 교육학 분야에서 한국 교육사의 고유 영역을 개념도를 참고로 정리하고, 다른 교육학 분야와 연관되는
영역에 대해 정리한다.

✓ 한국교육의 역사적 전통이 현대 한국교육의 문제해결에 어떤 시사점을 줄 수 있는지 생각해본다.

▶ **한 눈에 보는 핵심요점**

중점 주제	개요 및 학습 주안점	세부학습 포인트	다른 교육학 이론과의 연관성
1. 유교 교육의 교육내용	역사교과서 문제와 관련하여 삼국시대부터 제도적 교육기관의 교육내용으로 정착되었던 5경과 3사, 4서(四書)의 내용과 이것이 우리 교육사에 끼친 영향	5경과 3사 4서, 중화사상	교육과정의 내용 선정방법, 가치 있는 지식의 선정방법
2. 실학 사상	실학 사상가들은 자국문화의 주체성 회복과 과거제도의 개혁 등을 주장한다.	교육개혁론 주체성이 드러난 교재	한글창제의 의의
3. 과거 제도	입시과열이나 사교육 열풍과 관련하여 조선시대의 인재 선발방법인 과거제도의 영향과 한계점	인재선발 방법 과거제도의 부작용	사교육 문제, 교육불평등(교육사회학)
4. 서당	서당은 교육의 기능 면에서는 지역사회의 교화의 중심지로써의 역할을 하였다. 개별 학습내지 원전학습이었기 때문에 능력별 수업이 가능하였고, 교사와의 인격적인 교류가 이루어지기도 하였다.	서당의 교육내용 서당의 교육순서 서당이 종류 서당규칙	민중교육 서구 공교육의 발달
5. 유교교육사상	유교는 인간 삶의 도덕 윤리이며, 일상의 건전함과 합리성을 도모하였다. 유교에서 목표로 하는 성인과 군자는 바로 일상생활에서 실천윤리를 완벽하게 해내는 사람을 의미한다.	공자의 교육사상 맹자의 교육사상 이이의 교육사상	전인교육 인성교육 인간중심교육과정

한국교육사

| 원시, 삼국시대 | 고려시대 | ★★ 조선시대 | ★★ 개화기 | 해방 후 |

원시, 삼국시대

1. 원시사회의 교육
 - 모방, 참여, 훈련, 성년식, 단군신화
2. 삼국과 통일신라의 교육
 ① 고구려
 - 태학(관학)
 ★ - 경당(문무겸비의 교육 기관)
 ② 백제
 - 박사고흥
 - 일본에 유교전파
 ③ 신라
 - 화랑도(상마이도의 상열이가락 유오산수 무원부지)
 ④ 통일신라
 - 국학(문묘실시)
 - 5경과 3사
 - 독서출신과

고려시대

3. 고려시대의 교육
 1) 관학
 ★① 국자감
 - 7재
 - 6학(국자학, 태학, 사문학, 율, 서, 산학)
 - 양현고, 섬학전
 ② 향교
 - 지방의 관학
 - 교육 + 제사 기능
 ③ 학당
 - 문묘 부재
 - 동·서학당으로 시작
 2) 사학
 ★① 12도
 - 최충(문헌공도)
 ② 서당
 - 서긍의 고려도경
 3) 과거제도
 - 제술업, 명경업, 승과
 - 1차, 국자감시, 동당감시
 - 음서, 유일
 4) 성리학의 수용
 - 안향, 4서 5경

★★ 조선시대

4. 조선시대의 교육
 1) 관학
 ★① 성균관
 - 생원, 진사
 - 대성전, 양문, 명륜당, 양재
 - 재회(권당, 공재, 공관)
 ② 향교
 - 지방민의 교화
 - 도회
 ③ 4학
 - 문묘 부재
 - 도회
 ④ 왕실교육기관
 ⑤ 잡학교육기관
 2) 사학
 ① 서원
 - 소수서원
 - 선현 제향
 ★② 서당
 - 접장제도
 - 개별학습
 ★3) 과거제도
 - 소과(초시, 복시)
   (생원, 진사)
 - 대과(초시, 복시, 전시)
 4) 실학과 교육
 - 유형원(단계별 학제안)
 - 이익(과천합일제)
 - 정약용(아학편)

★★ 개화기

5. 개화기의 교육
 ★1) 정부주도의 교육
 ① 갑오개혁 이전
 - 신교육의 태동기
 - 동문학, 육영공원 연무공원, 한어학교
 ② 갑오개혁 이후
 - 법령에 의한 학교 설립
 - 한성사범학교, 관립 소학교, 공립 소학교, 중학교, 의학교, 법관 양성소
 2) 민족계의 교육
 ① 갑오개혁 이전
 - 원산학사
 ② 갑오개혁 이후
 - 을사늑약 이후 본격화
 - 흥화학교, 낙영의숙, 점진학교
 ★3) 종교계의 교육
 ① 갑오개혁 이전
 - 배재학당, 이화학당, 언더우드학당
 ② 갑오개혁 이후
 - 입학자격의 무제한
 - 영어 교육
6. 주권상실기의 교육
 1) 식민지기 이전
 - 통감부에 의한 교육
 (보통학교령, 사립학교령)
 2) 식민지기
 - 무단통치기, 문화정치기, 황민화시기

해방 후

7. 해방 후의 교육
 1) 미군정기
 - 민주주의 교육
 - 새교육 운동
 2) 제1공화국
 - 교육법 공포
 - 교육의 양적 확대
 3) 제2공화국
 - 교육자치제 강화
 4) 제3공화국
 - 경제개발에 주력
 - 국민교육헌장
 5) 제4공화국
 - 국민윤리 강화
 6) 제5공화국
 - 과외 금지
 7) 제6공화국
 - 교육개혁안 발표
 - 학교운영위원회

1. 개 관

원시사회는 애니미즘(animism)과 샤머니즘(shamanism)을 바탕으로 그들의 환경을 해석하고 행동했다. 오늘날 우리가 교육이라고 하는 활동은 곧 삶의 연장으로서 실제적이고 실용적인 것이었다. 원시교육을 3단계로 설명하면 다음과 같다.
- 제1단계: 모방과 참여(자연학습, 유희모방, 자연지식의 획득)
- 제2단계: 훈련(생산훈련, 신체 및 군사훈련, 도덕훈련)
- 제3단계: 성년식(성년입사식, 관례, 할례)

그 중 성년식은 그 방법은 조금씩 다르지만, 원시교육의 가장 보편적인 형태로 성행했다.

2. 성년식

성년식은 대개 종교적 의식과 함께 신체적 고통을 가하고 이를 잘 견뎌냄으로써 가정과 사회에 대한 책임을 감당할 수 있는 성인으로 인정받게 하는 의식이다. 한반도에서도 원시 한족에게 성년식의 풍속이 있었음을 중국의 역사서 『후한서(後漢書)』와 『위지(魏志)』의 「동이전(東夷傳)」을 통해 알 수 있다. 즉 "관가를 짓거나 성곽을 쌓을 때 모든 용감한 청년들은 등가죽에 정을 박고 거기에 큰 새끼줄을 관통시켰다. 그리고 그 줄에 큰 나무를 매달아서 하루 종일 환호하며 힘을 써도 아프다 하지 않으면 그것이 기쁨이고 건강한 것이다."고 기록되어 있다.

이와 같이 성년식은 나름대로 그 사회집단의 존속과 발전을 위하여 필요한 가치와 의미를 지니고 있다. 이를 좀 더 구체적으로 살펴보면 다음과 같다. 첫째, 신체적 고통을 참고 견딤으로써 인내와 극기를 배우고, 이를 집행하는 어른에게 복종함으로써 성인에 대한 복종과 존경을 배우며, 나아가서 어른을 섬기고 가족을 부양하는 것을 배운다. 둘째, 성년식을 집행하는 자와 이에 참여하는 사람들이 토템 동물을 표시하고 있거나 성년식과 아울러 행해지는 다양한 의식들이 그 부족의 신앙과 결부되어 있다는 점에서 종교교육의 의미를 지닌다. 셋째, 성년식과 아울러 수렵하는 법, 불을 피우는 법, 전쟁의 기술 등 생활에 직접적으로 필요한 실제적인 생활교육과 관련이 있었다(성년식은 교육사회학에서 사회구성원의 사회화와 연관지을 수 있다).

3. 단군신화

『삼국유사』, 『삼국사기』에 기록되어 있는 단군신화는 우리 민족의 의식세계와 삶의 양식을 반영하고 있다. 단군신화에 대해 다양한 해석이 가능하고, 그 속에서 많은 의미를 찾아낼 수 있다. 첫째, 천신의 아들인 환웅과 웅녀의 결합은 하늘과 땅의 만남, 즉 천지의 화합 혹은 음양의 조화를 의미한다. 둘째, 환웅이 인간세상을 그리워하고 다스리기를 희망했다는 것은 현세 지향적 세계관을 반영한다.

즉 인간세상을 매우 소망스럽게 생각했다고 볼 수 있다. 셋째, 범을 패자로 곰을 승자로 선택한 것은 적극적이고 외향적이며 정복자적인 인간상보다는 인내하는 인간상을 지향하고 있다고 볼 수 있다. 넷째, 널리 인간세상을 이롭게 한다는 홍익인간의 가치관을 반영하고 있다. 이 홍익인간의 이념은 인간존중의 정신으로 면면히 계승되었고, 정부수립과 더불어 제정된 교육법 제1조에도 반영되어 우리 교육의 이념과 목적으로 명문화되어 있다.

Ⅱ 삼국과 통일신라시대의 교육

1. 개 관

한반도에 유교가 언제 전래되었는지는 명확한 기록이 없다. 다만 『삼국사기』에 소수림왕 2년(372년) 6월에 태학을 설립하고 자제를 교육하였다는 기록이 있다. 삼국시대 이후 한자는 우리의 문자생활을 지배하였고, 유교는 우리의 생활규범이며 정치철학이며 교육의 주된 내용이 되었다.

불교는 우리 민족에게 다음과 같은 기여를 하였다. 첫째, 대중의 교화에 공헌하였다. 둘째, 국민생활의 실천적 윤리 기준을 제공하였다. 셋째, 호국의 국민정신을 보급하는 데 공헌하였다. 넷째, 불교의 사원은 불교도는 물론 유생들의 교육기관으로 활용되었다. 다섯째, 우리나라 예술과 문학의 발달에 공헌하였다. 여섯째, 삶의 지평을 현세적 한계를 넘어서 내세(來世)까지 확장하였다.

2. 고구려의 교육

고구려에는 두 종류의 교육기관이 있었다. 최초의 관학이며 고등교육 기관의 시초라 할 수 있는 태학과 사립 초등교육기관으로 여겨지는 경당이 있었다. 『삼국사기』에 의하면 태학은 소수림왕 2년 (372년)에 설립되었으며, 교육내용은 유학 경전인 5경과 3사였다.

경당은 언제부터 설립되었는지 그 기원은 명확하지 않다. 『구당서(舊唐書)』와 『신당서(新唐書)』에 의하면 "풍속이 책읽기를 좋아하여 허름한 서민의 집에 이르기까지 거리에 큰집을 지어 이를 경당이라 하고, 미혼의 자제들이 여기서 밤낮으로 독서하고 활쏘기를 익힌다.……"로 알 수 있듯이 경당은 서민을 대상으로 하는 사설 교육기관이었으며, 경서와 아울러 활쏘기도 익히는 문무 겸비의 교육기관이었음을 짐작할 수 있다. 또한 경당은 중앙뿐만 아니라 시골의 마을마다 설립되었을 것으로 추측된다. 특히 송경습사(誦經習射)를 중심으로 하는 문무 겸비의 교육이 이루어졌던 점으로 미루어 경당은 신라의 화랑도와 유사한 집단이었을 것으로 추측되며, 고구려가 주변 강대국들과의 경쟁에서 승리하여 강대한 국가를 형성할 수 있었던 것도 이와 같은 교육의 힘이 원동력이 되었을 것이다.

3. 백제의 교육

백제에는 학교가 있었다는 직접적인 기록은 없으나 『삼국사기』에 의하면 375년에 박사 고흥을 얻어 비로소 기록을 갖게 되었다는 기록이 있다. 또한 『일본서기』와 『고사기』에 의하면 백제인 아직기가 왕명으로 일본에 건너가 응신천황의 태자 토도치랑자의 스승이 되었으며, 백제의 왕인 박사가 일본에 『논어』 10권과 『천자문』 1권을 전하고 스승이 되었다고 한다. 일본은 백제를 통한 유교의 도입을 계기로 윤리의식이 발달하고 체계적인 교육이 발달하는 계기가 되었다고 할 수 있다.

4. 신라의 교육

신라에서도 초기부터 한자를 사용하고 유학이 행해졌을 것으로 보인다. 그러나 지리적 조건으로 인해 고구려나 백제에 비하여 대륙 문화의 유입이 다소 늦었던 것 같다. 선덕여왕 9년(640년)에 비로소 자제를 당나라에 파견하였고, 당의 국학에 입학시켰다는 기록이 많이 있을 뿐이다. 그 대신 화랑도라는 독특한 교육제도가 있었는데 이것은 우리 민족의 고유한 교육방식을 보여주는 것이다.

화랑도의 교육목적은 첫째, 용감한 병사의 실천적 인간 양성이다. 평소에는 사회의 지도적 인물을 양성하는 수양단체이고 유사시에는 군인으로 활동하였다. 둘째, 도덕교육으로 원광법사의 세속오계에 잘 나타난 바와 같이 충효와 신의와 용기의 덕목을 가르치고 단체생활을 통하여 실천하도록 하였다. 화랑도는 유·불·도 삼교의 사상을 포함하고 있으며, 최치원의 '난랑비서문'에 의하면 오상(五常, 仁義禮智信), 육예(六藝, 禮樂射御書數)라는 유교의 가르침과 삼사(三師)와 육정(六正)이라는 불교의 가르침이 있었다. 『삼국사기』에 의하면, ① 상마이도의(相磨以道義): 서로 도의로써 심신을 단련하고 ② 상열이가락(相悅以歌樂): 시와 음악으로써 서로 즐긴다. ③ 유오산수(遊娛山水): 명산대천을 즐기며 ④ 무원부지(無遠不至): 멀다고 가지 않는 곳이 없다고 하였다. 화랑도의 교육은 단순한 오락을 넘어서, 공동체 의식 함양, 자신의 인격수양, 국가 사회를 향한 일체감 고취 등을 목적으로 하고 있음을 알 수 있다.

> 한국교육사 논술예제 ❶ 역사교과서 문제와 관련하여 삼국시대부터 제도적 교육기관의 교육내용으로 정착되었던 5경과 3사, 4서(四書)의 내용에 대해 설명하고, 이것이 우리 교육사에 끼친 영향에 대해 논의하시오.

〈 5경과 3사 〉

5경과 3사는 삼국시대 이래 조선시대까지 우리나라 전통 교육인 유교교육의 핵심 교과가 되었다.

1. 5경(五經)
5경은 공자 이전부터 전해온 옛 선현들의 말씀들을 공자가 산정하여 교재로 활용한 것으로 『시경(詩經)』, 『서경(書經)』, 『역경(易經)』, 『예기(禮記)』, 『춘추(春秋)』를 일컫는 말이다.

- 『시경(詩經)』: 중국 주나라 초기부터 춘추시대까지의 시를 모아 엮은 책으로『모시(毛詩)』라고도 한다. 이후 시기인 진(秦)·한(漢) 이후 제(齊)·양(梁) 대의 유명한 시문을 모아 엮어놓은 책으로는『문선(文選)』이 있다.
- 『서경(書經)』: 중국 주나라의 사관(史官)이 요·순 시대부터 시작하여 하·은에 이르기까지의 정치사를 기록해 놓은 책으로『상서(尙書)』라고도 한다.
- 『역경(易經)』: 태극, 음양의 이치에 근거하여 우주와 인간만물의 원리를 밝히고자 한 동양철학의 근원이 되는 사상서로『주역(周易)』이라고도 한다.
- 『예기(禮記)』: 49편(編)으로 이루어진 유가의 경전이다. 오경(五經)의 하나로,『주례(周禮)』,『의례(儀禮)』와 함께 삼례(三禮)라고 한다. 예경(禮經)이라 하지 않고,『예기』라고 하는 것은 예(禮)에 관한 경전을 보완(補完)·주석(註釋)하였다는 뜻이다. 그래서 때로는『의례』가 예의 경문(經文)이라면『예기』는 그 설명서에 해당한다고 이야기되기도 했다. 하지만 마치『예기』가『의례』의 해설서라고만 여겨지는 것은 옳지 않다. 『예기』에서는 의례의 해설뿐 아니라 음악·정치·학문 등 일상생활의 사소한 영역까지 예의 근본정신에 대하여 다방면으로 서술하고 있기 때문이다. 그 성립에 관해서는 분명치 않으나, 전한(前漢)의 대성(戴聖)이 공자(孔子)와 그 제자를 비롯하여 한(漢)시대에 이르기까지 많은 사람들을 거쳐 이루어진『예기』200편 중에서 편찬한 것으로 알려졌다. 후대에 와서 4서(四書)의『대학(大學)』과『중용(中庸)』은 이 책에 포함되어 있는 두 편이었는데, 주자가 별도로 독립시켜서 4서에 편입시켰다.
- 『춘추(春秋)』: 중국 춘추시대(春秋時代) 노(魯)의 은공(隱公) 원년(元年, BC 722)에서 애공(哀公) 14년(BC 481년)까지 12대(代) 242년 동안의 역사(歷史)를 편년체(編年體)로 기록하고 있다. 기원전 5세기 초에 공자(孔子, BC 552~BC 479)가 노(魯)에 전해지던 사관(史官)의 기록을 직접 편수(編修)한 것으로 알려져 있다. 유학(儒學)에서 오경(五經)의 하나로 여겨진다. 또『춘추』는 명분(名分)에 따라 용어들을 엄격히 구별하여 서술하였고, 내용이 매우 간단하게 기록되어 의미를 파악하기가 쉽지 않다. 때문에 수많은 학자들이 이해를 돕고자 그 의미를 해석하고 풀이하는 주석서(註釋書)인 '전(傳)'을 지어 '춘추학(春秋學)'이 생겼다. 이 가운데 전국시대(戰國時代)에 공양고(公羊高)가 지은『공양전(公羊傳)』, 곡량숙(穀梁俶, 穀梁赤이라고도 함)의『곡량전(穀梁傳)』, 좌구명(左丘明)의『좌씨전(左氏傳)』을 '춘추삼전(春秋三傳)'이라 한다.『공양전(公羊傳)』과『곡량전(穀梁傳)』은 경문(經文) 해석 중심이고,『좌씨전(左氏傳)』은『춘추(春秋)』에 기록된 사실(史實)에 대한 역사적 실증적 해석을 중심으로 하고 있다.

2. 3사(三史)

중국의 역사서인『사기(史記)』,『한서(漢書)』,『후한서(後漢書)』를 일컫는 말이다.

- 『사기(史記)』: 한나라 때 사마천이 지은 역사책으로, 상고시대부터 한 무제에 이르는 약 3천년의 역사를 기록한 통사이다.
- 『한서(漢書)』: 중국 후한시대의 반고가 저술한 기전체의 역사서로 총 100편에 전 120권으로 되어 있다.
- 『후한서(後漢書)』: 남조의 송나라 범엽이 지은 기전체의 역사서이다.

5. 통일신라의 교육제도

(1) 국 학

신문왕 2년(682년)에 설립된 국학은 당나라의 국자감을 모방한 고등교육기관이며, 운영은 예부가 담당하였다. 교육과정은 논어와 효경이 공통 필수였고, 예기, 주역, 좌전, 모시, 춘추, 상서, 문선이었다. 성덕왕 16년(717년)에는 왕자 김수충이 당으로부터 공자와 10철 및 72제자의 위패를 들여와 국학에 모심으로써 문묘제도의 시초가 되었다.

(2) 유학생 파견

당나라의 국자감은 학생을 3,260명이나 수용하여 학생들을 가르쳤는데 신라에서도 유학생을 파견하였다. 유학기간은 대개 10년이었으며, 유학생들의 책값은 국비로 충당하였고, 주식(住食)은 당나라에서 제공하였다. 최치원은 12세에 당나라에 유학하여 18세에 과거에 급제하였고, 당말 '황소의 난' 때에는 난을 평정하기 위한 격문을 지어 당나라 전역에 이름을 떨쳤다.

(3) 인재등용법

신라의 인재등용에는 미인법(美人法), 궁전법(弓箭法), 화랑제도, 독서출신과 등이 있다. 미인법은 남모와 준정을 원화로 뽑은 것처럼 미모를 선발기준으로 한 것을 말하며, 궁전법은 활 다루는 실력을 기준으로 선발한 것을 말한다. 화랑제도는 교육 및 군사훈련 조직이면서 동시에 인재를 선발하는 제도로 활용되었다. 독서출신과는 독서삼품과라고도 하며 인재 선발 제도였다. 독서출신과는 원성왕 4년(788년)에 처음 실시되었는데, 춘추좌씨전·예기·문선을 읽고 그 뜻에 능통하며, 논어·효경에 밝은 자를 상(上)으로 하였다. 곡예·논어·효경을 읽은 자를 중(中)으로 하였고, 곡예·효경을 읽은 자를 하(下)로 하였다. 독서출신과는 신분이 아닌 능력에 따른 인재등용 방법으로 통일신라가 발전하면서 골품제도가 완화되는 증거로 이해할 수 있다.

6. 교육사적 의의

삼국시대에는 불교와 유학이 유입되고 중국의 영향을 받아 새로운 학교 제도가 도입되어 유학이 교육과 정치의 중요한 원리로 자리 잡게 되었다. 불교는 전통적인 무속신앙과 결합하여 국민의 내면적 정서에 뿌리를 내려서 비형식교육의 측면에 영향을 주었고, 유교는 형식교육의 발전에 영향을 주었다.
고구려의 경당과 신라의 화랑도와 같은 교육제도는 우리 민족 고유의 신앙과 교육방식을 이해할 수 있다. 특히 화랑도는 중국식 교육제도가 도입되기 전부터 오랫동안 행해진 민족 고유의 교육이다.
그러나 고대 사회의 교육을 이해할 수 있게 해주는 기록은 빈약하다. 우리 민족의 손으로 기록된 역사는 『삼국유사』와 『삼국사기』가 있으나, 『삼국사기』는 저자의 사대적 성향과 시대적 분위기 탓으로 충분하고 주체적인 기록이라고 볼 수 없다. 또한 고대의 교육에 대한 보다 깊은 관심과 체계적인 연구를 위한 자료의 발굴이 필요하다(박의수 외, 교육의 역사와 철학).

Ⅲ 고려시대의 교육

1. 개 관

고려는 국초부터 고구려의 옛 땅을 회복하기 위해 북진정책을 표방하고 지방 호족세력을 억제하였다. 또한 강력한 중앙집권체제를 이룩하기 위하여 노비안검법을 실시하고, 과거제도를 도입하여 새로운 관료계층을 형성하였다. 그러나 지나친 숭문사상과 문인 우대의 풍조는 무인들의 불만을 초래하기도 하였다.

고려는 사상 면에서는 불교와 유교가 공존했던 시대이다. 즉 수양의 도로써는 불교가, 치국의 도로써는 유교가 숭상되었다. 과거제에서도 승과를 두었고, 불교는 호국의 종교로 발전하였다.

2. 관 학

(1) 국자감

성종 11년(992)에 설립된 국자감은 교과별 전문 강좌인 7재를 두었다. 7재에는 여택재(주역), 대빙재(상서), 경덕재(모시), 구인재(주례), 복응재(대례), 양정재(춘추), 강예재(무예)였는데 강예재의 경우 최고 교육기관에 무인 양성 체제를 마련한 것으로 특기할 만하다. 입학자격을 보면 국자학은 문무관 3품 이상의 자손, 태학은 문무 5품 이상의 자손, 사문학은 문무 7품 이상, 율(律)·서(書)·산학(算學)은 8품 이하의 자제나 서민 자제가 입학할 수 있었다. 교육과정은 국자학·태학·사문학은 필수(논어, 효경), 선택(상서, 공양전, 곡량전, 주역, 모시, 주례, 의례, 예기, 좌전), 공통(산술, 시무책, 글씨 등)로 나누어져 약 9년에 걸쳐 수학하였다. 대성전과 동서 양무를 두어 문묘에 배향하였고, 현종 11년(1020년)에는 우리나라 유학자로서는 처음으로 최치원을, 1022년에는 설총을 문묘에 배향하였다. 예종 9년(1114)에는 양현고(養賢庫)를 설치하여 7재의 학생들을 위한 학비를 충당케 하였고, 충렬왕 30년(1304)에는 안향의 건의로 국학의 쇠퇴를 막고 양현고 재정확보를 위해 섬학전(贍學錢)을 두었다. 섬학전은 문무 관리의 등급에 따라 기금을 내는 장학금이었다.

(2) 향 교

'지방의 학교'란 의미의 향교는 지방의 교화를 위해 설립되었다. 그렇기 때문에 향교 역시 문묘를 두고 제사를 지냈으며 교육도 이루어졌다. 교육의 경우 과거 준비를 위한 제술과 명경이 위주가 되었을 것이다. 대성전·명륜당·양무·양재와 같은 건물은 초기에는 명확히 분리되지 않고 있다가 말기에 오면서 분화되었다. 향교의 교관은 초기에는 중앙 정부에서 파견하였으나, 점차 향교가 늘어나면서 지방의 관리가 교육을 맡기도 하였다. 재정 또한 초기에는 중앙 정부에서 논밭과 노비를 지급하였으나 말기로 오면서 중앙의 재정이 악화되면서 향교의 재정도 어렵게 되었다.

(3) 학 당

개경에 설치되었던 학당은 국자감의 3학(국자학, 태학, 사문학)에 입학하기 전의 유학 교육기관이었다. 국자감에서 문묘를 두고 제사를 지냈기 때문에 학당에는 문묘를 두지 않았다. 고려 말에 정몽주는 개경의 동부와 서부에 2개뿐이던 학당을 남부와 북부와 중부에도 설치할 것을 주장하여 남부와 중부에 설치되어 4부 학당이 되었다.

3. 사 학

(1) 12도

최충은 72세(1055년)에 은퇴하여 사재를 털어 사학을 설립하였다. 이에 그의 학식과 덕망을 흠모하여 많은 학생들이 모여들었다. 그러자 많은 학생들을 수용하기 위하여 9재를 지어 교육하였으며, 그 이름을 문헌공도라 하였다. 최충의 교육성과가 널리 알려지자 다른 많은 유학자들이 이를 본받아 유사한 사학을 세웠는데, 그 중에 특히 유명한 11개의 사학을 더하여 12도(十二徒)라 부르게 되었다. 12도는 여름철에는 절에 가서 하기 강습회도 열고 과거에 급제하고 아직 관직에 오르지 않은 우수한 학도를 뽑아 조교로 활용하였다. 이런 까닭에 과거를 보려는 학생들은 관학보다 12도를 더 선호하기까지 하였다. 결국 관학이 부진한 시기에 유교교육에 공헌하였다고 할 수 있지만 학벌 형성 및 문벌귀족사회를 형성하는 부작용을 낳기도 하였다.

(2) 서 당

인종 2년(1124년)에 송나라 사신의 수행원으로 고려에 왔던 서긍이 쓴 『고려도경』에 "마을의 거리에는 경관과 서사가 두셋씩 서로 바라보이며, 민간 자제의 미혼자가 무리로 모여 스승에게 경을 배우고, 좀 장성하면 각각 저희들끼리 벗을 택하여 절간으로 가서 공부하고, 아래의 서인이나 아주 어린아이까지도 역시 마을의 선생에게 나아가 배운다."라는 기록으로 보아 서당이 매우 많았을 것으로 보인다.

4. 과거제도

> 한국교육사 논술예제 ❷ 반값 등록금 정책과 관련하여 고려시대의 국자감과 조선시대의 성균관에 있었던 장학제도에 대해 설명하시오.

과거제는 중국 수나라의 문제가 중국을 통일한 후에 관제를 정비하고 중앙집권체제를 확립하기 위하여 처음 채택했으며, 이를 당나라가 계승하여 발전시켰다. 고려의 과거제는 당의 제도를 원형으로 하고 있으며, 역시 중앙집권적 전제왕권을 강화하기 위한 목적이 포함되어 있다고 볼 수 있다. 시험의 종류에는 제술업, 명경업, 잡업이 있는데 제술업과 명경업은 양대업이라 하여 문관의 등용시험이었고,

잡업은 기술관의 등용시험이었다. 이밖에 무과와 승과가 있었는데 무과는 실효를 거두지 못했고, 승과는 교종선과 선종선이 있었다.

고려의 과거는 3단계로 이루어지는데, 예비시험격인 초시(1차 시험)를 거쳐 국자감에서 행하는 국자감시(2차 시험)에 합격하면, 동당감시(3차 시험)에 응시할 수 있었다. 과거는 3년에 한 번을 원칙으로 하였고, 시험관을 지공거라 하였는데 지공거와 급제자는 좌주와 문생의 관계를 맺어 부자(父子)의 예로 대하였다. 과거제 외에도 5품 이상의 자제를 과거 시험 없이 관리로 등용하는 음서와 추천을 통해 관리로 임명하는 유일이 있었다. 시험에 의한 관리등용제도가 정착되어 가면서 교육은 출세를 위한 수단이 되었고, 경학보다 문예를 중시하면서 학문 자체에 대한 관심보다 문예의 형식과 기법을 익히는데 치중하게 되었다.

5. 성리학의 수용

안향에 의해 성리학이 소개된 뒤, 백이정(1260~1340), 이색, 이제현(1328~1396), 정몽주 등에 의해 고려에 뿌리를 내리기 시작한 성리학 −당시에 신유학(新儒學)으로 불리기도 했던− 은 기존의 한당유학(漢唐儒學)과는 차이가 있었다. 한당유학은 대개 경전에 능통하고 역사에 정통하여 정치나 법률제도를 잘 이해하고 운용하는 유능한 관리가 되는 것, 사부문장(詞賦文章)에 능통하는 것 등이 학습목적이었다. 따라서 학문의 목적이 외부적이고, 학문에 대한 태도도 수단적이었다. 이에 비해 성리학은 지행일치의 실행을 목적으로, 유학을 철학적인 성리학으로 보다 근본적인 것을 탐구하고 내면의 완성을 추구하는 유학으로 발전시켰다.

한당유학이 전래된 이래 고려의 학교교육 내용은 주역, 서경, 주례, 예기, 모시, 춘추, 좌씨전, 공양전, 논어, 효경 등 5경 3사가 주류를 이루었다. 이들은 중국 역대 왕조의 정치사, 문학사, 예절사, 세계관을 집대성한 것이었다. 그런데 과거 시험의 과목이 주로 문학을 중심으로 시, 부, 송 등이었기에 학생들은 유학을 오로지 문장공부의 수단으로 이해했고, 과거를 준비하기 위해서는 사장공부에 치중할 수밖에 없었다. 이런 교육내용은 신유학이 전파되면서 4서 5경을 중심으로 하는 내용으로 전환된다. 이들은 일용윤리를 중히 여기는 철학적 학문으로 흐름을 바꾸어 나갔다. 대학, 논어, 맹자, 중용의 4서가 교육내용의 핵심을 이루게 된다.

6. 교육사적 의의

고려는 불교와 유교가 공존하는 가운데 다양한 사상을 수입하고 발전시켰다. 교육면에서는 유교를 바탕으로 교육제도가 발전되면서 귀족관료의 양성과 왕권강화에 힘썼다. 그러나 과거제도의 정착과 관료제의 발달은 과거가 입신출세의 수단으로 전락하게 되는 결과를 가져왔으며, 이러한 현상은 12도 역시 마찬가지였다. 더욱이 과거가 제술업 위주로 시행됨에 따라 교육은 경사의 깊은 뜻을 해득하고 선현의 가르침을 실천하는 일보다 문장을 구사하는 기교에 치중하게 되었다. 안향과 정몽주에 의한 성리학의 보급은 조화와 통일과 실천을 강조하는 교육관으로 오늘날에도 계승하고 발전시켜야 할 귀중한 지적 유산이라고 할 수 있다(박의수 외, 교육의 역사와 철학).

〈 동양의 교육사상 〉

1. 유교의 교육사상

(1) 선진유학(주로 춘추전국시대의 유학)
- 유교는 공자가 주나라 종법봉건체제가 무너져 혼란스러운 사회질서를 바로잡고자 한 데서 출발하였다.
- 공자는 무너진 사회질서는 사회의 주도층인 지식인의 도덕적 실천을 통해 바로잡을 수 있다고 보고 군자의 육성을 내세웠다.
- 6경(시, 서, 예, 악, 역, 춘추)을 편찬하여 제사하였는데, 이후 이를 배우고 익히는 것을 경학이라고 칭하게 되었다.

① 공자(孔子)
- 인간관
  - 인간은 인의예지(仁義禮智)라는 순수한 덕을 타고 난 도덕적인 존재이다. 그래서 가르치기만 하면 누구나 착하게 된다.
  - 인간은 사용이 혹 본성을 가리는 수도 있고 그 유혹에 넘어가는 수도 있지만, 종국에는 극기복례(克己復禮)하려고 애쓰는 존재이다.
- 교육적 인간상: 군자(君子)
  - 군자란 자기수양을 하여 백성을 편하게 해줄 수 있는 사람이다. 즉, 수기치인(修己治人)하는 것이 군자의 본분이자 목표이다.
  - 군자가 되기 위해서는 육예(詩書禮樂御射)에 대해 배워야 한다.
- 교육의 목적
  - 천인합일의 경지에 오른 성인(聖人)이 되는 것이 목적이지만 성인은 되기가 어렵고, 누구나 노력에 의해서 도달할 수 있는 표준적 인물인 군자를 제시한다.
  - 군자는 어떤 한 분야에 정통한 전문가가 아니라 모두를 총괄하고 이끌어가는 존재이다.
- 교육의 내용: 인(仁)

② 맹자(孟子)
- 인간관
  - 성선설로서 사람의 성질은 모두 선하다는 것을 주장하였다.
  - 인간의 본성 중 사단지심(四端之心)을 길러 완전한 인격을 배양하는 것을 교육의 목적으로 본다.
  - 양심의 방법에는 과욕과 존양 두 가지가 있다. 과욕이란 물질에 대한 욕망을 줄이는 것이고, 존양이란 타고난 선단(善端), 즉 인의지심(仁義之心)을 더욱 확충하는 것이다.
  - 호연지기의 배양을 강조하며, 호연지기가 완전히 구현된 것이 바로 대장부이고 군자이다.
  - 임금 자신의 마음속에 들어 있는 선천적으로 선한 본성을 바탕으로 백성들이 마음에서 따를 수 있도록 하는 왕도정치를 주장한다.
- 교육방법
  - 학생의 재질에 따라 각기 다른 내용으로 가르칠 것을 강조한다.
  - 스스로 도리를 터득해야 높은 경지에 오를 수 있으므로, 학생의 적극적인 사고를 계발하고 이해력을 증가시켜 마음을 깨닫는 바가 있도록 해야 한다.
  - 환경이 인간의 품성을 변화시킬 수 있으므로 좋은 생활환경과 학습 환경을 선택하고, 나쁜 환경이 학생의 심신 성장에 대해 피해를 끼치는 것을 방지해야 한다.

③ 순자(荀子)
• 인간관
  - 성악설로서 사람의 성질은 모두 선천적으로 악하다는 것을 주장하였다.
  - 「성악」에서 인간의 마음 작용을 본성(性)·외부에 의한 마음(情)·판단하는 마음(廬)·행함(僞)
• 교육방법
  - 적학(積學): 환경에 의해 본성을 바꿀 수 있다.
  - 지행합일: 학습의 과정을 듣고, 보고, 알고, 행하는 4단계로 분류하여 듣는 것에서 시작하여
    행동함에 이르러서야 비로소 마치게 됨을 강조한다.
(2) 한·당 유학
• 한나라 때는 경전의 주석을 중시하는 훈고학이 발달하였는데, 지나치게 자구의 해석에 매달려
  도덕적 실천이 도외시되는 현상이 나타나게 되었다.
• 위진 남북조와 수·당시대를 거치면서 유교는 자연과 인간의 조화와 문명된 삶의 내용을 중시하게
  되었는데, 이로 인해 시·부 등의 예술적 표현에 치중하는 현상이 나타나기 시작했다.
• 경학이 도덕적 실천을 위한 것이라기보다는 보다 좋은 문장을 짓기 위한 수단으로 전락하게 된
  것이다.
(3) 송의 성리학
• 위진 남북조와 당의 시·부 중심 문학관은 도덕적 실천을 소홀히 한다고 하여 비판을 받게 되는데,
  이에 등장한 것이 송대의 성리학이다.
• 성리학은 원시유교의 실천윤리에 도교와 불교의 우주론을 가미하여 도덕적 실천의 근거와 방법을
  밝히고자 했다.
• 경학을 다시 원시유교처럼 도덕적 실천을 위한 것으로 되돌려 놓되, 이의 근거를 이기론(理氣論)
  으로 대표되는 우주론에 입각하여 제시한 것이다.
① 주자(朱子)
• 인간관
  - 이기론(理氣論): 존재계 일반을 理와 氣로 바라봄
  - 심성론(心性論): 인간존재에 대해 도덕적인 관심을 가지고 집중적으로 분석
  - 공부론(工夫論): 완성된 인간, 곧 성인의 경지에 이르는 길을 제시, 존덕성, 도문학, 지행호발병
    진, 격물치지설 등
• 교육의 목적
  - 성리학의 교육이념은 성인에 있다. 이는 모든 사람이 노력하면 성인에 이를 수 있다는 믿음에
    근거한 것이다.
• 교육내용
  - 대학과 중용을 독립된 책으로 편찬하여 4서를 확립
• 교육방법
  - 거경(居敬): 주일무적(主一無敵), 우유함영(優遊涵泳)
  - 궁리(窮理): 독서궁리(讀書窮理), 격물치지(格物致知)
• 교육과정
  - 소학과정: 거경을 위해 기본예절과 육예를 배우는 과정
  - 대학과정: 궁리를 위해 『대학』, 『논어』, 『맹자』, 『중용』을 제시

(4) 명의 유학(양명학)

- 성리학을 비판하면서 왕양명에 의해 형성된 학문으로 성리학이 인간본성을 중시한 것과 달리 인간의 마음을 중시한다.
- 심즉리(心卽理): 인간의 性을 중시한 주자와 달리, 본래 타고난 인간 마음〔心〕을 중시하여 마음이 곧 우주 자연의 법칙인 리(理)와 일치한다는 설이다.
- 지행합일: 양심과 같이 인간이 원래 타고난 참된 앎을 근거로 하여 양심을 바르게 깨닫고 그에 따라 실천할 것을 강조하는 입장으로, 인식과 행함은 본래부터 하나라는 설이다.
- 치양지(致良知): 인간마음에 있는 천리로서의 순수한 도덕성이 실현되지 못하는 것은 사욕 때문이므로, 사욕을 극복하고 인간의 순수한 원래 본성만을 유지하면 누구나 지선(至善)의 경지에 이를 수 있다는 것이다.

① 왕양명
- 인간관
  - 심즉리(心卽理): 주희의 이원론적 사고에서 벗어나 마음(心)이 곧 이(理)라 제시
  - 치양지(致良知): 양지를 확충하는 과정 속에서 사물을 바르게 한다.
  - 지행합일: 선지후행(先志後行)을 주장한 주자에 반대하여 앎과 행함을 함께 강조

2. 도교의 교육사상

① 노자(老子)
- 무위자연(無爲自然), 상선약수(上善若水)

② 장자(莊子)
- 사상
  - 소요(逍遙): 사회와 거리 둠
  - 유(遊): 정신의 자유와 해방
  - 물화(物化): 차별을 금지
- 교육관
  - 심재(心材): 잡념이 없는 상태(준비 단계)
  - 좌망(坐忘): 모든 물체의 시비와 차별을 잊어버리는 상태(완성 단계)

Ⅳ 조선시대의 교육

1. 개 관

조선의 사회는 양반 사대부가 집권층으로 자리잡아감에 따라 우리의 역사상 가장 엄격한 신분적 계급 질서가 유지되었으나, 후기에 오면서 세습양반의 수는 증가하고 관직은 한정되어 있었기 때문에 신분제는 정치적·사회적 혼란의 한 원인이 되었고, 엄격한 신분질서도 점차 무너지게 되었다. 이러한 계급질서 속에서 교육은 과거를 통한 입신출세의 주된 수단이 되었고, 조선의 교육은 지나치게 유학만

을 숭상하여 과학 기술의 발달이나 생산 기술의 향상을 제약하는 결과를 초래하였다. 그러나 조선의 학문적 수준은 매우 높았고, 학문과 예의를 숭상하고 교육을 중시하는 전통을 형성했다. 특히 세종 이래 학문을 장려하고 학자를 우대하는 전통은 훌륭한 학문적 성과를 이룩하였고, 퇴계·율곡과 같은 학식과 덕망을 갖춘 많은 스승을 배출하였다.

임진왜란 이후 서양 문물의 유입과 청나라 고증학의 영향을 받은 선구적인 지식인들을 중심으로 실용적이고 실증적인 학문을 추구하는 실학운동이 일어나 사회 각 분야에 새로운 기운이 일어나게 되었다. 실학운동은 그 후 개화사상으로 연결되어 교육 근대화의 사상적 맥을 잇게 된다.

2. 성리학(주자학)과 교육

한국교육사 논술예제 ❸ 전인교육의 중요성이 강조되는 요즘 유교의 교육사상에서 그 해결책을 찾아야 한다는 주장도 제기되고 있다. 유교의 교육사상에 대해 설명하고 이것이 현대 교육에 주는 시사점에 대해 논의하시오.

성리학은 조선 건국의 이념적 토대를 제공하였고, 이후 조선이라는 국가체제를 유지하는 주요 운영 원리가 되었다. 따라서 교육도 성리학이라는 사상에서 자유로울 수 없었다. 성리학의 교육목적은 기본적으로 윤리도덕을 통한 성인(聖人) 양성에 있었다. 성인을 본받으려 노력하는 인간상을 군자(君子)라 했다. 교육내용은 4서 3경으로 대표되는 유가의 경전들이었고, 교육방법은 성현들의 행실을 모범으로 받아들여 이를 본받는 것이었다(法聖賢). 구체적으로는 수기(修己)와 치인(治人)을 목표로 했다. 하지만 군자란 교양을 갖춘 문인·덕인·교양인이지 실용적 지식이나 기술을 갖춘 기능인이 아니었다는 점에서 한계로 지적할 수 있다.

〈 주희의 교육사상 〉

- 성리학 이론을 체계화
- 교육목적: 성인(聖人) 양성
- 우주관과 인간관
  - 이(理): 형이상학, 만물의 근본, 완성체, 우주만물의 진리, 항상 순수
  - 기(氣): 형이하학, 형상을 이루는 물질, 청탁(淸濁)이 존재
  - 이(理)에서 비롯된 것으로 순수하고 절대 선한 마음: 본연지성(本然之性)＝도심(道心)
  - 기(氣)에서 비롯된 것으로 순수하고 탁한 마음: 기질지성(氣質之性)＝인심(人心)
    (교육이란 성인이 되기 위해서 기질을 변화시켜 본연지성 회복하는 일)
- 교육내용: 사서 삼경 위주로 → 사서(대학 - 논어 - 맹자 - 중용) 중심
  (고려시대까지는 오경 삼사 중심)
- 교육과정: 소학 → 대학 계제론
  (소학 단계에서 소학 등을 기초로 하여 학문하는 자질을 닦고, 대학 단계에서 사서를 중심으로 철학적 원리와 법칙 등 학문 탐구)

- 소학(小學): 기본예절과 육예(六藝)를 배우는 과정으로 덕육
- 대학(大學): 대학과정은 격물치지의 과정으로 사물의 이치를 탐구하였음.
• 교육방법
- 입지(立志): 뜻을 세우는 일
- 거경(居敬): 인간의 타고난 도덕적 심성 기름
- 궁리(窮理) = 격물치지(格物致知): 인간사와 사물의 이치 탐구

3. 관 학

조선시대의 교육기관과 학제의 기본 틀은 고려의 것을 계승하였으나, 이를 더욱 발전시킨 것으로 이해할 수 있다. 이 시기 관학으로는 성균관·4학·왕실교육기관·향교·잡학기술교육기관 등이 있었다.

(1) 성균관

조선 최고의 국립 교육기관으로 대성전과 명륜당이 주요 건물이었다. 제사기능을 담당하던 건물은 대성전, 동무, 서무가 있었고, 교육기능을 담당하던 건물에는 명륜당, 동재, 서재가 있었다. 이 밖에 존경각(서고), 비천당(불교금지의 상징), 육일각(대사례를 행하는 곳), 식당 등이 있었다. 입학 자격은 생원과 진사를 원칙으로 하였고, 정원은 200명 정도였다. 수업연한은 4년 6개월이 원칙이었고 교육과정은 4서 3경과 강도, 제술, 서법 등이었다.

경국대전, 원점절목, 권학사목, 학교사목, 학령 등의 학칙에 의해 교육과정과 성균관 생활이 규정되었다. 예를 들어 매월 초하루에 문묘를 참배하고, 매일 일정한 시간에 북소리에 맞추어 일어나 식사하고 강의를 듣고 독서하도록 되어 있었다. 성균관 유생들은 대표를 뽑아 재회를 운영하였는데 그들은 국가의 정책에 대해 불만이 있는 경우 유소(儒疏)를 올리기도 하였다. 이 때 유생들의 뜻이 받아들여지지 않을 경우 권당(식당에 들어가지 않음), 공재(기숙사를 비움), 공관(성균관을 비움) 등을 행하기도 하였다. 조정에서도 유생들의 사기를 진작하고 학자를 존중하는 기풍으로 인해 유생들의 의견을 존중하는 것이 상례였다. 고려와 마찬가지로 양현고라는 장학재단이 있었다.

(2) 4학(四學)

한성에 설립된 4학의 학제와 교육과정은 성균관과 비슷하였으나 성균관에 문묘를 두었기 때문에 문묘를 두지 않았고, 명륜당과 양재만을 두었다. 입학자격은 양반자제로 10세 이상을 원칙으로 하였으며 15세가 되어 학문이 우수하면 성균관에 입학 할 수 있었다. 학생의 정원은 각 학에 100명씩 정도였다. 예조에서는 매달 학생들이 공부한 바를 직접 강독하게 하여 그 결과를 평가하였는데 4학에서 각 20명씩 뽑아 6개월마다 남학에 모여 강론이나 제술을 시험하였다. 그리하여 시험 결과가 우수한 10명을 선발하여 소과의 2차 시험에 응시할 수 있는 자격을 주었는데 이 시험(승보시)에 합격하면 성균관에 입학할 수 있었다.

(3) 향교(鄕校)

지방에는 향교를 세워 교화에 힘썼는데 향교의 구조는 문묘와 명륜당과 양재를 갖추고 있어 성균관의 축소판이라고 할 수 있다. 교육과정과 학제 역시 성균관과 비슷하였다. 입학자격은 16세 이상의 양반 또는 향리(鄕吏)의 자제를 원칙으로 하였으며 각 지방의 수령은 학생들의 성적을 평가하여 월말에 관찰사에게 보고하고 우수한 학생을 선발하여 상을 주기도 하였다. 또한 관찰사는 매년 6월 도회(都會)에서 우수한 성적을 얻은 자는 생원진사시의 초시를 면제시켜 주었다.

향교는 지방의 향풍을 순화하고 백성을 계도하는 역할도 담당하였는데 그 예로 덕행이 높은 이를 모시고 예의를 갖추는 향음례, 효·제·충·신하는 이를 모셔 예의를 갖추고 활쏘기를 즐기는 향사례, 노인들을 모시고 예를 갖추는 향노례 등이 있었다. 향교의 재정은 국가에서 지급한 학전과 지방의 재정으로 충당하였고 조선 중기 이후 서원이 발달하면서 쇠퇴하여 점차 교육기능보다는 문묘에 제사 지내는 기능만 남게 되었다.

(4) 왕실교육기관

왕실교육기관 중 경연은 국왕에게 학문과 치국의 도를 강론하여 때로는 국가의 정책을 논의하기도 하였다. 세자시강원은 왕세자를 교육하는 것으로 영의정과 좌의정 등 고관이 주로 교육을 담당하였다. 종학은 왕실 종친의 자제를 교육하는 곳으로 입학자격은 15세 이상의 종친 자제였다.

(5) 잡학교육기관

잡학교육기관의 종류와 역할에 대해 설명하면 다음과 같다.
- 역학(譯學): 통역관을 양성하기 위하여 중앙은 사역원에서 주관하고 지방은 지리적으로 외국과 인접한 지역의 해당 관아에서 담당하였다.
- 율학(律學): 법령의 집행과 일반 소송을 담당할 관리 양성을 목적으로 중앙은 형조(刑曹)에서 주관하고 지방은 단위행정 구역의 해당 관아에서 담당하였다.
- 의학(醫學): 의사를 양성하는 기능을 말하며 중앙에서는 전의감(典醫監)과 혜민서(惠民署)에서 주관하였고, 지방은 행정구역의 크기에 따라 일정 수를 뽑아 교육하였다.
- 천문학(天文學): 천문학 전문가를 양성하는 것을 말하며 중앙의 관상감에서 주관하였다.
- 지리학(地理學): 중앙의 관상감에서 담당하였다.
- 명과학(命課學): 음양학이라고도 하며 중앙의 관상감에서 담당하였다.
- 산학(算學): 재정과 곡식의 회계를 담당할 관리를 양성하기 위하여 중앙의 호조(戶曹)에서 담당하였다.
- 화학(畵學): 궁중에서 필요한 화가를 양성하는 것을 말하며 도화서에서 담당하였다.
- 악학(樂學): 궁중의식에 필요한 악공을 양성하는 것을 말하며 중앙의 장악원에서 담당하였다.
- 자학(字學): 문서정리와 교정을 맡아보는 하급관리를 양성하기 위하여 교서관(校書館)에서 담당하였다.
- 무학(武學): 군인 관료를 양성하는 것을 말하며 병조(兵曹)의 훈련원에서 주관하였다.

4. 사학(私學)

조선시대에는 관료제도가 발달되고 양반계급의 증가로 인하여 교육에 대한 수요도 더욱 증가하여 관학과 더불어 사학도 발전하고 번창했다. 고려시대의 12도가 쇠퇴한 후에 조선시대에는 새로운 형태의 사학인 서원이 등장하여 발전하였고, 고려시대부터 있던 초등교육기관의 성격을 띤 서당은 조선시대에 더욱 발전하였다.

(1) 서 원

조선 초에 서원이 설립되기 시작하였고 그 중 풍기 군수 주세붕이 안향을 추모하기 위해 백운동서원을 짓고 제사와 교육을 하였다. 그 후 풍기 군수로 부임한 이황의 주청에 의해 임금은 소수서원이라는 편액과 함께 노비와 토지를 하사하자 전국적으로 특정한 선현을 숭상하고 교육기능을 하는 서원이 늘어나게 되었다. 서원의 교육과정은 관학과 마찬가지로 유교경전과 문장 공부가 중심을 이루었다.

서원은 문묘가 아닌 그 지방과 관련된 선현에 대하여 제향하였고, 향교의 교육적 기능이 쇠퇴하면서 지방의 문화와 교육을 진흥하는 역할을 하였다. 하지만 서원은 군역과 부역을 피하는 도피처가 되었고, 당쟁의 온상이 되기도 하여 대원군에 의해 47개의 서원만 남기고 철폐되었다.

(2) 서 당

> 한국교육사 논술예제 ❹ 민중교육과 관련하여 전통서당의 교육에 대해 서술하고 교육사적 의의를 논의하시오.

첫째, 서당은 교육의 기능 면에서는 지역사회의 교화의 중심지로서의 역할을 하였다. 둘째, 서당의 교육 내용은 강독(講讀), 제술(製述), 습자(習字)의 세 가지로 대별할 수 있다. 강독의 내용은 처음에는 『천자문』이나 『유합(類合)』으로 시작하여 『동몽선습(童蒙先習)』, 『소학(小學)』으로 나아가고, 그 다음에 『통감(痛鑑)』, 『사서삼경(四書三經)』, 『사기(史記)』, 『당송문(唐宋文)』, 『당률(唐律)』로 나아갔다. 서당의 규모나 훈장의 학식의 수준에 따라 『춘추』, 『예기』, 『근사록(近思錄)』 등을 읽히기도 하였다. 제술에는 오언절구·칠언절구·사율·고풍(古風)·십팔구시 및 작문 등이 있었다. 습자는 해서를 위주로 하였으나, 학습 정도의 진전에 따라 행서(行書)·초(草書)체를 익히기도 하였는데, 이는 뒷날 편지글을 익히려는 실용적인 의도에서였다. 셋째, 개별 학습내지 완전학습이었기 때문에 능력별 수업이 가능하였고, 교사와의 인격적인 교류가 이루어지기도 하였다. 넷째, 서당교육에서는 계절학습에 관한 것이 특색의 하나라고 할 수 있다. 즉 계절과 학습의 내용 및 방법을 조화시켰던 것이다. 예컨대, 겨울에는 경사(經史)와 같은 어려운 학과를 하게 하고, 여름에는 시율(詩律)과 같은 흥미본위의 학습을 시행하였으며, 봄·가을에는 사기나 고문과 같은 글을 읽게 하여 선비로서의 뜻을 세우는 데 도움이 되게 하였다. 봄·가을에는 밤이 짧기 때문에 야독이 없는 대신에 사율을 짓게 하였으며, 글을 읽고 난 다음의 오후에는 서예를 익히게 하여 졸음과 게으름을 쫓아버리도록 배려하였다. 또한 하과와 같은 피서교육 또는 계절학습이 있었다. 다섯째, 칠교, 종정도, 자치기, 투호 놀이 등 학동들의 놀이 문화의 중심이었다.

개화기의 서당은 옛날 형태를 그대로 유지한 재래식 서당과 새로운 시대조류에 적응한 개량서당으로 나누어 볼 수 있다. 개량서당은 재래식 서당과는 달리 근대교육의 교과를 도입, 설정하고, 교원 또한 근대식 교육을 받은 자들로 구성하였으며 민중교육에 큰 공헌을 하였다. 그러나 일제통치자들은 서당교육이 민족교육 내지 민족의식을 앙양시키는 온상으로 보아 갖은 탄압책을 실시하였는데, 그 대표적인 것으로는 1918년에 공포된 <서당규칙>을 들 수 있다. 일제강점기의 서당은 그들의 동화교육정책에 대항하는 장소였으며, 근대 학교로의 발전이 가능한 요소를 지니고 있으면서도 외세의 침탈 때문에 그러한 기회를 상실하지 않을 수 없었던 민중의 마지막 교육기관이기도 하였다. 광복 후 한글 전용(국한문 혼용 문제)과 <교육법>의 제정에 따라 학제가 정비되면서 점차 소멸되었으며, 서당의 교육기능 역시 학교로 이전되고 현재는 학교교육을 보조하는 기능을 담당하고 있다.

서당의 교육사적 의의로는 첫째, 교육대상의 확대를 들 수 있다. 서당이 보편화되기 이전에는 그 대상이 주로 양반층이었다고 할 수 있다. 그러나 서당이 확대 보급되면서 서민들도 유교교육을 받을 수 있게 되었다. 이는 교육의 보편화에 기여하였다고 볼 수 있다. 둘째, 교육방법에 있어서 일제식이 아닌 개별식으로 진행되었다는 것이다. 학동 각자의 능력에 따라 진도가 서로 달랐던 것이다. 이는 개별화와 다양화를 강조하는 오늘날의 교육에서도 참고할 만하다. 특히 학습 내용을 완전히 이해하지 않으면 다음 단계로 나아가지 않았는데 이것은 무시험 승급을 시행하는 현재의 교육에서 참조해야 할 사항이라고 생각한다. 셋째, 서당은 그 마을 문화의 중심지로써의 역할을 하였다. 이것 역시 오늘날의 교육에서 각 학교가 교사와 학생뿐만 아니라 학부모나 주민들이 화합하고 교류하는 문화의 중심지의 역할을 할 필요가 있다.

〈 서당의 발달 과정 〉

• 조선 초기에는 과거를 준비하는 개인적인 서재서당이 대부분
• 17세기 이후: 공동체적 성격의 향촌서당이 주류 – 지역의 영향력 있는 명문사대부 출신의 대토지 소유자 주도로 향촌 단위로 설립
• 18세기: 부농, 상인, 수공업자 등 일반 서민들이 설립한 서당 등장. 이들은 충효윤리 뿐만 아니라 일상생활에 필요한 내용을 담은 교재 사용하기 시작 → 장혼의 『아희원람』

  ※ 장혼의 『아희원람』: 중인 출신의 장혼이 편찬한 서당교육용 교재로 아동들이 친근히 접할 수 있는 동화적이고 우화적인 내용을 주로 취급되고 있는데, 이는 유교적 가치나 도덕률에 관해서만 집착하던 당사의 교육현실을 비판하고 일깨우기 위해 저술한 것으로 여겨진다. 구성 내용은 한국문화사적인 것을 중점적으로 천문, 지형, 기후에서부터 풍속, 인물에 이르기까지 광범위한 자료들의 항목을 고금의 사적과 문장에서 가려 뽑아 엮었다.

• 19세기: 중인층이나 서민층에도 교육의 기회가 확대됨.

5. 과거제도

한국교육사 논술예제 ❺ 입시과열이나 사교육 열풍과 관련하여 조선시대의 인재선발방법이었던 과거제도에 대해 간략하게 설명하고, 과거제도의 영향과 의의에 대해 논의하시오.

[고려] 초시 - 국자감시 - 동당감시

[조선]

구분		초시	복시	전시
소과	생원	200/500	100	·
	진사	200/500	100	
대과		240-350	33	3/7/23
무과		230	28	3/5/20

조선시대의 과거제도는 고려의 제도를 답습한 것으로 볼 수 있지만 시험의 종류와 시행방법에 있어서 다소 변화와 발전을 가져왔다. 조선시대의 과거제도의 가장 큰 변화는 소과와 대과로 나누고 각각 초시와 복시를 치른 후 대과의 최종 시험인 전시를 통해 최종 합격을 결정지었다는 것이다. 조선시대 역시 교육이 목적을 관리 양성과 유교적 윤리의 보급에 두었기 때문에 교육과정이 과거 시험과목과 거의 일치하고 있었다. 따라서 과거의 시험과목에 포함되지 않은 영역의 학문은 도외시 될 수밖에 없었고 유교의 본래적 가르침을 실천하는 일과 학문 자체의 탐구에서 오는 창조적 즐거움을 추구하는 일은 실제에서 점점 멀어지게 될 우려가 있었다.

한편으로 과거는 한국 역사를 발전시키는 데도 크게 기여하였다. 중국의 영향을 받아 일찍부터 무력 일변도의 사회에서 탈피하여 문관이 지배하는 문치주의 사회를 건설하는 데 과거는 그 중추적인 제도로서 활용되었다. 문관이 무관과 서리(胥吏: 하급관리)를 누르고 국가권력을 장악한다는 것은 그리 쉬운 일이 아니다. 따라서 과거가 행해지던 사회에서 출세를 하기 위해서는 과거에 합격해야 하였고, 과거에 합격하려면 유교 교양과 유교경전을 익혀야만 하였다. 즉 독서인이 되지 않으면 사회의 지배층이 될 수 없었던 것이다. 이것이 우리의 교육열을 자극시켜 발달된 고급문화를 이룩할 수 있게 한 요인으로 작용하기도 하였다. 하지만 문·무과를 조화롭게 하지 못했던 것은 오늘날의 시각에서 비판의 여지가 있다.

이러한 인재선발방식은 오늘날의 교육현장에서도 비슷한 양상이라고 할 수 있다.

먼저 대입이라는 관문을 통과하기 위해 각 학교에서 주로 행해지는 것은 암기위주의 교육과 단편지식의 효과적 전달이라는 것이다. 그 결과 학교 교육에 흥미를 갖지 못하는 대부분의 학생들은 학교생활에 적응하는 데 많은 어려움을 겪기도 하고, 학교폭력이나 왕따와 같은 또 다른 부작용을 낳기도 한다. 둘째, 좋은 직업을 갖기 위해서는 좋은 대학에 입학해야 한다는 사회적 분위기로 인해 학교현장은 성적을 우선시하는 풍토가 만연되어 학생들끼리 협조와 도움보다는 경쟁과 갈등이 조성되기도 한다.

과거제도는 국가의 발전에 필요한 훌륭한 인재를 선발하기 위해 도입된 제도라고 할 수 있다. 오늘날의 교육상황은 예전과 많이 다르기 때문에 현대의 사회에 꼭 필요한 인재를 길러내기 위한 다양한 교육적 시도들이 있어야 할 것이며, 교육정책이나 교육제도 역시 좀 더 넓은 시각에서 접근할 필요가 있다.

6. 한글창제의 의의

한국교육사 논술예제 ❻ 한글 창제의 의의를 개화기 일제의 일본어 강화정책과 관련하여 논의하시오.

한글 창제가 우리 민족사에 끼친 영향과 의의는 다음과 같다. 첫째, 한글은 우리 민족의 독창적인 문자로서 또 민중을 위한 문자로서 상류 지배계층이 아닌 일반 서민을 위한 숭고한 애민정신의 소산이라는 점에서 세계사에 그 유례를 찾아볼 수 없는 정신적 자산이다. 둘째, 오늘날 세계에서 가정 과학적이고 체계적인 문자의 하나로 평가되고 있으며, 우리 민족의 과학정신과 창조성을 반영하고 있다. 셋째, 한글 창제는 거의 한자에 의존했던 문학에서 명실상부한 국문학의 탄생을 가능케 했고, 조선시대의 서민문학의 출발을 가능케 했다. 넷째, 한글의 창제는 우리 민족으로 하여금 독자적인 문자를 가진 민족이 되게 하여 민족의 문화적 독자성을 구축하고 나아가서 진정한 의미의 민족교육을 위한 토대를 마련하였다는 점이다.

한글이 지배층에 널리 실용화되지 못했던 이유는 첫째, 당시의 지식층인 유학자들은 훈민정음을 한자 발음 표기를 위한 보조수단 정도로 여겼다. 둘째, 훈민정음이 아니라도 문자생활에 별 불편을 느끼지 못했다. 셋째, 훈민정음이 불경 국역에 많이 사용됨으로써 유학자들의 반발을 사게 되었다. 넷째, 당시 지식층에 만연했던 사대적인 사고방식과 쉬운 것을 가볍게 보는 의식도 하나의 이유로 작용하였다. 그 결과 지배층과 서민층의 벽은 높아질 수밖에 없었다.

한글의 창제는 우리 민족으로 하여금 독자적인 문자를 가진 민족이 되게 하여 민족의 문화적 독자성을 구축하고, 나아가서 진정한 의미의 민족교육을 위한 토대를 마련하였다는 점에서 의의가 있다. 그러나 조선의 지식층에 만연했던 사대적인 사고방식으로 한글을 외면한 지배층에 의해 지배층과 서민층 사이에 벽을 형성하게 되었다.

이러한 계층 간의 벽을 허물고 근대화의 길로 나아가기 위한 한 방법으로 개화 사상가들은 국한문 혼용 또는 한글 전용을 주장하기도 하였다. 또한 갑오개혁기에 근대식학교의 교육과정에 '국어'교과를 가르쳤으며, 일본어는 '외국어' 과목에서 가르치는 정도였으며 시수 또한 많지 않았다. 그러나 1906년 통감부 설치를 계기로 교육과정에 일본어가 정식 교과로 등장하였으며, 시수 또한 늘어나기 시작하였다. 제1차 조선교육령기에는 국어(일본어)가 조선어의 시수보다 더 많았으며, 제3차 조선교육령기(1938)에는 조선어가 정규교과가 아닌 선택과목으로 전락하였다. 그 후 조선어를 배울 기회는 점점 사라지게 되었다. 일제의 한글말살 정책은 역설적으로 자국어의 보존이 한 국가의 힘과 문화에 얼마나 중요한 역할을 하는지를 보여주는 일례라고 할 수 있겠다.

7. 실학과 교육

한국교육사 논술예제 ❼ 자국문화의 주체성 회복 또는 과거제도의 개혁과 관련하여 실학사상에 대해 논의하시오.

(1) 실학의 개념

조선 후기의 실학은 몇 가지 점에서 성리학과 분명히 구별된다. 첫째, 실학은 민족주의적 성격이 강하다. 성리학은 동양사회의 사상계를 지배한 일종의 동양 중세적 세계주의였고 지배계층의 사상이었다. 주자학적 화이사상 아래서는 우리나라의 역사나 문화도 중국의 일부분으로 밖에 인식되지 않았다. 그러나 실학자들은 중화사상에서 탈피하여 우리의 역사·지리·언어·정치·경제·군사 등에 대한 연구에 열중하고 이를 체계화시켰다. 둘째, 근대지향적인 성격이다. 실학자들 스스로는 근대지향보다 오히려 동양 고대를 이상사회로 추구하였으나 그들의 주장이나 이론은 중세적 계급의 해소·금속화폐의 유통·상공업의 발달·외국무역의 개발·토지제도의 개혁 등 근대지향성이 강하여 개항 이후에까지 많은 영향을 주었다. 셋째, 성리학이 조선왕조 지배계층의 이익을 대변했다면 실학은 민주의 편에 선 지식인들의 개혁사상이었다. 하지만 이러한 실학사상은 조선 후기 사회에 주류를 형성하지는 못했다.

(2) 실학의 배경

실학이 발생하게 된 외적 배경으로는 첫째, 서학(西學)의 전래를 들 수 있다. 명나라의 사신을 갔던 이수광(李睟光)과 정두원이 『천주실의』·『교우론』 및 화포·천리경·자명종·만국지도 등을 가지고 왔으며, 병자호란 때 볼모로 잡혀갔던 소현세자는 청나라에 있는 동안 서양 선교사들 및 진보적인 학자들과 친교를 맺고 여러 가지 과학서적과 천주교 서적을 가지고 1645년에 조선으로 돌아왔다. 천주교 서적은 남인 학자들에게 깊은 관심을 불러 일으켜 그들의 사상에 커다란 변혁의 계기가 되기도 하였다. 둘째, 고증학의 영향을 들 수 있다. 병자호란 이후 청나라와의 접촉이 잦아져 고증학의 학문태도를 받아들이자는 움직임이 일어났다.

실학 발생의 내적 배경으로는 조선 후기에 들어와 신분 계급 질서가 흔들리면서 권력에서 밀려난 양반을 중심으로 정치·사회적 현실의 개혁과 농·공·상에 관한 관심을 갖게 되면서 민족문화에 대한 주체적 인식과 실증적 정신을 강조하게 되었다.

실학운동은 경세치용(經世致用)·이용후생(利用厚生)·실사구시(實事求是)로 나눌 수 있다. 먼저 18세기 전반 유형원·이익 등을 중심으로 하는 경세치용학파는 토지제도와 행정기구 및 기타 제도상의 개혁을 주장하였다. 둘째, 18세기 후반 홍대용·박지원·박제가 등을 중심으로 하는 이용후생학파는 상공업의 유통·생산기구 및 일반 기술면의 혁신으로 생산력을 향상시킬 것을 주장하였다. 셋째, 19세기 전반 김정희 등을 중심으로 하는 실사구시학파는 경서(經書)·금석(金石)·전고(典故) 등의 고증에 주력하였고, 엄격한 객관적 태도로 사실을 밝혀내려고 하였다.

(3) 실학의 전개

실학은 이수광·한백겸·김육 등을 선구로 하여 유형원에 이르러 학문적 체계가 확립되고, 숙종 때 이익에 의하여 실학파의 성립을 보았으며, 영조·정조·순조에 더욱 발전하였다.

주요 사상가로는 유형원·이익·박지원·정약용 등을 들 수 있다. 먼저 유형원(1622~1673)은 『반계수록』·『반계집』 등의 저서를 남겼다. 『반계수록』 중 「교선지제(敎選之制)」에 나타난 교육사상을 보면 다음과 같다. 종래의 과거제를 폐지하고, 학교 교육을 통하여 능력 있는 인물을 관리로 등용할 것을 주장하였다. 그리고 근대적 학제의 도입을 제안하였다. 즉 한양의 경우 방상 → 사학 → 중학 → 태학으로, 지방의 경우 향상 → 읍학 → 영학 → 태학으로 연결되는 단계별 학제안을 제안하였다. 또한 읍학에 입학할 수 있는 자격을 사대부에게만 국한하지 않고, 서얼과 서민에게도 부여하여 이른바 능력에 따른 인재 등용을 주장하였다.

둘째, 『성호사설(星湖僿說)』을 저술한 이익(1681~1763)의 교육사상은 주로 『곽우록』에 수록되어 있다. 그는 과거의 폐단에 대해 신랄한 비판을 하고 과천합일(科薦合一: 과거제와 천거제의 병행)을 주장하였다. 즉 과거를 5년에 한 번 실시하고 별시는 폐지며, 천민도 과거 응시자격을 부여하여 합격하면 국가가 속량시켜야 한다고 주장함으로써 인재선발에서 신분제한의 철폐를 주장하였다. 그는 또한 민족주체의식을 강조하여 교육과정에 『퇴계집』과 『동국사』를 포함시켜야 한다고 강조하였다. 뿐만 아니라 인간이 다른 동물과 다른 점은 예의를 숭상하는 데 있다고 보고, 교육에서 숭례(崇禮)와 근검을 강조하였다. 그리고 민본사상을 바탕으로 능력에 따른 개인차가 반영되어야 함을 주장하였다.

셋째, 홍대용(1731~1783)은 『의산문답(醫山問答)』을 저술하였다. 그의 입장은 기중시적(氣重視的) 세계관, 이천시물(以天視物)의 방법론(인간중심적 도덕원리를 부정하고, 인간과 사물을 균등하게 보려는 관점)을 제시하였다. 그는 과학기술을 탐구하고 지전설(地轉說)을 주장하였는데 이것은 서양 과학에 대한 이해를 바탕으로 당시 일반화된 소중화의식을 탈피하고 주체성을 강조하는 역사의식을 보여준다. 그리고 전국을 9도, 1도는 9현, 1군은 9사, 1사는 9면으로 나누고 도에서 면까지 각급 학교를 설립하자는 인재 등용방법을 주장하였다. 특히 신분에 관계없이 8세 이상 모든 아동을 교육시켜야 함을 주장하였다.

넷째, 박지원(1737~1805)은 『열하일기』를 저술하였다. 그는 천자문불가독설(千字文不可讀說)이라 하여 『천자문』은 문자 배열이 어린아이의 일상생활의 용어가 아닌 시의 운에 따라 배열되어 있기 때문에 비실용적이라고 비판하였다. 사략불가독설(史略不可讀說)이라 하여 사략은 첫머리부터 황당무계한 설을 가르친다고 하였다. 통감절요불가독설(通鑑節要不可讀說)에서는 초학자가 혼자 읽어 터득하기 어렵다고 주장하였다.

다섯째, 정약용(1762~1836)은 천주교 서적과 서양 근대 문물을 접했는데 신유사옥(1801년)으로 인해 전라도 강진에 유배되어 1818년까지 독서와 집필에 몰두하여 『목민심서』·『흠흠심서』·『경세유표』 등 500여 권의 방대한 저술을 남겼다. 그는 먼저 실사구시(實事求是)의 실학정신을 강조하였다. 그리고 교육적 인간상으로 수기위천하인(修己爲天下人), 즉 자기 수양에 의하여 능력을 닦고, 이것을 천하와 국가를 위하여 실천궁행하는 사람을 강조하였다. 그는 『아학편』 2천자문 저술하여 아동이 감각기관으로 경험할 수 있는 글자와 개념을 먼저 학습하게 해야 한다고 하였다.

이외에도 사대부와 부녀자·아동이 갖추어야 할 일상적 도덕 내용을 담고 있는『사소절』및『소학』을 우리의 입장으로 바꾸어 주체적 어린이 교육의 일편을 보여주고 있는『아규(兒規)』를 남긴 이덕무 등도 교육사상에 실학적 면모를 보여준 학자들이라고 할 수 있다.

(4) 실학의 교육사적 의의

교육사적 의의는 민족주의적 성격이 강하다는 점, 근대 지향적 성격을 보인다는 점, 그리고 지식인의 사회개혁사상이 담겨 있었다는 점 등을 들 수 있다. 이런 실학은 교육사상에도 큰 영향을 미쳤다. 인간 존중과 교육의 기회균등 강조, 과거제의 폐단 지적과 근대적 학제 제안, 한글 보급에 기여, 민족 주체성 강조 교육 등은 실학의 교육사적 의의로 지적할 수 있다.

8. 교육사적 의의

조선시대는 14세기 말부터 19세기 말에 걸친 서양 근세에 해당되는 시기로 서구에서는 경험주의와 합리주의 사상을 바탕으로 근대 과학과 더불어 자유와 평등의 이념을 바탕으로 한 민족주의와 민주주의의 눈부신 발전이 있었고, 아울러 국민제도의 발전을 보았다.

이 시기에 조선은 성리학을 주요 사상으로 하는 양반 관료체제가 유지되면서 교육의 보편화와 다양한 학문이 발달하지 못했다. 18세기 무렵부터 실학자들을 중심으로 하는 합리적이고 과학적인 학문풍조와 개혁의 움직임이 있었으나, 국내외의 정치적 상황으로 인해 근대화로 이어지지 못했다. 그러나 이 시기에 한자와 유학을 바탕으로 하는 한민족의 전통적 문화와 교유제도는 더욱 발전하여 고유의 민족문화를 확립했고, 향교와 서원 및 서당 등을 통한 전통적 교육의 발전은 괄목할 만한 것이었다(박의수 외, 교육의 역사와 철학).

Ⅴ 개화기와 주권상실기의 교육

1. 개 관

일본에 의하여 강요된 강화도조약을 시작으로 미국·영국·독일·이탈리아·러시아·프랑스·오스트리아 등과 통상수호조약을 체결함으로써 조선은 개화기를 맞게 되고 열강들의 각축장이 되었다. 이리하여 외세에 의하여 강요된 개방은 근대화 추진을 위한 하나의 계기가 되었으나 동시에 많은 민족사적 시련을 맞게 되었다.

문호개방에 반대하는 위정척사 운동과 임오군란, 개혁파의 갑신정변, 동학혁명, 갑오개혁, 명성황후 시해사건, 의병운동, 아관파천, 대한제국의 성립과 멸망 등 숨 가쁜 정치·사회의 격변은 끝내 1910년의 한일합방으로 인해 식민지로 전락하는 치욕을 당하게 된다. 이러한 시련과 격변 속에서도 우리 민족은 교육입국의 의지를 가지고 각계각층에서 교육근대화를 위한 노력을 경주하였다.

2. 정부주도의 교육개혁

> 한국교육사 논술예제 ❽ 제국주의의 확대와 함께 외세에 침입이 본격화 되었던 개화기에 정부가 주도하였던 교육개혁에 대해 논의하시오.

(1) 갑오개혁 이전

강화도 조약 이후 김기수를 대표로 하는 수신사절단이 일본을 시찰하였고, 1880년에는 김홍집을 대표로 하는 사절단이 일본을 시찰하였다. 1881년 5월에는 신사유람단이 일본으로, 같은 해 9월에는 영선사를 청나라로 파견되어 일본과 청나라의 선진문물을 시찰하고 청년들이 유학하였다. 일본으로의 신사유람단 파견 당시 유길준·윤치호 등이 유학하였다. 임오군란(1882년) 이후 사태 해결을 위해 박영효를 대표로 하는 사절단이 일본을 시찰하고 돌아왔다.

이와 같이 서양의 발달된 기술문명을 접한 개화 사상가들은 개화의 선결 요건을 서양의 발달된 과학 기술과 교육제도를 도입하는 데 있다고 주장하였고, 조선정부도 서양 문물에 대해 적극적인 관심과 그 수입을 위한 직접적인 노력을 기울이게 되었다. 외국과의 빈번한 교류로 정부에서 가장 시급하게 느끼게 된 것이 외국어 교육이었다. 그리하여 정부의 외교 고문인 묄렌도르프에 의해 동문학(통변학교, 1883년)이 설립되었는데 당소위, 핼리팩스 등이 초빙교사로 있었다. 동문학은 육영공원이 1886년에 설립되자 폐교되었다.

육영공원은 외교관 양성을 위해 설립된 학교로 길모어·헐버트·벙커가 미국인 교사로 임명되어 가르쳤다. 육영공원의 입학 대상은 양반층 자제와 젊은 관리였으며, 좌원은 과거에 급제한 사람으로 우원은 15~20세의 양반 자제를 뽑았다. 이 학교에서는 외국어, 수학, 자연과학, 지리, 역사, 정치학, 국제법, 경제학 등의 근대 학문을 배웠지만 운영의 미숙·보수파의 의지 결여 등으로 인해 1894년에 문을 닫는다.

광혜원은 갑신정변 때 부상을 입은 민영익을 의료선교사 알렌이 치료한 후 정부의 신임을 얻어 정부에게 근대식 병원을 설립할 것을 건의하여 1885년부터 의료사업을 시작하였고 1886년 4월부터는 의학교육을 실시하였다.

연무공원은 신식군대와 장교 양성을 위해 1888년 개교하였으나 1894년 일본군의 경복궁 점령 이후 군무아문에 편재되면서 폐지되었다. 이 외에도 갑오개혁 이전에 정부에서는 관립한성한어학교(1891)·관립한성일어학교(1891)·관립한성영어학교(1894)를 설립하였다.

(2) 갑오개혁 이후

갑오개혁(1894)은 청일전쟁을 계기로 일본이 조선으로부터 청국의 영향력을 배제하고 독점적인 지배권을 확립하기 위한 음모와 조선시대의 누적된 폐정을 자주적으로 개혁하기 위해 실시되었다. 김홍집을 수반으로 하는 군국기무처에서 정치·경제·사회·군사·교육 등에 관한 제도를 근대적으로 개혁하였다. 교육 방면에서는 학무아문을 중심으로 새로운 학제와 학교의 설립에 관한 법령을 제정·공포하는 한편, 교과서를 편찬하였다.

갑오개혁의 내용을 살펴보면 다음과 같다. 첫째, 과거제를 폐지하고 새로운 관리 임용 제도를 채택하였다. 둘째, 종래의 신분제 폐지하고 귀천과 문벌을 가리지 않고 인재를 등용하고자 하였다. 셋째, 종래의 문존무비(文尊武卑)의 차별을 폐지하였다. 넷째, 품행이 방정하고 학력이 우수한 청년을 해외로 유학시키기로 하였다.

홍범 14조(1895)에서는 우수한 자제를 널리 파견하여 외국의 학술과 기예를 배워오게 할 것과 문벌을 타파하고 인재를 등용할 것 등을 규정하였다. 1895년 2월에는 교육입국조서를 발표하여 교육은 국가보존의 근본이며, 덕양·체양·지양을 힘쓸 것을 강조하였다. 그리고 교육에서 허명을 버리고, 실용에 힘쓸 것을 주장하였다. 그리하여 정부에서는 소학교·중학교·사범학교·외국어학교·실업학교 등의 설립에 관한 법령을 제정하고, 그 법령에 따라 각급 학교를 설립하고, 교과서를 편찬하여 본격적인 근대학교를 설립하였다.

〈 대한제국의 학교관제 및 규칙 〉

학교관제 및 규칙	일자	학교관제 및 규칙	일자
한성사범학교 관제	1895. 4. 16.	의학교 관제	1899. 3. 24.
외국어학교 관제	1895. 5. 10.	중학교 관제	1899. 4. 4.
성균관 관제	1895. 7. 2.	상공학교 관제	1899. 6. 24.
소학교령	1895. 7. 19.	외국어학교 규칙	1900. 6. 27.
한성사범학교 규칙	1895. 7. 23.	농공상학교 관제	1904. 6. 8.

〈 갑오개혁기 학교 〉

• 한성사범학교
  – 설립: 1894년 9월 18일에 설립되었으며, 일제 통감부에 의해 관립한성사범학교로 개편되었다.
  – 교육과정: 수신, 한문, 역사, 지리, 수학, 물리, 박물, 화학, 습자, 작문, 체조 등 13개 과목
• 관·공립 소학교
  – 관립: 한성사범학교 부속소학교를 비롯하여 8개의 관립소학교를 설립했다. 관립소학교의 경우 학부의 참서관이 교장을 겸직하고 있었다.
  – 공립: 각 부와 목, 현에 설치되기 시작하여 1903년에는 52개교에 이르렀다.
  – 교육연한: 소학교에는 심상과와 고등과가 있었고 수업연한은 신상과 3년, 고등과 2~3년으로 규정되어 있었다.
• 중학교
  – 설립: 1899년 4월 제정 공포된 중학교 관제에 근거하여 1900년에 한성중학교가 설립했다. 이 학교는 사립을 제외하고 정부가 세운 유일한 중학교였다.
  – 교육연한: 중학교에는 심상과와 고등과가 있었고 수업연한은 심상과 4년, 고등과 3년으로 구성되어 있었다.
• 성균관
  – 설립: 1895년 7월 제정 공포된 성균관 경학과 관제에 의해 경학과를 설치하고 향사기능을 제외시킴으로써 새롭게 개편되었다.

- 교육연한: 3년으로 학기가 구분되었고 학급이 편성되었다. 입학시험을 실시하였고 졸업시험에 합격한 사람에게만 졸업장을 부여하였다.
- 교육과정: 4서3경, 송·원·명사, 기사, 논설을 중심으로 하고, 근대과목인 역사, 지리, 산술이 추가되었다.
• 관립외국어 학교
  - 설립: 일어학교를 선두로 해서 영어학교, 한어학교, 아어학교, 덕어학교, 법어학교 등 6개교가 설립되었다.
  - 수업연한: 일어, 한어는 각 4년, 영어와 법어, 아어, 덕어는 5년
  - 교육과정: 각국의 어학이 중심이 되었으나 수학, 지리 등의 일반 과목과 실무교육으로서 상업총론, 우편사무와 같은 내용이 추가되었다.
• 의학교
  - 설립: 의학교의 전신은 1891년 11월 7일에 공포된 종두의 양성소이다. 의학교는 1899년 3월 공포된 의학교 관제에 의해 설립되었다.
  - 수업연한: 3년
• 법관양성소
  - 1895년 3월 당시 법원인 평이원 안에 설립되었다.
  - 수업연한: 6개월
  - 교육과정: 민법, 형법, 소송법, 명률, 대전회통 등
• 실업교육기관
  - 상공학교: 상업과와 공업과로 구성되었으며 수업연한은 예과 1년과 본과 3년으로 구성되었다.
  - 광무학교: 자주적인 광산기술자 양성을 위해 설립되었으며, 수업연한은 3년이었다.
  - 기타 실업학교: 양잠기술을 담당하는 잠업양성소, 통신시설의 업무를 담당할 기술요원을 양성하는 전무학당도 설립되었다.

갑오개혁 이전에는 교육기관이 일관성 있는 단계적 학교제도를 갖추지 못했던 데 비해 갑오개혁 이후에는 근대적 학제를 갖추게 되었고 다양한 근대적 교과목을 가르쳤다. 그러나 1905년 을사늑약 이후 일제 통감부에 의한 교육 통제가 강화되었다.

3. 민족계의 교육활동

(1) 갑오개혁 이전

갑오개혁 이전의 민족계에 의한 교육개혁으로는 원산학사(1883)의 설립을 들 수 있다. 원산학사는 관료 정현석과 지역 주민의 협력으로 설립되었는데, 기존의 서당을 개량한 개량서당의 모습이었다. 그래서 전통교육과 근대적 학문을 함께 가르친 우리나라 최초의 근대적 사립학교로 알려져 있다. 이 외에 민족계 학교는 갑오개혁 이후에 설립된다.

(2) 갑오개혁 이후

갑오개혁 이후 흥화학교(1895)·낙영의숙(1895)·점진학교(1899) 등의 민족계 사립학교가 설립되지만 을사늑약 이후 본격화 되었다고 할 수 있다. 서우학회·기호학회 등 많은 학회의 설립과 함께 1908년 무렵에는 전국에 5,000여 개교에 달하는 학교가 설립되었다. 그러나 1908년 일제 통감부는 '사립학교령'을 공포하여 사학의 질적 충실이라는 명목으로 민족교육을 탄압하였다. 그리하여 1909년 전국 사립학교는 2,250여 개교로 줄어들었다. 민족계에 의한 사립학교의 교육적 특징은 건전한 인격과 건전한 신체의 함양, 민족의식 고취, 애국사상의 함양과 항일운동, 국권 회복을 위한 민족지도자 양성이라고 할 수 있다.

◆ 개화기 민족계의 사립학교 ◆

교명	연대	세운 이	세운 곳	교명	연대	세운 이	세운 곳
원산학사	1883	관·민	원산	서우사범학교	1907	서우학회	서울
흥화학교	1895	민영환	서울	강명의숙	1907	이승훈	정주
낙연의숙	1901	서광세	서울	오산학교	1907	이승훈	정주
양정의숙	1905	엄주익	서울	오성학교	1907	서북학회	서울
보성전문학교	1905	이용익	서울	양산소학교	1907	김구	안악
휘문의숙	1906	민영휘	서울	대성학교	1908	안창호	평양
숙명여학교	1906	엄귀비	서울	기호학교	1908	기호흥학회	서울

4. 종교계의 교육활동

(1) 갑오개혁 이전

갑오개혁 이전 기독교계의 교육활동은 미국 선교사들을 중심으로 전개되었다. 이들은 교육과 의료를 포교의 수단으로 삼아 학교와 병원을 설립하였다. 알렌은 서양식 의료기술을 전파하였다. 배재학당(1885)은 감리교 선교사 아펜젤러에 의해 세워진 최초의 근대식 학교이다. 이 학교는 1886년 고종에 의해 배재학당이라는 교명을 하사받았다. 한문과 함께 근대적 교과목(영어, 천문, 지리, 수학, 역사, 성경 등)과 과외활동(연설회, 토론회, 축구, 야구, 정구 등 스포츠 활동)이 있었다. 그리고 근대적 교칙을 제정하여 학교를 운영하였다. 이화학당(1886)은 감리교 선교사 스크랜턴부인이 세운 우리나라 최초의 여학교인데 1887년 정부로부터 이화학당이라는 편액을 하사받았다. 경신학교(1886)는 언더우드가 세운 고아학교인데 언더우드학당으로 불리다가 1905년에 경신학교로 개명하였다. 정신학교(1887)는 광혜원의 간호사였던 엘러스가 세운 여학교이다.

천주교에서는 개화기 이전인 1855년 파리 외방전도회 소속 메스트로 신부가 충북 제천에 배론신학교(성요셉신학당)를 설립하여 철학·라틴어를 중심으로 다양한 서양 학문과 문물을 함께 가르쳤다.

(2) 갑오개혁 이후

갑오개혁 이후에도 종교계학교는 꾸준히 발전하였다. 그 이유는 근대식 학교에 경험을 가지고 있던 선교사들은 선교회 본부의 많은 재정적 지원으로 학교를 유지할 수 있었다. 그리고 남녀평등의 기독교 정신에 입각하여 입학자격에 차별을 두지 않아 많은 학생들이 지원하였고, 영어를 배울 수 있다는 것도 장점으로 작용하였기 때문이다. 결과적으로 1910년 2월까지 약 800여개교의 종교계 학교가 설립되었다.

불교계에서도 1906년 원흥사에 불교계 최초의 근대학교인 명진학교(오늘날의 동국대학교)를 설립하였고, 이후 지방 각 사찰에서 자체적으로 근대적 학교를 설립하였다.

◆ 개화기 기독계의 사립학교 ◆

교명	연대	교파	세운 곳	교명	연대	교파	세운 곳
배재학당	1885	장로회	서울	호수돈여학교	1904	감리회	개성
이화학당	1886	감리회	서울	진성여학교	1904	장로회	원산
경신학교	1886	장로회	서울	계성학교	1906	장로회	대구
정의여학교	1894	감리회	평양	의명학교	1906	안식교	수안
숭실학교	1897	감리회	평양	약현학교	1907	천주교	서울
배화여학교	1898	감리회	서울	수피아학교	1907	장로회	광주
명신학교	1898	장로회	재령	기전여학교	1907	장로회	전주

5. 주권상실기의 교육

(1) 식민지기 이전

1905년 이후 우리 민족은 의병운동과 교육구국운동을 전개하였으며, 일제는 통감부(1906~1910)를 설치하여 교육정책에 관여하였다. 1906년 보통학교령을 통해 소학교를 보통학교로 개명하고 수업연한을 6년에서 4년으로 단축하였다. 1906년 고등학교령에 의해서는 중학교를 고등보통학교로 개명하고 수업연한 7년에서 3~4년으로 축소하였다. 그리고 1908년 사립학교령을 공포하여 사립학교에 대해 일정 수준 이상의 재정을 요구하였고, 학부로부터 인가받은 교과서만을 사용하게 하였다. 이 외에도 1908년 학회령을 공포하여 애국계몽운동을 주도하는 학회를 탄압하였고, 1908년 교과용 도서 검정 규정을 통해 각 학교의 교과서를 통제하였다. 뿐만 아니라 1909년 실업학교령을 공포하여 실업학교의 수업연한을 4년에서 2년으로 축소하였다. 결국 일제는 을사늑약 이후 통감부에 의해 식민 통치를 위한 교육정책을 시작하였다.

(2) 식민지기 교육

① 무단통치기의 교육정책(1910~1919): 1911년 제1차 조선교육령을 발표하여 식민지 교육을 본격화 하였다. 먼저 충량한 국민을 만드는 것을 교육목적으로 하여 고등교육은 억제하고 실업교육을 강화하였다. 둘째, 실업학교의 수업연한을 2~3년으로 하는 등 수업연한을 단축하였다. 셋째, 교사를 일본인 교원으로 대치하기 위해 한성사범학교를 폐지하였다. 넷째, 일본어 교육을 강화하였다. 다섯째, 교과서는 총독부 편찬 또는 검정을 거친 것만 사용하도록 하였다. 여섯째, 1918년 서당규칙을 통해 서당도 설립 시 도지사의 허가를 얻도록 하였다.

② 문화정치기의 교육정책(1919~1938): 일제는 1922년 제2차 조선교육령을 발표하고 일시동인(一視同仁), 내선일체(內鮮一體), 내선공학(內鮮共學), 일선융화(日鮮融化)를 내세웠다. 그리하여 외형상 일제와 동일한 학제를 적용하였다. 조선어를 필수과목으로 부과하였으며 사범학교를 신설하였다. 또한 일제는 경성제국대학(1924년)을 설립하여 조선 통치에 이용하였으며, 1937년에는 황국신민서사를 제정하여 신사참배를 강요하였다.

③ 황민화기의 교육정책(1938~1945): 일제는 1938년에 국체명징(國體明徵)·내선일체(內鮮一體)·인고단련(忍苦鍛鍊)의 3대 강령을 기본으로 제3차 조선교육령을 발표하였다. 이는 우리 민족의 문화를 말살하고 황국신민으로 만들려는 정책이었다. 학교의 명칭은 일본인을 위한 학교의 명칭과 같은 소학교, 중학교, 고등여학교로 하였다. 조선어는 정규 교과가 아닌 수의과(선택과목)로 하였다. 1941년에는 국민학교령을 발표하여 소학교에서 국민학교로 학교 명칭이 변경되었다. 1943년 3월에는 제4차 조선교육령이 발표되었고, 같은 해 10월에는 교육에 관한 비상조치령이 발표되어 교육은 전쟁 수행을 위한 수단으로 전락하였다.

(3) 주권회복을 위한 민족교육운동

3·1운동은 관·공·사립구분 없이 참여하여 민족감정을 표출한 운동이었다. 이 시기에는 아동중심·인간본위·조선본위의 교육이 제창되고, 방정환이 '어린이'라는 말을 처음 사용하고 어린이날을 제정하였다. 3·1운동을 계기로 남녀평등의식이 더욱 자극되었고, 사립학교들끼리, 그리고 사립학교 학생들 사이의 유대의식이 강화되어 조선교육회(1920)와 조선학생 총연합회(1924) 등이 결성되었다.

조선민립대학 설립운동(1922~1923)은 3·1운동 후 민족교육에 대한 열의가 고조되어 1920년 조선교육회를 결성하고 민립대학 설립을 추진한 것이다. 하지만 일본의 방해공작과 천재지변으로 실패하였다.

'민중 속으로'라는 의미의 브나로드운동과 문자 보급 운동은 식민지 교육정책에 대한 저항으로 언론기관과 교육 지도자를 중심으로 전개한 농촌계몽과 문맹 타파를 위한 문자보급운동이었다.

6. 교육사적 의의

개화기의 교육적 노력이 거대한 제국주의의 침략 세력에 의해 국권상실의 비운을 당하였지만, 이 시기에 점화된 교육의 열기는 계속 식지 않고 지속되어 국민을 계몽시키고 민족 독립정신을 고취시키는 원천이 되었다. 특히 민족 선각자들에 의한 사학의 설립은 많은 젊은이들에게 민족의 역사와 독립정신을 고취하여 일제 식민지 통치기간에 끈질긴 저항을 계속할 수 있는 원동력이 되었다.

식민지기 교육정책을 통해 한 민족의 전통을 지키고 민족의 자존과 독립을 유지하는데 교육이 얼마나 중요한가를 다시금 생각해 보고, 치욕의 역사를 되풀이하지 않기 위해 교육이 해야 할 역할이 무엇인가를 다시 한 번 생각해 보아야 할 것이다(박의수 외, 교육의 역사와 철학).

Ⅵ 해방 후의 교육

1. 미군정기의 교육

> 한국교육사 논술예제 ❾ 해방 후 한국의 교육이 미국 교육으로부터 영향을 받았다고는 하지만 실제로는 일제의 잔재가 더 강하게 남아 있는 것으로 평가되기도 하는데, 그 이유가 무엇인지 논의하시오.

해방 이후 남한의 교육은 미군정을 통하여 기반이 다져지기 시작했다. 1945년 11월 군정청 학무국 산하에 구성되었던 조선교육심의회(교육계와 학계 인사 100명으로 구성. 10개 분과 위원회)에서는 해방 후 한국교육의 정초를 다지는 작업을 진행하였다. 그 결과 홍익인간(弘益人間)이라는 교육이념을 채택, 남녀공학을 원칙, 민주주의 교육 실시, 6-3-3-4제의 단선형 학제를 채택, 종래의 3학기제를 2학기제로 변경, 1946년 9월부터 의무교육을 실시한다는 결정을 내렸다. 교과서 편찬의 경우 상용한자를 1,000자로 제한하고 한글 전용과 가로쓰기를 채택하였다.

한편 미군정기를 통하여 민주주의의 교육이념과 듀이의 진보주의 교육사상 등이 유입되었으며, 새 교육운동도 해방 이후 교육에 대한 중요한 몫을 담당하게 되었다. 1946년에는 국립 서울대학교 설치령이 발표되었는데, 이는 소위 '국대안 파동'을 불러 일으켜 군정기 최대의 학생운동으로 연결되었다.

2. 제1공화국의 교육

이승만 정부 시기이다. 제헌헌법 16조 '모든 국민은 균등하게 교육받을 권리가 있으며, 적어도 초등교육은 의무적이며 무상으로 한다. 모든 교육기관은 국가의 감독을 받으며, 교육제도는 법률로서 정한다.'를 제정하고, 1949년 교육법을 공포하였다.

한국전쟁 시기에는 전시하 교육 특별 조치령을 발표하여 전시연합대학 설치하여 운영하였고, 1952년 교육자치제를 시행하였다. 1955년 제 1차 교육과정을 공포하여 진보주의 교육철학을 반영하였고, 1950년대 교육의 양적 확대가 이루어졌다.

3. 제2공화국의 교육

장면 정부시기로 학원의 민주화와 교육자치제를 강화하려고 하였으나, 군사쿠데타로 불발되었다.

4. 제3공화국의 교육

박정희 정부 시기이다. 1961년 교육에 관한 임시특례법 제정하고 1962년 교육법을 개정함으로써 교육자치제를 폐지하였다. 1963년 제3공화국 출범하면서 근대화를 기치로 경제개발에 주력하였다. 교육방침은 민주시민 교육, 반공이데올로기 교육, 생산기술 교육의 강화, 과학기술 교육의 진흥이었다. 1968년에는 중학교무시험진학제도와 예비고사제 도입, 국민교육헌장을 선포하였다.

5. 제4공화국의 교육

유신정권 시기로 1970년대의 교육은 개발독재 통치이념의 확산과 경제개발에 필요한 인력 양성이라는 양대 기능을 수행하였다. 교육정책의 기조는 국적 있는 교육(국민윤리와 국사교육 강화)이었다. 그리고 새마을교육이 교육과정에 편입되었다. 이 시기에는 방송통신교육체제 확립으로 방통대(1972)를 설립하고, 국공립고교에 방송통신과정을 설치(1974)하였다. 대학교육개혁의 일환으로 실험대학 운영, 졸업학점 축소, 부전공제와 복수전공제 채택을 실시하였다. 1974년부터는 서울과 부산에서 고교평준화 제도를 시행하였다.

6. 제5공화국의 교육

전두환 정부시기로 1980년 7월 30일 교육개혁을 발표하여 과외 금지, 본고사 폐지, 졸업정원제 실시, 교육방송 실시, 교대 4년제로 승격, 방통대 5년제의 국립대학 체제로 전환을 실시하였다. 1984년에는 교육법 개정으로 중학교까지 무상의무교육실시 규정을 마련하여 1985년 도서벽지 중학교 무상의무교육실시 → 1992~1994 읍면지역으로 확대 → 2002년 전국으로 확대를 기획하였다. 1982년부터 교육세를 징수하여 5년 시한부 목적세로 하였다가 1991년 영구세로 전환하였다.

7. 제6공화국의 교육

노태우 정부는 문교부를 교육부로 개칭하고 1991년 교육자치제를 재개하였다. 문민정부에서는 1995년 5월 31일에 교육개혁안을 발표하여 누구나 어디서나 교육받을 수 있는 열린 교육, 학습자 중심교육을 강조하였다. 1997년 12월 31일에는 교육법을 교육기본법, 초중등교육법, 고등교육법으로 세분화 하고, 단위학교에 '학교운영위원회' 설치를 법제화하였다. 국민 정부에서는 1999년 교사 정년을 65세에서 62세로 단축하였고, 전국교직원노동조합(전교조)을 합법화하였으며 고등교육의 수월성 확보에 노력하였다. 그리고 2001년부터 교육부를 교육인적자원부로 개칭하고 장관을 부총리로 승격시켜 인력개발을 총괄하였다.

1. 삼국시대의 교육

- 고구려: 태학, 경당
- 신라: 화랑도(최치원, 세속오계), 국학, 독서출신과
- 원효, 설총
- 불교와 유교, 선교(仙敎)

2. 고려시대의 교육

- 제도: 관학 – 국자감(신분, 7재, 양현고), 동서학당(문묘無), 향교(문묘), 사학 – 12공도(고등, 과거준비), 서당(초급, 민중)
- 과거: 유학, 왕권강화, 좌주문생, 음서제
- 사상: 최충, 안향, 이색(교수5단계)

3. 조선시대의 교육

- 제도 : 관학 – 성균관(고등, 문묘, 고급관리), 향교(중등, 문묘, 교화), 4학(한성, 문묘無)
  사학 – 서원(선현존숭, 인재양성), 서당(초등, 교화)
  과거 – 고급관리 선발, 3과(문·무·잡)
- 교육법규: 경국대전, 학령(學令), 권학사목(勸學事目), 진학절목(進學節目), 경외학교절목(京外學敎節目), 학교사목(學敎事目), 학교모범(學敎模範), 원점절목(圓點節目)
- 성리학: 선인(善人)양성, 수기치인(修己治人), 군자
- 권근(입학도설, 권학사목), 이황(理氣二元論·潛心自得), 이이(立志·誠敬, 학교모범)
- 실학(經世致用·利用厚生·實事求是): 유형원(과거폐지, 근대학제, 능력중시), 이익, 정약용(修己爲天下人, 사회적 자아실현인, 『아학편』), 박지원, 홍대용, 최한기, 김정희

4. 개화기와 주권상실기의 교육

- 원산학사(민립, 1883), 육영공원(관립, 1886, 귀족), 갑오개혁(홍범14조), 교육입국조서(덕체지)
- 기독교계 사립: 배재학당(1885, 아펜젤러), 경신학교(언더우드), 이화학당(1887, 스크랜튼)
- 민족선각자: 신흥, 휘문, 대성, 명진(불교), 서전서숙(간도)
- 주권상실기의 교육
  - 1기: 1906년 사범학교령, 1908년 사립학교령, 1911년 1차 조선교육령(충량한 국민, 고등교육 제한, 일본어·수신 강화, 성균관 폐지, 서당 통제), 1915년 사설강습소 규칙, 1918년 서당규칙
  - 2기: 유화적 식민지 교육정책, 1922년 2차 조선교육령(內鮮一體, 內鮮共學, 三面一校主義), 민립대학 설립운동(→경성제대), 항일 동맹 휴학
  - 3기: 황민화 교육, 1937년 황국신민서사, 1938년 3차 조선교육령(국체명징(國體明徵)·내선일체(內鮮一體)·인고단련(忍苦鍛鍊), 학교 명칭 통일, 조선어 수의과)
  - 4기: 1943년 4차 조선교육령, 근로동원체제
- 사상가: 안창호(자력주의, 무실역행, 점진공부, 일인일기), 이승훈, 남궁억, 김교신(무교회주의)

5. 해방 후의 교육

- 미군정: 홍익인간, 단선형 학제, 2학기제, 의무교육, 민주주의 교육이념, 듀이의 진보주의, 국립 서울대학교 설치령

주관식 기출 및 예상문제

문제 1 해방 후 한국의 교육이 미국 교육으로부터 영향을 받았다고는 하지만 실제로는 일제의 잔재가 더 강하게 남아 있는 것으로 평가되기도 하는데, 그 이유가 무엇인지 논의하시오.

모범답안

1. 서론

한국의 교육은 미국이 민주시민의 양성(교육받은 국민만이 정부의 권력을 통제할 수 있다)을 목표로 하고, 교육자치제를 중심으로 교육이 이루어지고 있는 것과 상이점이 있다. 또한 민주주의와 정치적 중립주의 원칙하에 주마다 다양한 교육과정으로 교육이 실시되고 있는 것과 대조를 이룬다고 할 수 있다. 먼저 개화기부터 해방까지 일제가 조선에서 실시한 교육에 대해 살펴보자.

2. 일본의 영향

일본이 조선의 교육에 영향을 준 것은 갑오개혁기에 일본인 고문에 의한 것이었다. 조선 정부의 고문으로서 그들의 역할은 교육법규의 제정, 교과서 제작, 각급 학교에서 일본어 교수 등이었다. 이 시기에 본격화 된 근대교육은 일본의 압력보다는 조선정부가 교육에 대해 주도성을 가지고 주체적으로 실행한 면이 강했다고 할 수 있다. 갑오개혁기부터 러일전쟁기까지 설립된 근대식 학교에는 한성사범학교, 외국어학교, 소학교, 의학교, 중학교, 상공학교, 농공상학교가 있었다.

그러나 러일전쟁이 일본의 승리로 마무리 되면서 교육에 대한 주도성은 일본으로 넘어가게 된다. 즉 1906년 조선에 통감부가 설치되고 이토가 통감으로 부임하면서 통감부에 의해 교육정책이 변화하게 된다. (참고로 일본은 메이지 유신 이후 중앙집권화와 교육을 통해 세계열강의 대열에 합류하게 된다.) 1905년부터 학정참여관의 활동 후 1906년 보통학교령에 의해 소학교가 보통학교로 변경되면서 수업연한이 6년에서 4년으로 단축되었고, 고등학교령에 의해 중학교가 고등보통학교로 바뀌고, 수업연한이 7년에서 3−4년으로 축소되었다. 또한 1905년 을사늑약 이후 교육구국운동의 전개로 5,000여 개의 사립학교들이 설립되고 학회 활동이 활발해지자 일본은 1908년 사립학교령과 학회령에 의해 사립학교와 학회를 통제하였다. 또한 서당에 대해서도 간섭하였다.(일제의 서당정책에 대하여)

1909년 무렵 상황을 보면 학부의 직원 중 47%가 일본인이였고, 그들은 핵심적인 지위를 차지하고 있었다. 학부산하 교원검정 위원회, 교과서 편집 및 검정 위원회(11/12명) 등도 사정은 마찬가지였다. 한성사범학교의 경우 학감이 일본인이었고, 교수 9명 중 8명이 일본인이었다. 실업학교·고등여학교·보통학교에도 일본인 학감이나 본과훈도(교감)가 배치되었다(조선인 교장은 명예직). 일제 식민지기에는 더 많은 일본인 교사가 배치되었고, 조선인 교사에 대해서는 교원검정을 거쳐야 했다.

한일병탄 이후에는 4차에 걸친 조선교육령을 통해 식민지 교육정책을 펼쳐나갔다.(1차: 충량한 신민, 2차: 내선일체·내선공학·3면1교, 3차: 국체명징·내선일체·인고단련, 4차: 전시체제 하의 교육) 조선의 식민지기는 일본의 제국주의적 상황과 맞물려 개인의 행복보다는 국가의 이익을 위해 충성하는 국민교육으로 일관되었다고 할 수 있다. 결국 통감부와 충독부에 의한 철저한 국가주의 교육이 시행되었다고 할 수 있다.

3. 결론

　이러한 일제의 식민 교육으로 인한 영향은 우리의 교육현장에서 어렵지 않게 확인 할 수 있다. 먼저 교육의 목표를 민주시민의 양성에 두고 있긴 하지만 여전히 국가주의적 경향이 남아있다. 일례로 학교 현장에서 국정·검정·인정 교과서만을 사용해야 하는 것을 들 수 있다. 둘째, 교육청과 같은 기관에서 각급 학교를 위한 도움보다는 권위적인 양상을 보이고 있다. 셋째, 학교의 모든 운영에서 교장·교감의 역할이 봉사보다는 감독과 지시(통제)로 대표되는 권위주의적 양상을 보이고 있다. 넷째, 학교 현장에서 학생의 자율보다는 규제를 강조하고 있다. 다섯째, 교육 상황에서 학생의 자유의사를 존중하기보다는 복종을 강조하는 것 등이 그 예일 것이다. 이러한 일제 식민지 교육의 잔재를 없애고 민주적이고 봉사적인 교육, 학생의 개성과 다양성을 존중하는 교육, 학생이 행복한 교육의 모습으로 변화시키는데 우리 모두의 노력이 필요하다.

문제 2 역사교과서 문제와 관련하여 삼국시대부터 제도적 교육기관의 교육내용으로 정착되었던 5경과 3사, 4서(四書)의 내용에 대해 설명하고, 이것이 우리 교육사에 끼친 영향에 대해 논의하시오.

모범답안

1. 서론

　삼국시대 이후 한자는 우리의 문자생활을 지배하였고, 유교는 우리의 생활규범이며 정치철학이며 교육의 주된 내용이 되었다. 고구려의 경우 태학과 경당에서 유교교육이 이루어졌고, 백제에는 박사제도가 있었으며, 신라는 국학에서 유교경전을 가르쳤다. 고려시대에는 관학인 국자감·학당·향교에서, 사학인 12도와 서당에서 유교교육이 이루어졌고, 조선시대 역시 관학인 성균관·4부 학당·향교·왕실교육기관에서, 사학인 서원과 서당에서 중요한 교육내용이 되었다.

2. 5경과 3사, 사서의 내용

　먼저 5경은 『시경(詩經)』, 『서경(書經)』, 『역경(易經)』, 『춘추(春秋)』, 『예기(禮記)』를 말하고, 3사는 『사기(史記)』, 『한서(漢書)』, 『후한서(後漢書)』를 말한다. 『시경(詩經)』의 경우 중국 은대로부터 춘추시대까지의 시를 모아놓은 것이다(모시). 『서경(書經)』은 요·순 시대부터 진(秦)나라까지의 정치사를 기록해 놓은 책이다(상서). 『역경(易經)』은 태극, 음양의 이치에 근거하여 우주와 인간 만물의 원리를 밝히고자 한 동양철학의 근원이 되는 사상서이다(주역). 『춘추(春秋)』는 중국 춘추시대(春秋時代) 원년(元年, BC 722년)에서 BC 481년까지 12대(代) 242년 동안의 역사(歷史)를 편년체(編年體)로 기록한 것이다(공양전, 곡량전, 좌씨전). 『예기(禮記)』는 49편(編)으로 이루어진 유가의 경전이다(대학, 중용→4서 3경). 『사기(史記)』는 한나라 때 사마천이 기전체로 지은 역사책으로, 상고시대부터 한 무제에 이르는 약 3천년의 역사를 기록한 통사이다. 『한서(漢書)』는 중국 후한시대의 반고가 저술한 기전체의 역사서로 총 100편에 전 120권으로 되어 있다. 『후한서(後漢書)』는 남조의 송나라 범엽이 지은 기전체의 역사서이다. 이렇듯 5경과 3사는 중국의 문화를 고스란히 담고 있다고 할 수 있다.

　유교의 도입 이후 수천 년 동안 5경과 3사가 우리 민족의 유교교육에 중요한 교육과정 및 교육내용으로 자리를 잡으면서 중화사상이 자연스럽게 습득되는 결과를 낳았다. 그 결과 우리 민족의 문화 형성 과정에서 중국 문화가 우월한 것으로 인식하게 되었으며, 사대주의를 낳는 원인이 되었다고 할 수 있다. 이러한 중국 중심의 사상이 무너지기 시작한 것은 조선 후기 실학사상의 형성에서 찾을 수 있다. 가령, 박지원은 사략불가독설, 통감절요불가독설을 주장하였고, 정약용은 『천자문』을 가르치는 것을 비판하면서 『아학편』을 저술하여 아동이 경험할 수 있는 글자와 개념을 먼저 학습해야 한다고 하였다.

3. 결론

　교육내용을 무엇으로 할 것인가는 무척 중요한 문제일 수 있다. 왜냐하면 어떤 교육내용을 배웠느냐는 그 사회 구성원이 어떠한 사상을 형성할 것인가?에 많은 영향을 주기 때문이다. 또한 교육내용은 시대와 상황에 따라 변화해야 함을 명심해야 한다(무엇이 가치 있는 내용인가?, 바람직한 인간이란?, 역사교과서 - 역사를 보는 시각).

문제 3 자국문화의 주체성 회복 또는 과거제도의 개혁과 관련하여 실학사상에 대해 논의하시오.

모범답안

1. 서론

　조선의 통치이념인 성리학의 사상체계는 조선 전기의 안정된 사회체제를 이끌어 오는 데 공헌하였으나, 양란 이후의 혼란한 사회 문제를 해결하는 데는 미흡함이 있었다. 17세기 초부터 일부 (비주류) 지식인들에 의하여 당시 조선사회의 여러 문제들에 대한 비판과 자아반성이 있었다. 당시 실학이 대두하게 된 배경은 내적인 요인과 외적인 요인으로 나누어 볼 수 있다. 실학 대두의 내적 요인으로는 임진왜란과 병자호란 등으로 인해 극도로 피폐한 민생을 구제하고 사회현상을 타개하는 데 있었다. 그리고 외적 요인으로는 당시 청조에서 발달한 고증학(考證學)과 서학(西學) 등의 영향을 받아 실용성과 실증성을 지닌 방법을 강구하게 되었다.

2. 실학자들의 교육사상

　유형원의 학제구상은 다음과 같은 특징을 가지고 있다. 첫째로는 교육의 국가통제이다. 유형원은 당시의 관학인 성균관, 사학, 향교와 사립교육기관인 서원, 서당의 기존 교육제도를 국가의 공교육체제 속에서 계열화시키고자 하였다. 둘째는 학교의 교육과 관리 선발을 연계하는 제도이다. 학교에서 인재양성과 관리 선발을 통합적으로 실시하게 하는 제도를 구상하였다. 서울에는 사학(四學) - 중학(中學) - 태학(太學), 지방에는 읍학(邑學) - 영학(營學) - 태학(太學)의 학제로 구성된다. 또한 유형원은 과거제(科擧制)를 폐지하고 공거제(貢擧制)를 시행할 것을 주장하였다.

　이익은 사회적 현실은 역사적으로 고찰하고, 실증적이고 비판적 태도로 학문에 임할 것을 주장하였다. 또한 그는 학문은 궁극적으로 실생활에 유용하여야 하며, 항상 국가부흥에 기여하는 학문이 되어야 한다고 했다. 이익은 실증적인 학문과 더불어 서학(西學)에도 깊은 관심을 보였으며, 이를 편견 없이 받아들였다. 이익의 교육 관련 주장은 『곽우록』, 「학교조」에 상세하게 기술하고 있다. 서민(庶民)은 향학(鄕學)→태학(太學)→전강(殿講)→사제(賜第)의 단계로, 사대부(士大夫)는 사학(四學)→태학(太學)→전강(殿講)→사제(賜第)의 단계를 거치는 과천합일제를 구상하였다. 이익은 당시 조선사회의 실정을 이해할 것을 강조하면서, 고증학적 방법론을 채택하여 선진 문화의 수용에 노력하였다. 이것이 그의 북학론(北學論)이다. 이익은 자국의 문화와 학문에 대한 인식을 강조하였다. 중국의 경전 위주의 독서에서 탈피하여, 자국의 문화를 습득하여야 한다는 당위성을 주장하였다. 그리고 이익은 당시의 학교나 선비들이 읽는 중국의 유학 경전과 역사서인 『효경』, 『맹자』, 『역』, 『시』, 『서』, 『예기』, 『주례』, 『춘추좌씨전』 등이 모두 474,995자라고 밝히면서 하루에 300자를 읽는다 해도 4년이 걸린다고 주장하였다. 이것은 인간의 힘을 크게 소진시키는 일이라고 비판하였다. 이익은 새로운 교재로서 조선의 역사서와 문집을 읽을 것을 주장하였다. 이익이 추천하는 대표적인 서적은 안정복의 『동사강목(東史綱目)』과 『퇴계집(退溪集)』이다.

정약용은 유형원, 이익의 실학사상을 계승하고 자신의 사상을 독자적으로 집대성한 인물이다. 그는 『천자문(千字文)』, 『사략(史略)』, 『통감절요(通鑑節要)』를 읽혀서는 안 된다고 비판하였다. 천자문의 문자가 체계적으로 배열되어 있지 않기 때문에, 문자를 학습하는 데 비효과적이라고 지적하였다. 사략은 중국의 역사책을 초록(抄錄)한 책이다. 정약용은 사략에 기록되어 있는 전설적 인물인 천황(天皇)의 존재를 허구라고 보았으며, 조선의 교육이 융성하기 위하여서는 사략을 없애야 한다고 비판하였다. 통감절요는 중국인 강용(江鎔)의 편저이다. 정약용은 강용이 도학이나 문장에 뛰어난 사람이 아니며, 통감은 중국에서도 인정을 받지 못하는 책이지만, 조선에서는 단지 과문(科文)을 위하여 널리 읽히고 있다고 비판하였다.

3. 실학사상의 교육사적 의의

실학사상의 교육사적인 의의를 보면, 첫째로 실학의 사상은 임란 이후의 사회적인 기강의 문란과 경제적 빈곤을 극복하기 위해 구상된 사상이다. 둘째로 실학의 사상은 기존의 성리학에서 주장하는 수신(修身)보다는 생활의 실용을 강조하는 사상체제이다. 개인의 수양보다는 생활 사회의 복리를 우선으로 하는 사상이다. 셋째로 실학의 사상은 현실적인 문제에 기반을 두고 그 개혁을 추구하는 의의가 있다. 실학자들의 사상은 신유학(新儒學)의 사상이다. 실학자들의 사회개혁의 구상은 점진적 사회변화를 구상하였다. 실학자들은 급진적인 사회체제의 변혁을 요구하는 것이 적었다. 넷째로 실학자들의 교육개혁은 풍요한 사회생활의 유용을 교육의 목적으로 주장하고 있다. 다섯째로 실학자들의 교육개혁에는 교육제도의 개혁이 포함되어 있다. 교육제도의 개혁은 실학자들이 추구한 사회제도의 개혁이라는 맥락의 일부이다. 교육제도의 개혁은 당시의 교육제도의 현실성에 기반을 두고 이를 제도적으로 체계화시키고자 하는 데 있었다. 그리고 교육의 공공성을 강조하여 국가의 주관 하에 교육의 운영을 주장하고 있다. 여섯째로 실학자들은 교육내용의 개혁을 구상하였다. 기존의 경전과 중국의 사서를 중심으로 구성된 교과에서 생활에 유용한 과학적 교과의 교육과 조선의 역사와 문학을 교육할 것을 구상하고 있다. 실학자들의 교육에 대한 구상은 교육목적, 교육제도, 교육내용의 전반적인 분야에서 논의되었다. 이들은 교육사회의 전환을 통하여 참다운 인재의 양성으로 건강한 사회의 건설을 구상하고 있었다. 하지만 조선 후기 사상적 흐름에 주류를 형성하지는 못했다.

문제 4 반값 등록금 정책과 관련하여 고려시대의 국자감과 조선시대의 성균관에 있었던 장학제도에 대해 설명하시오.

모범답안

1. 서론

삼국시대부터 유교가 통치이념으로 자리 잡은 이후 유교정신의 고취와 보급은 중요한 국가 교육정책 중 하나였다. 국가의 유교적 교화를 위해 삼국시대 및 통일신라시대에는 태학, 경당, 국학이 있었고, 고려시대에는 국자감, 향교, 학당이 있었다. 그리고 조선시대에는 성균관, 향교, 학당, 왕실교육, 잡학교육 등이 있었다.

2. 고려와 조선의 장학제도

고려의 예종은 국자감 유생들의 장학을 위해 양현고를 설치하였다. 예종은 많은 유생을 수용할 수 있는 학사(學舍)를 신축함과 동시에, 유생의 교육 및 교육기관의 재정적 뒷받침을 위해 양현고를 설치하였다. 안향(安珦)은 국학(국자감)이 날로 쇠퇴해 가는 것을 걱정하여 재상들에게 건의하여 관리들의 품위에 따라 6품(品) 이상은 은(銀) 한 근씩을, 6품 이하는 포(布)를 내게 하여 장학기금으로 삼았다. 이 섬학전을 양현고(養賢庫)에 귀속시켜 섬학고라 하고 그 이자로 학교를 운영하도록 하였다. 또 일부 자금으로는 박사 김문정(金文鼎)을 중국에 보내 공자와 그 제자들 70명의 상을 그려 오게 하고, 또 많은 서적도 구해오도록 하였다. 충렬왕도 이 뜻에 찬동하여 전곡(錢穀)을 내어 보조해 주었다.

조선 개국 후 고려의 제도를 계승하여 국학을 성균관으로 개편하면서 성균관의 유지비를 충당하기 위하여 양현고를 설치, 운영하였다. 초기에는 성균관에 딸린 2,000여결(結)의 섬학전(贍學田)을 관리하면서 유생 200명의 식량을 조달하였는데, 영조 때 대폭 줄여 학전(學田) 400결로 식량을 공급하였다. 양현고의 재원은 토지와 노비였는데, 이 재원으로 학생들의 식량·등유 등의 물품조달과 석전제(釋奠祭)의 비용을 충당하였다. 그러나 실제운영에 있어 학생들의 식량도 제대로 공급하기 힘들어 어물을 별도로 공급해주기도 하고, 기거하는 학생이 많을 때는 자신이 식량을 가지고 와서 공부하기도 하였다. 따라서 성종 때에는 양현고에 토지를 더 지급하여 비용에 충당하게 하였다. 양현고에 속한 노비는 유생의 식사와 기타 관내의 수위·사환 등 잡역을 맡았는데, 때때로 왕이 교육진흥을 위하여 노비를 하사하는 경우가 있어 약 400명에 달하였다. 그리하여 일부 노비는 외거하게 하고 일정한 신공(身貢)을 바치게 하였으며, 그 신공으로 등유·돗자리·술·채소 등을 구입하였다.

고려시대에는 사학의 발달로 위축된 관학(官學)의 진흥을 위하여 설치한 양현고가 있었고, 일종의 장학기금으로 관리의 등급에 따라 징수한 섬학전이 있었다. 조선시대 역시 관학의 진흥을 위하여 양현고를 계속하여 존속시켰다. 이 외에 지방의 관학인 향교에도 귀속 재정이 있었다. 조선시대 향교의 재정은 토지와 노비가 기반이 되었다. 향교의 토지는 향교의 2대 기능에 따라 제향을 위한 위전(位田)과 교육을 위한 학전(學田)으로 구분되어 있었다.

고려의 정치 이념이었고 조선의 정치 이념이자 실천 윤리였던 유교의 보급은 국가정책으로써 중요한 의미를 가지고 있었다. 그렇기 때문에 관학의 진흥을 위해 장학제도를 마련하였다고 할 수 있다.

3. 결론

오늘날에도 각 학교에서는 장학금 제도를 두어 교육진흥을 꾀하는 방법의 하나로 사용하고 있다. 또한 지방대학교에서는 입학정원을 충당하기 위한 장치의 하나로 장학금 제도를 도입하기도 한다. 장학금 제도나 반값 등록금제는 공부하는 학생들에게 수업료에 대한 부담을 줄일 수 있고 자신의 꿈을 이루기 위한 동기부여를 준다는 점에서 바람직하다고 할 수 있다. 또한 평등교육을 지향하고 있다는 점에서도 의의가 있다고 할 수 있다.

문제 5 전인교육의 중요성이 강조되는 요즘 유교의 교육사상에서 그 해결책을 찾아야 한다는 주장도 제기되고 있다. 유교의 교육사상에 대해 설명하고 이것이 현대 교육에 주는 시사점에 대해 논의하시오.

모범답안

1. 서론

오늘날의 학교교육에서 특히 전인교육이나 인격교육이 부족함을 지적하고 있다. 이에 대해 유교의 교육사상에서 그 해결책을 모색해 보고자 한다. 유교는 인간 삶의 도덕 윤리이며, 일상의 건전함과 합리성을 도모하였다는 점에서 생활윤리로서 중요한 의의가 있다고 할 수 있다. 이러한 유교는 선진유학과 신유학으로 나눌 수 있지만 공통적으로 공자의 사상이라고 할 수 있다.

2. 유교의 교육사상

공자는 인(仁)을 중시하였는데 인이란 자신의 성의를 다하고 남을 이해하려는 충서(忠恕)의 마음을 뜻한다.(天命之謂性 率性之謂道 修道之謂敎 ― 中庸) 맹자는 성선설을 주장하였으며, 인의예지(측은, 수오, 사양, 시비)를 강조하였다. 정치적으로는 왕도정치, 민본정치를 제시하였다. 순자는 성악설을 주장하였는데 이는 법가(착함은 인위의 결과임)로 발전하였다. 유교의 기본사상으로는 정교(政敎), 교화(敎化), 내성외왕(內聖外王)을 둘 수 있으며 선진유학은 실천적, 성리학은 철학적(조선 중기)이라고 할 수 있다. 그리고 수기(修己, 교육적)와 치인(治人, 정치적)을 강조하였다. 교육관으로는 친(親) 의(義) 별(別) 서(序) 신(信)의 오륜이 있다. 그리고 공자는 십오입지(十五立志), 삼십이립(三十而立), 사십불혹(四十不惑), 오십지천명(五十知天命), 육십이순(六十耳順), 칠십종심소욕불유거(七十從心所欲不踰矩)라 하였다. 논어에서는 학이시습지 불역열호(學而時習之 不亦說乎[정자: 鳥數飛])라 하였다. 또한 모든 인간에게 가르침을 행한다(有敎無類)고 하였고, 인간은 태어날 때는 비슷하지만 교육에 의해 달라진다(性相近 習相遠)고 하였다. 그리고 맹자는 교육을 해이해진 마음, 놓친 마음을 바로 잡는 일이라고 하였다. 대학에서는 착한 마음을 바로 잡은 일(明明德), 중용에서는 일상생활에서 당연히 해야 할 도리는 닦는 일, 소학에서는 쇄소응대(灑掃應對), 예악사어서수(禮樂射御書數)를 실천하는 것이라고 하였다. 대학에서는 격물, 치지, 성의, 정심(내재적) 후에 수신, 제가, 치국, 평천하(외재적)가 가능하다고 하였다. 격몽요결에서는 입지, 혁구습, 지신, 독서, 사친, 상제, 제례, 거가, 접인, 처세에 대해 설명하고 있다.

3. 결론

교육의 목적을 인간화로 보는 입장에서는 유교의 교육사상이 많은 도움이 될 수 있다. 왜냐하면 유교가 일상에서의 매끄러운 처신을 목표로 하고 있기 때문이다. 즉 일상에서의 인간관계를 잘 하는 것에 그 목표를 두고 있으며, 유교에서 목표로 하는 성인과 군자는 바로 일상에서의 실천윤리를 완벽하게 해내는 사람을 말하는 것이다. 자기를 완성하고 난 후에 다른 사람을 다스릴 수 있다는 유교사상은 오늘날에도 교육에서 중요한 목표가 될 수 있다.

문제 6 제국주의의 확대와 함께 외세의 침입이 본격화 되었던 개화기에 정부가 주도하였던 교육개혁에 관해 논의하시오(시기구분).

모범답안

1. 서론

강화도 조약 이후 김기수를 대표로 하는 수신사절단이 일본을 시찰하였고, 1880년에는 김홍집을 대표로 하는 사절단이 일본을 시찰하였다. 1881년 5월에는 신사유람단이 일본으로, 같은 해 9월에는 영선사를 청나라로 파견되어 일본과 청나라의 선진문물을 시찰하고 청년들이 유학하였다. 임오군란(1882년) 이후 사태 해결을 위해 박영효를 대표로 하는 사절단이 일본을 시찰하고 돌아왔다. 이와 같이 서양의 발달된 기술문명을 접한 정부 관리들은 개화의 선결 요건을 서양의 발달된 과학 기술과 교육제도를 도입하는 데 있다고 주장하였고, 조선정부도 서양 문물에 대해 적극적인 관심과 그 수입을 위한 직접적인 노력을 기울이게 되었다. 개화기에는 실학사상과 달리 개화사상이 어느 정도 사회의 주류를 형성하였다는 점에서 의의가 있다고 할 수 있다. 그리고 나라의 힘을 기르고 독립을 지키기에 가장 중요한 것 중의 하나로 인식된 것이 바로 근대식 교육이었다.

2. 갑오개혁 이전의 교육개혁

외국과의 빈번한 교류로 정부에서 가장 시급하게 느끼게 된 것이 외국어 교육이었다. 그리하여 정부의 외교 고문인 묄렌도르프에 의해 동문학(통변학교, 1883년)이 설립되었는데 당소위, 핼리팩스 등이 초빙교사로 있었다. 동문학은 육영공원이 1886년에 설립되자 폐교되었다. 육영공원은 외교관 양성을 위해 설립된 학교로 길모어·헐버트·벙커가 미국인 교사로 임명되어 가르쳤다. 육영공원의 입학 대상은 양반층 자제와 젊은 관리였으며, 좌원은 과거에 급제한 사람으로 우원은 15~20세의 양반 자제를 뽑았다. 이 학교에서는 외국어, 수학, 자연과학, 지리, 역사, 정치학, 국제법, 경제학 등의 근대 학문을 배웠지만 운영의 미숙·보수파의 의지 결여 등으로 인해 1894년에 문을 닫는다. 광혜원은 갑신정변 때 부상을 입은 민영익을 의료선교사 알렌이 치료한 후 정부의 신임을 얻어 정부에게 근대식 병원을 설립할 것을 건의하여 1885년부터 의료사업을 시작하였고 1886년 4월부터는 의학교육을 실시하였다. 연무공원은 신식군대와 장교 양성을 위해 1888년 개교하였으나 1894년 일본군의 경복궁 점령 이후 군무아문에 편재되면서 폐지되었다. 이 외에도 갑오개혁 이전에 정부에서는 관립한성한어학교(1891)·관립한성일어학교(1891)·관립한성영어학교(1894)를 설립하였다.

3. 갑오개혁 이후의 교육개혁

1895년 2월에는 교육입국조서를 발표하여 교육은 국가보존의 근본이며, 덕양·체양·지양을 힘쓸 것을 강조하였다. 그리고 교육에서 허명을 버리고, 실용에 힘쓸 것을 주장하였다. 그리하여 정부에서는 소학교·중학교·사범학교·외국어학교·실업학교 등의 설립에 관한 법령을 제정하고, 그 법령에 따라 각급 학교를 설립하고, 교과서를 편찬하여 본격적인 근대학교를 설립하였다. 한성사범학교, 관·공립 소학교, 중학교, 관립외국어 학교, 의학교, 법관양성소, 실업학교 등이 설립되었다.

갑오개혁 이전에는 교육기관이 일관성 있는 단계적 학교제도를 갖추지 못했던 데 비해 갑오개혁 이후에는 근대적 학제를 갖추게 되었고 다양한 근대적 교과목을 가르쳤다. 그러나 1905년 을사늑약 이후 일제 통감부에 의한 교육 통제가 강화되었다. 즉 1906년 보통학교령에 의해 소학교가 보통학교로 그 명칭이 바뀌었을 뿐만 아니라, 수업연한도 6년에서 4년으로 단축되었다. 1906년 고등학교령에 의해 중학교가 고등보통학교로 바뀌었으며, 수업 연한이 7년에서 3~4년으로 축소되었다. 또한 1908년 사립학교령에 의해 전국의 약 5,000여개 사립학교가 2,000여 개로 감소하였고, 1908년 학회령에 의해 많은 학회들이 탄압을 받았다. 1909년 실업학교령에 의해 실업학교의 수업연한이 4년에서 2년으로 축소되었다. 그리고 모든 각급 학교에서 일본어의 비중이 커졌다. 즉 일제는 한일병탄 이전인 통감부 시기부터 조선정부의 지배구조를 확보하여 식민교육을 위한 기초 작업을 시작하였던 것이다.

4. 결론

교육적 논리는 정치적 논리를 넘지 못한다고 할 수 있다. 즉 개화기에 시대적 조류에 의해 근대화가 요구되었고, 교육 분야에서도 정치적 논리에 의한 근대교육이 시대적 요구였다고 할 수 있다. 오늘날의 교육현장에서도 공교육의 내실화, 교실붕괴의 우려, 사교육비의 부담 등이 제기되고 있다. 국가에서도 이러한 교육문제를 해결하기 위해 적극적인 노력이 필요하다고 할 수 있다.

CHAPTER

03 서양교육사

▶ 교육학 논술 길라잡이

✓ 교육의 역사적 전통은 쉽게 사라지지 않으며 현대교육에 지속적으로 영향을 미치고 있다. 그러므로 교육사 공부를 통하여 교육에 대한 역사적 안목을 기르는 것은 현대교육에 대한 깊이있는 이해를 위해 필수적이다.

✓ 역사는 흐름이므로, 먼저 전체의 흐름을 개괄적으로 파악한다.

✓ 현대 교육의 측면에서 볼 때 여전히 중요성을 지닌 부분들은 집중적으로 학습해 두고, 이러한 관점에서 현대교육을 바라보는 시각을 기르며, 다른 교육학 과목의 내용들과의 연관성도 연구한다.

▶ 한 눈에 보는 핵심요점

중점 주제	개요 및 학습주안점	세부학습 포인트	다른 교육학 이론과의 연관성
1. 소크라테스의 교육관	소크라테스는 서양철학은 물론, 서양교육의 원형을 제시한 사람이다. 특히 상기설과 대화적 교육이 핵심이다.	무지의 지, 지덕일치설, 상기설, 산파술, 대화적 교육관	실존주의 교육관
2. 휴머니즘 (인문주의) 교육관	휴머니즘 교육관은 직업교육, 실용교육에 맞서서 자유교양교육을 추구하는, 서구의 전통적 교양교육관, 인성교육관이라고 할 수 있으며, 현대교육에도 여전히 한 축을 담당하고 있다. 인문주의는 '인문학주의'이며, 인문학을 통해 가장 이상적인 인간교육을 할 수 있다는 믿음이 전제되어 있다.	15세기 르네상스인문주의교육관과 19세기 신인문주의교육관, 인문주의의 기본 입장, 자유교양교육, 고전어교육, 도야주의, 일반도야의 원리	로저스의 인간중심 상담이론, 매슬로의 인본주의 심리학
3. 공교육의 전개	17세기 유럽에서 국가주도의 국가교육으로 시작된 공교육은 현대 공교육의 모태가 되었으므로 공교육의 역사는 중요한 테마 중의 하나이다.	루터의 공교육사상, 고타 교육령, 호레이스 만의 공교육운동, 국가주의교육의 문제점	교육개혁론 (교육사회학)
4. 신교육운동	20세기 전반에 주로 이루어진 신교육운동(개혁교육운동)은 오늘날의 대안교육의 모델을 제시하고 있다는 점에서 의의가 있다. 특히 발도르프학교의 발전은 오늘날에도 현재진행형이라는 점에서 특히 관심을 끈다.	서머힐 자유교육의 특징과 한계, 발도르프학교 교육의 특징	교육개혁론 (교육사회학)

1. 원시시대

가. 원시시대에는 생존과 관련된 삶의 지속·안정을 위한 교육이 있었다. 1차적으로는 물질적 안정을 위한 실용교육이 요구되었다. 그러나 인간은 동시에 정신적 안정을 필요로 하는 존재이므로, 무엇보다도 자연재해나 질병, 죽음 등의 문제를 해결할 수 있는 초자연적인 힘을 상정하고 이에 의지하고자 하였다. 이것이 종교적 교육으로 나타났다(토템, 종교의식, 성년식).

나. 학교의 발생: School의 어원 'Scholē'는 '한가', '여가'를 의미한다. 이것은 노동에서 해방된 특권층이 생겨나면서 이들을 위한 서비스로 학교가 발생했음을 암시해준다(지배의 기술로서의 3R's).

2. 그리스의 교육

(1) 아테네와 스파르타

가. 그리스 문화와 교육의 특징

초기 그리스는 폴리스(polis: 좁은 지역에 밀집 거주하는 정치·생활공동체)를 바탕으로 발전하였으며, 이에 따라 교육도 폴리스를 위한 활동으로 이해되었다. 서구 교육의 전통은 주로 완전성, 전인성(신체와 정신의 조화)을 추구하는 아테네에서 발원하였다.

스파르타	아 테 네
• 교육목적: 용감하고 애국적인 전사 양성 • 교육내용: 체육과 군사훈련, 공동체적 유대감 양성 • 30세에 참정권(군복무기간이 길었음) • 여성교육(국가교육) • 집단적 전체주의 또는 공동체주의의 원형 • 실제적인 것과 공동체적 정의 중시. 지배자가 절제와 준법의 모범을 보임. 시인, 예술가, 철학자를 배출하지 못함.	• 초기: 지덕체(智德體)의 조화로운 발달(전인적 교육) • 후기: 개인주의 경향 • 교육내용: 음악(시가)·체육·미술·문학·군사훈련 • 20세에 시민권 획득 • 낭만적이고 미적인 기질 소유. 학문과 문예의 발달

나. 교육의 실제

① 아테네: 파이다고고스(paidagogos: 피정복민들 중 배움이 있는 자들. 敎奴)가 아동을 음악학교, 체육학교에 데리고 가서 교육을 시켰다. 음악학교는 시가(詩歌)학교라고 할 수도 있으며, 주로 고대 그리스시인들의 시에 멜로디를 붙여 반복 암송시킴으로써 아동의 정신에 조화와 리듬을 주어 아름다움과 선함을 수용할 수 있는 마음을 기르고자 하였다(3R'도 가르침). 체육학교는 체조학교로서 운동장에서 상의를 탈의하고 함께 체조를 하는 것이 이 학교의 전형적인 교육의 모습이었다. 신체단련과 함께 태도, 품성교육이 이루어졌으며, 16~18세에는 김나지온(상급 체육학교)에 들어가 난이도가 높

은 신체단련운동을 익혔다. 18세가 되어 신전 앞에서 폴리스에 대한 충성서약을 마치고 시의 명부에 이름이 등재된 청소년을 에페보스(ephebos: 예비시민)라고 불렸으며, 20세가 되면 시민으로서의 책임과 의무가 부과되었다. 아테네 후기에 고등교육기관(아카데미, 리세움, 수사학교 등)이 생겨나 일부의 청년들이 입학하여 교육을 받았다.

② 스파르타: 스파르타는 정복전쟁을 통해서 국가를 발전시켜나간 결과, 소수의 스파르타시민이 다수의 노예를 다스리는 집단적 전체주의시스템을 갖추게 되었다. 그런데 지배계층인 '스파르티아타이'(스파르타시민)들 사이에서는 개인이 공동체에 헌신하고 희생하는 공동체주의가 주조를 이루었다. 교육은 아테네 교육과는 달리 국가가 관장하였으며(국가교육), 조국을 위해 목숨을 바칠 수 있는 애국적인 전사양성이 교육목표였다. 스파르타에서는 여성도 남자들과 마찬가지로 국가교육을 받았는데, 이는 스파르타여인에게 의무로 부과된 건강한 남아분만과 농업생산, 노예관리 등을 잘 수행할 수 있게 하기 위함이었으며, 교육내용은 신체단련과 초보적인 3R's였다.

(2) 주요 교육사상가

가. 소피스트

① 상대적 진리관: 소피스트는 본래 '지혜로운 자'를 의미하는 말로써, 아테네에 출현한 일군(一群)의 지식인들을 말한다. 그러나 이들은 보편적, 불변적 진리를 부정하고 진리의 상대성을 주장함으로써("그때 그때 달라요!"), 보편적 진리를 주장하는 소크라테스와 플라톤의 비난대상이 되었으며, 그 결과 소피스트가 궤변가라는 의미도 얻게 되었다.

② 개인주의 교육관: 그러나 이들이 교육에 미친 영향은 크며, 특히 종래의 폴리스를 위한 교육을 반대하고, 개인의 실제적 삶을 위한 교육으로의 전환을 주장함으로써 개인주의 교육의 원조(元祖)가 되었다. 소피스트에게 있어서 교육은 출세에 도움이 되는 지식과 기술을 익히게 하는 과정이었으며, 따라서 당시 아테네 청년들이 원하던 정치가나 장교로 진출하는 데 필요한 소양이었던 문장술, 웅변술, 변론술과 기타 유용한 지식을 가르쳤다(이것이 로마시대에 7자유학과로 발전).

③ 최초의 직업적인 교사: 이러한 것을 아테네 청년들에게 가르치면서 적지 않은 금전을 받았는데, 그 당시까지 교육의 대가로 금전을 받는 일이 거의 없었기 때문에 소피스트들은 도덕적인 비난의 대상이 되기도 하였지만 최초의 직업적인 교사로 자리 매김 되었다. 소피스트교육의 대표자는 이소크라테스(Isocrates)로서 수사학교를 설립하여 그리스문화를 지중해연안 전역으로 전파하는 공로를 세웠다.

서양교육사 논술예제 ❶ 소크라테스의 교육사상과 그 의의를 현대교육의 관점에서 논하라.

나. 소크라테스

① 보편적 진리관: 소크라테스는 소피스트들이 보편적, 절대적 진리를 부정하는 이유가, 저들이 참된 진리가 무엇인지를 모르기 때문이므로, 참된 진리를 추구하기 위해서는 먼저 자신의 무지를 자각해야 한다고 주장하였다("너 자신을 알라!").

② 무지의 지(知): 무지를 자각한다함은 우리가 충분한 이유나 근거를 알지 못한 채 단편적으로 지니고 있는 정보수준의 지식들이 사실은 참다운 지식이 아니라는 것을 자각하는 것을 말한다. 소크라테스는 인간의 영혼에는 본래부터 참된 진리에 대한 동경, 갈망, 사랑이 깃들어 있어서 진리를 추구하게 된다고 하였으며, 이를 필로소피아(philosophia → philos: 사랑, sophia: 진리, 지혜)라고 하였다.

③ 지덕(知德)일치, 지행(知行)합일설: 소크라테스가 말하는 참다운 지식은 완전히 체득된 지식이므로 그대로 행위로 옮겨 질 수 있는 지식, 즉 실천지(實踐知)이다. 그래서 지식이 곧 덕(aretē)이라고 말한다. 이러한 입장에 따르면 인간의 모든 악행은 무지의 결과, 즉 참으로 알지 못하기 때문에 악행을 하는 것이 된다. 반대로 덕은 지식, 즉 덕은 가르쳐질 수 있는 것이 된다.

④ 교육목적, 상기설, 산파술로서의 교육: 이러한 소크라테스 입장에서 보면 교육에 있어서 가장 중요한 것은 참다운 진리를 아는 것이다(교육목적). 참다운 진리를 알도록 하기 위해 먼저 계속적인 물음을 통하여 학생이 가지고 있는 인습적인 견해(독사[doxa]: 臆見)를 버리게 하고(무지의 자각), 확실한 근거와 보편적 타당성을 갖춘 지식(에피스테메[episteme])으로 나아가도록 이끈다(문답법, 대화법, 반어법). 교육자에 의하여 학습자는 자신의 영혼 안에서 보편적 진리를 깨닫도록 안내된다. 소크라테스에 따르면 참다운 진리는 각자의 영혼 속에 이미 내재하고 있으므로 학습이란 내재되어 있는 진리를 다시 기억해 내도록 안내해 주는 것이 된다(상기설, 회상설). 이러한 의미의 교육을 산파술이라고 불렀다. 왜냐하면 산파가 임산부의 분만을 도와주듯이, 교육자는 단지 학생이 스스로 진리의 인식에 도달하도록 도와주는 역할만을 할 뿐이기 때문이다. 교육자로서의 소크라테스의 위대성은 사람들의 영혼이 동등하다는 믿음을 가졌다는 데에 있다. 그는 델포이신전에서 '아테네에서 가장 현명한 자'라는 신탁을 받은 사람이었지만 자신의 제자들에 대해서 교만한 마음을 갖지 않았다. 왜냐하면 참된 진리는 각자의 영혼 속에 다 내재해 있으므로 영혼자체는 동등하며, 교육자는 단지 좀 더 일찍 진리를 상기해낸 사람일 뿐이라고 보았기 때문이다. 모든 사람의 영혼이 동등하므로 대화(dialog)가 가능하다. 만일 동등하지 않다고 생각한다면 사실상 일방적인 교시(敎示)만이 가능하기 때문이다. 이러한 소크라테스의 교육관은 플라톤, 아리스토텔레스로 이어지면서 철학학교의 전통을 이루게 되었다.

다. 플라톤

① 이상주의(관념론), 이상주의교육관의 원조: 플라톤은 소크라테스의 제자로서 이상주의(관념론)의 원조가 되었다. 이상주의적 관점에 서서, 감각에 나타나는 현상세계와는 독립된 이데아(Idea)의 세계를 설정하는 이원론적 세계관을 가졌으며, 참된 세계인 이데아의 세계는 감각으로 파악할 수 없고 오직 이성을 통하여 점진적으로 접근할 수 있는 세계이므로, 교육이란 인간에게 선천적으로 내재해 있는 이성능력을 개발하여 이데아의 세계를 볼 수 있도록 인간의 영혼을 전향시키는 일이라고 보았다(동굴의 비유)

② 국가사회주의적 교육관: 플라톤은 자신의 스승 소크라테스를 죽인 아테네의 중우정치(衆愚政治)를 비판하고, 아테네를 재건하기 위하여 국가사회주의적 교육을 주장하였다. 국가사회주의란 가장 현명한 자(＝철학자)가 개인의 사익이 아닌 국가의 공익을 위해서 통치해야 한다는 이

른바 철인정치(哲人政治)를 의미하는데, 교육도 이러한 정치체제에 합당하게 이루어져야 한다고 보았다.

③ 영혼의 능력에 따른 차등교육: 플라톤은 남성과 동등한 여성교육 주장하였으나, 이는 평등교육의 주장이 아니고 다만 출발을 동일하게 시켜야 한다는 뜻이었다. 플라톤에 따르면 각자 타고난 영혼의 능력이 다르므로, 일정기간 교육 후, 뒤처지는 학생들을 탈락시켜 생산계급으로 배출하고, 다시 일정기간 교육 후 뒤처지는 청소년을 전사로 배출하며, 남아있는 청년들을 끝까지 교육시켜 지배계층으로 배출한다는 것으로, 결과적으로 지배계층의 교육에 역점을 두는 교육관이었다.

머리	←	지혜	→	통치자	⇒	금의 영혼
가슴	←	용기	→	군 인	⇒	은의 영혼
팔·다리	←	절제	→	생산자	⇒	동의 영혼
개인적 정의;		정의		국가적 정의;		잘 조화된 상태

라. 아리스토텔레스

① 객관세계의 탐구에 관심: 아리스토텔레스는 스승 플라톤이 궁극적 실재(진리)를 현실 너머의 이데아계에서 찾은 것과 달리, 감각으로 지각할 수 있는 현실 세계에서 찾고자 하였고, 현실세계를 형상(Form)과 질료(Matter)로 설명하였다. 질료는 재료, 소재 정도의 의미이며, 형상은 존재를 구성하는 무형(無形)의 원리로 상정(想定)된 것이다(인간의 육체는 질료, 영혼은 형상).

② 교육 목적: 아리스토텔레스는 행복은 최고선이라고 주장하는 행복주의자로 알려져 있다(소크라테스, 플라톤은 진리주의자). 그런데 그에게 있어서 행복은 단지 감각적 쾌락의 동의어가 아니며(물론 소크라테스, 플라톤보다 감각적 쾌락에 대해 관대한 편이다), 이성과 중용의 덕을 갖추어야 진정한 행복이 얻어진다. 아리스토텔레스에 따르면 이성은 관조(觀照: contemplation), 즉 사물을 순수하게(= 개인적인 감정, 욕구, 제약을 떠나서) 관찰하고 사유하는 능력으로, 관조를 할 수 있는 것만으로도 행복해진다고 하였다(관조하는 삶 속에 지복[至福]이 있다). 또한 중용의 덕을 갖추어야 한다고 하였는데, 중용이란 산술적인 중간을 말하는 것이 아니라, 그때그때의 상황에 가장 적합한 태도를 취하는 것을 의미한다('비겁'과 '만용'의 중용은 '용기').

③ 덕윤리: 소크라테스, 플라톤은 도덕에 있어서 (참된) 앎을 강조하지만, 아리스토텔레스는 도덕에 있어서 아는 것을 실행할 수 있는 의지의 역할을 강조하는데, 의지는 감정(정서)에서 생기므로, 정서를 잘 발달시키는 일이 중요하다는 것이다. 이를 통해서 길러지는 도덕의식과 실천의지가 유덕한 사람을 만든다고 하는 덕윤리를 주장하였다. 이러한 입장에 따라 그는 교육에 있어서 본성(천성), 습관, 이성의 조화의 필요성을 강조하였다. 또한 그가 교육, 윤리, 정치를 연관적으로 파악하고 있는 것도 인간 삶의 사회적, 정치적 측면의 중요성을 강조한 것이라고 볼 수 있다.

3. 로마의 교육(B.C. 753 ~ A.D. 476)

(1) 시대구분

왕정시대 (B.C. 8세기 ~ B.C. 6세기)	공화정 시대 (~ B.C. 1세기)	제정시대 (~ A.D. 5세기)
• 가정교육 중심: 위인들의 전기를 읽고, 모방하는 것이 주된 교육(아버지가 담당) • 조상의 관습과 전통 고수, 의무와 법의 중시	• 공화정 초기: 학교교육이 시작되나 미약 • 공화정 말기: 그리스식 수사학교육 도입(B.C. 146년 로마가 그리스를 정복)	• 학교교육 중심(수사학 교육) • 수사학 교육의 형식화·기교화, 공화정시대의 실제적이고 강건한 정신 쇠퇴

(2) 교육목적

그리스인들이 미적인 것을 중시한 반면, 로마인들은 실용성과 강건함을 추구하였다. 따라서 교육에 있어서도 아테네로부터 철학교육전통과 수사학교육전통이 함께 유입되었지만, 국가의 공복(公僕)인 장교나 관리, 정치인을 키우기 위한 수사학교육이 주로 발달하였다.

(3) 학교제도

로마에는 사립 초등학교라고 할 수 있는 루두스(Ludus)가 있었는데, 여기에서 3R's(讀書算), 12동판법 암송 등이 교육되었다. 중등단계라고 볼 수 있는 문법학교(Grammar School)에서는 언어교육(라틴어, 고대 그리스어)이, 고등교육기관인 수사학교(Rhetoric School)에서는 과거 고대 그리스시대 소피스트에 의해서 씨가 뿌려진 수사학교육의 과목이 7자유과(문법·수사학·변증법/논리학·산술·기하·천문·음악)로 정리되어 가르쳐졌다. 이후에 7자유학과는 국가의 지도층과 지식층이 익혀야 할 공통소양과목이 되었다. 7자유학과는 3학(문법·수사학·변증법/논리학: 인문학)과 4과(산술·기하·천문·음악: 자연과학)로 나누는 전통이 생겼는데, 예컨대 15세기 르네상스인문주의시대에는 3학이, 17세기 실학주의(Realism)시대에는 4과가 강조된 바 있다.

(4) 주요 교육 사상가

가. 시세로(Cicero): 시세로(=키케로)는 로마 공화정기에 원로원을 상징하는 대표적 정치인이자, 스토아철학자이며, 특히 그리스고전에 정통하여 많은 그리스고전을 라틴어로 번안(翻案)하여 그리스문화를 로마에 이식하였다. 이것이 이른바 시세로의 라틴어교재로, 14세기 이후 르네상스시대 인문주의교육의 교재로 널리 활용됨으로써, 시세로는 인문주의의 선구자로 여겨졌다. 인문주의의 선구자답게 그는 그리스의 학예(學藝)를 많이 익히는 것이 후마니타스(humanitas)라고 주장하였다. 저술로서 『대웅변론』을 남겼고, 계몽적 웅변가를 양성하는 것이 교육의 목적이라고 주장하였다.

나. 퀸틸리아누스(Quintilianus): 그는 로마시대의 이소크라테스라고 할 수 있는, 로마시대의 수사학교육의 대표자였다. 체벌 반대, 개성존중, 학교교육 우위론 등 근대 교육사상의 이론적 기초를 제시하였으며, 세계 최초의 교육저서 "웅변교수론" 12권을 남겼다.

서구의 중세는 서로마제국 멸망 476년에서 동로마제국 멸망 1453년까지의 천 년을 말한다. 중세는 기본적으로 기독교가 지배한 세계로서, 신 중심, 내세 중심의 세계관에 기초한 교육이 이루어졌다. 이에 따라 중세 전기에는 세속적 학교가 쇠퇴하고, 주로 교회와 수도원이 학교교육을 주도하였다.

1. 초기 기독교(가톨릭) 교육

(1) 교육목적

기독교는 신에 봉사, 복종하며 영원한 내세의 낙원을 준비하는 것이 올바른 삶으로 보았으므로, 교육을 통하여 인간을 천국의 시민(실제로는 교회에 순종 하는 신자)으로 만들고자 하였다. 이를 위해서는 특히 인간의 심정적·내면적인 개조가 필요하다고 보았는데, 왜냐하면 아우구스티누스 등이 특히 강조한 원죄설에 따라서 인간은 선천적으로 죄에 물든 존재라고 보았기 때문이다. 따라서 원죄를 제거하기 위해서는 엄한 훈육이 필요하다고 보았다.

(2) 학교제도

가. 교회학교: 교회는 문답학교(초등), 고급문답학교(중등), 사원학교(고등)를 운영하였는데, 문답학교는 학교의 명칭에서도 드러나듯이 기독교교리교육이 주목적이었으며, 이를 위해 또한 3R's, 라틴어를 가르쳤다. 고급문답학교는 문답학교 교사를 배출하였고, 사원학교는 중세시대에 대학이 출현하기 전까지는 최고의 교육기관이었다. 사원학교는 보통 대주교가 머물고 있는 대성당에 부설되었으므로 대성당학교, 아랫단계의 학교에 대한 감독의 권한이 있었으므로 감독학교라고 불리기도 했다. 사원학교를 마치면 성직자가 되거나, 사원학교 교사, 또는 고급문답학교의 교사가 되었다. 졸업자중 뛰어난 자들은 scholasticus라고 불리는 사원학교 교사가 되는 일이 많았으며, 이들이 발전시킨 철학이 스콜라철학이었다.

나. 수도원학교: 중세가 진행되면서 지나치게 세속화되어가는 교회를 정화하고자 수도원설립운동이 일어났으며, 수도사를 교육시키기 위한 수도원학교가 수도원에 부설되어 운영되었다. 한 가지 특기할 점은, 교회학교가 교회지도자의 양성을 목표로 한 반면에 수도원학교는 수도사 외에 일반아동(주로 귀족자제)도 입학시켜 교육을 제공했다는 점이다. 수도원학교에는 기초적 교육과정(교리+3R's+라틴어)과 7자유학과를 주로 하는 고급 교육과정이 있었으며, 중세중기에 대학이 발생하기 이전에는 교회와 함께 수도원이 학문의 수호자역할을 담당하였다.

2. 기사도 교육

(1) 개 요

중세시대에 봉건제도라고 하는 피라미드식 계급구조가 구축되면서, 중·하급 귀족에 해당하는 기사계급이 형성되었다. 기사가문에 태어난 남자아이들은 어려서부터 기사가 되기 위한 가정교육과 궁정교육을 받아 기사로 서임되는 경우가 많았다. 경건한 신앙심, 주군에 대한 충성심, 기사로서의 긍지와 명예심, 약자를 보호하는 의협심, 부녀자에 대한 예의범절 등의 사회적 미덕이 교육되고 장려되었다.

(2) 특 징

대체로 7, 8세에서부터 영주의 성에서 궁정생활의 예법과 체력단련, 무술, 3R's 등을 익힌다. 특히 승마, 수영, 궁술, 검술, 수렵, 장기, 시작(詩作)은 기사교육의 필수로서 기사칠기예(技藝)로 일컬어진다. 기사교육은 생활의 장 속에서 체험을 통한 교육이며(우리나라의 화랑도와 비교됨), 귀족자제들을 대상으로 한 세속적(비종교적) 교육이었다. 중세 후기에 봉건제도가 무너지면서 기사계급도 몰락해 갔으나, 기사교육은 유럽의 신사교육의 형태로 영향을 남기게 되었다.

3. 스콜라 철학과 교육

(1) 배 경

스콜라 철학은 중세를 대표하는 기독교철학이다. 그런데 로마 제정후기에 발흥하기 시작한 초기의 기독교는 논리적, 개념적 사고를 통한 진리추구를 핵심으로 하는 철학에 대해서 우호적이지 않았으며, 특히 그 당시 헬레니즘을 통해 전승된 그리스철학이 이교적(다신교적 요소를 포함)이라고 하여 배격하였다. 그런데 중세 후반에 성지회복을 명분으로 내건 십자군 원정(1099~1291) 과정에서 대량 살육과 약탈이 자행됨으로써, 이 전쟁이 실제로는 종교적인 독선과 탐욕의 분출에 불과하였음이 드러났고, 그 결과 교회의 권위는 추락하고 기독교 교리에 대한 회의마저 일어나게 되었다. 이에 따라 기독교를 재건하기 위해서는 철학의 도움이 필요하다는 인식이 생겨났다. 특히 아리스토텔레스의 목적론 철학의 틀을 빌어 기독교 교리를 체계화함으로써 맹목적인 교권주의에서 탈피하여 교회 신앙의 합리적 설명을 시도하였는데, 이러한 노력을 스콜라 철학이라고 부르며, 대표적 인물은 안셀무스, 토마스 아퀴나스 등이다. 목적론이란 모든 존재자들은 각각의 존재목적이 있으며, 개개의 존재목적은 전체적, 궁극적 존재목적에 봉사한다는 철학적 입장을 말하는데, 스콜라 철학은 이러한 목적론의 최종목적에 '신의 나라'를 둠으로써 기독교를 철학적으로 정당화하였다.

(2) 교육사적 의의

스콜라철학자들은 이성적 사고가 신앙을 지지한다고 주장하면서, 아리스토텔레스 철학을 비롯한 그리스철학을 부활시킴으로써, 고전연구와 이를 위한 고전어교육의 확대, 이성의 계발과 지적 훈련을 중시하는 풍조가 되살아났으며, 이것이 중세대학이 발원하게 되는 지적 토양이 되었다.

4. 대학의 발생

(1) 개 요

중세 교육사에서 가장 주목할 만한 사실 중 하나는 대학이 자생적으로 발생했다는 것이다. 서양고대에도 대학에 해당하는 교육기관들이 존재했으나(플라톤의 아카데미, 아리스토텔레스의 리세움, 수사학교 등), 중도에 모두 소멸하였고, 11세기경에 대학이 새로 생겨나서 현대대학까지 이어졌으므로, 중세대학을 현대대학의 기원으로 본다. 중세대학의 발생도 십자군원정의 결과와 관계가 깊다. 십자군원정과정에서 서유럽인들이 그리스철학과 과학, 수학, 의학을 재발견하면서 지적 탐구욕이 증대되어 학술연구가 촉진되었으며, 또한 십자군원정을 통하여 부를 축적한 사람들이 건설한 중세도시들(피렌체, 베네치아 등)을 중심으로 상공업이 발달하면서 생겨난 유한계층과 귀족계층이 새로운 학술의 소비자가 되었다.

(2) 대학의 발달형태

초기의 대학은 학업욕구를 지닌 학생들이 스승을 찾아 모여들면서 자생적으로 생겨났다. 이러한 형태를 스투디움 게네랄네(studium generale: 일반학습소)라고 불렀다. 또한 초기의 대학은 조합의 형태로 운영되었기 때문에 조합을 의미하는 우니베어지타스(uninversitas)라고도 불렸으며, 이것이 university의 어원이 되었다. 초기의 대학으로 의학 중심의 이탈리아 살레르노 대학(1060), 신학중심의 파리 대학(1109), 법학중심의 볼로냐 대학(1088) 등이 유명하였는데, 중세대학이 발달하면서 교양학부(＝철학부)와 전문학부로 이원화되었다. 교양학부에서 7자유학과를 이수하고 전문학부로 진급하여 의학, 신학, 법학 중 택일하여 전공하고 학위를 받는 것이 중세대학의 기본적 체제가 되었다. 오늘날에도 대학을 졸업할 때 쓰는 사각모의 네 모서리를 상징하는 것이 바로 의학, 신학, 법학, 철학이다.

(3) 대학의 특권

중세의 대학이 중세사회 속에서 특권적인 지위를 누렸다는 것은 흥미로운 사실이다. 대학은 면세 및 군역 및 부역 면제를 비롯하여 대학 자체의 재판권, 원칙적으로는 기독교 세계 어디에서나 강의할 수 있는 교수 권한(Doctor)의 부여(대학의 교수와 학습이 중세사회 지식층들의 보편언어였던 라틴어로 이루어졌기 때문에 이것이 가능했음), 교수와 학생의 신분 보장, 학장·총장의 자율적 선출권 등 치외법권적 자치권을 구가하였다. 이러한 대학의 특권은 교회의 절대적 지원에 의해 가능했다. 중세사회는 교회권력과 세속권력에 의해서 양분되어 있었는데, 대학은 교회의 비호를 받으면서 발생하였다. 왜냐하면 중세전반기에 서구학문의 수호자가 교회와 수도원이었으므로, 대학을 설립하고 가르친 학자들은 교회나 수도원과 막역한 친분을 갖고 있었기 때문이다. 따라서 중세대학은 세속권력의 통제에서 벗어날 수 있었던 것이다. 중세 후기에 교회권력을 압도한 세속권력이 대학을 통제하려 함으로써, 대학과 세속국가 사이에는 종종 갈등관계가 형성되었다(가운과 타운의 싸움). 한편, 중세대학이 발전하면서 교회와 갈등을 빚는 경우가 생기자 대학은 세속국가와 손을 잡기도 하였으며, 이렇게 중세대학은 교회와 세속국가의 틈새에서 성장하였다.

5. 시민교육

11세기 경 십자군 원정의 결과 중세사회에 변화가 일어났다. 도시가 발달하고, 신흥 시민계급이 성장하였는데, 새롭게 등장한 시민계급은 종래의 지배계급 위주의 교육과는 달리, 자신들의 실생활에 필요한 세속적 교육을 요구하게 되었다. 이에 조합학교(guild school), 도제교육제도(appren-ticeship system)가 생겨났다. 이외에도 상류시민의 자제 교육을 위한 대학입학예비교의 성격을 지닌 귀족엘리트학교도 발달하였다.

구분	명 칭	영 향	교육사적 가치
상류계급	라틴어학교(독), 리세(프), 문법학교(영)	중등교육의 시초	
시민계급	조합학교(영), 모국어학교(독), 습자학교(독)	초등교육의 시초	1. 시민계급이 교육의 수요자로 등장
비형식교육	도제교육 도제: 7~8세 시작 직인: 기술자 장인(Meister; master): 최고 기능장	근대 직업교육의 모태	2. 교육을 교회와 분리시켜 공공단체에 의해 경영된 점 3. 생활을 위한 실제 교육

Ⅲ 르네상스와 교육

서양교육사 논술예제 ❷ 유럽교육의 핵심적인 전통 중의 하나인 인문주의교육관은 르네상스시대 인문주의교육(14~15세기)과 19세기 신인문주의교육에서 전형적으로 나타났다. 르네상스 인문주의와 19세기 신인문주의가 발생하게 된 시대적 배경과 교육관의 개요를 서술하고, 그 의의를 현대적 관점에서 논해보시오.

1. 개 요

르네상스는 대략 1350년부터 1510년 사이에 이태리에서 일어나 유럽 전역에 전파된 문예, 정신운동이다. 재생, 부흥 등을 의미하는 르네상스는 요컨대 중세의 권위적·억압적·신 중심적 사회에서 인간 중심 사회로 복귀하려는 운동이었으며, 이러한 경향을 세속화(＝탈교회화)라고 부른다. 이에 따라 인간상을 재해석하면서 인간성을 해방하고자 하였으므로 인문주의/인본주의(Humanism)라 일컬어 졌으며, 고대(그리스, 로마)문화 속에서 인간중심적 삶의 모습을 재발견하고자 하였으므로 르네상스운동은 고전부흥(문예부흥)운동이기도 하였다. 르네상스 인문주의는 요컨대 교회와 관습에 따르는 삶 대신에 이성적 판단에 따른 삶을 살 것을 주장하였고, 현세적 삶의 향유를 주장하면서 문학, 예술 등을 통한 심미적, 정서적 가치를 중시하였다.

2. 르네상스시대 교육

르네상스시대의 교육은 자유교양교육으로 특징지을 수 있다. 여기에서 자유란 생존에 필요한 교육으로부터의 자유를 말하며, 교양은 다양한 인문적 소양을 익히고 이를 조화롭게 내면화한 상태를 말하는 것으로 다분히 귀족주의적 색채를 지니고 있다고 할 수 있다. 실제로 르네상스운동은 귀족계층에 한정되어 있었으며, 서민들의 삶에는 별다른 영향을 미치지 못하였다. 귀족주의적인 르네상스교육은 주로 그리스인들이 추구했던 지·덕·체의 조화, 이를 통한 고귀하고 다면적인 인간성의 실현을 추구하였다. 이를 위하여 고전교육과 이를 위한 고전어교육이 주로 이루어졌는데, 그리스어보다는 라틴어교육이 주로 이루어져서 이시기에 라틴어학교가 대표적인 교육기관이 되었다. 그리스 고전이 특히 중시되었음에도 불구하고 라틴어교육이 주류를 이룬 이유는 로마시대에 시세로, 세네카 등의 고전학자들이 그리스문헌을 라틴어로 번안한 라틴어텍스트들이 있어서 이를 통해 손쉽게 그리스고전에 접근할 수 있는 길이 열려있었기 때문이었다. 그러나 르네상스 말기에 들어서면서 라틴어교육의 폐단이 나타났다. 본래 인문주의자들이 고전어교육을 강조한 까닭은 고전 속에서 인간미 넘치는 삶의 모습을 재발견하여 이를 실제 삶에서 실현하고자 한 것이며, 이것이 인문주의정신이었다. 그러나 라틴어학교가 엘리트계층이 거쳐야 할 필수코스로 자리 잡게 되자 인문주의정신은 퇴색되어가고 형식적이고 무미건조한 라틴어학습이 주조를 이루게 되었다. 특히 시세로의 라틴어텍스트만 편식하는 현상이 나타나("시세로의 문장에서 벗어나지 말라"), 이를 비판하는 시세로주의라는 말이 생기기도 하였다.

3. 주요 교육 사상가

가. 비토리노: 비토리노는 궁정학교를 인문주의적 노선에 따라 운영하여 최초의 근대적 교사라는 칭송을 받았다. 학교의 이름을 '즐거운 집'이라고 칭하고, 정신과 신체와 도덕적 품성의 조화, 실제사회 능력의 배양(지도자와 전문인 양성)을 중시함으로써 다면적 교육을 추구하였다('다면성'은 인문주의교육의 중요 코드). 교육방법에 있어서도 아동의 흥미 및 능력을 중시하고 엄격한 형식이나 체벌 금지를 주장하였다.

나. 에라스무스: 에라스무스는 네덜란드 출신의 사제(신부)였으며, 르네상스시대를 대표하는 탁월한 사상가로 간주된다. 에라스무스는 그 당시의 르네상스운동이 천주교회의 입장과 상충하는 부분이 적지 않았음에도 불구하고 인문주의를 고수함으로써 다른 성직자나 교황청의 견제와 비판을 받기도 하였다. 그러나 에라스무스는 사제로서의 양심에 따라, 교회가 건전하게 발전하기 위해서도 성서주의는 인문주의와 조화를 이루어야 한다고 주장하였다. 왜냐하면 성서주의의 핵심은 성서에 대한 신앙인데, 신앙만을 강조하면 쉽게 맹신으로 진행되고, 맹신은 광신으로 넘어갈 위험성을 지니고 있기 때문이라는 것이다. 실제로 기독교의 역사에서 종교의 이름으로 전쟁을 치르거나, 마녀사냥 등이 일어났던 것은 이성과 자유를 핵심으로 하는 인문주의 정신이 결여되었기 때문이라고 주장하였다. 인간의 이성 능력을 적극적으로 계발함으로써, 이성이 인간의 타고난 천성(자연성)을 지도할 수 있게 된다면 인간은 선한 존재가 되며, 따라서 이성은 신에 이르는 통로가 된다. 이러한 에라스무스의 입장은 인간은 태어나면서부터 죄에 물든 존재라고 보는 원죄설과는 잘 부합되지 않는 것이었다. 에라스무스는 『광

우예찬』과 『아동의 자유교육론』(The Liberal Education of Children) 등의 저서를 남겼으며, 지성, 덕성, 경건성의 조화(=교육목적)가 이루어져야 진정한 인본성(humanity)을 지니게 된다고 보았다. 이를 위해 선량한 생활 습관 형성, 성서문학을 통한 마음 계발, 라틴어 학습 등(=교육과정)을 주장하였다. 에라스무스는 또한 루소보다도 앞서서 합자연의 원리, 어린이 존중, 흥미, 놀이 중시를 주장하였다.

Ⅳ 종교개혁과 교육

종교개혁은 중세의 타락하고 권위적인 신앙을 비판하고. 내면적이고 성서 중심의 초기 기독교로 복귀하고자 하는 운동이었다. 중세 교회는 사회 전반에 절대적인 권위와 영향력을 가지게 됨으로써, 세속적인 영역까지 지배를 하게 되었고, 왕과 귀족을 포함한 대다수의 서민들이 교회에 귀의하면서 많은 재산을 교회에 헌납하여 농경지나 광산, 양조장, 관세권 등의 재정적 수단을 지닌 거대교회와 수도원들이 늘어갔다. 이를 통하여 교회와 수도원은 초기 기독교의 청빈의 정신을 상실하고 점점 부유해지고 세속화되어 갔다. 중세교회의 또 하나의 문제는 평신도들이 사제들에게 정신적으로 종속되어 있었다는 사실이다. 그 당시까지 성경이 모국어가 아닌 어려운 고전어(히브리어, 고대그리스어, 라틴어)로 되어있어서 교육을 받지 않은 평신도들은 성경을 직접 읽을 수가 없었고, 오직 사제들의 입을 통하여 성경 내용을 들을 수밖에 없었으므로, 사제들은 평신도들에 대해서 절대적인 권위를 행사할 수 있었다. 이렇게 절대권위를 지닌 교회가 세속과 결탁하는 모습을 보이자(성직매매, 면죄부판매 등) 루터는 1517년 95개조 반박문을 발표하여 당시의 교황청과 사제들의 잘못된 행태들을 조목조목 비판하였다. 교황청은 즉시 루터에 대한 체포령을 내렸지만, 교회의 타락상에 우려하던 많은 영주들과 사제들이 루터를 옹호하고 나섰고, 비텐부르크의 영주는 루터를 자신의 성에 10여 년간 피신시켰다. 루터는 비텐부르크성에 은거하면서 그 당시까지 고전어로만 되어있던 성경을 모국어인 독일어로 번역하였다. 왜냐하면 루터는 평신도들을 사제들에 대한 정신적 종속상태에서 해방시켜 독립적인 신앙생활을 할 수 있도록 해주고자 하였으며, 그러기 위해 무엇보다 중요한 것은 평신도들이 성경을 직접 읽을 수 있게 하는 것이라고 생각했기 때문이었다. 루터는 평신도들이 성경을 직접 읽고 양심에 따라 경건한 신앙생활을 하면 누구든지 사제의 직분을 감당할 수 있다고 주장하였으므로 이를 '만인제사장설'이라고 부른다. 그런데 모국어 성경을 읽을 수 있기 위해서는 모국어교육이 요구되었으나 그 당시 교육을 주로 담당하던 교회학교, 수도원학교는 대체로 보수적이어서 모국어교육을 꺼렸으므로 루터는 세속국가가 모든 신민에게 모국어교육을 포함한 기초교육을 제공해야 한다는 공교육(=국가교육)과 의무교육을 주장하게 되었다. 종교개혁의 또 다른 대표자였던 칼뱅도 또한 공교육과 의무교육을 주장하여, 신교 진영의 영주와 사제들(=당시의 지배계층)에게 반향을 일으켰다.

1. 신교와 구교의 교육

종교개혁으로 인하여 기독교는 신교(프로테스탄트)와 구교(가톨릭)로 나뉘었고, 이들은 각각 다음과 같이 교육개혁에 공헌하였다.

신 교	구 교
• 목적: 근대 사회에 적합한 기독교인(합리적 신앙인) 양성 • 특징: 초등교육, 모국어교육, 여교사 양성, 의무교육제도, 국민교육, 국가교육제도, 학년학급제도 • 기독교는 내세만을 위한 종교가 아니라 현세도 구원해야 함 → 직업적 영리활동 장려 → 직업교육에 관심 → 자본주의의 발달 • 사상가: 루터, 캘빈, 멜란히톤	• 목적: 교회 지도자 양성 • 특징: 사범학교 출발(1685 라살 Lasalle), 중등교육에 영향 • Jesuit(예수회): 이그나티우스(Ignatius of Loyola)가 창시. 가톨릭교적 학교교육을 위한 「학습계획」(Ratio Studiorum)을 제정하고, 이에 따라 고등학교와 대학의 교육을 실시.

2. 주요 교육 사상가

가. 루터(Martin Luther): 종교개혁을 촉발시킨 인물인 루터는 교육의 국가책임론을 주장하여 공교육제도의 사상적 기초를 제공하였으며, 또한 그 당시에 아직 체계적 통일성을 갖지 못하고 있던 학교제도의 국가 단위의 통일과 체계화를 주장하였다. 이러한 루터의 주장이 신교를 지지하는 영주, 사제들의 즉각적인 호응을 받으면서, 이들에 의하여 학교의 통합, 체계화 작업이 일어났고, 그 결과 생겨난 학교형태가 김나지움(Gymnasium)이었다.

나. 멜란히톤(Melanchthon): 멜란히톤은 루터의 사상과 일반적 지침을 실제로 완성한 사람으로 평가된다. 그러나 한편으로 뛰어난 고전학자였던 그는 고전교육을 통한 인문적 소양의 계발의 중요성에 대한 확신을 가지고 있었으므로, 교육에 있어서 라틴어교육을 핵심으로 하는 인문주의적 요소들을 상당 부분 유지시켰다. 그는 교과서를 편찬하였고 학교제도 수립에 열성적이었다. 그가 편찬한 교과서는 근대학교 교과서의 기원을 이룬 것으로 평가되고 있으며, 그의 학제 개혁안인 '삭소니/작센(Sachsen) 학교안'(Saxony School plan)은 오늘날 독일 중등교육 학제의 기초를 세운 것으로 평가되고 있다.

3. 신교의 교육령

루터가 오늘날까지 의무교육의 아버지로 기억되는 실질적인 이유는 루터의 의무교육에 대한 주장이 제기된 뒤 100여년 후에 그의 의무교육사상이 법제화되어 시행에 성공했기 때문이었다. 독일 동부에 있는 작은 고타(Gotha)공국의 영주 에른스트가 1642년 법제화하여 성공적으로 시행한 고타교육령은 세계 최초의 의무교육법령으로 간주되고 있다. 그 당시 사람들은 "고타국의 사람들은 서민들마저도 다른 나라의 귀족들보다 유식하다"고 칭송하였으며, 이에 자극을 받아 다른 나라들도 다투어 고타국의 법령을 벤치마킹하여 시행함으로써 국가주도의 보통교육이 널리 보급되기 시작하였다. 그런데 그 당시 국가들의 재정적 여건에 비추어 볼 때, 국가가 모든 취학연령기의 아동들에게 무상의무교육을 베푼다는 것은 매우 어려운 일이었다. 그럼에도 불구하고 영주들이 의무교육을 시작한 것은 인도주의적 발상을 가졌기 때문이라기보다는, 중세 후반 이후 지속적으로 발달한 학문과 기술이 산업기술, 군사기술 등으로 피드백 됨으로 인하여, 유능한 산업인력, 군사인력을 얻기 위해서는 국가의 재정을 기울여서라도 신민(臣民)들에게 기초적인 교육을 제공할 필요가 있으며, 이것이 결과적으로 국력의 강화 및 왕권의 신장에 도움이 된다는 것을 영주들이 알게 되었기 때문이었다. 이처럼 서구의 공교육(의무교육은 공교육의 최소한)은 개인보다는 국가적 이익의 추구에 맞추어져 있으며, 권위주의적 전통시대에 국가는 곧 지배자(왕, 영주)를 의미하는 것이었다. 고타교육령과 같은 해(1642)에 영국의 식민지상태에 있던 매사추세츠에서도 교육령이 발표, 시행되었는데, 교육에 관한 자치를 선언하고 지자체의 교육의무를 규정, 시행하였으므로 또한 초기의 의무교육령으로 기억되고 있다.

Ⅴ 17세기 실학주의(Realism) 교육

16세기 전반 이후 진행된 종교개혁의 결과, 신교와 구교의 대립, 갈등이 고조되어 이른바 '30년전쟁'(1618~1648)을 치르게 되었다. 이 전쟁의 참화는 극심하였으며, 대부분의 전투가 이루어진 독일 지역의 인구가 이 기간 동안 1/3이나 감소하였다. 그 결과 종교에 대한 실망과 혐오가 커졌으며, 종교가 세속생활에 깊이 관여하기보다는 차라리 세속국가가 개인들의 삶을 안전하게 지켜주는 것(= 치안[治安])이 바람직하다는 생각이 강하게 대두되면서 국민국가가 발달하게 되었다.

이 시기는 종래의 중세적 사고로부터 탈피하면서 보다 확실하고 신뢰할 수 있는 지식에 도달하기 위해 과학적인 실증에의 길로 옮겨가고 있던 전환기였다. 철학계에는 경험론과 합리론 철학이 태동하고, 뉴턴으로 대표되는 자연과학의 발달이 일어났다. 이에 따라 자연관에도 변화가 일어났다. 자연은 이제 생명력을 지닌 신비스런 존재가 아니라, 과학적인 법칙에 의해 작동되는 물리적 현상으로 보는 기계론적 세계관이 지배적이 되었다.

또한 지리상의 발견이 계속되고, 타 지역과의 왕래가 점점 활발해지면서 사실세계에 대한 폭넓은 관심이 일어났으며, 경험론철학과 자연과학의 영향으로 사실세계에 대한 관찰과 경험이 중시되었다. 이러한 경향은 교육에 있어서도 새로운 교육내용과 방법의 도입을 초래하였으므로 이 시기의 교육사조를 실학주의(Realism)라고 부른다.

1. 실학주의 교육의 특징

실학주의 교육은 형식적인 라틴어교육으로 변질된 인문주의 교육을 비판하면서, "언어 이전에 사물"이라는 구호를 내세웠다. 즉, 교육은 실생활이나 사물을 직접 다루면서 인간의 삶에 구체적으로 필요한 지식을 가르침으로써 실생활에 유능한 인물을 양성해야 한다는 것이다(교육의 실용성). 따라서 언어교육에서도 고전어보다는 모국어가 강조되었는데, 이러한 실학주의는 인문적 실학주의, 사회적 실학주의, 감각적 실학주의의 형태로 나타났다.

가. 인문적 실학주의: 인문주의적 고전어교육을 수용하되 고전의 형식보다는 실생활과 관련된 내용을 중시하는 점에서 인문주의와 구분된다. 대표학자로는 라블레와 밀턴 등이 있다.

나. 사회적 실학주의: 사회생활의 경험을 주요 교육내용으로 강조하고, 세상사에 밝고 세련된 사회성을 지닌 사람(신사)을 양성하는 것을 교육목적으로 한다. 대표 학자로는 몽테뉴, 로크를 들수 있다.

다. 감각적 실학주의: 지적 탐구와 교육에 있어서 감각적 직관을 중시하는 감각적 실학주의는 실학주의의 본령이다. 대표 학자로는 라트케와 코메니우스를 들 수 있다.

2. 코메니우스(Johann Amos Comenius, 1592~1670)의 교육사상

가. 코메니우스는 체코지역의 개신교교단이었던 형제교단 소속의 목회자였다. 그는 30년 전쟁의 혼란을 직접 겪으면서 인류를 죄악과 불행에서 건지기 위해서는 무엇보다도 교육이 중요하다고 생각하였다. 왜냐하면 그는 인간의 죄악이 도덕적 결함에서 생겨난다기보다는 무지(無知)와 불명료한 인식, 방일(放逸)에서 생겨난다고 보았기 때문이다. 따라서 교육을 통하여 인류를 범지(凡知/凡智: pansophia = 모든 지식/지혜를 다 갖춘 상태)로 이끌어야 한다. 그러므로 "모든 사람에게 가르쳐야"하며, 또한 교육은 특정의 지식이나 기능만을 가르치는 데 그치지 않고 인간 삶 전반을 다루는 것이어야 한다.

나. 그러나 이러한 범교육(凡敎育: pampaedia)의 이상은 실천에 있어서 바로 난관에 부딪친다. 왜냐하면 동일하게 가르쳐도 학생들의 학습능력에는 많은 차이가 있기 때문이다. 여기에서 자연적으로 교육방법(교수법)에 대한 고민이 생겨났는데, 코메니우스의 대표저서가『대교수학(大敎授學: didactica magna)』이라는 것이 이를 보여준다. 그 외에도 세계 최초로 그림이 들어간 아동용 교재로 평가되는『세계도회(世界圖繪)』도 효과적인 아동교육을 위한 방법적 기여라고 볼 수 있다.

다. 교육목적: 궁극적 목적인 신과 함께 영원한 행복을 누리는 것이며, 이를 위한 준비로 '지식(이성)', '덕성(도덕성)', '신앙(경건성)'이 함께 길러져야 한다.

라. 교육과정: 따라서 교육과정도 범지학적 교육내용(지식, 덕성, 신앙)으로 구성되어야 한다고 보았다.

마. 교육방법: 교육방법에 있어서 에라스무스에 이어서 합자연의 원리를 주장함으로써 이후 루소, 페스탈로치, 듀이 등으로 이어지며 서양교육방법론의 기본 원칙이 되었다. 또한 코메니우스는 감각적 실학주의의 대표자로서 시각교육의 원리를 주장하였다(세계도회).

바. 학교단계론: 코메니우스는 또한 루터의 의무교육사상을 발전시켜, 모국어 학교가 모든 이에게 개방되어야 함을 역설하여 보통교육사상을 널리 선양하였으며, 학교를 '어머니 무릎학교'(~6세) → '모국어 학교'(~12세) → '라틴어 학교'(~18세) → '대학'으로 이어지는 단계적인 체계화를 주장하였다.

사. 코메니우스는 범교육을 주장하여 보통교육사상(어떤 차별도 없이 누구에게나 교육을 베풀어야 한다는 주장)을 선양하고 공교육제도의 형성을 촉진함으로써 보통교육의 아버지, 근대교수법과 시청각교수의 선구자로 평가된다.

3. 로크(John Locke, 1642~1704)의 교육사상

(1) 개 요

로크는 영국 경험론철학의 대표자이며, 근대 민주주의사상의 선구자로서『인간오성론』(1690),『시민정부론』(1690) 등의 주요저술을 남겼으며,『교육에 관한 고찰』(1693)을 저술하여 교육사상가의 반열에도 오르게 되었다. 로크는 그 당시까지 이어져 오고 있던 고전 중심의 학술교육, 언어교육이 아이들의 덕을 희생시키고 있다고 비판하면서 세상사를 올바로 판단하고 사회 안에서 현명하게 처신할 줄 아는 것이 고전 문헌에 대한 지식이나 고전어를 구사하는 것보다 훨씬 중요하다고 역설한 점에서 사회적 실학주의자로 분류되기도 한다.

(2) 이론적 토대

가. 백지설(tabula rasa): 경험주의자로서의 로크는 인간의 태어날 때의 마음은 백지와 같으며, 모든 것은 경험을 통하여 비로소 형성되기 시작한다고 주장하면서, 인간의 마음에 선천적으로 어떤 관념(플라톤이 말하는 이데아 등)이 있다고 보는 본유관념설을 부정하였다.

나. 경험적 인식론: 따라서 인간의 지식도 모두 경험을 통하여 얻어지며, 감각경험을 통해 얻어진 자료를(sense data) 마음의 능동적인 활동인 내적 성찰(reflection)이 처리함으로써 얻어진다고 보았다.

다. 능력심리학(faculty psychology)과 형식도야설: 능력심리학은 인간의 마음이 몇 가지 일반적인 능력들(faculties: 지각력, 기억력, 상상력, 추리력, 판단력, 의지력 등)로 구성되어 있다고 보는 입장이다. 또한 이러한 능력들은 지각(perception)의 대상, 기억의 내용, 상상의 세계, 추리의 소재 등과는 구별되는 '심리적 형식(psychological form)'이라고 보고, 이러한 심리적 형식(심근[心筋])을 도야(훈련)시킬 수 있다고 하는 주장을 형식도야설이라고 하며, 여기에는 이러한 형식들을 도야하는데 가장 적합한 교과가 있다는 견해가 포함된다.

라. 교육만능설: 경험을 통해 지식을 획득한다는 그의 경험론적 인식론은 경험을 통해 어떠한 학습도 가능하며, 어떠한 유형의 인간도 길러낼 수 있다는 교육만능설을 낳았고 이러한 교육중시입장이 18세기 계몽주의적 교육사상가들에게 수용되었다.

(3) 로크의 교육관

가. 교육목적: 교육의 목적은 체육과 덕육, 지육을 통해 건전한 인격과 사회적 유용성을 갖춘 신사를 양성하는 것이다(사회적 실학주의).

나. 교육목표: 이를 위해서는 덕, 지혜, 품위, 학식을 양성해야 한다고 보았다.

① 덕성: 덕은 본능적 경향성을 억제하고 이성적 판단에 따라 행위하는 능력이다.

② 지혜: 지혜는 세상사를 잘 예견하고 처리할 수 있는 실제적 능력이다(세간지/처세지).

③ 품위: 품위는 사회적 관계에서 타인의 기분을 상하지 않고 호감을 일으킬 수 있도록 세련되게 처신하는 능력으로서, 이상의 세가지가 갖추어져야 올바른 정신의 소유자가 된다고 주장하였다.

④ 학식: 학식은 이러한 올바른 정신이 확립된 사람에게만 도움이 되며, 따라서 로크는 지식을 덕, 지혜, 품위를 갖춘 훌륭한 정신을 위한 보조수단으로 간주한다.

다. 교육내용: 로크는 자신이 주장한 교육목적에 따라 체육("건강한 신체에 건전한 정신이 깃든다"), 덕육(바른 의지의 단련), 지육(탐구심과 사고력의 양성에 중점. 백과사전적 지식의 습득)이 교육과정의 중심이 되어야 한다고 보았으며, 사회생활에 유용한 기술을 습득하도록 하는 수공(手工)교육을 주장한 점이 눈에 띈다.

라. 교육방법: 교육방법으로서 로크는 훈육을 강조하였다. 그런데 전통적인 훈육의 주요수단이었던 훈계와 책망, 체벌을 지양하고 칭찬을 통해 아동을 이끌어줌으로써 어려서부터 미덕을 습관화하는 것이 진정한 훈육이며, 이를 이성적 사랑이라고 하였다.

Ⅵ 18세기 계몽주의와 자연주의 교육

계몽(啓蒙: enlightenment)은 무지몽매함을 일깨운다는 의미이다. 계몽사상은 18세기 전반 서구사회에 등장하여 이전까지 대다수 사람들의 삶의 방식이었던, 세속국가의 지배계층에 무조건적으로 복종하고, 교회의 가르침을 맹목적으로 따르는 삶의 방식을 지양하고, 이성을 계발하여 이성적 판단에 따라 자율적인 삶을 살 수 있어야 한다고 주장하게 되었다. 계몽주의는 이성의 계발을 통하여 인간과 사회가 무한히 진보할 수 있다는 낙관적 희망을 불러일으켰으며, 정치적으로는 반권위주의적, 자유주의적, 평등주의적 경향을 띠었으므로 당시의 왕과 귀족, 사제계급을 중심으로 하는 구체제(앙시엥레짐)와 충돌할 수밖에 없었다. 이러한 갈등이 심화된 결과 프랑스시민혁명(1789)으로 터져 나왔다. 미국의 독립혁명(1776)도 계몽사상과 불가분의 관련을 지닌 정치적 사건이었다는 것은 미국독립선언문 1조에 루소 등 계몽사상가들이 주장했던 '천부인권설'을 규정하고 있는 사실에서도 확인된다.

1. 계몽주의 교육의 특징

가. 교육목적: 이성을 계발하여 계몽된 시민을 양성하는 것이었다.

나. 교육내용: 시민사회의 사회적 주체로서의 계몽된 시민은 사회적 책임의식과 직업능력을 갖추어야 하므로 직업교육이 중시되었고, 과학과 실용적인 내용이 중시되었다.

다. 교육방법: 감각주의와 도야(Bildung)주의가 강조되었는데, 감각주의란 감각적 실학주의자들과 유사하게 감각을 통한 교육을 강조하는 입장이며, 도야주의란 내면성의 형성을 강조하는 입장으로서, 교육은 단지 지식과 기술의 주입으로 그쳐서는 안 되며, 학습자의 내면성(인격)의 형성까지 배려해야 한다는 입장을 말한다.

2. 루소(J. J. Rousseau, 1712~1778)의 자연주의 교육사상

디드로를 중심으로 한 백과전서파, 볼테르 등은 인간에게 행복을 가져다주는 것은 이성이라고 생각하여 이성중심주의로 나아갔고, 이에 따라 이성을 인간의 본성으로 간주하고 이성을 기초로 계몽하려는 이성주의에 치우친 반면, 루소는 이성에 의한 문명의 폐해를 지적하면서, 자연의 선성(善性)을 보존, 발달시키는 자연주의 교육이 오히려 바람직하다고 주장함으로써, 다른 주지주의적 계몽주의자들과 결별하게 되었다. (루소의 자연주의 교육사상의 내용은 교육철학 부분에서 다룸)

루소 교육사상의 교육사적 의의를 간단히 정리해보면 다음과 같다. 교육을 아동내부의 계발로 이해했다는 점과, 발달단계에 따라 교육을 해야 한다는 것을 널리 알린 점, 18세기 바제도 등의 범애학파와 현대 아동중심교육사상에 크게 영향을 주었다는 점 등을 들 수 있다.

3. 범애학파(Philanthropen)

가. 개요: 1770년경~1800년경에 존재했던 범애주의 교육운동은 18세기 후반 바제도(Basedow)가 프랑스 계몽주의 사조(라 샬롯테의 『국가교육론』)와 루소(『에밀』)의 영향을 받아 창시하였다(합리주의＋자연주의). 바제도는 독일 동부에 있는 데싸우(Dessau)에 범애학교를 설립하여 잘츠만(Salzmann)과 공동으로 운영하였는데, 잘츠만은 뒤에 새로운 범애학교를 설립하였다.

나. 교육목적: 평화롭고 행복한 생활을 하는 시민의 양성이었다. 행복한 인간을 기르는 것은 루소가 제시한 교육목적이며, '평화롭고'란 싸우지 않고 질서를 잘 지키는 시민자질을 의미한다. 따라서 바제도는 라 샬롯테의 영향을 받아 루소보다는 시민자질의 양성을 더 많이 강조한 것이라고 볼 수 있다.

다. 교육방법: 계몽주의와 루소의 영향을 받아서 관찰과 실험을 통한 교육을 추구했으며, 직관의 원리를 중시하였다. 또한 모범적인 시민자질을 기를 목적으로 기숙사생활에서의 훈육을 강화했는데, 이로 인하여 아이들의 사생활에 지나치게 간섭한다는 비판을 받기도 하였다.

Ⅶ 19세기 신인문주의(Neo-Humanism) 교육

18세기에 합리주의와 계몽주의를 바탕으로 한 미국의 독립과 프랑스 혁명이 성공한 결과, 19세기에 들어서면서 민주 정치제도가 점차 발달되고, 경제적으로는 자본주의 경제체제가 발달하며, 사회적으로 시민사회가 형성되고, 문화적으로 낭만주의가 대두하였다. 낭만주의는 18세기의 계몽주의가 주지주의로 흐르면서 감성을 폄하한 데 대한 반발로 감성과 감각, 직관의 권리를 강조하는 사조라고 할 수 있다. 이 시기 독일을 중심으로 일어난 신인문주의는 괴테, 쉴러, 헤르더 등으로 대표되는 고전주의와 맥을 같이하면서 계몽주의와 낭만주의의 통합, 이성과 감성의 조화를 추구하였다.

1. 신인문주의 교육의 특징

가. 이성의 계발에만 치중한 계몽주의 교육을 메마른 주지주의이며, 기능적 인간만을 양성한다고 비판하였으며, 인간의 다양한 소양을 조화롭고 풍부하게 계발하여 통일적인 인격을 이루도록 해야 한다고 주장하였다. 외부로부터의 교육보다 내면적인 힘의 도야를 중시하였으므로 전형적인 도야주의

라고 할 수 있으며, 특히 고대 그리스 교육의 다면적 도야를 이상으로 삼았다.

나. 이러한 입장에 따라 그리스 문화에 대한 애호가 르네상스 인문주의보다 더 커졌고, 이에 따라 고대 그리스어교육이 르네상스시대보다 더욱 중시되었다.

다. 일반도야의 원리는 신인문주의의 슬로건이라고 할 수 있으며, 일반도야(＝인간교육)를 중시하는 입장으로서, 이로 인하여 신인문주의는 직업교육을 등한시 한다는 비판을 초래하기도 하였다.

2. 주요 교육 사상가

(1) 페스탈로치(J. H. Pestalozzi, 1746~1827)

가. 페스탈로치는 기독교적인 평등적 인간관에 입각하여 그 당시까지 제도교육에서 소외되어 있던 고아, 빈민·부랑민의 자녀들에 대한 교육(민중교육)을 몸소 실천함으로써, 서구교육의 사표로 칭송되고 있다("인간은 옥좌 위에 앉아 있으나, 초가의 그늘 아래 누워 있으나 평등하다" ―『은자의 황혼』 서문 중―).

나. 교육목적: 페스탈로치는 머리와 가슴, 손발의 양성하는 3H(Head·Heart·Hand)교육을 주장하는 일종의 전인교육론으로서 삼육론(三育論)을 제창하였는데, 이러한 인간교육을 통한 사회개혁을 역설하기도 하였다. 20세기 초 노작교육사상가들은 페스탈로치가 손(Hand)의 양성을 주장한 점을 들어 그를 노작교육사상의 선구자로 칭하였다.

다. 교육내용: 교육의 본질적 내용으로 수, 형태, 언어를 들었다. 이것은 기존의 귀족·시민의 자제들을 대상으로 하던 교육과정을 유보하고, 배움의 세계에 처음 입문하는 아이들에게 가장 기초적으로 가르쳐야 할 내용을 새롭게 제시한 것이다.

라. 교육방법: 합자연의 교육원리, 가정교육(안방교육)의 원리, 일반도야의 원리(인간교육이 직업교육에 우선), 자기계발의 원리, 직관의 원리, 요소화·계열화의 원리(교육내용을 간단한 요소로 분석해서 제시하고, 연관되는 내용의 순서를 정하여 단계적으로 가르침) 등을 들 수 있으며, 이러한 페스탈로치의 노력은 특히 초등교육의 개혁에 크게 공헌한 것으로 평가되고 있다.

(2) 헤르바르트(J. F. Herbart, 1776~1841)

가. 신인문주의교육의 대표자라고 할 수 있는 헤르바르트는 미국독립선언의 해(1776년)에 태어나 교육학의 독립을 선언한 사람이라고 할 수 있다. 그가 30세의 나이로 「일반교육학」(1806)을 선보이자 사람들은 교육학이 이제 비로소 독립적인 근대적 학문이 되었다고 여기게 되었다(학문적/과학적 교육학의 창시자).

그는 또한 「교육학 강의 개요」(1835)에서 "학문으로서의 교육학은 실천철학(윤리학)과 심리학에 의존한다. 실천철학은 교육의 목적을, 심리학은 교육의 방법을 규정한다"고 주장하여 윤리학과 심리학이 교육학의 토대학문임을 천명하였다.

나. 교육목적: 강한 도덕적 품성의 도야가 교육의 최고목적이며, 도덕성의 구성요소로서 ① 내면적 자유의 이념, ② 완전성의 이념, ③ 호의(好意)의 이념, ④ 정의의 이념, ⑤ 보상 또는 공정성의 이념

등 5개 실천이념을 제시하였다. 이것은 서구 전통문화(그리스, 로마, 기독교)의 핵심코드를 제시한 것으로 평가된다. 내면적 자유와 완전성은 그리스, 호의는 기독교, 정의, 공정성은 로마의 정신적 전통을 요약한 것이다.

다. 교육의 범주

① 관리(Regierung): 아동들이 교육받을 수 있는 기본적인 태도, 습관을 형성시키는 예비적 교육이다.

② 교수(教授 또는 수업: Unterricht): 헤르바르트는 수업을 사고권(思考圈: circle of thought)을 형성, 확장하는 과정이라고 보는데, 사고권이라 함은 개인이 지니고 있는 관념들(생각들)이 서로 연결되어 있다는 것을 말한다. 따라서 사고권이 형성, 확장된다고 하는 것은 수업을 통하여 지식이 체계적으로 내면화되어야 한다는 것이며, 이것이 바로 전형적인 도야주의이다. 그런데 사고권은 단지 지식의 체계만을 의미하는 것이 아니고, 사고권 안에서 감정, 감각, 의지 등 인간의 정신적 요소들이 함께 연관되어 있음을 의미한다. 따라서 수업이 얼마나 성공적인가 하는 것은 얼마나 사고권이 명료하고 체계적이며 폭넓게 형성되었는가에 달려 있다. 사고권을 형성, 확장시키는 내적인 동력은 흥미(정신적 활동을 이끄는 힘)이므로 사고권이 폭넓게 형성되기 위해서는 흥미가 다면화되어야 한다. 따라서 수업은 다면적 흥미를 양성하는 데에 초점이 맞추어져야 하며, 경험적 흥미(자연) · 사변적 흥미(철학) · 심미적 흥미(예술) · 동정적 흥미(윤리) · 사교적 흥미 · 종교적 흥미 등이 골고루 양성되어야 한다고 주장하였다. 그래야 정신이 폭넓게 개방되어 어떤 분야의 사람들과도 자유롭게 의사소통할 수 있는 교양인이 된다는 것이다.

③ 훈육(Zucht): 교사와 학생이 직접적으로 상호작용하여 학생의 마음에 도덕적 신조를 형성시키는 교육활동을 말하는데, 중요한 것은 아동 자신의 행위 신조를 스스로 정하도록 해야 한다는 것이다(자발성 중시). 그러나 교육자(교사, 부모)가 볼 때, 아이들이 스스로 세운 신조는 문제가 있을 수 있으므로 지속적인 상호작용을 통하여 보다 올바른 신조를 세울 수 있도록 이끌어주는 것이 훈육이다.

라. 교수의 단계: 헤르바르트는 교수단계설을 처음 주장한 사람으로 알려져 있는데, 먼저 교수(수업)는 심화(Vertiefung/ concentration)와 숙고(熟考: Besinnung/reflection)가 반복되는 활동이라고 말한다. 심화는 어떤 대상(수업내용)에 집중하여 자세히 파악하는 것이며, 숙고는 심화를 통해 파악된 것들을 연결시키는 활동이다. 따라서 심화는 분석, 숙고는 종합이라고 할 수 있다. 심화와 숙고는 다시 명료, 연합, 체계, 방법의 4단계로 세분화될 수 있는데, 이것이 그대로 수업의 4단계가 된다.

◆ 헤르바르트의 교수의 단계 ◆

헤르바르트(Herbart)		칠러(Ziller)		라인(Rein)
명료(대상을 명확히)	→	분석	→	예비
	→	종합	→	제시
연합(신구의 개념을 합성)	→	연합	→	연합
체계(신구 개념을 계열화)	→	계통	→	종합
방법(적용)	→	방법	→	응용

마. '교육적 교수': 헤르바르트는 모든 교수(수업)가 조화로운 인간의 형성에 도움이 되는 방향으로 이루어져야 하며, 궁극적으로 도덕적 인간을 길러내야 한다는 점에서 "모든 교수는 교육적 교수여야 함"을 역설하였다.

바. 교육적 감각/지혜(educational tact): tact란 순간적인 상황파악 및 처치능력을 말한다. 그런데 교육의 상황은 정해진, 획일적인 상황이 아니며, 매경우마다 매우 다양한 상황이 나타날 수 있다. 따라서 교육자는 이러한 상황들을 신속, 정확하게 파악하여 적절한 교육적 조치를 취할 수 있는 능력이 있어야 하며, 이것이 바로 교육적 감각이다. 그런데 이러한 교육적 감각을 처음부터 지니고 있는 천부적인 교사도 있다. 그러나 헤르바르트는 교육적 감각이 이론과 실천의 지속적인 상호피드백을 통하여 후천적으로도 길러질 수 있다고 주장하였다.

(3) 프뢰벨(F. W. A. Fröbel, 1782~1852)

가. 프뢰벨은 신인문주의 교육관을 유치원교육에 적용함으로써 유치원(킨더가르텐)운동의 창시자가 되었다. 아동중심주의의 입장을 지녔으며, 학교는 '꽃밭'이고 아동을 '화초'이며, 교사는 '정원사'라고 하였다.

나. 교육 원리

① 통일의 원리: 프뢰벨은 만유재신론(萬有在神論)을 주장하였는데, 이에 따르면 만물은 신적(神的)인 것으로부터 나왔으므로, 겉으로 보아서는 모순, 분열, 투쟁하는 것처럼 보이기도 하지만 실제로는 조화, 통일, 융합되어 있는 것이므로, 그렇게 아동들을 이끌어야 한다. 따라서 학습과 교육에 있어서 언제나 이러한 통일적 연관성이 중시되어야 하며, 특히 아동에 내재되어있는 신성(神性)을 발현시키는 것을 중시 했으므로 이를 통일의 원리라고 부른다.

② 자기활동의 원리: 신성을 계발하기 위해 중요한 것은 아동의 자발적 활동의 기회를 충분히 주는 것이라고 보았다. 자기활동이란 내적인 동기를 기초로 자기의 흥미와 힘에 의하여 자발적으로 놀이하고 행동하며, 작업하는 것을 말한다.

③ 노작(勞作: Arbeit)/놀이의 원리: 아동의 자기활동을 위해 가장 적합한 활동은 노작과 놀이라는 것이다.

다. 은물(恩物, Gabe): 은물이란 신이 어린이를 사랑하여 내린 선물이라는 뜻인데, 여러 가지 형태를 구성하는 탁상용 놀이자료로서 공, 원통, 주사위(정육면체), 여러 가지 모양의 나무판자 등으로 되어있다. 프뢰벨은 이것이 부모가 자녀에게 주는 선물, 하나님의 은총의 선물이라는 뜻으로 은물이라고 불렀으며, 놀이를 통하여 다양한 지적 능력을 개발할 수 있도록 고안되었다.

3. 그 외의 중요한 19세기 교육사상가

(1) 피히테(J. G. Fichte, 1762~1814)

피히테는 19세기 초에 나폴레옹이 황제가 되어 혁명군을 이끌고 프로이센을 침공, 점령할 당시 프로이센의 수도인 베를린 소재 베를린대학의 총장을 지내고 있었으며, 칸트를 계승하는 관념론철학의 대표자였다. 그는 실추된 독일의 민족정신을 되살리기 위해 대학에서 "독일 국민에게 고함"이라는 제목으로 여러 차례 연설을 하였으며, 이 연설에서 조국애를 강조하고, 국민교육제도를 통해서 학술의 진작과 도덕심을 함양해야 한다고 주장하였는데, 이러한 피히테의 입장을 문화적 국가주의라고 부른다. 그는 자발적 활동을 통한 자유(진리, 선)의 획득에 교육목적이 있다고 보았으며, 또한 지육은 덕육의 수단이 되어야 한다고 주장하였다.

(2) 스펜서(H. Spencer, 1820~1903)

스펜서는 과학적 실리주의자로 대표되는 사상가로, 교육에 과학적 내용과 방법을 적용하였다. 그는 『교육론』에서 교육의 목적을 완전한 생활의 준비라고 보았는데, 이는 현대적 교육관으로 평가되고 있다. 그는 인간의 5대 활동 영역을 제시하고, 각각의 영역의 준비를 위한 교육이 이루어져야 한다고 주장하였다. 직접적인 자기 보존(생리학)·간접적인 자기 보존(수학, 물리학, 생물학, 사회학)·자손의 양육 및 훈련(가사, 심리학)·사회정치적 관계 유지(역사학, 공민)·생활의 여가 이용과 취미 및 감정의 만족(예능)이 그것이다.

◆ **19세기의 교육사상** ◆

구분	계발주의(신인문주의)	국가주의	과학적 실리주의
교육목적	타고난 잠재능력의 실현	국가에 충성하는 국민양성	지상에서의 개인의 완전한 생활
교육방법	'합자연의 원리'	공동체의식, 민족의식 강조	감각적, 경험적 방법(관찰, 실험, 조사 등)
특징	• 심리학적 지식을 바탕으로 교육의 과학화에 공헌 • 페스탈로치, 헤르바르트, 프뢰벨	• 나폴레옹의 침략주의에 반대해서 발생 • 교육의 국가관리, 공교육, 의무교육의 발달에 기여 • 피히테	• 자연과학의 발달과 과학적 지식을 통해 실생활 준비를 위한 교육 • 스펜서

> **서양교육사 논술예제 ❸** 오늘날 우리사회에 확립되어 있는 공교육체제는 본래 16세기 종교개혁기에 처음으로 주장되었고, 17세기 중엽에 법제화되면서 실질적으로 보급되기 시작하였다. 유럽에서 공교육체제는 국가가 지원하고 통제하는 국가주의교육체제로 출발하였으며, 이러한 국가주의교육체제는 현대 교육에까지 지속되고 있다. (1) 공교육체제가 국가주의와 결합하게 된 배경을 서술하고, (2) 국가주의교육의 현대적 의의 및 문제점, (3) 해결방안에 대하여 논하시오.

4. 공교육(국민교육)체제의 확립

공교육체제란 국가가 국민에 대한 교육을 지원(교육비의 국가부담)하고 통제한다는 것을 의미한다. 공교육의 구상은 16세기 종교개혁기에 싹텄으나 실질적으로 시작된 것은 고타교육령을 필두로 한 의무교육법령이 반포되면서부터였다. 이때부터 교육을 관장하는 기관이 교회로부터 국가로 점차 이양되는 과정을 밟았으며, 19세기 중엽에 이르러 공교육체제가 확립되었다(독일은 19세기 초반). 공교육제도의 실현은 신민에 대한 기초교육을 통하여 유능한 생산인력과 군사인력을 확보함으로써 부국강병을 이루고자 했던 왕과 영주들의 의도와, 신민들의 배움을 통하여 인간답게 살고자 하는 욕구가 결합한 결과라고 할 수 있다. 공교육이 확대되어가면서 교육의 공공성 증대, 교육기회 평등화, 교육의 대중화·세속화, 교육방법의 과학화 등의 특징이 나타났으며, 전형적인 국가주의의 원리인 국가(왕권)에 대한 충성심함양교육, 공민자질 향상교육 등이 강조되었다.

가. 16세기 종교개혁기에 루터와 칼뱅 등이 무상 의무교육을 주장하였다.

나. 17세기에 코메니우스 등이 보통교육사상을 널리 선양하였다.

다. 17세기에 보통의무교육이 법제화되어 공교육이 실질적으로 보급되기 시작하였다(고타교육령, 매사추세츠 교육령).

라. 17세기 이후 근대 국민국가가 발달하면서, 국민교육의 필요성이 대두되면서 공교육이 촉진되었다.

마. 라 샬롯테(프, 1701~1785)는 『국가교육론』에서 국가주도의 근대적 엘리트 양성교육의 필요성을 주장하였고, 아담스미스는 『국부론』에서 국가교육의 필요성을 주장하여 당시 사회의 지도층들에게 공교육의 필요성에 대한 인식을 제고하였다.

바. 공장법의 제정: 영국을 시작으로 서구사회로 파급된 산업혁명이 진행되면서, 적은 생산비용을 들여 대량생산한 상품을 저렴한 가격으로 대량 판매하여 지속적으로 자본을 축적하고자 하는 자본주의시스템이 형성된 결과, 값싼 노동력에 대한 선호현상이 생기면서 아동들을 노동에 투입하여 14시간 이상 혹사시키는 일이 사회문제가 되자, 아동의 보호와 교육을 위해 먼저 영국에서 「공장법」이 제정되고 각국으로 보급되었다. 공장법의 골자는 아동의 노동시간을 12시간 이하로 제한하며, 공장주가 야간학교나 주말학교를 운영하여 3R's와 성경을 가르쳐야 한다는 것이었다. 그러나 대부분의 경우 공장주들이 교육까지 제공할 여력이 없어서 사태가 크게 개선되지 않았으므로 국가 차원에서 공립, 무상, 의무교육을 시행해야 한다는 요구가 커짐으로써 공교육제도의 실현을 간접적으로 촉진하였다.

사. 벨(Bell)과 랭카스터(Lancaster)의 조교제도(모니터 시스템): 산업혁명이 진행되면서 교육받은 노동자와 교육을 받지 못한 노동자 사이에 임금격차가 벌어지자, 많은 사람들이 교육을 받으려고 학교를 찾는 사태가 발생하였다. 그러나 당시에는 갑자기 많은 학생들을 받아줄 교육여건이 갖추어지지 않았고, 훈련된 교사들도 별로 없었으므로 벨과 랭카스터는 각각 영국과 스코틀랜드에 빈민학교를 세워 조금이라도 더 배운 학생들로 하여금 그보다 못한 학생을 가르치게 하였다. 제도상으로는 조선조 서당의 접장(接長)제도와 유사다고 볼 수 있으나, 벨과 랭카스터의 조교제도는 싸구려 대량교육의 표본이라고 할 만큼 열악한 교육의 모습이었다. 이를 통하여 민간주도 대중교육의 한계를 보여줌으로써 국가교육체제의 필요성을 역설적으로 보여주었다.

아. 콩도르세의 공교육조직 계획안: 콩도르세는 프랑스혁명이 성공한 이후 혁명정부의 교육고문을 지내면서, 공교육조직 계획안을 제출하였다. 그 개요는 다음과 같다. ① 국가교육의 정당화(국가교육이 자유, 평등의 원리와 어긋나지 않음을 주장), 교육의 중립성(정치와 종교로부터의 독립) ② 각 종류, 각 단계 학교의 분포상의 평등 ③ 학비면제 및 장학급제도의 보급 ④ 성별, 연령, 인종 등 선천적 요인에 의한 차별 철폐 ⑤ 남녀공학 및 남녀동등권 ⑥ 각 학교의 일반시민

에의 공개 ⑦ 사회적 교육시설(강좌, 도서관, 박물관)의 개방.

자. 호레이스 만(Horace Mann, 1769~1859)의 공교육개혁: 호레이스 만은 1837년 메사추세츠 주의 초대 교육감으로 12년간 재직하면서 공교육 발전과 공립학교의 개혁에 크게 기여하였다. 재직 기간 중 공립중학교를 50개교나 세워 공교육의 보급과 질적인 개선에 크게 기여하였다. 이러한 그의 공립학교운동(Commen School Movement)은 공립학교가 미국의 정치적, 인종적, 종교적 다원성을 극복하고 이를 통합시켜 줄 수 있는 사회적 평등장치이자 갈등해결을 위한 최선의 도구라는 그의 신념에 기초한 것이었다. 호레이스 만은 로크의 교육관의 영향을 받아서, 사회적 유능성, 공민적 도덕 및 성격의 도야를 공립학교 교육목적으로 천명하였다. 또한 새로운 교수법을 도입하고 교육과정을 개선하여 초등교육을 일신하였으며, 페스탈로치의 교수법을 채택하여 실물교수와 구술교수를 장려하였다.

차. 국가주의 교육체제의 의미와 영향: 국가교육체제는 기본적으로 국민을 국가의 한 부분으로 보고 국가의 공동목표를 실현하기 위한 수단으로 이용하는 교육체제이므로 개인은 국가의 제도와 목적에 부합되는 한에서만 의미를 가지게 된다. 국가주의 교육의 배경은 18세기 이후 국민국가의 출현과 자본주의적 경제체제가 형성되면서 국민들의 결속과 국력의 신장을 위해 국가주의 교육체제가 형성되기 시작하였는데, 이것은 국가의 유능한 생산인력과 군사인력을 양성하려는 의도와, 배움을 통하여 인간답게 살고자 하는 신민(臣民)들의 욕구가 기묘하게 결합된 결과였다. 국가주의 교육의 목적은 본래 유능하고, 애국적이며, 법질서를 잘 지키는 신민을 길러내어 부국강병을 이루고자 하는 것이며, 이것이 또한 신민들의 복리를 증진시키는 면도 있었다. 이러한 국가주의 교육은 현대사회에도 이어져서 국가가 모든 교육정책을 결정하고 국가에서 통제하는 교육제도를 통해 이루어지는 교육에 충실히 따르는 것이 당연시 되고 있다. 대표적인 국가주의 교육체제 예가 국가주도로 진행되는 교육과정 및 국정교과서 제도이다. 일반적으로 역사, 지리, 국어교육과 시민교육이 강조된다. 그러나 현대사회에서 사람들은 국가가 개인의 행복을 책임질 수 없다는 것을 알게 되었고, 개인의 욕구와 필요에 맞는 교육을 요구하게 되었다. 이것이 국가교육제도 안에서 개인주의적 요소를 증대시켜야 한다는 요구로 나타나고 있으나, 현재까지 우리사회에서는 이러한 교육에 대한 개인적 욕구를 주로 사교육이나 대안교육에서 부분적으로 충족시키는 실정이라고 할 수 있다.

Ⅷ 20세기의 교육

1. 20세기 교육의 일반적 특색

20세기 교육의 일반적 특색으로 교육의 민주화, 교육의 기회 균등, 교육의 과학화, 아동중심주의, 과학적인 사고의 중시, 학교와 사회의 괴리 극복, 단선형학교확대, 통일학교운동(ecole unique) 등을 들 수 있다.

특히 19세기 말부터 20세기 초에 걸쳐 유럽에서 시작해서 미국을 비롯한 서구사회에서 교육개혁운동이 일어났는데, 이를 신교육운동이라고 부른다. 신교육운동은 실질적인 교육의 민주화(제도, 내용, 방법 면에서), 주입식 지식교육의 비판, 아동중심주의, 노작과 생활교육 등을 통한 전인교육을 추구하였다. 현대교육으로 넘어가는 일종의 과도기적 현상으로서의 신교육 운동의 결과 다양한 실험학교가 나타난다.

(1) 전원기숙사학교

영국의 레디(Reddie)가 설립한 애버츠호움(Abbotsholme) 학교에서 출발하여 독일의 리이츠, 비네켄, 게헤프 등이 발전시켰다. 전원기숙사학교의 일반적인 특징은 전원에 기숙사학교를 운영하여 자연친화적이며 생활중심, 활동중심의 교육을 추구한다는 데에 있다. 학교는 커다란 가정이며 사랑에 의한 훈육을 제공하는 곳이다. 오전에는 교과수업을 하고 오후에는 다양한 활동을 함으로써 모든 능력을 조화롭게 발달시켜 사회의 이상적인 구성원으로 키우고자 하였다.

(2) 케르셴슈타이너(Georg Kerschensteiner)의 노작학교(작업학교: Arbeitsschule)

노작학교는 19세기의 서적중심의 주지주의적 학습학교(Lernschule)에 대해 비판하면서 페스탈로치의 노작(작업)교육 사상을 발전적으로 계승할 목적으로 설립되었다. 노작(Arbeit)이란 대상(자연사물, 문화재 등)들이 지니고 있는 법칙들과 가치들에 대한 헌신을 의미하며, 이러한 헌신을 통하여 인간자체가 도야된다는 것이 노작교육의 이념이다(대상들이 지니고 있는 법칙들과 가치들이 인간존재의 형성에 영향을 미친다). 노작을 통하여 인간은 객관적이고 공정한 정신, 근면, 철저성, 주의력, 확신, 인내, 정직, 극기, 그리고 공동체를 위한 헌신 등을 익히게 된다. 요컨대, 노작을 통해 인간은 순수한 객관적 태도를 획득하며, 이것은 인간적 덕성(도덕성)의 형성으로 연결된다는 것이다. 이처럼 노작교육의 목표는 직업적, 사회적으로 유능하고 도덕적인 인간(윤리적인 직업인)을 육성하는 것이다. 노작학교의 교육적 의미는 오늘날 학교교육에서 분리되기 쉬운 인격교육, 공민교육, 직업교육 또는 주체적 자아의식, 시민적 책임의식, 기능적 직업의식의 교육을 수공(手工)적 노작을 통해 통일하려고 한 데에 있으며, 이러한 케르셴슈타이너의 노작교육의 이념은 현대 독일의 직업학교 이념으로 수용되어, 케르셴슈타이너는 직업학교(Berufsschule)의 아버지로 불리게 되었다.

(3) 예술교육운동

18세기말 프랑스시민혁명의 성공으로 19세기에는 시민사회가 발달함에 따라, 이전에는 귀족과 사제들의 전유물이었던 예술이 시민사회에 널리 보급되어 향유되기에 이르렀다. 이러한 추세는 교육에도 영향을 미치게 되어 예술교육을 통한 인간성의 계발을 주장하는 예술교육론자들이 등장하게 되었다. 이들은 아동의 미적－예술적인 능력을 계발하여 자유롭고 기쁨에 넘치며, 생동감 있는 인간, 창조적인 인간으로 길러야 한다고 주장하였다. 아동은 타고난 예술가이며, 예술적인 창작을 하면서 정신적으로도 가장 잘 발달된다는 것이다. 이러한 예술교육운동은 초기에는 조형미술과 회화를 중시하다가, 점차로 음악, 체육, 무용, 연극 등을 통하여 자연스럽고 조화로운 인간의 발달을 추구하는 포괄적인 예술교육운동으로 발전하였으며, 당시의 교육개혁운동과 학교교육과정에 영향을 미쳐서, 이때부터 예술 관련 과목들이 정규과목으로 채택되기 시작하였다.

2. 아동중심교육운동

(1) 듀이

교육철학 "실용주의 교육철학" 참조.

(2) 마리아 몬테소리

가. 개요: 이탈리아의 정신과 의사였던 몬테소리는 정신지체아동을 위한 교육방법과 교육자료를 개발하였는데, 이를 발전시켜 정상아동에게도 적용할 수 있는 교육방법과 교육자료를 개발하게 되었다. 몬테소리에 따르면 아동은 무한 잠재력이 있는 개별적 생명체이므로 집단교육보다는 개별 아동에 적합한 개별교육을 해야 한다고 주장하였다.

나. 아동교육의 원리: 몬테소리에 따르면 어린이는 발달을 촉진시키는 몇 가지 형태의 민감기를 가지고 있으며 이것은 지적인 흡수력으로 나타난다고 한다. 모든 생물의 유소기(幼少期)때 그 생물에게 고유한 능력을 기르기 위해 환경 중에서 특별한 요소에 대해 특별히 예민한 감수성이 일정한 기간 동안 나타나는데, 이 시기가 지나면 사라져 버리며, 그 후 또 다른 종류의 민감기가 나타난다고 주장하였다. 몬테소리가 말한 민감기는 감각에 대한, 언어에 대한, 질서에 대한 민감기 등이 있다. 아동의 민감기에 맞는(흥미와 일치하는) 최적의 활동(교육내용)을 제공할 경우, 아동은 이에 완전히 집중하는 현상을 보이는데 이를 '집중화의 원리'라고 하였다. 또한 최적의 시기에 최적의 환경(교육내용)이 제공되면 아동의 자발적 활동이 가장 잘 촉진되며, 이때에 어린이는 자유롭게 활동하면서도 정신적인 조화, 안정상태에 있게 되므로 이를 '정상화의 원리'라고 불렀으며, 이러한 상태가 아동의 유덕한 성격을 형성시킨다고 주장하였다.

다. 몬테소리교구: 어린이에게 가장 어울리는 교육은 감각적 교육이라고 보았으며, 이에 따라 어린이 교육을 위한 감각자료를 개발하였는데, 이를 몬테소리교구라고 부른다. 몬테소리교구는 읽기, 쓰기, 셈하기를 익힐 수 있는 교구, 실제생활과 비슷한 일들을 직접 실행해볼 수 있는 교구, 문화내용을 습득할 수 있는 교구 등으로 단계적으로 구성되어 있다.

라. 비판점: 몬테소리는 교사가 교육활동을 전면에서 주도하는 자가 아니라 관찰자, 조력자이며, 아동의 자적 활동의 촉진자가 되어야 한다고 보았는데, 이를 통해 교사의 역할을 지나치게 축소시켰다는 비판을 받기도 하였다.

서양교육사 논술예제 ❹ 니일이 세운 서머힐과 슈타이너가 세운 발도르프학교는 20세기 초반에 신교육운동의 흐름을 타고 세워진 신 개념의 학교로서, 오늘날까지도 대안학교의 모델로써 관심을 끌고 있다. 두 학교의 설립이념과 교육방법, 문제점 등을 비교, 논술하고 현대교육적 의의를 논하시오.

(3) 니일(A. S. Neill)

가. 개요: 니일의 서머힐과 슈타이너의 발도르프학교는 20세기 초반에 설립되어 20세기 후반에 이르기까지 지속되어, 대안교육의 대표적인 모델로 관심을 끌어왔다. 그러나 현재 시점에서 볼 때, 서머힐은 1세기 가까운 세월의 경과에도 불구하고 설립초기와 별반 다름없는 학교규모를 유지하고 있는 반면, 발도르프학교는 독일 국내에만 500개교 이상, 해외에도 500개교 이상이 있어서 승승장구하는 양상을 보이고 있다. 이렇게 두 학교 사이에 명암이 엇갈리는 이유는 요컨대 서머힐은 인간교육은 잘 시키지만 사회적 성공의 면에서는 별로 매력적인 결과를 보여주지 못하는 반면, 발도르프학교는 양쪽에 모두 좋은 성과를 보여주고 있는 점에 있는 것으로 보인다.

나. 서머힐의 교육: 닐의 교육관은 아동중심주의와 거의 무제한적인 자유주의로 특징지을 수 있다. 아이에게 학업을 강요하지 않고, 자유롭게 놀이에 몰두하도록 하면 이윽고 단순한 놀이보다는 생산적인 활동에 흥미를 느끼게 되며, 이에 따라 점차로 학업에도 흥미를 느끼기 시작한다는 것이다. 따라서 학교도 아이들을 학교에 맞추는 대신에 학교를 아이에게 맞추어야 하며, 아동들이 자신만의 목표를 세우고 성취감을 맛볼 수 있게 하고, 강압적으로 부여된 평가방식으로부터 해방시켜야 한다고 주장한다. 서머힐교육의 또 하나의 특징은 매우 광범위한 학생자치활동이다(어린이자치공화국). 토요일마다 회의를 열어 일주일간의 생활에 대한 논의가 이루어지며, 이 자리에서 아동들의 공로와 과오에 대한 상과 벌이 결정되고, 학교생활의 규칙이 새로 제정되거나, 기존의 규칙이 폐지 또는 수정되기도 한다. 좌장은 아이들이 돌아가면서 맡으며, 의결을 위한 투표권은 아이들과 교사, 교장이 모두 동일하게 한 표만을 행사하도록 한다. 이러한 실험을 통하여 닐은 아이들이 스스로 제정한 규칙은 매우 잘 지킨다는 것을 입증해 보였다. 서머힐은 지식교육보다는 품성교육을 중시하며, 책임감과 창의성의 배양을 추구한다. 이를 위해 일요일 저녁마다 연극공연이 개최되는데, 아이들이 직접 극본을 쓰고 연출을 맡으며 의상, 소품, 조명 등 모두가 각각 역할을 담당함으로써 책임감과 창의성을 함양하도록 하고 있다.

다. 서머힐 교육의 한계: 서머힐 교육에 대한 가장 대표적인 비판은 이 학교가 아동에게 허용하는 거의 무제한적 자유가 현실적으로 종종 너무 큰 대가를 치르게 한다는 것이다. 이로 인하여 발달단계에 필요한 학습이 제대로 이루어지지 않아 사회에 성공적으로 적응하지 못하는 졸업생이 적지 않은 것이 이 학교의 약점으로 지적된다. 또한 너무 비싼 학비(년 1500만 원 정도)도 문제점 중의 하나로 지적된다.

(4) 슈타이너(Rudolf Steiner)의 발도르프학교(Waldorfschule)

가. 개요: 슈타이너는 크로아티아지역 출신으로 독일에서 활동한 기독교적 신비주의사상가로서, 인지학(Anthroposophie)이라는 특이한 인간관에 대한 학설을 제창하였으나 이 학설은 오늘날까지도 그 학문적 타당성을 인정받지 못하는 신비주의적 형이상학으로 취급되고 있다. 그러나 그의 인지학을 바탕으로 세운 발도르프학교는 독일사회 안팎의 커다란 호응을 불러일으켰다.

나. 발도르프학교의 교육원리

① 전인성: 교육활동을 통하여 아동이 지니고 있는 육체와 영혼, 정신을 하나로 통일시킴으로써 전

인적 인간이 되어갈 수 있도록 해야 한다고 본다. 교육이란 단순히 하나의 지식이나 기술을 습득시키는 육체적 활동뿐만 아니라 정신적인 깨우침에 도달하도록 하여, 이러한 정신적 통찰을 최고원리로 하여 모든 다른 학습내용을 통합, 통일할 수 있어야 한다는 것이다.

② 통합성: 교육은 또한 아동이 일방적으로 외부세계에 대한 지식을 획득하는 과정이 아니라 우주의 본질 및 인간의 정신을 하나로 일치시켜가는 것이라고 본다. 따라서 아동으로 하여금 무엇인가를 배우고, 만져보고, 느끼는 가운데 세계와의 교감에 도달하도록 하는 것이 중요하다는 것이다.

③ 생활성: 교육활동을 통하여 삶의 구체적 모습들을 체험함으로써 삶에 대한 이해와 미래의 비전을 지니게 해야 한다.

④ 예술성: 예술은 영혼의 가장 심오한 표현이라고 보며 따라서 예술교육은 인간교육의 핵심을 이룬다고 본다. 특히 초등학교 시기는 감정이 발달하는 시기이므로, 음악과 미술의 다양한 활동을 통해서 아동들의 감성을 발전시키고 순화하여 이성의 단계로 나아가게 해야 한다.

다. 학교운영의 특징

① 발도르프학교는 보통 8년제로 운영하는데, 대부분의 아동들은 입학시에 만난 담임교사와 8년간 함께 생활한다. 이를 통하여 교사는 학생 개개인을 상세히 이해하게 되며, 교사와 학생 간의 신뢰가 구축됨으로써, 교사는 부모의 역할을 일정부분 수행하게 된다. 이러한 제도는 아동의 심리적 안정과 성격의 형성에 많은 도움이 된다는 것이 입증되고 있다.

② 이 학교는 유급이 없으며, 시험과 성적표도 없다. 왜냐하면 인간을 수치로 평가하는 것은 불합리하다고 보기 때문이다. 이에 따라 성적표 대신 발달기록부만 남긴다.

③ 발도르프학교는 또한 획일적인 교과서를 사용하지 않으며, 교사는 다양한 학습의 소재를 이용하여 개방적 수업을 이끌어가며 학생들은 한 학기 동안의 수업을 하면서 자신의 고유한 노트를 만들어간다.

④ 이 학교 교수방법의 중요한 특징을 보여주는 주기집중수업(Epoche수업)은 언어, 예체능과목을 제외한 주요 이론과목을 매일 집중적으로 3-5주간 수업하는 방식이다. 그런데 주기집중수업의 전반기에는 노래, 율동, 그림, 공작 등 다양한 활동을 병행하면서 동기 부여에 중점을 두며, 후반기로 가면서 점차 이론적 수업으로 이행된다. 그런데 전반기에 과목에 대한 이해와 흥미를 갖게 되므로 후반기수업에도 대부분의 학생들은 수업에 잘 집중한다.

⑤ 이 학교의 또 하나의 성공요인은 조기 외국어 교육이다. 그런데 이것은 실용적 필요 때문이 아니라 언어가 영혼과 깊은 관계가 있다고 보는 슈타이너의 사상에 기인한다. 괴테는 "모국어만 사용하는 사람은 외눈박이"라고 한 바 있다. 각각의 언어는 저마다 다른 세계관을 담고 있다. 따라서 다른 외국어를 배운다는 것은 세계를 다른 관점에서 바라볼 수 있는 능력을 얻는 것이 된다. 이를 통하여 창의성과 폭넓은 시야를 갖춘 보편인이 될 수 있다고 본 것이다.

▶ 주요개념 및 용어

1. 원시 및 고대의 교육

- 원시: 실용교육(삶의 지속·안정), 종교교육(토템, 종교의식, 성년식), '학교'의 어원(Scholē –'한가, 여가')
- 그리스: 아테네–지·덕·체의 조화(전인교육/사교육), 스파르타–군국주의적 국가교육, 소피스트(상대적 진리관), 소크라테스(절대적 진리관, 지덕일치, 문답법, 대화법, 산파술), 플라톤(이상주의, 관념론, 이데아, 철인정치), 아리스토텔레스(실재론, 현실주의, 행복론, 중용)
- 로마: 실용인 양성(웅변인), 초기–생활교육, 제정–학교교육, 루두스(초등: 3R's, 12동판법), 문법학교(중등: 라틴어, 고대 그리스어중등), 수사학교(고등: 7자유학과: 문법, 수사, 변증/논리, 산술, 기하, 천문, 음악), 시세로(인문주의의 선구자/그리스고전의 라틴어 번안/웅변가 양성), 퀸틸리아누스(로마시대 수사학교육의 대표자)

2. 중세의 교육

- 전기: 기독교적 세계관 구축/교회지도자 양성/초세속주의/원죄설에 입각, 엄한 훈육/교회학교–문답학교, 고급문답학교, 사원학교/수도원학교–수도사 및 귀족자제 교육/기초과정+고급과정(7자유학과)/기사교육–군사덕목, 7기예, 세속교육, 신사교육의 지표
- 후기: 세속교육의 점진적 확대/대학 및 시민교육의 발생/중세대학(치외법권적 특권)= 교양학부+전문학부로 구성/시민교육(조합학교, 모국어학교), 도제교육(apprenticeship system)

3. 인문주의 교육

- 르네상스(인문주의): 자유교양교육, 고전중심교육, 시세로주의(인문주의 교육에 대한 비판), 비토리노, 에라스무스(인문주의와 성서주의의 조화/이성·자유 + 신앙)

4. 종교개혁과 교육

- 종교적 주체로서의 인간의 재발견/만인제사장설/보통교육, 여성교육, 로욜라(예수회)
- 루터(교육의 국가책임론=공교육사상, 아동 취학 의무화=의무교육), 멜란히톤(삭소니 학교안, 중등교육 중심의 개혁)

5. 17세기 실학주의 교육

- 과학과 지식혁명의 시대, 실생활에 유능한 인물 양성, 실용성과 실제성 중시, 사물교수(언어이전에 사물), 모국어 강조, 직관교수
- 코메니우스(감각적 실학주의/보통교육사상/대교수학, 세계도회)
- 교육령(1642): 고타, 매사추세츠–의무교육

6. 18세기 계몽주의와 자연주의 교육

- 계몽주의(Enlightment): 자연주의/합리주의/(특권층으로부터의)인간해방/계몽된 시민의 양성
- 루소의 자연주의(자연인, 소극적 교육)
- 범애학파: 바제도와 잘츠만
- 국가교육체제(라 샬롯테, 아담스미스, 콩도르세의 공교육조직 계획안)

7. 19세기 신인문주의(Neo–Humanism) 교육

- 계몽주의(이성)와 낭만주의(감성)의 조화/도야주의
- 페스탈로치: 평등적 인간관에 따른 민중교육/삼육론(3H: Head·Heart·Hand)/직관교육/합자연의 교육원리/노작교육사상의 선구
- 헤르바르트: 교육의 목적은 실천철학(윤리학)에서, 교육방법은 심리학에서 도출/견고한 도덕적 품성의 도야/관리·교수·훈련/다면적 흥미/교수단계설/교육적 수업/교육적 감각
- 프뢰벨: 유치원운동의 창시자/통일의 원리, 자기활동의 원리, 놀이·노작의 원리/만유재신론/은물

- 스펜서: 실용주의, 과학적 실리주의, 교육= 완전한 생활을 위한 준비, 직접적 자기 보존·간접적 자기 보존·자손 양육 및 훈육·사회정치적 관계 유지·생활의 여가 이용과 취미 및 감정의 만족
- 피히테: 문화적 국가주의, 지육은 덕육의 수단
- 공교육의 확립: 19세기 중엽/교육기회균등·공공성·대중화·세속화/의무교육/국가주의

8. 20세기의 교육

- 신교육운동(개혁교육운동): 교육의 민주화/아동중심주의/개인주의/대안교육의 모델이 됨. 실험학교(듀이, 몬테소리, 리츠, 케르센슈타이너, 슈타이너, 니일)/듀이와 진보주의

주관식 기출 및 예상문제

문제 1 유럽교육의 핵심적인 전통 중의 하나인 인문주의교육관은 르네상스시대 인문주의교육(14~15세기)과 19세기 신인문주의교육에서 전형적으로 나타났다. 르네상스 인문주의와 19세기 신인문주의가 발생하게 된 시대적 배경과 교육관의 개요를 서술하고, 그 의의를 현대적 관점에서 논해보시오.

모범답안

1. 서론

서양 중세시대(476~1453)는 기독교적 세계관을 확립한 시기로서 중세교회는 사회 전반에 절대적인 권위와 영향력을 지니게 되었으며, 세속적인 영역까지 지배하게 되었다. 중세후반 교회의 세력이 약화되면서 14세기 중엽 무렵부터 신중심, 교회중심의 기존사회로부터 인간중심의 사회로 복귀하고자 하는 움직임이 일어났는데, 이를 르네상스운동이라고 한다. 르네상스 인문주의자들은 고대그리스와 로마의 고전 속에서 참다운 인간을 재발견하고자 노력한 결과 이성과 감성이 조화된, 현세적 삶을 긍정하고 향유하는 인간상을 형성시켰다.

계몽주의운동으로 특징지어지는 18세기가 지나가고, 19세기 전반에는 계몽주의의 주지주의적 경향이 감성을 억압한다고 비판하면서 감성과 감각의 권리를 주장하는 낭만주의가 유럽사회의 문화계를 지배하였다. 이러한 낭만주의시대에 독일의 교육계에 등장한 신인문주의는 괴테와 쉴러로 대표되는 문예사조인 고전주의의 영향을 강하게 받아 계몽주의와 낭만주의의 통합, 이성과 감성의 조화를 주장하였다. 또한 고대 그리스와 로마의 문화 속에서 인간성을 재발견하고, 이러한 인간성을 교육을 통해 실현하고자 하였으므로 르네상스시대의 인문주의교육을 계승하였다고 볼 수 있다.

2. 르네상스시대와 신인문주의시대의 인문주의적 교육

① 르네상스시대: 르네상스시대의 교육은 요컨대 자유교양교육으로 특징지을 수 있다. 자유교육이란 생존을 위한 실용교육, 직업교육에서 벗어나 인간이 인간답게 살기위해 기본적으로 익혀야 한다고 여겨지는 내용에 대한 교육을 말하며, 로마시대 이래 7자유교과를 가르치던 전통에서 유래한다. 교양은 다양한 인문적 소양을 익히고 이를 조화롭게 내면화한 상태를 말하는 것으로 다분히 귀족주의적 색채를 지니고 있다고 할 수 있다. 실제로 르네상스운동은 귀족계층에 한정되어 있었으며, 서민들의 삶에는 별다른 영향을 미치지 못하였다. 귀족주의적인 르네상스교육은 주로 그리스인들이 추구했던 지·덕·체의 조화, 이를 통한 고귀하고 다면적(多面的)인 인간성의 실현을 추구하였다. 이를 위하여 고전교육과 고전어교육이 주로 이루어졌는데, 그리스어 보다는 라틴어교육이 주로 이루어져서 이시기에 라틴어학교가 대표적인 교육기관이 되었다. 그리스 고전이 특히 중시되었음에도 불구하고 라틴어교육이 주류를 이룬 이유는 로마시대에 시세로, 세네카 등의 고전학자들이 그리스문헌을 라틴어로 번안한 라틴어텍스트들이 있어서 이를 통해 손쉽게 그리스고전에 접근할 수 있는 길이 열려있었기 때문이었다. 그러나 르네상스 말기에 들어서면서 라틴어교육의 폐단이 나타났다.

본래 인문주의자들이 고전어교육을 강조한 까닭은 고전 속에서 인간미 넘치는 삶의 모습을 재발견하여 이를 실제 삶에서 실현하고자 한 것이며, 이것이 인문주의정신이었다. 그러나 라틴어학교가 엘리트계층이 거쳐야 할 필수코스로 자리 잡게 되자 인문주의정신은 퇴색되어가고 형식적이고 무미건조한 라틴어학습이 주조를 이루게 되었다. 특히 시세로의 라틴어텍스트만 편식하는 현상이 나타나, 이를 비판하는 시세로주의라는 말이 생기기도 하였다.

② 신인문주의시대: 신인문주의자들은 이성의 계발에만 치중한 계몽주의 교육을 메마른 주지주의로서 기능적 인간만을 양성한다고 비판하였으며, 진정한 교육은 개개인의 다양한 소양들을 균형 있고 풍부하게 계발하면서, 동시에 내적으로 통일된 인격을 도야하도록 해야 한다고 주장하였다. 도야(Bildung)란 요컨대 내면성, 또는 내면적 인격의 형성을 의미하는 것으로 신인문주의교육관의 핵심 개념이 되었다. 이것은 교육이 단순히 지식이나 기술 등을 전달하는 것으로 그쳐서는 안 되며, 무엇보다도 학생의 내면이 다면적(多面的)이고 조화롭게 형성되도록 도와주는 활동이어야 한다는 것을 의미한다. 이를 위해 고전과 역사, 문학, 예술 등 다양한 인문적 소양교육이 이루어져야 하며, 이를 통해 정신이 폭넓게 개방되어 누구와도 의사소통할 수 있는 교양인이 된다는 것으로서 르네상스 인문주의자들이 주장하던 '교양(kultura animi)'의 개념을 계승한 것이다. 이러한 다면적 도야의 이상은 "누구나 모든 사람이 모든 분야의 애호가이어야 하며, 한 분야의 전문가이어야 한다"라는 헤르바르트의 언급에 잘 나타나 있다. 신인문주의자들은 이러한 다면적 도야의 전형을 고대 그리스 교육에서 찾을 수 있다고 생각하였으므로 그리스 문화에 대한 애호가 르네상스 인문주의보다 더 커졌고, 이에 따라 고대 그리스고전교육이 르네상스시대보다 더욱 중시되었다. 교육에 있어서 내면성의 형성을 중시하는 신인문주의 교육관은 인간교육의 강조로 나타났고 이를 '일반도야의 원리'라고 부른다. 그러나 신인문주의는 인간교육을 강조한 나머지 상대적으로 직업교육을 등한시 한다는 비판을 받기도 하였다. 또한 고전문헌과 예술에 대한 소양을 강조하는 인문적 교양을 목표로 함으로써 모국어경시풍조와 교양인－비교양인이라는 새로운 계층개념을 낳았다.

3. 인문주의 교육에 대한 논의 및 결론

르네상스인문주의와 신인문주의(neo－humanism)는 이상적인 인간의 형성에 초점을 둔다는 점과, 인간다움(humanity)의 원형을 그리스, 로마의 고전에서 구한다는 점에서 공통적이다. 교육과정도 7자유학과와 고전을 중심으로 한다는 점에서 유사성이 있다. 인간성의 함양을 위해 고전과 인문학 및 예술에 대한 교육이 중시되어야 한다는 입장이 현대사회에서도 반복적으로 제기되고 있고, 이러한 입장이 유럽과 미주지역의 중등 및 고등교육기관의 교육과정에 반영되고 있는 것을 볼 때, 인문주의적 교육관은 아직 유효하다고 볼 수 있다. 그러나 과거에 인문주의적 교육이 생존의 문제로부터 비교적 자유로운 귀족계층이나 프랑스혁명이후 새로운 사회적 지도층으로 떠오른 유산 시민계층을 위한 교육으로 각광을 받았던 사실을 돌이켜 볼 때, "다양한 소양을 익힘으로써 정신이 폭넓게 개방된 교양인"을 양성하고자 하는 인문주의교육관을 오늘날 대중교육시대에 보편화될 수 있는 교육모델로 보기는 어려울 것이다. 오히려 생존을 위한 실용교육, 직업교육이 절실하게 요구되고 있고, 특히 전문가의 양성을 요구하는 현대사회의 추세를 볼 때, 인문주의교육관은 설 땅이 많지 않아 보인다. 그럼에도 불구하고 교육은 humanity를 지키고 증진하는 중요한 보루 중의 하나로 남아있어야 하며, 직업적－사회적 성공만을 목표로 해서는 안 된다는 데에 우리가 동의한다면, 현대사회에 적합한 인문주의교육의 모델은 무엇인가에 대한 고민은 계속되어야 할 것이다.

문제 2 오늘날 우리사회에 확립되어 있는 공교육체제는 본래 16세기 종교개혁기에 처음으로 주장되었고, 17세기 중엽에 법제화되면서 실질적으로 보급되기 시작하였다. 유럽에서 공교육체제는 국가가 지원하고 통제하는 국가주의교육체제로 출발하였으며, 이러한 국가주의교육체제는 현대교육에까지 지속되고 있다. (1) 공교육체제가 국가주의와 결합하게 된 배경을 서술하고, (2) 국가주의교육의 현대적 의의 및 문제점, (3) 해결방안에 대하여 논하시오.

모범답안

1. 국가주의적 공교육체제의 성립배경

공교육체제란 국가(또는 공공단체)가 국민에 대한 교육을 지원(교육비의 국가부담)하고 통제하는 교육제도를 의미한다. 공교육의 구상은 16세기 종교개혁기에 싹텄으나 실질적으로 시작된 것은 고타 교육령(1642)을 필두로 한 의무교육법령이 반포되면서 부터였다. 이때부터 교육을 관장하는 기관이 교회로부터 국가로 점차 이양되는 과정을 밟았으며, 19세기 중엽에 이르러 공교육체제가 확립되었다(독일은 19세기 초반). 공교육 제도의 실현은 신민(臣民)에 대한 기초교육을 통하여 유능한 생산인력과 군사인력을 확보함으로써 부국강병을 이루고자 했던 왕과 영주들의 의도와, 배움을 통하여 인간답게 살고자 하는 신민들의 욕구가 결합된 결과라고 할 수 있다. 요컨대 국가주의 교육의 목적은 유능하고, 애국적이며, 법질서를 잘 지키는 신민을 길러내어 부국강병을 이루고자 하는 것이며, 이것이 또한 신민들의 복리를 증진시키는 면도 있었다.

2. 현대 한국사회에서의 국가주의 교육체제의 의미와 문제점

국가교육체제는 기본적으로 국민을 국가의 한 부분으로 보고 국가의 공동목표를 실현하기 위한 수단으로 이용하는 교육체제이므로 개인은 국가의 제도와 목적에 부합되는 한에서만 의미를 가지게 된다. 이러한 국가주의 교육은 현대사회에도 이어져서 국가가 모든 교육정책을 결정하고 국가에서 통제하는 교육제도를 통해 이루어지는 교육에 충실히 따르는 것이 당연시 되고 있다. 대표적인 국가주의 교육체제의 예가 국가주도로 진행되는 교육과정 및 국정교과서 제도이다. 일반적으로 역사, 지리, 국어교육과 시민교육이 강조된다. 그러나 현대사회에서 사람들은 국가가 개인의 행복을 책임질 수 없다는 것을 알게 되었으며, 이에 따라서 교육에 있어서도 국가가 계획하고 통제하는 교육보다는 개인의 욕구와 필요에 맞는 교육을 요구하게 되었다. 이것이 국가교육제도 안에서 개인주의적 요소를 증대시켜야 한다는 요구로 나타나고 있다. 그러나 국가주의는 국가교육제도와 여전히 견고하게 결합되어 있어서, 공교육기관인 학교는 교육수요자들의 개별적인 필요나 욕구를 거의 고려함이 없이 국가주도의 교육과정에 따라 교육을 수행하고 있다. 교육수요자들(학부모, 학생)은 입시제도나 취업 등에서 불이익을 받지 않기 위해 어쩔 수 없이 학교교육을 수용하고 있으며, 교육에 대한 개인적 욕구는 주로 사교육이나 대안교육 등을 통하여 부분적으로만 충족시키고 있는 것이 현재의 실정이라고 할 수 있다.

3. 해결방안

국가주의적 공교육체제는 보편성과 획일성을 중시하는 근대 산업화시대의 산물이라고 할 수 있으므로, 21세기 정보화, 다원화 시대, 차이와 다양성, 개성을 중시하는 포스트모던 시대에는 더 이상 적합하지 않은 요소들을 적지 않게 지니고 있다. 이에 따라 학교제도도 오늘날의 시대흐름에 맞도록 과감하게 탈바꿈을 해야 한다. 공교육이 국가가 제공하는 교육이라고 하더라도 교육수요자 중심으로 완전히 바뀌어야 한다. 학생 개개인이 자신의 소질과 흥미에 따라 자신의 삶을 발전시켜나갈 수 있도록 학교제도와 교육과정을 최대한 다양화, 개별화하여, 학생들 자신이 원하는 삶을 살 수 있도록 안내해주는 것을 학교교육의 목표로 재설정해야 한다. 한번 확립된 제도는 관행적으로 답습되므로 바꾸기 어렵다. 그러나 교육선진국들에는 이미 오래전부터 교육에 대한 다양한 실험들이 이루어져왔으며, 이에 근거하여 교육에 대한 근본적인 혁신을 꾀하고 있다. 이러한 교육혁명은 세계 곳곳에서 현재진행형이다. 우리나라가 이러한 교육혁신의 대열에서 뒤쳐진다면 미래가 밝지 못할 것이다.

04 교육철학

▶ 교육학 논술 길라잡이

✓ 교육철학공부는 교육에 대한 전형적인 사고유형들을 이해하고 숙지하는 것이 핵심이다.

✓ 현대 교육의 측면에서 볼 때 여전히 중요성을 지닌 사고유형들을 중심으로 집중적으로 학습하고, 이를 한국교육의 대표적인 이슈들에 적용해 본다. 이때 다른 교육학과목 내용들과의 연관성도 연구한다.

▶ 한 눈에 보는 핵심요점

중점 주제	개요 및 학습주안점	세부학습 포인트	다른 교육학 이론과의 연관성
1. 루소의 자연주의 교육관	루소는 근대교육사상 자체라고 할 수 있는 사람이다. 개인의 천성(=자연성)을 보존, 발달시키는 것이 무엇보다도 중요하며(자연인 교육), 이를 바탕으로 2차적으로 사회생활능력을 키우는 것(시민교육)이 행복한 삶을 위한 길이라고 보는 전형적인 개인주의교육관을 제시하여 현대교육에 커다란 영향을 주고 있다.	자연의 개념, 소극적 교육, 자연인과 시민, 도시에 사는 미개인	로저스의 인간중심 상담이론, 매슬로의 인본주의 심리학
2. 듀이의 실용주의 교육관	듀이는 교육이 현대의 민주화된 산업사회에서 개인과 사회에게 닥쳐오는 다양한 문제들을 성공적으로 해결할 수 있는 능력을 길러주어야 한다고 보는 실용주의교육관을 수립하여 현대교육에 지속적인 영향을 주고 있는 사람이다.	문제해결, 도구주의, 경험의 재구성, 반성적 사고	구성주의학습이론 (문제해결)
3. 실존주의 교육관	19세기 말부터 태동한 실존주의철학은 거대화된 현대산업사회가 개인들을 왜소화, 익명화, 몰주체화 시키고 있음을 고발하고 본래적이 참다운 자아, 즉 '실존'을 회복하고자 한다. 실존주의는 특히 존재의 불안을 주제화시키고 주체적 결단을 중시한다는 점에서 현대사회에서도 많은 관심을 끄는 철학담론이다.	실존의 개념, 자유·선택·책임, 비연속적 교육, 대화와 만남	구조주의와 대립
4. 분석철학	현상학과 함께 20세기 철학의 양대산맥을 이룬 분석철학은 철학언어(개념, 명제)의 분석을 통한 의미명료화에 주력하였다. 이를 통해 교육용어들도 분석하여 개념적 혼란을 정리함으로써 교육학의 전문화, 체계화에 기여하였으나, 실증주의적 경향을 띰으로써 형이상학 명제나 가치명제를 등한시하는 문제점을 드러냈다.	검증의 원리, 철학언어의 의미 명료화	신실증주의

5. 현상학	현상학은 우리 의식에 반영된 세계인 '(의식)현상'을 분석하여 그 본질구조를 밝히고자 노력하였으며, 이를 통하여 인간의 의식과 지식에 대한 새로운 시야를 개척하여 철학뿐만 아니라 사회학, 문학, 예술 등 다방면에 커다란 영향을 미쳤다. 교육학에 있어서는 질적 연구, 신교육사회학 및 구성주의 등에 인식론적 토대를 제공하였다.	현상학적 환원, 지향성, 생활세계, 인지적 지식과 다른 차원의 지식(지각 perception 등), 지식의 체험적, 주체적 의미, 교육 현상의 미시적 분석	질적 연구방법, 구성주의, 신교육사회학, Eisner, Pinar 등의 재개념주의(교육과정)
6. 해석학	해석학은 모든 지식의 생산, 전달, 소비의 과정을 해석적 과정으로 봄으로써, 현상학과 함께 인식론에 새로운 변화를 가져왔을 뿐만 아니라, 교수-학습관에도 영향을 미치고 있다.	해석의 역사성, 해석적 교수-학습관	질적 연구방법, 구성주의, 신교육사회학, Eisner, Pinar 등의 재개념주의(교육과정)
7. 비판이론	20세기 중반이후 크게 발달한 비판이론은 칼 막스의 이론에 근거하므로 신좌파이론, 네오막시즘이라고도 불린다. 현대사회에서 심화되어가는 경제적, 사회적 불평등을 해결하기 위해서 자유주의, 개인주의, 자본주의는 극복되어야 할 이데올로기라고 주장하는 비판이론은 현대사회의 불평등심화현상을 우려하는 많은 사람들에게 여전히 호소력을 지니고 있다.	평등이념, 이데올로기 비판	갈등이론, 재생산이론(교육사회학)
8. 포스트 모더니즘	포스트모더니즘은 후기산업사회(20세기 후반 이후)의 대표적 담론이라고 간주되며, 따라서 교육을 위해서도 중요성이 크다. 개성과 다양성, 창의성이 중시되는 오늘날 우리시대의 요구를 교육에 어떻게 담을 것인지에 대하여 포스트모더니즘이 주는 시사점에 관심을 가지고 학습하는 것이 중요하며, 이 철학이 갖는 약점이 무엇인지도 파악할 필요가 있다.	해체, 작은 이야기, 지식의 융합, 차이와 다양성, 상대적 가치의 강조	구성주의 수업관, 협동학습

I 교육철학의 개념과 기초

1. 교육철학의 개념

소크라테스는 인간의 영혼 속에는 선천적으로 진리(진실)에 대한 사랑/동경, 즉 필로소피아가 속해 있다고 하였다. 즉 진리(진실)을 추구하는 활동이 철학이라고 정의를 한 셈이다. 현대적인 의미에서 철학이란 논리적, 개념적 사고를 통하여 진리(특히 궁극적인 진리)를 추구하는 활동이라고 할 수 있다. 철학은 우리 눈에 보이는 현상에만 관심을 갖지 않고, 현상의 근거(원인)를 밝히는 데에도 관심을 갖는다. 근거를 가지고 현상을 이해하려는 태도라고도 할 수 있다. 다른 학문들도 이와 비슷한 시도를 하지만, 대체로 실증적인(경험적으로 검증 가능한) 범위에 머무른다. 철학은 현상에 대한 보다 근원적인 근거를 추구하며, 이러한 추구는 종종 경험의 범위를 넘어선다. 여기에 철학적 사고의 독자성이 있다. 이에 따라 교육철학이란 교육현상들(특히 교육문제들)의 원인, 근거들을 통찰하고자 노력하면서, 이러한 근거들에 따라 교육현상들을 해석하고자 시도하는 학문이라고 정의될 수 있다. 교육철학의 연구가 교육실천가에게 주는 가장 직접적인 효용은 교육에 대한 주체적인 안목의 형성을 도와주며, 또한 이러한 교육적 안목을 정당화시킬 수 있는 논리를 개발하는 데에 도움을 준다는 데에 있다.

2. 교육철학의 기능과 방법

기능	내용
분석적 기능	교육에서 사용되는 개념, 논의, 주장들의 의미를 명백히 하고, 구체적으로 분석하는 기능, 분석철학(언어와 논리)
평가적 기능	이론이나 주장, 명제, 원리, 실천상황 등을 어떤 기준이나 준거에 의해 판단하는 기능을 말한다. 교육문제에서도 교육적인 타당성의 여부를 어떤 기준에 의해서 밝히는 일이다. 예 EBS수능은 교육적 타당성을 지니지 못한다.
사변(⇔경험)적 기능	교육에서의 이론적·실천적 문제를 해결하기 위해서 새로운 가설, 생각, 제언을 성립시키고 제시하는 행위를 뜻한다.
종합적·통합적 기능	하나의 현상이나 과정(부분)을 사고 가능한 전체로 소급하여 이해하고, 이해된 전체의 과점에서 부분들을 포괄적, 종합적으로 이해하는 기능(나무를 보고, 그 나무가 속해있는 산으로 소급하여 산의 관점에서 나무를 보면 나무에 대한 이해가 넓어짐)

1. 이상주의(Idealism)와 교육

(1) 이론적 배경 및 철학적 특징

이상주의의 기원은 소크라테스, 플라톤으로부터 찾을 수 있으며, 18~19세기의 칸트(I. Kant), 피히테(J. G. Fichte), 헤겔(Hegel), 셸링(Schelling)에 이르기까지 서구 전통철학의 중심적인 역할을 담당하였다. 이상주의(idealism)는 관념론이라고도 불리며, idea(관념, 이념), ideal(이상) + ism(주의)이다. '이념'이란 "경험 속에는 존재하지 않는 어떤 완전함에 대한 개념", 또는 "어떤 사물이나 사태의 완전한 원형, 최고의 원칙을 나타내는 말로 이해되는데, 경험을 벗어나 있으므로 형이상학적 개념이된다. 전통철학에 있어서 주요이념들은 만물의 근원으로서의 '제일자(第一者)', '영혼', '정의', '자유', '평등' 등이었다. 경험세계 속에 산술적 평등이 있는 것으로 보이지만(음식을 같은 양으로 나눌 수있다), 실질적으로 완전한 평등은 없다(사람마다 식성과 식사량이 다르다). 이념으로서의 평등은 완전한 평등을 의미한다. '이상'은 이념이 완전한 추상개념임에 비하여 이미지적 요소가 관계되어 있는점이 차이가 있다(예컨대 성자의 이상을 떠올리라고 하면 자신이 믿는 종교의 창시자를 떠올릴 수있을 것이다). 이러한 이념 또는 이상을 최고의 원리, 또는 궁극적 진리(실재)라고 생각하는 것이 이상주의(관념론)이다. 이에 반해 감각적 사실만이 참다운 실재라고 보는 경험주의는 관념론의 대척점에서 있다.

이상주의철학의 원조인 플라톤은 감각만으로는 참된 진리를 파악할 수 없다고 주장하였다. 왜냐하면 감각은 사물의 겉모습만 부정확하게 반영하기 때문이다. 오직 이성만이 영혼 속에 내재되어 있는이데아를 상기하면서(상기설), 이 이데아에 따라서 감각세계를 바라보므로, 감각세계의 사물들이 이데아의 불완전한 모사(模寫)임을 통찰할 수 있게 된다는 것이다. 예를 들어 우리가 경험세계에 나타나는 불완전한 둥금들(태양, 계란, 나팔꽃 등)을 보면서 자신의 영혼에 이미 내재해있는 완전한 둥금(＝원＝둥금의 이데아)을 떠올리게 되고(＝상기), 이러한 원의 관념을 가지고 경험세계를 바라보기 때문에, 불완전한 둥금들이 모두 둥금이라는 관점에서 파악이 될 수 있다는 것이다.

(2) 이상주의 교육관

따라서 이상주의자들은 보다 바람직한 개인 삶과 인간사회를 이루기 위해서는 우리의 정신 속에얼마나 완전하고 아름다우며, 참다운 이념, 이상을 가질 수 있느냐가 결정적으로 중요하다고 본다. 왜냐하면 예컨대 이상적인 건축설계도를 가지고 있어야만 근사한 건물을 지을 수 있는 것이기 때문이다. 마찬가지로 이상주의자들은 교육에 있어서도 완전하고 이상적인 교육이념, 교육목적 등을 설정하는 것을 중시한다. 또한 현상세계에 대한 인식(＝경험적 인식)과 이에 대한 추구에 머물지 않고, 삶과 세계에 대한 보다 근원적인 통찰을 통하여 이념들에 눈뜨게 하며, 이에 상응하는 이상을 마음에품고 살아가는 인간을 기르고자 한다. 이에 따라 이상주의교육사상가들은 대체로 인문교양교육을 중시한다.

(3) 이상주의 교육관에 대한 논의

이상주의는 감각적 현상보다는 관념적 이념, 이상을 중시한다는 점 때문에, 존재하는 사실보다는 허구적인 관념에만 매달린다는 비판을 받아왔다. 그러나 우리의 감각이 존재하는 모든 것을 있는 그대로 드러낼 수 없다는 점과, 이념이나 이상이 이전에는 사실세계에 존재하지 않던 무엇인가를 실현시킬 수 있다는 점 등은 이상주의의 입지가 쉽게 무너질 수 없다는 것을 보여주고 있다.

2. 실재주의(Realism)와 교육

(1) 이론적 배경 및 철학적 특징

실재주의는 이상주의가 영혼, 정신, 이성을 중시하고, 궁극적인 진리를 추상적이고 초경험적인 이념, 이상에서 구하는 것에 반대하여 객관세계의 실재로부터 진리를 구하고자 하는 입장이다. 실재주의는 객관세계가 우리의 마음과는 별도로 독립적으로 실재한다고 보며(독립성의 원리), 이러한 객관세계는 자체적인 법칙과 질서에 따라 작동되고 있으므로, 우리는 이러한 객관세계의 실재를 파악하여, 그러한 지식과 질서에 부합되는 삶을 추구해야 한다고 본다. 이상주의자, 관념론자였던 플라톤은 궁극적 실재인 이데아가 사물과는 별도로 존재한다고 보았지만 실재론자인 아리스토텔레스는 하나하나의 개별적 존재 속에 이데아가 구현되어 있다고 생각했으며, 이를 형상(form)이라고 불렀다. 모든 사물은 그 내부에 각각 고유한 형상을 지니고 있으며 이것이 발현되어 완전하게 구현되는 것이 존재의 목적을 실현하는 것이라고 보았다. 이러한 관점에 따르면 인간 존재의 목적은 이성적 존재로 완성되는 것이며, 그를 위해 교육이 필요한 것이다. 실재주의철학의 대표자는 아리스토텔레스, 토마스 아퀴나스(Thomas Aquinas) 등이며, 실재론적 교육관의 대표자는, 헤르바르트(J. F. Herbart), 코메니우스(J. A. Comenius), 허친스(R. Hutchins), 아들러(M. Adler) 등이다.

(2) 실재주의 교육관

실재주의 교육관에 따르면 교육의 주요목표는 객관세계의 법칙이나 체계(=실재의 구조)를 발견·전달·사용할 수 있도록 탐구능력을 배양하면서 이성을 발달시키는 데에 있다. 실재의 구조에 대한 지식은 우리의 삶에 대한 지침이 되며, 이를 통하여 우리는 실행가능하며, 합리적인 삶의 길을 선택할 수 있게 된다는 것이다. 이를 위해 교육과정은 객관세계에 대한 분야별 체계적 지식인 역사학, 사회학, 생물학, 심리학, 지리학 등의 학문교과로 구성되며, 교사는 이들 지식을 체계적으로 전달하는 자가 된다. 수업은 실재를 정확히 관찰하고 발견할 수 있게 훈련·경험·연습을 많이 제공해야 하며, 토론, 실험, 실물교수법 등의 다양한 방법의 사용이 권장된다.

(3) 실재주의 교육관에 대한 논의

실재주의자들은 인식주체와 독립적인 실재의 세계를 상정한다. 그러나 관찰자의 위상에 따라 실재가 달라질 수 있다는 것은 현대과학이론을 통해서도 증명되고 있다. 또한 실재론자들의 알파이자 오메

가인 '실재에 대한 지식'도 결국은 감각 자료(sense data)에 의존하는 것이므로, 인간의 정신을 감각에 의존시킨다는 비판을 피하기 어렵게 된다.

> 교육철학 논술예제 ❶ 루소의 '인간본성에 대한 관점'을 바탕으로 일선학교에서 실제 학생상담을 실시할 때 일어날 수 있는 순기능과 역기능에 대하여 논하시오.[2013 평가원발표 논술예제]

3. 자연주의(Naturalism)와 교육

(1) 이론적 배경 및 철학적 특징

자연주의란 인간의 인위적인 조치가 가해지기 이전의 자연(nature)이 인위적인 조치의 결과인 문화/문명(culture)보다 완전하고 우월하다고 보는 입장이다. 영국의 자연주의적 시인이었던 워드워즈가 "아이는 어른의 아버지"라고 한 것은, 문명사회 속에서 자연의 천성을 상실해가고 있는 어른은 자연의 천진성을 간직하고 있는 아이에게 배워야 한다는 뜻이었다. 자연주의교육의 대표자인 루소는 계몽주의의 이성만능주의적 경향을 반대하였으며, 문명화된 사회의 인위적인 제도와 관습이 인간의 자연성을 파괴하고 왜곡시킨다고 비판하였다. 특히 기독교의 원죄설에 따른 억압적인 교육을 반대하면서, 타고난 천성(=자연성)을 보존하고 발달시키는 교육이 진정한 인간교육임을 주장하였다.

(2) 대표적인 학자

루소(J. J. Rousseau: 주관적 자연주의자), 페스탈로치(J. H. Pestalozzi), 코메니우스(Comenius: 객관적 자연주의자) 등을 들 수 있다.

(3) 자연주의 교육의 특징(루소의 교육론을 중심으로)

루소에게 인간은 자연, 인간, 사물(=세 가지 교사)에 의해서 교육되는데, 이 세 가지의 교육이 조화를 이루기 위해서는 자연을 따른 교육이 이루어져야 한다. 인간이 선천적으로 가지고 태어나는 성향, 소질이 성장과정에서 사회, 문화 등의 영향으로 변질되는데, 이러한 변질 이전의 상태를 자연이라 하고, 이러한 자연에 따라 교육이 이루어져야 한다는 것이다. 이에 따라 인위적인 개입은 최소화하고, 아동의 발달단계의 특징에 따라 자연스럽게 성장하는 소극적 교육을 주장한다. 교사나 부모, 국가의 의지나 요구가 아니라 학습자의 욕구 및 흥미가 중시되어야 하며, 따라서 교육은 학습자가 자신의 욕구나 관심에 따라 자발적으로 사고하고 행동하도록 돕는 과정이다. 사회제도와 관습에 구속당하고 제약당하고 있는 인간이 문명인이라면, 자신의 고유한 성향에 따라 온전히 자기를 위해 살아가는 자기목적적인 인간이 자연인이다. 그러나 루소가 주장하는 자연인은 '도시에 사는 미개인'(문명사회 속에서 살아가는 자연인)이다. 즉, 자신이 살아갈 사회와 문화에 잘 적응하고 있으면서도 자신의 본성(고유한 성향)을 보존하고 있는 자연인(=고상한 야인[noble savage]), 즉 행복한 인간을 기르는 것이 그의 교육목적이다. 왜냐하면 자신의 고유한 천성(=본래적 자아)에 따라 사는 사람만이 참으로 행복할 수 있기 때문이다. 따라서 교육은 아동들이 자신의 천성을 보존하고 발달시키면서, 사회 속에서 자신의 삶을 유지할 수 있는 능력을 기르도록 도와주는 과정이 된다. 자연인을 키우는 과정이『에밀』에서는 5단계의 발달단계로 나누어 서술되고 있다. 출생에서 말 배우는 시기까지의 유아기에는 자연스럽게 욕구를 표출할 수 있도록 하며 이를 충족시켜 주되 지배욕이 생기지 않게 해야 한다. 언어도 자연스럽게 발달되게 해야 한다. 왜냐하면 언어발달을 인위적으로 촉진시키려 하면 아이의 고유한 천성이 손상되기 때문이다. 언어를 습득한 뒤부터 12세까지의 아동기는 신체적 성장과 자아가 길러지는 시기인데, 이때 오감 및 지각(perception)을 훈련한다. 이 시기에 지식교육은 필요치 않으며 철저하게 소극적 교육이어야 한다. 12세에서 15세까지의 소년기는 이성(理性)에 눈 뜨는 시기로(감각적 이성), 사물의 유용성과 상호관련성을 익히고 지식의 유용성을 인식하기 시작하므로, 실물교육과 호기심을 유발해 스스로 깨닫게 하는 교육방법을 활용해야 한다. 사춘기에서 20세까지의 청소년기는 제2의 탄생기로 인간관계와 도덕적 질서를 이해하며, 특히 자애심이 이기심으로 발전하지 않도록 연민의 감정을 이용하여 우정, 동포애, 인류애로 확대시키는 것이 이 시기의 중요한 교육적 과제이다. 감정교육을 통해 선량한 감정이 길러져서 도덕교육으로 연결되며, 종교교육을 통하여 자연이 곧 신이며 신에 의해 생명이 부여된 인간은 본질적으로 자유로우며, 양심이 선과 악의 판단 기준이라는 것을 체득하게 된다. 20세 이후의 시기에는 남녀별학(男女別學)과 순종, 온유, 겸손, 정숙의 미덕을 강조하는 여성교육과 정치교육을 다룬다.

(4) 자연주의 교육관에 대한 논의

루소는 타고난 고유한 천성을 잘 보존하여 이에 확고하게 뿌리박은 자아를 발전시켜야 행복한 인간이 될 수 있다고 보았으며, 따라서 일찍부터 사회적 요구에 길들이고자 하는 기존의 교육에 반대하였다. 물론 고유한 자아를 충분히 발달시킨 후에 사회에 적응시켜 시민으로 만들고자 하였지만(도시에 사는 미개인), 개인과 사회를 대립하는 원리로 본 것은 빈번히 비판의 빌미가 되었다. 또한 양심을 도덕의 최고원리로 제시하였지만 양심도 정서의 일종이므로 일관성이 부족하다는 점은 문제점으로 남아있다.

교육철학 논술예제 ❷ 프래그머티즘 교육관의 기본적 입장과 교육관의 개요를 서술하고, 현대교육에 대한 의의와 제한점에 대해 논하시오.

1. 프래그머티즘(Pragmatism)과 교육

(1) 이론적 배경 및 철학적 특징

프래그머티즘은 19세기 후반 이후 미국을 중심으로 발달한 철학사조로, 다윈의 진화론, 19세기 후반의 산업화와 서부개척시대의 경험이 반영되어 매우 실천적, 실용적 경향을 지녔다. 전통 철학자들은 진리가 선험적으로 존재한다는 선험주의와 진리가 인간 경험과 독립적으로 존재한다는 실재론 등에 의존하고 있었으나(절대적 진리관), 프래그머티즘은 진리란 인간의 경험으로부터 나오는 시험적, 가설적, 상대적인 것이라 주장한다(상대적 지식관). 프래그머티즘은 무엇보다도 인간 삶의 과정에서 발생하는 문제의 해결에 관심을 기울인다. 따라서 지식이란 인간 삶의 문제를 해결하는 데에 도움이 되어야 한다는 입장을 취하며(유용성, 도구주의), 이를 위하여 특히 (자연)과학적인 방법으로 인간의 행동을 분석하고 검증하는 데 관심을 기울인다. 이러한 입장에 따르면 교육은 끊임없이 문제 사태에 직면하게 되는 변화하는 세계에서 성공적으로 살아갈 수 있도록 우리를 준비시키는 일이 된다.

(2) 대표적인 학자

퍼어스(C. Peirce), 제임스(W. James), 듀이(J. Dewey)를 들 수 있다.

(3) 프래그머티즘의 교육적인 특징(듀이의 교육론을 중심으로)

가. 교육의 정의: 교육이란 자연상태로 태어난 개인이 사회상태에 들어가기 위해 필요한 것이므로, 심리학적 측면과 사회학적 측면을 조정하고 통합하는 것이 중요하다.

나. 교육의 목적: 교육의 과정은 계속적인 성장의 과정이므로, 교육은 성장 이외에 다른 목적이 없다고 말한다. 교육은 시대와 상황에 따라서 지향점이 달라지는 것이므로 고정된 목적이 있을 수 없다. 다만 (고정된 방향성을 전제하지 않은) 보다 많은 성장을 교육목표로 설정할 수 있을 뿐이라는 것이다. 또한 교육의 목적은 밖으로부터 주어져서도 안 된다(교육목적내재설). 듀이에게 교육은 생활 그 자체이며, 미래의 생활을 위한 준비가 아니다.

다. 경험을 통한 교육: 듀이는 '행함으로써 배움'(learning by doing)을 강조한다. 경험은 능동(해보는 것)과 수동(당하는 것)의 결합이며, 행동과 사고를 포함한다. 듀이에게 진정한 교육이란 모두 경험을 통해서 이루어지는데, 경험이 보다 교육적인 것이 되려면 상호작용과 계속성의 원리에 따른 것이어야 한다. 경험의 상호작용의 원리는 객관적이고 외적인 요소와 주관적이고 내적인 요소가 함께 작용한다는 것이다. 또한 경험의 계속성의 원리는 모든 경험이 이전의 경험으로부터 뭔가를 취하고 뒤따르는 경험의 질을 어떠한 방식으로 변화시키게 된다는 것이다. 이와 같이 경험이 질적으로 변화되는 것을 듀이는 '경험의 재구성 또는 재조직'이라고 하였다. 경험이 의미 있는 것이 되려면 사고에 의해 정돈되어야 하고, 사고는 반드시 경험에 의해 그 진실성이 검증되어야 한다.

라. 반성적 사고: 이에 따라 가장 교육적인 경험은 반성적 사고(reflective thinking)에 의해 일어나는 경험이다. 반성적 사고는 문제해결을 하기 위해서 결과를 예견하고 가설을 세우며 행동으로 검증해 보는 것이다. 반성적 사고의 단계는, 문제의 인식, 상황의 관찰, 잠정적 결론(가설)의 형성과 논리적 정련(추론), 능동적 실험에 의한 가설의 검증이다. 이와 같은 결과로 경험의 성장이 이루어진다.

마. 도구주의: 듀이에게 지식은 그 자체로 가치가 있는 목적이 아니며, 문제를 해결해 나가기 위한 하나의 수단이다(도구주의). 그 이유는 지식이라는 것이 현실생활의 곤란과 혼란을 해결하기 위한 도구로, 개념, 지식, 사고, 이론 등은 유기체가 환경에 적응하기 위한 하나의 수단이나 도구로 간주되기 때문이다. 그리하여 지식을 도구삼아 문제에 부딪쳤을 때 문제를 해결할 줄 아는 문제해결학습이 중시된다.

바. 축소된 사회/온실사회로서의 학교: 학교는 삶의 장면과 유리된, 단순히 교과를 공부하고 정보를 제공하는 곳이 아니라 사회생활의 한 형태이며, 사회생활을 단순화한 소형사회이다. 학교에서 학생들은 사회성을 함양하고, 민주주의적인 학교생활을 통해 민주주의를 배워야 한다.

사. 민주주의적 교육의 강조: 학교는 공동생활의 형식이며 경험을 전달하고 공유하는 이상적인 방식인 민주주의의 학습장이다(듀이의 대표저서:『민주주의와 교육(democracy and education)』). 이처럼 교육은 사회의 진보와 개혁의 근본수단이며, 따라서 교육은 지역사회가 져야 할 최고의 도덕적 의무이다.

아. 교육방법: 교육은 아동의 본성의 발달과정에 따라서 이루어져야 하는데, 아동은 수동적이기보다는 능동적이다. 아동의 흥미를 억압해서도 안 되고, 교육자는 아동의 심리를 세밀히 관찰하여 흥미를 잘 발달시켜야 한다.

자. 교육에 있어서 흥미의 강조: 흥미는 어떤 대상이나 예견된 결과에 대한 관심있는 태도를 말한다. 흥미는 사태의 진전 속에서 자아와 세계가 서로 맞물려 있다는 것을 나타내며, 거리가 있는 두 사물(사태)을 관련짓는다. 흥미는 끈질기게 일을 추진하기 위한 필수조건이다. 예상되는 결과에 대한 흥미는 원하는 결과를 얻으려는 노력을 자아내며, 이러한 노력에 의해 원하는 결과에 근접해간다는 사실을 통해 흥미도 증대된다. 따라서 흥미와 노력은 서로 배치되는 것이 아니고 상호보완적이다.

(4) 듀이의 교육관에 대한 논의

듀이의 교육관이 미국과 미국 국경을 넘어서 널리 호응을 받은 것은 교육이 일상생활과 밀접한 관련을 맺을 수 있고, 특히 문제해결력을 높여주어 삶을 윤택하게 해줄 수 있다는 기대 때문이었다. 반면에 듀이는 경험의 일방적인 강조, 지식에 대한 도구주의적 입장으로 교육의 시야를 협소하게 만들었다는 비판에 노출되어 있다. 듀이는 교육이 경험의 지속적 재구성의 과정이며, 또한 문제해결의 과정이라고 본다. 그런데 듀이에게 있어서 교육은 생활과 동의어이므로 생활, 즉 인간 삶도 경험의 지속적 재구성의 과정이며, 또한 문제해결의 과정이라는 말이 된다. 그러나 경험의 재구성이나, 문제해결이 삶의 전부는 아니라고 주장할 수 있다. 관조적, 명상적 삶을 추구하는 사람의 입장에서 보면 듀이적 인간은 현상적 변화에 매몰된 인간으로 비칠 수도 있는 것이다. 또한 듀이의 지식에 대한 도구주의적 입장은 지식을 인간의 필요나 욕구를 충족시키는 관점에서 주로 본다는 것인데, 이러한 지식관 뒤에는 결국 욕구충족을 추구하는 존재로서의 인간관이 전제되어 있는 바, 과연 욕구충족이 인간삶의 전부인지 의문을 제기할 수 있는 것이다.

2. 진보주의(Progressivism)

(1) 개 요

프래그머티즘의 철학에 기초한 진보주의 교육운동은 1920~1930년대 미국교육에서 지배적인 이론이었으며, 전통적인 교육에 대한 비판으로 아동의 개성을 존중하고, 아동의 자연스런 성장을 조성하는 '아동중심의 교육사상'이다. 또한 과학적 성과를 교육에 적극 적용해야 한다고 보는 과학적 진보주의도 진보주의교육관의 일면이다. 진보주의는 루소로부터 싹터, 페스탈로치, 프뢰벨 등을 거쳐 계승·발전되면서 미국으로 건너와 꽃을 피우게 되었다. 아동중심의 진보주의 교육은 이후 본질주의, 항존주의, 재건주의로부터 비판을 받는다. 진보주의는 특히 1957년 소련의 인공위성 스푸트니크(Sputnik)의 발사로 격렬한 반대에 직면하게 되었다.

(2) 대표적인 학자

듀이(J. Dewey), 차일즈(J. Childs), 카운츠(G. Counts), 파커(F. Parker), 킬패트릭(W. Kilpatrick) 등을 들 수 있다.

(3) 진보주의 교육의 특징

진보주의 교육관을 보면 대체로 듀이의 입장을 수용하고 있는 것으로 보인다.
① 교육은 생활을 위한 준비가 아니라 생활 그 자체이다.
② 학습은 직접적으로 아동의 흥미와 관련되어야 한다.
③ 교육내용의 이수보다 더 중요한 것은 문제해결의 방법이다.
④ 교사의 역할은 아동에게 지시하는 것이 아니라 안내하고 도와주는 것이다.
⑤ 학교는 경쟁보다는 협력을 장려해야 한다.
⑥ 민주주의만이 인간의 참다운 성장발달의 필수조건인 사상이나 인간성의 자유로운 상호작용을 가능케 한다.
⑦ 킬패트릭의 구안법(the project method): 킬패트릭은 듀이가 실험학교에 도입한 문제해결학습을 발전시켜 구안법을 제창하였다. 구안법, 즉 프로젝트학습법은 프로젝트를 하듯이 학습을 한다는 뜻이다. 즉, 목표설정 → 계획 → 실행 → 평가의 방식으로 문제를 해결하는 학습방식이다.

(4) 비판점

① 진보주의자들을 기본적인 지식, 기술, 능력 습득을 소홀히 하여 아동에게 미래에 대한 준비를

시켜주지 못한다는 비판을 받았다. 진보주의자들은 아동의 흥미, 욕구에 부합되는 것을 교육내용으로 삼다보니 아동이 장래에 사회에 진출하기 위해 필요한 방대한 양의 지식, 기술을 제대로 습득시키지 못한다는 비판이다.
② 또한 지나친 아동 중심(흥미/욕구) 교육으로 목표의 혼란, 산만한 수업이 이루어지며, 역설적으로 아동의 이기적, 자기중심적 성향을 증대시킨다는 비판도 있었다.
③ 진보주의자들은 협동, 활동, 체험을 지나치게 강조함으로써 교육의 비효율을 초래한다는 비판도 받았다.

3. 본질주의(Essentialism)와 교육

(1) 개 요

본질주의 교육은 진보주의 교육이 아동의 흥미와 자유를 지나치게 중시하고 전통적 문화를 경시한 것에 대해 비판하면서 진보주의 교육의 한계를 보완하려고 1930년대 나타난 교육운동이다. 본질주의 교육은 말 그대로 인류문화유산 가운데 가장 본질적이고 보편적인 것은 간추려서 다음 세대에 가르쳐야 한다는 것이다. 그리하여 본질주의 교육은 아동의 흥미와 자유보다는 아동의 노력과 흥미를, 아동의 자발성보다는 교사의 주도권을, 개인의 경험보다는 민족의 경험을, 교재의 심리적 조직보다는 논리적 조직을, 교과와 전통적 방법의 존속을 중시한다. 본질주의 교육은 진보주의 교육을 완전히 반대한다기보다는 진보주의 교육이 갖고 있는 장점을 어느 정도 수용하려고 한다. 본질주의 교육은 아이들의 학습이라는 것은 처음부터 흥미가 있는 것이 아니라 고된 훈련을 받고 노력을 들이면, 점차로 흥미가 생겨난다고 본다.

(2) 대표적인 학자

배글리(William Bagley), 브리그스(Thomas Briggs), 브리드(Frederick Breed)이다.

(3) 비판점

① 문화유산에 대한 지나친 보수적 입장을 취한다는 비판을 받았다. 요컨대, 전통이 모두 가치 있는 것은 아니라고 할 수 있다는 것이다.
② 본질주의자들은 학과에 대해서도 보수적 성향을 보였으며, 이에 따라 오래전부터 확립된 자연과학과 역사학을 중시하면서, 20세기 전반에 발달하기 시작한 신생학문인 사회과학은 경시하는 경향을 보였다.
③ 본질주의교육은 아동의 자발성, 비판적 사고, 독립심, 협동정신의 결여, 요컨대 진보성의 부족을 드러낸다는 비판을 받았다.

4. 항존주의(Perennialism: 영원주의)

(1) 개 요

항존주의는 진보주의 교육이념을 부정하면서 항구불변의 진리로 돌아갈 것을 강조하는 교육사조이다. 대표적 항존주의자인 허친스(Robert M. Hutchins, 1899∼1977)의 기본 전제는 인간의 본질은 이성이며, 인간이 교육을 통해 익혀야 할 가장 중요한 것은 영구불변의 절대적, 보편적 진리라는 것이다. 이성은 인간의 최고의 능력이므로 이성을 계발하는 것이 교육의 일차적 목적이며, 교육과정은 서구문명의 고전들이나 명저들에 담겨있는 영구불멸의 진리, 지혜들로 구성되어야 한다. 항존주의자들의 주장에 따르면 진보주의와 본질주의는 강조점은 다르지만, 양자는 다 같이 과학주의·세속주의·물질주의인 데 반해, 항존주의는 반과학주의·탈세속주의·정신주의라는 것이다(서양 고대와 중세의 형이상학적 전통으로 회귀).

(2) 대표적인 학자

대표적인 항존주의 학자로는 허친스(R. Hutchins), 아들러(M. Adler), 마리탱(J. Maritain) 등을 들 수 있다.

(3) 항존주의 교육의 특징

① 항존주의자들은 인간의 본성이 어디서나 동일하므로 교육도 모든 사람에게 동일해야 한다고 주장하였는데, 이러한 동일성의 근거를 이성에서 찾았다. 따라서 이성을 계발하고 욕망의 통제를 훈련하는 것이 중심적인 교육적 과제로 인식되었다.

② 항존주의자들은 문화유산을 극도로 숭상하여, 전승의 문화유산 속에 영원불변의 진리가 이미 다 발견되어 있다고 주장한다. 따라서 과거의 위대한 고전(great books)을 학생의 발달 상태에 맞추어 단계적으로 학습시킴으로써 세계의 영원한 이치를 터득하게 하는 것이 교육의 핵심이라고 주장하였다.

③ 이와 같은 관점에서 교육은 장래의 이상적인 삶을 위한 준비여야 하며, 교육과 생활을 동일시하는 듀이와 진보주의를 비판하였다.

④ 허친스 등 항존주의자들은 특히 교양교육을 강조하였으며, 전문가와 기능인이 되기 전에 교양인이 되어야 함을 역설하였다.

(4) 비판점

① 항존주의자들은 듀이와 진보주의자들이 변화만을 쫓는 것을 비판하면서 상대적으로 불변하는 것에 치우쳤다는 비판을 받는다. 이들은 지적·정신적인 면과 고전 및 전통에 치중했던 것이다.

② 또한 이들이 취했던 진리절대주의는 민주주의와 과학적 탐구정신과 양립되기 어렵다.

5. 재건주의(Reconstructionism): 사회적 진보주의

(1) 개 요

재건주의교육관은 20세기 전반의 서구문명이 심각한 위기에 처해있다고 보고, 이러한 문명의 위기를 극복하기 위해서는 교육을 통하여 사회를 재구성해야 한다고 주장한다. 진보주의 교육운동이 한창이던 1930년대에 미국인들은 대공황기를 겪게 되었고, 이 때 소위 '전위적 사상가'라 불리는 진보주의자들 중에서 미국사회를 비판하면서 교육과 사회의 개혁을 부르짖고 나온 교육자들이 있었다. 그들은 인류가 생활·건강·교육 수준의 불균형, 인구의 폭발적 증가와 기아, 대지·수질·식품·공기오염, 국가 간의 적대감과 증오, 인종간의 긴장과 파괴, 전제적 정치체제, 도덕감의 붕괴와 매춘화, 과학의 폭발적 발달과 같은 심각한 문명의 위기상태에서 벗어나 새롭고 공정한 사회를 건설하는 데에 학교가 앞장설 것을 주장하고 나섰다.

(2) 대표적인 학자

대표적인 학자로는 1930년대의 카운츠(G. Counts), 러그(H. Rugg), 1950년대의 브라멜드(T. Brameld)를 들 수 있다.

(3) 재건주의의 교육 원리

① 교육의 가장 중요한 목적은 사회를 재구성하는데 필요한 프로그램을 제정하는 데 있다.
② 새로운 사회는 민주적인 사회가 되어야 하며, 그 사회의 주요 기관들이나 자원들은 국민 스스로가 통제해야 한다.
③ 교사는 민주적인 방법으로 학생들을 설득하고, 교육은 사회적 자아실현으로 그것을 통해 개인의 사회적 본성을 개발할 뿐만 아니라 사회계획에 참여하는 방법을 학습해야 한다.
④ 아동의 학교 교육은 사회와 문화에 의해 규정되어야 하고, 교육의 수단과 목적은 현대의 문화 위기에 대처하기 위하여 재구성되어야 하며, 행동과학에 의해서 발견된 연구결과에 따라 재구성되어야 한다.

(4) 비판점

① 재건주의가 추구하는 미래사회의 비전은 민주복지사회인데, 지구상에 비교적 민주복지가 잘 실현된 북유럽의 몇 개 국가들의 경우 자살률이 높다는 점을 볼 때, 민주복지사회의 실현이 교육의 유일 절대의 목표인가에 대한 의문을 갖게 한다.
② 또한 행동과학을 과신하는 것은 종종 위험한 결과를 초래할 수 있다는 점이 간과되고 있으며, 교육을 단지 사회개조의 수단으로 본 것이 아닌가 하는 의문을 불러일으킨다.

교육철학 논술예제 ❸ 교육은 '가치기업(價値企業)'이라고 불리울 정도로 가치 내재적 활동이다. 다른 한편으로 교육은 '가치중립적'이어야 한다는 주장이 있다. 이 두 관점이 의미하는 바를 설명하고 어떻게 양립할 수 있는지를 논하시오.[2009 행정고시 2차시험]

1. 분석철학(Analytic Philosophy)과 교육

(1) 개 요

분석철학은 사변철학에 대한 비판을 통해 점차 배양된 철학으로서, 논리적 분석을 사용해 문제를 명확히 하고 그 해결을 꾀한다는 철학적 탐구태도와 언어분석이 분석철학의 특징이다. 전통적인 철학이 실재나 사실을 발견하는 데 관심이 있다고 하면, 분석철학은 개념적인 관계를 이해하고 명료화하는 데 관심이 있다. 분석철학은 논리실증주의와 일상언어학파로 구분할 수 있는데, 먼저 논리실증주의는 유의미한 명제와 무의미한 명제를 구별할 수 있는 기준으로 '검증의 원리'를 제시한다. 논리실증주의자들은 명제를 검증원리에 의해 그 진위를 결정할 수 있는 사실적 명제(종합명제)와 논리적 형식에 의해 진위가 밝혀지는 논리적 명제(분석명제)의 두 가지로 나누고, 이 외의 모든 진술(예컨대 형이상학적 명제나 가치판단명제)은 그 진위를 따질 수 없는 무의미한 명제로 본다. 일상언어학파는 우리가 일상생활에서 사용하는 언어의 의미를 밝히는 데 관심을 두었다.

(2) 대표적인 학자

분석철학자로는 러셀(B. Russell), 비트겐슈타인(L. Wittgenstein), 무어(Moore), 라일(G. Ryle), 오스틴(J. Austin) 등을 들 수 있으며, 분석적 교육철학자로는 피터스(R. S. Peters), 셰플러(I. Scheffler), 솔티스(J. Soltis) 등을 들 수 있다.

(3) 분석적 교육철학의 특징

① 교육용어의 개념분석: 1950년대~1970년대에 교육철학은 분석철학의 영향을 받아 교육학의 기본개념들에 대한 분석에 주력하였으며, 교육, 교수, 교화, 학습, 훈련, 성취 등과 같은 교육의 기본개념들을 분석하여 의미의 명료화를 시도함으로써 개념적인 혼란을 크게 감소시켰다.
② 그 결과 교육학을 과학화하는데, 즉 학문적으로 체계화·전문화하는 데 기여하였고,
③ 교육철학에 새로운 차원의 학문적 방법론, 즉 분석적 방법론을 제공해 주었다.

(4) 비판점

① 분석철학은 실증주의적 경향을 지닌 결과 가치중립적, 반형이상학적 입장을 보였는데, 이것은 교육을 가치추구의 활동이라고 보았던 전통교육과 충돌하며, 또한 실증되지 않는 정신, 자유,

인격, humanity같은 관념들이 교육에서 배제됨으로써 인간을 단지 생리적, 사회적 메커니즘에 지배되는 존재로 환원시킨다는 비판을 받았다.

② 철학언어(개념, 명제)의 의미 명료화에 지나치게 집착하여, 언어의 유일절대의 의미를 규명해 내려고 노력한 결과, 언어의미의 역사적, 사회적 측면을 무시한다는 비판을 받았다.

> **교육철학 논술예제 ❹** 실존주의 교육관에 대하여 서술하고, 이 교육관이 현대사회에 갖는 의미, 그리고 이 교육관의 제한점에 대하여 논하시오.

2. 실존주의(Existentialism)와 교육

(1) 이론적 배경 및 철학적 특징

실존주의는 19세기와 20세기의 특수한 역사적 상황, 즉 합리주의적인 관념론과 실증주의, 장기간의 경기침체, 양차 세계대전, 현대 산업사회의 비인간화로 인한 개개인의 인간성을 말살시키는 사회에 대한 비판으로부터 출발한다. 현대의 거대사회는 개인을 익명화시키며, 물질문명의 현란함과 폭발적인 지식, 정보의 홍수 속에서 개인들을 매몰시켜 자신의 고유한 자아와 주체성을 상실케 한다. 그 결과 진정한 나를 상실한 채 비본래적 삶을 영위하고 있다는 것이다. 실존주의가 주장하는 실존이란 객관적 실재나 사물의 현존 등을 말하는 것이 아니라, 그러한 것이 나에게 어떠한 의미를 갖는가를 문제 삼는 것이다. 이에 따라 실존주의는 추상적 이론으로 삶이 일반화되고 객관화되며, 사회의 조직과 규칙에 종속되는 것을 거부하며, 지금 여기에 실존하는 나의 삶의 의미가 무엇인지를 드러내고자 한다. 이를 통해 실존주의는 요컨대 실존, 즉 참다운 자아의 회복을 목표로 한다. 실존주의는 (인간)존재의 불안을 주제화시켰는데, 이러한 존재의 불안은 현대사회에서도 해소되지 않고 있으므로 실존주의는 여전히 관심을 끌고 있다.

(2) 대표적인 학자

대표적인 학자로는 키에르케고르(S. Kierkegaard), 니체(F. Nietzsche), 하이데거(M. Heidegger), 사르트르(Jean-Paul Sartre), 까뮈(A. Camus), 부버(Martin Buber), 볼노오(Otto Bollnow)를 들 수 있다.

(3) 실존주의 교육의 특징

① '실존은 본질에 앞선다(Existence precedes essence)'는 사르트르의 주장은 실존주의의 기본 강령이 되었는데, 이 말의 의미는 인간의 존재가 먼저 있고 인간의 본질에 대한 규정은 나중에 이루어진다는 말이다. 전통철학에서는 인간에게 변치 않는 본성(본질)이 있다고 보고 이를 '인식'하여 그에 합당한 삶을 살아야 한다고 생각했다. 그러나 우리가 자신의 본질을 무엇이라고 보든 안보든간에 우리는 이미 존재해 왔고, 현재 존재해 있다. 따라서 인식보다 존재가 우선인 것이다. 따라서 나의 존재가 먼저 있고 나는 오직 나의 자유로운 선택과 주체적 결단에 의해

내 자신을, 나의 본질(정체성)을 형성해 간다.

② 이러한 입장에 따라 '자유', '선택', '책임'이 실존주의의 구호가 된다. 인간은 선택하는 행위자, 자유로운 행위자, 책임지는 행위자이므로 교육은 선택의 자유, 선택의 의미, 선택에 대한 책임을 의식하도록 일깨우는 과정이어야 한다.

③ 교육과정에 있어서는 인문학과 예술을 특히 강조했는데, 이러한 학문들이 인간의 비본래성을 반성하는 데에 도움이 된다고 보았기 때문이다. 또한 삶의 좋은 측면뿐만 아니라 부조리한 측면(죽음, 불안, 좌절, 갈등, 본능 등)도 교육장면에서 주제화시켜야 한다고 주장했는데, 그래야만 존재에 대한 환상에서 벗어나 존재를 있는 그대로 대면할 수 있기 때문이라는 것이다.

④ 교육방법: 실존주의 교육의 목표는 진정한 자아의 회복인데, 이것은 누가 가르쳐줄 수도 집어넣어줄 수도 없으며, 오직 학생 자신이 스스로 깨달아 회복해야 한다. 따라서 이를 위한 가장 적합한 교육방법은 대화이며, 이런 의미에서 소크라테스가 최초의 실존주의적 교사라고 주장하였다.

⑤ 볼노오는 전통적인 교육관(공장적 교육관과 유기적 교육관)이 연속적 교육관을 가지고 있었던 데 반하여 실존적 교육관은 비연속적 형식의 교육이라고 보았으며, 교육의 단속적(斷續的) 성격을 강조하였다.

⑥ 실존주의자들은 또한 위기, 각성, 충고, 상담, 만남 등의 실존적 계기를 통해서 인간의 '비약적 발전과 초월적 전환'의 가능성을 주장하였는데, 문제는 진정한 실존적 계기가 돌발적, 운명적으로 나타나므로 예측불가, 조작불가라는 점이 실존주의 교육의 난점으로 지적되었다. 그러나 실존주의자들은 삶이 그렇듯이 교육도 그러하며, 단지 교사는 학생에게 진정한 실존적 계기가 나타날 때, 이를 교육적으로 잘 활용하는 것이 중요하다고 보았다.

⑦ 부버는 개인이 사람이나 사물에 대하여 맺는 관계를 <나-그것>의 관계(경험, 인식과 이용의 대상이 되는 사물적·비인격적 관계)와 <나-너>의 관계(서로 온 존재를 기울여 맺는 참된 인격적 관계)로 구분하였으며, 대화교육을 통한 '나'와 '너'의 '만남'을 증진시켜야만이 비인간화가 극복될 수 있다고 주장하였다.

교육철학 논술예제 ❺ 현상학이 인식론과 교육학에 어떠한 영향을 주었는지 서술하고, 현상학의 입장을 따른다면 교육이 어떻게 변화될 수 있는지, 사례를 들면서 논의하시오.

---

3. 현상학(Phenomenology)과 교육

(1) 개 요

현상학(現象學)이란 현상에 관한 학문이다. 현상(現象, Phänomen)의 어원은 그리스어 Phainó-menon이며, 우리 앞에 명확히 드러나 있는 것을 뜻한다. 따라서 현상학이란 우리 앞에 드러나 있는 것에 대한 학문이라 할 수 있다. 현대적 의미의 현상학의 창시자인 후설(Edmund Husserl, 1859~1938)의 구호 "사태 자체로(zu den Sachen selbst)"가 이 학문의 의미를 잘 드러내준다.

전통적으로 철학은 "개념의 학"이었다. 개념이란 '어떤 대상에 대한 개략적인 관념'인데, 대상이란 우리에게 본래 '현상'으로 주어진다. 인간은 현상을 기억하고 질서 있게 정리하며 지배하기 위해 명칭을 붙이며, 명칭을 중심으로 해당 현상에 대한 개념이 형성된다. 개념은 이윽고 현상으로부터 독립하여 추상화된다. 철학은 대체로 추상화의 정도가 높은 개념들을 사용한다(실체, 본질, 진리, 동일성, 차이성, 물질, 정신, 인간성, 자유, 평등 등등). 이러한 추상개념들을 가지고 논리적으로 사고하면서 (근본적인) 진리에 도달할 수 있다고 생각한 것이다.

후설은 이러한 전통철학의 입장을 비판하면서 철학은 다시 현상으로 돌아가야 한다고 주장하였다. 그런데 현상으로 돌아간다고 하는 것은 우리 인간이 현상을 있는 그대로 인식할 수 있다는 것이 전제되어야 한다. 그러나 그 당시까지 칸트의 인식론적인 전제, 즉 우리는 있는 그대로의 세계를 인식하는 것이 아니라, 우리의 인식능력인 지성(知性)에 내재되어 있는 인식의 카테고리(인식의 그물망)에 포착된 것만을 인식한다는 입장이 대체로 고수되고 있었다. 이러한 칸트의 입장에 따르면 우리는 외부세계를 있는 그대로 인식한다는 믿음을 유보해야 한다("우리는 물자체[Ding an sich]를 인식할 수 없다").

후설은 이러한 칸트의 인식론과 대결하던 중, 그렇다면 외부세계의 실재에 대한 믿음(=자연적 태도)을 괄호치고(판단중지), 우리의 의식에 비친 세계만을 순수하게 기술하고 분석하여 본질구조를 알아낸다면 있는 그대로의 현상에 더 다가갈 수 있지 않을까 하고 생각하였다. 이러한 발상의 전환이 현상학의 출발점이 되었으며, 이를 '현상학적 환원'(phänomenologische Reduktion)이라고 불렀다. 현상학적 환원을 통하여 현상은 '의식 내재적인 현상'이 되었다. 이로 인하여 현상학은 '의식(현상)의 학'이 되었으며, 의식작용을 깊이 들여다보면서 의식의 구조를 밝혀내게 되었다.

이러한 작업을 통해 드러난 중요한 발견 중의 하나가 '지향성(Intentionalität)'의 개념이다. 세상의 모든 존재는 오직 의식을 통해서만 우리에게 알려지고, 역으로 의식이란 어떤 대상을 향해 있을 때에만 존재한다. 그런데 현상학적 환원의 결과, 의식의 주체뿐만 아니라 의식의 대상도 의식내용으로서 의식의 내부에 위치하게 되었다. 다시 말해서 주체의식(노에시스[noesis])과 대상의식(노에마[noema])이 모두 의식에 속해 있으면서, 의식 안에서 한 의식이 다른 의식을 대상으로 지켜보는 상황이 간파된 것이다. 그런데 지켜보는 의식인 의식주체의 의식체험이 다시 객체(대상의식[noema])가 될 수 있다. 이렇게 하여 주체는 자신의 사고체험의 관찰자가 되므로 가장 객관적인 위치에 서게 되며, 이를 통해 궁극적으로 대상의 불변하는 본질을 직관적으로 파악하고자 하는 것이 본질직관(Wesen-sschau)이다(절대적 지식관).

후설이 그의 후기철학에서 제시한 '생활세계(Lebenswelt)'의 개념도 또한 중요한 현상학의 개념이다. 생활세계란 학문적 이념의 옷을 입히기 이전의 원초적 체험의 세계를 말한다. 후설은 생활세계야말로 상호주관적 의미지평으로서의 객관적 세계이므로, 이것이 모든 학문의 기초라고 주장하였다.

프랑스의 현상학자 메를로-퐁티(Merleau-Ponty)는 후설의 현상학적 방법을 통하여 지각(perception)의 독자성을 새롭게 조명하였는데, 지각이란 신체감각을 통한 직각적인 앎으로서, 선인지적이며, 선반성적인 앎의 영역이라고 주장하였다. 다시 말해서, 우리는 몸으로 세계를 지각하며, 몸 지각은 선인지적으로 세계를 파악하고 이해한다는 것이다. 이러한 입장에 따라 현상학은 지식의 구성에 있어서 인식 주체자의 역할을 강조한다. 지식은 인식주체와 분리될 수 없으며, 개인적인 의미들과 결합되어 있다.

현상학은 요컨대, 한편으로는 우리의 감각에 나타나는 현상들을 세밀하게 기술하여 그 본질구조를

PART_2

밝히고자 노력하며, 다른 한편으로는 우리의 현상인식 속에는 우리 자신의 의식내용이 부가되어 있어서 이것이 선입견을 만들어내므로, 우리 자신으로부터 나오는 선입견을 철저히 제거함으로써 있는 그대로의 현상을 파악하고자 노력하였으며, 그 결과 우리 자신의 선입견이 제거되면 현상이 다르게 보일 수 있다는 것을 사람들에게 알려주었다. 이러한 현상학의 입장은 질적 연구, 신교육사회학 및 구성주의 등에 인식론적 토대를 제공하였으며, 교육에 있어서 학생이 단지 수동적인 대상이 아니라, 능동적인 주체라는 점에 대한 인식을 새롭게 해 주었다(특히 실존주의 교육관에 영향).

(2) 대표적인 학자

후설(Edmund Husserl), 하이데거(M. Heidegger), 메를로-퐁티(M. Merleau-Ponty) 등이 있다.

(3) 현상학적 교육관의 특징

① 현상학에 따르면 자연과학이 세계를 지각주체로부터 독립된 객관적인 진리의 세계로 파악하고자 함으로써, 지식구성에 있어서의 인식주체자의 중요성이 간과되고 있으며, 이를 통하여 지식의 개인적, 체험적 의미가 상실되어 버린다. 또한 주지주의적 지식관은 세계를 개념적 인식의 대상으로 환원하여 선술어적으로 표현되는 인식영역을 제거시켜버린다. 따라서 지식의 개인적, 체험적 의미를 살리는 노력이 필요하며, 지식의 전달에 있어서도 이러한 측면이 충분히 고려되어야 한다.

② 메를로-퐁티는 특히 신체적 체험에 의한 학습의 중요성을 강조하면서, 지각(perception)의 주체로서의 몸이 세계를 이해하기 때문에, 교육은 몸이 경험하거나 체험할 수 있는 기회를 충분히 부여해야 한다고 주장하였다.

③ 현상학은 현상의 본질구조를 밝히고자 하는 데에 관심이 있다. 이러한 입장이 교육에 적용되는 경우, 교육현상들을 미시적으로 서술하고, 이를 통해 해당 교육현상의 본질구조를 밝히려는 노력으로 나타난다.

교육철학 논술예제 ❻ 비판이론이 인간사회를 비판하는 근거들을 서술하고, 그 타당성과 부당성에 대하여 논술하시오.

---

4. 비판이론(Critical Theory)과 교육

(1) 개 요

비판이론은 20세기 초부터 급속하게 유행된 과학적 실증주의에 대한 비판과 선진 자본주의 사회에서의 비인간화문제 등의 원인을 규명하는 데서 출발하였다. 비판이론은 마르크스의 이데올로기 비판의 논리와 프로이트의 심리학 방법론에 기초를 두고 있으므로, 프랑크푸르트학파, 네오마르크시즘, 프로이디안 마르크시즘, 신좌파이론 등으로 불린다. 비판이론의 특징은 현대사회의 문제들을 비판하되, 그 책임을 개인에게 돌리지 않고 '사회 또는 그 체제'에 돌리는 데 있다. 비판이론의 핵심적 관심사는 평등이념에 기초하여 사회를 비판하고 개혁하는 것이다.

(2) 대표적인 학자

호르크하이머(Max Horkheimer), 아도르노(Theodor Adorno), 마르쿠제(Herbert Marcuse), 하버마스(Jürgen Habermas) 등을 들 수 있다.

(3) 비판이론적 교육학의 특징

① 비판이론적 교육학은 교육현장에서 강력한 힘을 발휘하고 있는 이데올로기의 실체를 밝히고, 이 이데올로기가 어떻게 인간의 의식과 사회화의 과정에 침투되어 비인간화를 조장하는가를 밝혀내고자 한다. 따라서 비판이론적 교육학은 교육의 역사적-사회적 성격을 비판적으로 규명하고자 하며, 각각의 교육체제와 사회 구조사이의 상호의존성을 밝히는 데 관심을 기울였다.

② 특히 교육현상에서 발생되고 있는 억압관계, 지배와 피지배의 관계, 인간의 물상화, 자기소외의 문제 등을 발생시킨 원인을 역사-사회적인 맥락에서 찾아 극복하고자 하며 이를 통해 교육상황을 개선하고자 한다. 비판이론가들이 보기에 근대 시민사회의 형성과정에서 자유주의, 개인주의, 자본주의 등이 주도적인 이데올로기로 작용했던 것이 사회를 비인간화시킨 주요원인이므로, 이들 이데올로기를 비판하고 평등적이며 인간중심적 의사소통을 통하여 인간사회를 치유해 나가야 한다고 본다.

③ 하버마스는 자신의 의사소통이론을 통하여 억압과 지배가 없는 '이상적 담화상황(ISS)'이라는 개념을 제시했으며, 이를 통하여 사회의 불평등이 극복되고, 민주주의가 증진될 수 있다고 보았다.

④ 이상과 같은 비판이론적 입장을 교육에 반영하기 위해서는 정치교육, 의식화교육, 여성해방 교육 등이 중요하며, 이러한 교육을 통하여 평등적 민주주의이념에 의해 의식화된 인간을 이상적 인간으로 본다.

(4) 비판이론적 교육학의 한계

① 비판이론은 기존사회를 지배하는 주도적 이데올로기를 밝혀내어 비판하고 극복하고자 한다. 그런데 비판이론 스스로 평등이념을 강하게 고수하는 모습을 보임으로써, 그 또한 이데올로기적이라는 비판을 면치 못하고 있다.

② 비판이론은 평등적 민주주의사회(이를 '사회적 민주주의'라고 함)를 지향하며, 이에 따라 비판이론적 교육학의 주요관심도 교육을 통하여 사회민주주의를 의식화시키는 데에 있다. 이러한 교육관이 어느 정도 성공하고 있는 독일과 북유럽의 몇몇 국가들의 사례가 존재하기는 하지만 인간의 타고난 이기적 본성을 교육을 통하여 얼마나 변화시킬 수 있을지는 여전히 난제로 남아 있다.

> 교육철학 논술예제 ❼ 해석학적 교육관의 개요를 서술하고, 이러한 입장에 따르면 학교교육이 어떤 면에서 개선될 수 있는지 논술하시오.

5. 해석학(Hermeneutics)과 교육

(1) 개 요

해석학은 텍스트 해석의 과정에서 일어나는 이해의 작용에 대한 이론이라고 할 수 있는데, 철학적 해석학은 감정이입을 통한 심리학적 이해나, 사실을 법칙적인 원인에 소급시키는 학문적 설명과는 구분된다. 이해로서의 해석학은 언제나 역사의 지평 안에 서있으며, 따라서 진정한 이해는 역사적 상황에 적합한 이해여야 한다고 본다(해석의 역사성). 해석에는 해석자와 해석대상이 있는데, 양쪽 다 (변천하는) 역사적 상황 속에 들어 있다. 이것은 마치 강물위에서 움직이는 배를 타고 있는 사람(해석자)이 강물에 떠가는 물체(해석대상)를 바라보는 것에 비유해 볼 수 있다. 로마의 콜로세움에 대하여 21세기의 관광객과 서기 10세기의 관광객, 그리고 검투사들의 목숨을 건 혈투가 행해지던 로마시대 당시의 시민이 가졌던 이해 사이에는 현격한 질적 차이가 있다. 따라서 해석학은 인식론적으로 다소 상대주의에 접근한다. 그러나 보다 적합한 이해에 도달하기 위한 순환적인 이해의 필요성을 주장하므로 완전한 상대주의는 아니다(해석학적 순환). 이른바 해석학적 순환이라 함은 부분과 전체의 순환, 선이해/선입견과 이해의 순환인데, 먼저 부분과 전체의 순환은 부분을 이해한 후 그것이 속해있는 전체로 소급한다(나무를 이해하고 나무가 속해있는 산으로 소급). 전체를 이해한 후 전체의 입장에서 다시 부분을 고찰하면 부분의 이해가 깊어지고 넓어진다(산의 관점에서 나무를 이해). 선이해/선입견과 이해의 순환에서 선이해는 어떤 대상을 본격적으로 이해하기 이전에 가지고 있는 예비적인 이해이며, 선입견이란 부정확하고 치우친 이해이다(예 흑인은 불결하다). 그러나 선이해 또는 선입견은 보다 진정한 이해를 위해 없어서는 안 되는 실마리이다. 그런데 어떤 대상을 보다 잘 이해하게 되었으면 이러한 확장된 이해의 관점에서 이전에 그 대상에 대해서 선입견을 가졌던 이유를 밝혀낼 수가 있다(예 흑인에 대해서 불결하다는 느낌을 가졌던 것은 흑인의 검은 피부색이 검댕이나 연탄 등을 연상시켰기 때문이다). 그러면 이해는 보다 확장되고 심화된다.

(2) 대표적인 학자

딜타이(Wilhelm Dilthey), 슐라이어마허(Schleiermacher), 하이데거(Heidegger), 가다머(H. G. Gadamer) 등을 들 수 있다.

(3) 해석학의 교육적인 특징(가다머의 교육론을 중심으로)

① 해석은 A를 A′로서(as) 간주하는 것이다. A=A′라고 하는 것은 설명이지 해석이 아니다. 해석학적 지식관은 모든 지식의 생산, 전달, 소비의 과정을 해석의 과정으로 파악한다. 해석학의 관점에서 보면 교수−학습의 과정도 고정불변의 지식이 동일하게 매개되는 것이 아니며, 연속적인 해석의 과정이다. 이처럼 교수−학습 과정을 해석적 과정으로 보면 해석의 주체성과 자유가 확보되며, 이에 근거하여 교수학습에 참여하는 교사와 학생 모두의 주체성과 자유가 확보된다.

② 교육은 텍스트의 이해를 겨냥하는 대화와 같은 것이며, 학습이란 (이해) 지평의 융합이라고 본다.

③ 교수는 전통 안에서의 대화이며 대화를 통해 둘 또는 그 이상의 대화자들은 그들 자신의 제한된

관점으로부터 그들이 미처 예견하지 못했던 이해에 도달하게 된다.

④ 모든 해석은 전통 안에서 일어나며, 전통이 선이해(또는 선입견!)를 구성하므로 선이해(先理解) 속에 이해의 근원이 있다고 볼 수 있다. 전제가 없는 이해나 앎은 있을 수 없는 것이다.

> 교육철학 논술예제 ❽ 포스트모더니즘 교육관의 개요를 서술하고, 이러한 관점에서 한국교육이 어떤 변화가 필요한지, 그리고 포스트모더니즘 교육관이 야기할 수 있는 문제점과 그 해결방안은 무엇인지에 대해 논술하시오.

6. 포스트모더니즘(Postmodernism)과 교육

(1) 개 요

포스트모더니즘은 20세기 전반에 태동하여 20세기 후반 이후 이른바 후기산업사회의 대표적 담론으로 각광을 받게 되었다. '모더니즘 이후', 또는 '탈현대주의'를 의미하는 포스트모더니즘은 계몽주의 시대부터 20세기 전반에 이르는 시기를 계몽주의적 이성중심주의로 대표되는 모더니즘담론이 지배하던 시기라고 규정하고 이로부터의 탈피를 주장한다. 이들이 주장하는 모더니즘의 특징은 다음과 같다: 논리적 사고와 판단을 인식의 표준으로 삼는 이성주의와 이에 수반되는 보편주의, 인간을 이성적 주체로 보아 동일성과 책임성을 강조하는 인간관, 인간과 사회를 기능적 연관체제로 보는 시스템적 사고와 이에 연관된 효율성과 생산성의 강조, 인간과 사회의 구체적 현실보다는 커다란 관계를 중시하는 대서사(거대담론: grand narratives), 이성적 합리성의 증진을 통해 역사가 지속적으로 발전할 것이라고 보는 진보적 역사관 등이다.

포스트모더니즘은 이러한 모더니즘의 입장들이 허구적이므로 해체시켜야 한다고 주장한다. 특히 모더니즘의 중심주의, 정전주의, 정초주의를 반대하면서 다양성과 차이의 존중이야말로 인간화의 길이며, 따라서 소서사(small narratives)가 중시되어야 한다고 본다.

(2) 대표적인 학자

리오타르(Jean–François Lyotard), 데리다(Jacques Derrida), 푸코(Michel Foucault), 라깡(Jacques Lacan), 들뢰즈(Deleuze), 제임슨(Fredric Jameson) 등이 있다.

(3) 포스트모더니즘의 철학적 특징

① 대서사(grand narratives)에 대한 거부: 모더니즘 사회는 인간해방, 국가발전, 역사 진보 등 큰 이야기만을 중시하면서 지엽적인 작은 이야기, 예컨대 여성 및 성차별문제, 인종문제, 빈민문제, 아동문제, 환경문제 등은 등한시하고 억압을 해왔다. 그런데 이러한 작은 이야기들이야말로 인간적인 이야기, 필요한 이야기들이라는 것이 포스트모더니즘의 입장이다. 이들은 차이와 다양성의 공존, 즉 작은 이야기들이 공존하는 사회체제를 선호하며, 따라서 포스트모더니즘은 기본적으로 다원주의적이다.

② 포스트모더니즘은 또한 전통적 형이상학을 거부한다. 서구의 전통적 형이상학은 제일원인, 절대적 기원 등을 가정하여 다른 모든 의미체계가 그것에 의존해서 구성된다고 생각하는 사유체계(정초주의)를 만들어 내었다. 그런데 포스트모더니즘은 이러한 사유야말로 지식권력을 얻으려는 시도에 다름이 아니라고 본다.

③ 푸코는 특히 이러한 지식권력의 문제를 날카롭게 파헤쳤으며, 지식과 권력은 상호의존적 관계이며, 주체와 이성도 지식과 권력의 구성물이라고 주장하였다.

④ 포스트모더니즘은 후기 자본본주의의 문화논리라는 비판을 받기도 한다. 왜냐하면 포스트모더니즘은 사회에 대한 날카로운 비판보다는 유희적 행복감의 향유를 권장함으로써("순간을 향유하라!") 현대사회에서 다국적기업들이 소비를 덕목으로 부추기면서 소비자의 욕구를 조작하는 행태를 보이고 있음에도 불구하고 이에 대한 비판을 둔화시키는 측면이 있기 때문이다.

(4) 포스트모더니즘의 교육적인 특징

① 포스트모던 교육관은 총체적 사고와 보편적인 큰 틀에 의해 무시되고 소외되어 왔던 특수하고 지엽적인 문제들을 교육에 있어서 주제화시키고자 한다. 또한 인지적 지식에만 치중하는 대서사적 지식관은 포스트모던 사회에 더이상 적합하지 않으므로, 기술적, 윤리적, 미적, 정서적 요소가 인지적 요소와 대등한 지식으로 다루어져야 한다고 주장한다. 현대사회 곳곳에서 볼 수 있는 지식의 퓨전현상이 이러한 경향을 반영한다(디자인과 IT가 만나서 프라다폰이 만들어짐).

② 또한 계몽주의적 이성이 구축한 획일성, 전체성, 절대성의 지양하고 다원성과 상대성이 존중되어야 한다. 이를 위해 교육내용과 방법이 다양화되어야 하며, 상대적 가치가 최대한 존중되어야 한다.

③ 종래의 획일적인 교육체제 대신에 보다 유연하고 다양한 교육체제가 마련되어야 한다. 이를 위해 대안적 교육모델들을 개발, 발전시켜야 한다(열린 교육, 대안교육, 홈스쿨링).

④ 획일적인 커리큘럼과 교과서를 지양하고 학생과 교사가 공동으로 창작한 열린 교육과정, 열린 교과서가 개발되어야 한다.

(5) 포스트모더니즘교육관의 문제점

① 포스트모니즘은 작은 이야기를 선호하면서 큰 이야기를 해체시킨다. 그런데 큰 이야기가 해체되면 기존의 작은 이야기가 커보이게 되어 계속적으로 보다 작은 이야기로 나가는 경향을 보이며, 종국적으로는 각자 자신의 이야기만 주장하는 상태에 도달한다. 이에 따라 포스트모던 사회에서는 이기주의가 첨예화되는 경향이 나타나며, 이러한 경향은 필연적으로 환경문제 같은 공동체적 사안에 대한 무관심을 불러온다(NIMBY현상). 또한 향유하는 삶을 추구하는 경향은 감각적 쾌락에 탐닉하는 방향으로 나아가 인간 삶의 품위 상실, 정신적 빈곤화 등의 문제를 노출시킨다.

② 교육과정과 교과서를 단위학교 교사와 학생이 함께 제작하는 범위가 어느 정도까지 가능한지, 상대적 가치, 특히 학생들이 주장하는 가치기준을 어느 정도까지 허용할 수 있는지는 여전히 해결하기 어려운 교육적 문제로 남아 있다. 우리가 공동체적 삶을 포기할 수 없다면 어느 정도의 보편적인 교육의 틀이 불가결하다는 반론도 반박하기가 쉽지 않다.

7. 페미니즘(Feminism)과 교육

(1) 개 요

페미니즘과 생태주의는 전통적인 이성중심주의에 반대한다는 점에서 넓은 의미의 포스트모더니즘에 속한다고 볼 수 있다. 페미니즘은 여성이 전통적으로 남성에 비해 부당하게 차별과 억압을 받아왔다는 인식에 근거한다. 페미니즘은 여성의 억압상태를 묘사하고 그 원인과 결과를 설명하며, 여성해방을 위한 전략을 제시하려고 한다. 페미니즘은 가부장적 사회와 그에 바탕을 둔 학문풍토를 변화시키려는 적극적 지식운동이면서, 동시에 사회적·정치적 변화를 모색하는 실천운동이다. 페미니즘은 전통적인 철학이 남성의 편견을 담고 있다고 비판한다. 즉 여성의 경험과 활동이 소외되고 배제된 편파적인 철학이라는 것이다. 페미니즘 교육론은 교육목적, 방법 및 학교제도의 운영 등에 대한 분석과 비판을 통해서 교육을 통한 사회에서의 여성소외 양상을 밝히고, 여성뿐만 아니라 사회에서 부당하게 타자화되고 있는 계층에 대한 억압과 불평등의 극복을 시도한다.

(2) 대표적인 학자

울스톤크래프트(M. Wollstonecraft), 보부아르(S. de Beauvoir), 재거(A. Jaggar), 파이어스토운(S. Firestone), 크리스테바(J. Kristeva), 식수(H. Cixous), 이리가라이(L. Irigaray), 길리간(C. Gilligan), 나딩스(N. Noddings), 마틴(J. Martin) 등이 있다.

(3) 페미니즘의 이론적 유형

① 자유주의 페미니즘은 여성문제의 원인을 기회의 불평등에 있다고 보며, 따라서 여성이 남성과 동등한 권리를 얻게 되면 문제가 해결될 것이라고 생각한다. 동등한 권리를 주장하기 위해서는 먼저 여성들이 합리적이고 책임감 있는 행위자가 되어야 하며, 둘째로 교육을 통해 동등한 권리의식을 길러야 한다. 교육은 사회변화를 초래하고 사회를 변형시키는 가장 효과적인 수단이다.

② 사회주의 페미니즘은 마르크스주의 이데올로기에서 출발한 사회주의 여성운동으로서, 여성억압을 자본주의의 경제관계의 산물로 본다. 즉 전통사회에서 생산수단이 남성의 수중으로 들어갔으며, 그로 인하여 여성들이 남성들에게 의존하고 억압당하는 처지가 되었다는 것이다. 이를 시정하기 위해서는 여성도 생산수단이나 독립재산을 소유해야 하며, 전업주부의 가사노동도 유급개념으로 평가해야 한다고 주장한다.

③ 급진적 페미니즘은 기존의 사회를 남성중심의 지배체제라고 규정하고 이를 단호히 거부하며 여성적인 기준과 가치관에 따른 사회질서의 재구조화를 추구한다. 강한 정치적 성향을 보이며 가부장제의 폐지 등을 주장한다.

(4) 페미니즘 교육관의 특징

① 여성억압의 현상과 원인을 밝히기 위해 사회구조적 불평등과 그 바탕에 깔려있는 이데올로기에 대한 분석을 바탕으로 여성에 대한 교육에서의 차별구조를 밝히고 이를 교육적으로 주제화 한

다. 특히 여성들이 나면서부터 사회환경으로부터 주입받은 여성에 대한 차별과 억압을 당연시하는 의식을 자각하고 이를 극복함으로써 여성이 독립적이고 평등한 인격주체로 설 수 있도록 하는 여성교육에 관심을 기울인다.

② 양성평등사회의 실현을 목표로 하는 페미니즘은 전통사회에서 여성들이 도덕적으로 열등한 존재로 취급받았음을 지적하고, 그 원인을 남성이 선천적으로 우월하게 지니고 있는 힘에 기초한 윤리라고 볼 수 있는 정의의 윤리가 지배적이었기 때문이라고 본다. 그러나 여성이 선천적으로 우월하게 지니고 있는 동정, 감정이입, 관용, 양육, 배려 등의 요소들에 기초한 윤리도덕을 세우면(배려의 윤리) 여성이 더 이상 도덕적으로 열등한 존재로 취급받지 않게 된다고 주장하였다.

8. 생태주의와 교육

(1) 이론적 배경 및 철학적 특징

생태주의는 20세기까지 인간이 인간을 위해 이룩한 과학문명이 전생태계를 위협하고 있음을 지적하면서, 이런 위기를 극복하기 위해서는 이원론적 형이상학(예 데카르트의 이원론), 인간중심의 근대 주체철학, 자연지배적 태도, 과학 만능적 사고(실증주의)에서 벗어나 탈인간중심주의, 탈주체주의, 일원론적 인식론, 생태주의, 자연친화적 태도, 전일적(holistic) 사유로 바뀌어야 한다고 주장한다. 생태학적 관점 역시 포스토모더니즘의 주장처럼 모더니즘적 세계관, 모더니즘 교육학에 대해서 비판하면서, 교육은 상생관계의 증진을 기본원리로 삼아야 한다고 주장하였다.

(2) 대표적인 학자

북친(Murray Bookchin), 네스(Arne Naess), 카프라(F. Capra) 등을 들 수 있으며, 동양사상(동학사상 등)은 생태학적이다.

(3) 생태주의 교육관의 특징

① 생태주의는 세계 내 모든 존재자가 상호 연관적이며 상호 의존적임을 인식하여(전일적 시스템), 상생의 삶을 증진하는 것이 교육의 가장 중요한 사명임을 천명하고,

② 서구의 전통적 인본주의(humanism)가 그 자체로는 아름다운 사상이지만 자연에 대한 배려가 빠져있으므로, 자연과 인간을 상생적 관계로 파악하는 생태적 인본주의를 주장하며,

③ 이에 따라 윤리도덕도 자연에 대한 배려와 책임을 강조하는 생태윤리여야 함을 주장하였다.

④ 또한 학교교육과정의 구성에 있어서 이른바 모더니즘시대에 축적된, 자연을 파괴하면서 얻어진 개발지식들을 가급적 지양하고, 이를 대체할 수 있는 자연친화적, 상생을 실현하는 지식들을 개발하고 이러한 지식들을 중심으로 교육과정을 재구조화할 것을 주장한다.

⑤ 교육방법에 있어서도 상생의 원리가 구현되어야 한다. 교사-학생의 관계도 일방적인 관계가 아닌 수평적이고 상호협력적인 관계로 재정립되어야 하며, 학생과 교사가 협력하여 주제를 선정하고 함께 학습을 해 나가는 협동학습을 선호한다.

9. 홀리스틱 교육(Holistic Education)

홀리스틱 교육이란 20세기 말부터 본격화된 새로운 교육의 경향이며, 인간을 전인(whole person), 즉 생물학적, 생태적 차원, 심리적, 정서적 차원, 사회문화적, 이념적 차원, 영적 차원 등을 지닌 복합적, 중층적 존재로 이해하는 포괄적 인간관에 기초하고 있다. 이러한 인간관에 상응하여 홀리스틱 교육관은 생태주의와 유사하게 세계 안에서 인간과 모든 존재자들은 상호 연관적, 의존적이므로(전일적 시스템), 존재자들 간의 지배, 대립하는 관계에서 벗어나 상호의존과 조화를 추구할 것을 주장한다. 따라서 교육도 조화(균형), 포괄, 연관의 원리에 따라 교육 목표, 내용, 방법이 재조정되어야 한다고 본다.

10. 자유교육(Liberal Education)

(1) 개 요

자유교육은 1960−70년대에 영국 런던대학교의 피터스(R. S. Perers)와 허스트(P. H. Hirst) 등에 의해 주도되어 20세기 후반 영미권의 교육에 크게 영향을 미쳤다. 이들에 따르면, 자유교육은 서양 고대의 아리스토텔레스, 이소크라테스의 교육관에서 발원했다고 보며, 로마시대 이래 **7자유학과**를 가르쳐온 교육전통 속에서 자유교육이 발전되어 왔다고 주장한다. 자유교육이란 요컨대, 생존을 위한 교육(직업교육, 실용교육)으로부터 벗어나 인간이 인간답게 살아가기 위해서 기본적으로 갖추어야할 소양을 교육해야 한다는 입장을 말한다.

(2) 자유교육의 내용

교육은 가장 가치 있는 활동을 추구해야 하며, 가장 가치 있는 활동은 교육의 내재적인 가치인 **합리적 마음의 계발** 또는 **합리성의 추구라고 주장한다.** 이러한 합리적 마음의 발달은 학생들을 몇 가지 '**지식의 형식**(forms of knowledge)'에 입문시킴으로서 가능한데, 지식의 형식이란 인간의 경험이 구조화되고 명확해지며, 확장되는 독특한 이해방식이다. 허스트는 8가지의 지식의 형식, 즉 학문을 제시하였다: 수학, 물리학, 인문학, 역사, 종교, 문학, 순수예술, 철학.

(3) 문제점 및 대안

자유교육은 합리성과 이론적 지식의 추구에 치중한 결과, 실제 삶과의 관련성이 멀어지는 문제를 노출하게 되었으며, 이에 대한 대안으로서 허스트, 맥킨타이어(A. MacIntyre) 등은 '**사회적 실제에의 입문**(education as initiation into social practices)'으로서의 교육을 제안하였다.

11. 실증주의(Positivism)

실증주의란 감각으로 파악되는 객관적 현상만을 참된 지식의 원천이라고 보는 철저한 경험주의적 입장으로, 자연과학의 발달과 계몽사상의 영향을 받아 등장한 고전적 실증주의와 20세기 양차 세계대전 기간에 비엔나에서 만났던 과학적 성향의 철학자 집단으로부터 시작되어 분석철학으로 발전한 신실증주의로 나누어진다.

실증주의의 특징은 다음 세 가지로 요약될 수 있다.

① 경험주의, 객관주의: 관찰과 측정, 반복과 재현이 가능한 경험적 현상만을 지식의 소스로 인정하며, 엄밀한 객관성을 추구한다. 특히 현상들을 지배하는 보편적인 법칙을 발견하는 데에 주력한다.

② 과학주의: 실증주의는 자연과학적 방법론에 근거한 학문적 태도로서, 자연현상과 마찬가지로 인간과 사회현상을 지배하는 보편적 법칙이 있다고 보고, 자연과학적인 방법을 인간과 사회현상의 연구에 적용한다.

③ 사회학주의: 실증주의는 개인보다는 사회에 관심을 두며, 사회가 개인의 단순한 합을 넘어선다고 보는 사회유기체설의 입장에 선다. 이에 근거하여 탄생한 기능이론은 사회현상에 대한 거시적 작동원리의 탐구에 주력한다.

현상을 지배하는 보편적 법칙에 관심을 갖는 실증주의는 인간 및 동물의 연구에 있어서 행동주의로 나타났으며(행태연구), 또한 교육연구에 있어서 계량적 방법을 주로 사용하는 양적 교육연구를 발전시켰고, 실증주의의 유기체적 세계관은 교육현상에 대한 체제적 접근으로 발전되었다.

12. 구조주의(Structuralism)

구조주의란 1960년대부터 두각을 나타낸 학문적 방법론으로, 인간의 언어, 사회, 정신 등을 지배하는 보편적인 구조가 존재한다고 주장하므로 구조주의라고 부른다. 인간의 주체도 구조의 산물이라고 보므로 인간이 스스로의 자유로운 선택에 의해 자신의 내용과 본질을 만들어간다고 주장하는 실존주의에 반대한다. 개인의 특성은 보편적인 구조에 의해 마련된 가능성을 일정하게 조합한 것에 지나지 않으며, 이러한 구조들은 시간과 문화적 상황(역사)에 관계없이 일정하므로, 실존주의가 주장하는 인간존재의 역사성과 주체성은 허구라는 것이다. 따라서 구조주의자들은 개별적 사실보다는 사실들 사이의 상호관계로 구성되는 구조(structure)를 연구의 대상으로 하며, 사회생활에서 인간의 의식과 행동을 규정하는 '심층적 구조'를 밝히고자 한다. 대표적 구조주의자들의 견해는 다음과 같다.

① 피아제(J. Piaget): 인간의 정신은 경험을 처리하는 인지구조로서의 도식(schema)을 가지고 있으며, 이러한 인지 구조는 타고난 적응능력(동화, 조절, 평형)을 통해 만들어진다고 보아 발생학적 구조주의의 입장을 취하였다.

② 콜버그(L. Kohlberg): 도덕적 판단능력은 일정한 단계를 거쳐 발달하며, 각 단계는 특수한 형태로 표현되는 뚜렷한 정신구조로 되어 있다고 주장하였다.

③ 촘스키(N. Chomsky): 인간 정신은 여러 하부구조들을 포괄하는 통합적 구조로 구성되어 있으며, 이러한 구조는 선천적인 것이라고 주장하였다. 특히 언어와 관련된 하부구조는 언어규칙을 포함하고 있으며, 이러한 언어규칙은 유전적으로 프로그램화 되어 있고, 적절한 환경적 자극이 주어지면 저절로 발달한다고 주장하였다.

④ 이들 외에도 구조언어학의 개척자 소쉬르(F. D. Saussure), 이를 미개부족의 신화, 친족관계 등의 연구에 적용한 레비 스트로스(Claude Levi-Strauss), 정신분석학의 자크 라캉(Jaarques Lacan), 문학비평의 롤랑 바르트(Roland Barthes) 등이 있다.

⑤ 후기구조주의: 미셸 푸코(Michel Foucault), 자크 데리다(Jacques Derrida), 리오타르(J.F. Lyotard) 등으로 대표되는 후기구조주의는 (전기) 구조주의처럼 '구조의 존재'를 주장하지만, '구조의 보편성, 불변성'에 반대하였다. 이러한 입장은 서구역사에서 보편적 이성과 절대적 진리의 주장이 초래한 전체주의적 억압에 반대하면서 개별성, 우연, 단절, 차이 등을 주장하는 포스트모더니즘과 궤를 같이 한다.

13. 구성주의

구성주의는 전통적인 객관주의적, 보편주의적 인식론의 입장에 반대하여, 우리가 인식하는 실재(reality)란 인식주체인 우리 자신이 처한 현실 속에서 경험적, 인지적 활동을 통하여 구성한 것이라고 주장하는 인식론적 입장이다. 우리는 절대적 실재를 알 수 없으므로, 우리에게 의미 있는 실재란 경험 이전에 이미 존재하고 있는 선험적 실재가 아니라 각자의 경험적 과정을 통해 구성되는 여러 개의 현실, 또는 '우리 나름의 현실(our version of reality)'이다. 따라서 진리란 다만 우리에게 유용성을 주는 지식이며, 따라서 구성주의에서는 진리라는 용어 대신 적합성, 생존성, 유용성이라는 용어를 선호한다.

교육에 있어서 구성주의는 개인의 인지적 과정을 강조하는 '인지적 구성주의'(Piaget)와 사회적, 문화적, 역사적 상황을 강조하는 '사회적 구성주의'(Vygotsky)로 나누어진다. 이들의 입장에 따르면 지식은 단순히 수동적으로 전달되는 것이 아니라, 개인이 지닌 이전의 지식과 경험에 의해 재창조된다. 인간은 지식창조의 주체이며, 이러한 의미의 지식은 그 지식이 만들어지는 상황에 영향을 받는 것이므로, 실제상황에서 학습자의 주체적, 능동적인 경험을 통한 지식의 창조가 강조된다. 이에 따라 수업에 있어서도 실제상황과 거의 유사한 상황을 통한 문제해결수업을 권장한다. 또한 학습자 중심의 자기 주도적, 과정 중심적 학습이 강조된다. WGI(Without Given Information), BGI(Beyond Given Information).

1. 전통적 교육철학

- 이상주의: 감각적 실재보다 관념적 실재(=이데아)를 우위에 둠/교육은 이데아를 깨닫도록 이끄는 것(영혼의 전향 /동굴의 비유). 회상설·상기설/인문교양교육 강조/소크라테스, 플라톤, 칸트, 피히테, 헤겔
- 실재주의: 관찰, 실험, 사유(=사변)을 통한 사실세계의 법칙과 질서(='실재의 구조') 파악에 관심/독립성의 원리/ 학습이란 사실세계를 법칙적, 체계적으로 파악하는 과정/실물교수, 과학적 방법 중시/아리스토텔레스, 토마스 아 퀴나스, 헤르바르트, 코메니우스
- 자연주의: 문명사회에서 상실된 자연성(=천성)의 회복에 관심/고유한 자아를 충분히 발달시킨 후(=자연인의 교 육), 사회에 적응시키는 교육(=시민교육)을 해야 함/고상한 야인/소극적 교육/발달단계에 따른 교육/자연·인간·사 물에 의한 교육/루소, 페스탈로치, 스펜서

2. 현대 교육철학 1: 미국적인 교육철학

- 프래그머티즘: 진보주의 교육운동의 철학적 근거, 변화만이 실재, 절대적인 진리거부, 상대적인 진리 옹호, 도구 주의, 교육의 목적은 보다 많은 성장, 교육은 생활 그 자체, 반성적 사고에 의한 경험, 교육은 경험의 재구성, 소형사회로서의 교육, 행함으로써 배움, 아동의 흥미와 욕구존중, 내용보다는 과정중시, 퍼어스, 제임스, 듀이
- 진보주의: 아동중심의 교육사상, 교육은 생활 그 자체, 아동의 흥미, 문제해결의 방법, 안내자로서의 교사, 협력, 민주주의, 킬패트릭의 구안법, 듀이, 차일즈, 카운츠, 파커, 킬패트릭
- 본질주의: 훈련, 노력, 교사중심, 교과전달, 민족적 경험, 인류의 경험, 배글리, 브리그스, 브리드, 데미아스케비치
- 항존주의: 진리의 항구성, 영원성, 불변성, 이성계발, 생활을 위한 준비, 고전, 허친스, 아들러, 마리땡
- 재건주의: 사회변화, 미래지향적, 브라멜드, 카운츠

3. 현대 교육철학 2

- 분석철학: 논리실증주의, 일상언어철학, 교육용어의 개념분석, 교육학의 과학화, 러셀, 비트겐슈타인, 피터스, 셰플러, 솔티스
- 실존주의: 주체성, 실존, 자유, 선택, 책임, 비연속적 형식의 교육, 만남, 사르트르, 부버, 볼노오
- 현상학: 사태자체로, 현상학적 환원, 판단중지, 생활세계, 전반성적인 지각, 지각의 주체로서의 몸, 후설, 메를로- 퐁티
- 비판이론: 과학적 접근의 거부, 계몽, 사회의 불평등 비판, 해방, 마르크스주의 이론의 수정, 도구적 합리성 비판, 교육체제와 사회구조사이의 상호의존성 밝힘, 의식화교육, 호르크하이머, 마르쿠제, 하버마스
- 해석학: 이해, 해석, 선이해, 대화, 딜타이, 가다머, 하이데거
- 페미니즘: 여성의 억압과 소외에 대한 비판, 자유주의 페미니즘, 사회주의 페미니즘, 급진적 페미니즘, 양성평등 교육, 여성의 주체적 자기인식을 위한 교육, 배려의 윤리, 울스톤크래프트, 보부아르, 재거, 크리스테바, 이리가라 이, 길리간, 나딩스, 마틴
- 포스트모더니즘: 해체, 탈중심, 탈정전화, 차연, 반정초주의, 다양성, 소서사, 총체적 사고·진리에 대한 거부, 형 이상학에 대한 거부, 지식과 권력의 상호의존, 후기 자본주의의 문화논리, 소서사적 지식관, 다원성과 다양성에 맞는 교육, 리오타르, 데리다, 푸코, 라깡, 제임슨
- 생태주의: 탈인간중심 철학, 일원론적 인식론, 자연친화적 태도, 전일적 사유, 상생의 교육, 북친, 동양사상
- 홀리스틱 교육: 인간은 전인(whole person), 즉 복합적, 중층적 존재. 전체가 하나이며 모두가 상호 연결되어 있음. 조화(균형), 포괄, 연관의 원리에 따른 교육
- 자유교육: '지식의 형식(forms of knowledge)'에 입문시킴으로서 합리적 마음의 계발 또는 합리성의 증진을 도 모하는 것이 교육의 핵심.

주관식 기출 및 예상문제

문제 1 다음 제시문에서 주장하는 '인간본성에 대한 관점'을 바탕으로 일선학교에서 실제 학생상담을 실시할 때 일어날 수 있는 순기능과 역기능에 대하여 논하시오.[2013 평가원 발표 예시문항]

"신은 인간을 선하게 창조하였다. 인간이 만물에 간섭하여 모든 것이 악하게 되어 버렸다. 인간은 억지로 A의 토지에서 B의 토지의 산물을 생산하려 하고 C의 나무에서 D의 나무열매를 얻으려 한다. 인간은 기후·장소·자연의 순서 등 모든 것을 뒤섞고 혼동해 버린다. 인간은 모든 것을 깨뜨려서 보기 싫게 만든다. 인간은 불구와 기형을 즐겨서 무엇 하나 자연이 만든 그대로 두려고 하지 않는다. 그러나 교육조차 없었다면 인간 만사가 점점 나쁘게 되어 인류는 지금의 반도 되지 않았을 것이다."   -루소의 [에밀]에서-

모범답안

1. 논제의 해석

이 문항은 교육철학과 상담을 결합시킨 문제이며, 루소의 인간관에 따라 상담활동을 할 때 나타날 수 있는 긍정적 측면과 부정적 측면에 대해 논하라는 것이 논제의 요지이다.

2. 서론쓰기

현재 한국의 일선 학교의 상황에 대한 자신의 생각, 인간 본성에 대한 이해와 상담 간의 일반적 연관성 등이 언급될 수 있을 것이다. 서론은 일반적인 관점에서 시작하여 범위를 좁혀 본론으로 들어가도록 이끄는 부분이며, 3-4줄을 넘지 않게 간략하게 작성한다.

3. 본론쓰기

본론은 본론1과 본론2로 나누어질 수 있다. 본론1에서는 루소의 자연주의적 교육관의 요지를 간단히 서술한 다음, 본론2에서는 이와 관련성이 많은 상담이론인 로저스의 인간중심상담이론(비지시적 상담이론)의 개요를 간단히 제시한 다음, 이에 따른 상담활동상황을 간략히 묘사하면서 그의 긍정적인 측면과 부정적인 측면을 서술한다.

〈루소의 인간관과 교육관의 개요〉

루소에 따르면 개인의 타고난 천성(자연성)은 바꿀 수 없으며, 바꾸려고 해서도 안 되는 근원적인 자아이다. 이러한 근원적 자아를 따르지 않는 삶은 행복할 수 없으며, 타고난 천성을 잘 보존, 발달시킨 사람만이 행복한 삶을 살 수 있다. 따라서 교육의 우선적 과제는 아동의 욕구 및 흥미를 발달시켜서 자신의 욕구나 관심에 따라 자발적으로 사고하고 행동하는 인간을 길러야 하며(자연인 교육), 2차적으로 문화적, 사회적으로 잘 적응할 수 있도록 해야 한다(시민 교육).

〈로저스 상담이론의 개요〉

1) 로저스 상담이론의 기본입장

① 인간은 본래 선한 마음을 지니고 태어난다. (내재적인 선한 성품)

② 인간은 선천적으로 자아실현의 욕구가 있다. (긍정적 방향의 성장)

③ 부적응은 자신의 자기 개념과 실제 경험이 일치하지 않을 때 일어난다.

④ 사람들은 자신의 자기 개념과 상충하는 경험을 부정, 왜곡, 합리화하여 자신의 자기개념과 일치하게 하려고 하는데, 그 과정에서 불안, 긴장, 우울, 죄책감, 수치심이 유발된다.

2) 순기능

① 인간중심상담은 내담자중심의 상담이며, 내담자의 입장을 존중하고 이해, 수용하면서 내담자가 당면한 문제를 자발적으로 해결할 수 있도록 돕는 것을 기본으로 한다.

② 내담자 스스로 자신의 문제를 해결 할 수 있도록 조력하기 때문에 상담효과가 장기적으로 이어질 수 있다.

③ 신뢰를 기반으로 허용적인 분위기를 만드는 데 주력하기 때문에 내담자가 자신을 자유롭게 표현할 수 있고, 그 과정에서 자신의 문제 해결책을 스스로 찾을 수 있게 된다.

④ 내담자를 평가하거나 진단하지 않기 때문에 내담자에게 심리적으로 상처를 주지 않고도 변화를 도모할 수 있다.

3) 역기능

① 인간중심상담은 인간 전체를 시야에 두기 때문에 목표가 지나치게 일반적이고 포괄적이다.

② 지적/인지적인 측면의 내담자 평가를 거부하므로, 심리검사 등의 객관적인 정보를 사용하여 내담자에게 적합화된 효과적인 조력이 이루어지지 못하거나 시간이 많이 걸린다.

③ 비지시적이며 내담자 중심이므로 지적 수준이 낮아서 상황 판단이 어려운 사람 또는 왜곡이 심해서 현실검증력이 부족한 경우에는 적용하기 어렵다.

④ 상담활동에 있어서 상담자 자신의 가치가 배제되기 어렵다.

⑤ 내담자의 입장만 중시하다 보면 상담이 소극적, 방임적으로 흐르기 쉽다.

4. 결론 쓰기

본론의 내용을 요약하기보다는 긍정적, 부정적 측면을 종합적으로 고려할 때 루소의 교육관에 기초한 상담활동에 대해 어떤 평가를 내릴 수 있는지를 결론적으로 언급할 수 있을 것이다. 결론의 서술 과정에서 순수한 논리적 분석보다는 현실의 일선학교의 상황을 간단하게나마 언급한다면 논의의 구체성을 제고시킬 수 있을 것이다.

문제 2 교육은 '가치기업(價値企業)'이라고 불리울 정도로 가치 내재적 활동이다. 다른 한편으로 교육은 '가치중립적'이어야 한다는 주장이 있다. 이 두 관점이 의미하는 바를 설명하고 어떻게 양립할 수 있는지를 논하시오.[2009 행정고시 2차시험]

모범답안

1. 서론

일반적인 의미에서 보면 가치(value)란 인간의 관심이나, 욕구, 필요의 대상이 되는 모든 것을 의미하므로, 어떠한 교육행위도 가치중립적이 될 수 없다. 그러나 전통적으로 교육은 주로 정신적인 가치들을 교육의 목표로 추구하였다. 대표적인 것이 도덕성, 이성, 경건성, 성실성, 양심, 교양, 배려, 공동체의식, 민주적 시민의식 등이며, 이를 구현한 도덕인, 성자, 현자, 군자, 교양인, 민주시민 등이 이상적인 교육적 인간상으로 제시되었다. 그러나 실제로 교육을 추동한 보다 강력한 동기는 예나 지금이나 직업적, 사회적 성공이라는 실용적 가치였다. 동서를 막론하고 권력과 부의 증대, 사회적 신분상승, 존경과 명예의 획득, 유복한 삶 등에의 욕구가 교육수요로 분출되어 왔다는 것은 부인할 수 없는 사실이다. 문제는 현대교육에 있어서도 전통교육에서 주장하는 정신적 가치들의 우위를 주장하는 입장과 실용적 가치들의 중요성을 강조하는 입장이 대립, 갈등하고 있다는 것이다. 이러한 가치갈등을 분석해 보고, 이에 대한 조정방안에 대해 논의해 보고자 한다.

2. 교육의 가치지향성과 가치중립성

서론에서 언급한 바와 같이, 전통교육에서는 주로 정신적 가치들을 교육의 목표로 설정하였다. 그런데 이러한 정신적 가치들은 역사적으로 볼 때, 인류가 문화를 발달시키면서 생겨난 문화적 이상들이라고 볼 수 있다. 특히 종교와 도덕이 생겨나면서 종교적, 도덕적 가치들이 생겨났고, 이들 가치들은 각각의 닫혀있는 문화권 안에서 이상화, 절대화되는 과정을 밟아왔으며, 형이상학과 신학, 문학, 예술 등이 이러한 가치들에 정당성을 부여해왔다. 이에 따라 교육에 있어서도 이러한 문화적 가치들의 실현이 최고의 목표로 설정되었다. 그러나 개방화, 다원화, 정보화 등으로 특징지어지는 현대사회로 이행하면서, 전통적인 가치들의 절대적 보편성에 대한 요구는 점점 더 힘을 상실하고 있다. 이러한 현대사회의 추세가 학교교육에 있어서도 전통적인 정신적 가치들에 대한 관심의 저하로 나타나고 있다고 볼 수 있을 것이다.

철학의 분야에서 전통적인 정신적 가치들의 약화는 형이상학적 사변이 퇴조하고 실증주의적 사고가 철학의 지형을 지배하게 된 것과 밀접한 관련이 있다. 특히 19세기 말에 출현하여 20세기에 크게 발달한 분석철학은 '검증의 원리'를 앞세워 경험적 사실에 부합하지 않거나 논리적 타당성이 검증되지 않는 명제들을 무의미한 명제로 치부하였는데, 여기에 형이상학적 명제나 가치판단명제 등이 포함되었다. 왜냐하면 형이상학적 명제(예컨대, "만물을 움직이지만 스스로는 움직이지 않는 근원적 일자(一者)가 있다"는 아리스토텔레스의 형이상학 명제)는 경험을 넘어선 주제에 대한 언급이므로 그 사실성 여부가 검증(확인)될 수 없고, 가치명제는 매우 주관적이므로 객관적인 타당성이 입증되기 어렵다는 이유 때문이었다. 예를 들어 우리가 학창시절에 어떤 교사의 행동을 보고, "아 이런 모습은 너무 비교육적이야!"라는 가치판단을 내렸을 때, 이 최초의 판단은 당사자 개인의 주관적이고 직감적 판단이다. 따라서 그러한 판단의 객관적 타당성을 검증할 수 없다는 것이다. 이러한 시대적 흐름과, 철학의 경향들이 교육현장에서 가치중립성의 요구로 나타나고 있는 것이라고 할 수 있을 것이다.

3. 가치갈등의 해소방안

교육이 가치중립적이어야 한다는 주장은 요컨대 교육의 실용성, 효율성의 가치를 중시하는 입장이라고 볼 수 있으며, 가치들(특히 정신적 가치들)에 대한 보편성 주장이 교육의 실용적 효율성의 제고를 오히려 장해하고 있으므로 이러한 시효가 지난 전통적 가치덕목들이 교육현장에서 약화, 내지는 제거되어야 한다는 입장일 것이다. 이러한 주장에도 일리가 없지 않다. 그러나 이러한 입장이야말로 우리 사회에서 교육을 성공과 출세의 수단으로만 봄으로써 인성교육을 파탄시킨 원인이 아닐까 생각한다. 분석철학자들이 주장하듯이 실증이 되지 않는다고 하여 정신, 자유, 인격, humanity등의 관념들을 교육에서 제거한다면 인간은 단지 생리적 메커니즘에 지배되는 존재로 환원되는 것이 아니겠는가. 이와 같은 관점에서 볼 때, 교육은 절대로 가치중립적인 것이 될 수 없다고 생각한다.

그렇지만 전통적 가치들을 절대화하고 획일적 보편성을 부여하는 것도 더 이상 시대의 흐름에 맞지 않는다고 본다. 그렇다면 남는 길은 무엇일까? 우리 각자 자신들이 가치판단의 주체임을 자각하고, 공동체 안에서 공유할 수 있는 가치에 대한 합의에 도달하려는 노력에 참여하는 것뿐이라고 생각된다. 이를 위해서는 무엇보다도 토론문화가 발전되어 하버마스가 공론장(公論場: Öffentlichkeit)이라고 명명한 활발한 의사소통의 장이 형성되어야 할 것이다. 따라서 교육현장에서도 각 주체들이 추구하고자 하는 가치들에 대한 활발한 토론과 합의가 도출될 수 있는 의사소통구조가 형성되어야 할 것이다. 이렇게 되면 앞에서 언급된 가치갈등의 문제도 훨씬 유연하게 조정해 나갈 수 있을 것이다.

P·A·R·T

3

EDU

교육심리학 · 교수학습 · 교육공학 · 생활지도와 상담

교원임용 객관식 교육학 K 교육학

CHAPTER

05 교육심리학

▶ 교육학 논술 길라잡이

✓ 발달과 개인차 관련 주요이론과 그 이론의 주요 개념에 대한 정의, 교육적 함의점 등을 중심으로 파악한다.

✓ 이론의 관련된 이론들(Piaget vs Vygotsky, Gardner vs Sternberg) 간의 유사점과 차이점을 정리해 둔다.

✓ 특히 형식적 조작기, 정체감 대 정체감 혼미 등 청소년기와 관련된 발달단계와, 비교적 최근의 지능이론인 Gardner와 Sternberg의 지능이론을 정리해 둔다. 2016학년도에 에릭슨의 정체성발달이론에 대한 문항이, 2019학년도에는 Gardner의 다중지능이론이 출제된 바 있다.

▶ 한 눈에 보는 핵심요점

중점 주제			개요 및 학습주안점	세부 학습 포인트	다른 교육학 이론과의 연관성
학습자에 대한 이해	발달	인지 발달	★★Piaget	인지불균형을 통한 인지구조의 변화 및 발달 평형화-불균형, 도식, 적응-동화 & 조절 감각운동 → 전조작 → 구체적 조작 → 형식적 조작	구성주의 인식론, 인지적 구성주의 교수이론
			★Vygotsky	문화 속에서 언어를 통한 사회적 상호작용 근접발달영역(ZPD), 발판(비계), 역동적평가	구성주의 인식론, 사회적 구성주의 교수이론
		정의적 발달	Freud (성격발달)	본능, 자아, 초자아 리비도집중: 구강기 → 항문기 → 남근기 → 잠복기 → 생식기	정신분석학 상담
			Erikson (심리사회적 발달)	신뢰, 자율, 주도, 근면, 정체, 친밀, 생산, 자아통합 ★★Marcia 정체감 유형 : 확립, 유실, 유예, 혼미	청소년비행
			Kohlberg (도덕성발달)	벌과 복종, 욕구충족/대인관계, 법질서/사회계약, 보편원리	
	개인차	지능	Cattell	유동지능(유전), 결정지능(문화)	
		이론	★Gardner (다중지능)	다수 별개의 독립적 지능 영역: 언어, 논리수학, 공간, 운동, 음악, 대인관계, 자기이해, 자연이해, 실존	복합적, 실제적 능력, 장점과 약점	개정 교육과정과 연계방안, 수행평가
			★Sternberg 삼위일체	① 요소하위(분석능력): 메타, 수행, 지식습득 ② 상황하위(실제능력): 환경적응, 선택, 변화 ③ 경험하위(창의능력): 신기성, 자동화		

		검사	편차지능지수	동년배 내의 상대적 위치	
개 인 차	지 능		K-WISC-III	언어, 동작, 전체 IQ & 요인근거 지표(언어이해, 지각조직, 주의집중, 처리속도)	
		검 사	지능검사 및 IQ 특징	검사도구의 문화적 편파, Flynn 효과, 해석과 활용에 주의	
	창의성		구성요소	유창, 융통, 독창, 민감, 정교	
			★계발	브레인스토밍, 문제 해결법, 속성열거법, 생산적 사고 프로그램, SCAMPER, 육색사고모자, PMI	
	인지 양식		정의	개인특유의 인지패턴	
			분류	★★장의존(전체적, 직관적) vs 장독립(논리적, 분석적), 충동성(빠른 반응 오류) vs 사려성(늦은 반응 정확)	

152   PART_3   교육심리학·교수학습·교육공학·생활지도와 상담

1. 발달 이해의 기초: 개념과 연구의 최근동향

(1) 발달의 개념

발달은 수정에서 죽음에 이르기까지 인간의 전 생애를 통해 일어나는 모든 변화의 양상과 그 과정을 말한다. 즉, 경험, 학습, 성숙의 결합에 따라 나타나는, 일정한 순서가 있는 지속적인 변화로, 이 변화 과정에는 질적, 양적 변화가 포함되며 신체·운동기능·지능·사고·언어·성격·사회성·정서·도덕성 등 인간의 모든 특성들이 포함된다. 발달의 6가지 원리에는 ① 개인차의 원리, ② 일정한 순서와 방향의 원리, ③ 유전과 환경(성숙과 학습)의 상호작용의 원리, ④ 계속성의 원리, ⑤ 분화와 통합의 원리, ⑥ 결정적 시기의 원리 등이 있다. 성장은 주로 양적 변화를 의미하고, 성숙은 생물학적 발달과정에 의한 질적 변화를, 학습은 경험에 의한 변화를 의미한다.

(2) 발달연구의 최근 동향: Bronfenbrenner의 생태이론('12 초등임용 출제)

발달연구는 발달에 있어 유전과 환경의 어느 한 요소를 강조하다가 점차 유전과 환경의 상호작용을 강조하는 방향으로 진행되었다. 최근 **생태이론**에서는 환경의 개념을 보다 확장하고, 확장된 환경과 아동의 상호작용을 중시한다. 아동은 단순히 환경에 영향을 받는 존재가 아니라 환경에 영향을 주기도 하는 능동적인 존재임을 강조한다. 환경이란 역동적으로 변화하고 아동은 자신이 속한 환경을 선택·조정·창조하기도 한다. 환경은 다음의 5가지 수준으로 분류된다.

① **미시체계**는 개인을 중심으로 가장 안쪽에 위치하는 또래집단, 이웃 등 일대일로 만나서 직접적으로 친숙한 대인관계를 형성하는 물리적, 사회적 환경이다. 생태이론은 이 미시체계 내에서의 아동의 능동성과 상호작용패턴에 관심을 두었다.
② **중간체계**는 미시체계와 연결되는 가정, 학교, 이웃, 유아원 등의 기관과 아동 발달 간의 관계성에 관심을 둔다. 가령 가정의 경험이 학교 행동에 미치는 영향 또는 또래 간의 사회성과 학교성적과의 관련성 여부에 대한 연구가 진행되었다.
③ **외체계**는 아동이 직접적으로 접촉하고 있지는 않지만 아동에게 영향을 주는 부모의 직장, 손위 형제가 다니는 학교, 지역사회의 보건소와 같은 환경이다.
④ **거시체계**는 개인이 속한 사회나 하위문화의 이념 및 제도의 유형으로 사회문화적 규범과 같은 커다란 체계를 의미하는데, 아동이 속해 있는 사회의 가치, 법률, 관습 등의 거시체계도 아동에게 간접적인 영향을 준다.
⑤ **연대체계**는 부모의 이혼 등과 같이 아동의 환경에서 발생하는 사건들의 양식과 생애 있어 전환점이 되는 사건을 의미한다(시간 변인 고려).

2. Piaget와 Vygotsky의 인지발달 이론의 공통점과 차이점

(1) Piaget의 인지발달론('05 초등논술, '07, '09, '10, 초등임용, '07, '10, '11 중등임용 출제)

Piaget에 의하면 인간은 세상이 어떻게 작동하는지, 자신의 존재에 대한 질서, 구조, 예측성을 이해하려고 하는 선천적인 욕구를 지닌 존재로, 세상과 상호작용하는 가운데 세상에 대한 이해를 스스로 구성해 가는 과학자와 같은 존재이다. 그는 인간의 지적 능력을 개인이 환경에 효과적으로 적응할 수 있는 능력으로 정의하는데, 인지의 발달은 세상을 이해하는 과정에서 발생하는 인지불균형을 동화와 조절을 통하여 해소하고 자신의 인지구조인 도식을 변화시킴으로써 이루어진다고 본다. 주요개념으로는 평형화, 도식, 적응, 동화, 조절, 조직화 등이 있다.

가. 주요개념

Piaget이론의 가장 중심이 되는 개념은 **평형화**(equilibrium)이다. 이는 개인의 세상에 대한 이해와 경험 간의 인지적 균형상태를 의미하는 것으로, 지적평형이 깨어졌을 때 질서와 체계를 유지하려는 인간의 선천적이고 본능적인 경향성을 일컫는다.

도식(schema)은 사물, 사건, 개념에 대해 정신적으로 표상하거나 생각하도록 하는 조직화된 행동 또는 사고체계의 기본 단위이다. 인간은 이 도식을 통해 외부 세계를 해석하게 된다. 경험과 학습을 통해 개개의 도식은 보다 정교화되고 통합되어 보다 큰 단위의 도식으로 재구조화 되거나, 새로운 도식으로 형성되어 인지구조의 변화와 발달을 가져온다.

적응(adjustment)은 평형화를 유지하기 위해 기존의 도식과 새로운 경험을 서로 조정하는 과정으로 동화와 조절 과정으로 구성된다. **동화**(assimilation)는 새로운 대상이나 사물을 기존의 도식에 맞춰 이해하고 해석하는 과정인 데 비해, **조절**(accommodation)은 새로운 정보가 기존의 도식과 맞지 않을 때 기존의 인지구조가 변경되고 새로운 도식이 만들어지는 적응 유형이다.

조직화는 여러 개의 요소들을 일관성 있는 인지구조 속으로 체계화하고 결합하는 과정을 말한다. 결국 인지발달은 동화와 조절이 서로 보완하여 보다 적응적인 행동이 가능하게 되고, 인지구조가 보다 균형화된 체계로 조직화 되어 가는 과정이다.

나. 인지발달단계와 특징

Piaget는 '**조작**, 즉 논리적이고 체계적으로 사고할 수 있는 능력'을 기준으로 감각운동기, 전조작기, 구체적 조작기, 형식적 조작기의 네 가지 인지발달단계를 구분한다. 한 단계에서 다음 단계로의 이동은 사고의 질적·유형적 변화를 의미한다. 발달단계는 문화보편적이며 생득적인 현상으로 점진적으로 이행된다. 또한 대략적인 나이 특성이 있지만, 발달 속도에는 개인차가 있다.

① **감각운동기**(0~2세): 세상을 이해하기 위해 감각과 운동능력을 이용하는 시기이다. 초기에는 사물을 정신적으로 표상하지 못하다가 후기가 되면 모방 능력과 물체를 기억 속에 표상하는 능력인 대상영속성을 획득한다.

② **전조작기**(2~7세): 아직 체계적이고 논리적인 사고가 이루어지기 전 단계로, 지각이 사고를 지배하는 시기이다. 언어를 통한 구체적 개념 획득이 활발하나. 추상적 개념 획득에는 한계가 있고,

언어 사용의 과잉일반화를 보이기도 한다. 이 시기 대표적인 사고 특성은 **중심화**(centration)와 **자기중심성**(egocentrism)이고, 전이(transformation), 가역성(reversibility), 체계적 추론 능력은 부족하다. 초기에는 물활론적 사고 특성을 보이기도 한다.

- 중심화: 어떤 사물이나 현상을 한 가지 측면에서만 바라보는 사고 경향.
- 자기중심성: 타인의 생각, 감정, 관점 등이 존재하는 것을 알지 못함.
- 전이능력 제한: 한 상태에서 다른 상태로 변화하는 과정을 정신적으로 추적하지 못함.
- 가역성의 제한: 변형된 것을 마음속에서 원상태로 되돌리는 능력의 제한.
- 체계적 추론의 제한: 자료를 종합해서 합리적 결론을 도출하는 논리적 사고능력의 제한.
- 물활론적 사고: 무생물을 살아 있는 생명체처럼 생각하는 사고 경향.

---

③ **구체적 조작기**(7~11세): 구체적 대상에 대해 논리적으로 사고하는 능력이 가능하다. **탈중심화** 경향을 나타내어 자기중심적 사고에서 벗어난다. **보존개념**이 획득되며 이는 수-길이-양-무게-부피 및 면적의 순으로 발달하고, **유목포섭능력**을 바탕으로 분류를 할 수 있게 된다. 전조작기에 제한되었던 **가역성, 전이능력, 서열화** 능력이 발달한다.

- 보존개념: 사물의 외형이나 나뉜 조작의 개수와 상관없이 그 사물의 양이나 수가 일정하게 유지된다는 것을 이해할 수 있는 능력으로, 이를 통해 논리적인 규칙을 발달시킴.
- 유목포섭능력: 부분과 전체의 관계, 상위유목과 하위유목의 위계적 관계를 이해하는 능력으로 이를 바탕으로 대상을 공통의 속성을 기반으로 묶는 과정인 분류를 할 수 있음.
- 서열화: 대상을 길이, 부피, 무게 등의 큰 순서 혹은 작은 순서대로 배열하는 능력으로 구체적 조작기에 발달하는 논리적 조작임.

---

④ **형식적 조작기**(11, 12세 이후): 가상 혹은 불가능한 것에 대한 논리적 사고가 가능한 시기로 추상적인 문제들을 체계적으로 고찰하고, 그 결과를 일반화할 수 있는 시기이다. **명제적 사고, 반성적 사고, 가설-연역적 사고, 조합적 사고** 등이 가능하다.

- 명제적 사고: 어떤 문장의 참과 거짓을 판단할 수 있는 가장 작은 단위의 정보 또는 진술. 두 개 이상의 명제사이의 관계를 추리하는 사고로서 경험적 현상에 대해서 추리하는 것이 아니라 논리적 관계를 추리하므로 형식적 조작 추리임.
- 반성적 사고: 자신의 사고내용이나 사고과정, 문제해결과정 그리고 그 결과에 대해 생각하는 사고로서 메타인지(초인지), 자기점검사고, 자기반성과 유사한 개념임. 체계적이고 논리적으로 진행되므로 공상, 백일몽 등과 구분됨.
- 가설-연역적 추론: 일반적 명제(전제)를 토대로 구체적 명제(결론)에 도달하는 사고로서 삼단논법이 대표적인 예임.
- 조합적 사고: 문제해결을 위해 사전에 계획을 세우고, 체계적으로 해결책을 시험함.

이 시기 학생들을 위한 **교수전략**으로는 ① 가설적 문제에 대해 탐색할 기회를 제공한다. ② 문제를 해결하고 과학적으로 추론하는 훈련을 제공한다. ③ 되도록 학생들의 생활과 관련된 아이디어나 자료를 사용하여 폭넓은 개념을 가르치도록 한다. ④ 배경지식이 부족한 내용을 다룰 때는 구체적인 자료를 사용하여 접근한다.

한편 형식적 조작기에 대해 **Selman**과 **Elkind**는 Piaget와는 다른 관점을 가지고 있다. 그들은 형식적조작기에 있는 학생이라도 **자기중심성**이 여전히 남아있다고 본다. 우선 Selman은 다른 사람의 입장이 되어 그 기분을 이해하는 능력인 조망수용능력을 미분화된 조망수용, 사회정보적 조망수용, 자기반성적 조망수용, 제3자적 조망수용, 사회적 조망수용의 5단계로 설명한다. 이 중 청년기(10~15세)는 제3자적 조망수용단계로 자신의 관점, 상대방의 관점, 제3자의 관점까지 이해가능하다고 보고, 전 청년기(7~12세)는 자기반성적 조망수용단계로 상대방의 관점을 이해하는 데 그친다고 보았다.

Elkind는 청년들은 급격한 신체적, 정서적 변화로 말미암아 자신의 외모와 행동에 몰두함으로써 자기중심성을 나타낸다고 본다. 자신은 주인공, 타인은 구경꾼으로 생각하여 시선끌기 행동, 유치한 행동을 보이는 **상상적 관중**(imaginary audience)이나, 자신은 중요하며 특별한 존재로 여겨 자신은 죽지 않으리라고 생각하여 모험적 행동을 하거나 자신의 사랑은 남과 다르다고 생각하는 **개인적 우화**(personal fable) 등의 자기중심적인 모습을 보인다.

다. 시사점

① 인지발달의 기초는 환경과 개인의 행동적 상호작용으로 이루어진다. 물리적 경험이나 사회적 경험을 많이 제공해야 한다. ② 아동의 발달 수준은 교육의 종착점이 아니라 출발점이다. 따라서 발달 수준에 맞는 과제가 주어져야 한다. ③ 아동의 발달은 한 단계에서 갑자기 다음 단계로 도약하는 것이 아니라 서서히 점진적으로 발전한다. ④ 아동의 인지발달단계에 따라 교육과정을 구성할 필요가 있다. 즉, 인지구조를 고려하여 구체적이고 단순한 경험에서 상세하고 추상적인 경험으로 구성한다.

(2) Vygotsky의 인지발달론('06. '08 초등임용, '06, '07, '08, '13, '20 중등임용 출제)

Vygotsky는 인간의 정신작용을 사회와의 상호작용의 결과로 보고, 문화적 맥락 속에 내포된 사회적 상호작용과 언어가 개인의 인지발달에 미치는 영향을 강조하는 사회문화적 발달이론을 제시한다. 인지발달은 독립적 활동이 아니라 사회문화적 맥락 속에서 성인이나 뛰어난 동료와의 사회적 상호작용 (대화)의 영향을 받는다. 인지발달은 변증법적 과정을 거치며, 행동이 사고를 결정하고, 문화적인 맥락 속에서 이루어지는 역사적인 과정이다. 주요개념으로는 실제적 발달수준, 잠재적 발달수준, 근접발달영역, 비계, 역동적 평가 등이 있다.

가. 주요개념

Vygotsky는 아동이 현재 다른 사람의 도움을 받지 않고 혼자서 스스로 과제를 해결할 수 있는 수준을 **실제적 발달수준**, 혼자서는 해결할 수 없지만 유능한 성인이나 또래의 도움을 받아 해결할 수 있는 과제 수준을 **잠재적 발달수준**이라고 하고, 이 두 수준 간의 차이를 **근접발달영역**(Zone of Proximal Development)이라고 한다. 즉, 근접발달영역은 아동이 혼자서는 해결할 수 없지만 성인이나 뛰어난 동료와 함께 학습하면 학습할 수 있는 과제 영역을 의미한다. 아동의 인지가 발달하기 위해서는 교사는 근접발달영역 내에서 다양한 도움을 제공하여 잠재적 발달수준이 실제적 발달 수준이 될 수 있게 하여야 한다. 성인이나 유능한 또래에 의해서 제공되는 이런 조력활동을 **비계**(혹은 **발판** scaffolding) 라고 한다. 즉, 학생들이 문제를 해결하는 데 필요한 도움의 양, 방법, 내용을 적절하게 조절하여 제공 하는 교수활동을 의미한다. 교사가 제공하는 비계에는 힌트주기, 암시하기, 모델이 되어주기, 설명, 토론, 격려, 아동의 주의 통제 등이 있다. 교사가 비계를 제공할 때 학습 초기에 시범을 보이는 등 많은 지원을 한 후 점차적으로 지원을 줄이고 최종적으로 혼자 해결할 수 있도록 하는 것이 바람직하 다. 이 이론에 의하면 근접발달영역 내에서 다양한 비계를 제공해 주어야 한다. 근접발달영역을 밝히 기 위해 검사상황에서 비계로서 의도적인 교수가 이루어지는데 이를 **역동적 평가**라고 한다. 즉, 아동 이 혼자서 할 수 있는 것에 대한 평가가 아니라, 다른 사람의 도움을 받아 할 수 있는 잠재적 능력에 대한 평가이다.

나. Vygotsky 이론의 시사점

① 교사는 학생의 지적발달 수준을 평가하여, 아동이 근접발달영역 내에 존재하도록 조절하는 것이 필요하다(역동적평가). ② 교수는 학생들에게 완전하고 정확한 이해의 틀을 받쳐주는 비계를 제공할 수 있어야 한다. ③ 문화적으로 적절한 맥락 속에서 학습활동이 이루어지도록 하여야 한다. ④ 학생들 의 이해를 언어로 설명하도록 장려하라.

(3) Piaget와 Vygotsky의 인지발달이론의 비교

Piaget는 모든 문화에서 새로운 지식이 어떻게 창조되는가에 관심을 가지고 개인이 인지갈등을 해 소하는 과정에서 인지가 발달한다고 본다. 반면 Vygotsky는 특정문화 내에서 지식의 도구가 어떻게 전달되는가에 관심을 가지고 사회문화적 맥락 속에서 사회적 상호작용을 통해 인지가 발달한다고 본 다. 이에 따라 두 이론은 사고와 언어에 대한 관점, 발달과 학습을 보는 관점, 교수에 주는 함의점 등에 있어 차이가 있다. 먼저 **Piaget**는 사고가 언어에 선행하고 언어는 사고의 특성을 반영한다고 보고, 전조작기 아동의 특징인 자기중심적 언어는 자기중심적인 사고를 나타내는 것이라 한다. 언어는 사고발달을 돕지만 지적 수준을 질적으로 높여 주지는 못한다고 한다. 발달은 학습에 선행하므로 발달 단계에 적절한 수준의 학습이 제공되어야 한다. 교수에 제공하는 가장 큰 함의점은 평형화를 깨뜨리는 경험을 계획해야 한다는 점이다.

한편 **Vygotsky**는 독립적으로 발생하기 시작한 사고와 언어는 일정시간이 지난 후 서로 연합되고, 이 연합이 발달과정에서 변화하고 성장한다고 본다. 자기중심적 언어의 사용은 문제해결을 위한 사고 의 도구이고, 언어는 인지발달을 주도한다. 학습이 발달에 선행하므로 학습을 통해 발달 수준을 끌어 올릴 수 있다고 한다. 교수에 제공하는 가장 큰 함의점은 비계를 제공하고 상호작용을 안내해야 한다 는 점이다.

※ 구성주의: 지식이 객관적이고 절대적인 것이 아니라, 지식이 구성된다는 철학의 인식론적 관점
이다. 교육심리에서 구성주의는 학습하는 주제를 교수자나 다른 자원에 의해 일반적으로 전달받
는 것이 아니라 학습자가 스스로 이해를 구성한다는 것을 전제로 하는 학습의 관점이다. 이 지식
의 구성 과정에서 학습자 내면의 인지과정을 더 중시하는 인지적 구성주의와 외부의 사회적 상

호작용에 더 초점을 두는 사회적 구성주의로 나눌 수 있다.

	인지적 구성주의	사회적 구성주의
대표	Piaget	Vygotsky
지식과 지식 구성에 대한 관점	• 지식은 개인이 환경과 상호작용하거나 학습자 내부에 이미 존재하는 도식을 검증하고 수정하면서 의미를 찾아나가는 과정에서 구성됨. • 지식 구성에 있어 개인의 인지 과정 강조	• 지식은 사회문화적 맥락 안에서 구성원들의 언어를 통한 사회적 상호작용을 통해 구성되고, 이렇게 구성된 지식을 개인이 내면화함. • 지식 구성에 있어 맥락과 사회적 상호작용의 중요성 강조
지식의 성격	• 지식은 주관적 요소를 포함 • 지식은 개인이 환경과 상호작용하는 과정에서 끊임없이 변화하고 재구성됨.	• 지식은 사회적, 맥락의존적
교사관과 역할	• 학습자의 인지과정을 촉진하는 촉진자, 지식 발견을 안내하는 안내자 • 학습자의 발달단계에 맞게 교육과정을 재구성 • 학습자의 인지불균형을 초래하여 인지과정을 촉진하는 학습환경 설계	• 학습자와 공동으로 지식구성과정에 참여하는 참여자, 동료학습자 • 학습자가 실재적 발달 수준에서 잠재적 발달 수준으로 끌어낼 수 있도록 비계설정 • 근접발달영역 내에서 의견교환과 협력을 통해 학습이 가능하도록 학습환경 설계 • 실제 세계 과제를 이용한 유의미학습 제공
학생관과 역할	• 환경과 상호작용을 통한 지식구성에 능동적 학습자 • 지식의 발견자, 탐색자	• 사회적으로 매개된 지식구성에 능동적으로 참여하는 참여자 • 적극적인 사회적 상호작용자 • 사회적으로 구성된 지식을 내면화하는 능동적인 창조자

3. 정의적 발달 이론: Erikson의 심리사회적 발달단계, 청소년기의 정체감 형성과 그 유형, 청소년 시기의 바람직한 교사상

(1) 심리사회적 발달단계('11 초등임용, '09, '10 중등임용 출제)

심리사회적 발달이론은 인간의 성격은 개인의 욕구와 이를 만족시키거나 좌절시키는 사회환경 또는 사회의 요구와 이에 대한 아동의 반응의 결과로 발달한다는 입장을 취한다. 인간이 성장하면서 직면하는 위기는 심리사회적 특징의 긍정적인 면과 부정적인 면으로 나타나는데, 긍정적 경험은 원만한 발달을 가져오나 부정적 경험은 발달위기를 가져온다. 이러한 위기에 따라 Erikson은 인간의 발달단계를 제안하였으며 각 단계의 긍정적 측면은 그 시기의 발달과업이 된다. 그리고 위기를 극복하고자 노력하는 것이 발달을 이끄는 동력으로 작용한다. 심리사회적 발달단계는 다음과 같다.

① 제1단계: 기본적 신뢰감 대 불신감(0~1세, 구강기)

영아의 기본 욕구가 충족되면 세상을 안전하고 신뢰로운 것으로 여기나, 부모의 보호양육이 일관성이 없거나 충분치 못할 때 불신감을 갖는다. 1단계는 5단계와 함께 가장 중요한 단계이다.

② 제2단계: 자율성 대 수치심과 회의감(2~3세, 항문기)

대소변 가리기, 걷기, 먹기, 옷 입기 등의 행동통제를 통하여 자율성을 획득하고자 한다. 이러한 기본적 기능을 습득하지 못하거나 실패에 대한 부모의 실망이 크면 수치심을 느끼게 되고 자신의 가치와 능력에 대해 의심을 품게 된다.

③ 제3단계: 주도성 대 죄책감(4~5세, 남근기)

자율성이 크게 증가하여 다양한 신체활동과 언어활동에 참여하게 되는데 이것이 주도성이다. 이 주도성은 앞 단계의 자율성에다 일의 착수시행, 도전 등을 가세시키는 것이다. 다양한 신체활동과 언어활동에 참여할 수 있는 기회가 타인에 의해 지나치게 통제를 받으면 좌절을 느끼며 좌절은 곧 죄책감을 가져온다.

④ 제4단계: 근면성 대 열등감(6~11세, 잠복기)

학교에서 성공과 성취가 근면성을 발달시킨다. 기초적인 인지적 기술(읽기, 쓰기, 셈하기 등)과 사회성 기술을 발달시키려는 근면성이 발달하나, 실수나 실패를 거듭하면 부적절감과 열등감을 갖게 된다.

⑤ 제5단계: 정체감 대 정체감 혼미(청소년기, 생식기)

Erikson은 청소년기의 중심과제를 자아정체감의 확립이라고 주장한다. 자아정체감은 자기동일성에 대한 의식적 자각이며, 자기의 위치, 능력, 역할, 책임에 대한 인식이다. 그러나 자기존재에 대한 의문을 해결하는 것이 쉽지 않으므로 고민하고 방황하게 된다. 이런 고민과 방황이 길어지면 정체감의 혼미가 온다.

⑥ 제6단계: 친밀감 대 고립감(성인초기)

성인초기는 직업과 친구, 애인 및 배우자를 선택해야 하는 시기로 배우자나 상대방과의 공유적 정체감을 갖게 된다. 그러므로 타인과의 관계에서 친밀성을 이룩하는 것이 중요한 과업이다. 친밀성이 형성되지 못하면 고립감을 갖게 된다.

⑦ 제7단계: 생산성 대 침체성(중년기)

사회에 공헌하고 성인역할을 통해 보람을 느끼며, 직업과 가정에서의 자녀 양육에서 생산성을 나타내는 시기이다. 생산성을 제대로 나타내지 못하면 침체하게 된다.

⑧ 제8단계: 자아통합 대 절망감(ego integrity vs despair, 노년기)

노년기로서 개인이 자신의 삶을 어떻게 평가하느냐에 따른다. 자신의 인생이 의미있고 보람되었다고 느끼게 되면 인생에 대한 지혜를 터득하게 되어 보다 높은 차원의 인생철학을 발전시켜 통합을 이루게 된다. 그러나 자신의 인생이 의미가 없다고 느끼면 절망감을 갖게 된다.

(2) 청소년기의 심리사회적 발달 단계와 정체감 유형('09, '16 중등임용 출제)

Erikson에 의하면 청소년 시기는 **정체감 대 정체감 혼미**에 해당한다. 그는 자아정체감 확립이 청소년기의 중심과제라고 주장한다. 청소년들은 나는 누구인가? 나에게 중요하고 가치있는 것은 무엇인가? 나는 어떤 사람이 될 것인가?와 같은 근본적인 문제에 대해 고민하면서 지적, 사회적, 도덕적인 여러 측면에서 자아정체성으로 통합하려고 노력한다. **자아정체감**은 자기동일성에 대한 의식적인 자각이며, 자신의 위치, 능력, 역할, 책임에 대한 인식이다. 그러나 자기존재에 대한 의문을 해결하는 것이 쉽지 않으므로 고민하고 방황하게 된다. 이런 고민과 방황이 길어지면 정체감의 혼미가 온다. 청소년기에 자아정체감이 확립되기 전에 정체감에 대한 탐색기로 자신에 대한 결정을 잠시 보류하게 되는데 이를 심리적 유예기라 한다. 심리적 유예기 동안 청소년들은 새로운 역할이나 가치, 신념체계에 대한 끊임없는 탐색을 하면서 진정한 자아를 찾기 위한 노력을 기울이게 된다.

Marcia는 정체감 탐색의 위기를 경험했는가의 여부와, 주어진 역할과 과업에 대한 확고한 의사결정을 하고 그와 관련된 과업을 수행(참여)하고 있는가의 여부에 따라 정체감을 성취, 유실, 유예, 혼미의 네 가지 유형으로 구분한다. ① **정체감 성취**는 정체감 탐색의 위기를 성공적으로 극복하여 신념, 직업, 정치적 견해 등에 대해 스스로 의사결정을 내린 후에 그와 관련된 과업을 적극 수행하고 있는 상태를 말한다. ② **정체감 유실**은 정체감과 관련된 위기 없이 외부로부터 부과된 정체감을 무비판적으로 그대로 수용한 상태를 의미한다. 정체감에 대한 고민이 없었기 때문에 자신의 정체감을 확립할 수 있는 기회를 상실하고 이후 정체감 혼미에 빠질 우려가 있다. ③ **정체감 유예**는 현재 정체감에 대한 위기상태에 있으면서 다양한 역할, 신념 등을 실험하나 의사결정을 못한 상태로 위기 상황이 계속되고 정체감에 대한 탐색이 진행 중인 상태이다. 정체감 확립을 위해 적극적으로 노력하고 있으므로 청소년기에 바람직한 유형이다. ④ **정체감 혼미**(혼란)는 위기나 의사결정 모두 무관심한 상태를 말한다. 삶의 방향성이 결여되어 있고 미래지향적인 행동을 하지 못하고 타인의 일에도 관심이 없다.

Meilman(1979)은 Marcia의 정체감 지위이론을 확인하기 위하여 수행한 횡단연구 결과를 바탕으로 정체감 지위에서의 비율을 제시하였다. 12세의 경우 정체감 성취와 정체감 유예는 매우 낮았고, 정체감 혼미가 64%, 정체감 유실이 32%로 나타났다. 18세에 혼미 48%, 유실 24%, 성취 20%, 유예는 10%보다 적었다. 성취는 21세에 40%, 24세에는 성취가 56%로 증가하였다. 24세에 성취, 혼미, 유예, 유실의 순으로 높은 비율을 나타내었다. 결국 청소년 후기가 되어야 대부분의 청소년이 정체감을 확립한다고 보았다.

(3) 청소년기 요구되는 교사상

청소년 시기는 변화와 갈등, 혼란과 모순을 겪는 시기이다. 신체적으로 급격한 성장이 일어나지만 정신적 성장은 신체적 성장을 따라가지 못한다. 한편으로는 독립을 쟁취하고자 하나 다른 한편으로는 규율이 주는 안정성을 원하기도 하며, 반항하고 싶어하기도 하지만 확고한 무언가를 원하기도 한다. 따라서 이 시기에 교사는 ① 이런 특성을 이해하고 마음을 열고 진실된 대화를 나눔으로써 학생에게 도움을 주어야 한다. ② 확고한 신념을 갖고 있으면서 자애로운 교사가 필요하다. 또한 ③ 수용 가능한 한계를 명확하게 제시함으로써 안정감을 주는 동시에 학생들과 잘 공감할 수 있어야 한다.

Kohlberg의 도덕성 발달이론('07 초등임용, '06, '13 중등임용 출제)

Kohlberg는 Piaget이론을 발전시켜, 도덕성은 문화를 통해 전수되는 것이 아니라 인지구조의 발달에 따라 도덕적 판단의 양식이 변형되고 재구조화 되면서 발달한다고 하였다. 청소년들에게 "하인즈 딜레마"라는 도덕적 갈등상황을 제시하고 그 인지적 반응을 분석하여 3수준 6단계로 제시하였다.

수준	단계
전인습 수준 (외적통제)	**1단계: 벌과 복종에 의한 도덕성** 처벌을 피하거나 권위에 복종하는 것에 도덕적 가치 부여, 행위의 결과가 벌인가 칭찬인가가 선악판단의 기준. 예 벌을 피하고자 질서 지킨다.
	2단계: 욕구충족 수단으로서의 도덕성 (소박한 자기중심적 단계, 시장교환단계) 자신 혹은 타인의 필요나 욕구가 충족되면 옳다고 생각. 예 약사가 돈을 벌기 위해 약을 파는 것은 당연
인습 수준 (규칙, 규범)	**3단계: 대인관계의 조화를 위한 도덕성**(착한아이 지향단계) 비난을 피하고, 남을 기쁘게 하여 인정받고자 함. 예 아내를 사랑하니까 약을 훔친다고 비난할 수 없다.
	4단계: 법과 질서 준수로서의 도덕성 개인적 문제보다 법·질서, 약속 준수, 인간관계 형성. 예 법을 지키는 것은 시민의 의무
후인습 수준 (규칙이 절대적으로 옳지는 않음)	**5단계: 사회계약 정신으로서의 도덕성**(계약 및 법률존중단계) 계약에 의해 의무이행, 합리주의사상, 공동체의식, 시민자질. 예 전체적인 상황을 고려해야 한다.
	6단계: 보편적 도덕원리에 대한 확신으로서의 도덕성(양심 및 원리지향단계) 양심, 신념에 따른 행동, 자율도덕성. 예 법과 인간의 생명 중 선택을 해야 한다면 인간의 생명이 더 절대적이다.

1. 지능이론: 지능의 개념과 Gardner, Sternberg 등 대안적 지능이론 및 지능검사 활용 유의점

(1) 지능과 지능이론('06 초등임용출제)

지능은 일반적으로 추상적인 사고(아이디어, 상징, 관계, 개념, 원리 등) 능력(Terman, Thurstone, Wechsler), 학습능력(Dearbon), 새로운 환경에의 적응 능력(Stern, Piaget, Kohler)으로 정의하여 분류할 수 있다. 지능에 대한 기존의 관점은 심리측정적인 관점이 주류를 이루었으나, 최근에 정보처리적, 생물학적, 상황주의적 지능에 대한 연구가 이루어졌으며, Gardner, Sternberg 등은 새로운 지능이론을 제시하였다. 이들은 지능은 단일 능력이 아닌 복합적 능력이며, 실제 삶 속에서 적용할 수 있는 실제적 능력이라고 본다.

(2) 기존의 지능이론('09, '11 초등임용, '07, '11 중등임용 출제)

① Spearman은 일반요인과 특수요인의 두 가지 요인으로 지능을 설명한다. g요인(일반요인)은 모든 지적 과제 수행에 관여되는 기본 인지 능력이다. 일반요인의 개인차는 각 개인이 지적 과제 수행에 사용하는 정신에너지의 개인차와 관련하여 이해해야 한다. 반면 s요인(특수요인)은 특수 영역에 대한 지적 특성요인을 말한다.

② Thurstone은 지능은 7개의 기본정신능력(primary mental abilities: PMA)으로 구성되어 있다고 보았다. 7가지 능력은 공간시각요인, 수요인, 언어이해요인, 기억요인, 지각속도요인, 추리요인, 언어유창성이다.

③ Guilford는 Thurstone의 기본정신능력 이론을 확장, 발전시켜 삼차원적 지능구조이론을 전개하였다. 먼저 **내용차원**(5가지)은 시각적, 청각적, 상징적, 의미적, 행동적 내용을 포함한다. **조작차원**(6가지)은 인지(사실의 발견, 깨달음, 재발견), 기억 저장(부호화), 기억 파지(저장된 정보의 유지), 확산적 사고(인지 또는 기억된 정보로부터 새로운 명제를 산출), 수렴적 사고(인지 또는 기억된 정보로부터 논리적 결론 도출, 최적의 답 구하기), 평가(준거에 합당한 판단을 내리는 일)를 포함하고 **산출차원**(6가지)은 단위, 유목, 관계, 체계, 변환, 함축을 포함한다. 학교 교육이 평가, 확산적 사고, 관계성의 탐구 등의 정신능력은 무시되고, 정의나 사실, 규칙 등의 암기와 같은 일부 지능에 시간과 자원을 집중시키고 있다고 지적하며, 3개 차원의 180개 요소를 제시하여 종래 지능검사에 의해 측정된 지능의 협소한 개념을 확장시키는 가능성을 제시한다.

④ Cattell은 지능을 유전에 의한 지능인 유동적 지능과 교육에 의해 변화 가능한 즉 환경에 의한 지능인 결정적 지능으로 나누어 설명한다. 먼저 **유동적 지능**(fluid intelligence)은 유전적, 신경·생리적 영향에 의해 발달되는 지능으로 청년기까지는 증가하나 생리적 발달이 쇠퇴하는 성인기이후 점차 쇠퇴한다. 언어적 유추능력, 기계적 암기, 지각력, 추상적 관계이해 능력이 관련된다. 반면 **결정적 지능**(crystallized intelligence)은 환경적·경험적·문화적 영향에 의해 발달되는 지능이다. 가정환경, 교

육정도, 직업 등에 의해 영향을 받으며, 성인기 이후에도 발달하지만 환경의 질에 따라 차이가 난다. 어휘이해력, 수리력, 논리적 추리력, 일반지식 등과 관련된다.

(3) 대안적 지능이론: Gardner의 다중지능이론과 Sternberg의 삼원지능이론('07, '08, '09 초등임용, '07, '09, '19 중등임용 출제)

가. Gardner의 다중지능이론(복합지능이론)

인간의 지능을 하나의 수치로 나타내려는 종래 심리측정적인 지능이론에 반대하여, 인간의 지적 능력은 상대적으로 **상호 독립적인 다수의 능력**으로 구성되어 있다고 주장한다. 뇌손상에 의한 분리, 비범한 재능을 가진 사람들의 존재, 독자적인 발달사, 진화사, 핵심활동 존재, 실험적 증거, 심리측정 학적 증거, 상징체계에서의 부호화의 8가지 선별 준거에 의해 상호독립적인 지능 요인을 도출하였다.

그는 **지능**을 한 문화권 혹은 여러 문화권에서 가치 있다고 인정되는 문제를 해결하고 산물을 창조 해 내는 능력으로 정의한다. 다중지능(Multiple Intelligence: MI)에서는 **신체-운동**지능, **언어**지능, **공간**지능, **논리-수학**지능, **음악**지능, **대인관계**지능, **자기이해**지능, **자연이해**지능, **실존**지능 등 9개의 지능을 제안하고 있다. 이들 지능요인에 대한 설명은 다음 표와 같다.

◆ 다중지능의 9가지 지능요인 ◆

지능	의미	예
언어지능	음성 또는 문자 언어를 이해하고, 효과적으로 구사하는 능력	작가, 정치가, 웅변가, 극작가, 언론인 등
논리-수학지능	추상적 상징체계를 조작하고 그들의 관계를 파악하는 능력, 숫자를 효과적으로 사용하고 논리적이고 체계적으로 추론할 수 있는 능력	수학자, 통계학자, 세무사, 과학자, 컴퓨터프로그래머
음악지능	음악적 표현형식을 지각, 변별, 변형, 표현하는 능력	연주가, 작곡가, 음악비평가
신체-운동지능	신체를 활용하고 표현하는 능력, 사물을 기술적으로 다루는 능력	배우, 운동선수, 무용가, 기계공
공간지능	시·공간적 세계를 정확히 지각하고, 그것을 토대로 시·공간적 세계를 재창조, 변형, 수정하는 능력	예술가, 건축가, 실내장식가, 항해사, 설계사
대인관계지능	타인의 감정, 기분, 동기 및 의도를 이해하고 이에 적절하게 반응하는 능력	정치가, 종교인, 교사, 판매원, 치료사, 부모
자기이해지능	자신의 필요와 요구에 대한 민감성, 자신의 장점과 단점을 파악하고 자신에 대한 정보를 적절하게 사용하여 적응적으로 행동하는 능력	소설가, 자기 각성을 잘하는 개인
자연이해지능	사물을 구분하고 분류, 활용하는 능력, 물리적 세계의 차이점과 유사점을 인식하는 능력 등	생물학자, 수렵가, 식물학자
실존지능	삶의 근원적인 것을 추구하는 능력	철학자, 종교인

다중지능이론에서는 지능을 연령과 다양한 계층에 대하여 일률적인 방법으로 진단할 수 없다고 본다. 지능 측정은 통제되고 강제적인 상황에서가 아니라 아동이 자발적 흥미를 가지고 과제를 해결하는

기술을 관찰함으로써 강점지능과 약점지능을 밝혀 **지능프로파일**로 나타내야 한다고 주장한다. 다중지능이론의 시사점은 심리측정적 접근의 지능에 대한 좁은 개념을 보다 확장하였고, 각 개인 내에서 강점과 약점을 바르게 파악하고 교육을 통해 이를 촉진할 수 있다는 점이다. 이에 근거한 **교실전략**은 다음과 같다. ① 서로 다른 지능을 소유한 학생들을 위해 수업방식을 다양화한다. ② 통합주제단원중심의 교육과정을 개발한다. ③ 교사와 학생들의 강점에 초점을 맞추어 수업을 설계한다. ④ 도제식 교육을 장려한다. ⑤ 다양한 자료를 활용하여 무엇을 어떻게 학습했는가를 평가한다.

나. Sternberg의 삼위일체지능이론

지능의 근원을 개인, 행동, 상황의 세 가지 요인을 통합적으로 고려하여야 한다고 보고 삼위일체지능이론을 제시하였다. 인간의 지능은 분석능력, 창의적 능력, 실제적 능력의 세 가지 측면으로 구성되어 각각의 하위이론을 구성한다.

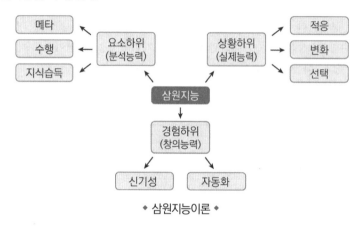

◆ 삼원지능이론 ◆

① **요소하위이론**(구성적 하위이론)은 지능을 내부세계와 관련시켜, 지적 행동이 '어떻게' 발생되는가를 다루는 것으로 **분석적 능력**과 관련된다. 이에는 메타요소, 수행요소, 지식습득요소의 세 가지 하위요소가 있다. **메타(상위)요소**는 정보처리에 있어 통제, 감시, 평가, 계획하는 과정이고, **수행요소**는 메타요소가 세운 계획을 실행하는 과정이며, **지식습득 요소**는 새로운 정보를 수집하고 상호 연관된 아이디어로 분류하는 과정으로 부호화, 정보결합, 새 정보를 기존의 정보와 비교하는 것 등을 포함한다.

② **경험하위이론**은 지능을 **외부세계와 내부세계를 매개**하는 경험과 관련시키고 행동이 '언제' 지적인가를 알아낸다. 경험을 통하여 생소한 과제를 다룰 줄 알게 되고 정보처리가 자동화된다. 이 과정은 **창의적 능력**으로 구성되는데 새로운 경험을 효과적으로 다루는 **신기성**과 익숙한 문제를 자동적으로 해결하는 능력인 **자동화**로 이루어진다.

③ **상황하위이론**(맥락적 하위이론)은 지능을 개인의 **외부세계**와 관련시키고 어떤 행동이 '어느 곳에서' 지적인가를 밝히는 것으로 **실제적 능력**과 관련이 있다. 환경**적응**, 환경**변화**, 새로운 환경**선택**으로 이루어진다.

Sternberg는 지능을 "메타요소, 수행요소, 지식습득요소 등의 기능에 따라, 신기성에 대한 반응 혹은 정보처리의 자동화와 관련하는 경험의 연속선에서, 어떤 지역에서 상황적으로 적절한 행동을 방출하는 정신 능력"으로 정의한다. 그는 이 세 가지 서로 다른 형식의 사고를 연습하는 것이 학생들에게 서로 다른 방식의 정보처리를 가능케 하며 지능을 향상시킬 수 있다고 주장한다. **분석적 사고**는 비교, 대조, 비평, 판단, 평가를 통해, **창의적 사고**는 무엇인가를 고안해 내고 발견하며 상상하고 가정하게 함으로써, **실제적 사고**는 적절한 아이디어를 찾아내고 실행하며 적용하게 함으로써 가능하다는 것이다.

다. Gardner의 다중지능이론과 Sternberg의 삼위일체지능이론의 공통점과 차이점

두 이론의 **공통점**은 ① IQ로 대두되는 심리측정적인 기존의 지능이론에 반대하고 지능을 복합적이고 포괄적이며 실제적 능력으로 보았다는 점이다. ② 사회·문화적 맥락을 고려하였다는 점인데 Gardner는 지능의 정의에서 "하나이상의 문화에서"라고 지능에 있어 맥락을 고려하고, Sternberg 맥락을 상황하위이론이라고 둠으로써 고려한다 ③ 공통적으로 강점과 약점이 있음을 인정하고 강점을 활용하여 약점을 교정 보완해야 함을 강조한다. 차이점으로는 Gardner가 별개의 다수인 능력의 내용 영역에 초점을 두었다면 Sternberg는 지능에 대한 인지적 접근(사고과정)에 초점을 두었다는 점이다.

(4) 지능검사 활용에 있어서 유의점('12초등임용, '07, '09, '12 중등임용 출제)

지능검사는 Binet이 학습부진아를 판별하여 그들에게 도움을 주고자 개발하였다. 이것이 미국에서 표준화된 검사로 개발되고, Terman이 정신연령(MA)를 생활연령(CA)로 나눈 다음 100을 곱하는 방식인 비율지능지수를 미국에 소개하여 IQ로 사용하였다. 이 연령지수는 성인의 경우 불합리한 면이 있어 편차지수를 사용한다. 편차 IQ는 지능의 정상분포를 고려한 평균과 표준편차를 기초로 하며(평균 100, 표준편차 15혹은 16), 동년배 집단 내에서의 상대적 위치로 규정한 지수이다. 따라서 10세 아동과 12세 아동의 IQ가 똑같이 100이라 하더라도 두 아동의 지능은 서로 같다고 할 수 없다. 신뢰성을 높이기 위해서는 당시 아동에 맞게 제작해야 하고 검사 전체를 해석해야 한다.

지능검사 유형 중 가장 널리 사용되는 검사는 Wechsler 검사이다. 현재 우리나라에서 한국 웩슬러 아동지능검사(K-WISC-III: Korean-Wechsler Intelligence Scale for Children-III)가 가장 널리 사용된다. 이 검사는 웩슬러 아동지능 검사의 3판(WISC-III)을 모체로 한다. 언어성, 동작성, 전체 검사 IQ점수뿐만 아니라, 13개의 소검사 영역 포함, 표준화 과정을 통하여 요인 분석한 결과 네 개의 요인(언어이해, 지각조직, 주의집중, 처리속도)에 의한 점수도 제공한다.

개인지능검사 외에 군인 선발에 흔히 사용되는 집단지능검사가 있는데 여기에는 Army-α와 Army-β, 쿨먼-앤더슨 검사, AGCT(Army General Classification Test) 등이 있다. 또한 문화와 경제 차이를 극복한 다음과 같은 문화평형 지능검사가 개발되기도 하였다.

- SOMPA (System of Multicultural Pluralistic Assessment): 5세-11세 다문화적이고 다차원적인 검사로, WISC 검사로 측정한 언어와 동작성 지능, 1시간동안의 부모 면담을 통한 아동의 SES, 부모질 문지를 통한 학교에서의 사회적응력, 의학적 검사를 통한 아동의 신체적 건강상태 등 검사.
- K-ABC (아동용 카우프만 지능검사): 2세~12세. 언어영향 최소화, 비언어적 척도 포함. 문항이 모든 계층의 아동들에게 고르게 적합.
- Raven 검사: 행렬 패턴에서 한 부분이 빠져 있는 그림에 맞는 부분을 찾도록 함. 언어이해력과 무관한 시공간 지각능력과 추론능력 검사.
- Valencia & Suzuki의 동작성보편지능검사: 언어 요인의 영향을 최소화.

지능지수는 학업성취와 정적 상관을 가지며 최대 약 50% 정도의 설명력을 갖는다. 또 학년이 올라갈수록 상관관계가 높아지는 경향이 있다. 지능지수가 높다고 해서 창의력이 높은 것은 아니다 (Guilford). 지능검사가 인간의 중요한 지적 능력을 모두 측정하지는 못하고, IQ는 학력과 문화 등의 요인에 따라 영향을 받고, 변할 수 있다. 세대가 반복될수록 지능점수가 높아지는 현상인 **Flynn 효과**는 이런 측면을 잘 설명해 주고 있다. 따라서 지능검사 점수 활용시 **유의점**은 ① IQ는 학업수행에 대한 하나의 측정치에 불과하고, 학습 잠재력을 측정한 것이 아니므로 다른 요인들도 함께 고려해야 한다는 점과 ② 검사점수가 교사의 기대에 불합리한 영향을 미치지 않도록 해야 한다는 점이다. ③ 검사결과에 대해 보다 나은 특성으로 부족한 특성을 보완할 수 있는 가능성을 탐색하고 부족한 특성을 개발하는 데 도움을 주는 방향으로 활용한다.

2. 창의성: 창의성의 개념과 구성요소, 창의성 개발기법('07초등임용, '08중등임용 출제)

(1) 개념과 구성요소

창의성은 새롭고 독특한 아이디어를 산출하는 정신능력, 새롭고 적절한 산출물을 생성할 수 있는 정신능력이다. Guilford는 지능의 구조 중 조작 차원에 속하는 **확산적 사고**를 창의성이라고 본다. 확산적 사고는 인지 또는 기억된 정보로부터 새롭고, 신기하고, 다양하고, 비관습적인 답과 해결 등을 생성하는 사고 능력을 의미한다. 한편 Renzulli는 3고리 모형에서 창의성을 평균이상의 지능, 과제집착력과 함께 영재아를 판별하는 하나의 준거로 본다.

(2) 창의성의 구성요소

Guilford는 창의성의 **구성요소**로 네 가지를 제시한다. ① 문제를 인식할 수 있는 능력, 타인이 놓치기 쉬운 문제를 인식할 수 있는 능력인 문제에 대한 **민감성**, ② 주어진 시간에 보다 많은 아이디어를 생각해 내는 능력인 **유창성**, ③ 보다 융통성 있는 사고능력(접근방법의 다양성)인 **융통성**, ④ 새롭고 독특한 반응을 도출하는 능력인 **독창성** 등이 그것이다.

(3) 창의성 개발 기법

가. 브레인스토밍(brainstorming)
Osborn(1963)이 제시한 것으로 창의적인 아이디어나 해결책의 산출을 위한 자유로운 집단토의 방법이다. 이에는 4가지 원칙이 있다. ① 많은 아이디어가 창출될 때까지 판단을 중지하는 **비판 금지 원칙**, ② 과거의 지식, 경험, 규칙에 얽매이지 않는 **자유로운 사고 적용의 원칙**, ③ 아이디어 질에 관계없이 가능한 한 많은 아이디어를 추구하는 아이디어 **양의 추구 원칙**, ④ 아이디어의 **결합과 종합을 통한 개선의 원칙** 등이 그것이다. 이와 유사한 것으로는 침묵 중에 아이디어를 종이나 카드에 적어 서로 나누어 보며 아이디어를 부가, 변경하거나 하는 방식인 브레인 라이팅(brain writing)이 있다.

나. 발견적 문제 해결법(synectics)
Gordon(1961)이 제시한 것으로 '분명하게 서로 다른 것을 관련시켜 이해하는 것을 의미' 한다. 이에는 직접유추(두 가지 사물, 아이디어, 현상, 개념들을 직접적으로 관련시키는 방법: 교사와 나무는 어떻게 비슷한가?), 대인유추(개인이 물리적인 실체의 한 부분이 되어 보는 것: 네가 만약 지하철 문이라면?), 상징적 유추(서로 모순되어 보이는 말을 이용하여 어떤 현상을 기술하게 함: 요란한 침묵) 등의 방법이 있다.

다. 속성열거법(attribute listing)

Crawford(1951)는 문제의 대상이나 아이디어의 다양한 속성을 목록으로 작성하여 세분된 각각의 속성에 주의를 돌리는 방법으로 대상의 속성열거하기, 속성을 변경시키는 방법 열거하기, 한 대상의 속성을 다른 대상의 속성을 변경하는데 이용하기 등으로 이루어져 있다.

라. 생산적 사고 프로그램(productive thinking program)

Covington(1974)은 초등학교 고학년 학생들이 불일치를 인지하고 가설을 세우는 방법을 프로그램을 통해 학습할 수 있도록 하였다. 이 프로그램은 만화식 책자로 되어있으며 프로그램을 읽는 동안 만화를 통해 다양한 정보를 규칙적으로 피드백을 받으면서 문제를 해결한다.

마. Bob Eberle의 SCAMPER

다음과 같은 사고과정을 통해 창의적 방법을 생각하게 한다. ① 대치하기(Substitute) 다른 것으로 바꾸기, ② 결합하기(Combine), ③ 적용하기(Adapt), ④ 수정하기(Modify) 혹은 확대하기(Magnify), ⑤ 다르게 활용하기(Put to other uses), ⑥ 제거하기(Eliminate), ⑦ 반대로(Reverse), 또는 재배열하기(Rearrange) 등이 그것이다.

바. 여섯 가지 사고모(Six hat)

여섯 색깔의 모자를 바꾸어 쓰면서 모자 색깔이 표상하는 유형의 사고를 해보는 것이다. ① 백색모는 중립적이고 객관적 사실, 자료, 정보, ② 적색모는 감정, 느낌, 육감과 직관, ③ 흑색모는 부정적인 판단, 어떤 것의 실패의 이유, ④ 황색모는 낙관적, 긍정적, 건설적 기회, ⑤ 녹색모는 창의적, 측면적 사고, 여러 가지 해결방안, ⑥ 청색모는 요약, 개관, 규율의 강조, 사고에 대한 사고를 의미한다.

사. PMI

어떤 상황에 대해 먼저 긍정적인 측면(Plus)을 살펴보고, 부정적인 측면(Minus)을 살펴보고, 끝으로 주목할 가치가 있으나 중립적인 측면(Interesting)을 생각하게 하여 사고의 방향을 유도하는 방법이다.

3. 인지양식: 인지양식의 유형과 그 유형에 따른 교수전략('07, '10, '11초등임용, '12 중등임용 출제).

인지양식은 인지과제에 대해서 일관성 있게 대처하는 개인 특유의 인지패턴으로 개인이 정보를 처리하고 문제를 해결할 때 선호하는 전략을 사용하는 것을 의미한다. 인지양식에는 장의존성과 장독립성, 충동형과 반성형, 심층적처리접근과 피상적처리접근 등이 있다.

(1) 장의존성 대 장독립성

장의존적인 인지양식을 지닌 사람들은 외적인 관련성에 의존하여 사물을 지각할 때 사물의 배경이 되는 주변 장에 의해 영향을 받아 전체적인 특징을 지각하는 반응을 보인다. 반면 **장독립적**인 인지양식을 지닌 사람들은 내적관련성에 의존하여 배경에 관계없이 정보를 독립적으로 분리하여 지각한다. 이 인지양식을 측정하기 위해서 잠입도형검사(Embedded Figure Test)가 사용된다. **잠입도형검사**는 어떤 복잡한 도형 안에 여러 개의 단순한 도형들을 찾도록 하는 검사로, 장의존적 학습자는 장독립적 학습자에 비해 숨겨진 도형을 찾지 못하거나 찾는데 비교적 많은 시간이 걸린다.

장의존적인 학습자는 정보를 전체적이고 직관적으로 지각하는 경향이 있다. 외부에서 설정된 목표와 강화를 필요로 하며, 외부의 비판에 영향을 받는다. 사회적 내용을 다룬 자료와 안내와 지시가 명료한 구조화된 자료 학습을 잘 한다. 또한 외부에서 주어진 조직을 그대로 수용하는 경향이 있고 공동의 목표를 위해 동료와 함께 학습하는 것을 선호한다. 반면 **장독립적인 학습자**는 사물은 논리적이고 분석적으로 지각하는 경향이 있다. 자신이 설정한 목표나 강화를 필요로 하며, 외부의 비판에 영향을 받지 않는다. 추상적인 분야에 관심이 있고 지시나 안내가 없는 비구조화된 자료 학습을 선호한다. 외부의 조직을 그대로 수용하기보다는 상황을 분석하여 재조직하는 경향이 있고 개별적, 독립적으로 학습하는 것을 선호한다.

(2) 충동형 대 반성형(사려형, 숙고형)

충동형 인지양식을 지닌 사람들은 문제해결에 있어 생각나는 대로 단순하게 답하려는 경향이 있어, 정보를 빠르게 처리하지만 많은 실수를 하는 반면, **반성형 인지양식**을 지닌 사람들은 대안을 탐색하고 여러 측면을 검토하면서 적절한 답을 구하는 경향이 있어 실수를 적게 한다. 충동형이 활동적, 감각적, 총제적이며 불안, 산만, 흥분의 특성을 보이며, 성취도가 낮고 보상에 민감한 경향이 있다. 반성형은 사변적, 사려적, 언어적, 분석적 경향이 강하며 집중과 침착한 특성을 보이며 성취도가 높고 보상에 둔감한 경향이 있다. 주로 **같은그림찾기**(Matchng Familiar Figure Test: MFFT)로 판별된다. 충동형은 읽기나 기억과제에서 더 많은 오류를 범하고 추론이나 시각적인 구별을 요하는 과제에서 오답을 하는 경우가 많다. 충동형 인지양식을 반성형 인지양식으로 수정하기 위해 Meichenbaum의 **자기교수법**(Self-Instruction)을 사용할 수 있다. 자기교수법이란 행동을 조절하는데 자기언어를 이용하는 방법으로 인지적 자기안내, 언어적으로 중재된 자기조절이라고도 한다. 절차는 모델의 시범, 외현적 안내에 따른 모델링, 외현적인 자기안내에 따른 모델링, 약화된 자기안내에 따른 모델링, 내재적 자기안내에 따른 모델링 순이다.

(3) 심층적 처리접근과 피상적 처리접근(deep processing & surface processing)

심층적 처리접근을 사용하는 학생들은 공부하고 있는 정보나 해결하려는 문제를 전체적인 내용 이해를 위한 과정으로 보고, 공부하고 있는 내용을 더 큰 개념의 틀과 연관시키려 한다. 이들은 과제 숙달에 초점을 두고, 학습 그 자체를 위해 학습활동에 참여하며, 스스로의 학습을 조절하는 경향이 있다. 반면 **피상적 처리접근**을 사용하는 학생들은 정보를 기억해야 할 내용으로 본다. 이들은 자신의 수행을 다른 사람들과 비교하며, 학습을 목적에 대한 수단으로 보고 학습에 참여하는 경향이 있다.

(4) Kolb의 학습양식

Kolb는 **학습양식**을 학습자가 외부에서 들어오는 정보를 지각하고 처리할 때 선호하는 방법이라고 정의하고 유전, 과거의 경험, 그리고 개인의 성향에 의해 결정되는 것이라 하였다. 그는 개인이 학습하는 과정을 구체적 경험으로부터 반성적 관찰, 추상적 개념, 능동적 실험 순으로 정의한 학습 사이클을 기반으로 학습양식을 적응자, 수렴자, 분산자, 융합자의 네 가지로 구분하였다.

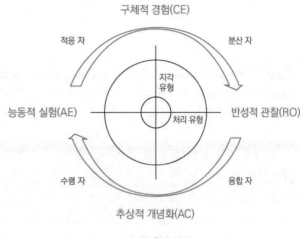

◆ Kolb의 학습양식 ◆

① **적응자**(마케팅): 구체적 경험을 통해 정보를 인식하고 능동적 실험을 통해 정보를 처리하는 학습자로서 직접 경험을 통해 학습하는 유형으로 새로운 경험 도전을 좋아하고 감각적 느낌에 따라 행동한다. 타인에 의존하는 경향이 있으며 시행착오를 통해 일처리하기를 선호한다.

② **수렴자**(전문적, 기술적 분야): 추상적으로 개념화하여 정보를 인식하고 능동적으로 실행함으로써 정보를 처리하는 학습자 유형으로 아이디어와 이론을 실제 적용하는데 강하고, 문제해결 능력과 의사결정 능력이 뛰어나다. 이성에 의존하며 가설연역적으로 추론하며 체계적으로 접근하는 경향을 보인다. 대인관계에 능숙치 못하다.

③ **분산자**(예술, 예능): 구체적 경험을 통해 인식하고 반성적으로 관찰하는 유형의 학습자로 구체적인 상황을 여러 관점에서 파악하는 데 강하며, 상상력이 풍부하여 다양한 아이디어를 제공할 수 있다. 교수자나 동료와 좋은 관계를 유지한다.

④ **융합자**(정보, 과학): 추상적으로 개념화하여 정보를 인식하고 반성적으로 관찰하여 정보를 처리하는 학습자 유형으로, 광범위한 정보를 이해하고 이를 논리적인 형태로 만드는 데 뛰어나다. 관계나 감정보다는 추상적 아이디어나 개념에 관심이 있으며 과학적 사고를 중시하는 경향이 있다.

주관식 기출 및 예상문제

> **문제 1** 다음 글을 읽고 명수가 "거미는 곤충이 아니고, 곤충은 다리가 여섯 개에 날개가 있다"는 이해에 도달하기까지 과정을 1) Piaget와 2) Vygotsky의 인지발달이론의 관점에서 각각 설명하라(단 두 이론의 주요개념들을 포함하여 설명할 것). 또한 3) 두 이론의 차이를 3가지 이상의 관점에서 논의하라.

> 두 소년이 곤충채집을 하면서 들판을 뛰어다니고 있다. 명수가 매미를 잡아 채집통에 넣고 좋아하다가 나무 사이에 줄을 치고 있는 거미를 발견하고 소리를 친다.
>
> 명수: *(거미를 잡으려는 듯 손을 뻗으며)* 야! 여기 또 곤충이 있어. 저 곤충 좀 봐.
>
> 재신: *(손을 내저으며)* 엑…, 거미잖아. 그거 내려놔. 그거 곤충이 아냐.
>
> 명수: 무슨 말이야? 이것도 곤충과 똑같아 보이는데, 곤충은 곤충이잖아.
>
> 재신: 아니야. 곤충은 다리가 여섯 개이잖아. 그런데 자, 봐. *(거미의 다리를 가리키며)* 거미는 여덟 개지. 그리고 곤충은 날개가 있는데 이건 없잖아. 보라니까.
>
> 명수: 그래서……, 곤충은 … 다리가 여섯 개이고 날개가 있는데, 거미는 다리가 여덟 개고 날개도 없단 말이야? 응? (신종호 외, 2007 변형)

모범답안

발달은 인간의 전생애에 걸쳐 일어나는 모든 변화를 의미한다. 인간의 인지에 대한 발달이론의 대표적인 학자는 Piaget와 Vygotsky이다. 인지발달에 대해 Piaget는 개인내부의 인지과정을, Vygotsky는 사회적 상호작용을 강조한다. 여기서 두 이론의 주요개념과, 아동관, 사고와 언어, 발달과 학습을 보는 관점의 차이에 대해 간략하게 논의하고자 한다.

먼저 **Piaget**는 인간이 세상과 상호작용하는 가운데 인지불균형을 경험하고 그것을 바로잡으려고 적응기제를 활용함으로써 인지구조가 변화하고 재구조화하는 과정에서 인지가 발달하는 것으로 본다. 위에서 명수는 매미와 같이 생긴 것이 곤충이라는 이해의 틀, 즉, **도식**을 가지고 있다. 새 경험인 거미를 보고는 개인의 세상에 대한 이해와 경험 간의 인지적 균형 상태인 **평형화**가 깨지고 **인지불균형**에 직면한다. 이에 평형화를 유지하려고 도식과 새 경험을 서로 조정하는 **적응**기제를 사용하는데, 먼저 **동화**를 사용하여 자신의 도식에 맞추어 거미를 곤충이라고 한다. 그러나 곧 곤충과 거미의 차이를 이야기하는 재신에 의해 다시 새로운 경험에 자신의 도식을 수정하는 **조절**기제를 발휘한다. 이런 과정을 통해 명수는 곤충에 대한 자신의 기존도식을 재구조화하여 발달시키고 곤충에 대한 더 정확한 도식을 갖게 된 것이다.

반면 **Vygotsky**는 문화적 맥락 속에서 어른과의 사회적 상호작용을 통해 인지가 발달하는 것으로 보고, 언어를 사회적 상호작용과 사고를 위한 중요한 도구로 본다. 위에서 명수가 매미를 곤충으로 아는 것은 현재 그가 도움을 받지 않고 혼자 수행할 수 있는 **실제적 발달수준**이다. 거미가 곤충이 아니라는 것은 명수가 유능한 타인의 도움을 받아야만 해결할 수 있는 **잠재적 발달** 수준이다. 즉, 혼자서는 해결할 수 없지만 유능한 또래의 도움을 받으면 해결할 수 있는 **근접발달영역** 내의 과제인 것이다. 명수보다 유능한 또래인 재신은 명수가 거미의 다리에 주의를 기울이게 하고, 날개가 없는 것을 환기 시키면서 인지적인 도움인 **비계**를 제공한다. 이처럼 재신과의 사회적 상호작용을 통해 명수의 잠재적 발달수준은 실제적 발달수준이 되면서 인지가 발달될 수 있는 것이다.

두 이론은 아동관, 사고와 언어, 발달과 학습을 보는 관점에서 차이가 있다. 먼저 **Piaget**는 아동을 세상에 대한 이해를 스스로 구성하는 꼬마과학자로 보고, 사고가 언어에 선행하며 아동의 혼잣말은 자기중심적인 사고 반영한 것으로 본다. 또한 발달이 학습에 선행하기에 발달단계에 적절한 학습을 강조한다. 반면 **Vygotsky**는 아동을 어른과의 상호작용에 능동적인 존재로 보고, 독립적으로 발생하기 시작한 사고와 언어는 일정 시간이 지난 후에 서로 연합하며, 아동의 혼잣말은 문제해결과 자기조절을 위한 사고의 도구로 본다. 또한 학습을 통해 실제적 발달수준을 잠재적 발달수준으로 끌어올릴 수 있으므로 학습이 발달에 선행하는 것으로 본다.

학습자의 발달, 특히 사고방식의 변화인 인지발달에 대해 이해하는 것은 효과적인 교수-학습을 위해 반드시 필요하다. 교사가 학생들의 발달수준에 맞추어 수업을 설계하고 진행할 때 수업한 내용에 대한 학생들의 이해도가 높아지기 때문이다. 이런 측면에서 교사들은 대표적인 인지이론인 Piaget와 Vygotsky의 이론을 정확하게 알고 학교 현장에서 적절하게 활용할 수 있어야 한다.

문제 2 다음 두 교사의 대화에서 1) 영진과 희선은 각각 어떤 학습양식으로 분류될 수 있는지를 밝히고, 2) 그 학습양식의 개념, 검사도구에 대해 간략하게 설명하고 3) 각 학습양식의 특성과 그에 따른 적절한 교수전략에 대해 논의하라.

> 정 교사: 학생들마다 공부하는 방식에 차이가 있나 봐요? 요즘 시 단원 진도를 나가고 있어 지난 시간에 아이들에게 "진달래 꽃"에 대해 알고 싶은 것을 조사해 오라는 숙제를 내 주었어요. 그랬더니 영진이는 작가 김소월이 어떤 시인이며, 그 시를 창작할 당시의 시대적 상황이 어떠했는지를 조사해 왔어요. 그에 비해 희선이는 진달래 꽃의 형식과 주제, 사용된 시어의 특징에 대해 조사해 왔더라구요.
>
> 이 교사: 정말 그렇죠. 영진이처럼 사물을 지각할 때 그 사물의 배경이 되는 맥락에 영향을 받는 학생이 있는가 하면, 희선이처럼 맥락에는 영향을 받지 않고 내부 요소들을 분리해서 지각하는 학생들이 있어요. 어디 그 뿐인가요? 자극에 대한 반응속도가 빠르지만 반응 오류를 범하는 학생이 있는 반면, 반응속도는 느리지만 사려가 깊어서 정확한 반응을 하는 학생도 있죠.

모범답안

학습양식은 학생 개인이 학습과, 문제해결, 그리고, 정보처리에 이용하는 독특한 방식을 일컫는다. 즉 각 개인이 가지고 있는 선호하는 학습방식이라고 할 수 있다. 자신이 선호하는 방식으로 학습을 할 때에 보다 효율적으로 학습이 이루어 질 수 있다. 따라서 학습양식의 유형과 그 특성 그리고 각 학습양식에 적절한 교수전략에 대해 알아 볼 필요가 있다.

위 글에서 영진이는 **장의존적 학습양식**인 반면, 소희는 **장독립적 학습양식**을 지니고 있다. 영진이는 시 작품을 공부할 때 시의 작가와 창작 당시의 시대적 배경 등 외부 배경에 관심을 가지고 있다. 이처럼 사물을 지각할 때 사물의 배경이 되는 주변 장에 영향을 받는 학습양식을 장의존적 학습양식이라 한다. **장의존적 학습양식**을 지닌 학습자들은 외적인 관련성에 의존하고 외부에 영향을 받아 전체적이고 직관적으로 지각하는 경향이 있다. 반면 희선은 시 작품을 공부하는 데 있어 작품 자체가 지니고 있는 형식과 주제, 시어의 특징 등 작품자체에 관심을 가지고 있어서, **장독립적 학습양식**을 지니고 있다고 할 수 있다. 장독립적 학습양식자들은 내적인 관련성에 의존하여 맥락에 영향을 받지 않고 정보를 분석적이고 논리적으로 지각하는 경향이 있다.

이 학습양식을 판별하기 위해 **잠입도형검사**가 사용된다. 이 검사는 복잡한 도형 안에 여러 개의 단순한 도형을 찾도록 하는 검사인데, 점수가 높을수록 장독립적 학습양식의 경향이 강하다.

장의존적인 학습양식을 지닌 학습자는 교사는 부모 등 외부에서 설정된 목표나 강화가 필요하고, 외부의 비판에 영향을 받으며, 외부의 구조를 그대로 수용하는 경향이 있다. 또한 사회적 내용을 다루는 자료와 명료한 지시나 안내가 제공되는 구조화된 학습자료를 잘 학습한다. 이에 반해 장독립적 학습양식을 지닌 학습자는 외부보다는 자기 자신이 설정한 목표나 강화를 필요로 하고, 외부의 비판이나 피드백에 영향을 받지 않으며, 주어진 조직을 그대로 수용하기보다는 상황을 분석하여 재조직하는 경향이 있다. 학습에 있어서도 추상적인 분야에 관심이 많으며 비구조화된 자료학습을 선호한다.

이러한 특성의 차이 때문에 영진이와 같은 장의존적 학습자에게는 교사가 구체적인 학습목표를 설정해 주고 칭찬과 같은 외적인 보상을 통해 동기유발하는 것이 필요하다. 사회적 관계나 학습자 자신과 관련성이 있는 자료와 구체적인 안내와 지시가 분명하게 제공되는 구조화된 학습자료로 학습하게 하는 것이 좋다. 또한 공동의 목표를 위해 동료와 함께 협동학습이나 모둠학습을 제공한다. 희선이와 같은 장독립적 학습자에게 교사는 외적인 보상보다는 학습자 스스로 목표를 세우고 강화하게 하여 동기유발하는 것이 필요하다. 추상적이고 논리적인 자료를 안내와 지시 없이 비구조화 하여 제시하고 모둠학습보다는 개별적인 활동을 할 수 있게 하는 것이 좋다.

학습양식은 학습자마다 학습과제에 대한 선호와 접근방식에 있어서의 차이를 의미한다. 학습자가 선호하는 학습양식으로 학습할 때 학습자들은 더 잘 학습할 수 있을 것이다. 이런 점에서 교사는 학생들의 학습양식을 정확하게 알고 그에 따른 적절한 교수를 제공할 수 있어야 한다.

문제 3 Piaget의 1) 인지발달단계의 특징과 2) 각 단계의 사고특성에 대해 설명하고, 3) 그의 인지발달이론이 교육에 주는 시사점을 3가지 이상 기술하시오.

모범답안

Piaget는 논리적이고 체계적으로 사고할 수 있는 능력인 '조작'을 기준으로, 인지발달단계를 감각운동기, 전조작기, 구체적조작기, 형식적조작기의 4단계로 구분하였다. 이 인지발달단계는 다음과 같은 **특징**이 있다. 첫째, 한 단계에서 다음 단계로의 이동은 사고의 질적·유형적 변화를 의미하고, 점진적으로 이행된다. 둘째, 대략적인 나이 특성이 있지만 성숙, 경험, 문화에 따라 발달속도에는 개인차가 있다. 셋째, 모든 아동이 동일한 순서대로 발달하며, 이전 단계에서의 성취를 바탕으로 각 단계가 진전되기 때문에 특정 단계를 뛰어 넘을 수는 없다.

감각운동기는 0세에서 2세 사이에 해당한다. 이 시기는 세상을 이해하기 위해 감각과 운동능력을 이용하는 시기이다. 초기에는 사물을 정신적으로 표상하지 못하다가 후기가 되면 모방 능력과 물체를 기억 속에 표상하는 능력인 대상영속성을 획득한다.

2세에서 7세에 해당하는 **전조작기**는 아직 체계적이고 논리적인 사고가 이루어지기 전 단계로, 지각이 사고를 지배하는 시기이다. 언어를 통한 구체적 개념 획득이 활발하나, 추상적 개념 획득에는 한계가 있다. 중심화, 자기중심성이 대표적인 사고특성이고 전이, 가역성, 체계적 추론이 결핍되는 시기이다. 조기에 물활론적 사고를 보이기도 한다.

구체적 조작기는 7세에서 11세에 해당하며, 구체적인 대상에 대한 조작이 가능하다. 탈 중심화 경향이 나타나고 자기중심성에서 벗어난다. 보존개념과 유목포섭능력, 가역성, 전이, 서열화 능력이 발달한다.

11세 이후는 **형식적 조작기**에 해당하는데 이 시기는 가상의 것에 대한 논리적 사고가 가능하다. 추상적인 문제들을 체계적으로 고찰하고, 그 결과를 일반화할 수 있다. 명제적 사고, 반성적 사고, 가설-연역적 사고, 조합적 사고 등이 가능하다.

Piaget의 인지발달이론이 주는 시사점은 다음과 같다. 첫째, 인지발달의 기초는 환경과 개인의 행동적 상호작용으로 이루어진다. 물리적 경험이나 사회적 경험을 많이 제공해야 한다. 둘째, 아동의 발달 수준은 교육의 종착점이 아니라 출발점이다. 따라서 발달 수준에 적절한 교육을 해야 한다. 셋째, 아동의 인지발달단계에 따라 교육과정을 구성할 필요가 있다. 즉, 인지구조를 고려하여 구체적이고 단순한 경험에서 상세하고 추상적인 경험으로 교육과정을 구성해야 한다.

문제 4 Erikson의 심리사회적 발달단계 중 1) 정체감 대 정체감 혼미 단계에 대해 간략하게 기술하고, 2) 이 시기에 요구되는 교사의 역할에 대해 기술하시오. 또한 3) Marcia의 정체감 유형을 나누는 기준과 유형의 4가지 범주에 대해 설명하시오.

모범답인

정체감 대 정체감 혼미는 Erikson의 심리사회적 발달단계 중 5단계이며, 약 12세에서 18세 사이의 청소년 시기에 해당한다. 그는 자아정체감 확립이 청소년기의 중심과제라고 주장한다. 청소년들은 나는 누구인가?, 나에게 중요하고 가치있는 것은 무엇인가?, 나는 어떤 사람이 될 것인가? 와 같은 근본적인 문제에 대해 고민하면서 지적, 사회적, 도덕적인 여러 측면에서 자아정체성으로 통합하려고 노력한다. **자아정체감**은 자기동일성에 대한 의식적인 자각이며, 자신의 위치, 능력, 역할, 책임에 대한 인식이다. 그러나 자기존재에 대한 의문을 해결하는 것이 쉽지 않으므로 고민하고 방황하게 된다. 이런 고민과 방황이 길어지면 정체감의 혼미가 온다. 청소년기에 자아정체감이 확립되기 전에 정체감에 대한 탐색기로 자신에 대한 결정을 잠시 보류하게 되는데 이를 심리적 유예기라 한다.

심리적 유예기 동안 청소년들은 새로운 역할이나 가치, 신념체계에 대한 끊임없는 탐색을 하면서 진정한 자아를 찾기 위한 노력을 기울이게 된다.

청소년 시기는 변화와 갈등, 혼란과 모순을 겪는 시기이다. 신체적으로 급격한 성장이 일어나지만 정신적 성장은 신체적 성장을 따라가지 못한다. 한편으로는 독립을 쟁취하고자 하나 다른 한편으로는 규율이 주는 안정성을 원하기도 하며, 반항하고 싶어하기도 하지만 확고한 무언가를 원하기도 한다. 따라서 이 시기에 교사는 이런 특성을 이해하고 마음을 열고 진실된 대화를 나눔으로써 학생에게 도움을 주어야 한다. 확고한 신념을 갖고 있으면서 자애로운 교사가 필요하다. 수용 가능한 한계를 명확하게 제시함으로써 안정감을 주는 동시에 학생들과 잘 공감할 수 있어야 한다.

Marcia는 정체감 탐색의 위기를 경험했는가의 여부와, 주어진 역할과 과업에 대한 확고한 의사결정을 하고 그와 관련된 과업을 수행(참여)하고 있는가의 여부에 따라 정체감을 성취, 유실, 유예, 혼미의 네 가지 유형으로 구분한다. 먼저 **정체감 성취**는 정체감 탐색의 위기를 성공적으로 극복하여 신념, 직업, 정치적 견해 등에 대해 스스로 의사결정을 내린 후에 그와 관련된 과업을 적극 수행하고 있는 상태를 말한다. 둘째, **정체감 유실**은 정체감과 관련된 위기 없이 외부로부터 부과된 정체감을 무비판적으로 그대로 수용한 상태를 의미한다. 정체감에 대한 고민이 없었기 때문에 자신의 정체감을 확립할 수 있는 기회를 상실하고 이후 정체감 혼미에 빠질 우려가 있다. 셋째, **정체감 유예**는 현재 정체감에 대한 위기상태에 있으면서 다양한 역할, 신념 등을 실험하나 의사결정을 못한 상태로 위기 상황이 계속되고 정체감에 탐색이 진행 중인 상태이다. **정체감 확립**을 위해 적극적으로 노력하고 있으므로 청소년기에 바람직한 유형이다. 마지막으로 정체감 혼미는 위기나 의사결정 모두 무관심한 상태를 말한다. 삶의 방향성이 결여되어 있고 미래지향적인 행동을 하지 못하고 타인의 일에도 관심이 없다.

문제 5 1) 지능검사도구인 K-WISC-III와 문화평형검사도구 2가지를 간략하게 설명하고, 2) 편차 IQ에 대해 간략하게 설명하시오. 또한 3) 교사가 IQ를 활용할 때 유의점을 2가지 이상 기술하시오.

모범답안

한국 웩슬러 아동지능검사(K-WISC-III)는 가장 널리 사용되고 있는 웩슬러 아동지능 검사의 3판(WISC-III)을 모체로 하여, 우리 실정에 맞게 번안하여 사용하는 지능검사도구이다. 13개의 소검사 영역을 포하고, 언어성, 동작성, 전체 검사 IQ점수뿐만 아니라, 표준화 과정을 통하여 요인 분석하여 언어이해, 지각조직, 주의집중, 처리속도 등 네 개 요인 점수도 제공된다.

문화편파에서 오는 지능검사의 단점을 개선하기 위해 개발된 문화평형검사에는 **SOMPA**와 **K-ABC**(아동용 카우프만 지능검사)가 있다. SOMPA는 5세~11세 아동을 대상으로 한, 다문화적이고 다차원적인 검사도구이다. 웩슬러 아동지능검사로 측정한 언어와 동작성 지능, 1시간 동안의 부모 면담을 통한 아동의 SES, 부모질문지를 통한 학교에서의 사회적응력, 의학적 검사를 통한 아동의 신체적 건강상태 등을 검사한다. K-ABC는 2세~12세 아동을 대상으로 한 검사도구로 언어영향 최소화하고 비언어적 척도를 포함하고 있다. 문항이 모든 계층의 아동들에게 고르게 적합한 도구이다.

편차 IQ는 지능의 표준정규분포를 고려한 평균과 표준편차를 기초로 하여 산출한 지능검사 점수이다. 평균을 100, 표준편차를 15혹은 16으로 하여 산출한다. 이 점수는 동년배 집단 내에서의 상대적 위치로 규정한 지수이다. 따라서 10세 아동과 12세 아동의 IQ가 똑같이 110이라 하더라도 두 아동의 지능은 서로 같다고 할 수 없다.

지능검사가 인간의 중요한 지적 능력을 모두 측정하지는 못하고, IQ는 학력과 문화 등의 요인에 따라 영향을 받고, 변할 수 있다. 세대가 반복될수록 지능점수가 높아지는 현상인 **Flynn 효과**는 이런 측면을 잘 설명해 주고 있다. 따라서 지능검사 점수 활용할 때에는 다음의 점에 유의해야 한다. 첫째, IQ는 학업수행에 대한 하나의 측정치에 불과하고, 학습 잠재력을 측정한 것이 아니므로 다른 요인들도 함께 고려해야 한다. 둘째, 검사점수가 교사의 기대에 불합리한 영향을 미치지 않도록 해야 한다. Rosenthal과 Jacobson의 실험에서와 같이 교사가 학생의 가능성을 어느 정도 미리 평가 하느냐에 따라 학생들의 학업성취도는 달라 질 수 있는 것이다. 셋째, 검사결과에 대해 보다 나은 특성으로 부족한 특성을 보환할 수 있는 가능성을 탐색하고, 부족한 특성을 개발하는 데 도움을 주는 방향으로 활용한다.

문제 6 Sternberg의 삼원지능이론에서 1) 지능의 정의에 대해 기술하고, 2) 3가지 하위이론에는 어떤 것이 있으며 각 하위이론과 관련되는 사고유형, 그리고 구성요소에는 어떤 것들이 있는지를 중심으로 설명하시오. 또한 3) 지능을 개발하는 방법에 대해 기술하시오.

모범답안

Sternberg의 삼원지능이론에서는 지능을 "메타요소, 수행요소, 지식습득요소 등의 기능에 따라, 신기성에 대한 반응 혹은 정보처리의 자동화와 관련하는 경험의 연속선에서, 어떤 지역에서 상황적으로 적절한 행동을 방출하는 정신 능력"으로 정의한다.

Sternberg는 지능의 근원을 개인, 행동, 상황의 세 가지 요인을 통합적으로 고려하여야 한다고 보고 삼원지능이론을 제시하였다. 이 세 가지 요인은 각 하위이론에 해당하는데 개인은 요소하위이론, 행동은 경험하위이론, 상황은 상황하위이론에 해당한다. 먼저 **요소하위이론**은 지능을 내부세계와 관련시켜, 지적 행동이 '어떻게' 발생되는가를 다루는 것으로 분석적 능력과 관련된다. 요소하위이론은 메타(상위)요소, 수행요소, 지식습득요소로 이루어져 있다. 메타요소는 정보처리에 있어 통제, 감시, 평가, 계획이 이루어지는 것으로 지적인 과제에 대해 계획을 세우고 점검을 하고 평가를 하는 역할에 해당한다. 수행요소는 메타요소가 세운 계획을 실행하는 과정이다. 지식습득요소는 새로운 정보를 수집하고 상호 연관된 아이디어로 분류하는 과정으로 부호화, 정보결합, 새 정보를 기존의 정보와 비교하는 것 등이 포함된다.

둘째, **경험하위이론**은 지능을 외부세계와 내부세계를 매개하는 경험과 관련시키고 행동이 '언제' 지적인가를 알아내는 것으로 창의적 능력과 관련이 있다. 새로운 경험을 효과적으로 다루는 신기성 능력과, 익숙한 문제를 자동적으로 해결하는 능력인 자동화능력을 포함한다. 창의적 능력은 지식습득요소의 능란한 활용과 관련이 있다. 즉 창의적인 인물이나 탁월한 업적을 남긴 인물들은 중요하고 적절한 정보에 주의를 기울이는 능력인 선택적 부호화와, 서로 관련있는 요소들을 연관시켜 다소 다르거나 새로운 것을 창출해 내는 능력인 선택적 결합, 이미 있는 것들을 새로운 각도에서 보고 이로부터 새로운 것을 유추해 낼 수 있는 능력인 선택적 비교 능력이 탁월하다. 더불어 지적인 사람들은 문제해결과정에서 정보처리가 무의식적이고 자동화되어 있다.

셋째, **상황하위이론**은 지능을 개인의 외부세계와 관련시키고 어떤 행동이 '어느 곳에서' 지적인가를 밝히는 것으로 실제적 능력과 관련있다. 상황하위이론은 환경에 적응, 변화, 새로운 환경의 선택을 포함한다. 지적인 사람은 환경과 조화로운 관계를 유지하면서 환경에 적응한다. 만약 주어진 환경에 적응하지 못할 경우 자신의 요구나 능력에 맞게 환경을 변화시키며, 변화시킬 수 없는 경우에 새로운 환경을 선택한다.

Sternberg는 다음의 세 가지 서로 다른 형식의 사고를 연습하는 것이 학생들에게 서로 다른 방식의 정보처리를 가능케 하며 지능을 향상시킬 수 있다고 주장한다. 둘 이상의 사물에 대해 비교하고 대조하게 함으로써, 어떤 사건이나 사물에 대해 비평하고 판단하며 평가하게 함으로써 **분석적 사고 능력을 개발**할 수 있다고 한다. 그리고 **창의적인 사고 능력**은 무엇인가를 고안해 내고 발견하며 상상하고 가정하게 함으로써, **실제적 사고 능력**은 적절한 아이디어를 찾아내고 실행하며 적용하개 함으로써 개발할 수 있다고 한다.

<참고문헌>
신종호, 김동민, 김정섭, 김종백, 도승이, 김지현, 서영석 역(2007). 교육심리학: 교육 실제를 보는 창. 서울:학지사.
이신동, 최병연, 고영남(2012). 최신교육심리학. 서울:학지사.
임규혁, 임웅(2007). 학교학습 효과를 위한 교육심리학. 서울:학지사.
권대훈(2006). 교육심리학의 이론과 실제. 학지사.

06 학습이론

▶ 교육학 논술 길라잡이

✓ 학습과 동기이론은 빈번히 출제되었던 영역이므로 각 이론의 주요 개념에 대한 정의, 교육적 함의점
등을 중심으로 정리해 둔다.

✓ 특히 정보처리이론과 인지주의적 동기이론은 출제가능성이 높은 만큼 개념과 함의점, 관련성이 있는
다른 교육학 영역과 함께 준비를 한다.

✓ 실제로 13년 초등, 15년 중등 논술은 동기와 관련된 문제였고, 16년 중등 논술은 사회인지학습과 관련된
것이었다.

▶ 한 눈에 보는 핵심요점

중점 주제			개요 및 학습주안점		세부학습 포인트	다른 교육학 이론과의 연관성
학 습 이 론	학 습 이 론	행동 주의	고전적조건화 (Pavlov)		정서학습 NS+UCS → CS−CR 강화, 소거, 자발적 회복, 일반화, 변별	행동주의 상담이론 사회인지학습은 비행원인과 관련
			★조작적조건화 (Skinner)		행동의 결과에 의한 빈도의 증가 or 감소 강화, 벌, 강화계획, 행동조성, 프리맥원리	
			★사회인지학습 (Bandura)		행동주의 → 인지주의, 기대나 신념이 중재 관찰 → 대리강화, 자기강화, 자기조절	
		인지 주의	Köhler 통찰설		탐색적 과정을 통한 비약적 사고과정	
			Lewin 장이론		장: 유기체 행동을 결정히는 모든 요소들의 복합적 싱황	
			Tolman 의도적 행동주의		학습 ← 환경에 대한 인지도구성 쥐의 미로실험 : 강화없이도 학습이 발생, 잠재학습	
			★ 정 보 처 리 이 론	저장소	1) 감각기억: 5초, 무제한 정보 2) ★단기(작동)기억 : CPU, 20초, 의도적 사고활동, 　1회 7단위 ∴ 청킹, 자동화, 이중부호처리 3) 장기기억: 무제한 영구저장, 도식과 산출	인주주의적 교수 이론(오수벨, 가네)
				인지과정	1) 주의 & 2)지각, 3) 시연(되풀이) 4) ★부호화: 유의미한 관련성 ← 조직화, 정교화, 활동 5) 인출: 설단현상	

		메타인지	인지과정에 대한 인지와 조절, 통제 계획, 점검, 평가	
★ ★ ★ 동 기 이 론	인본 주의	Maslow 욕구위계	결핍(기본)욕구: 생존, 안전, 소속, 자아존중 성장(고등)욕구: 지적, 심미, 자아실현	교육행정의 동기위 생이론
	인지 주의	기대×가치	성공에 대한 기대: 과제난이도, 자기도식 과제가치: 내적흥미, 중요성, 효용가치, 비용	잠재적교육과정, 교사의 리더십, 협동학습, Keller의 ARCS모형, 형성평가
		자아효능감	특정과제 수행 시 자신의 능력에 대한 믿음 과거 성과, 관찰, 설득, 심리상태 → 자아효능감	
		★목표	학습목표: 과제숙달과 이해, 과제중심 수행목표: 능력의 비교, 자아중심 * 실패시 행동과 능력, 오류에 대한 관점에 차이	
		★귀인	1) 능력: 내부, 안정, 통제불가 2) 노력: 내부, 불안정, 통제가 3) 운: 외부, 불안정, 통제불가 4) 난이도: 외부, 안정, 통제불가 * 감정적 반응, 성공기대, 노력, 성취에 영향	
		★자기결정	기본욕구 가정: 유능, 통제(자율성), 관계욕구 자기결정이 높을수록 내적 동기화	

일반적으로 **학습**은 "연습 또는 경험의 결과 일어나는 비교적 영속적인 행동의 변화"로 정의할 수 있으며, 다음의 세 가지 측면에서 고려될 수 있다. ① 학습은 행동의 변화를 의미한다. 그러나 늘 외현적으로 표현되는 것은 아니다. 현재 외현적 행동으로 나타나지 않더라도 동기화되면 언제든지 수행될 수 있는 잠재력의 변화도 학습에 포함된다. ② 학습은 연습 또는 경험의 결과이다. 단순한 반사행동과, 성숙에 의한 행동의 변화는 학습에 포함되지 않는다. ③ 학습은 비교적 지속적이고 영속적 변화이다. 약물중독이나 피로에 의한 행동의 변화처럼 상황이 바뀌면 즉시 사라지는 것은 학습에서 제외된다. 학습을 보는 관점에는 크게 행동주의와 인지주의가 있다. 행동주의는 외현적 행동의 변화와 그 행동의 변화를 초래하는 자극에 관심을 둔다. 반면 인지주의는 학습자 내부의 인지구조의 변화에 관심을 둔다.

1. 행동주의 학습이론(관찰 가능한 행동의 변화): 고전적 조건화, 조작적 조건화, 사회인지 학습이론

행동주의 학습이론은 내적 행동을 제외하고 관찰가능하고 측정가능한 외적 행동만을 연구대상으로 삼아 자극과 반응의 연합을 시도한다. 학습을 경험에 의해 발생하는 관찰가능한 지속적인 행동의 변화로 간주한다. 내면적 사고나 태도의 변화는 학습이 아니며 외현적인 행동의 변화만을 학습으로 본다. 인간은 백지 상태로 태어난다고 가정하고 자극과 반응 간의 연결이나 강화를 통해서 행동을 습득하게 된다. 행동주의는 크게 고전적 조건화, 조작적 조건화, 사회인지학습 이론으로 구분된다.

(1) Pavlov의 고전적 조건화('09초등임용)

Pavlov에 의해서 주장된 이론으로서 모든 학습과정은 자극 사태와 그에 대한 반응행동 사이에서 이루어지는 조건형성의 과정이라고 본다. 고전적 조건화는 본능적 또는 반사적 반응과 흡사한 불수의적 정서 또는 생리 반응을 하게 만드는 학습의 한 형태로, 특히 정서와 감정이 어떻게 학습되는가를 잘 설명해 주는 이론이다. 개의 타액분비실험에서와 같이 개는 **무조건 자극**인 고기에 대해 **무조건반응**인 타액을 분비하게 되는데, **중립자극**이던 종소리를 무조건자극인 고기와 함께 반복해서 제시하면 이후 고기없이 종소리만을 듣고 개가 타액을 분비하게 된다. 이때 중립자극이던 종소리는 **조건자극**이 되고 조건자극에 의한 타액은 **조건반응**이 되는데 조건반응은 불수의적이고 반사적인 반응인 무조건반응과 유사하지만 학습에 의해 습득된 생리반응이라는 점에서 차이가 있다.

- 조건형성 전: 종소리(중성자극 NS), ★ 음식물(무조건자극 UCS) → 침(무조건반응 UCR)
- 조건형성 중: 종소리(조건자극 CS) + ★ 음식물(무조건자극 UCS) → 침(무조건반응 UCR)
- 조건형성 후: 종소리(조건자극 CS) → 침(조건반응 CR)

고전적 조건화의 주요법칙으로는 ① 조건자극은 일관되게 제시되어야 한다는 **일관성의 원리**, ② 종소리(CS)는 음식물(UCS)보다 시간적으로 앞서거나 그 동시에 줄 때 효과적이다라는 **시간성의 원리**, ③ 반복된 횟수가 많을수록 조건화가 잘된다는 **계속성의 원리**, ④ 조건자극이나 무조건자극이 강해야 효과적이라는 **강도의 원리**가 있다.

고전적 조건화가 학교에 주는 **시사점**은 ① 학생들이 학습경험과 학교 전반에 대해 긍정적인 정서를 형성할 수 있도록 안정적이고 정돈된 환경을 제공하라는 것이다. 따라서 교사는 ② 과제를 긍정적이고 유쾌한 사건과 연결시키고, ③ 학생들의 불안을 유발하는 상황에 자발적으로 대처하도록 조력하며, ④ 상황 간의 차이점과 유사점을 인식하게 하여 상황을 분별할 수 있게 함으로써 불안과 같은 부정적인 정서가 일반화되지 않도록 해야 할 것이다.

(2) Skinner의 조작적 조건화('06, '10, '12 초등임용, '06, '09, '11 중등임용 출제)

조작적 조건화란 행동한 뒤에 주어지는 결과에 따라 관찰가능한 행동의 빈도가 변화하는 학습의 형태를 말한다. 유기체는 스스로 반응하여 그 결과가 긍정적이면 같은 반응을 할 확률이 높아지고, 부정적인 결과를 경험하면 같은 반응을 할 확률이 감소된다. 결국 조작적 조건형성은 강화에 의한 습관형성을 학습으로 본다.

가. 조작적 조건화 학습원리: 강화와 벌, 강화계획, 프리맥의 원리, 행동형성(행동조성)

첫째, 조작적 조건화에서 **강화**란 바람직한 반응의 빈도가 증가하는 과정을, **벌**은 문제행동의 빈도가 감소하는 과정을 의미한다. 강화와 벌은 제공되는 자극의 종류와 자극이 제공되느냐 제거되느냐에 따라 다음과 같이 분류된다.

	제공되거나 제거되는 자극의 유형	
	유쾌한 자극	불쾌한 자극
반응 후에 무엇이 제공되는 경우	정적강화	1차적 벌(수여성 벌)
반응 후에 무엇이 제거되는 경우	2차적 벌(제거성 벌)	부적강화

◆ 강화와 벌의 유형 ◆

① **정적강화**는 바람직한 행동에 대해 긍정적인 자극(칭찬, 자유시간, 장학금)을 제시함으로써 이후 그 행동이 일어날 확률과 빈도를 증가시키는 것을 말한다. ② **부적강화**는 바람직한 행동에 대해 부정적인 자극(청소, 핀잔, 잔소리 등)을 제거시켜 줌으로써 이후 그 행동이 일어날 확률이나 빈도를 높이는 것을 말한다. ③ **1차적 벌**은 문제가 되는 행동에 대해 혐오자극을 주어서(꾸중, 고통, 체벌) 이후 그 문제행동을 감소시키는 방법이다. ④ **2차적 벌**은 문제가 되는 행동에 대해 유쾌한 자극을 빼앗음으로써(나쁜 성적에 장학금 지급 정지, 타임아웃) 이후 그 문제행동을 감소시키는 방법이다.

둘째, **강화계획**이란 강화물을 제공하는 빈도와 주어지는 시점에 대한 패턴을 의미한다. 강화계획에는 의도한 행동이 발생할 때마다 강화를 주는 **연속적 강화**와, 강화를 주는 시기와 비율에 변화를 주어 가끔씩 강화하는 **간헐적(단속적) 강화**가 있다. 연속적 강화는 바람직한 반응을 보일 때마다 강화하는 방법이다. 행동을 빨리 변화시키므로 학습 초기에 유리하나 소거가 쉽게 일어난다. 간헐적 강화는 행동의 소거에 대한 저항이 강해 학습된 행동을 유지하기에 유리하다. 이 간헐적 강화는 시간에 따른 간격강화와 빈도(횟수)에 따른 비율강화가 있다. 간격강화와 비율강화는 고정간격강화와 변동간격강화, 고정비율강화와 변동비율강화로 다시 나누어진다.

- **고정간격강화**: 정해진 시간에 강화를 제공하는 방법으로 화요일마다 시험을 보는 경우에 해당한다. 이 때 강화를 받게 되는 시점을 예측할 수 있으므로 강화가 제공되는 시점이 가까워질수록 반응의 빈도가 급격히 증가하다가, 강화가 주어진 후에 반응이 일어나지 않는다.
- **변동간격강화**: 예고없는 쪽지 시험과 같이 강화를 받게 되는 시점을 예측할 수 없다. 지속력이 비교적 강하고 소거에 따르는 저항이 강하나, 스트레스를 받기 쉽다.
- **고정비율강화**: 세 문제 풀 때마다 강화하는 것과 같이 일정한 수의 반응이 일어난 후 강화를 제공하는 것을 말한다. 강화를 예측할 수 있어 강화가 예상되는 횟수에 근접할수록 반응이 빠르게 증가하고, 강화 직후에 반응이 일시적으로 감소하는 경향이 있다.
- **변동비율강화**: 반응의 횟수와 상관없이 불규칙하게 강화가 제공되는 것으로 슬롯머신이 이에 해당한다. 언제 강화가 주어질지 모르기에 반응이 지속적으로 일어난다.

셋째, **프리맥원리**(Premack Principle)란 빈도가 높은 행동은 빈도가 낮은 행동에 대하여 강화력을 갖는다. 덜 선호하는 행동을 강화하기 위해 선호하는 행동을 강화물로 제공하는 방법을 말한다. 가령 제일 하기 싫어하는 수학을 1시간 공부하면 좋아하는 컴퓨터를 할 수 있도록 하는 것을 말한다.

넷째, **행동형성**(조성 shaping)은 목표행동을 세분화하고(과제분석) 낮은 단계에서부터 강화물을 제공하여 점진적으로 강화함으로써 새로운 행동을 형성하는 것을 말한다. 예를 들어 적극적으로 수업에 참여하는 과정을 자리에 앉기, 교과서 펴기, 교사의 말에 집중하기, 손들고 발표하기의 4단계로 세분화한 다음 각 단계에서 강화물(칭찬)을 제공하여 점진적으로 손들고 발표하는 적극적인 수업 참여 태도를 완성해 가는 방법이 이에 해당한다.

나. 조작적 조건화에 의한 교수전략

강화를 효과적으로 사용하기 위한 방법으로는 ① 바람직한 행동이 무엇인지 알려주고 즉각적으로 강화를 제공한다. ② 강화물의 효과를 지속적으로 점검한다. 학생마다 선호하는 강화물이 다르므로 프리맥의 원리를 적절히 활용한다. ③ 행동의 결과가 무엇인지 분명하게 전달하라(정보적인 피드백과 더불어 강화). ④ 의도한 행동이 규칙적으로 일어난다면 외적인 강화물(칭찬, 사탕)을 단계적으로 제거하고 점차 내적인 강화물(활동자체의 흥미, 만족감 등)로 전환될 수 있게 한다. ⑤ 강화계획을 적절하게 활용한다. 초기 학습에는 연속강화로 시작해서 간헐적 강화로 옮겨가고, 점차 강화 시간의 간격은 늘려가고 강화 횟수는 줄여가서, 궁극적으로 강화물 없이 스스로 행동을 유지할 수 있게 한다.

벌을 사용할 때는 신중하게 해야 한다. 벌은 ① 공격성을 가르칠 수 있고, ② 더 강한 반응의 원인이 되며, ③ 일시적으로 행동을 억제시킬 뿐이다. 또한 처벌을 주는 사람을 피하게 만들고 ④ 부정적인 감정을 초래한다. 따라서 처벌보다는 대안적인 행동에 강화를 주는 대안적인 방법을 택한다. 부득이 벌을 줄 때는 벌에 받는 행동에 대해 구체적으로 정의하고, 벌을 받는 이유가 무엇인지에 대한 정보적 피드백과 함께 즉각적으로 주는 것이 좋다. 또한 처벌 받는 사람이 아니라 잘못된 행동에 대해 일관성 있게 벌을 주고 개인적인 감정 개입을 하지 말아야 한다.

(3) Bandura의 사회인지학습이론(관찰학습, 대리학습, 모델학습 '08, '13 초등임용, '07, '08 중등임용, '16 중등논술 출제)

사회인지학습이란 다른 사람의 행동을 관찰해 학습하고 점점 자신의 행동을 조절해 나가는 과정을 말한다. 학습이 관찰을 통해 이루어진다는 의미에서 관찰학습이라고 불리었지만, 인간 내부의 신념, 기대 등과 같은 인지적 요인이 행동을 중재한다고 보기에 사회인지학습이라 불린다. 경험이 학습에 중요한 요인이고, 행동을 강화와 처벌을 포함하여 설명하고, 학습을 촉진하기 위해 피드백을 중요시 여긴다는 점에서 행동주의와 유사하다. 학습을 이전과는 다른 행동을 나타내 보일 수 있도록 하는 정신구조(기대, 신념)의 변화로 보고, 개인 내적인 요인과 행동, 환경 모두 서로 영향을 주고받는다고 전제한다. 또한 강화물이 행동의 직접적인 원인으로 본 행동주의와는 달리 강화물이 기대를 형성한다고 본다.

관찰학습은 주의집중, 파지, 운동재생, 동기화의 과정을 거쳐 일어난다. 먼저 모델의 행동에서 중요한 특성을 주목하고 정확히 지각하는 주의집중이 필요하다. 행동으로 나타나기 위해서는 관찰한 내용이 상징적 형태로 기억(심상과 언어로 저장)되는 파지과정과, 기억된 상징적 형태가 행동으로 수행되는 과정인 운동재생과정을 거쳐야 한다. 학습과 수행은 구분되기 때문에 수행으로 이어지기 위해서는 동기화의 과정이 필요하다.

이 동기화는 직접강화 외에도 모델의 행동을 모방했을 때 어떤 결과를 갖고 오는지 모델이 행한 결과를 보고 예견하는 **대리강화**, 그리고 스스로 특정행동에 강화를 주는 **자기강화**를 포함한다. **자기조절**은 자신의 학습에 대한 책임과 통제를 받아들이는 과정으로, 사회인지학습의 중요 개념 중 하나이다. 인간은 처음에는 외부 환경에 의해 영향을 받지만 점차적으로 자신의 행동을 스스로 조절하는 자기조절 능력을 발달시킨다.

사회인지학습의 함의점은 ① 효과적인 모델을 사용하라. 교사와 또래 위인(상징적 모델)들을 효과적인 모델로 사용할 수 있다. 특히 교사는 교수에서 시범을 생각과 행동에 대한 언어적 설명과 함께 보여주는 인지적 모델링으로 적용할 수 있다. ② 학생들의 성취에 대한 현실적인 기대를 설정하라. ③ 자기교수, 자기기록, 자기강화 등을 통해 자기조절능력을 향상시켜라.

2. 인지주의 학습이론(인지구조의 변화): 정보처리 이론의 세 가지 구성요소와 인지전략

인지주의는 인간을 능동적인 학습자로 간주하고, 학습을 인지구조의 재구조화 또는 재체계화와 같이 인지구조의 변화로 본다. 인지주의 학습이론에는 Köhler의 통찰설, Lewin의 장이론(field theory) Tolman의 의도적(목적적) 행동주의, 정보처리이론이 있다.

(1) Köhler의 통찰설

통찰설에서는 학습은 S-R연합으로 이루어지는 것이 아니라 통찰에 의하여 전체적인 관계를 파악함으로써 이루어지며, 문제의 해결은 단순한 과거경험의 집적이 아니라 경험을 재구성하는 인지구조 변화의 과정이라고 본다. 통찰의 과정은 ① 탐색적 과정을 통해서 이루어지며, 우연한 시행착오와는 대비된다. ② 통찰은 실험장면에 의해서 좌우되며, ③ 학습의 과정은 전체-분석-종합의 단계를 거친다.

(2) Lewin의 장이론(field theory)('09 초등임용출제)

장이론에서 장이란 생활공간이란 말과 동일하게 쓰인다. 행동은 개인이 경험하는 심리적 사실에 영향을 받으며, 심리적 사실들은 개인의 전체적인 상황으로서 생활공간을 이룬다. 생활공간은 유기체의 행동을 결정하는 모든 요인의 복합적인 상황을 의미한다. 개인과 심리적 사실의 상호작용을 통해 생활의 장에 대한 인식의 변화가 생기면 행동이 변화한다. 학습은 생활공간(장)에 대한 인식의 변화 즉, 인지구조의 구조화와 재구조화를 통한 인지구조의 변화이다. 인간의 행동은 유기체와 환경의 함수 관계에 의해서 결정된다. 즉, $B=f(P \cdot E)$이다.

(3) Tolman의 의도적(목적적) 행동주의('07 중등임용 출제)

Tolman은 유기체의 행동은 유목적적이며, 자신이 환경에 대한 인지도(cognitive map)를 구성함으로써 학습한다고 주장한다. 행동의 목적 지향성을 강조하였기에 목적적 행동주의라고 부른다. 그는 초기에 행동주의자들과 마찬가지로 동물을 사용해서 학습을 연구하였지만 유기체의 내부의 인지과정에 관심을 가지고 잠재학습에 대한 연구(쥐의 미로 찾기 실험)를 통해 학습의 행동주의적 관점을 반박한다. 세 가지 다른 조건의 쥐의 미로 찾기 실험에서 정도의 차이는 있으나 세 집단 모두에서 실패 횟수가 줄어들었다는 결과를 통해 강화는 학습을 일으키는 것이 아니라 잠재된 학습을 드러나게 만드는 구실(동기)을 한다고 하고, 잠재학습이라 부르기도 한다.

(4) 정보처리이론('06, '07, '09, '10, '11, '12 초등임용, '07, '08, '09, '10, '12, '13 중등임용 출제)

정보처리이론은 자극이 어떻게 우리 기억체계 속에 입력되고, 저장을 위해 선택되고, 조직되는지, 그리고 어떻게 기억에서 인출되는지를 설명하는 학습이론이다. 즉 학습자 내부에서 학습이 일어나는 기제인 인간의 정보처리과정을 컴퓨터의 처리 과정에 비유하고 있다. 정보처리이론의 세 가지 구성요소는 정보가 저장되는 **정보저장소**와, 정보가 이동되는 **인지처리과정**, 그리고 인지과정에 대한 인지와 조절 통제 능력을 의미하는 **메타인지**이다.

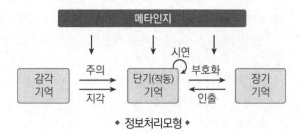

◆ 정보처리모형 ◆

가. 정보저장소

① **감각기억**: 감각기관을 통해 정보를 최초로 잠시 저장하는 곳으로 시각 1초, 청각 4초 정도 짧은 시간 머무르며, 용량에 제한이 없으나 즉시 처리되지 않으면 그 정보는 유실된다. 주의된 정보만 단기기억으로 넘어간다.

② **단기기억(작업 혹은 작동기억)**: 개인이 정보를 처리하는 동안 정보를 유지하는 정보 저장소로, 정보처리체계에서 의식적인 정보처리과정을 반영하는 저장소이다. 유입된 정보와 장기기억 속에 저장된 지식이 결합되어 의도적인 사고활동이 일어나고, 보통 5~9개의 정보가 약 20초 동안 머무는 곳이다. 용량에 제한이 있는데, 이것을 인식하고 작동기억의 용량을 조정할 수 있는 수업을 강조하는 **인지부하이론은 이를 극복**하기 위해 다음의 세 가지 요소를 강조한다. ① 개별적인 정보단위를 보다 큰 정보단위나 의미있는 정보단위로 묶는 **청킹**(덩이짓기), ② 의식적인 노력없이 수행할 수 있는 정신적 조작의 사용을 의미하는 **자동화**, ③ 시각과 청각의 두 구성요소가 작동기억에서 함께 정보를 처리하는 방식인 **이중처리**가 그것이다. 작동기억 속에 정보를 유지하기 위해서 정보의 형태를 바꾸지 않고 반복적으로 되풀이 하는 시연의 과정이 필요하다. 시연 외에 작동기억은 부호화기능, 인출기능을 갖고 있다.

③ **장기기억**: 무한대의 정보를 영구적으로 저장하며, 저장된 정보는 평생 지속될 수 있다. 개인의 경험내용인 **일상기억**과 문제해결 전략이나 사실, 개념, 일반화, 규칙 등과 같은 **의미기억**으로 구성된다. 저장된 정보의 인출이 잘되기 위해서 정보가 서로 의미 있게 연결되어야 하는데 이를 기억망 (network)이라 한다. 장기기억 속의 지식은 선언적 지식, 절차적 지식, 조건적 지식으로 구분할 수 있다. ① **선언적 지식**은 사실, 정의, 절차, 규칙에 대해 무엇이 어떻다는 것을 아는 것으로, 의식할 수 있고 언어적 표현이 가능하다. 조직화된 정보망인 **도식**(schema)의 형태로 저장된다. 도식은 명제, 직선적 순서 매김, 심상의 형태로 존재한다. 도식은 개인에 의해 구성되고 새 정보에 반응하여 변화하고(역동적), 학습된 맥락에 의존한다. ② **절차적 지식**은 어떤 행위를 수행하는 방법에 대한 지식이다. 실제 수행을 통해 추론될 수 있으므로 일종의 암묵적 지식이라고 한다. **조건(IF) – 행위(THEN)**, 즉 **산출**의 형태로 저장된다. ③ **조건적 지식**은 선언적 지식과 절차적 지식을 적용하는 시기와 이유를 아는 것이다.

나. 인지처리과정

① **주의집중**: 감각기억에서 단기기억으로 정보가 이동하기 위해 주의가 필요하다. 주의는 정보처리의 시작으로 자극에 의식적으로 집중하는 과정을 말한다. 주의는 선택적으로 일어나는데, 선택적 주의와 관련된 현상으로 **칵테일파티 효과**가 있다. 이것은 다수의 사람들이 시끄럽게 대화하는 가운데에서도 특정 사람의 말을 구별하여 들을 수 있는 능력을 말한다. 교사가 학생들의 학습을 유도하기 위해 주의를 끌고 유지하는 것이 중요하다. 주의를 유도하는 전략에는 시범, 불일치 사건, 도표, 그림, 문제, 사고를 자극하는 질문, 강조, 호명 등이 있다.

② **지각**: 경험에 의미와 해석을 부여하는 과정이다. 감각기억에 들어 온 자극에 주의집중을 하면 그 자극에 의미를 지각하게 된다. 이 의미는 과거의 경험에 많이 좌우되며 객관적 실재가 아닌 주관적 실재가 된다. 교사가 학생들의 지각을 확인하는 효과적인 방법은 개방형 질문을 사용하는 것이다.

③ **시연**: 정보의 형태를 바꾸지 않고 소리내어 혹은 마음 속으로 여러 번 되풀이하는 것을 말한다. 시연은 보통 작동기억 속에서 정보가 처리되는 동안 사용되지만 충분한 시연을 통해 정보는 장기기억으로 넘어가기도 한다. 그러나 장기기억에 정보를 저장하는 방법으로는 상대적으로 비효율적이다.

④ **부호화(약호화)**: 작동기억에서 장기기억으로 정보를 이동시키는 과정이다. 장기기억 속의 기존의 정보와 새로운 정보를 연결하거나 연합하는 것으로 장기기억 속에 정보를 표상하는 과정이다. 정보를 효율적으로 저장하고 인출을 용이하게 하기 위해서 유의미한 부호화가 필요하다. 유의미한 부호화를 촉진하기 위한 전략으로는 **조직화, 정교화, 활동** 등이 있다.

> • 조직화: 관련있는 내용을 공동 범주나 유형으로 묶는 과정임. 도표와 행렬표, 위계, 모델, 개요, 개념도 등의 방법이 있음.
> • 정교화: 기존의 지식에 추가적인 연결을 형성하거나 새로운 지식을 덧붙임으로써 정보의 유의미성을 증가시키는 과정임. 사례제공, 유추, 기억술(장소법, 연상법, 두문자어법, 핵심단어법) 등이 있음.
> • 활동: 적극적인 활동은 학습을 촉진시킴. 그러나 직접적인 활동이 정신적인 활동을 보장하지 않으므로 목표를 명료하게 제시하고, 공부하는 것과 이해하고 있는 정보 간 연결을 설명하도록 유도해야 함. 이를 위해, 기존의 정보와 새 정보를 통합할 수 있도록 질문과 함께 설명 제시, 회상보다는 이해를 적용할 수 있도록 질문, 단순한 결론보다는 증거를 제시하도록 요구, 개념정의보다 사례와 적용 중심 수업 개발 등의 전략을 사용할 수 있음.

⑤ **인출**: 장기기억에서 정보를 찾는 탐색과정이며 정보를 의식세계로 떠올리는 것을 말한다. 정보를 있는 그대로 인출하는 회상과 단서를 보고 인출하는 재인이 있다. 일반적으로 인출은 기억의 정보가 실제로 장기기억에 저장되어 있느냐를 의미하는 **활용가능성**(약호화의 정도와 관련)과 저장된 정보를 얼마나 쉽게 인출할 수 있는가 하는 **접근가능성**(인출단서)과 관련이 있다. 그런데 기억 속에서 정보가 소실되거나 인출될 수 없는 것을 망각이라 한다. **망각**에는 이전이나 이후에 학습한 정보가 현재 학습하는 정보의 기억을 방해하는 간섭으로 인한 망각과, 인출실패로 인한 망각이 있다. 인출실패는 장기기억에 저장되어 있는 정보에 접근할 수 없을 때 발생하는데, 시험 중 정답이 혀끝에서 맴도는 **설단현상**(tip of the tongue)은 이 인출실패의 한 예이다. 의미있는 부호화가 이루어져야 인출이 용이하나 그렇지 못하면 인출에 어려움을 겪게 되고 인출실패 현상이 발생할 수 있다.

다. 메타인지(초인지, 상위인지, metacognition)

인지과정에 대한 지식 혹은 인지와 인지과정에 대한 조절 및 통제를 말하며, 상위인지 또는 초인지라 부른다. 이는 자신의 사고과정을 인식하거나 정보를 선택하고 분류하는 방법을 아는 것, 학습과제에 맞는 문제해결 전략을 선택하는 것, 자신의 문제해결 전략을 검토하고 오류를 찾는 것, 과제의 결과를 예측하거나 평가할 수 있는 것을 말한다. 메타인지 특성을 많이 보이는 학생들은 그렇지 않은 학생들보다 더 많이 학습한다. 그 이유는 주의의 중요성에 대해 자각하고 있는 학생들은 스스로 효과적인 학습환경을 창조하는 경향이 있고, 메타인지는 정확한 지각을 증가시키며, 작동기억을 통해 정보의 흐름을 조절하는 것을 도우며, 유의미한 부호화에 영향을 주기 때문이다. 메타인지 기술로는 **계획하기**(planning), **점검하기**(monitoring), **평가하기**(evaluation) 등이 있다.

1. 학습동기의 개념과 내재적 동기와 외재적 동기의 구분

학습동기는 학습을 의미있는, 가치있는 것으로 보고 학습활동을 열심히 하고자 하는 학생의 경향성을 말한다. 학습상황에서 지식의 습득과 기능의 숙달을 위해 노력하는 지속적이고 폭넓은 경향성을 학습에 대한 일반동기라 하고, 특정 영역이나 특정 내용의 학습에 관해서만 동기화되는 것을 학습에 대한 특수동기라 한다. 일반적으로, 동기화된 학생은 ① 학교에 긍정적인 태도와 학교생활에 만족감을 보이며, ② 어려운 과제를 할 때 끈기 있고, ③ 수업 중 문제행동도 덜하게 되며, ④ 심도있게 공부하면서, ⑤ 수업 중 과제를 다른 학생보다 더 잘 한다. 따라서 ⑥ 학습동기가 높은 학생들을 가르칠 때 교사는 직접적으로 만족감을 느낀다.

학습동기는 동기를 유발시키는 힘이 개인의 외부냐 혹은 내부냐에 따라 외재적 동기와 내재적 동기로 구분된다. **외재적 동기**(extrinsic motivation)는 공부를 하는 것이 다른 최종 목적(외부 보상)을 위한 수단으로 쓰이는 것이다. 칭찬, 고득점, 상, 핸드폰 등과 같은 외적인 보상을 위해 열심히 공부하는 것에 해당된다. 반면 **내재적 동기**(intrinsic motivation)는 공부 자체가 목적이 되는 것으로 학습자가 본질적으로 가지고 있는 흥미나 호기심을 말한다. 내용을 이해하고자 하고 배우는 것 자체로서 가치가 있다고 생각하는 것에 해당하며, 내재적 보상 즉, 자아효능감, 만족감, 유능감, 즐거움 등과 관련이 있다. 일반적으로 내재적으로 동기화된 학생들은 외재적으로 동기화된 학생들보다 더 높은 성취를 보인다. 내재적 동기를 위해 ① 도전감을 느낄 수 있는 상황을 만들고, ② 학생들에게 통제권을 주며, ③ 호기심과 ④ 상상력을 자극하도록 하는 전략을 사용할 수 있다. 한편 실패에 실패를 거듭하여, 조금만 노력하면 쉽게 극복할 수 있는 상황임에도 극복하려는 시도조차 하지 않는 동기 유형을 '**학습된 무력감**'이라고 한다.

2. 동기이론

(1) 세 가지 동기이론('06 중등임용 출제)

동기를 설명하는 이론은 크게 행동주의, 인본주의, 인지주의 관점으로 분류된다. **행동주의**에서는 행동을 하는 원인을 유기체의 외부에서 찾는다. 따라서 바람직한 행동을 유발시키고 그렇지 못한 행동을 제거시키는 보상이나 벌의 방법과 같은 외적인 요인에 관심을 갖는다. 반면 **인본주의**에서는 인간이 자신이 가진 잠재력을 모두 발휘하고자 하는 노력을, **인지주의**에서는 인간의 기대, 신념, 세상이 어떻게 기능하는지 이해하고자 하는 노력을 동기로 본다.

대표적인 인본주의 이론가 **Maslow**는 인간은 충족되지 못한 욕구 때문에 항상 동기화 되어 있으며 이 욕구는 충족되어야 할 순서에 따라 위계화 되어 있다고 한다. 그는 욕구를 결핍욕구와 성장욕구로 나누어 설명한다. **결핍욕구**란 충족되지 않았을 때 인간으로 하여금 채우도록 하는 욕구이다. 결핍욕구는 위계도의 하위부분에 해당하는데 생리적 욕구, 안전의 욕구, 소속의 욕구, 자존의 욕구를 포함한다.

결핍욕구가 어느 정도 충족되어야 상위욕구인 지적성취, 심미적 욕구, 자아실현의 욕구를 추구하게 된다. 상위욕구는 경험함으로써 확장하고 증가시킬 수 있는 욕구라 하여 **성장욕구**라고 한다.

◆ 매슬로우의 욕구위계 ◆

이 이론의 비판점은 ① 욕구위계를 뒷받침할만한 연구가 부족하다는 점, ② 위계도의 일관성과 예언력이 부족하다는 점(신체적 정신적 안전이 위협받는 중에 지적 혹은 미적으로 중요한 업적을 성취한 사례) 등이다. 그럼에도 불구하고 무상급식의 문제와 왕따 문제가 해결되어야 하고, 무상급식이 필요함을 주장하는 이론적 근거를 제공한다. 또한 학생들이 학교를 신체적으로나 정신적으로 안전한 곳으로 느낄 수 있도록 해야 한다는 점을 시사한다. 인본주의 관점에서 동기를 유발하는 전략으로는 ① 학생을 먼저 인간으로 대하라. ② 학생을 대할 때 그의 행동과 분리된 그의 내재적 가치에 의해 무조건적인 긍정적 관심으로 대하라. ③ 학생이 배울 수 있는 안전하고 질서있는 교실을 만들라. ④ 가르치고 배우는 경험을 학생의 관점에서 생각해 보라 등이 있다.

(2) 인지주의 이론('06, '08, '10, '11 초등임용, '11, '12, '13 중등임용, '14 중등논술 출제)

인지주의에서는 학습자의 신념, 질서, 예측능력. 이해에 관한 욕구에 초점을 둔다. 가. 귀인이론, 나. 목표이론, 다. 기대×가치이론, 라. 자아효능감, 마. 자기결정이론 등이 있다.

가. Weiner의 귀인이론(attribution theory)

귀인이론은 학습자가 자신의 성공과 실패의 원인을 체계적으로 설명하는 동기이론이다.

Weiner는 연구결과를 종합하여 사람들이 가장 일반적으로 귀인하는 요인으로 **능력, 노력, 과제의 난이도, 운**의 네 가지를 제시하고 **원인의 소재**(학습자 내부 혹은 외부), **안정성**(시간의 흐름에 따른 변화), **통제 가능성**(학습자 스스로 통제 할 수 있느냐 여부)의 세 가지 차원에서 그 특성을 설명한다. 능력은 내적, 안정적, 통제불가한 귀인이며, 노력은 내적, 불안정적, 통제가능한 귀인이다. 운은 외적인 불안정적, 통제불가한 귀인인 데 비해, 과제난이도는 외적, 안정적, 통제불가한 귀인이다.

귀인요인	원인의 소재	안정성	통제가능성
능력	내적	안정적	통제불가
노력	내적	불안정적	통제가능
운	외적	불안정적	통제불가
과제의 난이도	외적	안정적	통제불가

귀인은 후속행동에 영향을 줄 수 있다. 가령 시험에서의 실패를 노력부족으로 보는 학생은 실패의 책임이 자신에게 있으므로 죄책감을 느낄 것이고, 노력은 불안정적인 귀인이므로 다음에는 성공할 수 있다는 기대를 가진다. 이에 따라 미래에는 더욱 노력할 것이고 다음 시험에서는 성공할 가능성이 커진다. 반면 실패를 안정적이고 통제 불가능한 능력에 귀인한다면 실패 후에 부끄러움이나 무능감을 느끼며, 미래에 성공을 기대하기 힘들며, 그에 따라 투입하는 노력과 성취 가능성이 낮아질 것이다. 따라서 귀인이론은 학습자의 귀인성향을 파악해서 바람직한 귀인성향을 갖도록 해야 한다는 점을 시사한다.

일반적으로 성공에 대해서는 학습자의 내부에, 실패에 대해서는 학습자가 통제 가능한 귀인을 하는 것이 좋다. 실패를 통제 불가능한 요인에 귀인하다 보면 아무리해도 안 된다는 학습된 무력감에 빠질 수 있다. 일반적으로 학습자 내부의 통제 가능한 귀인인 노력 귀인이 가장 바람직하다고 할 수 있다. Dweck은 학습된 무력감에 빠진 학생들을 대상으로 **귀인훈련**을 실시하였다. 그녀는 의도적으로 실패할 수밖에 없는 과제를 내주고 실패의 원인이 노력부족과 비효율적인 전략 사용이라고 귀인하였다. 즉 바람직하지 못한 귀인 성향을 바람직한 방향으로 변화시키는 귀인훈련을 통해 피험자들은 학습된 무력감을 극복할 수 있었다.

나. 성취목표이론(Achievement goal theory)

목표는 개인의 이루고자 하는 성과 또는 성취하려는 희망을 말한다. 성취목표이론에서는 학습목표(learning goal)와 수행목표(평가목표, performance goal)를 구분한다. ① **학습목표**는 학습하는 과정 그 자체에 가치를 두고 과제의 숙달과 내용이해 증진에 중점을 둔다. 학습목표를 지닌 학습자들은 실수나 서투르게 보이는 것에 관계없이 과제의 숙달에만 관심을 갖는 '과제개입형' 학습자이다. 이들은 남과 비교되거나 평가되는 것보다 숙달에 초점을 두기 때문에 심층적인 인지전략을 사용하거나 학습과제에 자신감을 갖고 접근하는 경향이 있으며, 실패 시에도 적절한 도움을 구하거나, 전략을 바꾼다. 또한 도전거리를 찾고 어려움에 직면해도 지속해나간다. 따라서 바람직한 목표라고 할 수 있다. 반면 ② **수행목표**는 자신의 유능감과 능력이 타인의 능력과 어떻게 비교되느냐에 중점을 둔다. 수행목표를 지닌 학습자들은 자신의 유능감을 드러내 보이거나 좋은 성적을 얻거나 다른 학생들을 이기는 데 관심이 있는 '자아개입형' 학습자이다. 남의 답을 베끼거나 지름길을 택하거나 점수에 유리한 행동을 골라하는 경향, 결과를 숨기고 쉬운 것만 선택하거나 평가기준이 명확하지 않은 과제를 꺼려하는 경향이 있어 실제적인 면에서 학습에 방해되는 방식이 될 수 있다.

다. 기대×가치이론(Expectation×Value theory)

기대×가치이론은 인간은 자신이 성공할 것이라는 기대에 그 성공에 대해 개인인 부여하는 가치를 곱한 값만큼 동기화 된다고 본다. **성공에 대한 기대**에 영향을 미치는 요소에는 과제난이도와 자기도식이 있다. ① **과제난이도**에 대한 인식은 과제가 어렵거나 쉽다고 인식하는 것이고 ② **자기도식**은 자신에 대한 정보망으로 자아개념과 다른 사람들이 자신에 대해 어떻게 평가하는지에 대한 자기인식들을 포함한다. 일반적으로 과제에 대해 쉽다고 인식하고 과제에 대한 높은 자기도식을 가질 때 성공에 대한 기대는 높아진다.

과제가치에 영향을 주는 요소로는 세 가지가 있다. ① **내재적 흥미**와, 활동에 참여했을 때 그것이 자기도식에서 중요한 점을 확증해 주는지를 의미하는 ② **중요성**, 직업이나 미래의 목표를 충족시킨다는 인식인 ③ **효용가치**, 과제 참여로 올 수 있다고 인식되는 부정적인 면인 ④ **비용 등**이 그것이다. 내재적 흥미, 중요성, 효용가치에 대해 높게 인식하고 비용이 적을수록 과제에 대한 가치는 높게 지각된다.

라. 자아효능감(self-efficacy)

특정한 과제를 수행할 때 필요한 일련의 행동을 조직하고 완성하는 자신의 능력에 대한 믿음을 **자아효능감**이라 한다. 이 자아효능감은 특정 영역에 대한 자아개념과 유사하나, 행동의 과정을 조직하고 완성하는 데 초점이 맞추어져 있고 동기에 대한 구체적이고 상황적인 관점을 나타낸다는 데에 그 차이점이 있다.

자아효능감에 영향을 미치는 요소들에는 비슷한 과제에 대한 ① **과거의 성과**, ② **모델의 관찰**, ③ **언어적 설득**(너는 좋은 보고서를 쓸 수 있을 거야라는 교사의 말), 피로나 식은 땀과 같은 ④ **생리적 상태**에 대한 해석 등이 있다.

자아효능감은 행동선택, 노력의 양, 과제에 대한 지속력, 정서적 반응, 전략사용에 영향을 주고 결과적으로 수행에 영향을 준다. 일반적으로 효능감이 높은 학습자는 도전감 있는 과제를 선택하고, 더 노력하며, 목표에 도달하지 못했을 때 포기하지 않으며, 성공할 것이라는 믿음으로 불안을 조절하며, 생산적인 전략을 사용하여 같은 능력을 가진 학생들보다 높은 수행을 보인다.

학습자들의 자아효능감을 향상시키기 위해서는 ① 성공적인 과제수행경험을 제공하고, ② 또래 모델을 활용하며, ③ 다양한 피드백을 이용하여 효능감을 높인다. 또한 ④ 정서적 흥분을 긍정적으로 해석하고 내서할 수 있는 기술을 제공하고, ⑤ 학생의 학습을 도와 줄 수 있는 교사 자신의 능력에 대한 판단도 높이 가져야 한다.

마. 자기결정이론(self-determination theory)

동기이론 중 가장 포괄적인 이론이다. **자기결정**이란 자신의 행동과 운명을 자율적으로 선택할 수 있다는 믿음을 말한다. 이 이론은 자기결정의 정도에 따라 동기를 설명하는데, 인간의 행동을 자율성의 정도에 따라 순전히 타율적인 행동(외재적으로 동기화된 행동)에서 완전히 자기결정된 행동(내재적으로 동기화된 행동)에 이르는 연속성상으로 개념화 한다. 유능성, 통제(자율성), 관련성의 세 가지 심리적 욕구를 인간이 타고 나는 것으로 간주한다. ① **유능성**은 환경에 효과적으로 기능하는 능력을 말하는데, 인간이 도전과 호기심으로 동기가 유발되는 이유를 설명하는 데 도움을 준다. ② **통제 욕구**는 필요할 때 환경을 바꾸는 능력, 통제소재와 비슷한 개념이며 학습자의 능력이 늘어날수록 통제에 대한 지각 역시 증가한다. ③ **관계의 욕구**란 사회적 환경 속에서 다른 사람과 연관되어 있다는 느낌, 그래서 자신이 사랑과 존경을 받을 가치가 있다는 느낌을 말한다.

자기결정력을 가질 때, 장시간 과제 참여가 가능하고, 유의미하고 창의적인 사고가 가능하며, 활동에 즐겁게 참여하고 높은 수준의 성취를 이룬다. 반면 자기결정력을 갖지 못할 때, 삶의 과정을 결정할 때 소극적이고, 내적동기보다 외적 동기에 따르기 쉽다. 자기행동을 정당한 한계 내에서 선택할 수 있을 때 자기결정력이 증가하는 반면, 위협이나 마감시간, 자신이 통제받고 있다는 느낌, 외적인 보상, 자신이 평가받고 있다고 느낄 때 자기결정력은 감소한다.

자기결정이론은 학습자의 내재적 동기를 유발하고 외적으로 동기화된 행동을 내면화시켜 통합된 조정에 도달하기 위해 유능감, 자율성, 관계유지 욕구를 자극하고 충족 시켜 줄 수 있는 환경을 제공해야한다는 점을 시사한다. 즉 ① 학습자에게 선택권을 제공하여 자율성을 신장시키고, ② 도전감 있는 과제를 제시하여 유능감을 향상시키며, ③ 교사와 학생이 긴밀한 관계를 형성함으로써 관계유지의 욕구를 충족시켜야 한다.

3. 자기가치이론과 불안이 동기에 영향을 주는 방식('12 초등임용 출제)

자기가치(일반적으로 자아존중감)는 자신에 대한 정서적 반응이나 자신에 대한 평가이다. 모든 사람은 자기를 보호하려는 기본적인 욕구를 가지고 있다. 학생들은 자신의 능력에 대한 인식을 보호하기 위해서 다양한 전략들을 사용한다. 시험 공부한 것을 숨기기, 자기장애, 미루기, 변명하기, 걱정, 노력하지 않은 것 강조하기 등이 그것이다.

불편함과 불안감을 느끼는 불안(anxiety)도 동기에 영향을 미칠 수 있다. 어느 정도의 불안은 동기와 성취를 증진시키지만, 너무 심하면 역효과가 생길 수 있다. 특히 개인이 중요하다고 느끼는 평가상황에서 자신의 능력을 평가받게 될 때, 일반적으로 느끼는 위협적인 요소에 대한 걱정이나 두려움 등의 불안한 경향성, 개인의 이전 경험과 결부되어 나타나는 인지적, 생리적(정서적) 반응인 **시험불안은 성취에 부정적인 영향**을 준다. ① 불안하게 되면 과제에 제대로 집중하지 못하고, ② 실패를 걱정하게 되고, 심지어 실패를 예상하기 때문에 정보를 자주 오인하게 되며, ③ 생산적인 학습전략을 사용하지 못하고 피상적인 전략만을 사용하게 되어 학습에 부정적인 영향을 미친다. 또한 ④ 이걸 풀지 못 할 거라는 생각이 작동기억의 용량을 차지해 과제를 해결하는 데 필요한 용량을 남겨 두지 못한다. 불안을 극복하기 위해 높은 수준의 예제, 학생들의 높은 참여 유도, 구체적 피드백, 효과적인 학습전략 시범보이기, 외부의 도움 제공과 같이 이해를 증진시키는 전략을 우선적으로 사용할 수 있다.

> • 시험불안의 형성과정과 관련된 이론: 고전적 조건화
> • 시험불안을 완화하는 교수적 접근법: 고전적 조건화에 따른 교수전략
> • 시험불안을 완화하는 치료적 접근법: **인지행동치료**(체계적 둔감법 & 이완법), **합리적 정서적 행동치료**

4. 동기 증진을 위한 전략('16 중등논술 출제)

(1) 학습동기 증진을 위한 학습환경 조성

학습동기를 증진하는 학습환경을 만들기 위해 교사는 첫째, **안전하고 질서있는 학습환경을 만들어야 한다.** 이에 대한 이유는 인본주의와 인지주의 동기이론으로 설명 가능하다. 매슬로우의 이론에서 안전의 욕구는 하위의 결핍욕구로서 이것이 충족되어야 상위의 지적욕구를 추구할 수 있게 된다. 안전하고 질서있는 환경에서는 예측이 가능하고 학습자가 평형을 유지하는 데 도움을 주고, 학습자가 더 효과적으로 제 역할을 할 수 있기 때문에 자기결정이론이 가정하는 기본욕구 중 하나인 유능성 욕구를 개발할 수 있다.

둘째, **도전적인 과제를 성공적으로 마칠 수 있도록 도와주어야 한다.** 성공은 기대×가치 이론에서 중요한 변인이고, 과거의 성과는 자아효능감 인식에 영향을 미치는 중요한 요소 중 하나이다. 나아가 도전적 과제로서의 성공은 자기결정이론의 설명과 같이 쉬운 과제에서의 성공보다 유능감에 대한 인식을 더욱 높여 준다.

셋째, **과제의 목적과 이유를 정확하게 설명한다.** 학습자가 무엇을 배워야 하고, 그것을 왜 배우는지에 대한 설명을 들었을 때 얻게 되는 이해를 과제이해라 한다. 과제이해는 자기결정이론에서 내재적 동기유발에 필수적인 통제감을 증진시킨다. 또한 자신의 미래에 유용할 것이라는 인식은 기대×가치 이론의 효용가치인식에 기여하며, 자기조절능력을 높여준다.

(2) 학습동기 증진을 위한 학습환경 조성

또한 학습자의 동기 증진을 위한 구체적인 수업전략은 다음과 같다. 첫째, **수업을 시작할 때 학생들의 주의를 집중시키고 그날 수업의 포괄적인 틀을 제시하도록 준비하라.** 역설적 질문, 상반되는 결과 보여주기, 실물자료 사용 등은 학생들의 주의를 끎으로써 학생들의 호기심을 증가시킬 수 있다.

둘째, **되도록 수업내용을 학생 개인(과제에 대한 가치 증가)의 생활과 연결시켜라.** 학생 개인의 생활과 관련된 학습내용은 학생의 내재적 흥미를 증가시키고, 내재적으로 흥미있는 주제를 학습할 때 통제감(자기결정감)을 느낄 수 있다.

셋째, 수업 중 **학습활동에 모든 학생들을 참여시켜라.** 다양한 대답이 나올 수 있는 질문인 개방형 질문과, 실제활동 사용은 학생들의 참여를 증진시킨다. 참여는 학생들의 내재적 동기를 증가시킨다.

넷째, 학생의 **학습진도를 알려 주고 학생들을 격려하는 피드백을 제공하라.** 학습의 증가에 대한 피드백은 학생들의 능력과 통제의 인식 증가에 기여하고, 능력 증가에 대한 피드백은 학생의 자아효능감 향상에 기여한다. 또한 목표 진전에 대한 정보를 담은 피드백은 학생들의 자기조절에 도움이 될 수 있다.

> • 학습동기 증진을 위한 체계적 교수설계: Keller의 ARCS모형(교수이론 참조)

5. 칙센트미하이의 Flow 및 동기 관련 용어('09, '10 초등임용출제)

(1) 칙센트미하이의 Flow(몰입): 주의집중과 몰입상태, 내적 동기유발, 자기목적적인 활동

Flow는 개인이 직면한 과제를 수행함에 있어서 자신이 가지고 있는 잠재적 능력을 최대한 발휘하면서 느끼는 주관적인 만족감과 행복감으로 Flow 경험으로부터 얻는 즐거움은 성취를 통한 자아존중감이나 창조성과 밀접하게 관련되어 있다. 분명한 목표를 지닌 활동이나 놀이에서 경험된다. 플로우 상태에서는 설정한 목표의 달성 난이도가 개인의 능력과 조화로운 관계를 유지한다. 주로 고난이도의 과제를 자신의 최대한의 노력을 통해 달성했을 때 경험할 수 있다.

(2) 피그말리온(Pygmalion) 효과: 교사의 긍정적인 기대 효과

주변의 기대가 개인의 성취에 크게 영향을 미친다는 개념으로 Rosenthal과 Jacobson은 교사가 학생의 가능성을 어느 정도 미리 평가하느냐에 따라 학생의 학업성취도가 달라진다는 사실을 확인하였다. 이는 학생이 교사의 기대에 부응하고 교사 또한 이들 학생에게 기대를 갖게 됨으로 인한 것으로 볼 수 있다.

(3) 골름(Golem) 효과: 교사의 부정적인 기대 효과

피그말리온 효과와는 반대로 교사가 학생에 대해 부정적인 기대를 가지고 상호작용 해주면 그 학생의 학업성취가 낮아지는 현상을 말한다.

(4) 플라시보(Placebo) 효과: 긍정적인 자기 암시효과

위약효과라고도 하는데, 가짜 약을 먹고도 "특효약을 먹었으니 곧 나을거야"라는 믿음을 가지면 정말 아픈 것이 없어지는 현상이다. 즉 긍정적으로 생각하고 잘 될 것이라고 생각하는 사람이 결과가 긍정적으로 나타났을 때 사용하는 말이다.

(5) 노시보(Nocebo) 효과: 부정적인 자기 암시효과

건강한 사람이 불치의 병으로 3개월 밖에 살지 못한다는 오진을 믿고 걱정하다가 정말 죽는 경우와 같이 부정적으로 생각하고 안될 것이라고 생각하면 그 결과가 부정적으로 나타나는 현상을 말한다.

(6) 자이가닉(Zeigarnik) 효과: 미완성 과제를 더 잘 기억하는 현상

자이가닉의 주장에 의하면 사람들의 심리상태에 일단 긴장이 일어나면 이런 긴장이 감소될 때까지 어떤 형태의 심리적인 과정이 발생하며, 고조된 긴장은 심리적 과정에서 계속해서 에너지로 작용하게 된다. 따라서 미완성 과제에 대한 기억이 완성과제에 대한 기억보다 더 잘 기억하게 된다.

(7) 가르시아(Garcia) 효과

음식의 미각과 뒤에 따르는 결과(질병) 사이의 관련성을 학습하는 재능을 말한다.

(8) 호손(Hawrhorne) 효과: 일명 관찰자 효과

누군가에게 보여지거나 관심을 받게 되면 어떤 일을 평상시보다 더 열심히 더 잘 하게 되는 현상을 말한다.

주관식 기출 및 예상문제

문제 1 다음 A, B는 정보처리이론 중 한 정보 저장소의 특징과 관련된 연구결과이다. 1) 이 결과들과 관련된 정보 저장소가 무엇인지 밝히고, 2) 그 저장소의 대략적 특징들에 대해 기술한 다음, 3) 이 결과를 그 특징과 관련하여 논의하고, 4) 그것을 극복하기 위해 사용할 수 있는 전략에는 어떤 것들이 있는지 논하라.[신종호 외, 2007]

A. 교사가 학생들에게 필체, 문법, 철자를 무시해도 된다고 했을 때 학생들의 작문의 질이 향상되는 것을 볼 수 있다.
B. 학생들이 워드프로세스의 사용이 서툰 경우 손으로 직접 쓴 작문의 질이 더 낮다.

모범답안

정보처리이론은 학습자 내부에서 학습이 일어나는 기제를 컴퓨터의 정보처리과정에 비유한 인지주의 관점의 학습이론이다. 보기의 연구결과는 모두 정보처리이론의 정보저장소 중 하나인 단기기억과 관련되어 있다. 다음에서는 단기기억의 특징에 대해 알아보고, 보기의 연구결과와 관련하여 논의한 다음 그 특징에 대처하는 전략들에 대해 간략하게 논의하고자 한다.

정보처리이론의 중요한 구성요소 중 하나인 **정보 저장소**에는 감각기억, 단기기억, 장기기억이 있다. 이 중 **단기기억**은 개인이 정보를 처리하는 동안 정보를 유지하는데, 정보처리체계에서 의식적인 정보처리과정을 반영하는 저장소이다. 단기기억 속에서 정보가 처리되는 동안 정보를 유지하기 위해서는 정보의 형태를 바꾸지 않고 반복적으로 되풀이 하는 시연의 과정이 필요하고, 단기기억의 정보를 장기기억 속에 저장하기 위해서는 부호화의 과정이 필요하다. 단기기억은 감각기억에서 주의를 통해 유입된 정보와 장기기억 속에 저장된 지식이 결합되어 의식적이고 의도적인 사고활동이 일어나는 곳이기 때문에 작동기억 혹은 작업기억이라고도 한다. 단기기억은 대체로 5에서 9단위의 정보가 약 20초 동안 머무를 수 있다. 이처럼 한 번에 처리할 수 있는 정보의 양에 한계가 있기 때문에 많은 양의 정보가 한꺼번에 유입될 경우 인지부하가 일어난다.

위의 결과들은 단기기억의 용량한계라는 특성과 관련하여 설명할 수 있다. 가령 A의 경우 작문을 하는 동안에 작문의 내용, 구성, 문체 등 작문자체와 관련된 정보 외에 필체, 문법, 철자 등 작문 외적인 정보까지 의식을 하게 되면 한 번에 처리해야하는 정보의 양이 많아져 인지부하가 일어나게 되고 따라서 작문의 질이 떨어지게 된다. B의 경우도 작문을 하는 동안 워드를 사용하면 작문자체와 관련된 정보 외에 워드사용의 절차적 지식과 관련된 정보를 동시에 다루어야 하기 때문에 인지부하가 일어나게 되어 작문의 질이 떨어지고, 손으로 직접 작성한 작문의 질이 더 낮다.

단기기억의 용량의 한계를 극복하기 위한 전략으로는 **청킹**, 자동화, 이중처리 등의 방법을 사용할 수 있다. 먼저 **청킹**은 개별적인 정보단위를 보다 큰 정보단위나 의미있는 정보단위로 묶는 방법이다. 01058764382와 같은 전화번호를 010 5876 4382와 같이 암기하는 방식이 청킹의 예에 해당한다.

둘째, **자동화**란 의식적인 노력없이 수행할 수 있는 정신적 조작의 사용을 의미하는데, 위의 B에서 워드에 대한 절차적 지식이 자동화되면 의식적인 노력없이 워드를 사용할 수 있게 되고, 작문에 집중을 할 수 있어 작문의 질이 더 높아지게 되는 것이다. 셋째, **이중처리**는 시각과 청각의 두 구성요소가 작동기억에서 함께 정보를 처리하는 방식을 말한다. 뇌에서 시각과 청각 정보를 처리하는 경로가 다르기 때문에 두 가지 경로를 동시에 활용할 때 인지부하를 줄일 수 있는 것이다. 정보처리이론을 말로 설명하는 것보다 정보처리모형을 보여 주고 설명하는 것이 더 잘 이해되는 이유도 여기에 있다.

이상에서 용량의 한계라는 단기기억의 특성과 그 극복전략에 대해 알아보았다. 교사는 단기기억과 관련된 이런 특성에 대해 바르게 이해하여, 청킹, 자동화, 이중처리와 같은 전략을 사용하여 학생들의 인지부하를 줄이고 학습한 내용을 깊이있게 이해할 수 있도록 도와주려는 노력이 필요하다.

문제 2 다음은 수현이의 일기 중 일부이다. 여기에 나타난 수현이의 1) 학습동기 상태를 분석하고 2) 그런 동기 상태의 부정적인 측면에 대해 논의한 다음, 3) 수현이의 학습동기를 높이기 위한 교수전략에 대해 논하라.

오늘 중간고사 성적표가 나왔다. 성적이 오르지 않아 걱정이다. 특히 수학과 과학 성적이 많이 내려갔다. 아무리 생각해도 난 머리가 나쁜가 보다. 되돌아보면 지금까지 수학 시험을 잘 본 적은 없는 것 같다. 수학시험 생각만 해도 가슴이 답답하고 머리가 아프다. 분명 기말고사에도 수학점수는 형편없을 거다. 사실 과학 괜찮았었는데 요즘은 과학에서 나오는 공식을 보면 수학이 생각나 멍해진다. 정말 그렇게 재미없고 필요도 없는 수학을 왜 공부해야 하는지 모르겠다.

모범답안

학습동기는 학습을 의미있고 가치있는 것으로 보고 학습활동을 열심히 하고자 하는 학습자의 경향성을 말한다. 따라서 학습동기에 문제가 있을 경우 학습에 잘 참여하지 않게 되고 결과적으로 만족할 만한 학업성취를 이룰 수 없게 된다. 다음에서는 학습동기에 문제가 있는 수현이의 학습동기와 그 부정적인 측면에 대해 분석하고 그에 적절한 교수전략에 대해 논의하고자 한다.

수현이의 학습동기를 설명하는 동기요인으로는 **능력 귀인, 자아효능감, 시험불안, 과제가치 등**이 있다. 먼저 수현이는 수학과 과학 과목의 실패의 원인을 "머리가 나쁜가 보다"고 자신의 능력부족에 귀인하고 있다. 수학에 대해서는 시험불안이 높아 머리가 아픈 신체증상을 보이고, 수학에 대한 자아효능감이 낮다. 나아가 수학불안은 과학과목까지 일반화되고 있다. 마지막으로 '수학을 왜 공부하는지 모르겠다'고 수학에 부여하는 과제 가치가 결여되어 있다.

수현이의 학습동기는 **부정적인 측면**을 내포하고 있다. 먼저 실패를 안정적이고 통제불가능한 능력으로 귀인하게 되면 무능감을 느끼고, 미래의 성공을 기대하기 힘들며, 성취를 위해 투입하는 노력의 양도 줄어들게 된다. 이에 따라 미래의 성취 가능성도 그만큼 낮아지게 된다. 둘째, 적정수준의 불안은 성취에 긍정적인 영향을 주지만 수현이와 같이 불안 수준이 너무 높게 되면, 과제에 제대로 집중하지 못하고, 실패를 걱정하게 된다. 심지어 실패를 예상하기 때문에 정보를 자주 오인하게 되며, 생산적인 학습전략을 사용하지 못하고 피상적인 전략만을 사용하게 된다. 또한 풀지 못 할 거라는 생각이 작동기억의 용량을 차지해 인지부하가 늘어나 학습에 부정적인 영향을 미친다. 심한 경우 수현이처럼 다른 과목에까지 불안이 일반화되기도 한다. 셋째, 자아효능감은 특정 과제를 수행할 때 필요한 일련의 행동을 조직하고 완성하는 자신의 능력에 대한 믿음으로, 노력의 양, 과제 지속력, 전략사용 등 성취와 관련된 행동과 결과적으로 수행에 영향을 준다. 자아효능감이 낮은 경우 목표에 도달하지 못할 경우 쉽게 포기하고, 노력을 기울이지 않고 불안이 높아져 비생산적인 전략을 사용하게 되어 동일한 능력의 다른 학생들 보다 낮은 수행을 보이게 된다. 마지막으로 기대×가치이론에서는 동기를 성공에 대한 기대와 과제에 부여하는 가치를 곱한 값으로 본다. 결국 다른 요소가 높다 하더라도 과제가치가 결여되면 학습에 대한 동기는 그만큼 낮아지게 되는 것이다.

수현이의 **학습동기를 높여 주기 위해** 우선 성공과 실패를 학습자 자신의 통제 가능한 요소인 노력과 전략사용에 귀인하도록 유도해야 한다. 둘째, 불안수준을 낮추기 위해 높은 수준의 예를 제공하고, 학생들의 참여를 유도하며, 구체적인 정보가 들어 있는 피드백을 제공하고, 효과적인 학습 전략 사용을 시범을 보이는 등 이해를 증진시키는 전략을 사용한다. 또한 불안이 일반화되는 것을 예방하기 위해 수학과 과학의 유사점과 차이점에 대해 설명하여 변별할 수 있도록 도와주어야 한다. 셋째, 수학에 대한 자아효능감을 높여주기 위해서는 성공적인 과제 수행의 경험을 제공하고, 또래모델을 활용하고, 교사가 구체적이고 다양한 피드백을 제공하여 성공할 수 있다는 믿음을 심어준다. 또한 낮은 효능감에서 오는 정서적 흥분과 생리적 각성을 긍정적으로 해석하고 대처할 수 있는 기술을 제공해 주어야 한다. 넷째, 수학과제가 당장은 흥미가 없고 힘든 과목이지만, 수현이의 실생활과 밀접하게 관련이 되어 있고, 장래 원하는 직업을 얻기 위해 필요하다는 믿음, 즉 효용가치가 있음을 알려 주어야 한다.

낮은 학습동기는 학생들의 학업성취에 부정적인 영향을 주고 나아가 교사의 수업을 힘들게 만든다. 학생들의 성취에 중요한 변인인 학습동기를 높여 주기 위해 교사들은 학습동기와 관련되는 다양한 변인들을 이해하고 학습동기를 높여주는 전략들에 대해 연구하고 그것을 적절하게 사용하려는 노력이 필요하다.

문제 3 조작적 조건화와 관련하여 1) 강화와 벌의 정의와 그 유형과 2) 효과적으로 강화를 사용하는 방법, 3) 벌의 부정적인 측면과 벌을 사용하는 바람직한 방법에 대해 기술하시오.

모범답안

조작적 조건화에서 **강화**란 바람직한 반응의 빈도가 증가하는 과정을, **벌**은 문제행동의 빈도가 감소하는 과정을 의미한다. 강화와 벌은 제공되는 자극의 종류와 자극이 제공되느냐 제거되느냐에 따라 정적강화, 부적강화, 수여성 벌, 제거성(박탈성) 벌로 구분할 수 있다. 먼저 **정적강화**란 바람직한 행동에 대해 칭찬, 자유시간, 사탕, 돈과 같은 긍정적인 자극을 제시함으로써 이 후 그 행동이 일어날 확률과 빈도를 증가시키는 것을 말한다. 숙제를 잘해 왔을 때 칭찬하는 것이 그 예이다. **부적강화**란 바람직한 행동에 대해 화장실청소, 인상, 잔소리 등과 같은 부정적인 자극을 제거시켜 줌으로써 이후 그 행동이 일어날 확률이나 빈도를 높이는 것을 의미한다. 지각을 하지 않고 정시에 온 아이에게 화장실청소를 면해 주는 것이 예가 될 수 있다. **수여성 벌(1차적 벌)**은 문제가 되는 행동에 대해 불쾌, 고통, 매 등 혐오자극을 주어서 이후 그 문제행동을 감소시키는 방법이다. 지각한 아이를 꾸중하는 것이 그 예이다. **제거성 벌(2차적 벌)**은 문제가 되는 행동에 대해 장학금, 컴퓨터 게임등 유쾌한 자극을 빼앗음으로써 이후 그 문제행동을 감소시키는 방법이다. B+미만의 학점을 받았을 때 장학금을 빼앗는 것과, 떠드는 아이를 교실 밖에 가 있도록 하는 타임아웃 기법 등이 제거성 벌에 속한다.

 강화를 효과적으로 사용하기 위한 방법에는 다음과 같은 방법이 있다. 첫째, 바람직한 행동이 무엇인지 알려주고 즉각적으로 강화를 제공한다. 둘째, 강화물의 효과를 지속적으로 점검한다. 학생 마다 선호하는 강화물이 다르므로 선호하는 자극을 강화물로 제공하여 덜 선호하는 행동을 하게 하는 프리맥의 원리를 적절히 활용한다. 셋째, 행동의 결과가 무엇인지 분명하게 전달한다. 정보적인 피드백과 더불어 강화한다. 넷째, 의도한 행동이 규칙적으로 일어난다면 외적인 강화물을 단계적으로 제거하고 점차 활동자체의 흥미를 느끼거나 만족감을 얻는 내적인 강화물로 전환될 수 있게 한다. 다섯째, 강화계획을 적절하게 활용한다. 초기 학습에는 연속강화로 시작해서 간헐적 강화로 옮겨가고, 점차 강화 시간의 간격은 늘여가고 강화 횟수는 줄여가서, 궁극적으로 강화물 없이 스스로 행동을 유지할 수 있게 한다.

 벌을 사용할 때는 신중하게 해야 한다. 벌은 공격성을 가르칠 수 있고, 더 강한 반응의 원인이 되며, 일시적으로 행동을 억제시킬 뿐이다. 또한 처벌을 주는 사람을 피하게 만들고 부정적인 감정을 초래한다. 따라서 처벌보다는 대안적인 행동에 강화를 주는 대안적인 방법을 택한다. 부득이 벌을 줄 때는 벌에 받는 행동에 대해 구체적으로 정의하고, 벌을 받는 이유가 무엇인지에 대한 정보적 피드백과 함께 즉각적으로 주는 것이 좋다. 또한 처벌 받는 사람이 아니라 잘못된 행동에 대해 일관 성있게 벌을 주고 개인적인 감정 개입을 하지 말아야 한다.

문제 4 정보처리이론의 구성요소인 1) 5가지 인지과정에 대해 기술하고, 2) 유의미한 부호화 전략 2가지 이상을 예를 들어 기술하시오. 3) 메타인지에 대해 정의, 영향, 중요한 기술을 중심으로 기술하시오.

모범답안

 정보처리이론의 인지과정에는 주의, 지각, 시연, 부호화, 인출이 있다. 먼저 감각기억에서 단기기억으로 정보가 이동하기 위해 필요한 **주의**가 있다. 주의는 정보처리의 시작으로 자극에 의식적으로 집중하는 과정을 말한다. 주의는 선택적으로 일어나는데, 선택적 주의와 관련된 현상으로 시끄러운 파티장에서도 자신을 부르는 소리는 잘 들리는 칵테일파티 효과가 있다. 교사는 학생들의 학습을 유도하기 위해 시범, 불일치 사건, 도표, 그림, 문제, 사고를 자극하는 질문, 강조, 호명 등의 전략을 사용하여 주의를 끌고 유지하는 것이 중요하다.

 둘째, **지각**은 경험에 의미와 해석을 부여하는 과정이다. 감각기억에 들어 온 자극에 주의집중을 하면 그 자극에 의미를 지각하게 된다. 이 의미는 과거의 경험에 많이 좌우되며 객관적 실재가 아닌 주관적 실재가 된다. 교사가 학생들의 지각을 확인하는 효과적인 방법은 개방형 질문을 사용하는 것이다.

 셋째, **시연**은 정보의 형태를 바꾸지 않고 여러 번 되풀이하는 것을 말한다. 시연은 보통 작동기억 속에서 정보가 처리되는 동안 사용되지만 충분한 시연을 통해 정보는 장기기억으로 넘어가기도 한다. 그러나 장기기억에 정보를 저장하는 방법으로는 상대적으로 비효율적이다.

넷째, **부호화(약호화)**는 작동기억에서 장기기억으로 정보를 이동시키는 과정이다. 장기기억 속의 기존의 정보와 새로운 정보를 연결하거나 연합하는 것으로 장기기억 속에 정보를 표상하는 과정을 의미한다. 정보를 효율적으로 저장하고 인출을 용이하게 하기 위해서 유의미한 부호화가 필요하다.

다섯째, **인출**은 장기기억에서 정보를 찾는 탐색과정이며 정보를 의식세계로 떠올리는 것을 말한다. 정보를 있는 그대로 인출하는 회상과 단서를 보고 인출하는 재인이 있다. 일반적으로 인출은 기억의 정보가 실제로 장기기억에 저장되어 있느냐를 의미하는 활용가능성(약호화의 정도와 관련)과 저장된 정보를 얼마나 쉽게 인출할 수 있는가 하는 접근가능성(인출단서)과 관련이 있다. 인출실패는 장기기억에 저장되어 있는 정보에 접근할 수 없을 때 발생하는데, 시험 중 정답이 혀끝에서 맴도는 설단현상은 이 인출실패의 한 예이다.

유의미한 부호화를 **촉진하기 위한 전략**으로는 조직화, 정교화 등이 있다. **조직화**란 관련있는 내용을 공동 범주나 유형으로 묶는 과정이다. 도표와 행렬표, 위계, 모델, 개요, 개념도 등의 방법이 이에 해당한다. **정교화**는 기존의 지식에 추가적인 연결을 형성하거나 새로운 지식을 덧붙임으로써 정보의 유의미성을 증가시키는 과정이다. 사례제공, 유추 등의 전략들이 정교화에 해당한다. 또한 장소법, 연상법, 두문자어법, 핵심단어법 등 다양한 기억술도 정교화의 전략이 될 수 있다.

메타인지는 인지과정에 대한 지식 혹은 인지와 인지과정에 대한 조절 및 통제를 말하며, 상위인지 또는 메타인지라 부른다. 이는 자신의 사고과정을 인식하거나 정보를 선택하고 분류하는 방법을 아는 것, 학습과제에 맞는 문제해결 전략을 선택하는 것, 자신의 문제해결 전략을 검토하고 오류를 찾는 것, 과제의 결과를 예측하거나 평가할 수 있는 것을 말한다. 메타인지는 학업성취, 독해력 등과 관련이 있는 것으로 보고되고. 메타인지를 특성을 많이 보이는 학생들은 그렇지 않은 학생들보다 더 많이 학습한다고 한다. 그 이유는 주의의 중요성에 대해 자각하고 있는 학생들은 스스로 효과적인 학습환경 창조하는 경향이 있고, 메타인지는 정확한 지각을 증가시키며, 작동기억을 통해 정보의 흐름을 조절하는 것을 도우며, 유의미한 부호화에 영향을 주기 때문이다. 메타인지 중요 기술로는 계획하기, 점검하기, 평가하기 등이 있다.

문제 5 성취목표이론에서 1) 2가지 목표 유형에 대해 간략하게 기술한 다음, 2) 각 목표에 따른 행동의 차이를 3가지 이상 기술하시오.

모범답안

목표는 개인의 이루고자 하는 성과 또는 성취하려는 희망을 말한다. 성취목표이론은 목표를 학습목표(숙달목표, learning goal)와 수행목표(평가목표, performance goal)로 구분한다. 학습목표는 학습하는 과정 그 자체에 가치를 두고 과제의 숙달과 내용이해 증진에 중점을 둔다. **학습목표를** 지닌 학습자들은 실수나 서투르게 보이는 것에 관계없이 과제의 숙달에만 관심을 갖는 '과제개입형' 학습자이다. '수업에서 학습하는 주제 이해하기'와 같은 목표가 학습목표의 예이다.

반면 **수행목표**는 자신의 유능감과 능력이 타인의 능력과 어떻게 비교되느냐에 중점을 둔다. 수행목표를 지닌 학습자들은 자신의 유능함을 상대적 비교를 통해 드러내 보이거나 좋은 성적을 얻거나 다른 학생들을 이기는 데 관심이 있는 '자아개입형' 학습자이다. 다음 기말고사에서 전교 5등 안에 들기, 홍철이보다 빨리 문제 풀기 등과 같은 목표가 수행목표의 예이다.

학습자들이 어떤 성취목표를 가지고 있느냐는 과제선정, 실패 이후 행동, 능력에 대한 관점, 학습전략의 사용 등에 차이가 있다. 먼저 **과제선정의 측면**에서 학습목표를 지닌 학생들은 다소 어려워도 다소 어려워도 자신의 능력과 기능을 촉진 시킬 수 있는 도전적인 과제를 선택하는 경향이 있는 반면, 수행목표를 지닌 학생들은 기능 개발과는 상관없이 자신의 유능함을 드러낼 수 있는 쉬운 과제를 선택하는 경향이 있다.

둘째, **실패이후에 학습목표**를 지닌 학생들은 실패를 자신의 노력과 전략 부족에 귀인하고 더 노력하거나 전략을 바꾸며, 타인에게 도움을 구하여 내용을 이해하고 과제에 대해 숙달하려 한다. 반면 수행목표를 지닌 학생들은 실패를 자신의 능력 부족에 귀인하여 불안에 빠지기 쉽다.

셋째, **능력을 보는 관점**에 있어서도 학습목표를 지닌 학생들은 능력은 노력을 통해 개발할 수 있다는 증가적인 관점을 보이는데 반해, 수행목표를 지닌 학생들은 능력은 고정되어 바꿀 수 없다는 고정적인 관점을 지니는 경향이 있다.

넷째, **학습목표를 지닌 학생들**은 수행목표를 지닌 학생들 보다 **메타인지 전략을 더 많이 사용**하고 피상적인 전략을 덜 사용하는 경향이 있다.

<참고문헌>
신종호, 김동민, 김정섭, 김종백, 도승이, 김지현, 서영석 역(2007). 교육심리학: 교육 실제를 보는 창. 서울:학지사.
이신동, 최병연, 고영남(2012). 최신교육심리학. 서울:학지사.
임규혁, 임웅(2007). 학교학습 효과를 위한 교육심리학. 서울:학지사.
권대훈(2006). 교육심리학의 이론과 실제. 학지사.

07 교수이론

▶ **교육학 논술 길라잡이**

✓ 교실현장에서 교수이론이 왜 필요한지 그 중요성을 개괄적으로 파악한다.
✓ 교수이론에서는 '교수모형'의 내용을 통해 주요 이론을 점검해 보고, '교수방법'의 내용을 통해 앞서 살펴본 이론을 교실 현장에서는 어떤 방법으로 적용하여 수업을 진행할 수 있는지를 연계하여 살펴본다.

▶ **한 눈에 보는 핵심요점**

중점 주제	개요 및 학습주안점	세부학습 포인트	다른 교육학 이론과의 연관성
1. 교수와 학습의 개념이해	교수와 학습의 개념을 개괄적으로 이해한다.	교수와 학습의 개념, 교수이론과 학습이론의 성격, 교수−학습지도원리	학습이론 중 학습의 개념, 자기주도적 학습
★★ 2. 교수모형	각 교수모형의 고유한 특징을 이해하고, 그 이론이 학교교육에 왜 필요한지 그 중요성을 파악한다.	글레이져의 수업과정모형, 한국교육개발원 수업과정모형, 캐롤의 학교학습모형, 블룸의 완전학습모형, **가네의 교수모형, 브루너의 발견식 수업모형, 오수벨의 설명식 수업모형, 구성주의 교수−학습모형**	교육공학의 교수설계모형
★ 3. 교수방법	각 교수방법의 특징을 파악하고, 앞서 살펴본 교수모형의 이론적 내용과 수업에 적용하는 실제적 내용과의 관계성을 파악한다.	강의법, **토의법, 협동학습,** 개별화학습	−

I 교수와 학습의 개념

1. 교수와 학습의 개념

교수의 개념에 대한 학자들의 정의를 몇 가지만 살펴보면 다음과 같다.

> • Gagné – "교수란, 학습자의 내적 능력과 적절히 상호작용을 하는 학습장면에 대한 외적 조건의 통제이다."
> • Milse, Robinson – "교수란, 학생의 지적, 정의적, 기능적 목표를 달성할 수 있도록 촉진하기 위해 학습경험을 조정하는 과정이다."
> • Corey – "교수란, 학습자가 특정한 조건하에서 특정한 행동을 하는 것을 배울 수 있도록 학습자의 환경을 계획적으로 조정하는 과정이다."

교수(teaching or instruction)는 의도하는 성과를 얻기 위해 학습과정을 체계적으로 조직하는 과정 혹은 교수자가 사용하는 구체적인 방법이나 기술적인 측면을 포함하는 일체의 활동을 의미하는 반면, **학습**(learning)은 반복이나 연습의 결과로 학습자의 지식, 기술, 태도 등이 비교적 지속적인 행동의 변화로 정의내릴 수 있다.

교수와 학습의 차이를 표로 정리하면 다음과 같다.

◆ 교수와 학습의 비교 ◆

구분	교수	학습
주체	교수자	학습자
의의	일의적(一意的)	다의적(多意的)
성격	처방적, 규범적	간접적, 기술적
변수	독립변인	종속변인
목표	반드시 일정한 목표가 있음	목표가 있을 수도 있고, 없을 수도 있음
연구대상	교실사태	동물실험

교수와 학습의 과정은 완전히 독립된 과정이 아니라 서로 상호보완적인 관계에 있다. 교사가 교수한 것은 학생이 학습할 것을 전제로 하지만 학습은 반드시 이와 같이 의도성을 띤 수업에서만 얻어지는 것이 아니라 비의도적 장면에서도 이루어진다. 다음 그림을 살펴보면, 이상적으로는 C와 같이 교수된 것이 모두 학습되는 관계가 바람직하나, B와 같이 교수된 일부분만 학습되는 것이 일반적이라 할 수 있다.

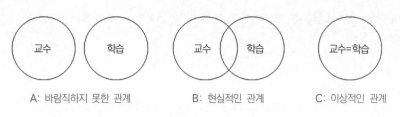

◆ 교수와 학습의 관계 ◆

학습자의 입장에서는 학습되어지고 지식을 획득하는 것이고, 교수자의 입장에서는 교수하고 지식을 제공해야 하는 것이다. 그러나 교수와 학습의 과정을 별개로 취급하기보다는 서로 상호보완적인 관계에 있다고 생각하는 것이 바람직하다. 교수자와 학습자의 학습과정을 잘 살펴보면서 효과적이고 효율적인 수업계획과 수업진행을 생각하며 학습자에게 가장 적합한 교수전략이나 교수방법을 적용하며, 활동과 관련한 풍부한 자료를 제공하며 최적의 환경을 제공해 주어야 한다.

2. 교수−학습 지도원리

잘 가르치고, 잘 배우는 것도 중요하지만 가르칠 때 다음과 같은 원리가 적용이 된다면, 더 효과적이고 효율적으로 목표를 달성할 수 있으며 긍정적 학습효과를 기대할 수 있다.

(1) 개별화의 원리

개별화 원리는 학습자의 능력과 요구 수준에 맞는 학습활동의 기회를 제공해 주어야 한다는 것으로, 학습자의 개인차를 존중하고 이에 알맞은 학습과제나 학습방법 등을 제시하는 것을 의미한다. 관련된 학습으로는 ① 달톤계획(Dalton plan), ② 위네트카 시스템(Winnetka system), ③ 버크의 개별시스템(Burk's individual system), ④ 개별화 교수체제(PSI: Personalized System of Instruction), ⑤ 개별처방식 수업(IPI: Individually Prescribed Instruction), ⑥ 학습과제, 학습자특성, 처치 상호작용(TTTI: Task, Trait, Treatment Interaction), ⑦ 프로그램 학습(Programmed learning), ⑧ 컴퓨터 보조 학습(CAI: Computer−Assisted Instruction) 등이 있다.

(2) 자발성의 원리

자발성의 원리는 학습자 스스로의 활동과 노력을 중시하는 원리로 자기주도적 학습의 원리로 발전된 바 있다. '말을 물가로 데려갈 수는 있어도 강제로 먹일 수는 없다'라는 속담처럼 학습자를 교실에 앉혀놓을 수는 있어도 강제로 공부하게 할 수는 없는 것이다. 이 원리와 관련된 학습으로는 킬 패트릭의 프로젝트법(구안법), 문제해결학습, 발견학습, 스키너의 프로그램 학습 등이 있다.

(3) 직관의 원리

직관의 원리는 구체적인 사물을 직접 제시하거나 경험하게 함으로써 이에 대한 개념을 인식시키자는 원리로, 시청각 교육이 바로 이 원리에 근거하고 있다. 관련된 학습으로는 ① 에라스무스 '실물교육이론', ② 코메니우스 '세계도회', ③ 루소 '인간 자연 사물 조화', ④ 페스탈로치 '감각교육', ⑤ 프뢰벨 '감각교육' 등이 있다.

(4) 목적의 원리

교육은 목적을 가진 의식적이고 의도적인 활동이므로 교수자와 학습자 모두에게 목적을 설정하고 관련 활동을 하는 것이 중요하다. 교수자의 입장에서 교수목표가 분명해야 일관성을 가지고 수업을 진행할 수 있으며, 학습자의 입장에서는 학습목표가 분명해야 수업이 끝난 후 할 수 있어야 할 도착점 행동을 인식하여 자발적이고 적극적으로 수업에 임할 수 있다.

(5) 통합의 원리

통합의 원리는 학습이 종합적으로 연결될 수 있도록 지도해야 한다는 것으로 지·덕·체와 같은 학생의 행동을 골고루 발전시켜야 한다는 원리이다. 교과의 기본을 유지한 상태에서 교과 간의 상호 관련성을 맺어야 하는 것은 물론 지적·정의적·심동적 영역의 학습이 유기적으로 연계되어 전인교육을 실시해야 한다는 의미이기도 한다.

(6) 사회화의 원리

교실에서 지식만 습득하는 것이 아니라 교수학습 속에서 인간관계 학습도 함께 이루어져야 한다는 원리로, 학교에서 경험한 것과 학교 밖에서 경험한 것을 교류시키고, 공동학습을 통해 사회적 협력관계를 익히게 하는 것이 중요하다. 관련된 학습으로는 분단학습, Buzz학습, 협동학습 등이 있다.

Ⅱ 교수모형

1. 글레이져(Glaser)의 수업과정모형

글레이져 수업과정모형은 수업의 과정을 목표설정, 출발점 행동 진단, 학습지도, 평가의 일련의 단계와 절차를 순환적으로 표현하고 있다. 교수의 과정을 하나의 체제(system)로 간주하고 교수과정에 포함되어야 할 요소를 제시하였다. 또한 학습자들의 능력 수준의 개인차를 고려하여 변별적인 학습프로그램을 제공하는 수업의 개별화를 위한 이론적 근거를 마련하였다.

(1) 절 차

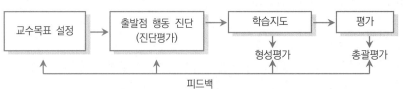

(2) 단계의 특징

가. 교수목표 설정

교수목표는 관찰할 수 있고, 측정가능한 것으로 세분화하는 것으로부터 시작하여 학습자들이 수업이 끝나고 할 수 있어야 하는 것 즉 도착점 행동을 설정한다. 교수목표의 설정은 교수자-학습자, 교수-학습자 활동에 매우 중요한 기준점이 된다.

나. 출발점 행동 진단

출발점 행동(entry behavior)은 수업이 시작되는 시점에서 학습자들이 지니고 있는 선행학습의 정도 및 학습태세를 뜻하는 것으로, 본격적인 학습에 들어가기 전에 진단평가를 실시하여 진단을 통해 학습자의 준비도 및 새로운 수업참여의 가능성 여부를 판단하고 후속조치를 하게 된다. 이렇듯 학습자의 출발점 행동을 진단하는 것은 학습성패를 좌우하는 중요한 요소가 된다. 참고로 출발점 행동과 유사한 개념으로는 학습준비도, 학습경향성, 적성, 사전(선수)지식 정도 등이 있다.

다. 학습지도

설정된 목표를 달성하기 위해 본격적인 수업활동이 진행되는 단계로, 교수목표에 따라 효과적이고 효율적인 교수방법과 매체를 선정하고 적절히 교수한다. 학습지도 다음으로 형성평가를 진행하며, 형성평가를 통해 학습자의 내용이해도를 중간 점검할 수 있을 뿐 아니라 오류를 교정함으로써 학습의 누적적 실패를 예방할 수 있다. 또한 형성평가를 통해 학습진행 속도를 조절하고, 학습자의 동기를 유발하며, 학습곤란점을 진단 및 해결하는 것은 물론 학습지도 방법을 개선할 수 있다는 측면에서 중요한 역할을 한다.

라. 평가

총괄평가는 한 학기나 한 학년의 학습이 완료된 후, 총체적으로 학생들의 성취도를 평가하여 교과별 성적을 산출하고 목표 도달 정도를 판단하는 종합적 평가활동을 뜻한다. 이 결과가 환류되어 후속차시나 후속 수업 또는 후속 프로그램을 계획하고 설계하는 데 반영된다.

2. 한국교육개발원(KEDI) 수업과정모형

이 모형의 가장 큰 특징을 정리하면, 첫째, 초중등학교 전 교과에 걸쳐 사용될 수 있는 수업절차 전개방식을 제시하고 있다. 둘째, 각 교과의 특징에 따라 지도단계를 다양하게 변경시킬 수 있다. 셋째, 계획-진단-지도-발전-평가의 단계가 단편적인 것이 아니라 지속적으로 서로 환류되기 때문에 수업과정을 계속적인 과정으로 보고 수업을 운영함에 있어 융통성을 부여할 수 있다. 넷째, 학습자 수가 많은 과밀학습 상황에서 가능한 개인차를 고려한 수업과정을 진행할 수 있다.

(1) 절　차

1. 계획단계	→	2. 진단단계	→	3. 지도단계	→	4. 발전단계	→	5. 평가단계
• 학습과제분석 • 수업계획 • 실천계획		• 진단평가 • 분류 • 심화·교정학습		• 도입 • 전개 • 정착		• 형성평가 • 평가결과 토의 • 분류 • 심화·보충학습		• 총괄평가 • 결과검토 • 결과활용

(2) 단계의 특징

가. 계획단계

계획단계에는 학습과제분석, 수업계획, 실천계획의 요소가 포함된다. 이 단계에서는 학습과제분석을 통해 수업목표를 명료화하고 그 내용을 세분화하여 학습내용의 요소 간의 관계를 밝힌다.

나. 진단단계

Glaser의 출발점 행동의 진단 단계와 유사하며, 진단평가를 실시하고, 기준에 따라 학습자의 수준을 분류해 보고, 교정학습 또는 심화학습을 진행하게 된다. 즉 이 단계는 수업에 들어가기 앞서 교사가 진단평가를 실시하여 학생들의 학습준비 태세나 선행학습 정도를 파악하는 단계로, 문제 발생시 교정학습을 실시한다.

다. 지도단계

학습과제에 대한 본 수업이 이루어지는 단계로, 수업배정시간의 70~80%를 차지한다. 보통 도입 - 전개 - 정착의 단계를 거쳐 수업활동이 전개되는데, 도입단계는 수업목표제시, 학습동기유발, 선수학습과제와 연계하는 활동을 하고, 전개단계에서는 학습과제내용을 제시하고 학생들은 이에 반응하며 이해하고, 마지막 정착단계에서는 학습된 내용을 정리하고 연습을 통한 강화를 실시하며, 새로 학습된 내용을 학습자들의 지적체계의 일부로 내면화 시킨다.

라. 발전단계

이 단계에서는 지도단계의 내용에 대해 형성평가를 실시하고 평가결과를 분석하여 학습성취정도를 분류해 본다. 학습성취 결과에 따라 심화·보충학습의 기회가 주어진다.

마. 평가단계

이 단계에서는 단위학습 과제의 수업결과에 대해 총괄평가를 실시하고 수업활동을 종료하게 된다. 총괄평가의 결과를 검토, 활용하여 후속 차시나 후속 수업 또는 후속 프로그램을 계획하고 설계하는데 반영한다.

3. 캐롤(Carroll)의 학교학습모형

(1) 개념 및 특징

캐롤은 학교에서 이루어지고 있는 여러 가지 형태의 학습 가운데, 특히 지적 학습에 작용하는 중요한 변인들을 추출한 후, 그 변인들 간의 관계를 토대로 학교학습 방안을 체계화시켰다. 학교학습에서 학업성취도에 영향을 미치는 주요 변인을 교수자 변인(학습기회, 교수의 질)과 개인차 변인(지구력, 적성, 교수이해력)으로 구분하였으며, 이러한 변인들의 조절을 통해 학교학습의 효과를 극대화할 수 있다고 주장한 바 있다.

특히 캐롤은 "학습에서의 성공은 학습자가 학습과제를 학습하는 데 필요한 시간량에 대해서 실제로 사용한 시간량의 비율에 달려있다."고 주장하면서 다음과 같이 "특정 학습과제를 학습하는 데 필요한 시간량에 대한 실제로 사용한 시간량의 함수관계"인 학습의 정도 공식을 제시한 바 있다.

$$
\begin{aligned}
&\text{학습정도(= 학습성취상태, 교육목적 달성상태)} \\
&= f\left(\frac{\text{학습에 사용된 시간}}{\text{학습에 필요한 시간}}\right) = f(L \cdot E) \\
&= f(\text{교사변인} \cdot \text{학생변인}) = f\left(\frac{\text{분자변인}}{\text{분모변인}}\right) \\
&= f\left(\frac{\text{학습기회}}{\text{교수의 질}} \times \frac{\text{지구력}}{\text{적성} \cdot \text{교수이해력}}\right)
\end{aligned}
$$

(2) 학습관련 변인

가. 학습기회(opportunity to learn)

학습자가 학습과제를 숙달하기 위해 실제로 사용할 수 있는 최대의 시간량을 의미하며 많은 학생들에게 균등한 학습참여가 제공되는 것이 바람직하다.

나. 교수(수업)의 질(quality of instruction)

학습의 정도를 결정하는 중요한 요인으로, 수업의 질이 높을수록 학생들이 과제를 수행하는 데 필요한 시간량이 줄어들고, 반대로 수업의 질이 낮을수록 더 많은 시간이 요구된다. 질 높은 수업을 위해서는 학습목표의 명료화, 학습목표와 학습절차의 명확한 전달, 학습활동의 적절한 계열화, 교사 언어의 정확성, 학습자의 필요와 특성을 고려한 수업과정의 융통성 있는 조절 등이 필요하다.

다. 지구력(perseverance)

수업에 대한 주의 집중력, 학습지속력 등의 단어와 유사한 개념으로 학습자가 학습을 위해 사용하고자 하는 시간량을 의미하며, 지속력이 강할수록 학습기회가 증대되어 실제로 학습에 사용한 시간이 늘어나게 된다.

라. 적성(aptitude)

학습자가 특정 과제를 학습하는데 필요한 시간량으로, 적성이 높으면 과제를 좀 더 빨리 학습해 낼 수 있는 반면 적성이 낮으면 학습에 소요되는 시간이 더 많아진다.

마. 교수이해력(ability to understand instruction)

교사가 수업한 내용을 부담없이 이해할 수 있는 학습자의 능력 즉 학습과제의 성격과 절차를 이해하는 학습자의 능력을 의미한다. 수업에서 학습자의 일반지능과 언어능력이 교수-학습과정에 큰 영향을 미치기도 한다.

4. 블룸(Bloom)의 완전학습모형

(1) 개념 및 특징

완전학습모형(mastery learning)은 <u>캐롤의 학교학습모형을 근거로</u> 하여 1960년대 개발한 교수이론으로, 여기에서 말하는 완전학습이란 "<u>보통 학급에서 전체 학습자의 약 95%가 주어진 학습과제의 약 90% 이상을 완전히 학습해 내는 것</u>"을 의미한다. 완전학습상태에서는 <u>부적 편포 상태</u>를 이루게 되며, 학습에 필요한 시간과 학습에 사용한 시간을 결정하는 변인을 조정함으로써 완전학습에 이를 수 있게 된다.

완전학습상태 구성변인(학업성취도) 즉 학습에 영향을 미치는 부분을 그림으로 표현하면 다음과 같다.

(1) 학생 변인 —	75%
• 지적 출발점 행동: 50%	
• 정의적 출발점 행동: 25%	
(2) 교사 변인(수업의 질) — — — — — — — — — — — — — — —	15%
(3) 기타 변인 — — — — — — — — — — — — — — — — — —	10%

완전학습의 경우, 수업의 활동을 크게 수업 전 활동, 수업 중 활동, 수업 후 활동으로 나눌 수 있다. <u>수업 전 활동</u>에서는 먼저 수업목표를 확인하고, 학습자들의 출발점 행동을 진단하게 된다. 진단한 결과 문제 발견시 교사는 보충학습을 실시하여 선수학습 능력을 조정한다. <u>수업 중 활동</u>에서는 학습자들에게 수업목표를 제시하고 수업활동과 보조활동을 진행한다. 마지막으로 <u>수업 후 활동</u>에서는 학습자의 내용이해도를 중간 점검하는 형성평가를 실시한다. 평가 결과를 바탕으로 문제가 발생하면 보충학습을 실시하고 문제가 없다면 심화학습을 진행한다. 총체적 평가활동으로 총괄평가를 실시한다.

5. 가네(Gagné)의 교수모형

(1) 개념 및 특징

가네(Gagné)는 교수의 목적이 학습의 과정을 도와주기 위한 것이며, 교수를 구성하는 일련의 사태들은 학습자의 내부에서 진행되는 인지과정과 매우 밀접한 관계를 가져야 한다고 주장하고 있다. 또한 학습자의 학습을 촉진하기 위해서는 학습자 내부에서 발생하는 학습의 과정을 이해하는 것은 물론 이를 촉진하기 위한 바람직한 수업사태들을 제공해야 함을 강조하고 있다. 가네(Gagné)가 제시한 다섯 가지 학습영역, 여덟 가지 학습위계, 아홉 가지 교수사태에 대한 개념과 특징을 살펴보면 다음과 같다.

가. 기본 전제

가네의 기본 전제는 크게 세 가지로 정리될 수 있다. 첫째, 모든 지식은 위계적으로 구성되어 있으므로 고차원적인 지식을 습득하려면 그보다 낮은 수준의 지식을 먼저 습득해야 한다는 점, 둘째, 효과적인 학습을 위해 학습과제를 면밀히 분석하여 위계적 순서에 맞추어야 한다는 점, 셋째, 성격에 따라 학습영역은 언어정보, 지적기능, 인지전략, 운동기능, 태도로 구분되며, 각 영역은 각기 다른 조건이 요구된다는 점이다.

나. 다섯 가지 학습영역

학습영역은 교수-학습을 통해 개발하고 성취해야 할 중요한 목표라고 할 수 있으며, 언어정보, 지적 기능, 인지전략, 태도, 운동 기능으로 분류할 수 있다. 각각의 특징을 살펴보면 다음과 같다.

첫째, 언어정보(verbal infomation)이다. 언어정보는 정보를 진술하거나 말하는 능력으로 선언적 지식 또는 명제적 지식이라고도 한다. 사물의 이름이나 단순한 사실, 원리, 조직화된 정보 등이 이에 속한다.

둘째, 지적 기능(intellectual skills)이다. 지적 기능은 대상이나 사건 등을 구별하고, 결합하고, 도표화하고, 분류하고, 분석하고 적용하는 등 기호나 상징을 사용하거나 방법을 아는 것으로 절차적 지식이라고도 한다. 학교교육에서 가장 많은 비중을 차지하는 영역이다.

셋째, 인지전략(cognitive strategies)이다. 인지전략은 학습자 스스로 학습하고, 기억하고, 사고하는 과정을 관리하는 능력을 의미하는 것으로, 학습자 스스로 자신의 내적 인지과정을 유의미하게 통제하고 조절하는 메티인지적 사고(metacognitive)도 이에 포함된다.

넷째, 태도(attitudes)이다. 태도는 사람, 사물, 방안 등에 대해 나타나는 개인의 경향성을 의미하는 것으로 구체적인 수행을 결정하는 내적인 경향성인 것이다.

다섯째, 운동 기능(motor skills)이다. 운동 기능은 신체적 움직임을 행할 수 있는 능력으로, 바느질을 하거나 공을 던지거나 기계를 조작하는 등의 행동 계열을 수행하는 능력을 의미한다. 단순한 행동이나 동작은 더 복잡한 행동의 연쇄를 이루는 부분이 되는 경우도 있다.

5가지 학습영역	예
언어정보	- 물의 끓는점은 100˚C이다. - 대한민국의 수도는 서울이다.
지적기능	- 삼각형과 사각형을 구별한다. - 은유법을 사용하여 대상을 표현해 본다. - 피타고라스의 정의를 활용하여 삼각형 빗변의 길이를 계산한다. - 주어진 문장에서 3인칭 단수 주어에 맞는 단수 동사를 선택한다.
인지전략	- 기말 과제를 작성하기 위해 목록 카드를 개발한다. - 많은 요소나 개념 등을 외워야 할 때 앞 철자를 활용하여 외우는 방법을 고안한다.
운동기능	- 연필을 이용하여 데생을 한다. - 조리법에 따라 요리한다. - 축구공을 축구 골대에 넣다. - 악기를 연주한다.
태도	- 주어진 문제나 과제를 해결하기 위해 바람직한 방안을 선택한다. - 사람, 사물, 방안에 대해 윤리적인 방법을 선호한다.

다. 여덟 가지 학습위계

가네(Gagné)는 인간의 능력과 학습내용이 단순한 것에서 복잡한 것으로, 낮은 차원에서 높은 차원으로 위계를 이루고 있다고 가정한 바 있다. 모든 학습은 위계에 따라 순차적으로 진행되어야 하며, 선행학습이 이루어져야 다음 후속학습이 이루어질 수 있는 것이다. 여덟 가지 학습위계의 순서를 도식으로 표현하면 다음과 같다.

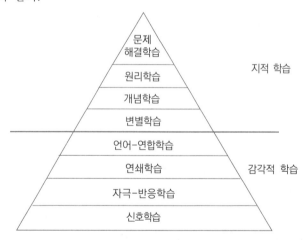

각 단계의 특징을 간략히 살펴보면, 첫째, '신호학습'이다. 학습위계상 가장 단순한 형태로 파블로브의 고전적 조건화 과정을 통해 수동적으로 행동이 획득되어진다. 둘째, '자극-반응학습'으로, 스키너의 조작적 조건화 과정을 통해 임의의 행동이 강화로써 형성되며, 반응에 대해 강화가 주어지면 학습이 더 잘 일어나게 된다. 셋째, '연쇄학습'이다. 자극-반응학습에서 습득한 개별 행동들이 연속적으로 질서있게 이루어지는 학습으로, 운전, 열쇠로 문을 여는 것과 같은 행동들이 이에 속하며, 넷째,

'언어-연합학습'은 언어의 연쇄학습, 개별적 언어가 순서에 알맞게 연결된다. 다섯째, '변별학습'이다. 대상들의 차이점을 비교하여 각각 다르게 반응하는 능력을 의미한다. 여섯째, '개념학습'이다. 사물이나 사태의 분류를 통해 얻어지는 학습의 유형으로 본질적 공통성을 발견하여 사물을 분류할 수 있게 된다. 일곱째, '원리학습'이다. 원리는 두 개 이상의 개념이 연결된 것을 의미하며, 원리학습은 이미 습득한 개념들을 연결하여 만들어지는 규칙을 이해한다는 것이다. 여덟째, '문제해결학습'이다. 원리를 결합해서 새로운 문제 상황에 적용하거나 응용하는 것으로 가장 고차원적인 학습유형이라 할 수 있다.

학습위계를 고려한 수업이론의 특징을 살펴보면, 첫째, 선행단계가 성취되어야 후행단계를 성취할 수 있고, 둘째, 모든 학습과제를 가능하면 구체적으로 세분화하고 조직화해 주어야 하며, 셋째, 학습위계에 근거하여 학습자의 능력 따라 적절하게 처방하는 것이 바람직하다.

라. 아홉 가지 교수사태

가네(Gagné)는 학습의 조건을 <u>내적 조건</u>과 <u>외적 조건</u>으로 구분하는데, <u>내적 조건은 학습위계상에서 특정 내용을 학습하기 위한 선행요건이 되는 선행학습 능력을 의미하며 외적 조건은 교사에 의해 제공되는 교수 및 환경조건을 의미한다.</u> **아홉 가지 교수사태**란 수업시간에 교사에 의해서 제시되는 수업활동을 의미하는 것으로, <u>한 단위 수업시간에 이루어지는 교사의 활동을 아홉 가지의 단계로 나누어 구분한 것이다.</u> 각 단계의 특징을 정리하면 다음과 같다.

구분	학습과정(내적 과정)	수업사태(외적 과정)
준비	1. 주의	1. 주의력 집중
	2. 동기화(기대)	2. 학습목표 제시
	3. 작동기억으로 재생	3. 사전지식 재생 자극
획득과 수행	4. 선택적 지각	4. 자극자료 제시
	5. 부호화: 장기적 저장소에 입력	5. 학습안내 제공
	6. 반응	6. 수행유도
	7. 강화	7. 피드백 제공
재생과 전이	8. 단서제공	8. 수행평가
	9. 일반화	9. 파지와 전이현상

첫째, '<u>주의력 집중</u>'이다. 학습자의 주의를 유도하여 후속 학습활동이 원활하게 이루어지도록 한다.

둘째, '<u>학습목표 제시</u>'이다. 학습과제를 다루기 전에 이번 학습을 통해 달성해야 할 목표를 제시하는 것이다. ⑩ 본 수업을 통해 교통표지판의 의미를 알 수 있게 됩니다.

셋째, '<u>사전지식 재생 자극</u>'이다. 학습자로 하여금 이번 수업과 관련된 이전의 학습내용을 회상하게 하는 것이다. ⑩ 이미 익숙하게 보아 왔던 여러 가지 교통표지판을 보여주고 이것들을 변별하게 한다.

넷째, '<u>자극자료 제시</u>'이다. 해당 차시에 대한 구체적인 학습활동을 전개하는 것으로 학습자에게 학습할 내용을 제시한다. ⑩ 가르칠 표지판의 모양과 각각의 개념적 의미를 나타내는 명칭을 제시하고, 비슷한 여러 개의 표지판을 함께 제시하여 비교할 수 있게 한다.

다섯째, '학습안내 제공'이다. 학습자의 학습행위를 유도하거나 특정 개념이나 원리를 가르치고자 할 경우, 교사가 질문이나 암시 등의 자극을 제시하는 것이다. 학습할 과제의 모든 요소들을 통합시키는데 필요한 방법을 제시하는 것으로 예, 시연, 도표 등은 학습자들이 모든 정보를 목표 수행에 적합하도록 통합하고, 저장하고 회상하는 데 도움이 된다. ⑩ 두 가지 다른 표지판이 들어있는 여러 개의 화면을 제시하고 학습자로 하여금 그것들의 모양과 명칭이 맞았는지 틀렸는지를 지적하도록 한다.

여섯째, '수행유도'이다. 현재까지의 학습상황이 목표에 어느 정도 근접하는가를 확인하고, 목표에 접근해 가도록 하는 것이다. ⑩ '여러분이 멈춰야 하는 표지판은 무엇입니까?' 등과 같은 질문을 하여 반응을 이끌어낸다.

일곱째, '피드백의 제공'이다. 학습자가 일련의 성취행동을 나타낸 후에 교사가 그 성취행동의 결과를 학습의 이전 단계와 결합시키고, 강화를 제공하는 것이다. 이때, 성공적 수행에는 긍정적 피드백, 그렇지 못한 수행에는 교정적 피드백을 주는 것이 바람직하며, 이 과정을 통해 학습자들은 긍정적 강화를 하거나 수행을 개선하게 된다. ⑩ 결과에 대한 정보를 제공한다.

여덟째, '수행평가'이다. 수업목표에 근거하여 그 달성여부를 측정하는 것이다. ⑩ 여러 모양의 표지판을 제시하고, 이 중에서 어느 표지판이 교사의 질문에 부합하는 표지판인지를 찾게 한다.

아홉째, '파지와 전이현상'이다. 학습자의 기억을 오래도록 유지시키고, 이를 문제해결에 적용할 수 있도록 하는 것이다. ⑩ 적절한 용어가 여러 개 쓰인 다양한 모양의 표지판을 다양한 상황에서 제시하고, 그 의미를 확인하는 연습의 기회를 계속적으로 제공한다.

6. 브루너(Bruner)의 발견식 수업모형

(1) 개념 및 특징

인간은 탐구하는 존재라는 중요한 전제 아래 발견식 수업은 학문중심, 탐구중심의 교육과정을 강조하고, 기본 개념과 원리를 학생 스스로가 탐구과정을 거쳐 스스로 발견하는 능력을 기르는 것을 목표로 한다.

브루너가 말하는 '발견'이란 대상 간에 존재하는 유사점과 차이점을 찾아 관계를 짓는 것을 의미하고, 발견학습이란 주어진 증거를 재조직하고 변환하는 활동으로서 새로운 통찰과 일반화를 도출하는 과정 즉 교수자가 학습자에게 교과의 최종적인 형태를 직접 제공하는 것이 아니라 교과의 최종적인 형태를 학습자 스스로 찾아내고 깨닫는 것을 의미한다.

(2) Bruner 교수이론의 4대 구성요소

브루너는 교수이론의 형성을 위해 학습의 경향성, 학습의 계열화, 강화, 지식의 구조화라는 네 가지 구성요소를 제시했으며, 이 요소들을 이상적으로 조작할 수 있는 수업방법이 발견학습이라고 주장한 바 있다. 각각의 개념을 살펴보면 다음과 같다.

첫째, 학습경향성(Predisposition)

학습과 문제해결을 하고자 하는 학습자의 내재적 욕구 즉 학습하고자 하는 의욕을 의미하며, 학습의욕, 학습동기, 학습준비도, 출발점행동과 유사한 개념이다.

둘째, 지식의 구조화(Structure of Knowledge)

지식의 구조는 교과와 학문의 본질적이고 핵심적인 내용과 탐구 방법의 결합을 의미하는 것으로, 특정학문 분야에 포함되어 있는 사실, 개념, 명제, 원리, 법칙을 분류하여 체계화한 것을 의미한다. 지식구조의 세 가지 특징으로 표현방식(mode of representation), 경제성(economy), 생성력(power)을 들 수 있다. 올바른 방식으로 표현되고 경제성과 생성력이 있도록 잘 조직되어 있다면 잘 구조화된 지식의 구조라 할 수 있다.

- 표현방식: 어떤 영역의 지식도 활동적, 영상적, 상징적 표현양식으로 표현가능함.
- 경제성: 실재를 간명한 이미지로 나타내면서 동시에 정확성을 유지하는 것으로, 많은 사실적 지식들을 요약하여 개념, 원리, 법칙으로 학습하기 때문에 지식의 구조를 중심으로 하는 학습은 매우 경제적임.
- 생성력: 학습자가 새로운 명제를 인출해 내거나 문제해결을 위해 정보를 이용할 때 주어진 사실을 넘어서 진행할 수 있는 정도를 의미함. 개념이나 원리, 법칙적 지식은 학습하는 데는 물론 파지, 전이에도 용이함.

셋째, 학습의 계열화(Sequence)

학생들이 학습내용을 이해, 변형, 전이하는데 도움이 될 수 있도록 학습과제를 순서대로 조직하고 제시하는 것으로, 학습을 계열화할 때는 활동적, 영상적, 상징적 표현의 순서를 따라야 한다.

- 활동적(= 행동적) 표상(manipulative representation): 어떤 결과를 성취하는데 적합한 일련의 행위들로 표현
- 영상적 표상(iconic representation): 어떤 개념을 표현하는 요약된 이미지와 그래픽의 형태로 표현
- 상징적 표상(symbolic representation): 상징적이고 논리적인 명제의 형식을 취함(공식, 원리, 규칙 등)

넷째, 강화(reinforcement)

행동주의 학습이론의 핵심 원리이면서 학습효과를 촉진하기 위한 가장 보편적인 방법이며, 브루너는 강화는 학습자의 발달 단계와 특성에 맞게 개별화되어야 하며, 외적 강화와 내적 강화의 조화를 강조하였다. 여기의 강화는 상벌과 관련한 것으로 학습자들에게 지금까지 그들의 학습활동이 어떤 결과를 가져왔는지, 그 결과에 따라 추후 어떻게 학습해야 하는지의 방향성을 탐색하는데 중요한 역할을 한다.

교수이론 논술예제 ❶ Bruner가 제시한 발견학습의 의미를 간단히 기술하고, 발견학습을 성공적으로 수행하기 위해 필요한 4대 구성요소의 개념을 설명하시오.

7. 오수벨(Ausubel)의 설명식 교수이론

(1) 특 징

오수벨의 이론은 유의미 학습에 관한 이론으로서 설명학습의 원리로 특징지을 수 있다. 교수자가 학습내용을 완성된 최종 형태로 학습자에게 제시하고 학습자가 이를 내면화할 수 있도록 유도하는 방식으로, 포괄적인 내용에서 점차 구체적인 내용으로 진행되는 연역적 접근을 따르고 있으며, 행동적 수업목표보다 체계적인 내용목표를 강조하는 특징이 있다.

(2) 주요 개념들

가. 선행조직자

수업의 도입단계에서 학습과제 제시에 앞서 주어지는 언어적 설명을 뜻하며, 설명조직자와 비교조직자로 구분된다. 일종의 도입자료로 선행조직자는 과제보다 높은 포괄성과 추상성을 지니고 있다.

설명 조직자	• 전혀 생소한 개념이나 내용을 가르칠 때 제시되는 것 • 학습하게 될 내용보다 높은 수준의 보편성과 일반성을 지님 • 점진적 분화의 원리에 따라 전개함
비교 조직자	• 친숙한 개념학습에 활용하거나 이미 학습자가 어느 정도 알고 있는 개념이나 내용을 가르칠 때 제시되는 것 • 과제와 인지구조 간의 유사성과 차이점을 지적하면서 상호관계를 파악할 수 있음 • 통합적 조정의 원리에 따라 전개함

나. 포섭

포섭이란 새로운 명제나 아이디어가 학습자의 머릿속에 이미 조직되어 존재하고 있는 보다 포괄적인 인지구조 속으로 동화 또는 일체화되는 과정을 뜻한다.

종속적 포섭	새로운 학습과제를 그보다 상위의 인지구조 속에 병합시키는 것으로서, 상관적 포섭과 파생적 포섭이 있다.
	• 상관적 포섭: 새로운 학습과제가 인지구조 속에 있는 지식의 종류는 아니지만 그것과 관련된 하위의 학습과제를 포섭하는 것 ㉠ 사각형의 넓이는 '가로×세로'로 구한다는 것이 인지구조 속에 있는 학생이 이를 토대로 삼각형의 넓이(밑변×높이)×1/2로 구할 수 있다는 원리를 포섭하는 경우
	• 파생적 포섭: 새로운 학습자료가 인지구조 내부에 있는 기존의 개념이 한 특수한 예일 경우에 일어나는 것 ㉠ 삼각형 일반에 대한 개념을 이미 알고 있는 학생이 이를 토대로 정삼각형, 직각삼각형을 포섭하는 경우
상위적 포섭	학습자의 인지구조 속에 있는 아이디어보다 상위에 있는 학습과제를 포섭하는 것을 말한다. 학습자 인지구조 속에는 정삼각형, 직각삼각형, 이등변삼각형에 대한 개념은 있으나, 삼각형 일반에 대한 개념이 없을 경우, 새로운 학습과제가 삼각형 일반에 관한 것이어서 학습자가 이를 포섭했다면 이는 상위포섭에 해당한다.

다. 유의미 학습과제

유의미 학습과제는 논리적으로 유의미를 가진 학습과제를 의미하며, 이 논리적 유의미를 지닌 과제란 실사성과 구속성이 있는 과제를 의미한다. <u>유의미한 학습과제는 어떤 명제를 어떻게 표현하더라도 그 명제의 의미가 잘 변하지 않는 성질인 실사성과 임의적으로 맺어진 관계가 시간흐름에 관계없이 변경되지 않는 성질인 구속성이라는 특징을 가지고 있다.</u>

라. 유의미학습의 조건

유의미한 학습이 이루어지기 위해서는 학습되어야 할 과제를 포섭할 수 있는 관련정착의미가 학습자의 인지구조 속에 미리 존재해야 하며, 학습과제는 인지구조에 있는 관련정착의미와 실사적이며 구속적인 형태로 포섭될 수 있도록 해야 하며, 학습자는 과제를 실사적이고 구속적인 형태로 정착의미에 관련시키고자 하는 유의미 학습태세를 갖추고 있어야 한다. 유의미학습의 조건을 그림으로 표현하면 다음과 같다.

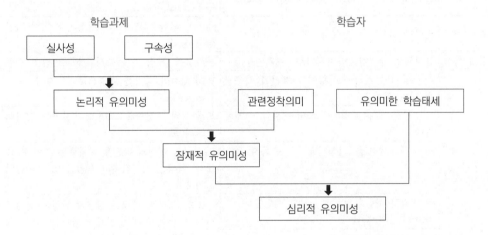

8. 구성주의 교수−학습이론

(1) 개 요

구성주의 학습의 특징을 살펴보면, 첫째, <u>체험학습</u>을 강조한다. 학습자가 지식을 구성하고 공유할 수 있는 학습환경을 제공하며, 학습의 주체자로서의 학습자의 역할을 중시한다. 둘째, <u>자아성찰적 사고(learning by reflection)</u>를 강조한다. 학습자의 기존 지식과 개념을 활용할 수 있는 학습환경을 제공한다. 자신의 경험내용에 대해 무심코 지나치지 않고 사건과 경험의 의미와 중요성에 대해 항상 의문과 분석을 하는 인지적 습관을 말한다. 셋째, <u>협동학습(learning by collaboration)</u>을 강조한다. 구성주의의 지식구성은 사회적 요소와 개인적 요소의 통합을 통해 이루어지므로 학습자가 속해있는 협동학습을 전제로 이루어진다는 것을 의미한다. 학습자들 간의 토론, 대화, 상호작용을 통해 성찰적 학습기회를 촉진할 수 있다. 넷째, <u>실제적 성격의 과제중심의 학습(learning by authentic task)</u>을 강조한다.

즉 교육과 실생활과의 연계성을 중시하며 실제하되 비구조화된 과제를 통해 문제해결력과 비판적 사고 능력 등을 기를 수 있다. 다섯째, 교사역할은 조력자(facilitator), 보조자, 촉진자, 동료학습자(co-learner) 등의 역할을 하며 학습자 중심의 학습이 될 수 있도록 지원하고 학습자들의 자율성과 능력 등을 적극적으로 발휘할 수 있도록 학습환경을 조성해야 한다.

(2) 객관주의와 구성주의 비교

구분		객관주의	구성주의
지식의 정의		고정되어 있고 확인될 수 있는 현상, 개체	개인의 사회적 경험을 바탕으로 개인의 인지적 작용에 의해 구성, 재구성되어지는 것
최종목표		절대적 진리와 지식의 추구	개인에게 의미있고 타당하고 적합한 것이 곧 진리
지식의 특징		초역사적, 우주적, 초공간적	상황적, 사회적, 문화적, 역사적
주요용어		발견(discovery/find), 일치(correspondence)	창조(creation), 구성(construction)
교육목표		진리와 일치되는 지식의 습득	개인에 의한 개별적 의미형성의 사회적 적합성과 융화성
현실의 특성		규칙으로 규명가능하며 통제와 예측가능	불확실성, 복잡성, 독특성, 가치들 간의 충돌
교수-학습 원칙		1. 추상적인 지식과 상황에 관계없이 적용될 수 있는 지식제공	1. 구체적인 상황을 배경으로 한 지식
		2. 수업전 계획에 따라 구조화, 순서화, 체계화하여 제시	2. 현실의 복잡함을 그대로 제시하여 인지적 도전 유도
		3. 교사와 학생은 지식전달자와 습득자	3. 교사는 학생의 학습을 도와주는 조언자, 촉매자, 학생은 적극적이고 책임감 있는 학습의 주체자
		4. 개별적 학습환경: 개인과제, 개인활동, 개인의 성취 중시	4. 모든 지식과 과제는 실제적 상황을 전제로 전개, 다루는 과제는 실제 사회에서 대면하게 될 특성을 지닌 것 제시
		5. 지식의 암기와 축적	
설계와 분석		1. 누가: 수업설계자 / 교사	1. 학생 개개인 스스로
		2. 언제: 수업전	2. 수업 과정 중 지속적
		3. 어느 정도: 세분화, 순서화, 연계화	3. 전체적으로 학습목표만 설정
수업 평가		1. 누가: 수업설계자/교사	1. 학생본인, 동료학생, 교사
		2. 언제: 학습목표설정시 계획·수업 후 실시	2. 수업과정 중에 지속적으로 실시
		3. 객관적 평가	3. 다양한 형태(객관식, 주관식, 관찰, 포트폴리오, 프로젝트 등)

(3) 행동주의, 인지주의, 구성주의의 비교

구분	행동주의	인지주의	구성주의	
대표학자	Skinner 등	Bruner, Ausubel 등	인지적	사회적
			Piaget	Vygotsky
철학배경	객관주의	객관주의	구성주의	
패러다임 초점	교수(teaching/instruction)	교수-학습(instruction-learning)	학습(learning)	
학습자관	• 수동적 인간 • 환경적 자극에 반응 • 모든 사람이 똑같은 이해에 도달	• 적극적 인간 • 외형적 정보를 내재적으로 처리하여 인지구조를 변화시키는 적극적인 학습자관	• 적극적 인간 • 세계는 인간의 해석 • 우리가 경험하는 세계는 존재하나 그 의미는 인간에 의해 부여되는 주관적 내부 세계를 구성 • 구성된 실제 모습의 의미는 개인에 따라 다름	
학습의 생성	자극과 반응의 연결 및 강화	정보의 입수 조직, 저장 및 인출활동 강조	개인경험에 근거한 세계에 대한 새로운 의미 창조	
기억의 역할	• 기억의 중요성 간과 • 망각 방지를 위한 반복적 연습과 정기적인 복습 강조	• 세계의 객관적 재현 • 정보의 효과적인 조직 및 패키지화와 스키마 인출	• 세계의 주관적 구성 • 지속적으로 구성 중에 있는 잠정적 기억과 융통적 지식의 맥락화	
전이	일반화의 결과	정보의 유의미한 조직	학습과제의 맥락화	
효과적 학습형태	변별, 사실의 기억, 개념의 획득 및 일반화, 적용	문제해결, 정보처리, 추론	복잡하고 비구조화된 학습과제 및 문제영역	
교수-학습전략	반복연습, 피드백 제공, 외적 흥미요소 강조	학습자의 내적 사고전략 교수자의 부호화 전략, 정보처리전략	학습상황의 조성 및 상황적 맥락과 실제 과제 제공	
교수 설계	• 관찰 또는 측정가능한 행동목표의 강조 및 준거지향 평가관 • 학습자의 선수지식 및 출발점 행동 진단을 위한 학습자 분석 강조 • 수업내용의 계열성 • 강화를 통한 가시적 보상체제 활용 및 즉각적 피드백 강조	• 학습자의 적극적 참여 • 인지과제 분석기법 • 정보처리과정 촉진을 위한 정보의 구조화, 계열화 • 학습결과의 효과적 전이를 위한 학습환경창출	• 일반적 학습지침 제시 • 학습 상황 및 적용 상황의 분석 • 일반적 학습상황의 제시 및 학습과제의 맥락화 • 다양한 관점 제시 및 사회적 협상 강조 • 탈목표 평가관 및 학습자의 학습과정 평가	
교사역할	지식전달자	학습보조자, 학습촉진자, 코치		
교수방법	강의식	발견학습, 토의식수업, 유의미학습 등	문제중심, 인지도제, 상황학습 등	

(4) 구성주의에서의 교수자-학습자 활동 비교

가. 구성주의 학습환경에서 학습자의 주요 활동

탐구(Exploration)	목표를 세우고 자신의 수행을 관리하는 활동을 설명함.
의미의 명료화(articulation), 성찰(reflection)	수행과정에서 학습자가 자신의 활동을 명확히 이해하고, 이를 반추함으로써 수행을 발전시키는 것을 의미함.

나. 구성주의 학습환경의 정교화 방안 - 교수자의 주요 활동

모델링 (modeling)	학습자 수행을 지원하는 방안으로 모델링이 있다. 유형으로는 기대되는 수행을 외현적으로 보여주는 '행동 모델링'과 문제 해결과정의 내면적인 추론과정, 의사결정 과정을 설명해주는 '추론 명료화' 방법이 있다.
코칭 (coaching)	학습자 수행의 각 세부 단계는 코칭에 의해 구체적으로 향상될 수 있다. 좋은 코치는 학습자의 동기를 향상시키고, 학습자의 수행을 모니터하고 조절하며, 성찰을 야기하며 잘못된 정신적 모형을 수정할 수 있도록 적절한 질문을 던진다.
스캐폴딩 (scaffolding)	모델링이 전문가의 수행을 보여주는 것에 초점을 두고, 코칭이 학습의 수행을 조절하는 데 초점을 두고 있다면 스캐폴딩은 학습자가 수행하는 과제에 초점을 두고 있다. 이는 학습자가 자신의 능력이상의 학습과 수행을 할 수 있도록 임시적인 틀을 제공하는 것이다.

(5) 구성주의 교수-학습 모형

가. 인지적 도제모델(Cognitive Apprenticeship)

① 인지적 도제는 사회문화적 환경과의 상호작용 과정을 통해 지식이 구성되고 인지발달이 이루어진다는 비고츠키(Vygotsky)의 이론에 근거한 것이다.

② 전통적 의미의 도제원리를 통해 전문가의 수행의 성격을 밝히고, 그러한 수행을 적절히 학습할 수 있는 방법을 고안해 보려는 데서 비롯, 특정 사회집단의 전문가들이 지닌 지식과 사고과정을 학습하는 것이다.

③ 수업의 절차

단계	내용
모델링 (modeling)	전문가인 교사가 시범을 보이면 초보자인 학습자는 전문가의 과제수행의 과정을 살펴봄.
⇩	
코칭 (coaching)	학생들이 스스로 문제를 해결하도록 교사는 문제를 풀어 나가는 자신의 사고과정에 대해 단계 단계 자세히 설명함.
⇩	
교수적 도움 지원 (scaffolding)	교사는 학습자와 공동으로 과제를 수행하며 학습에 도움을 주는 디딤돌 역할을 함.

⇓	
교수지원중단 (fading)	학습자가 문제를 스스로 해결할 수 있도록 교수적 도움을 점차 줄여나감.
⇓	
명료화 (articulation)	학습자 스스로 자신이 구성한 지식과 수행 기능을 설명하도록 하며, 지식, 기능, 이해, 사고 등을 종합적으로 연계하게 함.
⇓	
반성적 사고 (reflection)	학습자는 자신이 수행하고 있는 문제해결과정을 전문가인 교사가 수행한 것과 비교하며 반성적으로 검토함.
⇓	
탐구 (exploration)	배운 것을 적용할 수 있는 새로운 방식을 탐구해 보도록 함.

나. 인지적 유연성 이론(Cognitive Flexibility)

① 지식을 단순화, 세분화, 일반화된 형태로 접근하려는 전통적 교수-학습법을 극복하기 위해 1990년에 Spiro에 의해 제시되었다.

② 지식은 단순한 일차원적 개념이 아니라 복잡하고 다원적 개념으로 형성되어 있으며 초보적 지식과 고차적 지식을 습득할 때 서로 다른 교수-학습전략을 적용해야 한다.

③ 고차적 지식은 비구조화 되어 있으므로 실제세계의 복잡성의 속성에 초점을 두고 다양한 사례적 특수성을 고려하여 이해해야 한다.

다. 상황학습이론(Situated Learning Theory)

① 상황학습이란, 실생활의 유용성을 반영하고 있는 상황 속에서 지식과 기능을 학습하도록 하는 것을 뜻한다.

② 실제 문제나 상황과 관련된 지식을 다룸으로써 이러한 지식을 새로운 상황에 적용, 활용하는 방법을 터득하여 새로운 아이디어를 얻게 된다.

③ 단편적인 지식을 기계적으로 암기하는 것이 아니라 다양한 구체적 사례들을 접하게 함으로써 지식의 전이를 촉진시키고, 실제적 문제해결력을 배양할 수 있다.

라. 정착학습(Anchored Learning)

① 상황학습과 밀접한 관련이 있고, 공학에 기초한 학습방법이라는 점에서 인지적 유연성이론과 비슷하며, 학생들이 문제를 해결해 나가는 데 있어 문제형성단계부터 문제해결, 평가에 이르기까지 전 과정을 학습자 주도로 이끌어 나가게 된다.

② 교수-학습활동은 이야기, 사례, 학생들의 관심사와 관련된 주제 또는 문제 등과 같은 정황을 중심으로 이루어진다.

③ 다양한 교수매체(비디오, 컴퓨터 등)를 활용하여 실제 문제상황을 학습자에게 제시한 다음, 이에 대한 대안을 학습자 스스로 조사하고 찾아보도록 유도하는 방식으로 진행된다. 학습자 주도로 과정을 이끌어 나가게 하며, 궁극적으로 사실적 지식을 습득하는 것에서 탈피하여 문제해결력 증진에 도움을 준다.

④ 수업의 절차

단계	내용
1. 탐구단원 설정하기	학생들의 필요와 흥미, 사전지식 정도 등을 고려하여 단원을 설정한다.
⇩	
2. 앵커 확인하기	탐구활동에 참여하는 모든 구성원들이 활동을 통해 배우게 될 핵심 내용을 설정하고, 이때 특별히 제작한 비디오나 풍부한 텍스트 자료들이 앵커로 활용될 수 있다.
⇩	
3. 앵커 제시하기	학습자들이 비디오를 시청하거나 텍스트 자료를 읽으며 내용을 탐색하고 학생들이 이미 아는 것, 알고 싶은 것, 배운 것 등을 정리하게 하여 학습하는 정보를 구조화시킨다.
⇩	
4. 앵커 토의하기	앵커를 시청하고 학습한 것을 교수자와 학습자가 함께 토의과정을 거쳐 서로 이해한 것을 공유하고 확인한다.
⇩	
5. 탐구할 문제 설정하기	학습자들은 소집단별로 앞서 학습하고 이해한 내용에 대한 기록정보를 검토하고 이를 토대로 탐구 문제를 설정한다.
⇩	
6. 탐구 집단 조직하기	학생들에 의해 설정된 문제들을 확인한 후, 본격적인 탐구 활동을 위해 집단을 편성하고, 역할을 분담한다.
⇩	
7. 탐구 수행하기	각 소집단별 본격적인 탐구를 수행한다. 이때 교사는 학습자들이 협력하여 과제를 수행하는 방법은 물론 자료수집방법, 정보를 확인하고 기록하는 방법, 보고서 작성 방법, 발표방법 등에 대한 부분도 안내를 해야 한다.
⇩	
8. 탐구 결과 발표하기	각 소집단별로 탐구 수행으로 나온 결과를 발표한다.

마. 문제중심학습(PBL: Problem Based Learning)

① 문제중심학습은 1960년대 의과대학에서 전통적인 교육방식의 문제점을 개선하고자 고안된 방법으로, 학습자가 현실에서 문제를 해결할 수 있는 능력을 배양하는 데 중점을 두고 있으며 학습자의 능동적 역할을 강조하는 교수방법으로 알려져 있다.

② 문제중심학습의 특징을 살펴보면, 첫째, 실제 상황과 관련한 사례를 중심으로 형성된 문제를 통한 수업을 진행하며, 학생들의 학습을 도모한다. 둘째, 학습자 중심의 자기주도적 학습으로 학생들의 학습목표를 도출하고, 새로운 정보를 습득하여 능동적 학습이 되도록 한다. 셋째, 실제하되 비구조화된 문제를 제시하여 단순한 지식 습득에서 벗어나 실제적 문제해결력을 향상시킬 수 있다. 넷째, 개별학습과 협동학습을 통해 반성적 사고활동을 강조한다. 다섯째, 이때 교수자는 지식전달자가 아닌 학습을 촉진하는 조력자, 학습 안내자 등의 역할을 하게 된다.

③ 문제중심학습에서 '문제(problem)'가 가장 중요한 역할을 하는데, 문제중심학습에서 '좋은 문제'란

첫째, 여러 가지 개념이나 원리를 적용할 수 있거나 다양한 해답이 존재하는 <u>비구조화된 문제,</u> 둘째, 여러 가지 개념이나 원리를 적용하거나 협동학습이 필요한 <u>복잡한 문제</u>, 셋째, 학습한 개념이나 원리를 적용하고, 현실에서 실제적으로 일어나거나 경험할 수 있는 <u>실제적인 문제,</u> 넷째, 학습자들이 경험했거나 경험할 수 있는 문제라고 느끼거나 최종 결과물을 분명하게 제시할 수 있는 <u>관련성 있는 문제</u> 등이 적합하다고 할 수 있다(최정임, 장경원, 2010)[1].

④ 수업의 절차

단계	내용
1. 문제 제기 단계	문제확인 및 해결방안 모색을 위한 첫 단계로, 특히 아이디어, 사실, 학습과제, 향후진행계획 등을 확인함.
⇓	
2. 문제 재확인 단계	1단계를 통해 수집하고 분석한 자료들을 바탕으로 문제해결을 위한 방안들을 모색하고 정리함.
⇓	
3. 발표 단계	앞선 과정을 통해 학습한 결과를 동료들에게 발표하고, 다른 학습자의 결과와 비교해 봄.
⇓	
4. 결론 단계	최종적으로 학습결과를 정리하고, 스스로 자신의 학습에 대해 평가해 봄.

바. 조나센(Jonnassen)의 구성주의 학습환경설계 모형

① '교수설계' 대신에 '<u>학습환경설계</u>'라는 용어를 사용하는 이유는 구성주의 이론에서는 전통적인 의미의 교수/수업 설계의 비중이 약화되고 <u>학습자 중심의 학습지원 환경의 설계가 보다 강조됨</u>을 알 수 있다.

② Jonassen(1999)은 구성주의 학습환경 설계에서 고려해야 할 요소로 문제/프로젝트, 관련사례, 정보자원, 인지구조, 대화/협력도구, 사회적/맥락적 지원 등 여섯 가지로 설명했다.

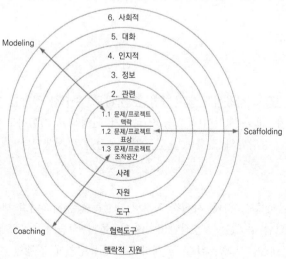

---

1 최정임, 장경원(2010), 「PBL로 수업하기」, 학지사.

문제/프로젝트	– 학습자가 해결해야 하는 문제, 질문, 주제, 프로젝트 등에 해당하는 것으로 가장 중요한 역할을 함. – 문제 혹은 질문은 학습자가 이미 학습한 내용을 확인하는 성격이 아니라 새로운 학습을 유발하는 성격을 지니고 있음. – 문제를 해결하는 과정에서 그 문제와 관련된 영역의 지식을 새로 학습하게 됨.
관련사례	– 학습자의 지적 모형이나 경험이 부족할 경우에 학습자를 도와줌. – 제공된 관련 사례를 통해 제시된 문제에 포함된 쟁점들을 보다 명확히 파악함.
정보자원	– 학습자가 문제를 규정하고 가설을 설정하기 위해 매우 중요한 기능을 함. – 문제해결에 있어 어떤 정보가 필요한지 결정하고 풍부한 정보 자원을 자료은행이나 자료실에 연결시켜 원할 때 즉시 볼 수 있도록 함. – 자료형태는 문서, 그래픽, 음성, 비디오, 동영상 등 멀티미디어로 제공됨. – 해당 정보자원들은 학습내용과 관련한 것으로 미리 평가, 조직되어 제공되어야 함.
인지적 도구	– 실제 문제를 해결해 가는 인지과정을 지원하고 촉진하는 역할을 함. – 특정한 종류의 인지과정의 학습을 촉진시키기 위한 컴퓨터 도구들로서 사고기술을 시각화하고, 조직하고, 자동화하고, 대체하는 데 사용되는 지적 장치들임.
대화/협력도구	– 학습자 상호 간에 이루어지는 학습활동을 지원하는 수단임. – 다양한 유형의 컴퓨터 매개 통신 수단을 통해 학습자들은 각자의 지식과 정보를 서로 교환하고 협동적인 활동을 수행하면서 지식을 구성해감.
사회적/맥락적 지원	– 구성주의 학습환경을 설계하고 성공적으로 실행하는 데 있어서 중요한 것은 맥락적인 요인을 고려하는 것임. – 참여 교사들에 대한 지원체제나 학생들에 대한 안내 체제 등이 해당됨.

출처: 김신자(2001). 구성주의 학습환경 설계모형 연구. 교과교육학연구, 5(2), 5 – 20.

III 교수방법

1. 강의법(Lecture)

(1) 특 징

강의법은 가장 보편적으로 사용하는 교육방법 중 하나로, 중요한 정보를 효율적으로 교사의 말을 통해 전달하는 방법이다. 보통 지식이나 기능을 교사가 선정하고 계획하고 학습자들에게 전달하고 이해시킨다. 일반적으로 강의법의 절차는 도입 – 전개 – 정리로 진행된다.

(2) 장단점

강의법의 장점부터 살펴보면, 첫째, 사실적 정보나 개념들을 논리적이고 객관적으로 명확하게 짧은 시간에 많은 내용을 전달할 수 있는 효율적인 방법이다. 둘째, 학습자의 수준을 고려하여 교사의 능력 범위 안에서 교과서의 내용을 보충, 첨가, 삭제하면서 융통성있게 진행할 수 있다. 셋째, 교수자의 설명력이 뛰어날 경우 짧은 시간에 학습자의 학습동기를 높이고 특별한 보조자료 없이도 생생하게 설명해 줄 수 있다. 넷째, 특별한 도구나 장소에 구애받지 않기 때문에 학습환경을 변경하는 것이 용이하다. 이에 반해 단점을 살펴보면, 첫째, 학습자의 개성과 능력은 무시되고 일방적인 지식 주입으로 학습자들의 수동적 태도를 유발할 수 있다. 둘째, 일방적인 지식 전달로 인해 학습자의 개별화, 사회화 등이 소홀해질 수 있다. 셋째, 말로만 전달되는 경우가 많기 때문에 학습자들의 동기를 지속시키기가 어렵다. 넷째, 사전에 철저한 계획, 준비가 없다면 교과서의 표면적인 내용을 읽고 끝날 수 있어 학습자의 내용이해도를 보장할 수 없다. 좀 더 나은 강의법을 적용하기 위해서는 무엇보다 사전에 꼼꼼히 계획하고 준비해야 하며, 학습자들의 동기유발을 위해 시청각 매체를 적절히 사용하는 것은 물론 일방적인 지식전달을 탈피하여 학습자 스스로 사고할 수 있도록 질문기법을 함께 활용하거나 능동적으로 참여할 수 있는 전략에 대한 고민이 필요하다고 할 수 있다.

(3) 강의법으로 수업을 진행할 때의 유의사항

① 오랜 시간 강의가 계속될 때는 미리 강의 개요를 제시함으로써 학습자가 강의 내용을 명확히 이해하도록 할 것
② 강의시간에는 도표, 도해 및 기타 시청각 교구를 함께 사용할 것
③ 학습자에게 문제를 제시하는 형식을 취해 강의할 것
④ 의문적, 기대적 태도를 가지도록 하여 진행할 것
⑤ 강의의 속도에 주의하고 생각할 여유를 가지게 할 것
⑥ 수시로 토의를 삽입하고 필요시 유머를 사용할 것
⑦ 학습자의 반응을 포착하면서 강의 내용이나 형식을 자연스럽게 전환시킬 것
⑧ 학생들이 질문할 수 있는 기회를 주고 요점을 요약해 주는 등 그들의 이해 정도를 살피면서 진행할 것

2. 토의법(Discussion)

(1) 특 징

흔히 토론(debate)과 토의(discussion)를 같은 의미로 사용하는 경우가 많은데 토론은 어떤 문제에 대하여 여러 사람이 각자의 의견을 내세워 그것의 정당함을 논하는 의미인 반면 토의는 어떤 문제나 현안에 대하여 함께 좀 더 다양하고 심도있게 검토하고 협의한다는 의미를 갖는다. 토의법은 여러 명의 학습자가 어떤 문제를 해결하거나 대안을 찾고자 할 때 참여하는 사람들이 각자의 의견을 서로 교환하면서 학습의 과정이 이루어지는 방법이다. 각자의 의견을 발표하고 타인의 의견을 경청하고 문제를 해결해 가는 과정에서 고차적 사고능력도 기를 수 있다.

(2) 토의법의 장단점

토의법의 장점부터 살펴보면, 첫째, 학생들을 서로에게 많은 것을 배울 수 있으며 집단의식과 공유능력을 향상시킬 수 있고, 사회적 기능 및 태도를 형성할 수 있다. 둘째, 다양한 의견을 함께 공유하고

교환하는 과정에서 자신의 의사를 논리적이고 정확하게 말로 전달해야 하므로 표현력을 길러줄 수 있다. 셋째, 일방적으로 지식을 습득하는 방식이 아니고 적극적으로 말하고, 적극적으로 경청하는 가운데 비판적 사고능력, 문제해결력 등을 기를 수 있다. 넷째, 문제에 대한 관심과 흥미를 고취시켜 학습들의 자발적 참여를 이끌어 낼 수 있다. 이에 반해 단점을 살펴보면, 첫째, 철저한 사전준비를 해도 예측하지 못한 상황이 발생할 수 있다. 둘째, 토의의 허용적 특성은 학습자의 이탈을 유발할 수 있다. 셋째, 정보 전달이 매우 늦고 생각보다 시간이 많이 소용된다. 넷째, 문제에 대해 관심이 있거나 사전지식이 없는 경우 형식적으로 진행될 수 있다. 다섯째, 소수의 의견이 무시되거나 경시되기 쉽다.

(3) 토의법의 유형

유형	내용
버즈토의 (Buzz)	• 6-6, 와글와글, 윙윙 토의법이라고도 함. • 여러 명의 학생들이 집단을 편성하여 서로의 의견을 교환하면서 학습해 나가는 방법이다. • 3~6명을 한 집단으로 하여 4~6분단(6.6기법)을 만들고 각 분단 1분씩 토의(총 6분)로 각 분단 1과제추출(6과제)후 공통과제 추출하는 절차를 거친다. • 학급집단 성원전체가 학습에 참여할 수 있다는 장점이 있다. • 학급 내 인간관계를 개선하고 학생의 기초학력을 향상시키기 위한 목적으로 고안되었다.
배심토의 (Panel)	• 소수의 선정된 배심원과 다수의 일반 청중으로 구성되어 있다. • 특정주제에 대해 상반된 견해를 대표하는 몇몇 사람들이 사회자의 진행에 따라 토의하는 형태이다. • 배심원은 토의될 주제에 대해 관심, 관련된 내용을 조사, 필요에 따라 전문적인 연구가 필요하다.
공개토의 (Forum)	• 1~2인의 전문가나 자원인사가 공개적인 연설을 한 후, 이를 중심으로 하여 청중과 질의 응답하는 방식이다. • 청중이 토의에 직접 참여하여 공식적으로 발표한 연설자에게 질의응답할 수 있다. • 사회자는 연설시간 조절, 청중의 질문유도, 적절한 발언통제 등을 한다.
단상토의 (symposium)	• 권위 있는 전문가 몇 명이 각기 다른 의견을 공식 발표한 후, 이를 중심으로 의장이나 사회자가 토의를 진행한다. • 토의에 참가하는 연사나 사회자, 청중 모두 토의의 주제에 대한 전문가로 구성되기 때문에 한 주제를 다양한 측면에서 깊이있게 다룰 수 있다.
원탁토의 (round table discussion)	• 가장 기본적인 형태로 어떤 형식에 구애받지 않고 참가자 전원이 원탁에 둘러앉아 상호 대등한 관계 속에서 정해진 주제에 대해 자유롭게 서로의 의견을 교환하는 좌담형식이다. • 참가인원은 5~10명이 적당하며, 참가자 모두가 발언할 수 있도록 기회를 적절히 제공해야 한다.
세미나 (seminar)	• 참가자 모두가 주제에 대해 권위있는 전문가나 연구가들로 구성된다. • 주제에 대한 공식적인 보고와 함께 참여자들의 의견을 전개하거나 질의응답을 통한 공개 토론의 행태로 이루어진다. • 참가자들에게 특정 주제에 대한 전문적인 연수나 훈련의 기회를 제공해 주는 데 목적이 있다. • 세미나 참여자 전원은 전문가로 구성되어 있기 때문에 전 구성원 간의 적극적이고 능동적인 참여가 가능하다. • 해당분야에 전문적 지식이 없는 일반인들은 세미나 내용을 이해하기 어렵다. • 참여자의 선정과 시간배분에 신경을 써야 한다.

3. 협동학습(Cooperative Learning)

(1) 특 징

협동학습은 학습능력이 각기 다른 학습자들이 동일한 학습과제나 학습목표를 달성하기 위해 소집단 내에서 함께 활동하는 학습방법을 뜻한다. 전통적인 소집단학습의 단점을 해결하고 학습자 간에 협력적인 상호작용을 촉진하기 위해 집단보상과 협동기술을 강조한다. 전통적인 소집단 학습과 협동학습의 특징을 비교하면 다음과 같다.

	전통적인 소집단	협동학습
구성원의 성격	동질적	이질적
긍정적인 의존성	없음	있음
개별책무성	없음	있음
리더	한 사람이 리더가 됨	공유
책임	자신에 대한 책임	서로에 대한 책임
사회적 기술	배우지 않음	직접 배움
소집단 활동	활발하지 못함	활발함
교사역할	집단의 기능에 무관심함	지속적 관찰과 개입

(2) 협동학습의 장단점

협동학습의 장점을 살펴보면, 첫째, 학습자들이 수업을 통해 긍정적인 자아개념을 가질 수 있고, 둘째, 개인학습과 집단학습을 함께 병행하며 시너지 효과를 낼 수 있어 교과에 대한 지식이 증대된다. 셋째, 부정적 체벌보다 긍정적 보상으로 학습의욕을 고취시킬 수 있다. 넷째, 문제해결 과정을 통해 의사소통 기술과 사회적 기술 능력을 배양할 수 있다. 이에 반해 단점을 살펴보면, 첫째, 각자의 역할이 분담되고 책임을 서로 공유하지만 일부의 무임승차자로 인해 구성원들 간에 갈등을 초래할 수 있고, 둘째, 특정 구성원이 개념을 잘못 이해하면 집단 내의 다른 구성원들도 오개념을 형성할 수 있다. 셋째, 학습내용이나 과제를 이해하지 못하거나 소홀히 하고 집단활동과정에만 집중할 우려가 있다.

(3) 협동학습 유형

유형	내용
Jigsaw 모형	① 1978년에 Aronson에 의해 개발된 교수방법 ② 학업성취보다 집단 구성원 간의 상호의존성과 협동성 등 정의적 측면의 발달을 강조한다. ③ 집단의 학생들이 교재를 분할하여 한 부분씩 깊이 있게 공부하여 동료들에게 가르쳐주는 것으로서, 과제 상호의존성에 기초하고 있다. ④ 진행방법 : 보통 5~6명의 이질적인 학생들로 구성된다. 나누어진 교재가 각 집단에 주어지며 학생들은 각 주제를 하나씩 맡는다. 그리고는 집단에서 나와 소주제별로 다른 집단 구성원들과 합류하여 전문가 집단에서 자신의 전문영역에 대해서 학습한다. 그후 자기 팀으로 돌아와 팀 동료들에게 전문가 집단에서 학습한 내용을 가르친다.

	JigsawⅡ 모형은 집단의 학생들이 교재를 분할하여 한 부분씩 깊이 있게 공부하여 동료들에게 가르쳐주는 것으로서, 과제상호의존성에 기초하고 있다는 점에서 일반적인 절차는 직소모형과 같다. 차이점은 전문가 집단에서 돌아와 학습한 후, 학생들은 개인별 퀴즈를 보며, 집단 구성원의 향상점수로 집단 점수가 계산되며 집단보상이 주어진다는 것이다. JigsawⅢ는 JigsawⅡ와 거의 같은 절차로 이루어지나, 퀴즈를 보기 전에 일정 시간 집단별 학습기회를 준다는 점에서 차이가 난다.
성취과제 분담모형 (STAD)	① Student Team-Achievement Divisions: STAD ② Slavin 등에 의하여 만들어진 학생 팀 학습 모형(Studnet Team Learning: STL) 중의 하나 ③ 기본적인 지식이나 정보의 완전학습을 하는 데 효과적이며, 절차가 간편하다. ④ 진행방법 : 이질적으로 집단을 구성하고, 교재의 내용에 대해서 교사가 수업을 제공하고, 교사의 수업이 끝나면, 집단별로 모든 집단구성원이 그 교재를 완벽하게 학습한다. 학습완료후, 개별적인 형성평가를 실시한다. 학습자의 형성평가점수는 자신의 과거점수와 비교하여 향상점수로 계산되고 이 향상점수가 집단점수로 환산된다. 마지막으로 정해진 기준에 따라 집단보상이 주어진다.
팀경쟁 학습 (TGT)	① TGT: Team Game Tournament ② DeVices와 Edward(1978)가 개발한 모형으로 STAD와 유사하다. ③ 기본 기능에 대한 이해력과 적응력을 가르치기 위하여 사용된다. ④ 진행방법 : 개인별 퀴즈를 실시하는 것이 아니라, 각 집단에서 능력이 서로 비슷한 구성원들이 모여 토너먼트 테이블에 앉아 게임방식을 적용하여 진행한다. 테이블에 앉은 학생들은 교사가 교실에서 제시하였던 학습내용에 대해서 게임을 하고 여기서 얻은 개인의 점수는 자기가 속한 팀의 점수로 합산된다. 토너먼트가 끝나면 교사는 가장 우수한 집단과 최고 득점자를 알리고 보상한다.
집단조사 (GI)	① GI: Group Investigation ② 1976년 Sharan에 의해 개발된 것으로, 학습할 과제의 선정에서부터 학습 계획, 집단의 조직, 집단 과제의 분담, 집단 보고에 이르기까지 학생들 스스로의 자발적 협동과 논의로 학습이 진행되는 개방적인 협동학습 모형이다. ③ 진행방법 : 학생들은 2~6명 정도의 소집단으로 나누고 전체에서 학습해야 할 과제를 집단 수에 맞추어 작은 단원으로 나눈다. 각 집단은 맡은 단원의 집단 보고를 하기 위하여 토의를 거쳐 각 개인의 작업이나 역할을 정한다. 각 집단별 조사학습 이후 전체 학급을 대상으로 보고하고, 교사와 학생은 각 집단의 전체 학급에 대한 기여도를 평가한다. 최종 학업 성취에 대한 평가는 개별적인 평가나 집단 평가를 한다.
Co-op Co-op 모형	① Kagan(1992)이 개발한 모형으로 한 학급에서 정한 전체 과제를 여러 모둠으로 구성된 학급 전체가 함께 해결하기 위해 모둠별로 협동하여 학습하는 형태이다. ② 진행방법 : 교사가 학급의 학습주제를 선택하여 학습자들에게 소개하면, 학습자들은 주제와 관련하여 브레인스토밍을 하는 과정을 통해 최종적으로 다룰 소주제를 선정한다. 자신이 원하는 소주제를 선택하고, 소주제를 중심으로 모둠을 편성하고 모둠 내의 토의를 통해 정교화된 형태로 소주제를 정한다. 정교화된 소주제를 다시 미니주제로 나누고 각자 하고 싶은 주제를 선택한다. 자신이 맡은 주제에 대해 개별학습을 하고 발표준비 및 조사, 발표를 한다. 모둠별로 전체 학습에서 발표할 보고서를 준비, 발표, 최종적 토의를 진행한다. 학업성취 평가는 개별로 진행하기도 하고, 모둠별 발표 평가를 하기도 한다.

함께 학습하기 (LT)	① LT: Learning Together ② Johnson과 Johnson(1975)에 의해 개발되었으며, 가장 널리 연구된 방법 중에 하나로, 협동학습의 특성과 개념을 이해하는 데에는 적당하나, 수업에 구체적으로 적용할 정도로 정교하지는 못하다. ③ 시험은 개별적으로 실시하나 성적은 소속된 집단의 평균점수를 받게 되므로 집단 내 다른 학생의 성취정도가 개인 성적에 영향을 미친다. 또한 과제, 보상, 평가를 모두 집단별로 부여하는 특징이 있다. ④ 진행방법 : 학습목표제시 – 의사결정 – 모니터링 및 개입 – 평가로 진행되고, 이 과정에서 교사가 학생들이 긍정적 상호의존성, 개별적 책무성을 높이고 집단 구성원 간 상호작용과 집단 과정들이 활발히 이루어질 수 있도록 지원하는 것이 중요하다.
각본 협동	① Scripted Cooperation ② 최근 스크립트(script)를 사용하여 집단구성원들의 역할과 활동을 미리 규정함으로써 협동학습의 효과를 높일 수 있다는 것이 입증되고 있다. ③ 협동학습에서 스크립트를 집단구성원들의 역할과 집단에 의해 사용되는 활동의 계열을 미리 어느 정도까지 자세하게 규정해 놓는다. 즉 활동의 계열과 그것들을 수행하는 사람이 교사에 의해 제공되는 스크립트에 의해 결정된다고 볼 수 있다.
팀보조 개별학습 (TAI)	① TAI: Team Assisted Individaulization ② 협동학습과 개별학습의 혼합모형이다. ③ 정해진 학습진도에 따라 이루어지는 대부분의 협동학습 모형과는 달리 학습자 각자의 학습 속도에 따라 학습을 진행해 나가는 개별화 학습방법을 적용한다. ④ 작업구조는 개별작업과 작업분담구조의 혼합구조이며, 보상구조 역시 개별 보상구조와 협동 보상구조의 혼합구조이다. ⑤ 진행방법 : 프로그램화된 학습자료를 이용하여 개별 진단검사를 실시한 후, 각자의 수준에 맞는 단원을 개별학습한다. 개별학습 이후 단원 평가 문제지를 풀고, 집단 구성원들은 두 명씩 짝을 지어 문제지를 상호교환하여 채점한다. 80% 이상의 점수를 받으면 그 단원의 최종적인 개별 시험을 보게 된다. 개별 시험 점수의 합이 각 집단의 점수가 되고 미리 설정해 놓은 집단 점수를 초과했을 때 집단은 보상을 받게 된다.

(4) 협동학습의 효과

협동학습을 통해 우리는 크게 네 가지 관점의 효과를 거둘 수 있다. 그것은 동기론, 사회응집이론, 인지론, 연습이론이다.

가. 동기론 관점

협동학습에서 목표구조와 보상효과에 중점을 두는 것으로, 협동적 목표구조에서 학생들의 개인적 목표달성은 집단목표의 달성에 의존되어 있으므로 개인은 동료들의 학습활동을 서로 도와줄 뿐만 아니라 동료와 학습활동 자체에 대해서도 긍정적 태도를 형성하게 되는 것이다. 동기론 관점에서 대표적인 협동학습 모형에는 성취과제 분담학습 모형(Student Teams – Achievement Divisions: STAD)과 토너먼트 게임 모형(Team – Games – Tournament: TGT)이 있다.

나. 사회응집이론 관점

동료를 도와주는 이유가 학습자들이 기본적으로 타인을 고려하는 태도를 갖고 있고, 타인의 성공을 진정으로 바라는 마음이 있기 때문에 이를 강조하는 측면이다. 협동학습을 잘 진행하기 위해 보통 사전 활동으로써 집단형성활동, 집단과정활동, 집단과정에 대한 평가활동을 하게 되고, 이 과정을 중요하게 다룬다. 더불어 집단형성을 강화하는 기술, 즉 아이디어와 정보의 공유, 소집단이 학습과제에 집중하는 방법, 다른 학습자의 공헌에 대한 칭찬과 격려, 소집단 구성원들끼리 학습과제에 대한 이해 여부를 점검하는 방법들에 대한 훈련을 받게 되면 협동학습을 좀 더 효율적으로 진행할 수 있고, 긍정적 교육효과를 기대할 수 있다. 사회응집성 관점에서 대표적인 학습모형으로는 직소(Jigsaw) 모형, 집단조사모형(Group Investigation: GI), 함께 학습하기 모형(Learning Together: LT) 등이 있다.

다. 인지론 관점

협동학습에서 학습자들은 타인과의 상호작용을 통해 지적 능력을 향상시킬 수 있고, 자신에게 주어진 정보나 개념을 그냥 인지하고 받아들이는 것이 아니라 다른 사람에게 설명하고 안내하게 되면 더 잘 이해하고 오래 기억한다는 측면에서 효과가 있다는 것이다. 즉 동료 간의 교수활동이 인지적 관점에서 긍정적인 역할을 한다는 것이다.

라. 연습이론 관점

협동학습이 다른 학습구조에 비해 학습대상을 연습하고 숙달할 수 있는 기회가 많이 주어지기 때문에 학습효과가 높다는 점에 주목하고 있으며, 효과적인 교수를 위한 일반적 모형의 절차로 교사의 직접적인 설명, 교사 지도하의 연습, 학생들의 과제에 대한 이해 정도를 확인하기 위한 피드백과 교정, 학생들의 개별적인 연습, 주간 또는 월간 복습 활동을 강조한다. 학생들은 일단 새로운 개념과 기능을 어느 정도 숙달하면 그들은 혼자 이러한 기능들을 연습할 수 있다. 개별적인 연습은 학생들에게 그들이 이전에 알고 있던 지식과 새로운 정보를 통합할 수 있는 기회를 주며, 그들이 배운 기능을 자동적으로 사용할 수 있게 해준다.

> 교수이론 논술예제 ❷ 1) B교사와 C교사가 적용한 협동학습의 유형을 밝히고, 2) 각각의 특징을 간단히 설명하고, 3) 협동학습이 갖는 교육적 효과를 세 가지 이상 논하시오.

---

4. 개별화 학습(Individualized Learning)

(1) 특 징

개별화 학습이란 학습자의 다양한 개인차를 인정하고, 이에 알맞은 효과적인 학습 방법을 교실 현장의 교수 및 학습에 적용하려는 일련의 계획된 활동이라고 할 수 있으며, 효과적인 수업이 이루어지기 위해서 교사는 학습자들의 개인차를 중시하고 그러한 개인차들이 개인의 유용한 자질이라는 사실을 수긍할 수 있어야 하며, 개인의 요구나 능력에 적절한 학습을 시킬 수 있는 방법을 아는 것이 중요하다. 따라서 교사의 관점에서 학습자 개개인에게 맞는 개별화 학습을 하기 위해선 그들의 개인차를 인정하는 데서부터 출발한다.

개별화 학습은 첫째, 학습자 개인은 서로 다른 학습 진도를 보이고, 둘째, 학습자 개인은 서로 다른 학습 흥미 및 학습 동기를 가지고 있다. 셋째, 학습자 개인은 서로 다른 학습 능력을 가지고 있다. 넷째, 학습자 개인은 서로 다른 사고력과 문제해결 접근을 가지고 있다는 전제를 하고 시작된다. 이와 같은 다양한 개인차를 학습의 과정에 어떻게 반영하는가에 따라 개별 학습자의 학습 성취도, 자신감, 만족감은 크게 달라질 수 있다. 그러므로 효과적인 개별화 수업을 위해서는 개인차의 본질적인 이해가 중요하다는 것이다. 기본 전통적인 수업과 개별화 학습을 비교해 보면 다음과 같이 정리할 수 있다.

	전통적 수업	개별화 수업
주체	교사 중심	학생 중심
제공자료	고정되어 있음	개인 및 과제에 따라 다양함
학습내용	일반적이고 고정적임	다양한 기회가 주어짐
학습시간	진도, 시간 모두 일정하게 진행	진도, 시간 모두 다양하게 진행
교사의 역할	집단적으로 일관된 수업을 진행함	개별적으로 학습진도 및 상황을 검토, 각자의 학습결손을 지도함

(2) 개별화 학습의 유형

유형	내용
세인트 루이스 안 (St. Louis Plan, 1886)	① 학습 결손에 의한 학습부진을 최소한으로 줄이기 위해 창안 ② 1년간의 학습을 10주 단위씩 4개로 만들고 각 10주 단원이 끝날 때 진급 여부를 결정
바타비아 안 (Batavia Plan)	① 다인수, 과밀학급에서 학습부진아를 감소시키기 위해 창안 ② 80명 이상의 학생을 한 학급에 수용하고 2명의 교사가 지도 ③ 1명의 교사는 보조교사로 학습부진아의 지도를 전담
산타 바바라 안 (Santa Babara Plan, 1889)	① 개인차에 알맞은 지도조직으로 능력별 학습편성법 ② 우수, 보통, 학습부진 집단의 3집단으로 분류하여 수업을 진행
위네트카 제도 (Winnetka System, 1913)	① 개별화 교수를 위한 교수체계 ② 모든 교과를 공통 기본과목과 집단적·창조적 활동으로 구분, 공통 기본 과목은 개별학생의 능력에 따라 자율학습을 하고, 집단적·창조적 활동에서는 자기표현활동으로 학급 전체의 협동적 방식으로 진행한다. ③ 교육의 개별화와 사회화를 시도한 것으로 무학년제에 영향을 주었다.
버크의 개별지도 (Individual System)	① 학습의 개별화를 위하여 실시한 교수체계 ② 학급단위 수업을 폐지하고, 학생의 능력에 맞은 진도에 따라 학습시키고 평가하여 진급하는 형태이다.
달톤 플랜 (Dalton Plan, 1919)	① 몬테소리의 영향을 받았으며, 주로 고등학교 상급학년에 적용되었다. ② 일제교수를 통해 일방적 지식전달을 지양하고 자유와 협동의 원리에 입각한 방식이다. ③ 종래의 교실수업을 없애고 교과별 실험실 설치, 교과 담당 교사가 배치, 지도하였다.
개별처방식 수업	① 스키너의 작동조건 형성 원리와 프로그램 학습법에 기초한 개별화 교수

(IPI: Individually Prescribed Instruction)	법이다. ② 전체 학습자에게 공통의 학습목표가 설정, 제시된다. ③ 진단검사를 실시하고, 학습자의 수준에 알맞은 자료들을 제공, 개별적으로 학습하게 한다. ④ 개별학습이 끝나면, 해당 단원에 대한 성취달성여부에 대한 평가받는데, 성공하면 다음 단원으로, 실패하면 재학습을 하게 된다.
적성처치 상호작용 (ATI: Aptitude Treatment Interaction)	① Cronbach & Snow ② 학습자의 적성과 교수방법 간에는 상호작용이 있음을 전제하고 있으며, 학습자의 적성과 교수방법 간 조화를 이루게 할 때 최적의 개별화 수업이 가능하다고 설명하고 있다. ③ 해석관점 (가) 성적 — 교수처치 A / 교수처치 B / 하 상 적성 (나) 성적 — 교수처치 A / 교수처치 B (교차) / 하 상 적성 (다) 성적 — 교수처치 A / 교수처치 B / 하 상 적성 ー (가): 두 개의 회귀선이 평행하고 있으며 적성과 교수방법 간에 상호작용이 나타나지 않음. 적성에 상관없이 교수처치A 방법이 더 효과적임. ー (나): 두 개의 회귀선이 교차하여 만나고 있으며 적성과 교수방법 간에 상호작용이 나타났음. 적응적 수업의 효과가 가장 크게 나타난 경우임. ー (다): 두 개의 회귀선의 기울기가 다르지만 적성범위 내에서 적성과 교수방법 간에 상호작용이 나타나지 않음. 적성에 상관없이 교수처치A 방법이 더 효과적임.
켈러 플랜 (Keller Plan)	① Personalized System of Instruction(PSI)로 불리며 미국의 대학에서 활용 ② 과제 수행시 자신의 흥미와 속도로 진행 ③ 필요에 따라 시간에 관계없이 목표기준에 도달할 때까지 반복 학습과 검사를 되풀이한다. ④ 교수나 학습진도가 앞선 학생들이 프로그램을 새로 시작한 학생이나 특수한 문제 학생들을 돕는다.
프로그램 학습	① Skinner의 조작적 조건형성 이론을 배경으로 한다. ② 주어진 학습목표에 도달하도록 하기 위해 자극과 반응관계를 이용해서 학습자의 경험을 계획적으로 계열화한다. ③ 기본 원리로 Small Step의 원리, 적극적 반응의 원리, 즉시 확인의 원리, 학습자 검증의 원리, 자기속도의 원리가 있다. ④ 자발성, 개인차 고려한 학습방법이다. ⑤ 학습자의 내적동기를 유발한다.

교수이론 논술예제 ❸ 1) P교사의 상황을 설명하는 모형은 무엇인지 정확히 적고, 2) 간단히 모형의 특징을 설명하고, 3) 학교현장에 개별화학습이 적용되어야 하는 이유를 세 가지 이상 논하시오.

1. 교수의 개념

- Gagné – "교수란, 학습자의 내적 능력과 적절히 상호작용을 하는 학습장면에 대한 외적 조건의 통제이다."
- Milse, Robinson – "교수란, 학생의 지적, 정의적, 기능적 목표를 달성할 수 있도록 촉진하기 위해 학습경험을 조정하는 과정이다."
- Corey – "교수란, 학습자가 특정한 조건하에서 특정한 행동을 하는 것을 배울 수 있도록 학습자의 환경을 계획적으로 조정하는 과정이다."

2. 교수모형

- 글레이져(Glaser)의 수업과정모형
- 한국교육개발원(KEDI) 수업과정모형
- 캐롤(Carroll)의 학교학습모형
- 블룸(Bloom)의 완전학습모형
- 가네(Gagné)의 교수모형
- 브루너(Bruner)의 발견식 수업모형
- 오수벨(Ausubel)의 설명식 교수이론
- 구성주의 교수–학습이론

3. 교수방법

- 강의법(Lecture)
- 토의법(Discussion)
- 협동학습(Cooperative Learning)
- 개별화 학습(Individualized Learning)

4. 기타 교수방법

(1) 문답법

- 강의법과 함께 오래 전부터 사용되어오던 학습형태로 질문과 대답에 의해 학습활동이 전개되는 형태
- 소크라테스의 산파법, 플라톤의 대화법과 같은 유형으로, 질문과 응답을 계속 진행하여 학습목표에 도달하게 하는 방법
- 수업의 도입단계에서 선수학습 상기에서부터 수업내용 정리단계에 이르기까지 다양하게 활용할 수 있으며, 발문을 통해 학습자의 주의를 집중시키거나 수업내용 중 핵심 내용을 좀 더 강조함으로써 학습효과를 높일 수 있음

(2) 구안법(프로젝트법)

- 학습자가 선정한 문제를 중심으로 진행, 학습에 대한 학습자의 책임 강조
- 주제, 문제, 쟁점 등에 대한 탐구활동과 표현활동을 하게 됨
- 학습자가 교사와 함께 계획하여 운영하며, 전개의 방향을 계속적으로 변화시켜 나가는 과정중심의 교육과정임

(3) 역할놀이

- 특정한 상황에서 타인의 역할을 경험해 봄으로써 자신과 타인을 이해하는 데 도움을 주고자 하는 극화된 놀이
- 상황 속의 인물이 하는 행동과정과 결과에 대해 생각하고 평가해 보고, 문제 상황에 대한 해결책을 제시해 봄으로써 수업목표를 달성하고자 하는 방법

(4) 게임

- 학습자에게 흥미로운 환경과 정해진 규칙에 따라 열심히 노력하면 목적을 달성할 수 있는 경쟁적이고 도전적인 요소를 제공하는 학습의 유형

- 수업환경이 흥미롭고, 새로우며, 공부가 아닌 놀이라는 느낌이 들어 학습자들이 이에 열중할 수 있도록 유도함
- 단점으로는 과열한 경쟁심을 불러일으킬 수 있고, 흥분과 재미에만 집중하여 본래의 목적인 학습을 하지 못하는 경우가 있음

(5) 시뮬레이션

- 학습자에게 실제와 유사한 상황을 제공하여 실제에서 있음직하지만 위험부담 없이 학습을 할 수 있는 환경을 의미함
- 시뮬레이션을 통해 학습자를 실제와 유사한 상황에 몰입시켜 그 상황에서 개념, 규칙, 원리를 스스로 발견할 수 있도록 하는 것이고, 이렇게 발견학습이 이루어지면 실생활에 적용하기 쉽다는 장점이 있음. ⑩ 비행훈련, 화학실험 등

(6) 마이크로티칭(microteaching)

- 교사훈련에 주로 사용되는 비디오 녹화방법으로, 예비교사가 10~15분 동안 소규모 학생 집단을 대상으로 연습한 수업이 비디오로 녹화되어, 즉시 피드백을 얻거나 실행한 수업의 여러 측면을 토론하기 위해 훈련생에게 보여진다. 그 후, 비디오 녹화내용을 보면서 좀 더 개선될 수 있는 부분을 심도있게 분석하고 평가해주는 방식이다. 실행분석을 위한 비디오 녹화 방법은 현재 교육분만 아니라 기술훈련분야 등에서도 활용되고 있다.

(7) 신문활용교육(NIE: Newspaper In Education)

- 신문의 기사나 사설, 칼럼 등의 자료를 학습에 활용하여 학습자의 사고력 및 창의력을 신장시키는 교육방법을 의미한다.
- 검증된 교육 효과로는 ① 종합적인 사고 및 학습능력 향상, ② 독해 및 쓰기능력 향상, ③ 논리성과 비판력 증진, ④ 창의력 증진, ⑤ 문제해결 및 의사결정 능력 배양, ⑥ 올바른 인성 함양, ⑦ 정보 및 자료의 검색·분석·종합·활용 능력제고 등을 들 수 있다.

(8) 자기주도학습(Self-Directed Learning)

- 개별학습자가 주도권을 갖고 학습의 일차적인 책임을 갖고 출발한다. 즉 자기주도학습이란 타인의 조력 여부와는 상관없이 학습자 스스로가 자신의 학습욕구를 진단하고, 학습목표를 설정하며, 학습에 필요한 인적·물적 자원을 확보하며, 적절한 학습전략을 선택·실행하며, 자신이 성취한 학습결과를 스스로 평가하는 과정이다.

주관식 기출 및 예상문제

문제 1 Bruner가 제시한 발견학습의 의미를 간단히 기술하고, 발견학습을 성공적으로 수행하기 위해 필요한 4대 구성요소의 개념을 설명하시오.

모범답안

Bruner가 제시한 발견학습에서 발견이란 대상간에 존재하는 유사점과 차이점을 찾아 관계를 짓는 것을 의미하는 것으로 발견학습이란 학습자에게 교과를 최종적인 형태로 제공하는 것이 아니라 최종형태를 학습자 스스로 조직하도록 하는 학습을 의미한다. Bruner는 교수이론의 형성을 위해 학습의 경향성, 학습의 계열화, 강화, 지식의 구조화라는 네 가지 구성요소를 제시했는데 각 요소의 개념을 설명하면 다음과 같다.

첫째, 학습경향성이다. 학습경향성은 학습하고자 하는 의욕 또는 경향으로 학습준비도, 출발점행동과 유사한 개념이다. 교사와 학생간의 관계가 학습경향성에 영향을 주기도 하고, 여러 가지 관점에서 무엇을 탐색하는 것이 중요한 만큼 학습경향성의 요소가 기본이 되어야 한다.

둘째, 학습의 계열화이다. 발견학습이 학습자 중심의 활동으로 진행되기는 하지만 학습이 진행되는 과정에서 교사의 도움이 필요하다. 교사는 학생들이 학습내용을 이해, 변형, 전이하는데 도움이 될 수 있도록 학습과제를 조직, 제시해 주어야 하며, 학습계열은 활동적, 영상적, 상징적 표현의 순서를 따르는 것이 좋다. 즉, 추상적인 원리나 규칙 등을 바로 알려주는 것이 아니라 중간 중간 활동의 필요성이나 활동과 학습내용이 연계될 수 있도록 먼저 학습자들에게 직접 활동을 해보도록 유도하고, 좀 더 나아가 활동에 연계하여 그래프, 도표, 그림 등을 그려보게 하고, 마지막으로 추상적인 개념이나 원리, 규칙 등을 기호, 공식 등의 상징적인 형태로 드러나도록 유도하는 방식이다.

셋째, 강화이다. 발견학습을 통해 학습하는 내용은 단순한 내용을 암기하거나 기억하는 것이 목적이 아니라 어떤 대상의 유사점, 차이점 또는 원리나 규칙 등을 학습자가 스스로 찾아보게 하는 것이라 과정 속에서 어려움을 겪을 수 있다. 이때 학습자 스스로 호기심을 가지고 있거나 긍정적 자아개념, 성취감을 가지고 있다면 내적 강화가 될 것이고, 교사가 외적으로 상을 주거나 칭찬을 해주면 외적 강화를 통한 좀 더 학습하고자 하는 의지, 동기 등을 갖게 될 것이다. 강화가 교정적 정보로서 활용되는 가장 직접적인 경로는 학생 스스로가 자기학습의 결과를 확인하고 거기서 만족을 느끼는 것이다.

넷째, 지식의 구조화이다. 일종의 분류체계로 특정학문 분야에 포함되어 있는 사실, 개념, 명제, 원리, 법칙을 분류하여 체계화한 것으로, 지식구조의 세 가지 특징은 표현방식(mode of representation), 경제성(economy), 생성력(power)이며, 잘 구조화된 지식의 구조는 올바른 방식으로 표현되고 경제성과 생성력이 있도록 잘 조직된 지식이라 할 수 있다. 무엇보다 교과의 특징을 고려하여 각 교과마다 독특한 탐구 방식을 적용해야 좀 더 의미있는 지식의 체계를 갖출 수 있을 것이다.

문제 2 다음 A, B, C 교사의 대화를 잘 읽고 물음에 답하시오.

> B교사와 C교사가 적용한 협동학습의 유형을 밝히고, 2) 각각의 특징을 간단히 설명하고, 3) 협동학습이
> 갖는 교육적 효과를 세 가지 이상 논하시오.

> A교사: 학습자 중심 수업을 강조하다 보니 협동학습을 할 때가 많은데요... 준비할 것도 많고, 예상치
> 못했던 상황도 발생하고, 효과적으로 점수 주는 것도 쉽지 않고... 효과적으로 적용하는 방법이
> 없을까요?
>
> B교사: 네. 저도 늘 겪는 어려움이에요. 협동학습을 하다 보면 무임승차하는 학생들도 많고, 학생들을
> 독려시키는 것도 싫고..저는 이번에 이질적으로 모둠을 구성했고, 같은 모둠이라고 모두 같
> 은 점수를 주는 게 아니라 집단 보상 시에 개인의 성취결과 향상 정도를 집단 점수에 반영하여
> 모든 학생들이 책무성을 갖도록 하고 있어요.
>
> C교사: 그것도 좋고...저는 학생들이 협동학습을 하면서 무엇을 어떻게 해야 할지 몰라서 시간 낭비하거
> 나 의미없는 결과물을 만들어 낼 때가 있었어요. 그래서 이번엔 주제, 형식과 절차 및 구성원
> 각자마다 역할을 정해주었더니 흥미를 갖고 좀 더 적극적으로 참여하더라구요.

모범답안

협동학습이란 전통적인 소집단 학습과 개별학습에서 발생하는 단점을 보완하고, 협력적인 상호작용을 촉진하기 위해 집단 보상과 협동기술을 추가한 학습방법으로, 주어진 학습과제나 학습목표를 소집단으로 구성된 구성원들이 공동으로 노력하여 그 목표에 도달하는 방법이다. 위 지문의 상황은 협동학습을 적용하며 어려움을 겪고 있는 A교사에게 B, C교사는 협동학습의 효과적인 적용을 위한 방법에 대해 대화하는 중이다.

B교사의 경우는 성취과제분담모형(STAD)의 방법을 적용한 것이고, C교사의 경우는 직소(Jigsaw) II 모형을 적용한 것이다. 각 특징을 설명하면, 성취과제분담모형(STAD)은 Slavin이 발전시킨 모형으로 4~5명으로 학습팀 조직, 학습능력의 상·중·하의 이질집단으로 구성된다. 이렇게 구성된 각 팀은 집단과 같이 공부하고 학습내용을 완전히 이해할 때까지 학습은 계속되며 매주 두 번의 쪽지 시험을 치른다. 개별시험이 치러지고 각자가 얻은 점수를 받지만 자신이 이전까지 받아 온 평균점수를 초과한 만큼 기준에 따라 팀 점수에 기여한다. 즉 개인점수와 이전 평균점수 초과한 점수(팀점수에 기여)를 합하여 평가하게 되는 방식이다. 한편 직소(Jigsaw) II 모형은 학생들을 5~6개의 소집단으로 나누고 학습할 단원을 집단 구성원의 수에 맞도록 쪼개어 한 부분씩 할당한다. 각 집단에서 같은 부분을 맡은 학생들이 따로 모여 전문가 집단을 형성하여 토의하고 학습한다. 다시 원리 조로 복귀하여 학습한 내용을 구성원들에게 가르친다. 단원 학습이 끝난 후 학생들은 개별 시험을 보고 개인의 성적대로 점수를 받는다. 모형 I은 개별보상인 반면 모형 II는 집단 보상이 추가된 형태이다.

이렇듯, 학습자 간의 상호작용을 통해 문제에 대한 해결책을 찾아나가는 것을 배우게 되는 협동학습을 통해 학생들은 첫째, 동기론적 관점에서 동료 간 학습활동을 서로 도와주며 조별목표를 달성함으로써 학습동기를 높여 학습활동 자체에 대한 긍정적 태도를 형성하게 해준다. 둘째, 사회적 관점에서 협동의 이유가 자기보상을 위해서가 아니라 타인의 성공을 진정으로 바라기 때문에 남을 배려하고 부족하지만 함께 해결책을 찾고자 하는 태도를 갖게 해준다. 셋째, 인지론적 관점에서 또래친구들

과 상호작용을 통해 상호자극을 하기 때문에 서로 인지발달에 긍정적인 영향을 미치며 학습한 정보 자료를 인지적으로 재조직하거나 정교화하여 자기 것으로 수용하면서 자기인지를 좀 더 강화시킬 수 있는 효과를 가져올 수 있다.

협동학습을 적용할 때는 단편적인 장점만을 고려하거나 한 가지 유형만 고집할 것이 아니라 학습 대상, 학습내용, 학습환경, 진행절차 등을 꼼꼼히 분석하고 다양한 유형을 적용해 보고 변형함으로써 내 수업에 가장 적합한 협동학습 모형을 구축할 수 있고 효과적으로 운영함으로써 긍정적인 학습효 과를 기대할 수 있을 것이다.

문제 3 다음 P교사의 상황을 잘 읽고 물음에 답하시오.

P교사의 상황을 설명하는 모형은 무엇인지 정확히 적고, 2) 간단히 모형의 특징을 설명하고, 3) 학교 현장에 개별화 학습이 적용되어야 하는 이유를 세가지 이상 논하시오.

> 지난 해 소집단 토의식 수업을 적용해 보았더니 학생들의 학습 참여도와 학업 성취도가 설명식 수업에 비해 크게 향상되어, 소집단 토의식 수업이 설명식 수업보다 효과적임을 확신하게 되었다. 이 경험을 바탕으로 새로운 학교로 전근을 와서도 소집단 토론을 중심으로 수업을 진행하였다. 그러나 지난 해와는 달리 학생들의 학습 참여도와 학업 성취도가 설명식 수업을 실시하고 있는 다른 반 학생들보다 오히려 떨어지는 결과를 초래하였다. 그래서 다시 설명식 수업 방법으로 전환하게 되었다.

모범답안

P교사의 상황을 설명하는 모형은 적성－처치 상호작용에 관한 내용이다. 적성－처치 상호작용은 학습능력의 유형에 따라 지도방법에 대한 학생의 반응양식이 다르게 나타나는 현상을 고려해서 학습 지도를 해야 한다는 입장이다. 적성은 학습자가 가지고 있는 학습 잠재력 또는 개인적 특성으로 지능, 사전지식, 성격, 인지양식, 자아개념 등을 의미하고, 처치는 교사에 의해서 학습자에게 제공되 는 교수방법을 총칭하는 것으로, 교사가 강의, 토론, 질문, 제시 등과 같이 수업시에 학습자에게 하는 지원 정도를 뜻한다. 마지막으로 상호작용은 적성의 차이가 교수방법의 차이에 의해 다른 성취 를 예견할 수 있을 때, 적성과 처치 사이에서 나타나는 것으로, 교수방법들은 학습자의 개인적 차이 에 근거하여 학습을 촉진하기도 하고 방해하기도 한다. 따라서 이들의 관계는 학습자의 적성에서 비롯되는 개인차의 수준에 따라 교수처치가 달라지고, 적성과 교수방법은 상호작용하는 것이다.

이 같은 적성－처치 상호작용은 개별화 학습의 한 유형이다. 개별화 학습이란, 학생 개개인의 학습 요구에 맞고 개인의 능력에 따른 개별적 학습을 실시하여 적절하고 타당한 수업방법 및 절차, 자료의 선택, 평가 등을 변별적으로 실천하는 수업이라 할 수 있다. 즉 학습자들의 최종 목표는 동일하게 하되 그 목표에 도달하는 과정과 방법은 각자의 능력과 특성에 맞게 선택하여 적용하는 것이다.

학교현장에 개별화 학습이 필요한 이유는 첫째, 인간의 존엄성과 함께 개인의 독자성을 존중하여 높은 교양을 갖춘 민주시민의 자질뿐 아니라 다양한 전문적 능력을 길러줄 수 있는 교육이 필요하기 때문이다. 둘째, 모든 학생들이 각각 다른 특성과 과목마다의 다른 학습 속도를 보이고 능력과 경험이 다르기 때문에 획일적인 교수학습방법에서 탈피하여 개인차를 고려한 방법이 반드시 필요하기 때문이다. 셋째, 효과적인 개별화 수업이라고 해서 반드시 모든 학습자가 개별적으로 학습해야 함을 의미하는 것은 아니다. 개별화 학습의 기본관점은 학습자의 특성에 맞는 학습경험을 적절히 제공해 준다는 것이다. 이를 통해 가장 적절한 학습 경험을 제공해 줄 수 있다는 점에서 학습자는 자기주도적으로 학습을 할 수 있으며 학습하는 과정에서 인지적 측면뿐만 아니라 자신감과 성취감 등 정의적 측면까지 긍정적 학습효과를 기대할 수 있기 때문이다.

사람은 태어날 때부터 저마다 다른 성장배경과 개인적 특성을 타고났고 자라면서도 적성, 흥미, 인성, 태도, 신체적인 면에서 각기 다른 특성을 가지게 된다. 다양한 개인차를 무시하고 모두에게 획일적인 학습과제와 학습량, 학습방법을 부여하는 기존의 수업방식에서 탈피하여 개별화 학습을 통해 개인의 잠재력과 개성을 최대한 신장시켜 줄 수 있어야 하겠다.

C·H·A·P·T·E·R

08 교육공학

▶ 교육학 논술 길라잡이

✓ 교육공학의 개념과 영역에 대한 개요를 이해하고 교수설계의 중요성을 파악한다.

✓ 교육공학 분야의 핵심인 교수설계모형의 개념과 절차(분석-설계-개발-실행-평가)를 살펴보고 체계적이고 체제적 접근을 통한 수업설계 방법을 탐색한다.

✓ 교육매체를 포함한 정보통신기술을 활용한 교육방법, 컴퓨터와 멀티미디어 활용, 웹기반 교육 등의 장단점을 정리해 보고, 최근 동향을 살펴본다.

▶ 한 눈에 보는 핵심요점

중점 주제	개요 및 학습주안점	세부학습 포인트	다른 교육학 이론과의 연관성
1. 교육공학의 기초	교육공학의 개념과 영역 등을 살펴본다.	교육공학의 개념, 특성, 영역	–
★★ 2. 교수설계	**교수설계의 중요성을 알고, 교수설계모형의 유형과 각 유형별 특징을 파악한다.**	**ADDIE 모형**, 딕과 캐리의 체제적 교수설계모형, **켈러의 ARCS 모형**, 라이겔루스의 정교화 이론, 메릴의 내용요소제시이론	교수이론의 가네 모형
★ 3. 교수매체	교수매체의 개념을 살펴보고, 수업 현장에 기여하는 바를 파악한다.	교수매체의 개념, 특성, **수업기여도, ASSURE모형**	교수이론의 가네 모형, 구성주의 학습
4. 컴퓨터와 멀티미디어 활용	컴퓨터와 멀티미디어가 교육에 활용되는 유형과 중요성을 파악한다.	CAI, CMI, CMC, CAT, CAI 유형, 멀티미디어, ICT활용교육	교수이론의 개별화학습
5. 원격교육과 이러닝	웹을 활용한 교육의 유형과 방식을 살펴보고 그 중요성을 살펴본다.	원격교육, 이러닝, 웹기반 교육, 최근 동향	–

1. 교육공학의 개념

교육공학은 교육의 전 영역에 걸쳐서 발생할 수 있는 교수－학습과정의 문제점을 과학적이고 체계적으로 해결하려는 통합적이고 체제적인 과정으로 정의된다. 구체적으로 교육공학은 교육의 목적을 달성하기 위하여 교수－학습의 전 과정을 계획·실행·평가하기 위하여 체제이론, 커뮤니케이션, 학습, 교수－학습 분야에서 이루어진 연구결과에 기초하여 자원을 체계적으로 활용하는 과정이다.

교육공학이 역사적으로 발달되어 온 과정을 보면, 초기에는 매체의 효과적인 개발과 활용에 초점을 두었다. 그래서 청각 교육이나 매체중심의 통신교육을 강조하였다. 그러나 60－70년대부터 '체제(system)'의 개념을 받아들이면서 발전하였고, 1990년대 이후 교육공학(교수공학)은 '학습을 위한 과정과 자원의 설계, 개발, 활용, 관리 및 평가에 관한 이론과 실제'로 정의되고 있다. 일반적으로 교육공학이라고 하면, 컴퓨터와 같은 매체를 교육적으로 어떻게 활용할 것인가에 대한 학문으로 이해하는 경우가 많으나, 이것은 교육공학을 협의적인 개념으로 이해하고 있는 것이다. 광의적으로 보면, 교육매체 뿐만 아니라 교수－학습과정에서 발생할 수 있는 제반문제에 과학적인 접근이라고 보아야 한다.

미국교육공학회 AECT(1977)	모든 인간학습에 포함된 문제를 분석하고, 그 해결책을 고안, 실행하고 평가, 관리하기 위해 사람, 절차, 아이디어, 기계 및 조직을 포함하는 복합적이며 통합적인 과정이다.
미국교육공학회 AECT(1994)	학습을 위한 과정과 자원의 설계, 개발, 활용, 관리 및 평가에 관한 이론과 실제다(Seels & Rickey, 1994).
미국교육공학회 AECT(2008)	적절한 공학적 과정 및 자원을 창출, 활용, 관리함으로써 학습을 촉진하고 수행을 개선하는 연구와 윤리적 실천이다.

2. 교육공학의 특성

교육공학은 교육을 효과적, 효율적, 매력적으로 하기 위한 연구의 영역이라 할 수 있다. 실제 교육공학은 좁게는 한 시간의 수업을 어떻게 효과적이고 효율적이며 매력적이고 안전하게 할 것인가에 대한 과학적이며 실천적인 수준의 문제해결에서부터 크게는 각종 교육기관의 교육목표를 효율적, 효과적, 매력적이고, 안전하게 달성하기 위한 제반문제를 탐구하고 해결책을 제시하는 것까지를 포함한다. 공학은 단편적인 과학적 원리를 단순히 적용하는 것이 아니라 체계적(systematic), 체제적(systemic)으로 적용하는 것이다.

- 체계적: 교수와 학습문제를 해결하기 위해 선형적인 단계를 밟아 나가는 것
- 체제적: 수업환경에서 모든 요소들이 서로 영향을 주고받는 복잡한 과정을 고려하여 교수와 학습의 문제를 해결하는 것

교육공학(Educational Technology)은 교수공학(Instructional Technology)과 동의어로 쓰이기 때문에 교육공학을 'Instructional Technology'로도 표기한다. 교육공학과 교수공학을 구분하여 정의하는 학자도 있지만, 그 구분은 큰 의미가 없다.

3. 교육공학의 영역: 미국교육공학회 AECT(1994)

교육공학의 영역은 크게 설계, 개발, 활용, 관리, 평가의 5단계로 나뉜다. 이들 다섯 영역의 관계는 선형적이라기보다는 서로 보완적이며 상호의존적 관계이다. 교육공학이란 학습에 영향을 주고 이를 완성하기 위한 것이며, 학습에 대한 목표를 얻기 위해 이루어지는 일련의 작업과 활동 그리고 학습을 지원하는 지원체제를 이용하는 것으로, 설계, 개발, 활용, 관리, 평가의 영역들을 이용하여 이론뿐만이 아닌 실제적인 분야에 활용하는 것이다.

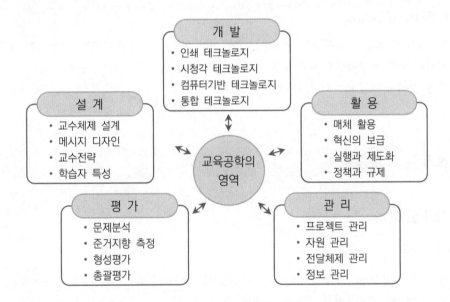

(1) 설계(design)

설계란 학습에 관한 조건들을 구체화하는 과정이라고 할 수 있다. 최적의 교수방법이 무엇인지 결정하는 과정으로 교수계획표(교수명세서)를 작성하는 것이다. 건축의 경우 청사진 제작과 유사하여, 이 설계는 교육공학을 학문으로 정착시킨 원동력이 되었다.

(2) 개발(development)

개발이란 설계에서 구체화한 내용을 물리적으로 완성하는 것(교수-학습자료와 매체 개발하는 것으로, 건축으로 보면 청사진을 바탕으로 직접 집을 짓는 것)을 말한다. 개발은 시청각 매체 제작과 관련이 있는데 단순히 매체를 제작한다는 것 이외에 내용이 중심이 되는 교육적 메시지를 담고 있어야 하고, 이론에 기반한 교수전략이 포함되어 있어야 하며, 하드웨어, 소프트웨어, 교수자료 등 테크놀로지의 물리적 실재가 있어야 한다.

(3) 활용(utilization)

활용은 학습을 위해 과정(processes)과 자원을 사용하는 행위이다. 활용은 곧 학습자와 학습 자료 및 활동들을 연결시키고, 학습자를 이에 맞게 준비시키며, 수업활동 중의 학습자를 이끌며, 조직 내에서 이런 행위가 지속될 수 있도록 체계화하는 일을 포함한다.

(4) 관리(management)

관리란 계획(기획), 조직, 조정, 감독 등을 통해 교육공학을 통제하는 것(교수공학 과정과 결과를 운영하고 조정하는 것)을 말한다. 관리는 성공적인 교수처치를 위해 거시적인 측면의 변화가 요청된다.

(5) 평가(evaluation)

평가는 교수와 학습의 적절성을 결정하는 과정이다. 평가연구는 프로젝트, 프로그램 제품의 개선, 확장, 중단에 따른 의사결정을 하기 위한 자료를 얻는 것을 목적으로 한다. 평가는 확고한 가치판단을 하기 위한 것이다.

Ⅱ 체제적 교수설계

1. 교수설계(ID)

(1) 개 념

① 교수 체제 설계(Instructional Systems Design)는 교수−학습과정을 체제로 인식하고, 효과적이고 효율적인 학습환경을 설계하기 위한 것
   * 교육체제(학생, 교사, 교육, 내용, 환경)
② 광의의 수준에서의 교수 체제 설계: 교수−학습 활동이 보다 효과적이고 효율적으로 이루어질 수 있도록 교육프로그램 혹은 교수체제를 분석 및 설계, 개발, 활용, 관리, 평가하는 것
③ 협의의 수준에서의 교수 체제 설계: 특히, 개발활동에 초점을 둔 것으로 교수자료, 강의 노트, 교수 계획들이 교수−학습을 위해 활용될 수 있을 만큼 실물화의 형태로 구현되는 것

(2) 체제적 교수설계

① 체제(system): 체제는 일련의 상호관련된 요소들로 구성되는데 각 요소들은 목표 성취를 위하여 상호작용하면서 기여한다.

② 체제접근(system approach)
- 설정된 교수목표를 성취할 수 있도록 과제성취에 관련된 요소, 단계, 활동들이 전체의 체제에 미치는 효과 및 영향을 고려하여 문제해결기법을 활용하는 일련의 작업과정임.
- 수업에 도입되는 체제적 접근은 학습목표를 가장 효과적으로 달성해 갈 수 있도록 교수체제의 모든 구성요소를 기능적으로 조직하는 절차 및 과정임.
- 체제를 구성하고 있는 각 요소들의 기능을 독립적으로 최대한 발휘하도록 하면서 동시에 각 기능이 상호보완적 관계에 놓이도록 하여 전체적으로 기능의 극대화를 이루도록 함.
③ 교수설계의 체제적 접근의 필요성
- 교수목표를 구체화함으로써 교수–학습 상황에서 간과하기 쉬운 관련 변인들을 효과적으로 통제, 조정해 줄 수 있어서 교수–학습 효과를 극대화시킴.
- 교수목표 및 학습내용의 분석을 통해서 효과적인 교수–학습 전략을 구안해 낼 수 있게 되고, 그 결과로 수업진행의 효율성을 향상시킬 수 있음.
- 교수–학습 관련 변인들을 효과적으로 작용할 수 있도록 수정·보완할 수 있는 기회를 제공함.
- 교수–학습상황은 관련변인들이 다양하게 상호작용하는 환경이기 때문에 교수–학습력 증진에 도움이 되지 않는 변인들을 개선시켜 줌으로써 교수–학습의 매력성을 향상시켜줌.

2. 교수설계모형

(1) ADDIE 모형

가. 실제 교수체제 설계를 위해 쓰이는 가장 기본적인 모형
나. 요구에 입각하여 투입의 최소화와 성과의 최대화를 모색하는 절차적 모형

◆ ADDIE 모형에 의한 교수설계 절차 ◆

① __분석(Analysis)__: 교수내용에 관한 정보를 제공해 주기 위해 가르쳐야 할 모든 종류의 지식이나 기능을 분석하는 과정 – 가네의 분석: 언어정보, 지적기능, 인지전략, 태도, 운동기능 – 군집, 위계, 절차, 통합분석, 교수개발의 일정 수립
② __설계(Design)__: 효과적이고 효율적인 교육훈련 프로그램을 개발하기 위하여 분석 과정에서 나온 산출물을 창조적으로 종합하는 일. 이 단계에서는 수행 목표의 명세화, 평가 도구의 개발, 계열화, 교수전략과 매체의 선정을 통하여 교육 훈련의 전체 모습, 즉 청사진 또는 설계 명세서를 만들어 냄.

③ 개발(Development): 분석과 설계 단계에서 만들어진 청사진에 따라 수업에 사용될 교수자료를 실제로 개발하고 제작 및 수정함.

④ 실행(Implementation): 설계되고 개발된 교육 프로그램을 실제 현장에 사용하고, 이를 교육 과정에 반영하며 계속 유지, 관리하는 활동임.

⑤ 평가(Evaluation): 가치나 유용성을 평가함. 평가방법은 주로 준거지향 검사, 학생 설문지, 학생 면접 등을 이용하여 교수설계 과정의 효율성을 평가하고 교수 내용이 효과적으로 전달되었는가를 평가함.

(2) 딕(W. Dick)과 캐리(L. Carey)의 체제적 교수설계모형

가. 특징

Dick & Carey의 교수체제설계 모형은 체제 접근에 입각하여 교수설계, 교수 개발, 교수 실행, 교수 평가의 과정을 제시하는 대표적인 모형이다.

나. 구성요소 설명

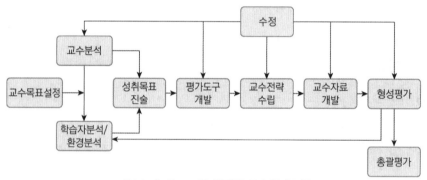

◆ Dick & Carey의 체제적 교수설계모형 ◆

① 교수목표는 학습자가 학습 완결 후 결과로서 무엇을 기대할 수 있는가는 결정하는 과정이다. 최종 교수 목표는 교과의 학습 목표나 또는 요구분석의 결과 등으로부터 추출된다.

② 교수분석은 교수 목표가 정해진 뒤에 그 목표가 어떤 유형의 학습인가를 결정하는 과정이며 그 목표를 성공적으로 학습하기 위해서 학습자가 학습해야 하는 하위 기능을 분석하는 것이다.

• 유형별 교수분석 방법

- 교수분석은 학습자가 할 수 있으리라고 기대되는 것이 무엇인지를 결정하는 목표 분석(goal analysis)과 그 목표에 도달하기 위해서 학습해야 할 하위 기능 분석(subordinate skills analysis)을 포괄하는 개념이다.

- 교수분석의 단계는 그 목표가 어떤 학습 영역에 속하는지를 분류하는 것이다. 그 목표는 지적 기능(intellectual skills), 언어적 정보(verbal information), 인지적 전략(cognitive strategy), 운동 기능(psychomotor skills), 태도(attitudes) 중 하나이다.

첫째, <u>지적기능</u>은 학습자가 하나의 문제를 해결할 수 있어야 하고 생소한 정보나 예를 가지고 하나의 활동을 할 수 있는 인지적 활동을 요구하는 기능이다. 여기에는 두 가지 사물이 같은지 다른지를 구분할 수 있는 기능이자 가장 하위 기능인 변별(discriminations), 이름이나 특징에 따라 사물을 분류할 수 있는 기능인 개념(concepts), 여러 개념들이 모여 이루어진 원리 (principles)나 규칙(rules), 이를 적용하는 문제 해결(problem solving) 등 네 가지 기능이 위계 적으로 존재한다.

둘째, <u>언어정보</u>는 특정 자극에 대해 회상하는 것으로 정의 혹은 기술할 수 있는 목표이다.

셋째, 근육 운동을 수행해야 하는 <u>운동기능</u> 목표가 있다.

넷째, 어떤 행동을 선택하는 것을 진술한 <u>태도</u> 목표가 있다.

- 하위 기능 분석은 목표를 성취하기 위해 요구되는 하위 기능을 분석하는 것을 말한다. 하위 기능 분석 방법에는 위계적 분석, 절차적 분석, 군집분석, 통합적 교수 기법 등이 있다. 하위 기능 자체는 상위 기능을 학습하기 위해 반드시 필요한 기능으로 목표 영역 특성에 따라 분석 방법이 다르다.

학습영역	분석기법
언어정보	군집적 분석
지적기능	위계적 분석
운동기능	절차적 분석
태도	통합적 분석

③ <u>학습자 및 환경 분석</u>은 교수 활동 설계에 중요하게 고려되어야 할 사항인 학습자들의 역량이나 구체적인 특성을 살펴보는 과정이다.

④ <u>성취 목표 진술</u>은 교수 프로그램의 학습 결과로서 학습자가 행동으로 보여줄 수 있는 것이 무엇 인가를 구체적으로 진술하는 과정이다. 이렇게 진술된 성취목표는 나중에 평가를 위한 준거 기 준이 된다.

• 수행 목표의 중요성
- 설계과정과 그 이후의 교수체제개발의 방향을 제시함.
- 교육훈련의 계획, 활동, 활동결과에 대한 의사소통을 촉진하여 효과성과 효율성을 제고시킴.
- 교수자는 목표를 통해 전체 교수활동의 일관성을 유지하고, 학습자는 목표를 인식하여 필요한 준비를 함.
- 교육훈련평가(준거지향측정)의 내용, 절차, 방법에 준거를 제공함.
- 교육내용, 교수학습전략과 매체의 선정의 지침이 됨.

• 학습목표의 구성요소(ABCD 법칙)
- 학습자(Audience): 수행목표는 교사중심이 아니라 학습자 중심으로 진술함.
- 행동(Behavior): 학습경험 후 기대되는 행동의 결과 즉 수행을 진술하고 관찰가능한 행동을 진 술하기 위해 행위동사를 사용함.

- 조건(Condition): 학습자에게 주어지거나 억제된 자원들을 포함해서 행동이 나타날 수 있는 조건을 진술함.
- 준거(Degree, Criterion, Standard): 수행이 판단될 수 있는 양적 또는 질적 준거를 명세화함.

• 학습영역별 행위동사

구분		동사
인지적 영역	지식	정의하다, 묘사하다, 확인하다, 명칭을 붙이다, 목록을 만들다, 이름을 대다, 진술하다…
	이해	계산하다, 비교하다, 토의하다, 식별하다, 그리다, 스스로 설명하다, 예를 들다, 해석하다, 풀다…
	적용 분석 평가 종합	추론하다, 결정하다, 예측하다, 연관시키다, 보여주다, 사용하다, 분석하다, 창작하다, 비평하다, 설계하다…
정의적 영역		선택하다, 조작하다, 반응하다, 참가하다, 완성하다, 감상하다…
심체적 영역		조립하다, 짓다, 설계하다, 분해하다, 고정시키다, 만들다, 칠하다, 감싸다…

• 학자별 학습목표 진술방식

진술방식	청중(A)	행동(B)	준거(D)	조건(C)	내용	비고
Tyler/ Bloom	학습자	도달점 행동	–	–	내용	–
Mager	학습자	도달점 행동	조건	조건	내용	조건에 내용 포함
Gagné	학습자	도달점 행동 – 보조동사 – 핵심동사	–	조건	내용	조건에 내용 포함 – 보조동사 (수단적, 과정적 동작) – 핵심동사 (최종 도달점 행동)
Groulund	학습자	(내현행동)	–	–	내용	일반적 학습목표 (주목표)
	학습자	(외현행동)	–	–	내용	명세적 학습목표 (하위목표)

⑤ 평가 도구 개발은 학습자가 최종목표에 얼마나 도달하였는가를 측정할 수 있는 검사 문항을 개발하는 과정으로 검사 문항과 최종목표에서 진술한 성취 행동이 반드시 일치하고 있어야 한다.

⑥ 수업 전략 수립은 최종 목표를 성취하기 위해 학습의 전달 방법과 전달 매체를 결정하고 특히 제시되어야 할 학습 사태를 결정하는 것이다.

⑦ <u>수업 자료 개발</u>은 앞서 고안한 교수사태를 가장 효과적으로 전달하기 위한 교수 자료를 제작하거나 기존의 자료를 선택하는 과정이다. 여기서 교수 자료란 메뉴얼, 평가 자료, 교사 지침서 등을 포함한다.

⑧ <u>형성 평가 설계 및 실행</u>은 교수 프로그램의 초고가 완성되면, 교육 프로그램의 질을 개선하기 위한 일련의 평가가 실시된다. 일대일 평가, 소집단 평가, 현장 평가와 같은 유형의 평가가 실시되어 설계한 교수 프로그램을 개선하는 데 사용될 수 있는 다양한 정보를 확보하게 된다.

⑨ <u>교수 프로그램 수정</u>은 형성 평가의 결과를 토대로 교수 프로그램을 재검토하여 대다수의 학습자에게 최적화된 완벽한 프로그램을 제공하는 것을 목표로 하고 있다.

⑩ <u>총괄 평가 설계 및 실행</u>은 교수 프로그램의 효과를 총체적으로 알아보는 평가 과정으로 교수 프로그램의 절대적 혹은 상대적 가치를 평가한다.

> 교육공학 논술예제 ❶ 교수설계의 중요성이 나날이 강조되고 있다. Dick & Carey가 제시한 10단계 교수설계모형에 대해 설명하시오.

(3) 켈러(Keller)의 교수설계모형: ARCS 모형

Keller에 의해 주장된 교수설계모형으로, <u>학습자의 동기를 증진시키기 위한 체제적인 설계방법</u>을 설명하고 있다. Keller는 수업의 효과가 <u>동기(motivation)와의 밀접한 관련이 있음</u>을 강조하면서 수업의 효과를 극대화하기 위해서는 <u>학습동기를 수업시간 내내 지속적으로 유지할 수 있는 체계적이고 구체적인 접근 방법이 필요</u>하다고 주장하였다.

◆ Keller의 학습 동기 유발 모형(ARCS 모형) ◆

주의 (<u>A</u>ttention)	호기심과 관심을 유발/유지시키는 역할을 수행 학습동기가 유발되고 유지되기 위한 필수요건임
관련성 (<u>R</u>elevance)	학습과제가 자신의 개인적 흥미나 삶의 목적과 관련되어 있어야 함 친숙한 사례를 제공해야 함
자신감 (<u>C</u>onfidence)	학습을 성공적으로 완수할 수 있다는 인식을 갖도록 해야 함 노력에 따라 성공할 수 있다는 자신감을 제공하는 것이 중요
만족감 (<u>S</u>atisfaction)	만족감은 유발된 학습자의 동기를 지속적으로 유지시켜주기 위한 것 : 수행결과에 대한 학습자의 인지적 평가 및 피드백이 중요

◆ ARCS 각 요소별 하위전략 ◆

주의(Attention)	관련성(Relevance)	자신감(Confidence)	만족감(Satisfaction)
지각적 주의환기	친밀성	학습의 필요조건 제시	자연적 결과 강조(내적 강화)
탐구적 주의환기	목적지향성	성공의 기회제시	긍정적 결과 강조(외적 강화)
다양성 추구	필요나 동기와의 부합성	개인적 조절감 증대	공정성 강조

가. 주의(Attention)

- 지각적 주의 환기: 시청각 매체, 새롭고, 놀라운 것, 기존의 것과 모순되는 정보를 사용함으로써 학습자의 주의를 획득함.
- 탐구적 주의환기: 질문, 문제해결 등을 통해 학습자의 호기심과 탐구심을 자극하여 학습에 대한 기대감을 갖게 함.
- 다양성 추구: 정보제시, 연습, 토론 등 수업의 요소를 변화시킴으로써 학습자의 흥미를 지속시킴.

나. 관련성(Relevance)

- 친밀성: 친밀한 이름, 인물, 그림 등을 사용하거나 친숙한 배경 지식을 이용하여 학습자의 경험과 수업내용을 연결함.
- 목표지향성: 학습목표와 미래의 실용성과의 관계를 설명함.
- 필요나 동기와의 부합성: 학습과정 중에서 학습자의 성취욕구와 소속감의 욕구를 충족시킬 수 있도록 유도함.

다. 자신감(Confidence)

- 학습의 필요조건 제시: 학습목표 및 평가기준의 명확한 제시, 성공적인 학습에 필요한 선수학습 지식, 태도 등에 대해 명확히 알려 줌으로써 성공적인 학습의 가능성 여부를 짐작하도록 도와줌.
- 성공의 기회 제시: 쉬운 내용부터 어려운 내용으로 수업을 조직하는 등 수업의 적정한 난이도를 조정하고 학습이 어느 정도 이루어진 다음에는 다양한 연습, 적용의 기회를 제공하여 자신감을 심어줌.
- 개인의 조절감 증대: 학업 성취가 운이나 과제의 쉬움에 의한 것이 아니라 개인의 내적 요인(능력, 노력)에 의한 것임을 부각시켜 자신감을 높여줌.

라. 만족감(Satisfaction)

- 자연적 결과 강조: 학습이 끝난 후 습득한 지식을 실제 또는 모의 상황에 적용해 볼 수 있는 기회를 제공하여 만족감을 높임.
- 긍정적 결과 강조: 바람직한 행동을 계속 유지할 수 있도록 강화와 피드백을 제공함.
- 공정성: 수업내용을 학습목표와 일관성 있게 제시하고 학습한 내용과 평가 문항을 일치시키는 등 학업성취에 대한 기준과 결과가 일관되게 유지시킴.

교육공학 논술예제 ❷ 1) 켈러 ACRS모형의 네 가지 요소를 설명하고, 2) 각 요소별로 수업에서 사용할 수 있는 구체적인 하위전략 세 가지씩 예를 들어보시오.

(4) 라이겔루스(Reigeluth)의 교수설계모형: 정교화 이론(Elaboration Theory)

가. 교수설계변인

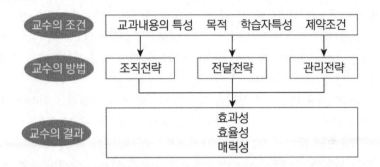

① <u>교수의 조건</u> 변인: 교수방법과 상호작용을 하지만 교수설계자나 교사에 의해 통제될 수 없는 제약조건으로, 교사라면 완벽하게 갖추어야 할 조건
- 교과내용의 특성: 사실, 개념, 원리 등과 같은 명제적 지식과 절차적 지식
- 교과목표(목적): 인지적 영역, 정의적 영역, 심리·운동기능적 영역
- 학습자 특성: 학습자의 현재 상태 즉, 적성, 학습동기, 흥미와 태도, 학습유형 및 성격, 선수학습정도 등
- 제약조건: 교수 상황의 여러 요인
   - ⑩ 기자재, 교수학습자료, 재정, 자원, 인원 등
② <u>교수의 방법</u> 변인: 교사가 필요에 따라 조정할 수 있으며, 교사 간의 역량차이를 드러나게 하는 요인
 ㉠ 조직전략: 교과의 내용을 그 구조와 학습자의 수준에 적합하게 조직하는 방법
- 미시적 전략: 단 하나의 아이디어를 가르치는 경우에 고려해야 할 전략, 메릴(Merrill)의 구인전시이론(=CDT이론)
- 거시적 전략: 복잡한 여러 아이디어를 가르치고자 할 경우에 고려해야 할 전략, 라이겔루스(Reigeluth)의 정교화 이론
 ㉡ 전달전략: 조직한 내용을 효과적이고 효율적으로 학생에게 진수하는 방법
 ㉢ 관리전략: 조직전략과 전달전략의 많은 내용들을 언제 어떻게 활용할 것인가를 결정하는 데 필요한 체계적인 정보를 제시하는 전략
③ <u>교수의 결과</u> 변인: 서로 다른 교수조건하에서 사용된 여러 가지 교수방법들이 어떤 면에서 어느 정도 효과가 있었는지를 나타내는 교수활동의 최종산물
 ㉠ 효과성: 학습자가 소기의 목표를 달성했는지의 여부
 ㉡ 효율성: 목표달성을 이루는 데 가능한 최소 비용과 노력이 드는 정도
 ㉢ 매력성: 학습자의 동기를 유발하여 그 이후 학습을 촉진할 것
   - ⑩ 켈러(Keller)의 ARCS이론

나. 특징

① 교수 내용을 선택하고, 계열화하여, 종합 요약하기 위한 <u>거시적 수준(Macro level)의 조직 이론</u>으로서, 여러 가지 사상을 어떻게 연결, 계열화하는가에 대한 교수전략을 다룬다. <u>거시적 수준에서 어떻게 교수내용을 선택하고 계열화하여 요약, 종합할 것인가에 대한 전략과 과정을 의미</u>한다.

② <u>대요(epitome)</u>라는 교수의 전체적인 윤곽을 시작으로 하여 점차 세분화하고 구체적인 내용으로 정교화하는 전략을 택하고 있다.

- 대요(epitome): 전체 내용의 핵심적인 것을 전달하기 위해 기본적인 원리나 아이디어들을 학생의 적용 수준에서 사전 지식이나 경험과 관련지을 수 있도록 해 주는 예와 연습을 충분히 제공하여 가르치는 것.

- 각각의 학습 단위에서는 교수 내용이 복습되고 최근의 학습은 이전의 선행 학습과 연관지어 설명되고, 학습 내용의 요약과 종합이 뒤따르면서, 학습 목표에 설정된 상위 차원의 내용에 이를 때까지 정교화 과정은 단계적으로 계속됨.

- <u>전체적 윤곽(대요 - Epitome)을 제시하는 것으로 시작하여 점차 구체화되고 세부화되면서 이미 제시되었던 일반적이고 간단하면서 기초적인 내용을 정교화해줌.</u>

- <u>교수는 간단하고 기초적인 것부터 시작하여 보다 구체화되고 복잡한 수준으로 옮겨감.</u>

  ㉑ 정교화의 과정: 유화를 그리는 과정 비유, 사진기의 줌 렌즈 비유(먼저 광각을 통해 사물의 전체적인 모습을 관찰하여 각 부분들이 서로 어떠한 관계를 형성하는지 파악한 뒤, 각 부분별로 들어가 세부 사항들을 관찰하는 것)

③ 정교화 이론은 어떤 지식을 다루고 있는가에 따른 분류로 개념적 조직 모형(conceptually organized model), 절차적 조직 모형(procedurally organized model), 이론적 조직 모형(theoretically organized model)으로 구분된다.

개념적 정교화	• 가르쳐야 할 개념을 상위개념, 동위개념, 하위개념 등으로 분류하고 이에 따라 개념조직도를 고안한 후, 가장 일반적이고 포괄적인 것으로부터 점진적으로 보다 상세하고 포괄성이 적은 개념의 순서로 교수내용을 계열화하는 방법
절차적 정교화	• 특정의 학습목표 또는 학습내용을 습득시키고자 할 때 거쳐야 하는 일련의 절차나 과정을 계열화하는 방법
이론적 정교화	• 가르쳐야 할 원리들을 가장 기초적이고 구체적이며 명백한 원리로부터 가장 세부적이고 복잡하며 포괄성이 적은 원리의 순으로 계열화하는 방법

④ 정교화 이론에서 강조하는 7가지 교수 전략을 정리하면 다음과 같다.

전략	내용
① 정교화된 계열	• 교수 내용을 단순 또는 간단한 것에서 복잡하고 세부적인 것으로 사상이나 개념, 절차들을 덧붙이거나 제거하는 차원에서의 계열화임
② 선수학습 능력의 계열화	• 학습의 구조에 기초를 둔 전략으로 새로운 정보를 배우기 전에 어떤 지식이나 정보를 먼저 배워야 할지를 보여주는 것으로 설명됨 • 새로운 지식을 도입하기 전에 그 지식 습득을 위해 필요한 모든 선수 능력이 갖추어지도록 수업을 순서화하는 것
③ 요약자(Summarizer)	• 학습한 내용을 체계적으로 복습하는 데 사용되는 전략 요소 • 요점적 진술을 제공하고, 전형적이고 쉽게 기억될 수 있는 예를 제공하고 개개의 사상에 대한 진단적 자가 평가 문항을 제공
④ 종합자(Synthesis)	• 개개의 아이디어를 서로 연결시키고, 통합시키기 위하여 필요한 정교화 이론의 전략 요소로 학습자에게 필수적이며 가치 있는 지식을 제공하고 개개 사상의 심도 있는 이해를 촉진하며 교수 전반에 대한 의미성, 흥미를 향상하며, 학습한 내용에 대한 기억을 증진
⑤ 유추(Analogy)	• 새로운 정보를 학습자에게 친숙한 아이디어로 연결시켜 이해할 수 있도록 도와주는 교수의 전략요소
⑥ 인지전략자극자 (Cognitive – Strategy Activator)	• 학습 과정에서 학습자가 자신의 인지전략이나 과정에 대하여 인식하고 그것을 적절히 조절할 수 있을 때 보다 능동적으로 참여하게 되고 학습 효과도 커진다는 연구에 기초를 둔 기본 전략
⑦ 학습자 통제 (Learner Control)	• 학습자가 자신이 학습한 내용과 다양한 학습 전략들을 선택하고 계열화하여 어떻게 공부할 것인가를 스스로 결정할 수 있는 것

다. 개념학습: 개념의 제시 → 연습 → 피드백

단계	설명
개념제시	• 일반성, 사례를 활용하여 개념을 제시한다. • 전형적인 예, 덜 전형적인 예, 비전형적인 예를 활용한다.
연습	• 연습할 수 있는 기회를 제공한다.
피드백	• 옳은 답을 유도, 옳은 답에 칭찬, 잘못된 답에 교정적 피드백

(5) 메릴(Merrill)의 교수설계모형: 내용요소제시이론(Component Display Theory)

가. 특징

① 수행 – 내용 행렬표 등을 교수설계의 주요 개념으로 제시하였다.

② 메릴(Merrill)이 제안한 교수(설계)이론으로 교수 또는 학습 목표와 이를 위한 교수 방법을 구체적으로 제시해 주기 때문에, 미시적 수준의 교수(설계)이론으로 분류된다.

• 학습활동을 설계하고 개발하는 길잡이로 활용할 수 있는 구체적인 처방들을 제시해 주고 있으며 특히, 인지적 영역의 수업을 설계하는 데 효과적이다.

• 국내에서는 이 이론을 내용요소제시이론, 요소시현 이론, 내용요소 전시 이론, 구인 전시 이론,

학습활동 제시 이론 등으로 불린다.

③ 메릴(Merrill)의 내용요소제시이론 모형은 <u>가네(Gagné)의 목표(학습성과 영역)별 교수이론과 동일한 가정에서 출발하고 있다. 즉, 학생들이 학습해야 할 학습성과는 다양한 영역이 있으며, 이들을 효율적으로 가르치고 평가하기 위해서는 각기 다른 방법들이 요구된다.</u> 그러나 가네는 목표 영역을 언어정보, 지적 기능, 인지전략, 태도 그리고 운동 기능의 5대 영역으로 일차원적으로 분류하였다. 반면 <u>메릴은 한 차원은 내용 유형, 다른 한 차원은 수행 수준으로 구성한 이차원적인 분류체계를 활용</u>하였다.

나. 내용 × 수행 행렬표(content×performance matrix)

<u>내용 유형은 사실(fact), 개념(concept), 절차(procedure), 원리(principle)의 네 유형으로, 수행 수준은 기억하기(remember), 활용하기(use), 발견하기(find)의 세 수준으로 나누어진다.</u> 이와 같은 분류체계를 내용 × 수행 행렬표(content × performance matrix)로 나타낸다.

① <u>수행의 단계</u>
- 기억: 이미 저장되어 있는 정보를 재생 또는 회상하기 위해 기억된 것을 탐색하는 것
- 활용: 추상적인 사항을 특정 사례에 적용하는 것
- 발견: 이미 지니고 있는 지식을 바탕으로 새로운 추상성을 도출하거나 창안하는 것

② <u>내용의 범주</u>
- 사실: 어떤 특정한 사물이나 사건을 지칭하는 이름이나 그것을 표시하는 기호들과 같이 임의적으로 연관되어 있는 단편적인 정보
- 개념: 특정한 속성을 공통적으로 지니고 있는 사물, 사건, 기호들의 집합
- 절차: 어떤 목적 달성에 필요한 단계, 문제 풀이 절차, 결과물의 제작 단계 등의 순서
- 원리: 어떤 현상에 대한 해석이나 장차 발생할 현상에 대한 예측에 사용되는 여러 사상들 간의 인과 관계나 상관 관계

③ 메릴의 <내용×수행> 행렬표

수행차원	발견	╳	<개념 × 발견>	<절차 × 확인>	<원리 × 발견>
	활용	╳	<개념 × 활용>	<절차 × 활용>	<원리 × 활용>
	기억	<사실 × 기억>	<개념 × 기억>	<절차 × 기억>	<원리 × 기억>
		사실	개념	절차	원리
		내용차원			

이 행렬표에서 가로와 세로 즉, <u>내용 유형과 수행 수준이 만나는 칸이 학습성과 즉, 목표가 된다.</u> 따라서 이 행렬표에 따르면 학습성과는 10개의 영역으로 나누어진다. 이처럼 학습성과를 이차원적으로 분류함으로써, <u>목표로 한 학습성과를 보다 명료하게 규정하고 각각에 대한 보다 구체적인 처방을 내릴 수 있다.</u>

다. 제시 방법

제시 방법이란 앞서 내용 유형과 수행 수준에 따라 분류한 목표들을 다양한 방법을 활용하여 학생들에게 구체적으로 제시하는 것을 말한다. 내용요소제시이론에서의 제시 방법은 일차제시형과 이차제시형으로 구분된다.

- 일차제시형은 목표의 성취를 위한 가장 기본적인 자료 제시 방법으로 수업의 뼈대 역할을 수행한다. 일차제시형은 일반성(Generality: G)과 사례(Instance: eg), 설명식(Expository: E)과 탐구식(Inquisitory: I)으로 이차원화하여 이들을 각각 조합한 4개의 제시 방법(일반성 – 설명, 일반성 – 탐구, 사례 – 설명, 사례 – 탐구)으로 구성된다.

	설명식, 설명하기(E)	탐구식, 질문하기(I)
· 일반성, 법칙(G)	(EG) 법칙, 설명	(IG) 질문, 회상
· 사례, 예(eg)	(Eeg) 예제, 설명	(Ieg) 연습

(E: Expository, I: Inquisitory, G: Generality, eg: example)

- 일반화(E): 정의나 절차, 원리를 일반적인 수준에서 진술한 것
- 사례(eg): 정의, 절차, 원리의 예를 구체적으로 진술한 것
- 설명식(E): 말로 설명하기, 예시하기, 보여주기 등
- 탐구식(I): 학습자가 직접 진술문을 완성하기, 일반성을 특수한 사례에 적용하기 등

- 이차제시형은 일차제시형이 의도한 바를 더욱 의미있고 학습하기에 용이하도록 정교화하기 위한 부가적인 자료 제시 방법으로, 뼈대의 기능을 돕는 근육의 역할을 수행한다. 이차제시형은 맥락적 정교화, 선수학습 정교화, 기억촉진 정교화, 학습단서 정교화, 표현 정교화, 피드백 정교화의 여섯 가지 정교화 유형으로 구성된다.

정교화 유형	설명
맥락적 정교화	누가 그 원리를 발견했고, 그 원리를 발견한 장소는 어디이며, 그것이 왜 중요한가와 같이 맥락적 또는 역사적 배경 등을 정교화 해 주는 것
선수학습 정교화	삼각형의 면적 공식을 공부하기에 앞서 사각형의 면적 공식을 상기하도록 하는 것과 같이 목표 달성에 필요한 출발점행동 즉, 사전학습을 상기하도록 정교화해 주는 것
기억촉진 정교화	무지개의 색순을 '빨주노초파남보'로 암기하게 하는 경우와 같이 학습자들의 기억을 돕기 위한 방안
학습단서 정교화	화살표, 밑줄, 고딕체, 색상 등과 같이 주의집중을 통해 학습촉진을 위한 도움을 주는 것
표현 정교화	다이어그램, 차트, 공식, 표 등을 통해 주어진 내용을 정교화하는 것
피드백 정교화	학습자들의 반응 결과에 대해 정답을 알려 주거나 도움말을 제공하는 것

1. 교수매체의 개념

(1) 매체(Media)

Medium의 복수형으로 의사소통채널을 의미하는데, 송신자(sender)와 수신자(receiver)사이를 연결하는 매개체 혹은 전달체이며, 정보를 전달하는 과정 속에서 전달을 위해 사용되는 모든 형태의 채널을 의미한다. 특정 목표를 달성하려는 중요한 방법이나 수단이라고 할 수 있다.

(2) 교수매체(Instructional Media)

교수·학습과정에서 특정 교수목적을 달성하려고 교수자와 학습자 간의 상호작용을 통해 교수─학습에 필요한 의사소통이 효과적으로 발생하도록 도와주는 다양한 형태의 수단이나 매개물이다. 수업의 효과를 높이기 위해 그리고 교수자와 학습자의 의사소통을 돕기 위해 활용되는 모든 시청각 기자재와 자료들을 의미한다.

2. 교수매체의 기능

교수매체는 교수─학습과정에서 꼭 필요한 요소로 자리잡고 있으며, 이는 다양한 기능을 가지고 있다.

첫째, 매개적 보조기능이다. 수업에서 교사가 학습자들을 가르칠 때 수업의 보조수단으로써 매체를 활용하게 된다. 언어로만 전달되는 것이 아니라 사진, 이미지, 동영상 등 다양한 형태의 매개물과 자료가 제공됨으로

써 학습자들은 흥미가 유발되고 동기가 지속되는 장점이 있다. 둘째, 정보전달의 기능이다. 수업에서 학습자 중심의 활동도 중요하지만 무엇보다 기본적으로 교사가 지식을 정확히 전달하는 것이 필요한데, 이때 교육매체를 활용하므로써 정보나 지식을 신속, 정확, 대량(예 인쇄매체)으로 전달할 수 있다는 특징이 있다. 셋째, 교수기능이다. 학습자는 매체로부터 전달되는 정보를 지각하고, 이를 자신의 인지구조에 적합하게 변형하여 인지하며, 그 결과를 표현하게 됨으로써 지적 기능을 개발할 수 있다. 넷째, 학습경험 구성기능이다. 학습자가 매체를 활용하므로 다양한 경험을 할 수 있게 된다. 교수매체가 단순히 지식을 기계적으로 전달하기만 하는 것이 아니라 매체 그 자체로 교육적인 경험을 할 수 있게 도와준다.

3. 교수매체의 수업기여도

교수매체가 우리 교육과 교실현장에 중요한 역할을 하고 있다. 자세히 살펴보면, <u>첫째, 수업의 표준화이다.</u> 모든 학습자가 같은 매체를 통해서 동일한 메시지를 전달받게 되므로 교수활동이 보다 표준화될 수 있다. <u>둘째, 흥미유발이다.</u> 말로만 설명하는 것보다는 매체를 활용하게 되면 가르치는 것을 보다 흥미롭게 하여, 학습자의 동기를 지속시키고 흥미를 유발시킬 수 있다. <u>셋째, 수업시간의 단축이다.</u> 교수매체는 메시지를 전달하는데 필요한 시간을 덜어줌으로써 수업에 소요되는 시간을 줄여줄 수 있다. <u>넷째, 수업의 질 향상이다.</u> 언어가 교수매체와 함께 전달되면 학습의 질을 향상시킬 수 있다. <u>다섯째, 시공을 초월한 학습의 가능성이다.</u> 교수매체를 활용할 경우 시간과 장소에 구애받지 않고 학습을 할 수 있으며 긍정적인 학습효과를 기대할 수 있다.

4. 교육공학의 역사와 교수매체

(1) 시각교육(visual education)

- 1920년대에 강조된 접근방법.
- 학습내용을 시각적으로 표현하여 학습과정을 촉진시키기 위한 노력.
- Hoban의 연구는 시각교육의 이론적 배경을 제공함.

(2) 시청각 교육(audio-visual education)

- 1930–1940년대에 라디오, 녹음기, 영사기 등과 같이 시청각 장비가 개발되면서 주목받음.
- 시각교육에 비하여 청각저인 요소가 동시에 고려되었음. 특히, 2차 세계대전을 거치면서 단기간에 효과적인 교육을 실시할 수 있는 방법으로 시청각적인 접근이 주목을 받게 되었음.
- Dale의 "경험의 원추"는 시청각 교육에 이론적 근거를 제공하였음.

(3) 시청각 커뮤니케이션(audio-visual communication)

- 2차 세계대전 이후부터 1960년대에 걸쳐 커뮤니케이션 이론을 적용하여 시청각 장비를 활용한 교육을 일련의 과정(process)으로 인식하려고 함.
- 초기 체제이론(systems theory)적인 관점이 도입되기 시작하여 Berlo의 SMCR 모형이 제시됨.

(4) 교육공학(ET)

- 1970년대 이후로 체제적 설계를 강조하였으며 ADDIE 모형에 근거한 교수설계 방법을 적용함.

(5) 1990년대 이후의 새로운 관점

- 구성주의 관점, 교수공학(IT), 학습자 중심 관점

5. 교수매체와 관련된 이론들

(1) 호반(Hoban)

최초로 교수매체의 분류 기준을 제시하였으며, <u>시각자료가 실제를 얼마나 제대로 보여주는가에 따</u>라 교수자료를 위계적으로 구분하였다. 또한 <u>사실과 가까운 매체일수록 더 정확한 메시지를 전달</u>하며, <u>추상성이 높아질수록 학습자의 이해도가 낮아짐을 설명</u>하고 있다.

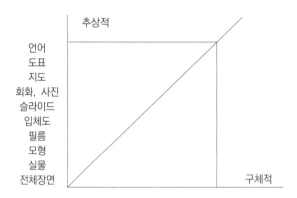

(2) 데일(Dale)의 경험의 원추(Cone of Experience)

<u>호반의 모형을 발전시켜 실제적 경험에서 간접적인 경험을 거쳐 언어적 상징에 이르는 형태로 배열</u>하였으며, <u>시청각 자료를 추상성과 구체성의 정도에 따라 유형별로 분류</u>하였다. 학습자들이 구체적 경험을 먼저 함으로써 추상적 경험을 의미 있게 받아들일 수 있다고 보고 있다.

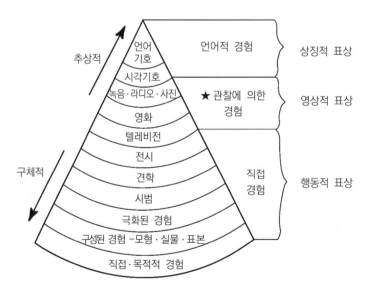

◆ 데일의 경험의 원추와 브루너의 세 가지 표상 양식 ◆

Bruner의 표상 양식(행동적 표상(직접적 경험이나 활동), 영상적 표상, 상징적 표상)과 같이 <u>개념형 성을 위해 구체적인 것에서부터 추상적인 것으로 나아가도록 해야 하며</u>, 학습자는 실제 행동으로 경험 하고(행동에 의한 학습), 매체를 통해 보고 들으며(관찰에 의한 학습), 언어를 통해 상징화 과정(추상 을 통한 학습)을 거침으로써 개념을 형성할 수 있게 된다. 이는 '<u>직접 경험</u>'과 '<u>언어적 경험</u>'을 연결시 켜 줄 수 있는 '<u>관찰에 의한 경험</u>'이 중요함을 강조하고 있다.

6. 관련 모형

(1) 커뮤니케이션 이론: SMCR 모형

- Berlo에 의해 주장된 커뮤니케이션 이론
- 커뮤니케이션 이론을 적용하여 교수－학습 과정을 이해하려고 함.
- <u>수업상황에서 발생하는 교수자와 학습자와의 의사소통을 커뮤니케이션의 과정</u>으로 보았으며, 과정중심의 초기 체제이론을 도입하는 계기가 되었음.

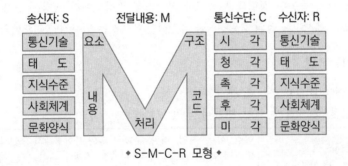

◆ S-M-C-R 모형 ◆

송수신자	송신자와 수신자는 통신기술, 태도, 지식수준, 사회체계, 문화양식을 가지고 있으며 이것을 바탕으로 메시지를 주고 받음.
메시지	요소, 내용, 구조, 코드, 처리를 포함하며 전달되는 내용이 일정한 형태로 부호화 되는 과정을 보여줌.
채널	부호화된 메시지는 시각, 청각, 촉각, 후각, 미각의 다섯 가지 감각 통로를 통해 수신자에게 전달됨.

(2) 커뮤니케이션 이론: Schannon과 Schramm(1964)의 모형

- 송신자가 수신자의 지식과 경험의 장에 맞는 문자나 영상을 사용하여 메시지를 기호화하고, 수 신자는 기호화된 메시지를 해독할 수 있는 지식과 경험을 가지고 있을 때 통신이 일어남.
- 송신자로서의 교사는 학습자가 자신의 경험의 장 내에서 해독할 수 있도록 학습내용을 기호화해 야 함.

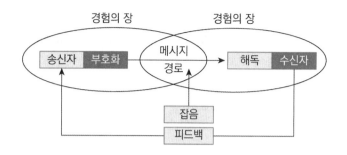

- 수신자의 반응은 송신자에게 피드백되기 때문에, 이에 따라 교사는 수업방법을 수정, 보완할 수 있고 수업결과를 판단할 수 있음.
- 잡음에는 물리적 잡음뿐만 아니라 편견과 선입견과 같은 심리적 잡음도 포함되는데, 이로 인해 메시지가 정확하게 전달되지 못하는 경우가 발생함.
- 교사와 학생이 공통으로 경험하는 장 또는 공감대 형성이 많으면 많을수록, 교사와 학생의 의사소통을 방해하는 여러 형태의 잡음이 적으면 적을수록 수업이 효과적으로 이루어질 수 있음.
- 교사와 학생 간의 공통된 경험의 부족이나 의사소통 과정상에서 생기는 잡음의 개입으로 인해 발생할 수 있는 메시지 전달의 불완전성을 개선하기 위해서는 반복적인 피드백의 과정이 필수적임.

(3) ASSURE 모형

- Heinich, Molenda, Russell 등 개발
- 교수매체 선정 및 활용에 대한 대표적 모형

학습자분석 (Analyze learners)	연령, 학년, 직업, 지위, 문화적 혹은 사회경제적 요인과 같은 학습자의 일반적 특성, 출발점 능력(학습할 주제에 대한 사전 지식, 기술 및 태도) 및 학습자의 학습 양식 분석
목표 진술 (State objectives)	학습자가 수업 결과 무엇을 할 수 있게 될 것인가의 관점에서 목표를 진술
매체와 자료의 선정 (Select media and materials)	수업 목적을 달성할 수 있도록 적절한 매체 및 자료를 선정
매체 및 자료 활용 (Utilize media and materials)	효과적인 활용을 위해서는 자료를 사전에 점검하고 실행을 연습해 보며 교실 배치와 필요한 기자재나 시설을 준비
학습자 참여 유도 (Require learner participation)	학습자들이 목표로 하는 지식이나 기능을 연습할 수 있는 기회를 토론, 퀴즈, 적용 연습 등 다양하게 제공하고 학생들의 활동에 대하여 피드백 제공
평가와 수정 (Evaluation and revise)	학습자가 성취한 정도를 평가할 뿐만 아니라 수업에 활용된 학습 방법과 매체에 대해 학습자가 가치 있었는지를 평가하고 평가 결과에 따라 수정

7. 교수매체의 연구동향

구분	내용
매체 비교 연구	• 행동주의 패러다임에 근거한 매체 연구 • 어떤 매체가 학업 성취에 더 영향을 미치는지를 비교하는 연구 • 학습결과로서 학업 성취도에 대한 특정 매체 유형의 효과를 탐색하는 연구이며, 새로운 매체가 등장할 때마다 그 매체의 효과성을 검증하려는데 중점을 둠
매체 속성 연구	• 인지주의 패러다임에 근거한 매체 연구 • 매체가 지닌 속성 자체가 학습자의 인지 과정 혹은 학업 성취에 어떤 영향을 미치는가에 연구 • 다양한 학습자 특성과 학습과제가 주어진 교수상황에서 학습자의 인지 과정에 영향을 미치는 매체의 속성이 무엇인지 밝히는 데 관심을 둠
매체 선호 연구	• 매체 활용에 대한 태도에 관한 연구 • 교수매체에 대한 학습자의 태도, 가치, 신념들을 변인으로 삼고, 이러한 정의적 특성 변인들이 학습에 미치는 효과들을 탐색하는 연구들이 해당됨
매체 효율성 연구	• 매체 활용의 경제성에 관한 연구 • 교수매체의 비용효과 면에 관한 연구는 특정 조건하에서 매체의 활용이 경제적인 효과를 산출할 수 있음을 제시하고 있는데 여기서 비용은 학습자가 성취 수준을 도달하는 데 걸리는 시간의 양, 개발팀이 교수프로그램을 개발하고 수정하는 데 소요되는 시간의 양, 소요되는 자원의 비용 등임 • 교수매체의 경제적 효율성에 관한 연구는 향후 지속적으로 탐구해야 할 중요한 연구 영역임

Ⅳ 컴퓨터와 멀티미디어 교육

1. 컴퓨터의 교육적 활용

(1) 목적에 따른 유형

컴퓨터를 교육에 활용하려는 노력은 1980년대부터 시작되었으며, 컴퓨터의 성능이 고급화되고 인터넷이나 멀티미디어 기능이 강화되면서 교육적 활동성에 대한 중요성과 관심이 점차 증대되어 왔다. 컴퓨터는 학교 교육현장에서 여러 가지 목적으로 사용되고 있으며 간단히 유형을 정리하면 다음과 같다.

가. 컴퓨터 관리수업(Computer Managed Instruction: CMI)

- 컴퓨터가 직접 무엇을 가르쳐 주는 수업기능을 하기보다는 수업을 관리하는 활동을 맡은 체제로 교사의 수업을 도와주는 형태이다.
- 학생들의 학습진전 상황을 기록하고, 수업을 지시해주고, 시험을 채점하고, 학생과 교사에게 유용한 자료를 제공해 주는 것과 같은 형식으로 컴퓨터를 활용한다.
- 수업계획서, 시험출제, 학사관리, 공문서 처리 등

---

1. 전문가 시스템(expert system)
- 특정영역에 있는 전문가의 노하우와 기술을 모아 문제해결에 활용할 수 있게 해주는 프로그램.
- Intelligent Catalog는 참고자료 데이터베이스 사용법을 학습자에게 알려줌.
- 학습자와 시스템이 서로에게 질문을 제기하면 학습자의 탐구활동 성격에 따라 교수 전략을 조정해주는 전문가 시스템도 있음. ⑩ 의료진단 전문가 시스템
2. 전자수행지원 시스템(EPSS: Electronic Performance Support System)
- 정보베이스, 전문가 조언 시스템, 학습경험
- 실제 업무 상황에서 필요한 정보와 도구, 방법을 필요한 순간에 즉시 제공하는 컴퓨터 보조시스템
- 업무 수행능력 개선

나. 컴퓨터 보조수업(Computer Assitant Instruction: CAI)

- CBI(Computer-Based Instruction)와 동일
- 컴퓨터라는 매체를 활용하여 전문가 또는 교사가 제작한 교수-학습용(코스웨어) 프로그램과 학습자가 상호작용하여 지식, 태도, 기능 등을 익히고 연습하도록 하는 방식이다.
- 컴퓨터가 교수자처럼 학습내용을 가르쳐 주며, 학습자 수준에 맞게 진도를 조절하고 개별화 학습이 가능하다.

다. 컴퓨터 개별적응평가(Computer Adaptive Test: CAT)

- 빠른 시간 내에 적은 수의 문항으로 학습자의 능력을 정확하게 측정하기 위한 평가 프로그램이다. 즉, 학습자의 능력 수준에 맞는 문항을 곤란도, 변별도, 추측도 등을 고려하여 제시하므로 정확하게 능력을 측정할 수 있다.
- 적은 수의 문항으로도 학습자의 능력과 특성을 정확하게 특정하므로 효율적이고 경제적인 장점이 있다.

라. 컴퓨터매개통신(Computer Mediated Communication: CMC)

- IT용어사전에 따르면, 컴퓨터를 이용한 동기, 비동기, 실시간 등 다양한 형태의 통신. 컴퓨터를 이용하여 문자, 이미지, 오디오 및 비디오를 교환하는 것으로, 이메일, 네트워크 통신, 인스턴트 메시지, 문자 메시지, 하이퍼텍스트, 원격 교육, 유즈넷 뉴스, 인터넷, 게시판, 온라인 쇼핑, 화상 회의 등 다양한 형태가 있다.
- 컴퓨터를 새로운 커뮤니케이션 수단으로 파악하며, 컴퓨터를 매개로 하여 메시지를 통해 1대 1,

1 대 다수, 혹은 다수 대 다수 간의 의사소통 과정을 의미하기도 한다.
- CMC를 활용한 수업을 통해 학습자중심의 교육환경의 실현에 대한 가능성을 구체화하는 것은 물론 개별학습을 극대화하고, 학습자들의 학습의 장을 확대하여 능동적인 참여를 이끌어낼 수 있는 장점이 있다.

(2) 컴퓨터 보조 수업(CAI: Computer-Assisted Instruction)의 유형과 특징

가. 개념
- 컴퓨터가 교수자의 역할을 수행하는 수업 매체로 활용하는 방식
- 교수-학습 매체로 컴퓨터를 활용하는 것: CBI, CAI

나. 특징
- 개별화, 상호작용의 촉진, 동기유발, 즉각적 피드백 제공, 운영상의 편의성과 비용효과성

다. 유형

	활용 및 특징	교수설계적인 고려사항
반복연습형 (Drill and practice)	• 이미 배운 내용의 반복학습 • 기본적인 사실이나 정보의 복습 • 수업목표가 달성될 때까지 계속 반복연습 가능	• 질문 및 정답여부의 확인 • 학습자가 내용을 숙달할 때까지 진행 • 학습자의 수준파악 • 즉각적인 피드백 제시 및 반복학습 • 학습자 진도의 확인과 조언 • 성공적인 학습에 대해서 간략하고 긍정적인 피드백 제공 • 옳지 않은 학습반응에 대해서 교정적 피드백의 제공
개인교수형 (Tutorial)	• 새로운 학습내용의 제시 • 개별지도가 많이 필요한 내용의 학습	• 피드백 및 요약제시 • 학습자 통제권 제공 • 프로그램 내에서의 학습이동 허용 • 프로그램의 지시에 맞추어 학습진도 • 외재적 동기유발보다는 내재적 동기유발 전략을 활용 • 학습도구 자체에 대한 도움말 기능 필요
게임형 (Game)	• 동기를 높일 필요가 있을 때 • 개별적 또는 소집난 간의 경쟁을 통해 동기를 높일 때	• 경쟁적 요소를 유발시키기 위해서 학습시간을 제한함 • 게임방식이 학습목표에 부합 • 게임규직을 분명하게 설명하고 학습목표와 일치하도록 설계 • 게임 운영을 위한 시나리오 중심의 설계
모의실험형 (Simulation)	• 실제상황과 유사한 상황의 제시가 필요할 때 • 학습활동이 위험하거나 수행에 따른 비용이 비쌀 때	• 모의실험 대상에 대한 사실성을 높여야 함 • 학습자의 주의집중을 유도하기 위해서 학습에 필요한 부분만을 강조하여 사실성을 높게 설계해야 함 • 학습자의 선택에 대한 결과분석 및 평가결과를 상세하게 제공 • 조작규칙이 명확하게 나타나도록 만들어야 함

2. 멀티미디어를 활용한 교육

멀티미디어는 문자정보, 음성정보, 영상정보 등을 동시에 다중적으로 제공할 수 있고 상호작용적으로 정보를 검색하고 조작할 수 있으며, 교수-학습환경을 처방해 줄 수 있는 매체 혹은 교수-학습체제를 말하며, 교수 목적을 달성하기 위해 두 개 이상의 매체를 통합하여 구조화되고 체계적으로 정보를 제시하는 형태이다.

멀티미디어는 둘 이상의 매체가 서로 통합되어 있으며, 사용자와 정보 간의 상호작용을 수반하고, 컴퓨터를 중심으로 통합되어 있는 특징을 가지고 있다. 멀티미디어 구성요소는 텍스트, 이미지, 그래픽, 사운드, 비디오, 애니메이션 등이 있다. 멀티미디어의 장단점을 정리해보면 다음과 같다.

장점	단점
• 다양한 형태의 정보를 통합하여 한 화면에 제시 • 학습자가 자유롭게 학습내용 통제 • 학습의 개별화 촉진 • 상호작용 가능하게 하여 학습 경험 확장 • 연결 버튼을 사용하여 다른 미디어에 접속 • 흥미 유발	• 프로그램 제작에 다수의 전문 인력 자원 요구 • 프로그램 제작비와 시간이 많이 소요

3. ICT 활용 교육

(1) 개 념

ICT(Information & Communication Technology)는 정보기술과 통신기술을 통합한 것으로 정보기기의 하드웨어와 소프트웨어뿐만 아니라 이들의 기술을 활용하여 정보를 수집, 생산, 가공, 보존, 전달, 활용하는 모든 방법을 뜻한다. ICT 활용 교육은 교육용 CD-ROM 타이틀을 이용하여 수업을 하거나 인터넷 등을 통한 웹자료를 활용하여 수업을 하는 방식을 의미한다.

7차 교육과정에서는 ICT 소양교육과 ICT 활용 교육으로 구분하고 있다. ICT 소양교육은 ICT의 기술적 사용에 초점을 두고 도구적으로 활용한다. 컴퓨터, 각종 정보기기, 멀티미디어 매체, 응용 프로그램 등을 다룰 수 있는 기본적인 소양교육을 위한 것으로 일반적으로 컴퓨터 관련 교과에 적용할 수 있다. 이에 반해 ICT 활용 교육은 ICT와 교과교육의 통합에 초점을 두고 있다. 각 교과의 목표를 효과적으로 달성하기 위해 정보통신기술을 도구적으로 활용하는 교육활동으로 보통 모든 교과에 적용할 수 있다.

(2) 특 성

ICT 활용 교육은 도구나 매체로서 정보통신기술을 수업에 활용하여 교육목표를 달성하는 교육활동이다. 특성을 간단히 정리해 보면, 첫째, 다양한 교수-학습활동을 촉진한다. 학습자 중심의 문제해결학습, 프로젝트 학습, 협동학습 등 다양한 수업활동을 지원할 수 있고 양질적으로 풍부한 자원을 제공할 수 있다. 둘째, 자기주도적 학습환경을 제공해 준다. ICT를 활용하여 정보를 검색하고, 의견을 교환하는 과정에서 학습자의 주도적 역할을 지원하고 더 나아가 유연한 학습활동을 지원해 줄 수 있다. 셋째, 창의력 및 문제해결력이 향상된다. 다양한 ICT를 활용하면서 정보검색, 수집, 분석, 종합 등의 과정을 통해 주어진 과제나 문제를 해결하고, 창의적인 산출물을 만들어낼 수 있다. 넷째, 교육의 장을 확대해 준다. 교실에서의 한정적이고 국한적인 활동이 아닌 시공간을 초월하여 다양한 ICT 기능을 활용한 활동을 통해 교육의 장이 확대되는 것은 물론 보다 깊은 사고와 고차적 사고능력을 배양할 수 있게 된다.

Ⅴ 원격교육과 이러닝

1. 원격교육(distance education)

원격교육은 언제 어디서나 누구에게나 교육의 기회를 제공하며 학습자 중심의 쌍방향적 의사소통을 지향하는 교수학습체제를 의미한다. 교수자와 학습자가 직접 대면하지 않고 교육방송, 라디오, 화상회의, 채팅, E-mail 등을 매개로 하여 교수-학습활동을 하는 교수전략이라 할 수 있다. 시, 공간, 학습자의 연령 등에 제한 없이 학습 가능하며, 평생학습, 성인학습, 열린학습 등과 밀접한 관련이 있다.

원격교육의 특성을 살펴보면, 면대면 학습과는 달리 학습자와 교수자는 시공간적으로 멀리 떨어져 있게 된다. 시공간적으로 떨어져 있기 때문에 반드시 연결체로서의 매체를 필수적으로 필요로 한다. 카세트, 비디오, 텔레비전, 멀티미디어 등 여러 종류의 매체가 활용된다. 더불어 학습자 스스로 학습상황을 조절하여 자율적이고 자기주도적인 학습을 이끌어갈 수 있다는 특징이 있다.

원격교육의 장단점을 정리하면 다음과 같다.

장점	단점
• 학습자는 원하는 시간과 원하는 장소에서 자신이 편리한 방식으로 학습할 수 있다. • 학습자는 자신에게 필요한 자료를 적시에 용이하게 얻을 수 있다. • 기술적으로 무리가 없고 네트워크로 연결되는 환경에서는 협력학습도 가능하다. • 물리적으로 멀리 떨어져 각기 다른 곳에 있지만 자원들 서로 공유할 수 있다. • 시간, 거리, 비용 측면에서 경제적이다.	• 원격교육시스템을 구축하는 데는 많은 초기경비가 소요된다. • 교재개발과 학습자지원 측면에서 지속적인 투자가 필요하다. • 학습의 질을 관리하고 평가하기가 어렵다. • 교수자와 학습자 간 심리적 거리감, 상호작용, 피드백 제공 등의 전략을 마련해야 한다.

2. 웹기반교육(WBI: Web-Based Instruction)

웹기반교육은 인터넷의 속성과 자원을 활용하는 교수-학습방법이다. 실시간(동기적)은 물론 비실시간(비동기적) 활동을 모두 포함하며 인터넷에서 제공하는 웹의 기능과 내용을 교육적인 목적으로 활용함으로써 교수-학습의 효과를 높이고자 하는 일련의 활동이라 할 수 있다.

웹기반교육을 통해 학습의 개별화가 가능하며, 시공간적 제약을 탈피한 교육의 장과 교육의 기회가 확대되었다. 또한 기존 수업의 새로운 대안 혹은 보조 형태로 기능할 수 있는 장점이 있으나, 인터넷의 역기능과 비교육적 문제를 내포하고 있으므로 교육적으로 활용할 때는 교수자의 세심한 배려와 안내가 필요하다. 웹기반교육을 위한 자료를 제작할 때는 다음과 같은 사항을 검토해야 한다.

자료 제작 원리
• 적절성(적당), 인지적 과부하 • 간단한 형태로 정보 조직(짧은 문단, 작은 항목들의 목록) • 제시 자료의 일관성(아이콘의 일관성, 메뉴의 일관성 등) • 실용적이지 않은 그래픽 자제 • 지나치게 많은 정보와 하이퍼링크 자제

3. 이러닝(e-Learning)

이러닝은 컴퓨터와 각종 정보통신매체가 지원하는 상호작용성을 기반으로 주로 교수-학습과정에 온라인 학습을 적용하면서 시간과 장소에 제약을 받지 않는 교수-학습의 형태이며, 개별화 학습을 촉진하고 자기주도적 학습을 가능하게 한다.

이러닝의 주요 특성으로는 첫째, 학습자가 원하는 시간에 원하는 장소에서 학습할 수 있는 개방성, 둘째, 학습자에게 학습방법과 학습진도에 대한 결정권을 넘겨주는 융통성, 셋째, 학습자원이 여러 곳에 나누어져 있어도 한 곳에서 이러한 자원을 활용하여 학습할 수 있는 분산성을 들 수 있다.

이러닝의 유형
• 교수방법: 반복연습형, 개인교수형, 게임형, 시뮬레이션형, 문제해결형, 자료제시형 • 면대면 활동 유무: 온라인 학습, 혼합학습 • 활용기술: 가상현실기반 학습, 증강현실기반 학습 • 콘텐츠의 유형: 동영상 강의기반 학습, 화상시스템기반 학습, 애니메이션기반 학습 • 실시간여부: 실시간 학습, 비실시간 학습

〈 수업관찰 평가표(수업시연 평가기준) 〉

Scale을 참고하여 각 문항의 해당란에 ○표로 체크해 주세요.
(※ Scale: 5＝very good; 4＝good; 3＝fair; 2＝poor; 1＝very poor)

1. 동기부여(Motivation)

문항	5	4	3	2	1
• 학생들이 강의에 주의 집중(attention) 하도록 하였는가?					
• 학생들의 관심(interests)을 끌었는가?					
• 학생들에게 이 수업이 왜 중요한지를 설명하였는가?					
• 학생들에게 이 수업이 그들과 어떻게 관련 있는지 설명하였는가?					
• 학생들에게 적절한 질문을 던졌는가?					
• 학생들의 활동이나 반응에 대하여 적절한 긍정적인 보상을 주었는가?					

2. 도입(Introduction)

문항	5	4	3	2	1
• 오늘 수업에 대한 목적을 말이나 글 혹은 행동 등으로 제시하였는가?					
• 지난 시간에 배운 내용을 간단히 상기 시켰는가?					
• 오늘 배울 내용 전반에 대하여 간단히 설명하였는가?					
• 흥미로운 도입 접근 방법을 수행하였는가?					

3. 본론(Body of Instruction and Organization)

문항	5	4	3	2	1
• 개념(Concept)이나 기술(Skill)에 대하여 체계적으로 순차적인 방법으로 설명 또는 시연을 하도록 조직화되었는가?					
• 강의 중 학생들의 적극적인 참여도가 있었는가?					
• 강의 내용과 관련된 예나 사실 등을 제시하였는가?					
• 강의 중 여러 하위 주제 간의 연결의 전이가 매끄러웠는가?					
• 교사는 학생들의 학습활동에 대한 관리(Management)를 잘 하였는가?					
• 강의내용이 오늘 할당된 학습주제나 제목과 관련이 있었는가?					
• 교사는 오늘 수업내용과 관련하여 지식수준이 높았다고 생각하는가?					

4. 정리(Conclusion)

문항	5	4	3	2	1
• 교사는 수업의 종료가 가까워졌다는 힌트나 사인을 보냈는가?					
• 오늘 배운 내용의 핵심 테마나 포인트를 재정리하였는가?					
• 교사는 수업내용에 대한 학생들 수준을 평가하였는가?					
• 다음 수업내용에 대하여 언급하였는가?					

5. 표현, 몸짓, 진행(Expression, Body language, Pacing)

문항	5	4	3	2	1
• 교사는 강의 중 학생들과 지속적으로 눈을 마주쳤는가?					
• 교사는 학생들의 이해나 기술 습득의 정도를 파악하면서 강의를 전개하였는가?					
• 의미 전달을 위하여 적절한 몸짓을 하였는가?					
• 강의 속도는 적절하였는가?					
• 교사 소리의 크기는 적당하였는가?					
• 강의에 있어서 발음이 정확하였는가?					
• 강의의 억양이 적절하였는가?					
• 강의가 예정된 시간 내에 적절히 진행되었는가?					

6. 매체(Media), 테크놀로지(Technology)

문항	5	4	3	2	1
• 교사는 매체 사용에 능숙한가?					
• 사용된 매체가 수업내용과 적절한가?					
• 매체의 질적 수준이 높은가?					
• 매체의 내용을 강의에 통합하는 기술이 적절한가?					

▶ **주요개념 및 용어**

1. 교육공학의 개념

> 학습을 위한 과정과 자원의 설계, 개발, 활용, 관리 및 평가에 관한 이론과 실제다(Seels & Rickey, 1994).

교육공학은 교육의 전 영역에 걸쳐서 발생할 수 있는 교수-학습과정의 문제점을 과학적이고 체계적으로 해결하려는 통합적이고 체제적인 과정으로 정의할 수 있다.

2. 교수설계

교수-학습 활동이 보다 효과적이고 효율적으로 이루어질 수 있도록 교육프로그램 혹은 교수체제를 분석 및 설계, 개발, 활용, 관리, 평가하는 것.

- ADDIE 모형
- 딕(W. Dick)과 캐리(L. Carey)의 체제적 교수설계모형
- 켈러(Keller)의 교수설계모형: ARCS 모형
- 라이겔루스(Reigeluth)의 교수설계모형: 정교화 이론(Elaboration Theory)
- 메릴(Merrill)의 교수설계모형: 내용요소제시이론(Component Display Theory)

3. 교수매체

교수·학습과정에서 특정 교수목적을 달성하려고 교수자와 학습자 간의 상호작용을 통해 교수-학습에 필요한 의사소통이 효과적으로 발생하도록 도와주는 다양한 형태의 수단이나 매개물.

4. 컴퓨터 활용과 디지털 교육환경

컴퓨터 활용교육, 멀티미디어학습, ICT활용교육, 원격교육, 웹기반교육, 이러닝 등

5. 최근 동향

- 모바일 러닝(m-Learning)의 활용: 모바일의 교육적 활용(wireless: 무선랜)
- 스마트 러닝(Smart Learning)의 활용: 스마트 매체의 교육적 활용
- R-Learning의 활용: robot의 교육적 활용(영유아를 위한 교육)
- 미디어 리터러시, 미디어교육, 컴퓨터 리터러시

주관식 기출 및 예상문제

문제 1 교수설계의 중요성이 나날이 강조되고 있다. Dick & Carey가 제시한 10단계 교수설계모형에 대해 설명하시오.

모범답안

Dick & Carey의 교수체제설계 모형은 체제 접근에 입각하여 교수설계, 교수 개발, 교수 실행, 교수 평가의 과정을 제시하는 대표적인 모형이다. 10단계로 구성되어 있으며 각 단계에 대해 설명하면 다음과 같다.

(1) 교수목표 설정단계는 학습자가 학습 완결 후 결과로서 무엇을 기대할 수 있는가를 결정하는 과정으로 최종 교수 목표는 교과의 학습 목표나 또는 요구분석의 결과 등으로부터 추출된다. (2) 교수분석 단계는 교수 목표가 정해진 뒤에 그 목표가 어떤 유형의 학습인가를 결정하는 과정이며 그 목표를 성공적으로 학습하기 위해서 학습자가 학습해야 하는 하위 기능을 분석하는 것이다. 보통 학습영역에 따라 언어정보는 군집분석, 지적기능은 위계분석, 운동기능은 절차분석, 태도는 통합적 분석을 통해 교수분석을 한다. (3) 학습자 및 환경 분석은 교수 활동 설계에 중요하게 고려되어야 할 사항인 학습자들의 역량이나 구체적인 특성을 살펴보는 과정이다. (4) 수행목표 진술은 교수 프로그램의 학습 결과로서 학습자가 행동으로 보여줄 수 있는 것이 무엇인가를 구체적으로 진술하는 과정이다. 이렇게 진술된 성취목표는 나중에 평가를 위한 준거 기준이 된다. (5) 평가 도구 개발은 학습자가 최종목표에 얼마나 도달하였는가를 측정할 수 있는 검사 문항을 개발하는 과정으로 검사 문항과 최종목표에서 진술한 성취 행동이 반드시 일치하고 있어야 한다. (6) 수업 전략 수립은 최종 목표를 성취하기 위해 학습의 전달 방법과 전달 매체를 결정하고 특히 제시되어야 할 학습 사태를 결정하는 것이다. (7) 수업 자료 개발은 앞서 고안한 교수 사태를 가장 효과적으로 전달하기 위한 교수 자료를 제작하거나 기존의 자료를 선택하는 과정이다. 여기서 교수 자료란 메뉴얼, 평가 자료, 교사 지침서 등을 포함한다. (8) 형성 평가 설계 및 실행은 교수 프로그램의 초고가 완성되면, 교육 프로그램의 질을 개선하기 위한 일련의 평가가 실시된다. 일대일 평가, 소집단 평가, 현장 평가와 같은 유형의 평가가 실시되어 설계한 교수 프로그램을 개선하는 데 사용될 수 있는 다양한 정보를 확보하게 된다. (9) 교수 프로그램 수정은 형성 평가의 결과를 토대로 교수 프로그램을 재검토하여 대다수의 학습자에게 최적화된 완벽한 프로그램을 제공하는 것을 목표로 하고 있다. (10) 총괄 평가 설계 및 실행은 교수 프로그램의 효과를 총체적으로 알아보는 평가 과정으로 교수 프로그램의 절대적 혹은 상대적 가치를 평가한다.

이와 같이 Dick & Carey의 교수체제설계 모형은 교수설계 단계를 세부적으로 나누어 쉽게 또 상세히 잘 안내하고 있으며, 교사들이 수업을 설계하는데 많은 아이디어와 지침을 제공하고 있다. 이를 통해 수업설계를 하게 되면 체제적이고 체계적으로 수업을 설계할 수 있으며 긍정적인 학습효과를 기대할 수 있다.

모범답안

　켈러는 수업의 효과가 동기(motivation)와의 밀접한 관련이 있음을 강조하면서 수업의 효과를 극대화하기 위해서는 학습동기를 수업시간 내내 지속적으로 유지할 수 있는 체계적이고 구체적인 접근 방법이 필요하다고 주장하면서 주의(Attention), 관련성(Relevance), 자신감(Confidence), 만족감(Satisfaction) 네 가지 요소를 제시한 바 있다. 각 요소에 대해 설명하면, 첫째, 주의(Attention)는 학습자의 호기심과 관심을 유발/유지시키는 역할을 수행하는 요소로 학습동기가 유발되고 유지되기 위한 필수요건에 해당된다. 둘째, 관련성(Relevance)은 학습과제를 학습자의 개인적 흥미나 삶의 목적과 관련시켜주면 동기가 유지, 유발될 수 있다는 것이며, 보통 친숙한 사례를 제공하는 경우가 많다. 셋째, 자신감(Confidence)은 동기유발 및 유지를 위해서는 학습자는 학습에 재미와 필요성을 느껴야 하는데 이에 덧붙여 성공의 기회를 통해 자신감을 가질 수 있게 해야 한다. 학습자 스스로 노력하면 성공할 수 있다는 자신감을 심어주는 것이 필요하다. 넷째, 만족감(Satisfaction)이다. 이는 학습자의 노력의 결과가 그의 기대와 일치하고 학습자가 그 결과에 대해 만족한다면 학습동기는 유지될 것이라는 관점에서 필요한 요소이다. 만족감은 일단 유발된 동기를 계속 유지시키는 역할을 한다.

　각 요소의 특징에 따라 교실 현장에 적용할 수 있는 실제적인 전략들에는 다음과 같은 것이 있다. 첫째, 주의(Attention)의 하위 전략으로는 시청각 매체, 새롭고, 놀라운 것, 기존의 것과 모순되는 정보를 사용함으로써 학습자의 주의를 획득하는 지각적 주의환기 전략, 질문이나 문제해결 등을 통해 학습자의 호기심과 탐구심을 자극하여 학습에 대한 기대감을 갖게 하는 탐구적 주의환기 전략, 정보제시, 연습, 토론 등 수업의 요소를 변화시킴으로써 학습자의 흥미를 지속시키는 다양성 추구 전략이 있고, 둘째, 관련성(Relevance) 하위 전략으로 친밀한 이름, 인물, 그림 등을 사용하거나 친숙한 배경 지식을 이용하여 학습자의 경험과 수업내용을 연결하는 친밀성 전략, 학습목표와 미래의 실용성과의 관계를 설명해 주거나 학습과정 중에서 필요와 동기와의 부합성을 인식시켜 줌으로써 학습자의 성취욕구와 소속감의 욕구를 충족시킬 수 있도록 유도하는 전략이 있다. 셋째, 자신감(Confidence) 하위 전략으로는 학습목표 및 평가기준을 명확하게 제시해 주거나 쉬운 내용부터 어려운 내용으로 수업을 조직하는 등 수업의 적정한 난이도를 조정하고 학습이 어느 정도 이루어진 다음에는 다양한 연습, 적용의 기회를 제공할 수 있으며, 학업 성취가 운이나 과제의 쉬움에 의한 것이 아니라 개인의 내적 요인(능력, 노력)에 의한 것임을 부각시켜 자신감을 높여줄 수 있다. 마지막으로 만족감(Satisfaction) 하위 전략으로는 학습이 끝난 후 습득한 지식을 실제 또는 모의 상황에 적용해 볼 수 있는 기회를 제공하여 만족감을 높여줄 수 있고, 바람직한 행동을 계속 유지할 수 있도록 강화와 피드백을 제공함으로써 긍정적인 결과를 강조해 주며, 수업내용을 학습목표와 일관성 있게 제시하고 학습한 내용과 평가 문항을 일치시키는 등 학업성취에 대한 기준과 결과가 공정하게 유지시켜 주는 전략을 활용할 수 있겠다.

문제 3 정보화시대로 접어들면서 교실현장에서는 교육매체를 활용한 수업의 비중이 늘어나고 있다. 교육매체에 중점을 두고 학교 현장에 많이 활용되고 있는 ASSURE모형의 각 단계에 대해 설명하고, 이 모형의 특징을 두 가지 이상 기술하시오.

모범답안

　ASSURE모형은 학습자 분석(Analyze learners), 목표 진술(State objectives), 매체와 자료의 선정 (Select media and materials), 매체 및 자료 활용(Utilize media and materials), 학습자 참여 유도 (Require learner participation), 평가와 수정(Evaluation and revise)이라는 6단계로 구성되어 있다.

　(1) 학습자 분석 단계에서는 연령, 학년, 직업, 지위, 문화적 혹은 사회경제적 요인과 같은 학습자의 일반적 특성, 출발점 능력(학습할 주제에 대한 사전 지식, 기술 및 태도) 및 학습자의 학습 양식을 분석한다. (2) 목표 진술 단계에서는 가능한 한 자세하게 학습자가 학습을 마친 후의 행동을 진술해야 한다. 학습자들이 도달해야 할 목표지점은 어디이며, 어떠한 새로운 능력을 발휘해야 하는지를 진술하는 것이다. (3) 매체와 자료의 선정 단계에서는 수업 목적을 달성할 수 있도록 적절한 매체 및 자료를 선정한다. 즉, 어떤 수업 방법을 선정할 것인지, 어떤 매체를 사용할 것인지, 그리고 매체와 교수 방법을 실행하기 위해 어떠한 교재들을 활용할 것인지를 결정해야 한다. (4) 매체와 자료의 활용 단계에서는 효과적인 활용을 위해서는 자료를 사전에 점검하고 실행을 연습해 보며 교실 배치와 필요한 기자재나 시설을 준비한다. (5) 학습자 참여 유도 단계에서는 학습자들이 목표로 하는 지식이나 기능을 연습할 수 있는 기회를 토론, 퀴즈, 적용 연습 등 다양하게 제공하고 학생들의 활동에 대하여 피드백을 제공한다. 마지막으로 (6) 평가와 수정 단계에서는 학습자가 성취한 정도를 평가할 뿐만 아니라 수업에 활용된 학습 방법과 매체에 대해 학습자가 가치 있었는지를 평가하고 평가 결과에 따라 수정과정을 거치게 된다.

　ASSURE모형은 교수-학습과정에서 교수매체를 선정하고 활용하기 위해 고안된 모형이며, 매체를 활용하기 위한 절차를 제시해 줌으로써 교사가 교육현장에서 쉽게 활용할 수 있는 실천적인 모형이라 할 수 있다.

C·H·A·P·T·E·R

09 생활지도와 상담

▶ 한 눈에 보는 핵심요점

중점 주제	개요 및 학습주안점	세부학습 포인트	다른 교육학 이론과의 연관성
1. 정의 및 개념	생활지도와 상담의 가장 기초가 되는 부분이며, 상담과 유사한 개념을 비교하는 영역에 초점을 두고 학습한다.	생활지도 개념, 목표, 과정	교육심리
		상담의 정의, 과정, 구조화, 상담 관계, 비밀보장	
		심리치료의 정의 및 특징	
2. 심리검사의 의미 및 활용	학생이해 활동의 하나의 과정으로 실제 상담에 있어 유용하게 사용할 수 있는 검사도구를 이해, 활용방법을 학습한다.	표준화검사	교육심리
		비표준화검사	
3. 문제영역별 부적응 학생지도	학교현장에서는 학교 내 많은 학생들에게 영향을 주고 있는 학교생활 부적응을 문제 영역별로 이해하고 각 영역별 지도방안을 학습한다.	학업문제(학습부진)	교육심리
		정서부적응 개념 및 지도	
		사회부적응(비행)	
4. 부석응행동 이해를 위한 상담 이론 및 기법	각각 이론의 특징과 주요개념을 바탕으로 학생의 부적응행동을 이해하고 이를 위한 개입으로 각 이론별 주요기법을 중점적으로 학습한다.	정신분석상담	휴머니즘(인문주의) 교육관, 교육심리(학습이론), 교수공학(학습)
		인간중심상담	
		행동주의상담	
		인지행동상담	
		아들러 개인심리상담	
		현실요법상담	
5. Holland 성격유형	성격유형별 진로상담의 목표 및 진로지도방안을 학습하고 집단상담 프로그램과의 연계를 이해한다.	여섯가지 성격유형, 일치성, 변별성, 일관성 및 장단점	교육심리
6. 인성교육 및 프로그램	현 학교교육에서 인성교육의 필요성 및 인성교육 활성화를 위한 학교급별 인성교육 프로그램을 학습한다.	인성교육의 중요성 및 내용	교육심리, 교육철학
		자아탐색, 대인관계향상, 정서 및 행동문제 개선	

1. 서 론

생활지도, 상담, 심리치료는 일종의 획을 그어 구분될 수 있는 전혀 별개의 것이 아니라, 서로 중첩되는 부분이 있어 다소 유사한 부분이 있으나, 각 영역의 활동이 무엇을 초점으로 누가 그리고 어디서 하느냐에 따라 구분될 수 있다. 생활지도는 모든 학생들을 대상으로 자신 및 주변 세계에 대한 이해를 통해 일상생활에서 직면하는 다양한 문제들을 스스로 해결하고 적응할 수 있도록 돕는 조력활동이다. 반면, 상담은 생활지도의 주요활동의 하나이지만, 상담은 문제가 있거나 적응에 곤란을 느끼는 내담자를 중심으로 한 구체적인 심리적 조력활동이기에 방법과 과정에 있어 차이가 있다. 즉, 생활지도는 정보제공이나 조언의 성격이 강하고, 상담은 변화나 문제해결 혹은 치료의 성격이 강하다. 한편, 심리치료의 경우 인간의 심리적인 문제들을 의학적인 모형에 입각해 성격구조 변화 및 무의식적 문제를 다루는 것에 비중을 둔다. 생활지도, 상담, 심리치료를 좀 더 구체적인 내용별로 살펴보면 다음과 같다.

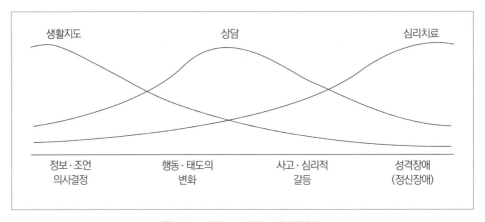

◆ 생활지도, 상담, 심리치료의 영역비교 ◆

2. 생활지도

(1) 생활지도 개념(정의)

생활지도란 가이던스(guidance)를 번역한 말로서 가르치다(direct), 안내(pilot), 관리(management), 조정(steering) 등의 의미를 갖고 있으며 거의 모든 교육적 활동 영역(직업, 건강, 여가, 사회성, 인성 등)을 포괄한다. 즉, 생활지도는 모든 학생들을 대상으로 일상생활에서 직면하는 다양한 문제들을 스스로 해결하고 적응할 수 있도록 돕는 조력활동이며 예방적 기능을 갖는다. 궁극적으로, 이는 학생들의 잠재적 가능성을 발견하고 독립적이고 자율적이며 책임감 있는 성숙한 성인으로써의 성장과 발달을 촉진한다.

(2) 생활지도의 목표와 내용

생활지도는 학생들의 전인적 세계시민으로서의 성장, 예방, 예방을 위한 필요한 능력 중 하나인 문제해결력의 신장, 그리고 미래의 준비를 목표로 한다. 한편, 생활지도의 기본영역은 학생들의 생활 전반을 포함하는, 학업, 진로, 여가, 성격, 사회성, 그리고 건강지도로 나누어진다. 한편, 기능에 따른 생활지도의 주요활동에는 학생에 대한 필요한 자료를 수집하는 학생이해활동(학생조사활동), 학생들에게 자료와 정보를 제공해주는 정보활동, 생활지도의 중핵적 활동인 상담활동, 학생의 능력에 맞는 환경에 위치시키는 정치활동, 그리고 상담 혹은 정치활동 이후 적응 상태를 알아보는 추후(추수)활동 (follow-up service)이 있다.

3. 상 담

(1) 상담의 정의

상담이란 도움을 필요로 하는 사람(내담자)이, 전문적 훈련을 받은 사람(상담자)과의 관계에서, 사고, 감정, 행동 측면의 변화를 촉구하고, 스스로의 힘으로 문제를 해결하며, 합리적인 의사결정을 함으로써 인간적인 성장을 추구하는 과정이다.

(2) 상담과정

가. 상담의 구조화

상담의 구조화는 내담자와 상담자 간에 상담에 대한 기본적인 기대를 맞추어 나가는 과정으로 상담 관련 정보, 상담관계 설명, 그리고 비밀 보장 등이 포함된다. 상담은 분명하게 정의하거나 그 과정을 예측하는 것이 아니다. 하지만, 상담관계의 일반적 원칙 혹은 단계 및 과정 등을 내담자가 알면 상담에 대한 잘못된 기대나 혼란, 불안을 줄일 수 있으며, 이를 통해 내담자는 자신의 상담 과정이 어떻게 진행되는지, 상담자가 어떤 사람인지 등을 분명히 이해할 필요가 있다.

나. 상담관계

상담관계는 상담 장면에서 내담자의 변화와 성장을 위해 기본 전제가 되는 관계이며, 상담의 효과에 영향을 주는 중요한 요소이다. 즉, 내담자의 변화와 성장은 내담자가 상담이 안전하다고 느끼면서 솔직하게 자신의 내면을 표현할 수 있는 편안하고 신뢰로운 분위기, 촉진관계에서 시작된다. 한편, 상담자들은 전문적 판단을 흐리게 하거나 내담자를 이용할 위험을 줄이기 위해 내담자와의 이중관계 (즉, 상담자와 내담자가 상담관계를 포함하여 이중으로 관계를 맺는 것)를 피하도록 노력해야 한다.

(3) 주요기법

가. 경청

상담을 성공적으로 이끄는 주요요인으로 내담자의 말과 행동에 상담자가 선택적으로 주목하는 것. 즉 "적극적인 경청"이란 단순히 내담자가 이야기하는 스토리만을 듣는 것이 아니라 그 이야기 속에 들어있는 내담자의 내적인 상태(생각과 정서, 감정)를 파악하면서 듣는 것을 말한다.

나. 반영

내담자가 말과 행동에서 표현된 감정, 생각 및 태도를 상담자가 다른 참신한 말(가능한 한 다른 말)로 부언해주는 것이다. 내담자의 자기이해를 도와줄 뿐만 아니라, 내담자로 하여금 자기가 이해받고 있다는 인식을 갖게 된다. 반영을 할 때 내담자가 말로 표현한 수준이상으로 들어가지 않도록 한다.

다. 명료화

내담자의 말 속에 내포되어 있는 뜻을 내담자에게 명확하게 말해 주는 것이다. 단순한 재 진술이 아니라 내담자의 실제 반응에서 나타난 감정 또는 생각 속에 암시되었거나 내포된 의미를 내담자에게 보다 분명하게 말해 주는 것이다.

라. 직면

내담자가 모르고 있거나 인정하기를 거부하는 생각과 느낌에 대해서 주의를 집중시키는 것. 즉, 내담자의 말과 행동이 일치하지 않을 때, 혹은 자신에 대한 그릇된 감정, 특히 현실의 경험과 일치되지 않는 감정을 직접적으로 솔직하게 지적해 줌으로써 스스로 자각하게 돕는 것이다.

마. 해석

내담자가 자기의 문제를 새로운 각도에서 이해하도록 그의 생활 경험과 행동의 의미를 설명해 주는 것이다. 해석을 하는 데 있어 중요한 부분은 해석의 시기이다. 즉, 내담자가 거의 깨닫고는 있으나 확실하게 개념화하지 못하고 있을 때 적절하다.

바. 공감적 이해

내담자의 내면세계에서 진행되는 심층적인 경험내용을 상담자가 정확히 이해하고 의소통하는 것을 의미하며 동감이나 동정과는 다르다. 상담자는 내담자를 이해하고 있다는 사실을 구체적인 말로 표현하여 직접 전달해 주어야 한다.

사. 질문

질문에는 개방형 질문과 폐쇄형 질문이 있다. 상담에 있어, 가능한 폐쇄적 질문을 삼가고 개방적 질문을 하도록 해야 한다.

아. 즉시성

상담자가 지금—여기 입장에서 내담자에게 반응하는 것으로, 상담관계에서 상담자와 내담자 간의 즉각적인 상호작용을 말한다.

4. 심리치료

신경증(neurosis)이나 성격장애(personality disorder)와 같이 비교적 심각한 정신장애를 병원 혹은 전문 상담센터에서 다루는 활동이다. 심리치료의 대상은 환자가 되며 증상에 초점을 둔다. 즉, 증상을 제거, 수정, 완화하고 장애 행동을 조정한다는 점에서 상담과 차이가 있다. 궁극적으로 성격의 재구성, 무의식적 동기 통찰 및 심층적 문제해결에 초점을 둔다.

1. 서 론

과학적이고 체계적인 학생조력 활동으로 학생 개개인에 대한 객관적인 자료와 정보를 수집하는 활동으로 심리검사가 있다. 이와 같은 활동은 학생 개개인에 대한 좀 더 깊은 이해와 함께 도움을 필요로 하는 학생을 사전에 파악하여 도움을 제공할 수 있다는 점에서 의의가 있다.

학생평가는 학생들이 서로 다르다는 점, 즉 개인차가 있다는 기본적인 가정하에 실시된다. 즉, 학생의 적성, 흥미, 포부, 성격 혹은 잠재능력을 측정하고 파악하는 것이고, 이를 통해 학생 개개인에 대한 이해의 폭을 넓혀주고, 학생의 요구와 관심을 파악하는 데 도움을 주며, 체계적 정치 활동과 추수지도 프로그램의 조직 및 계획에 필요한 정보를 제공한다.

2. 표준화 검사

표준화 검사는 인간행동의 표본을 객관적으로 측정하려는 심리 검사이다. 검사의 실시, 채점, 그리고 해석에 있어서 동일한 절차와 조건을 갖추고 있고, 규범이 있어서 동일한 조건에 있는 사람들과 상대적인 비교를 할 수 있는 측정도구를 말한다. 즉, 검사실시에 있어 지시사항, 검사시간, 학생 질문에 대한 대답 방법은 물론 채점과 해석방식 등과 같은 세부사항들이 모두 동일해야 한다. 한편 표준화 검사는 심리측정과 측정 대상이 되는 심리적 특성에 관한 전문 지식을 가진 전문가가 관련 이론과 선행 연구 결과에 기초해서 표준화된 절차를(표준화된 표본(standardized sample)으로 선발된 집단을 대상으로 검사를 실시하고 자료를 수집함으로써) 통해 제작된다. 표준화된 검사의 종류에는 지능검사, 적성검사, 성취검사, 흥미검사, 또는 성격검사 등이 포함된다.

3. 비표준화 검사

비표준화 검사 또는 질적 평가란 표준화되지 않은 도구, 즉 검사 제작과정을 설명하는 통계자료가 없는 검사도구이다. 대표적인 도구인 관찰이 있고, 특히 질적 관찰은 관찰자의 소견과 인상을 수집하여 관찰내용을 표준화된 점수체계로 변환하거나 특정 행동의 빈도를 계산하는 활동을 수반한다. 한편, 학생들을 관찰한 것에 대한 의견을 나누어 학생 개개인의 행동에 관한 서술적 정보를 상담자는 얻을 수 있으며, 이는 상담에서 중재 효과를 판단하기 위한 정보를 제공한다. 이와 같은 비표준화 검사는 학생의 연령, 읽기수준, 그리고 환경에 따라 달리 적용되며, 질적 평가자료 수집을 위해 관찰 외에도 일화기록, 평가척도, 점검표, 그리고 질문지 등과 같은 전략이 사용된다.

1. 학업문제 및 학습부진

(1) 학업관련 변인

가. 인지적 요인

학생의 지능 혹은 인지능력의 부족이 학업문제와 관련이 있을 수 있다. 또한 과거 학습의 실패의 누적으로 인한 선수학습 결손의 영향을 고려할 때 선수학습 수준을 파악하는 것이 학업 문제의 원인을 밝혀내는 데 도움이 된다.

나. 정서적 요인

학업문제와 관련하여, 학습자가 학습활동의 목적과 필요성을 정확하게 파악하지 못하는 것과 같은, 낮은 수준의 학습흥미와 동기가 중요한 역할을 한다. 또한 학습에 관한 여러 가지 방법과 기술이 부적당한 학습습관, 학습에 대해 자기 자신의 능력을 긍정적으로 생각하지 못하는 부정적인 자아개념 등이 영향을 미친다.

다. 환경적 요인

학습에 중요한 환경적 요인으로는 가정과 학교 및 또래, 그리고 지역사회 환경 등이 있다. 부모자녀 간 혹은 형제간에서 파생될 수 있는 갈등, 냉대, 지나친 기대 등에서 나오는 가정의 갈등 또는 파괴, 가정의 낮은 사회 경제적인 지위 등이 학생들의 학습부적응의 원인이 될 수 있다. 또한, 학생의 전·입학, 또래관계 혹은 교사−학생 간의 관계가 좋지 않은 것이 원인이 될 수 있다.

(2) 지 도

학업문제 중 인지적 요인(지능 및 선수학습의 결손)의 문제를 해결하기 위해서는 학업 관련 검사(지능, 학업기초능력검사)를 통해 학업곤란의 원인을 보다 명확하게 파악하는 과정이 요구되며, 이 과정을 통해 학생의 학업관련 강점과 약점을 찾아내서 취약점을 보완하고 강점을 활용하는 계획을 세우도록 한다. 한편, 공부방법의 비효율성이나 선수학습의 결핍을 제외하고 학업 부진의 원인은 복잡하다. 따라서 공부향상 프로그램이나 보충교육을 실시함과 동시에 상담을 병행함이 효율적이다. 한편 문제의 성격에 따라 상담전략(기법)이 다르게 제공되어야 한다. 예를들어, 부모와 교사와의 관계 혹은 불만이 학업부진에 영향을 미쳤을 경우, 대인감정(불만의 구체적 이유)와 대인행동(불만표출방식)을 분석하고 새로운 대안행동을 학습하는 상담이 요구된다. 또한, 시험불안의 경우, 체계적 둔감법, 이완법, 그리고 불안유발 인지에 대한 탐색과 변화 등이 상담에서 사용되어 진다.

2. 정서부적응

(1) 개 념

감정조절과 행동표현에 어려움이 있어 감정이 극단적으로 흐르거나 부적절한 상태가 지속됨을 경험하는 학생이다. 아동기의 경험을 통해 정상적인 청소년들은 어느 정도 기복이 있어도, 기본적인 정서(즐거움, 슬픔, 분노와 평화, 안정과 불안정, 불안과 공포 등)를 통제할 수 있는 능력이 생긴다. 하지만, 특별히 외부적인 상황이 문제가 없음에도 불구하고, 정상 범위 내의 변화와 평형이 깨지고 이유 없는 부정적인 정서를 지속적으로 경험한다.

(2) 지 도

문제는 복잡한 현상으로 한 가지 증상의 원인도 다양한 종합적 진단이 필요하다. 또한 각 문제별 사례에 대한 개별적인 해결 시도가 필요하며, 해결의 열쇠는 학생이 가지고 있다는 것을 명심해야 한다. 또는 지도할 때 학생에 대한 공감적인 이해가 필요하다. 종합해 볼 때 교사의 지지적, 수용적, 치료적 역할과 학생이 하나의 인간으로서 성장 그리고 발달할 수 있는 존재로 보는 긍정적인 역할도 필요하다.

> 생활지도와 상담 논술예제 **❶-1** 다음은 A고등학교의 최 교사가 작성한 성찰 일지의 일부이다. 일지 내용을 바탕으로 철수의 학교 부적응 행동의 원인을 청소년 비행이론에서 2가지만 선택하여 설명하고, 철수의 학교생활 적응을 향상시키기 위한 상담 기법을 2가지 관점(① 행동중심상담, ② 인간중심상담)에서 각각 2가지씩만 논하시오. 그리고 최교사가 수업 효과성을 높이기 위하여 선택한 2가지 방안(① 학문중심교육과정 이론에 근거한 수업전략, ② 장학활동)에 대하여 각각 논술하시오.

3. 사회부적응: 비행

(1) 비행에 관한 이론

가. 낙인이론

행동 그 자체가 비행행동이 아니라, 사람들이 특정행동을 '일탈행동', '비행행동'으로 낙인을 찍음으로써 정상행동도 비행행동이 된다는 것이다. 즉 A와 B라는 아이가 동일한 특정 행동을 했을 때 C와 D교사에게 각각 적발되었다고 하면, 교사의 가치관에 따라 A는 징계를 받고, B는 격려를 받을 수 있다. 이 때 A는 비행청소년으로 낙인이 찍히게 되고, 낙인이 찍히면 비행행동이 강화가 된다는 것이다.

나. 차별접촉이론

Edwin Sutherland와 D.R. Cressy 등은 일탈행동은 사회적으로 학습된 행동이라는 이론을 처음으로 체계화시켰다. 이런 생각을 범죄행동에 적용시킨 Sutherland는 '차별접촉이론'이라 부르는 이론을 만들었다. 차별접촉이론의 핵심을 한마디로 말하면, 범죄행위도 일반행위와 마찬가지로 타인으로부터 배운다는 것이다. 그런데 배우는 내용은 비행의 기술(범행기법)뿐만 아니라 비행(범행)에 대한 태도도 포함된다. 이에 대한 구체적인 내용을 살펴보면 다음과 같다.

① 비행은 유전적으로 결정되는 것이 아니라 학습된 것이다.
② 비행은 언어(말)와 동작(행동) 등의 의사소통과정에 의한 타인과의 상호작용을 통해 학습된다.
③ 비행에 대한 학습의 주요부분은 친밀한 사적 집단(친구)을 통해서 이루어진다.
④ 비행이 학습될 때 비행의 기술(범행기법)뿐만 아니라, 비행에 대한 태도·동기·합리화까지도 학습된다.
⑤ 비행의 동기는 법과 규범을 냉소적으로 보는 분위기를 통해서 학습된다.
⑥ 차별적 접촉의 정도는 그 빈도·지속기간·강도·우선성(priority)에 따라 달라진다.
⑦ 차별적 접촉에 의한 비행의 학습원리는 다른 정상적인 행동의 학습원리와 같다.

다. 사회통제이론

비행 청소년이 정상 청소년과의 비행 성향에 있어서는 차이가 없다. 즉, 사람은 누구나 모두 비행 성향을 지니고 있기 때문에 비행 성향이 비행의 동기로 작용하는 것이 아니라 사회적인 유대관계가 약화됨으로써 비행이 발생된다는 관점이다. 즉, 사회 조직이 와해와 함께 규범의 통제력이 약화되거나 붕괴되면서 나타나는 행동을 비행행동이라 하며, 이때 통제력은 개인 내적 통제력과 학교, 부모 등의 외적 통제력으로 구분된다. 따라서 이런 내외적 통제력을 강화하면 비행행동도 조절할 수 있다고 보았다.

라. 문화일탈이론

범죄 또는 비행의 원인은 이를 지지하는 사람들과의 접촉을 통하여 발생한다는 관점으로서 차별교제이론에 영향을 주었다. 지배적인 문화와 다른 문화 속에 위치해 있는 하층청소년들은 지배적인 문화에 불만을 갖게 되며, 따라서 지배적인 문화보다는 자신이 속한 문화(비행 문화)의 가치와 신념에 따라 행동을 습득하고 행동을 하게 된다고 보았다.

마. 아노미 이론

목표를 지나치게 강조하면서도 그를 달성하기 위한 합리적 수단에의 접근가능성은 각 사람의 능력이나 사회계층에 따라 상이하기 때문에 목표와 수단 간의 괴리가 커지고 이때 아노미조건이 유발되어 분노와 좌절이라는 긴장이 초래되고 그 소망하는 목적을 달성하기 위하여 합법적인 방법으로 불가능한 경우에 수단의 합법성을 무시한 행동으로 나가게 되어 범죄나 비행이 발생하게 된다.

(2) 지 도

외형적 혹은 일시적인 변화보다 심리적인 변화가 이루어질 수 있도록 한다. 또한 환경의 변화 등으로 근본적인 치료를 실시하는 것이 바람직하며, 궁극적으로 예방적인 치료가 될 수 있도록 한다.

1. 정신분석상담

(1) 서 론

정신분석은 인간을 생물학적 존재, 갈등의 존재, 그리고 비합리적이고 결정론적인 존재로 본다. 특히, 인간의 과거, 초기 아동기 6세까지의 경험의 중요성을 강조하였으며, 이러한 어린 시절의 경험에 의해 인간의 성격구조가 형성된다고 보았다. 이런 의미를 바탕으로, 인간의 감정과 행동은 내적인 어떤 원인에 의해 미리 결정된다고 하였다. 또한, 인간의 마음의 대부분 무의식에 있고 이 무의식에 의해 인간의 행동이 동기화된다고 보았다. 따라서 정신분석학적 입장을 바탕으로 하는 상담과정에서는 인간의 표면적 문제에 관심을 가지기보다는 문제를 만들어 낸 원인에 관심을 두고 그 원인을 찾아서 제거하는 데 초점을 두고 있다. 즉, 무의식적 갈등을 의식화하고 자아를 강화하여 보다 현실적이고 적용적인 방식으로 대처하는 것을 목표로 한다. 상담과정에서는 떠오르는 대로 무의식적 갈등을 자유롭게 이야기하는 자유연상, 그리고 꿈을 통해 이러한 무의식을 의식화하여 자신의 행동을 이해하는 과정을 경험하도록 하였다. 이와 관련된 주요개념을 살펴보면 다음과 같다.

(2) 주요개념

가. 대표학자
프로이드(Sigmund Freud)이다.

나. 성격의 구조
정신분석에서는 성격이 원초아(id), 자아(ego), 그리고 초자아(superego)로 이루어져 있다고 보았다. 원초아는 쾌락의 원리에 따라 본능적 욕구를 만족시키고, 고통을 피하며, 긴장을 해소하고자 한다. 자아는 현실의 원리를 따르며, 원초아, 초자아 및 외부 세계 사이를 중재하며, 원초아의 충동을 견제하고 욕구를 만족시키기 위한 합리적인 행동을 계획한다. 한편 도덕적 원리를 따르는 초자아는 부모나 사회의 전통적 가치나 이상이 내면화 된 것으로 현실적 목표 대신 이상적인 도덕적 목표를 추구한다.

다. 심리성적 발달단계
Freud에 의하면, 성격은 심리성적(psychosexual) 발달단계를 거치는 동안 거의 형성된다. 심리성적 발달단계는 본능적 욕구 충족이 신체의 어느 부위에 집중되어 있는가에 따라 다음의 다섯 가지로 나누어진다.

① 구강기

출생부터 2살경까지이며, 심리적 에너지인 리비도가 입과 입술에 집중된다. 즉, 빠는 행위와 씹기를 통해 쾌감과 만족을 얻는다. 하지만, 이때 구강 만족이 좌절되면, 구강고착이 일어나며, 성격발달에 부정적인 영향을 미친다. 예를 들면, 음식물에 대한 지나친 집착, 과도한 흡연 및 음주, 지나친 의존적인 성격, 혹은 타인에 대한 비난이나 분노가 있다.

PART_3

② 항문기

2살부터 4살까지 정도이며, 심리적 에너지인 리비도가 입에서 항문으로 옮아가게 된다. 즉, 대변을 참거나 배설하는 행위를 통해 쾌락 및 정서적 충족감을 느끼게 된다. 따라서, 이 시기에 부모의 배변훈련에 따라 성격발달이 달라진다. 즉, 배변훈련이 너무 억압적이고 과도하면, 항문기 강박적 성격을 형성, 권위에 대한 불만, 고집, 보복, 지나친 결벽증, 인색한 성격 등으로 나타날 수 있다.

③ 남근기

4살부터 6살까지가 해당된다. 남아는 어머니를 애정 대상으로 아버지를 경쟁상대로 느끼며, 아버지가 자신의 성기를 거세할 것 같은 불안(거세 불안, castration anxiety)을 느끼게 된다. 이 시기의 아동은 동성의 부모에 대해서는 적대적 경쟁의식을 지니는 반면, 이성의 부모에 대해서는 애정을 발달시키게 된다. 남아의 어머니에 대한 애정을 오이디푸스 콤플렉스(Oedipus Complex)라고 하고, 여아의 경우에는 엘렉트라 콤플렉스(Electra Complex)라 한다. 이러한 갈등은 남아 여아 모두 부모에게 동일시(identification)함으로써 해결될 수 있다.

④ 정체기

6살부터 12살까지 정도의 청소년기에 이르는 시기로, 성적 호기심이나 성적 쾌감의 추구는 일시적으로 저하되어 무의식화 되고 정신적 에너지의 대부분은 학습과 사회화에 사용된다.

⑤ 성기기

12살 이상, 사춘기 이후의 시기이다. 이차성징이 나타나면서 이성에 대한 관심과 성적충동이 다시 증가되는 시기이다. 타인, 특히 이성과의 진정한 관계를 발달시킴으로써 사회화된 성인으로 성장한다.

라. 방어기제

자아가 욕구 충족의 과정에서 부딪치며 생기는 갈등을 적절히 다루지 못할 때 불안이 생기는데 이러한 불안이 무의식 수준에서 인간의 행동에 영향을 미치게 된다. 따라서, 자아(ego)가 합리적이고 직접적으로 불안을 조정하지 못하면, 자아 방어기제들, 예를 들어 부인, 투사, 합리화, 승화, 반동형성 외의 여러 기제들에 의해 조절하게 된다.

마. 상담의 목표 및 기법

정신분석상담에는 두 가지 목표가 있다. 첫째, 무의식을 의식화함으로써 개인의 성격구조를 수정하는 것이다. 둘째, 본능이나 초자아의 기능을 조절하며 현실에 맞게 행동하도록 자아의 기능을 강화시킴으로써 정신적 갈등을 해소하는 것이다. 한편, 무의식적 동기에 의해 유발되고 지속되는 정신적 갈등이나 부적응 행동을 수정하기 위해 자유연상, 꿈의분석, 해석, 그리고 전이의 기법들을 활용한다.

(3) 장·단점

가. 장점

최초로 심리학적 체계를 세웠으며, 인간은 개인이 인지하지 못하는 충동들에 의해 사고나 행동이 동기화된다는 사실을 밝혔다.

나. 단점

우선, 인간의 본능적 추동을 성과 공격적 에너지 두 가지로만 보았다는 점이다. 또한, 인간의 성격이 어린 시절 경험에 의해 결정되었다고 보며 인간을 결정론적이며 비합리적인 존재로 보았으며 인간의 자율성, 책임성 및 합리성을 무시하였다는 점이다.

> 생활지도와 상담 논술예제 ❶-2 다음은 A고등학교의 최 교사가 작성한 성찰 일지의 일부이다. 일지 내용을 바탕으로 철수의 학교 부적응 행동의 원인을 청소년 비행이론에서 2가지만 선택하여 설명하고, 철수의 학교생활 적응을 향상시키기 위한 상담 기법을 2가지 관점(① 행동중심상담, ② 인간중심상담)에서 각각 2가지씩만 논하시오. 그리고 최교사가 수업 효과성을 높이기 위하여 선택한 2가지 방안(① 학문중심교육과정 이론에 근거한 수업전략, ② 장학활동)에 대하여 각각 논술하시오.

2. 인간중심상담

(1) 서 론

칼 로저스(Carl Rogers)에 의해 창시된 인간중심상담은, 인간은 선하며 독특한 존재이며 근본적으로 자신의 문제를 스스로 해결할 수 있는 가능성과 잠재력을 가지고 태어났다고 보았다. 또한, 로저스(Rogers)는 모든 인간은 지지해주고 존중해주며 신뢰해주는 환경에서 자아실현을 할 수 있는 방향으로 성장해 갈 수 있다고 하였다. 인간중심상담은 단순한 기법이 아니라 인간이 타고난 성장능력에 관한 신뢰를 뒷받침하는 접근법으로 하나의 태도이고 철학이며 존재방식이다. 이 이론의 초기 명칭은 비지시적 상담이었는데, 발전하는 과정에서 내담자중심상담으로 불리웠고, 그 후 인간중심적 상담으로 명칭이 바뀌었다. 인간중심상담에서는 인간의 행동은 지금 그리고 여기에서 어떻게 생각하고 느끼느냐에 따라 결정된다고 보았다. 즉, 객관적 현실이 아닌, 지금 여기에서의 주관적인 경험세계에 초점을 두고 인간의 행동을 이해하려고 하였다. 로저스에 따르면, 인간은 누구나 긍정적으로 존중을 받고자 하는 욕구가 있다. 이러한 욕구는 부모 또는 사회의 가치조건에 의해 충족 혹은 결핍의 과정을 거치면서 자아개념으로 발달한다. 그런데, 사람들이 자신의 가능성과 잠재력을 발견하지 못하고, 외부

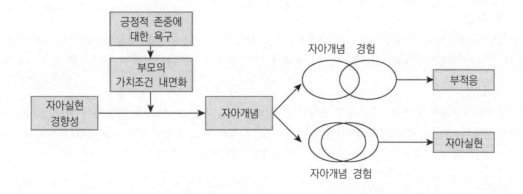

에서 주어진 가치의 조건에 맞추어 살게 될 때 부적응 및 심리적 문제가 생긴다고 보았다. 따라서 상담자는 내담자에게 아무런 가치의 조건도 부여하지 않고, 내담자를 있는 그대로 존중하고 수용함으로써 내담자에게 부여된 가치의 조건을 해제해 나갈 수 있도록 한다. 이를 통해, 궁극적으로 내담자의 가능성과 잠재력을 발견하고 자아실현을 할 수 있도록 돕는 것을 목표로 한다. 인간중심상담에서는 내담자의 성장을 돕기 위해 상담자가 갖추어야 할 세 가지 조건으로, 진솔성(솔직성), 무조건적인 긍정적 존중과 수용, 그리고 공감적 이해를 들고 있다.

(2) 주요개념

가. 대표학자
칼 로저스(Carl Rogers)이다.

나. 상담기법
① 진솔성(솔직성)

내담자의 경험에 대한 상담자의 반응으로, 상담자가 내담자와의 관계에서 감지되는 바를 왜곡하거나 부정하지 않고, 순간순간 경험하는 감정을 있는 그대로 솔직히 인정하고 표현하는 태도이다. 인간중심 상담에서 이야기하는 심리적 문제의 발생과 성장의 지연에 있어 이러한 진솔성은 자기와 경험 간의 불일치를 줄이는데 중요한 역할을 한다. 즉 자기개념과 들어맞지 않은 감정이나 경험을 있는 그대로 수용하지 않고 부인하거나 왜곡하는 내담자의 심리적 과정에 있어, 상담자의 진실하고 솔직한 태도는 내담자에게도 자신의 경험에 대해 진솔하게 접촉할 수 있는 거울이 될 수 있다.

② 무조건적인 긍정적 존중과 수용

상담자가 내담자를 그 어떠한 가치 기준도 적용하지 않은 채, 상담자가 내담자를 하나의 인격체로서 있는 그대로 수용하고 무조건적으로 존중해 주는 것이다.

③ 공감적 이해

상담자가 여기와 지금에서 나타나는 내담자의 감정과 경험을 민감하고 정확하게 느끼는 것이다. 즉, 내담자의 내면적 감정을 마치 상담자가 자신의 감정인 것처럼 느끼는 것을 말한다. 몸은 둘이지만 느끼는 감정은 하나인 것과 같다.

(3) 장·단점

가. 장점
상담의 초점을 기법 중심에서 상담관계중심으로 돌려놓아 상담을 모든 사람이 이해하고 활용할 수 있도록 기여하였다. 특히, 상담과정에서 경청과 반영을 통한 내담자 이해의 중요성을 강조하였다.

나. 단점
인간중심상담의 단점은, 지나치게 현상학에 근거하고 있다는 점이다. 즉, 개인에 의해 지각되는 주관적 경험의 장을 실제 세계로 본다는 점이다. 또한, 감정을 강조하지만, 인지적 요인을 무시하는 경향이 있다는 점과 개념이 너무 포괄적이고 모호하다는 단점 등이 있다.

3. 행동주의상담

(1) 서 론

행동주의상담에서는 인간을 선하거나 악한 존재로 보지 않고, 선과 악의 가능성을 모두 지닌 존재로 보고 있다. 즉, 인간의 본성은 백지(tabula rasa)와 같다는 로크(Locke)의 견해를 따라, 인간은 주위 환경과의 상호작용에 따라 선하게도 혹은 악하게도 될 수 있다고 본다. 행동주의상담은 인간의 행동이 환경과 함수관계를 맺고 있으므로 환경의 영향을 받는다는 전제에서 출발하였다. 즉, 행동주의 상담에서는 부적응 혹은 문제행동이 학습에 의해 획득되고 유지되는 것으로 가정, 빈약하거나 바람직하지 못한 강화를 받음으로써 부적응 행동이 학습된다고 보았다. 따라서 내담자의 행동 수정을 위해 학습의 원리를 적용한다. 상담자의 역할은 능동적이며 직접적이며, 조언자나 문제해결자의 기능을 담당하며, 내담자에게 보다 효과적인 행동을 가르치는 것에 초점을 둔다. 내담자의 문제 행동의 발생 원인을 파악하기 위해 과거를 탐색하기보다는 문제 행동을 지속시키는 강화 요인이 무엇인지를 파악 하는 데 초점을 둔다. 궁극적으로, 상담의 목표는 강화를 통해 부적응행동을 적응행동으로 변화시키고 학생들이 자신의 환경에 더 효과적으로 반응하는 방법을 학습하도록 돕는 것으로 한다. 행동주의상담에서는 다양한 기법들이 사용되고 있는데, Pavlov의 고전적 조건형성에 입각한 체계적 둔감법, 자기주장훈련, 탈조건화, 그리고 혐오치료 등과 Skinner의 조작적 조건형성에 입각한 강화, 토큰 경제(token economy), 그리고 모델링(modeling) 등이 있다. 이에 대한 구체적인 내용은 다음과 같다.

(2) 주요개념

가. 대표학자
왓슨(Waston), 밀러(Miller), 스키너(Skinner)이다.

나. 고전적 조건형성에 근거한 방법
① 체계적 둔감(탈감)법

올페(Wolpe)에 의해 체계적으로 발전된 방법으로 내담자의 스트레스, 불안, 공포증 및 기타 다른 장애 조건을 통제하도록 돕는 데 사용된다. 기본적인 방법은, 불안위계목록을 만들고, 내담자의 근육과 마음을 이완시키도록 가르친다. 이후, 불안위계목록을 작성하여 불안 강도가 낮은 것에서부터 시작해 점차 불안 강도가 높은 자극이나 상황을 상상하도록 한다. 이는 궁극적으로, 가장 심한 불안을 유발하는 상황을 아무런 불안 없이 머릿속으로 그려보고 경험할 수 있도록 하는 방법이다. 만약, 이 과정에서 내담자가 불안을 느끼면, 다시 이완을 하게 하고, 이완이 되면 다시 불안한 장면을 떠올리게 하는 작업을 반복적으로 실시함으로써 더 이상 그 장면에 불안해하지 않도록 한다.

② 자기주장훈련

대인관계에서 강화, 소거, 조형 등을 통해 자기 주장을 하게 함으로써 자기 주장을 이야기해도 타인으로부터 벌이나 불안이 동반되지 않는다는 것을 알게 해주는 것이다.

③ 탈조건화

약한 혐오자극을 강하고 좋은 자극과 짝지어 혐오자극에 의해 생기는 불안을 극복하게 하는 과정이다.

④ 혐오자극

행동변화를 위해 그 행동의 결과로 유발되던 즉각적인 만족을 고통스러운 혹은 혐오스러운 성질의 것으로 바꾸는 것이다.

다. 조작적 조건형성에 근거한 방법

① 정적강화

바람직한 목표행동을 했을 때 긍정적인 사건을 출현시켜 목표행동의 빈도를 증가시는 것이다.

② 부적강화

목표했던 바람직한 행동을 했을 때 아동이 싫어하는 자극을 제거해 주는 것으로, 지속적인 정적강화로 긍정적 보상물이 효과가 없을 때 활용할 수 있는 방법이다.

③ 행동조성

바람직한 행동에 근접한 행동을 했을 때 강화를 함으로서 새로운 행동을 유도하는 방법이다.

④ 소거

이전에 강화되었던 행동에 대해 강화를 줄임으로써 강화되었던 행동의 빈도를 감소시키는 것이다. 행동의 빈도를 감소 혹은 제거시켜 주지만, 효과가 점진적으로 나타나므로 빠르게 감소 혹은 제거가 요구되는 파괴적이거나 심한 방해행동에는 적합하지 않다.

⑤ 토큰경제

내담자가 적절한 행동을 할 때마다 스티커, 플라스틱 조각, 점수 등의 물건을 사용한 강화물이 토큰으로 주어지는 기법이다.

⑥ 벌

바람직하지 않은 행동 후에 혐오적인 사건을 출현시키거나 긍정적인 사건을 제거함으로써 바람직하지 않은 행동의 빈도를 감소시키는 것이다.

(3) 장·단점

가. 장점

구체적인 것에 초점을 맞추고 상담 기법에서 체계적인 방식을 취하였다. 또한, 내담자 행동을 변화시키려고 개개인에 맞는 구체적이고 다양한 행동 전략을 사용하였으며 이러한 문제중심적인 관점이 다른 상담 체계들을 과학적 방향으로 이끌 수 있는 자극을 제공했다. 또한, 실험연구와 상담 결과에 대한 평가를 통하여 상담을 과학적으로 이끌었다.

나. 단점

상담과정에서 내담자의 감정과 정서의 역할을 강조하지 않았다는 점과 문제해결과 상황처치만을 지나치게 강조하였기에 내담자의 말을 충분히 듣지 못했다는 점이다. 따라서 내담자 문제에 대한 통찰이나 심오한 이해에 있어 한계가 있다.

4. 인지행동상담

(1) 서 론

인지행동상담은 인간을 합리적이고 올바른 사고뿐만 아니라, 동시에 비합리적이고 올바르지 못한 사고를 할 수 있는 잠재성을 가지고 태어난 존재로 본다. 인간의 여러 측면 중 인지(사고 또는 생각)가 우선적이며 제일 중요하다는 입장을 가진다. 따라서 사람들의 감정과 행동은 어떻게 생각하느냐(인지)에 따라 달라질 수 있다고 보았다. 즉, 부적응 혹은 심리적 문제를 해결하는 가장 효율적인 방법은 그 사람의 생각을 변화시키는 것이다. 인지행동적 상담의 대표적인 이론인 엘리스와 벡의 상담내용 및 방법을 구체적으로 살펴보면 다음과 같다.

(2) 주요개념

가. 합리적 정서행동치료(Rational Emotive Behavior Therapy: REBT)
① 대표학자
엘리스(Albert Ellis)이다.
② 개요

합리적, 정서적, 행동 치료(Rational Emotive Behavior Therapy: REBT)는 부적응 혹은 정서적 문제를 겪는 이유가, 생활사건 그 자체가 아니라 그 사건을 지각하고 받아들이는 방식이 잘못되었기 때문이라고 하였다. 즉, 왜곡된 기존의 생각들 그리고 비합리적인 신념들 때문에 부적응적인 정서와 행동을 경험하게 된다고 하였다. 이와 같은 전제를 기본으로, Ellis는 비합리적 신념으로 인해 부적응적인 정서와 행동을 보이는 개인의 합리적 정서치료에 의해 변화하는 과정을 ABCDE 이론으로 제안하였다. 궁극적으로, 엘리스의 REBT에서는 내담자로 하여금 비논리적이고 비합리적인 신념과 태도를 버리고 논리적이고 합리적인 신념을 갖도록 돕는 것을 목표로 한다. 한편, 상담과정에서는 비합리적 신념을 논박을 통해 합리적 신념으로 바꾸도록 하며, 그 외의 기법으로는 인지적 과제 부여와 수치심 공격하기 등이 있다.

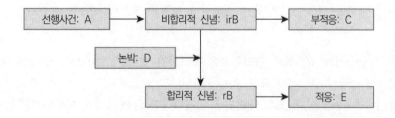

나. 벡(Beck)의 인지치료
① 대표학자
아론 벡(Aaron T. Beck)이다.
② 개요
인지치료이론에 따르면, 인간의 부적응 혹은 심리적 문제는 스트레스 사건을 경험했을 때, 자동적

으로 떠오르는 부정적인 내용의 생각들로 인해 발생하는 것이라고 보았다. 한편, 이러한 자동적 사고는 세상을 살아가는 과정에서 삶에 대한 이해와 틀을 형성한 인지도식에 의해 생긴다고 보았다. 즉, 인시도식이 부정적인 내용들로 이루어진 역기능적 인지도식이라면 심리적 문제에 매우 취약하기 쉽다고 하였다. 또한, 역기능적 인지도식은 자동적 사고뿐만 아니라 현실을 제대로 지각하지 못하거나 사실이나 그 의미를 왜곡하여 받아들이는 인지적 오류(cognitive errors)(흑백논리, 과잉일반화, 의미확대/의미축소, 임의적 추론)를 발생시키기도 한다. 상담과정에서는, 질문을 통해 내담자가 평가할 수 있도록 돕는 소크라테스식 문답법, 내담자의 특정 신념 및 행동의 장/단점을 작성하게 하는 목록작성, 인지적오류의 직면, 인지왜곡 명명하기, 그리고 특정 상황에서 대체된 생각을 연습하게 하는 과제 등의 기법들이 있다.

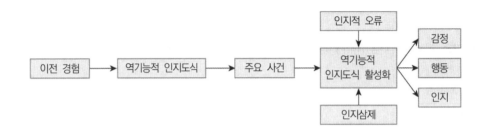

(3) 장·단점

가. 장점

ABCDE 모형을 통해 상담모형이 문제가 일어나는 방식과 문제행동이 변화될 수 있는 방법을 간단명료하게 제시한 점이다. 또한 내담자들에게 상담자 개입 없이 스스로 상담을 이행할 수 있는 방법을 가르친다는 점이다. 즉, 사람들이 스스로 인지, 정서, 행동적 기법을 통해 인지 구조를 수정하고 정서와 행동을 변화시킬 수 있는 기회를 제공한 점이다. 그리고 인지행동적 접근은 인지의 중요성을 강조하지만, 상담과정에 있어 내담자가 획득한 통찰을 행동으로 옮기는 것을 강조하고 있는데, 즉, 과제를 통해 내담자가 새로운 행동을 실행하고 재조건화 과정을 형성하도록 돕고 있다.

나. 단점

REBT에서 상담관계의 친밀함과 협력형성을 강조하긴 했지만, 엘리스는 공감, 이해 및 배려 등의 차원이 효과적인 상담에 반드시 필요한 요소는 아니라고 언급하기도 한다. 즉, 주도적 상담으로 내담자를 무시할 수 있다는 점이다. 또한 내담자의 비합리적 사고를 합리적 사고로 바꾸는 과정에서 상담자의 사고를 강요해서 상처를 줄 수 있다는 점이다.

5. 아들러 개인심리 상담

(1) 서 론

알프레드 아들러(Alfred Adler)의 개인심리상담은 사회적, 심리적, 비결정론적 인간관에 근거하며, 인간의 모든 행동은 목표지향적이기에 미래에 대한 기대에 의해 더 좌우된다고 본다. 또한 인간은 사회적 동기에 의해 주로 동기화되며, 각 개인은 자신의 삶의 창조자로서 독특한 삶의 양식을 발달시킨다고 한다. 한편, 아들러는 인간은 누구나 어떤 측면에서 열등감을 느끼고 있다고 보았으며 이러한 열등감은 연약한 유아로서의 경험을 통해 시작되었다고 보았다. 이러한 열등감은 누구나 경험하고 피할 수 없으나 인간이 향상되고 진보하는 모든 것은 이러한 열등감을 보상하려는 시도에서 나오기에 성숙하고, 성공하고, 자신의 잠재력을 실현하는 데 있어 반드시 필요하다고 한다. 하지만, 열등감을 보상하려는 노력에도 불구하고 성취를 이루지 못하고 열등감이 강화되면 병적 열등감에 이르게 되며, 이러한 병적 열등감은 부적응 행동의 근원이 된다고 본다. 따라서 개인심리상담에서는 학생의 잘못된 발달을 재구성해주고 그로 하여금 자신의 생활양식과 사회적 상황을 이해하도록 돕는 것에 초점을 둔다.

(2) 주요개념

가. 대표학자
알프레드 아들러(Alfred Adler)이다.

나. 사회적 관심
사회적 관심은 개인심리학에서 중요하고 독특한 개념으로서 '다른 사람의 눈으로 보고, 다른 사람의 귀로 듣고, 다른 사람의 가슴으로 느끼는 것'을 의미한다. 즉, 공공의 이익을 위해 타인과 함께 참여하고, 집단에 소속된다는 느낌으로 사람들과 협동하는 것이다. 이러한 사회적 관심은 정신건강의 척도가 되며, 사회적 관심을 가진 사람은 정신적으로 건강하고 행복하며 사회에 기여하는 사람이라고 본다.

다. 열등감
모든 인간은 열등감을 가지고 있으며, 이러한 열등감은 사람들로 하여금 자기완성을 위한 노력을 하도록 동기화한다. 개인이 자신의 열등감을 자기완성에 도달하기 위한 우월성 추구에 사용하면 바람직한 생활양식을 갖게 되어 심리적으로 건강하게 되지만, 개인이 자신의 열등감으로 인해 개인적 우월성 추구에 집착하면 파괴적 생활양식을 갖게 되어 열등감 콤플렉스에 빠져버리게 된다. 이와 같은 열등감 콤플렉스의 원인으로는 열등한 신체기관(기관 열등감), 부모의 과잉보호, 부모의 양육태만을 들 수 있다.

라. 우월성 추구
아들러는 모든 인간이 삶의 목표로서 우월성 추구를 가지고 있다고 하는데, 이는 인간이 어떤 문제에 직면했을 때 부족한 것은 보충하며, 낮은 것은 높이고, 미완성의 것은 완성하며, 무능한 것은 유능한 것으로 만드는 경향을 말한다. 그러나 이러한 우월성 추구는 반드시 사회적 관심과 결부되어야 한다. 즉 타인에 대한 공감, 존중, 배려 등을 지향하는 사회적 관심을 바탕으로 한 우월성 추구가 건강한 삶이라고 할 수 있다.

마. 생활양식

아들러는 사회적 관심과 활동수준에 따라 생활양식을 네 가지 유형, 즉, 바람직하지 않은 지배형, 기생형, 회피형과 바람직한 유형인 사회적 유용형으로 구분하였다. 바람직하지 않은 유형(지배형, 기생형, 회피형)은 사회적 관심이 부족하다는 공통점이 있으나 활동수준에 차이가 있고, 바람직한 유형(사회적 유용형)의 경우 사회적 관심과 활동수준이 모두 높다고 한다.

바. 허구적 최종목적론

Adler는 인간의 모든 행동은 목적이 있다고 가정한다. 즉, 인간행동은 개인의 행동을 이끄는 상상 속의 중심 목표인, 가상적 목표(fictional finalism)에 의해 영향을 받으며, 이는 개인의 궁극적 목표, 혹은 특정 경향으로 나아가려는 지속적 경향성을 갖는다는 것을 의미한다. 따라서 현재 학생(내담자)의 행동에 영향을 미치는 것은 과거의 경험이 아니라 그 행동을 통해 학생이 기대하는 목적, 즉, 가상적 목표이다. 이러한 학생의 가상적 목표를 이해할 때 비로소 학생의 행동을 이해할 수 있게 되고 상담과 교육의 방향을 설정할 수 있게 된다고 본다.

사. 상담목표 및 기법

내담자로 하여금 자신의 열등 콤플렉스와 생활양식의 발달 과정, 그리고 이것이 현재 그의 생활 과제들의 해결에 어떻게 영향을 미치고 있는지를 이해하도록 하여, 그의 생활 목표와 생활양식을 재구성하도록 돕는 것을 목표로 한다. 상담과정에서 행동변화를 위한 기법들은 격려하기, 마치 ~인 것처럼 행동하기, 내담자 스프에 침 뱉기, 역설적 의도 등이 있다.

(3) 장 · 단점

가. 장점

상담자의 격려와 지지와 같은 긍정 기법을 통해 학생(내담자)에게 교육적 개입을 제공하고 삶에 대한 낙관적인 관점을 갖게 한다. 특히 아동과 청소년의 품행장애, 반사회적 장애, 불안장애와 몇몇 정서장애 및 성격장애 등 다양한 장애를 다루는 데 유용하다.

나. 단점

이론이 확고하고 지지적인 연구가 부족하며 제시하는 개념들은 애매하며, 특히 사회적 협력과 관심에서 인간에 대해 지나치게 낙관적이다.

6. 현실요법상담

(1) 서 론

윌리엄 글래서(William Glasser)의 현실요법상담은 정신분석의 결정론적 입장을 반대하며, 인간은 자유롭고 자신의 목표를 스스로 선택하고자 하는 욕구를 가진 존재로 궁극적으로 자기결정을 하며 자기 행동 및 삶에 책임을 질 수 있는 존재라고 본다. 즉, 우리 모두가 성장할 수 있는 힘(growth forth)을 가지고 있으며, 이 힘이 우리의 환경을 통제하면서 다섯 가지 생리적인 욕구(생존, 사랑 성취, 즐거움, 자유)를 충족시키고 성공적인 정체감을 발전시킬 수 있다고 본다. 따라서 현실요법상담은 통제이론(선택이론)에 그 근거를 두고 있으며, 부적응이란 개인의 기본적인 욕구 중 과거부터 현재에 이르기까지 여전히 충족되지 못하고 있는 욕구에서 기인한 것이라고 본다. 충족되지 못한 욕구는 대인관계에서 실패의 원인이 되고, 나아가 패배적 정체감을 초래한다. 또한 이러한 패배적 정체감은 자신의 행동에 대해 책임을 지지 않으려는 태도 등의 다양한 심리적 문제를 일으켜 부적응 행동으로 나타난다. 변화를 위한 현실치료의 상담과정은 1) 친밀한 상담관계 형성과 2) 내담자의 행동변화를 유도하는 WDEP 과정으로 나누어지며, 상담기법으로는 유머사용, 역설적 기법과 직면 등이 있다.

(2) 주요개념

가. 대표학자
윌리엄 글래서(William Glasser)이다.

나. 선택이론
현실요법을 설명해 주는 이론으로 인간이라고 하는 생명체가 하나의 통제체계로서 욕구충족을 위해 행동한다는 것을 뇌의 기능과 관련하여 설명해 주는 이론이다. 선택이론에 의하면 인간은 생존, 사랑, 성취, 즐거움 그리고 자유라는 다섯 가지 생리적인 기본 욕구들 중 하나 혹은 그 이상의 욕구를 만족시키려고 행동한다. 따라서 우리가 행동하는 모든 것들은 모두가 우리 내면에 있는 강한 욕구를 충족시키기 위한 선택이라고 본다.

다. 다섯 가지 욕구
① 소속감의 욕구
사랑, 우정, 돌봄, 관심, 참여 등. 가정, 학교, 직장, 사회에 소속되어 다른 사람과의 관계를 유지하면서 사랑을 주고받고자 하는 속성이다.
② 힘 욕구
성취감, 존중, 인정, 기술, 능력 등을 의미하는 것으로, 경쟁하고 성취하고 중요한 존재이고 싶어하는 속성이다.
③ 즐거움 욕구
흥미, 기쁨, 학습, 웃음 등으로 새로운 것을 배우고 놀이를 통해 즐기고자 하는 인간의 속성이다.

④ 자유 욕구

선택, 독립, 자율성 등을 의미하며, 이동하고 선택하는 것을 마음대로 하고 싶어하고 내적으로 자유롭고자 하는 인간의 속성이다.

⑤ 생존 욕구

살고자 하고 생식을 통한 자기 확장을 하고자 하는 인간의 속성이다.

라. 상담과정

① 내담자와 상담관계 형성하기 – 상담자와 내담자가 친밀한 관계를 형성하는 것으로 이런 유대관계는 상담자에게 자유롭고 책임감 있으며 자율적으로 기능할 것을 요구한다. 하지만, 이런 관계가 상담자의 내담자의 책임을 전제로 하거나, 내담자가 상담자에게 의존하는 것을 의미하지는 않는다.

② WDEP

W(want): 욕구 – 내담자들에게 "무엇을 원하는가?"라고 질문함으로써, 자신의 욕구를 충족시킬 수 있는 방법을 발견할 수 있도록 한다.

D(doing): 행동 – 상담 초기에 내담자에게 원하는 것을 얻기 위해 무엇을 하고 있는지를 묻는 과정으로 상담의 전반적인 방향(어디로 가고 있는가)을 탐색하도록 도와준다.

E(evaluation): 평가 – 욕구충족을 위해 선택한 행동이 얼마나 효율적인지 평가하도록 한다.

P(planning): 계획하기 – 욕구충족과 관련된 내담자의 현재 행동 중에서 비효과적이고 부정적인 것을 찾아 이를 긍정적이고 효율적인 것으로 바꾸도록 한다.

마. 상담목표 및 기법

현실요법상담에서는 자신의 기본적인 욕구에서 비롯된 바람이 무엇인가를 파악하지 못했거나 파악했다 하더라도 효과적으로 그런 바람을 충족하지 못하는 것을 문제로 본다. 따라서 일차적인 현실치료의 상담목표는 내담자가 정말 원하는 것이 무엇인지, 그의 욕구를 파악하는 것이며, 이후 내담자가 바람직한 방법, 자신의 현실에 기초하여 책임감 있는 행동을 선택하는 방법으로 자신의 욕구를 충족하도록 돕는 것을 목표로 한다.

(3) 장·단점

가. 장점

청소년들에게 책임감을 강조함으로써 문제 행동의 원인이 내담자 스스로에게 있음을 깨닫게 함으로써 많은 도움을 준다는 점이 있다. 또한 내담자가 스스로 실행 결과를 평가할 수 있다는 것과 비교적 단기간에 효과를 볼 수 있다는 점 등의 장점이 있다.

나. 단점

책임을 강조한 나머지 현실적 책임을 지는 것이 불가능한 사람에게까지 그것을 강요할 가능성이 있기에 내담자 자신의 해답을 찾는 대신, 상담자의 해결책을 받아들이도록 강하게 영향을 미칠 가능성이 있다. 또한 무의식적 동기와 과거를 지나치게 무시, 내담자의 기능을 방해하는 과거의 미해결 감정을 탐색하지 않기에 표면적 문제만을 다루며 보다 근본적인 문제를 간과할 위험이 있다는 점 등의 단점이 있다.

Ⅴ 진로발달 및 상담에 있어 Holland의 성격유형론

(1) 서 론

Holland는 유형론에 초점을 두고 있다. 즉, 개인은 여섯 가지 기본 성격유형(실재적, 탐구적, 예술적, 사회적, 설득적, 그리고 관습적) 중의 하나와 유사하다고 주장한다. 한편 여섯가지 성격유형과 같이 직업환경도 실재적, 탐구적, 예술적, 사회적, 설득적, 그리고 관습적, 여섯가지 유형으로 분류하였다. 홀랜드(Holland)는 개인은 자신의 능력과 기술을 발휘하고 태도 및 가치를 표현하고 자신에게 알맞은 역할을 수행할 수 있는 환경을 찾는다고 가정하였고, 개인의 행동은 성격과 환경적 특성의 상호작용에 따라 결정된다고 보았다. 즉, 개인의 성격유형이 진로선택 및 발달에 중요한 영향을 끼치기 때문에 개인의 직업적 흥미는 곧 그 사람이 가진 성격의 표현이라고 주장하였다. 홀랜드는 개인차를 개념화하여 RIASEC이라는 6각형 모형을 제시하였다.

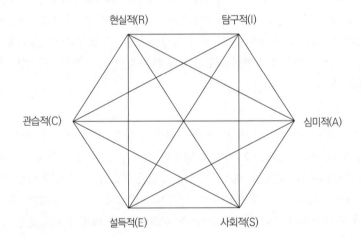

(2) 주요개념

가. 여섯가지 성격유형

① 실재적(realistic): 기계, 도구, 동물에 관한 체계적인 조작 활동을 좋아함. 사회적 기술 부족. 기술자.
② 탐구적(investigative): 분석적이고 호기심이 많고 조직적이며 정확함. 리더십 기술이 부족. 과학자.
③ 예술적(artistic): 표현이 풍부하고 독창적이며 비순응적. 규범적인 기술 부족. 음악가와 미술가.
④ 사회적(social): 다른 사람과 일하고 돕는 것을 좋아함. 조직활동을 싫어하고 기계적이고 과학적인 능력이 부족함. 사회복지가, 교육자, 상담가.

⑤ 설득적(기업가적)(enterprising): 조직목표나 경제적 목표를 달성하기 위해 타인을 조작하는 활동을 함. 상징적이고 체계적인 활동을 싫어하고 과학적 능력이 부족함. 기업경영인, 정치가.

⑥ 관습적(conventional): 체계적으로 자료를 잘 처리하고 기록을 정리하거나 자료를 재생산하는 것을 좋아함. 심리적 활동을 피함. 경리사원, 사서.

나. 일치성

성격과 환경 유형의 관련 정도를 의미하며 육각형 모형에서 두 유형 간 근접성에 따라 설명된다.

다. 변별성

사람이나 환경이 얼마나 잘 구별되는지를 의미하며 직업적 흥미 특성의 뚜렷한 정도를 나타낸다. 변별성이 높을수록 내담자의 성격, 직업적 성격, 진로 등에 대해 특징 있게 해석 및 표현이 가능하다.

라. 일관성

개인과 직업 환경 간의 적합성 정도로 개인의 직업 흥미가 직업 환경과 맞는 정도를 의미한다. 직무수행능력 그리고 직무만족과 높은 관련성이 있다.

(3) 장·단점

가. 장점

홀랜드 진로탐색검사는 다음의 몇 가지 장점을 갖는다. 우선, RIASEC 유형론은 어떤 사람이 진로의식과 자기이해를 위해 그리고 앞으로 어떤 직업적 환경을 선택해 갈 것인가 하는 개념적 방향성을 갖게 하므로 자신의 진로발달을 구성하는 데 있어 지침이 된다. 또한, RIASEC 성격유형론은 사람들의 흥미, 성격, 가치, 동기 및 능력 등의 여러 개념을 포함하고 있어서, 특정한 진로선택이 아니라 개인의 진로발달의 계획을 돕는다.

나. 단점

먼저, 내담자(학생)들이 자신의 환경 및 자기 자신을 변화시킬 수 있는 능력을 가지고 있음에도 불구하고 이 점을 고려하지 않았다. 즉, 자신의 인성에 맞지 않는 직업 환경을 선택하더라도 인간은 자신의 특성을 수정하거나 직업환경을 개조함으로써 자신의 역할을 잘 수행해 나갈 수 있는 가능성이 있다는 사실을 고려하지 않고 있는 점이다. 또한, 어떻게 사람들이 그러한 유형이 되는지에 대해 충분한 설명을 제공해 주지 못하고 있으며 진로상담의 과정에 대한 설명이 불충분한 점이다.

Ⅵ 학교현장 내 인성교육의 중요성과 인성교육관련 프로그램

1. 서 론

최근 현대사회에서 일어난 학교폭력 및 따돌림 등의 문제는 우리 교육현장에서 생활지도와 인성교육의 필요성을 절실히 요구하고 있다. 특히 아직도 획일적인 입시 위주의 교육 현실과 가정교육의 약화는 학생들을 혼란스럽고 비인간화시키고 있는 실정이다. 그러므로 학교는 지식과 기술을 가르치는 것을 넘어 참다운 인간적 품성을 기르는 실천적 생활지도와 인성교육에 초점을 두어 하나의 목표로 삼아야 한다. 인성교육은 마음의 발달을 위한 정서교육, 개인적 가치와 관련된 자아실현과 사회적 가치를 추구하는 도덕적 삶을 포괄하는 가치교육이라 할 수 있다. 따라서 인간의 존엄성을 자신보다 타인과 이웃, 나라를 생각할 줄 아는 정신과 가치관을 가지고 고운 심성과 바른 가치관을 가진 덕성과 교양을 겸비한 인간을 기르는 데 역점을 둔다. 특히, 인성교육은 학교 교육의 전 과정이기에 교과활동, 창의적 체험활동, 생활지도 등을 포함하는 종합적인 개념으로 교육의 궁극적인 목적으로 이해해야 하며, 교육과정 속에 용해시켜 상황중심, 실천 중심으로 지도되어야 한다. 대표적인 인성교육 프로그램에는 자아탐색, 대인관계향상, 정서 및 행동 문제 개선 등의 집단상담(지도) 프로그램들이 있으며, 이에 대한 내용을 살펴보면 다음과 같다.

2. 인성교육의 내용

(1) 자아탐색

인성교육의 가장 바탕이 되는 것으로 자신에 대한 보다 깊은 이해와 성찰을 통해 자신이 잠재력을 발견하고 긍정적인 자아개념 형성을 목표로 한다. 자아탐색 프로그램의 하위영역을 보면, 자아인식, 자아탐색, 자아 재발견, 자아성숙, 그리고 자아확장으로 나누어진다.

(2) 대인관계 향상

학교폭력 및 집단따돌림이 중요한 현안으로 대두되고 있는 현 시점에서 타인의 의사를 경청하고, 자신의 의사를 정확히 표현하고 다양한 인간관계에서 경험하는 문제를 해결하는 방법과 능력 개발을 목표로 한다. 이를 위해서는 ① 인간존재에 대한 바른 이해와 태도를 가질 수 있는 올바른 인간관을 형성해야 한다. ② 자기이해와 수용을 통해 자신을 개방해야 한다. ③ 상대방의 메시지를 정확히 받아들이고, 자신의 의사를 명확하게 표현할 수 있는 의사소통의 방법을 획득해야 한다. 이를 포함한, 대인관계 향상 프로그램의 하위영역을 보면, 관계이해, 의사소통대화기술익히기, 감정전달대화기술익히기, 문제해결방식익히기, 그리고 관계성장으로 구성되어 있다.

(3) 정서 및 행동문제 개선

교육현장에서 부각되고 있는 행동 혹은 정서 장애들을 다루고 관련 문제들에 구체적이고 실제적으로 접근하여 행동과 정서상의 문제를 감소시키는 것을 목표로 한다. 관련 프로그램 하위영역에는 자기이해, 표현방법훈련, 그리고 집중훈련들이 있다.

1. 생활지도 기본 영역

① 학업: 학업 및 면학에 관한 지도로 학생들의 개성, 흥미, 능력에 따른 교육을 실시함으로써 학생의 가능성을 최대로 발휘할 수 있도록 돕는다.

② 진로: 직업선택을 위한 적성 및 흥미 그리고 고용조건 등의 정보를 제공하고 직업이 요구하는 태도, 지식, 기능을 개발할 수 있도록 돕는다.

③ 여가: 취미, 오락, 감상, 창작 활동 등으로 개인의 교양 및 인생을 즐기고 남도 도울 수 있는 생활을 할 수 있도록 지도한다.

④ 성격: 개인의 건전한 인성발전과 인간으로서의 완전한 조화, 그리고 발전을 위한 지도 활동이다.

⑤ 사회성: 사회인 혹은 공인으로서의 자질 배양을 위한 조력이다.

⑥ 건강지도: 개인의 신체적 발달의 유지와 증진을 위해 돕는다.

2. 생활지도의 주요 활동

① 학생이해(조사)활동: 생활지도의 가장 기초적인 단계로, 학생의 필요, 흥미, 문제 성장 가능성 및 생활환경에 대한 이해를 위해 학생관련 자료를 수집하는 것이다.

② 정보활동: 학업, 직업, 건강, 여가활동 및 대인관계 등에 대한 정보를 수집하고 적절히 제시하는 것이다.

③ 상담활동: 생활지도에서 가장 중핵이 되는 것으로 지도하는 사람(상담자)과 지도 받는 사람 사이(학생)에 직접적인 면접을 통해 개별적으로 행해지는 문제해결과정이다.

④ 정치활동: 학생으로 하여금 개인적 발달과 적응에 있어 적절한 다음 단계를 취하도록 계획하고 교육하는 활동이다.

⑤ 추후활동: 학생의 퇴학, 진학, 졸업, 상담 후에 잘 적응하고 있는지를 점검하는 것이다.

3. 상담의 구조화

① 상담관련 정보: 상담시간, 빈도, 총 회수, 장소, 시간 변경 시 연락방법 등

② 상담관계 설명: 상담자 및 내담자의 역할, 관계의 성격

③ 비밀보장: 상담교사는 학생(내담자)의 양해나 승인 없이 상담 중에 알게 된 학생(내담자)의 사적 정보와 경험 내용에 대해 공개하지 않고, 반드시 비밀을 보장해야 한다. 또한 내담자가 묻지 않더라도 상담의 구조화 과정에서 상담면접 중에 이야기하는 내용은 비밀이 보장되는 것을 먼저 설명하고 확인해 두어야 한다. 이러한 비밀보장의 원칙과 함께, 자신 혹은 타인을 해치게 하는 일 등과 같은 비밀보장이 지켜지지 않는 다음의 예외적인 사항들에 대해서도 반드시 알려주도록 한다.

※ 비밀보장의 원칙을 파기할 수 있는 예외적인 사항들
- 법정의 요구가 있을 때
- 내담 학생이 학대(성, 정신, 신체)를 받은 사실을 알게 되었을 때
- 내담학생이 스스로에게 혹은 타인에게 해를 입히려는 의도를 밝혔을 때

4. 표준화 검사

① 표준화 검사의 기본 요건
- 검사의 타당도와 신뢰도가 높다.
- 표준화된 실시 절차와 결과해석이 있다.
- 행동의 표준을 통해서 사람의 행동을 이해할 수 있다.

② 표준화 검사의 의의
- 개인 내 여러 특성 및 타인과의 비교를 통한 학생의 장·단점을 밝히는 데 유용하다.
- 상담자로 하여금 학생에 대한 이해와 통찰을 좀 더 체계적으로 할 수 있는 기회를 마련한다.

– 어떤 문제행동의 인과관계 또는 행동요인의 상호작용에 대한 진단적 기술과 보다 정확한 예측·예언을 할 수 있다.

5. 비표준화 검사

① 일화기록: 관찰 결과를 보고하는 방법으로 가장 많이 사용되는 것으로 관찰자가 특정 학생을 관찰해온 것이나, 또는 기록으로 남길 정도로 중요하다고 판단되는 어떤 사건이나 삽화를 객관적으로 기술하고 소견을 첨부하는 것이다.

② 평가척도: 학생들을 체계적이면서 객관적으로 평가하는 지시적이고 구조화된 도구로 주로 성격적 특성이나 행동에 관한 일련의 목록이 구성되어 있다.

③ 점검표: 관찰을 통해 관찰 대상 학생의 행동 특성으로 여겨지는 항목표를 만들어 학생의 구체적인 행동의 빈도를 체크하는 방법이다.

④ 질문지: 특정 목적을 위해 일반적 정보나 특정 자료를 학생들로부터 이끌어 낼 수 있는 일련의 질문들로 구성되어 있고, 학생들이 직접 참여할 수 있다는 장점이 있다.

6. 정신분석상담

① 결정론적인 입장: 인간의 기본 성격 구조는 초기 아동기의 경험에 의해 미리 결정되며, 인간의 행동은 어떤 원인에 의해 미리 결정된다고 보는 것.

② 무의식: 한때는 생생한 기억을 의식 상태에 두기에 너무 위협적이고 고통스러워 망각해 버린 것들이 모두 모여 있는 것.

③ 방어기제
- 억압: 불안을 일으키게 하는 기억, 감정 등을 의식으로 떠오르지 않게 억누르는 것.
- 투사: 스스로 받아들일 수 없는 감정, 행동 등을 무의식적으로 타인이나 환경 탓으로 돌리는 것.
- 전위(치환): 위협이 심한 대상에서 위험이 덜한 혹은 안전한 사람이나 대상에게 자신의 욕구(감정)를 발산하는 것.
- 합리화: 개인의 행동이 정당하고 합리적이라는 것을 입증하려는 시도로 자신이나 타인의 승인을 얻고자 하는 것.
- 반동형성: 바람직하지 못하다고 생각되어 억압되어 온 것들에 대한 정반대의 태도나 행동을 표출하고 특성을 발달시키는 것.
- 퇴행: 현재의 수준보다 이전 발달단계로 돌아가거나 유아기적 행동을 하는 것.
- 부인: 고통을 인정하지 않고 부정하는 것.
- 승화: 개인의 충동을 생산적이고 사회적으로 용납 가능한 방법으로 적절하게 표출하는 것.
- 주지화: 어떤 행동을 정당화하기 위해 지적인 이유를 대는 것이다. 즉, 받아들이기 어려운 충동, 욕구, 감정을 경험하지 않기 위하여 지적으로만 문제를 정의하려 하는 것.

④ 상담기법
- 자유연상: 어떤 대상과 관련하여 마음에 떠오르는 생각, 감정, 기억들을 아무런 수정도 가하지 않고 이야기하도록 하는 것.
- 꿈의 분석: 무의식에 관한 자료인 꿈의 의미를 분석하고 해석함으로써 내담자의 문제를 이해하는 것.
- 해석: 상담자가 꿈, 자유연상, 저항, 전이 등의 의미를 내담자에게 지적하고 설명하고 가르치는 것.
- 전이: 내담자가 과거의 중요한 인물들에게 느꼈던 감정이나 생각을 상담자에게 투영하는 현상.

7. 인간중심상담

① 실현가능성: 자신의 잠재력과 가능성을 실현하려는 유기체의 타고난 경향성
② 가치의 조건: 한 개인의 가치를 판단하는 외부적인 조건들로 흔히 부모 및 중요한 타인들에 의해 부여된 가치기준이다.

8. 행동주의 상담

① 고전적 조건형성: 조건 자극과 무조건 자극 간의 반복적 연합의 결과로 조건 자극으로 무조건 반응을 일으키는 것을 말한다.

② 조작적 조건형성: 주요개념은 강화의 원리로, 어떤 행동이 유지되거나 없어지는 것은 그 행동의 결과에 의하여 결정된다.

③ 강화물
- 정적 강화: 제시됨으로써 반응의 확률을 증가시키는 것.
- 부적 강화: 제거됨으로써 반응의 확률을 증가시키는 것.

※ 강화스케줄
  · 고정간격강화: 일정 시간마다 주어지는 강화(예 월급)
  · 변동간격강화: 시간의 주기를 변화해서 주어지는 강화(예 낚시)
  · 고정비율강화: 일정 수의 반응을 한 후 주어지는 강화(예 성과에 따른 보수)
  · 변동비율강화: 반응률의 평균치를 중심으로 한 강화(예 도박)

9. REBT

① ABCDE 이론
- A, 선행사건(Activating event): 선행사건으로 가족 간의 다툼, 시험에서의 실패, 친구의 비난과 같은 일반적으로 어떤 감정이나 동요나 행동에 영향을 미치는 사건.
- B, 신념체계나 사고체계(Belief system): 신념체계로서 어떤 사건이나 행위 등과 같은 환경적 자극에 대해서 각 개인이 가지게 되는 태도 또는 그의 신념체계나 사고방식.
- C, 정서적 행동적 결과(Consequence): 선행사건을 경험한 뒤 개인의 신념체계를 통해 사건을 해석함으로써 생기는 정서적, 행동적 결과.
- D, 논박(Dispute): 자신과 외부에 대한 내담자의 왜곡된 사고와 신념을 논박하는 것을 의미.
- E, 효과(Effect): 논박을 통해 합리적인 신념을 갖게 되면, 그 효과로 바람직한 정서와 행동이 나타나게 한다.

② 기법
- 인지적 과제 부여: "~해야 한다"라는 비합리적인 신념이 있다면, "~하지 않아도 된다"와 같은 말로 바꾸는 연습을 하도록 내담자에게 과제를 내주는 것.
- 수치심 공격하기: 내담자가 수치스럽게 여기는 행동을 해보게 함으로써, 그 행동이 별것 아니라는 것을 알게 하는 것.

10. 벡(Beck)의 인지치료

① 비합리적 신념: 특정한 사건 혹은 경험에 대한 내담자의 잘못된 생각이나 태도, 즉, 융통성 혹은 현실성이 없는 신념들이다.

② 자동적 사고: 어떤 사건에 당면하여 자동적으로 떠오르는 생각, 이러한 자동적 사고가 부정적인 내용일 경우 심리적 문제로 이어진다.

③ 역기능적 인지도식: 현실 적응에 도움이 되지 않는 내담자의 기본적인 생각의 틀과 그 내용을 일컫는 용어.

④ 인지적 오류: 어떤 경험이나 사건을 해석하고 받아들이는 과정에서 생기는 추론 혹은 판단의 오류.
- 흑백논리: 이분법적인 사고로 극단적인 흑백 범주로 평가하는 경향(예 시험에 떨어졌으니 별 볼일 없는 인간, 미팅만 하면 재수가 없다).
- 과잉일반화: 현재 상황을 한 두 부분에 근거하여 극단적으로 부정적 결론을 내리는 것.
- 선택적 추상화: 어떤 상황에서 부정적인 세부사항 하나만을 뽑아 오로지 그것을 강조하여 전체상황이 부정적이라고 생각하는 경향.

- 의미확대 및 의미축소: 한번 혹은 간혹 일어나는 일을 보고 계속 일어나는 일이라고 확대하여 생각하는 경향.
- 임의적 추론: 좀 더 현실적인 가능성을 고려하지 않고 다른 일들이 생각하는 것을 알 수 있다고 믿는 것.

⑤ 기법
- 문제축약기법: 내담자가 다양한 문제 증상을 호소할 때 문제 증상을 중요한 몇 가지로 묶어 다루는 방법.
- 빈틈 메우기 기법: 사람들이 경험하는 스트레스 사건과 그 결과 경험하는 정서적 혼란 사이의 빈 틈을 채우는 방법.
- 칸 기법: 여러 개의 칸으로 나누어서 스트레스 사건, 정서적 경험, 자동적 사고, 대안적인 사고, 정서적 변화 등을 기록하는 방법.

11. 아들러 개인심리 상담

① 생활양식
- 지배형: 부모가 힘을 통해 자녀를 지배하고 통제할 때 나타나는 자녀의 생활양식으로서 바람직하지 않은 생활양식이다.
- 기생형: 부모가 자녀를 지나치게 과잉보호할 때 나타나는 생활양식으로 바람직하지 않은 생활양식이다. 이 유형은 욕구충족을 위해 타인에게 의존하는 특성을 갖는다.
- 회피형: 주요 특성은 소극적이며 부정적으로 바람직하지 않은 생활양식이다. 이 유형은 자신감이 없기 때문에 적극적으로 직면하는 것을 피한다.
- 사회적 유용형: 높은 사회적 관심과 높은 활동을 가지고 있는 바람직한 생활양식이다. 이 유형은 높은 사회적 관심으로 자신과 타인의 욕구를 모두 충족시키면서, 동시에 인생과업을 완수하기 위해 타인들과 협동할 수 있다.

② 상담기법
- 격려하기: 칭찬과 같은 사회적 강화인보다 효과적인 기법으로서 아들러 개인심리상담에서 가장 기본적이고 주요한 기법이다. 내담자가 자신의 가치를 알도록 도와주는 데 초점을 맞추며, 내담자는 질병이 있는 사람이 아니라 낙담하거나 실의에 빠진 사람으로 본다. 일반적으로 격려는 내담자가 가지고는 있지만 인식하거나 인정하지 못하는 자신의 강점과 가치를 깨달을 수 있도록 한다.
- 마치 ~인 것처럼 행동하기: "만약 내가 ~할 수 있을 때에만"이라는 구실을 붙이는 내담자에게 사용하는 행동지향적인 과정으로, 내담자가 다음 한 주 동안 원하는 방식으로 "마치 ~인 것처럼 행동하도록" 제안한다. 즉, 다른 역할을 수행해 봄으로써 내담자는 자신이 단지 상담과정에서 연기를 한 것만이 아니라 다른 사람이 될 수가 있다는 것을 깨닫게 된다.
- 내담자 스프에 침 뱉기: 상담자가 내담자의 부정적인 행동이 전체적으로 자신에게 손해되는 행동이라는 사실을 내담자에게 분명하게 지적함으로써 내담자가 더 이상 손해되는 게임을 하지 못하도록 한다. 만약 계속해서 부정적인 행동을 하는 경우 내담자에게 책임을 지도록 하는 것이다.
- 역설적 의도: 내담자가 두려워하는 행동이나 사고를 의도적으로 과장하여 행동하도록 하는 기법이다. 즉 사람으로 하여금 자신의 상황에 대한 현실을 극적으로 자각하게 하고, 자신의 행동에 대한 결과를 수용해야 한다는 것을 알게 한다.

12. 현실요법상담

① 상담기법
- 역설적 기법: 계획실행에 저항하는 내담자에게 모순되는 지시를 하는 것으로 내담자의 통제감과 책임감을 증진시키기 위해 적용된다.
- 직면하기: 내담자의 행위에 대한 책임수용을 촉진하기 위한 방법으로 내담자의 말과 행동이 일치하지 않는 것을 인식시킨다.
- 유머사용: 유머를 통해 친근한 상담관계를 유지함으로써 내담자의 소속감 욕구를 충족시킨다.
- 질문: 내담자가 원하는 것에 대해 생각하고 자신의 행동이 옳은 방향으로 나아가고 있는지를 평가하는 데 유익하다.

주관식 기출 및 예상문제

문제 1 다음은 A고등학교의 최 교사가 작성한 성찰 일지의 일부이다. 일지 내용을 바탕으로 철수의 학교 부적응 행동의 원인을 청소년 비행이론에서 2가지만 선택하여 설명하고, 철수의 학교생활 적응을 향상시키기 위한 상담 기법을 2가지 관점(① 행동중심상담, ② 인간중심상담)에서 각각 2가지씩만 논하시오. 그리고 최교사가 수업 효과성을 높이기 위하여 선택한 2가지 방안(① 학문중심교육과정 이론에 근거한 수업전략, ② 장학활동)에 대하여 각각 논술하시오 [2014년 6월 28일 시행 중등 추가시험 교육학 논술]

〈 일지 #1 2014년 4월 ○○일 ○요일 〉
우리반 철수가 의외로 반 아이들과 잘 지내지 못하는 같아 마음이 쓰인다. 철수와 1학년 때부터 친하게 지냈다는 학급 회장을 불러서 이야기를 해 보니 그렇지 않아도 철수가 요즘 거칠어 보이는 동네 친구들과 어울려 다니는 모습을 자주 보게 되어 학급 회장도 걱정을 하던 중이라고 했다. 그런데다 철수가 반 아이들에게 괜히 시비를 걸어 싸움이 나게 되면 그럴때마다 아이들이 철수를 문제아라고 하니깐 그 말을 들은 철수가 더욱 더 아이들과 멀어지고 제멋대로 행동한다고 한다. 오늘도 아이들과 사소한 일로 다투다가 갑자기 소리를 지르고 물건을 던지고는 교실에서 나가 버렸다고 한다. 행동이 좋지 않은 친구들과 몰려다니며 그 아이들의 행동을 따라 해서 철수의 행동이 더 거칠어진 걸까? 1학년 때 담임 선생님 말로는 가정 형편이 그리 넉넉하지 않고 부모님이 철수에게 신경을 쓰지 못함에도 불구하고 행실이 바른 아이였다고 하던데, 철수가 왜 점점 변하는 걸까? 아무래도 중간고사 이후에 진행하려고 했던 개별 상담을 당장 시작해야겠다. 그런데 철수는 어떻게 상담하면 좋을까?

〈 일지 #2 2014년 4월 ○○일 ○요일 〉
중간고사 성적이 나왔는데 영희를 포함하여 몇 명의 점수가 매우 낮아서 답안지를 확인해 보았다. OMR카드에는 답이 전혀 기입되어 있지 않거나 한 번호에만 일괄 기입되어 있었다. 아이들이 시험 자체를 무성의하게 본 것이다. 점심시간에 그 아이들을 불러 이야기를 해보니 학교에서 배우는 내용이 대학 진학을 하지 않고 취업할 본인들에게는 전혀 쓸모없이 느껴진다고 했다. 특히 오늘 내 수업 시간에 휴대전화만 보고 있어서 주의를 받았던 영희의 말이 아직도 귀에 생생하다. "저는 애견 미용사가 되려고 하는데 생물학적 지식 같은 걸 배워서 뭐 해요? 내신 관리를 해야 하는 아이들조차 어디 써먹을지도 모르는 개념을 외우기만 하려니까 지겹다고 하던데, 저는 얼마나 지겹겠어요." 라고 말하는 것이었다. 학교에서 배우는 기초 지식이나 원리가 직업 활동의 근간이 되기도 한다는 것을 어떻게 아이들이 깨닫게 할 수 있을까? 내가 일일이 다 설명해 주지 않아도 아이들이 스스로 교과의 기본 원리를 찾을 수 있게 하려면 어떤 종류의 과제와 활동이 좋을까? 이런 생각들로 머릿속이 복잡하던 중에 오후에 있었던 교과협의회에서 수업 전문성 개발을 위한 장학 활동을 몇 가지 소개받았다. 이제 내 수업에 대해 차근차근 점검해 봐야겠다.

　일지내용을 바탕으로 볼 때 철수의 학교 부적응 원인은 차별접촉이론과 낙인이론으로 설명할 수 있다. 차별접촉이론에 의하면 문제행동은 사회적 학습에 의해 습득된다. 이러한 관점을 바탕으로, 철수의 일탈행동 원인은 거칠어 보이는 친구들과 어울리면서 학습하게 된 것으로 볼 수 있다. 특히, 또래 집단의 영향을 아주 많이 받는 고등학생들은, 이때 접촉하는 주위의 가까운 일차적 집단의 친구들이 비행아들일 때 문제행동을 동일시하여 학습하게 될 가능성을 반영한다. 한편 낙인이론에 의하면, 철수가 친구들로부터 학습한 문제행동이 반복되자 주변 사람들이 철수에 대해 부정적 시각을 갖게 되고 철수 자신 역시 나는 이런 사람이라고 받아들임으로써 의식적으로 비행을 하게 된다. 이와 같이, 철수의 문제 행동의 원인을 차별접촉 이론과 낙인이론으로 설명할 때, 철수의 학교생활 적응을 돕기 위한 상담기법은 행동중심상담과 인간중심상담이 활용될 수 있다.

　철수의 학교생활 적응을 위한 상담기법으로 행동중심상담을 적용하면, 철수가 거친 동네 친구들과 어울려 다니면서 문제행동을 학습한 것으로 보기에, 기법 중 사회학습 원리에 따라 모델링과 차별강화 기법을 사용할 수 있다. 즉, 교사 자신이 학급생활 속에서 우호적이고 온화한 지도 방법을 모델링함으로써 사이좋게 지내는 기법을 가르칠 수도 있다. 또한, 여러 행동의 유형 중 하나만을 선택적으로 강화하는 차별강화기법으로, 철수가 학급에서 나타내는 여러 가지 행동 중, 바람직한 행동을 칭찬하고 그렇지 못한 행동을 무관심으로 대하는 것이다. 한편 인간중심 상담이론에서는 공감적 이해와 무조건적 수용의 기법을 사용할 수 있다. 즉, 사람들은 의미 있는 타인들로부터 긍정적 존중을 받고 싶은 욕구가 있지만, 현실적으로 그렇지 못할 때 문제행동이 발생한다고 보는 인간중심상담 관점에서 철수의 비행행동이라는 문제의 측면보다는 철수를 하나의 인격체 그 자체로 존중하고 신뢰해주는 것이다. 또한, 철수의 행동이나 생각, 감정을 철수의 입장에서 듣고 이해해 주는 공감적 이해 또한 필요하다. 이는 철수의 소외감을 해소하고, 자아실현은 촉진, 충분히 기능하는 학생으로 성장하게 하도록 도울 것이다.

　한편, 최 교사의 문제해결을 위한 방안으로 학문중심교육과에 근거한 수업전략의 관점을 보면, 지식의 구조를 전달하기 위한 수업전략이 필요하다. 즉, 수업의 효과성을 높이려면 아이들이 학습과제와 학습활동에 흥미와 의욕을 보여야 하는데, 이를 위해서는 수업에 있어 모든 학생들이 스스로 자신이 희망하는 직업에 필요한 구체적인 내용을 탐색하여 궁극적으로 이러한 기본적인 원리와 개념들이 모든 직업에 공통적으로 적용될 수 있다는 것을 학습하도록 한다. 이를 위해서는 학생의 진로에 관련된 내용이나 생활주변의 소재를 가지고 기초 지식이나 원리를 다루어야 한다. 또한, 지식과 원리의 결과만을 전달하는 주입식 수업이 아닌, 탐구하는 과정에 참여할 수 있는 토론학습 혹은 실험학습을 시킴으로써 내적 학습의욕을 자극하도록 한다.

　수업의 전문성 향상을 위한 장학활동에 초점을 둔다면, 교수학습과정을 성공적으로 경험할 수 있는 교사를 지도하고 조언하는 것에 초점을 맞출 수 있다. 즉, 같은 학년 교사들 또는 같은 교과 교사들이 수업 연구 혹은 수업공개 활동을 한다든지, 서로 수업을 공개하고 의견을 교환하며 교사의 능력을 계발할 수 있도록 해야 한다. 또한, 교사 자신이 스스로가 수업을 녹음, 녹화, 혹은, 학생을 대상으로 한 의견조사를 통해, 자기반성, 자기발전의 자료를 수집하는 등의 노력이 필요할 것이다.

P·A·R·T

4

EDU

교육평가 · 교육과정

K 교원화
영어영역 교육 대비 수정보완 편저

10 교육평가

▶ **교육학 논술 길라잡이**

✓ 교육평가의 전체적인 흐름을 파악한다.

✓ 교육평가의 각 주제별 이론 및 방법론을 집중적으로 학습한다.

✓ 교육평가의 이론을 실제 학교에서 적용할 때의 장점, 단점을 연구한다.

▶ **한 눈에 보는 핵심 요점**

중점 주제	개요 및 학습주안점	세부학습 포인트	세부 첨가

1.
교육평가
관점
	검사관과 교육관에
	대한 개념 및 특징
		− 검사관
		  • 측정관
		  • 평가관
		  • 총평관
		− 측정관
		  • 선발적 교육관
		  • 발달적 교육관	

2.
교육평가
유형
	교육평가 유형에 대한
	특징 및 장단점
		− 평가기준 분류
		  • 규준평가
		  • 준거평가
		  • 성장평가
		  • 능력평가
		− 평가시점 분류
		  • 진단평가
		  • 형성평가
		  • 총합평가	

3.
평가문항
유형
	선택형문항과 서답형문
	항에 대한 특징
		− 선택형문항
		  • 진위형
		  • 연결형
		  • 선다형
		− 서답형문항
		  • 단답형
		  • 완성형
		  • 논술형	

4. 문항분석	고전검사이론과 문항반응이론에 대한 개념 및 공식	− 고전검사이론 • 난이도 • 변별도 • 추측도 • 교정난이도 • 오답지 매력도 − 문항반응이론 • 난이도 • 변별도 • 추측도	
5. 검사도구 분석	타당도, 신뢰도, 객관도, 유용도의 방법론	− 타당도 • 내용타당도 • 구인타당도 • 준거관련타당도 − 신뢰도 • 재검사신뢰도 • 동형검사신뢰도 • 반분검사신뢰도 • 문항내적일관성신뢰도 − 객관도 • 채점자내신뢰도 • 채점자간신뢰도 − 유용도	• 상관계수법 • 요인분석법 • 예언타당도 • 공인타당도 • 상관계수법 • 일반화가능도 • 일치도통계 • 카파계수
6. 대안적 평가	수행평가와 컴퓨터화능 력적응화 검사의 특징	− 수행평가 − 컴퓨터화능력적응화검사	
7. 교육평가 모형	교육평가모형의 개념 파악	− 목표중심평가 − 의사결정모형 − 가치판단모형 − 참여자중심평가모형 − 전문가중심평가모형	• Tyler목표중심평가 • Hammond평가모형 • CIPP모형 • CSE모형 • 탈목표평가모형 • 종합실상모형 • 반응평가모형 • 전문가중심평가모형 • 교육적 감식안과 교육비평평가모형

1. 교육평가의 기초

교육평가라는 용어는 Tyler의 8년 연구(1933~1941)에 의해서 사용되기 시작했다. Tyler가 8년 연구를 하기 이전의 학교 교육과정은 **항존주의 철학에 기초를 둔 교과중심 교육과정**이었으며, 주로 **인문학 교육**에 초점을 두었다. 그 당시 대학교 입학시험은 인문학을 중심으로 이루어졌기 때문에, 학교에서는 인문학 중심의 교과를 수동적으로 암기하게 하는 교과중심 교육과정으로 학습이 진행되었다.

Tyler는 **진보주의의 아동중심 교육과정(경험중심 교육과정)의 우수성을 증명**하기 위하여, 시카고 지역에서 30여개의 고등학교를 추출하고 고등학교와 대학교까지 8년간을 추적하여 **진보주의를 기초로 하는 아동중심 교육과정(경험중심 교육과정)과 항존주의를 기초로 하는 교과중심 교육과정을 비교 연구**했다. 그 결과, Tyler는 **진보주의 아동중심 교육과정이 학업성취와 사회성에서 우수**하다는 것을 입증했으며, **Tyler의 교육과정 모형**을 제시하게 되었다. Tyler의 교육과정 모형은 **교육목표, 학습내용(경험), 학습조직, 교육평가**로 구성되어지며, 이때 교육평가는 교육목표의 달성여부를 결정하는 것으로 정의되었다.

2. 교육평가의 개념

Tyler는 교육평가란 교육목표가 교육과정 및 교수프로그램에 의해서 어느 정도 실현되었는지를 파악하는 행위라고 정의했다. Gronlund는 교육평가의 개념을 학습자의 교육목표 달성정도를 확인하기 위하여 정보를 분석하고 해석하는 과정으로 정의했다. 즉, 교육평가는 **학습자의 교육목표의 달성여부를 알아보는 행위**라는 것이다. 반면에, Cronbach는 교육평가란 수집된 정보를 기초로 하여 교육과정의 개선을 위해 교육과정의 가치를 판단하는 행위라고 정의했다. 즉, 교육평가는 **교육과정에 대한 질적인 해석과 가치 판단을 하는 과정**이라는 것이다.

따라서 교육평가의 개념을 종합해 보면, 교육평가는 학습자에 대한 행동변화 및 학습과정에 대한 정보를 수집·분석하여서, **학습자의 교육목표 성취정도를 파악하고 또한 교육과정의 효율성을 판단하는 의사결정**이라고 할 수 있다.

3. 교육평가의 목적

교육평가의 목적은 다음으로 요약된다. 첫째, **학습자의 교육목표 달성**을 평가한다. 학업성취를 통해서 학습자의 교육목표의 달성이 되었는지를 평가하는 것은 학습자에 대한 교육적인 행정적 의사결정을 내리는 데 도움을 줄 수 있게 된다. 둘째, **학습자의 개인차**를 확인한다. 평가 결과를 통해서 개인차를 확인하면, 학습 장애 및 곤란한 점을 진단하게 되고 개인차를 고려한 개별화된 학습경험을 제공하게 된다. 이로 인하여 성공적인 학습활동이 되도록 인도할 수 있게 된다. 셋째, **교육프로그램의 효율성**을 평가한다. 평가결과를 통해서 교육목표, 교육과정, 교육내용, 교수방법의 질적 개선을 위한 시사점을 줄 수 있다. 넷째, **교육적 제반 환경**을 평가할 수 있다. 교육의 제반 환경이 되는 학교환경, 가정환경, 사회 환경 등을 평가하기 때문에, 올바른 교육정책 및 일반정책을 수립하는 데 도움을 줄 수 있다.

II 검사관과 교육관

1. 검사관(측정관, 평가관, 총평관)

(1) 측정관(Measurement)

측정관은 학습자의 특성에 대하여 **양적인 숫자**를 부여하는 양적 평가의 관점을 의미한다. 측정관은 개인의 행동특성은 관찰할 수 있는 **객관**적인 형태로 존재하며 **고정**적이고 **불변**하고 **안정성**이 있기 때문에, **수량**적으로 표시할 수 있다고 본다. 따라서 측정관에서 사용되는 검사 도구는 표준화된 검사 도구의 사용이 요망되며, 특히 검사 도구의 **신뢰도(Reliability)**가 중요시 되고 있다. 그 이유는 측정이 실재의 안정성을 가정하고 있기에, 개인 반응점수의 신뢰성이 유지되는 것이 중요하기 때문이다. 측정된 결과는 선발, 분류, 예언, 실험에 주로 이용되어진다.

(2) 평가관(Evaluation)

평가관은 **양적인 측정**뿐만 아니라 **질적인 기술**을 포함하여 기술하는 관점이다. 즉, **검사 도구를** 통한 **객관적인 양적 측정** 그리고 **면접법과 관찰법**을 사용하여 **가치 판단을 포함한 주관적인 질적 기술**을 포함하고 있다. 평가관은 인간의 행동특성은 **불안정**하여서 **변화**한다고 본다. 따라서 평가관은 학습자에게 일어난 행동적인 **변화**를 **교육목표**에 비추어 얼마나 변화되었는지를 **판단**하게 된다. 평가관은 검사 도구의 **타당도(Validity)**를 중요시하며, 특히 **내용타당도(Content Validity)**에 관심을 둔다. 그 이유는 평가관이 교육목표라는 준거에 비추어서 얼마만큼의 변화가 있는지를 평가하는 것이기 때문에, 평가도구가 교육 목표를 얼마나 잘 나타내고 있는지를 결정해주는 내용타당도가 중요시되어진다. 평가된 결과는 개인적으로는 평정, 자격수여, 배치에 이용되며, 교수방법, 교수프로그램, 수업과정, 교육과정의 효율성을 판단하는 데 활용되기도 한다.

(3) 총평관(Assessment)

총평관은 개인의 특성을 **양적평가·질적평가**뿐만 아니라, **비 구조화된 투사적 방법** 등 다양한 평가 방법을 동원하여 의사 결정하는 관점이다. 즉, 총평관은 **객관화된 검사 도구**를 사용하는 **양적인 측정 방법**, 그리고 **면접법과 관찰법**을 사용하는 **주관적인 질적인 평가방법**, 마지막으로 **자기보고방법**, **역할 연출**, **자유연상법 방법**을 사용하는 **투사적 평가방법**이 활용된다. 최근에는 상황검사, 적성검사, 수행 평가 방법도 사용되고 있다.

총평관은 **인간과 환경**의 **상호작용**에 관심을 둔다. 환경은 인간행동 변화를 강요하고 압력하기에,

환경이 요구하는 압력과 요구를 분석하고 다음으로 개인의 특성을 분석한다. 따라서 총평관은 개인의 행동특성을 환경, 상황과 연결하여 의사 결정하는 전인적인 방법이라고 할 수 있다. 총평관에서 사용되는 검사 도구는 **구인타당도(Construct Validity)**가 중시된다. 이때, 구인타당도는 개인과 환경 간의 상호작용에 관해 수집된 증거가 설정된 구인으로 얼마만큼 설명되는지를 나타내준다.

(4) 측정관, 평가관, 총평관의 비교

측정관, 평가관, 총평관은 주된 관점, 인간행동 관점, 평가 도구, 결과 사용을 중심으로 비교분석한다. 첫째, **주된 관점**을 살펴보면 다음과 같다. 측정관은 표준화된 검사 도구를 사용한 객관적인 양적 측정방법이며, 평가관은 양적 측정뿐만 아니라 면접법과 관찰법을 통한 주관적인 질적인 평가방법이며, 총평관은 양적 평가, 질적 평가 외에 자유연상법, 임상방법, 직관적 보고, 자기 보고 등 투사적인 평가방법을 포함한 전인적인 평가방법이다. 둘째, **인간행동 관점**은 다음과 같다. 측정관은 인간의 능력은 불변하며 따라서 객관적인 수치로 존재할 수 있다고 본다. 평가관은 인간의 능력을 가변적으로 보며 인간의 능력이 교육목표를 기준으로 얼마나 변화했는가를 평가하는 것에 관심이 있다. 총평관은 인간의 능력은 가변성이 있기에 객관적인 검사방법, 주관적인 검사방법, 심층적인 투사적 방법을 통하여 전인적인 평가를 하게 된다. 셋째, **평가 도구**는 다음과 같다. 측정관은 신뢰도가 입증되어진 객관적인 검사 도구를 강조하며, 평가관은 타당성이 입증된 검사 도구를 강조하며, 총평관은 구인 타당도가 입증된 검사 도구를 강조하게 된다. 넷째, **결과 사용**을 보면, 측정관은 주로 선발, 분류, 예언에 활용되며, 평가관은 자격 판정, 평점, 교수 프로그램의 효율성 검정에 사용되며, 총평관은 예언 및 실험에 사용되어진다.

2. 교육관(선발적 교육관, 발달적 교육관)

(1) 선발적 교육관

선발적 교육관은 교육목표 수준에 도달할 수 있는 사람은 **극소수**에 지나지 않으므로, **그 소수의 우수자만**을 **선발**하여 상위학교에 진학시키려는 교육관이다. 선발적 교육관에 따르면, 인간의 능력은 선천적으로 타고나는 것이므로 교육목표에 도달 여부는 **개인 능력(지능)의 탓**으로 간주되어진다. 따라서 선발적 교육관은 특정한 능력이 있는 학습자만이 선발되어져서 교육을 받을 수 있다는 **엘리트 관점**의 **피라미드식 교육관**이라고 할 수 있다.

선발적 교육관의 검사관은 양적으로 기술하는 **측정관**과 관련이 있다. 소수의 우수자만을 선발하려면 평가 결과가 객관적인 양적인 수치로 제시되어서 서열화가 되어야 하기 때문이다. 또한 선발적 교육관의 평가방법은 상대적인 서열을 매기는 **규준지향평가 방법**과 관련이 있다. 규준지향평가는 집단의 상대적인 위치 및 서열의 정보를 주는 평가방식이므로 소수의 우수자를 선발하려는 선발적 교육관에 효과적이 된다. 따라서 선발적 교육관에서 학습자의 분포는 **정규 분포**가 되어진다. 마지막으로, 선발적 교육관에서 사용하는 검사 도구는 측정의 일치성과 일관성을 강조하는 **신뢰도**가 중요시 되고 있다.

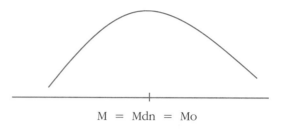

$$M = Mdn = Mo$$

(2) 발달적 교육관

발달적 교육관은 모든 학습자에게 **적절한 교수−학습방법**만 제공한다면, **모두가 교육목표를 달성**할 수 있다는 교육관이다. 모든 학습자를 교육목표에 달성하도록 하는 **교육기회 균등**의 **완전학습 교육관**이라 할 수 있다. 교육목표의 달성여부는 학습자 능력의 탓이 아니라, 교수−학습방법론을 적절하게 투입하지 못한 교사의 탓이 된다. 따라서 발달적 교육관은 **교수−학습방법론을 적용**하는 것에 관심이 많은 교육관이다.

발달적 교육관의 검사관은 질적으로 기술하는 **평가관**과 관련이 있으며, 평가방법은 준거점을 기준으로 평가하는 **준거지향평가**와 관련이 있다. 발달적 교육관은 학습자의 분포가 부적 편포가 되어진다. 검사도구는 검사도구의 적절성을 강조하는 타당도를 중시한다.

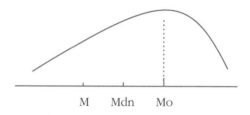

$$M \quad Mdn \quad Mo$$

(3) 선발적 교육관과 발달적 교육관의 비교

선발적 교육관과 발달적 교육관은 비교는 다음과 같다. 첫째, **기본 가정**의 비교이다. 선발적 교육관은 특정 소수만이 교육목표에 도달되므로 특정 소수만 교육받을 수 있다는 엘리트적인 교육관이며 발달적 교육관은 모든 학습자가 교육을 받을 수 있다는 교육기회 균등의 교육관이다. 둘째, **강조점**의 비교이다. 선발적 교육관은 학습자의 개인차를 정확하게 변별해서 소수의 우수자를 선발하려는 것에 초점을 두며, 발달적 교육관은 학습자의 수준에 맞는 교수방법론을 적용하여 모든 학습자들이 교육목표에 도달시키려는 것에 관심을 두고 있다. 셋째, **검사관**과 **평가유형**의 비교이다. 선발적 교육관은 측정관과 규준지향평가와 관련이 있으며 발달적 교육관은 평가관과 준거지향평가와 관련이 있다. 넷째, **특징**의 비교이다. 선발적 교육관은 암기 위주의 등위 중심의 평가가 되기 쉬우며 발달적 교육관은 사고력 중심의 능력중심 평가가 되기 쉽다.

교육평가의 유형은 어떤 평가 기준을 사용하는가에 따라서 <u>규준지향평가(상대평가)</u>, <u>준거지향평가</u>(절대평가), 성장지향평가, 능력지향평가로 구분되어진다.

1. 규준지향평가(Norm-Referenced Evaluation)

(1) 개 념

규준지향평가는 학습자가 속한 **피험자 집단**에 비추어서 **상대**적인 **위치**로 제시하는 평가방법이다. 즉, 규준지향평가는 학습자 개인의 점수를 원점수가 아닌, **규준(Norm)**에 비추어서 그가 속한 **집단**의 **상대적인 서열**로 **판단**하는 평가이다. 따라서 **원점수**를 **규준점수**로 **변경**하여 **서열점수**로 제시하기 때문에, 규준지향평가라고 한다. 이때, 사용되는 규준은 **백분위, 표준점수(Z점수, T점수), 스테나인점수, IQ** 등이 있다. 규준지향평가는 학습자가 교육목표에 도달했는지에 대한 관심보다는 누가 누구보다 더 잘했는지에 대한 상대적인 위치에 관심을 두는 평가방법이기 때문에, 평가기준은 **집단**의 **내부**에서 결정된다. 따라서 우수 학생들이 많은 집단인지 아니면 낮은 학업성취자가 많은 집단인지에 따라서 상대적인 서열이 다르게 결정되어진다.

(2) 특 징

규준지향평가의 특징은 다음과 같다. 첫째 **선발적 교육관**에 기초한다. 규준지향평가는 상대적인 서열을 통해서 개인차를 밝혀내는 것에 초점을 두기 때문에, 교육목표에 도달한 소수의 우수자를 선별해내야 하는 선발적 교육관의 입장을 취한다. 둘째 학습자의 학업성취가 **정규 분포(Normal Distribution)**를 이룬다. 높은 점수와 낮은 점수가 좌우대칭이고 중앙이 높은 정상분포곡선을 이루어서 우수한 학습자와 열등한 학습자가 구별되도록 분포를 이루어야 하기 때문에 정규 분포가 되어야 한다. 셋째, **학습자의 개인차**를 인정한다. 규준지향평가는 상대적인 서열로 제시되기 때문에 개인차를 인정하는 평가방식이다. 넷째, 검사도구의 **신뢰도**가 중요시된다. 개인차 변별을 극대화시키기 위해서는 검사도구의 정확성을 강조하는 신뢰도가 중요시 된다.

(3) 장점 및 단점

장점은 다음과 같다. 첫째, 학습자의 **개인차 변별**이 가능하다. 학습자가 무엇을 알고 있는가 보다는 어느 학습자가 어느 학습자보다 잘하는지를 밝혀내는 것에 초점을 두기 때문에, 학습자의 개인차를 알 수 있게 해 준다. 둘째, 교사의 **주관적 편견**을 **배제**한다. 객관적인 검사 도구를 통해서 점수가 제시되기 때문에 교사의 주관적인 편견을 배제할 수 있다. 셋째, 경쟁을 통한 **외재적 동기유발**을 이끈다.

단점은 다음과 같다. 첫째, **서열의식 구조**를 만든다. 교육목표 달성보다는 상대적인 서열에 관심을 두기 때문에 서열의식 구조를 형성하게 된다. 둘째, 집단 간의 **점수 비교가 불가능**하다. 평가기준이 내부집단의 수준에 의해서 이루어지기 때문에 타 집단 간 점수 비교가 어렵게 된다. 셋째, **참다운 학력 평가**가 아니다. 무엇을 알고 있는지에 대한 평가 보다는 서열적인 위치 정보가 있는 평가이기 때문이다. 넷째, 학습자 간의 **경쟁의식**을 조장할 수 있다. 다섯째, 내적 동기보다는 **외적 동기**를 유발시킨다. 상대적인 서열 점수이기 때문에 학습자 간의 경쟁을 통한 외재적 동기가 유발될 수 있게 된다. 여섯째, **교수학습이론**의 적용에 관심이 없다. 학습자의 수준에 맞는 교수학습이론을 적용하여 교육목표에 도달시키는 것에 대한 관심보다는 학습자 개인 차 변별에 더 관심이 있기 때문이다.

2. 준거지향평가(절대평가)(Criterion-Referenced Evaluation)

(1) 개 념

준거지향평가는 학습자가 주어진 **교육목표**에 **도달**했는지 여부와 정도성을 판단하는 평가이다. **교육목표**의 최하위점수를 **준거로 하여** 준거에 비추어서 **무엇을 얼마나 아는지를 판단**하는 평가이기에, 준거지향평가, 혹은 목표지향평가라 한다.

(2) 특 징

특징은 다음과 같다. 첫째, **발달적 교육관**에 바탕을 둔다. 발달적 교육관은 모든 학생들이 교육목표에 도달하도록 목표를 두고 있는 교육관이므로, 교육목표를 준거로 하여 준거에 도달여부를 평가하는 준거평가와 관련성이 있다. 둘째, **완전학습**을 지향한다. 준거지향평가는 모든 학습자가 교육목표에 도달하기를 바라는 신념을 기초로 하고 있다. 셋째, **교수학습이론**을 적용하는 평가방법이다. 교육목표에 도달을 위하여 학습자에게 적절한 교수학습방법론을 제공하는 것에 관심을 두고 있다. 넷째, 검사도구의 **타당도**를 강조한다. 타당도는 검사목표에 맞는 내용을 충실하게 되어있는지를 검정하는 방법이기에 준거지향평가와 관련이 있다. 다섯째, 학습자 점수의 **부적 편포**를 기대한다. 모든 학습자가 설정된 교육목표에 달성하기를 바라기 때문에, 점수의 분포가 오른쪽으로 기울어져 있는 부적 편포를 기대한다. 여섯째, 학습의 **위계성이 있는 과목**(수학, 과학)과 **기초적인 과목**은 준거지향평가를 해야 한다. 일곱째, 인간생명과 관련되는 **자격증 수여**(의사, 약사, 운전면허)는 준거지향평가를 해야 한다.

(3) 장점 및 단점

장점은 다음과 같다. 첫째, **진정한 성취효과**를 측정할 수 있다. 둘째, **교수학습 개선**에 도움을 준다. 셋째, 학습자 간의 협력관계에 의한 **협동학습**이 가능하다. 넷째, 학습자의 **내적 동기**유발을 유발한다. 다섯째, 인간교육실현과 학생의 무한한 **잠재능력** 및 소질발휘에 도움이 된다.

단점은 다음으로 정리한다. 첫째, 절대기준의 **준거설정이 어렵다**. 준거지향평가의 가장 중요한 점은 준거설정이다. 교육목표, 즉 준거점수는 **전문가**에 의해서 **과학적인 전문적 방법**에 의해서 설정되어야 한다. 둘째, 학습자의 **개인차 변별이 용이하지 못하다.** 셋째, 평가 결과를 통계적 처리하기가 어렵다.

(4) 준거설정방법

준거지향평가는 학습자가 교육목표인 준거에 도달했는지를 판정해주는 점수를 제공해 주는 평가방식이다. 따라서 중요한 것은 준거(Criterion, Cut Off)이며 그에 따른 준거 점수이다. 준거지향평가에서 준거설정방법은 다음과 같이 정리한다. 첫째, **규준적 준거설정방법**, 둘째, **피험자 집단특성 평가에 의한 준거설정방법**, 셋째, **검사도구 내용분석 평가에 의한 절대적 준거설정방법**이다.

가. 규준적 준거 설정 방법

준거점수는 상위 집단에 속하는 비율을 교사가 임의적으로 설정하여 결정된다. 예를 들어, 교사가 상위 20%에게 교사 자격증을 부여했다면, 상위 20%에 해당되는 점수(예를 들어, 85점), 즉 85점(20%)이 준거점수가 된다.

나. 피험자 집단특성 평가에 의한 준거설정방법

① 집단비교방법(Zieky, Livingston, 1977)

교사는 교수-학습을 실시한 이후에 전체 학습자를 대상으로 교육목표에 도달했다고 추측되는 완전학습자를 임의적으로 추출하고 교육목표에 도달하지 못했다고 추측되는 불완전학습자를 주관적으로 추출한다. 교사는 평가를 실시한 이후에 완전학습자들의 실제점수 분포를 그리고 불완전학습자들의 실제점수 분포를 함께 그린다. 그리고 두 분포가 교차되는 지점의 점수를 준거 점수로 결정한다. 예를 들어, 완전학습자의 분포와 불완전학습자의 분포가 만나는 지점의 점수가 60점이라면 준거점수는 60점이 된다.

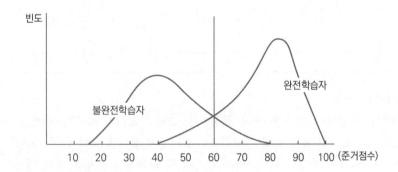

② 경계선 방법(Mill, 1983)

교사는 교수-학습이 끝난 후에 전체 학습자의 실제점수 분포를 그린다. 그리고 전체 학습자를 대상으로 교육목표에 도달했다고 추측되는 완전학습자를 분류해 낼 때, 그 기준을 임의적인 점수(예를 들어, 80점) 이상인 자로 규정한다. 또한 교육목표에 도달하지 못했다고 추측되는 불완전학습자를 분류해 낼 때, 임의적인 점수(예를 들어, 60점) 이하인 자로 규정한다. 그리고 60점과 80점 사이에 점수를 얻은 피험자를 서열로 나열하고, 그 서열에서 50% 위치에 있는 사람의 점수 값(예를 들어, 68점), 즉 중앙값 해당되는 점수 68점을 준거점수로 결정한다.

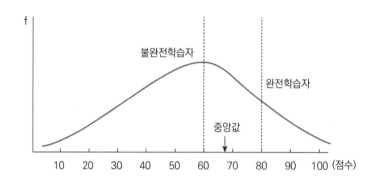

다. 검사도구 내용분석 평가에 의한 절대적 준거설정방법

① Nedelsky 방법(1954)

교사는 교수-학습이 끝난 후에 완전학습자를 분류해 내고 그 완전학습자 중에서 최소 능력자를 선정한다. 완전학습자 중에 최소능력자는 준거점수를 얻는 학생이다. 그리고 교사는 완전학습자의 최소 능력자가 각 문항에 대해서 문항을 맞출 확률을 추측해 낸다. 예를 들어, 총 5문항(총점 5점) 4지 선다형이 있다면, 각 문항에 대하여 답지 4개 중에서 확실하게 정답이 아닐 것이라고 생각하는 답지를 제외한 나머지의 답지 중에서 문항 맞힐 확률을 작성한다. 그리고 각 문항에 대한 확률을 모두 합한 값(2.33)을 준거 점수로 결정한다(표 1 참고).

표 1 ◆ Nedelsky 준거설정 방법 ◆

문항	답지 수	정답 아닌 답지 수	문항 맞힐 확률
1	4	2	1/2
2	4	0	1/4
3	4	1	1/3
4	4	3	1
5	4	1	1/4
5점			2.33점

② Angoff(1971) 방법

교사가 완전학습자 중에서 최소능력자를 선정한다. 그리고 교사는 각 문항에 대한 가중치 점수를 설정한다. 총점은 각 문항의 답을 맞혔을 때의 1점과 가중치 점수를 곱해서 계산한다(예를 들어, 총 12점). 교사는 완전학습자 중에서 최소능력자가 각 문항에 대해서 문항을 맞힐 비율을 주관적으로

표 2 ◆ Angoff 준거설정 방법 ◆

문항	문항 맞힐 비율	가중점수	가중치×문항 맞힐 확률
1	50/100 = .5	2	1.0
2	80/100 = .8	1	.8
3	30/100 = .3	3	.9
4	20/100 = .2	4	.8
5	45/100 = .45	2	.9
총 15점			4.4

추측하여 기입한다. 그리고 문항 맞힐 확률과 해당 문항에 대한 가중치 점수를 곱하여 문항 점수를 작성한다. 마지막으로 각 문항들의 문항 맞힐 비율과 가중점수를 곱한 값들을 모두 합한 값(4.4)이 준거 점수가 된다(표 2 참고).

③ Jaeger(1978) 방법

교사는 완전학습자의 최소능력자를 선택하고 그 최소능력자가 각 문항에 대해 맞힐지 틀릴지를 0과 1로 제시한다. 그리고 이 모든 값을 합한 값(예를 들어, 3)이 준거 점수가 된다(표 3 참고).

표 3 ◆ Jaeger 준거설정 방법 ◆

문항	문항 맞히는 여부에 따른 점수
1	0
2	1
3	1
4	0
5	1
5	3

④ Ebel(1979) 방법

교사는 각 문항의 난이도와 문항의 적절성에 따라서 문항들을 분류한다. 교사는 완전학습자 중의 최소능력자가 문항의 난이도와 적절성에 따라서 문항 맞힐 확률을 추측하여 기재한다. 그리고 이 모든 확률 값을 합한 값(예를 들어, 7.2)이 준거 점수가 된다(표 4 참고).

표 4 ◆ Ebel 준거설정 방법 ◆

		문항의 적절성			
		문제 있는 문항	수용할 수 있는 문항	중요한 문항	필수적 문항
문항 난이도	쉬운 문항	1번 (0.9)	2번 (0.9)	3번 (0.9)	4번 (0.8)
	적절한 문항	5번 (0.8)	6번 (0.7)	7번 (0.6)	8번 (0.5)
	어려운 문항	9번 (0.4)	10번 (0.4)	11번 (0.2)	12번 (0.1)

3. 성장지향평가(Growth-Referenced Evaluation)

성장지향평가는 학습자의 수준이 교육과정을 통하여 **얼마나 성장**하였는지를 과거의 수준과 비교하여 판단하는 평가방법이다. 즉, 초기능력수준에 비추어 현재능력이 얼마나 향상을 이루었는지를 강조하는 평가이다. 교육과정 사전능력수준과 사후능력수준 간의 차이수준이 평가에 초점이 된다. 성장지향평가의 특징은 학습자의 학업증진의 기회부여와 개인화를 강조한다.

장점으로서, 성장지향평가는 **교수적 기능**이나 **상담적 기능**이 있는 **개별화 수업**에 적합하다. 단점으로서, 성장지향평가는 자격증 취득이나 행정적 기능이 강조되는 검사에서는 평가결과의 공정성 문제가 제기될 수 있다.

4. 능력지향평가(Ability-Referenced Evaluation)

능력지향평가는 학습자가 지니고 있는 능력에 비추어서 **얼마나 최선**을 다하였는지에 초점을 두는 평가방법이다. 학습자의 능력수준에 비추어서 수행결과를 비교하는 평가이다. 따라서 학습자 개인이 지닌 능력을 얼마나 발현했는지에 관심을 두기 때문에 **개별화 수업**에 적합한 평가방법이다.

장점은 표준화 적성검사에서 사용할 수 있는 방법이라는 점이다. 단점은 학습자가 가지고 있는 능력에 대한 정확한 정보가 없을 경우에는 능력지향평가에 어려움이 있게 된다는 점이다. 또한 능력이 낮은 학습자가 최선을 다하고 능력이 높은 학습자가 최선을 다하지 않았을 경우에는 낮은 능력의 학습자가 더 높은 성적을 받을 수 있게 된다는 단점이 있다.

5. 규준지향평가, 준거지향평가, 성장지향평가, 능력지향평가의 비교

각 교육평가 유형의 비교는 다음과 같다. 첫째, **교육관** 및 **평가 강조**점의 비교이다. 규준지향평가는 선발적 교육관에 기초하여 집단 내의 상대적인 서열을 강조하며, 준거지향평가는 발달적 교육관에 기초하여 집단 준거점을 성취했는지를 강조한다. 능력지향평가는 발달적 교육관에 기초하여 초기 능력과 최대 능력 발현의 차이를 강조하며, 성장지향평가는 발달적 교육관에 기초하여 초기 능력과 최종 능력의 변화의 차이를 강조한다. 둘째, 평가유형별 **비교 대상**이다. 규준지향평가는 개인과 개인을 비교하여 개인차 변별을 강조하며, 준거지향평가는 개인의 능력과 준거점을 비교하여 교육목표 준거점 성취 여부를 강조한다. 성장지향평가는 원래 소유 능력과 수행정도를 비교하며, 능력지향평가는 초기 능력과 성장정도를 비교한다. 셋째, **활용도**의 비교이다. 규준지향평가는 행정적인 분류 및 선발에 활용되며, 준거지향평가는 자격부여 및 교수적 기능에 활용된다. 능력지향평가와 성장지향평가는 상담 및 개별화 학습에 활용된다.

Ⅳ 진단평가, 형성평가, 총합평가

교육평가 논술예제 ❸ 교육평가의 의미와 수업과정 단계에 따른 평가방법을 논술하시오('93, 충북 중등)

교육평가 논술예제 ❹ 진단·형성·총괄 평가의 기능에 대해 논하시오.('93, 전북 중등)

교육평가 논술예제 ❺ 교육평가의 유형 중 수업진행에 따른 종류를 쓰고, 특징을 논술하시오('96, 경남 중등)

교육평가 논술예제 ❻ 수업과정의 단계에 따른 평가의 종류를 들고 간략하게 설명하시오('93, 경남 중등)

교육평가 논술예제 ❼ 수업에 소극적인 학생들의 학습 동기를 유발하기 위한 방안을 형성평가 활용면에서 논하시오('15년, 중등임용)

교육평가의 유형은 수업의 어느 시점에서 시행하느냐에 따라서 **진단평가**, **형성평가**, **총괄평가**로 구분된다.

1. 진단평가(Diagnostic Evaluation)

(1) 개념 및 목적

진단평가는 교수전략의 의사결정을 위해서 **교수 – 학습이 시작되기 전**에 **학습자**가 **소유**한 특성을 체계적으로 **측정**하는 평가이다. 진단평가의 목적은 학습자의 능력과 특성을 미리 파악하여, **교육목표와 수업전략 및 교수학습 방법론**을 학습자 수준에 맞추어 **적절**하게 **설정**하고 이를 통해서 학습의 극대화를 이루기 위해서이다.

(2) 평가영역

진단평가에서 평가하는 영역은 학습자의 **기초 인지능력, 정서적 능력, 신체적 능력, 환경적 능력**이 된다. 기초 인지능력은 학습자에게 맞는 수업내용과 교수학습을 결정하기 위해서 파악하는 것으로서, 준비도, 출발점 행동, 선수학습능력, 지능, 교과목표달성여부, 문장이해능력, 언어능력 등이 평가된다. 정서적 능력은 동기, 흥미, 태도 등이 되며, 신체적 능력은 건강, 질병이 된다. 환경적 능력은 친구관계, 문화실조, 경제적 빈곤이 된다.

(3) 특 징

진단평가의 특징은 다음과 같다. 첫째, 학습의 **예진적 기능**을 한다. 진단평가는 학생의 기초능력 및 선행학습의 결손을 진단하고 이에 대한 교정과 보충학습을 준비할 수 있다. 둘째, 교수변인 외의 **학급실패의 외적 원인**을 파악한다. 학습장애 요인으로서 정서적 요인(심리적 갈등), 신체적 요인(건강 이상), 환경적 요인(물질적 빈곤, 문화 실조)을 밝혀낼 수 있다. 셋째, 학습자에 **적절한 교수 프로그램**을 설정한다. 학습자의 흥미, 성격, 학업성취 및 적성 등에 적합한 교수 처방을 내릴 수 있다. 넷째, 검사도구는 표준화된 검사지 혹은 교사가 제작한 간단한 검사도구로 사용할 수 있다. 다섯째, 평가방법은 **준거지향평가**를 실시한다.

2. 형성평가(Formative Evaluation)

(1) 개념 및 목적

형성평가는 **교수 – 학습이 진행되는 중간** 과정에서 실시되는 것으로서, 교육이 계획대로 진행되고 있는지, 학습자가 내용을 잘 파악하고 있는지를 점검하는 평가이다. 형성평가의 목적은 첫째, 학습 및 교수활동이 진행되고 있는 도중에 학생에게 **송환효과(Feed-Back)**를 주고, 둘째, **교육과정 및 수업 방법을 개선**하기 위해서이다.

(2) 특 징

형성평가의 특징은 첫째, **학습동기**를 극대화 한다. 형성평가는 교사가 학습자에게 학습결과에 대해서 알려주고 교정의 기회를 주기 때문에 동기가 촉진된다. 둘째, **학습곤란**을 확인하여 교정해 준다. 학습자에게 실패영역을 알려주기 때문에, 학습자는 학습곤란을 스스로 발견하고 제거해나갈 수 있게 된다. 셋째, 학습활동의 **강화**를 해준다. 넷째, **개별화 수업**이 가능하게 한다. 형성평가는 학습자 개개인의 상황을 밝혀줌으로서 개인능력에 맞도록 학습 진도를 개별화 할 수 있게 해 준다. 다섯째, 교사와 학생 간의 **상호작용**이 일어난다. 교사와 학생 간의 피드백을 통해서 상호작용이 발생한다. 여섯째, **교수-학습 전략을 개선**하게 해준다. 형성평가 결과를 통해서 학습방법과 교수방법의 단점이 분석되고 개선될 수 있다. 일곱째, **학습 진행속도**를 조절해 준다. 교과내용의 양이 많거나 계열성 원칙으로 조직되어 있을 때, 적절한 빈도로 형성평가를 실시함으로서, 학습 진행속도를 조절할 수 있게 된다. 여덟째, 검사 도구는 교사가 수업 중에 학습한 내용을 세분화하여 제작한 검사 도구를 사용하거나 교육전문기관에서 제작한 검사 도구를 사용할 수 있다. 아홉째, 평가방법은 **준거지향평가**를 활용한다.

3. 총괄평가(Summative Evaluation)

(1) 개념 및 목적

총괄평가는 **교수-학습이 끝난** 다음에 교육목표가 달성되었는지를 종합적으로 판단하는 평가이다. 총괄평가의 목적은 첫째, 학습자가 **교육목표를 달성**했는지를 파악하고, 둘째, 해당과목의 **교수-프로그램에 대한 의사결정**을 하기 위함이다. 즉, 총합평가는 교육 프로그램이 끝난 후에 학습자가 교육목표를 어느 정도 성취했는지를 파악하여 행정적으로 성적을 처리하기 위해서 실시하며, 또한 한 학기 혹은 일 년간의 교육 프로그램에 대한 정보를 토대로 하여 교육 프로그램이 다음 학기에도 유용하게 사용될 수 있는지를 결정하기 위해서 실시한다.

(2) 특 징

총괄평가의 특징은 다음과 같다. 첫째, 학습자 **성적을 결정**하고 판정해 준다. 둘째, 학습자가 미래에 다음과정의 **학습에 성공**할 수 있는지 예측해 준다. 셋째, 학습자에게 **자격을 인정**해주는 판단 역할을 해 준다. 넷째, **교수 프로그램의 개선**의 자료로 활용된다. 다섯째, 집단 간의 **학업성취 결과**를 **비교**할 수 있다. 여섯째, 총괄평가의 검사 도구는 전문가가 제작한 **표준화 검사도구**가 요망된다. 일곱째, 평가방법은 **준거지향평가**와 **규준지향평가**가 모두 가능하다.

4. 상호 비교

진단평가, 형성평가, 총괄평가의 비교는 시기, 목적, 평가방법, 평가주체, 평가기준, 문항난이도 순으로 정리한다. 첫째, **시기**와 **목적**의 비교이다. 진단평가는 교수-학습이 시작되기 전에 학습자의 인지적, 정의적, 신체적, 환경적 영역을 파악하여서, 학습자에게 적절한 교수 학습 프로그램을 투입시키기 위한 목적으로 실시한다. 형성평가는 교수-학습이 실시되는 도중에 학습자가 현재 실시되는 교육목표에 도달하는지를 파악하여서, 교사와 학생 간의 송환효과를 얻고 교수방법론의 적절성을 알아보기 위한 목적으로 실시한다. 총합평가는 교수-학습이 완료된 후에 학습자의 교육목표 성취를 파악하여서, 학습자에게 행정적으로 교육적 의사결정을 해주고 교육프로그램의 효과성을 파악하기 위한 목적으로 실시한다. 둘째, **평가주체, 평가기준, 문항난이도**의 비교이다. 진단평가는 교사나 전문가에 의해서 제작된 검사 도구를 사용하며 준거지향평가를 실시한다. 이때, 문항 난이도는 준거점에 해당되는 난이도로 제작되어야 한다. 형성평가는 교사에 의해서 제작된 검사 도구를 사용하며 준거지향평가를 실시한다. 역시 문항 난이도는 준거점에 해당되는 난이도로 제작되어야 한다. 총합평가는 전문가에 의해서 제작된 검사 도구를 사용해야 하며, 규준지향평가와 준거지향평가 모두 사용될 수 있다. 규준지향평가일 때 문항 난이도는 쉬운 문항, 중간 문항, 어려운 문항이 골고루 출제되어야 하며, 준거지향평가일 때 문항 난이도는 준거점에 해당되는 난이도로 출제되어야 한다.

V 교육평가의 절차

1. 교육목표의 설정

평가를 하기 위해서는 제일 먼저 **교육목표**를 설정해야 한다. 교육목표는 Bloom의 기준에 따라서 **인지적 영역, 정의적 영역, 심동적 영역**으로 구분하여 설정할 수 있다.

인지적 영역은 ① **지식**, ② **이해력**, ③ **적용력**, ④ **분석력**, ⑤ **종합력**, ⑥ **평가력** 순으로 분류되며 위계적으로 고등능력이 된다. 전 단계를 기초로 다음 단계가 이루어지는 복합성의 개념으로 설명된다. 구체적으로 보면, ① 지식은 아이디어나 자료를 기억해 내는 능력이다. ② 이해는 전달되는 자료를 이용해서 번역, 해석, 추론하는 능력이다. ③ 적용은 학습한 정보를 다른 상황에 적용하는 것으로 추상적인 개념을 사용하는 능력이다. ④ 분석은 구성요소나 부분으로 분할하는 능력이다. ⑤ 종합은 두 개 이상의 학문개념 요소를 결합시켜 새로운 것을 형성하는 능력이다. ⑥ 평가는 아이디어나 소재에 대해 가치판단을 하는 능력이다.

정의적 영역은 ① **감수**, ② **반응**, ③ **가치화**, ④ **조직화**, ⑤ **인격화**로 분류되며 점차 갈수록 심층적인 능력으로 간주된다. 앞 단계를 전제로 다음 단계가 형성된다는 내면화의 원칙으로 설명된다. ① 감수는 특정 현상에 주의를 기울이는 것을 의미한다. ② 반응은 현상에 대해 주의를 넘어서 반응을 하는 것이다. ③ 가치화는 어떤 현상에 대해 그 의미가 가치를 부여하는 내면화의 정도를 의미한다. ④ 조직화는 여러 가치를 비교하고 종합하여 일관성 있는 가치체계를 확립하는 단계이다. ⑤ 인격화는 가치관이 확립되어 그것을 모든 사건에 적용하는 단계이다.

심동적 영역은 ① **지각**, ② **자세**, ③ **유도반응**, ④ **기계화**, ⑤ **복합적 외현반응**, ⑥ **적응**, ⑦ **독창성**으로 분류된다. ① 지각은 감각기관을 가지고 지각하고 관심을 갖는 단계이다. ② 자세는 준비하는 상태를 의미한다. ③ 유도반응은 복잡한 기능을 배우는 단계이다. ④ 기계화는 배운 행동을 훈련해서 습관적으로 고정되고 안정되어지는 단계이다. ⑤ 복합적 외현반응은 최소의 힘으로 부드럽게 하는 단계이다. ⑥ 적응은 문제상황, 특수상황에 적합한 행위로 수정하는 단계이다. ⑦ 독창성은 독창적인 자세로 개인의 특수한 행동을 개발하는 단계이다.

2. 교육목표 진술

Tyler에 따른 **교육목표**의 진술은 ① 주어(학생), ② 목적어(지식의 구조), ③ 동사(행동적 서술어) 순으로 진술되어야 한다. 예를 들면 다음과 같다. "① 학생은 ② 삼각형의 합동 조건을 ③ 열거할 수 있다". **Mager**의 진술방식은 ① 학습자의 도착점 행동, ② 도착점 행동이 일어나는 상황 및 조건, ③ 수락기준이 포함되어야 한다. 예를 들면 다음과 같다. "② 3개의 이차 방정식을 제시했을 때 ③ 10분 동안에 ① 모두 풀 수 있다". **Gagné**의 진술 방식에 의하면, ① 학습능력, ② 행위, ③ 조건과 상황, ④ 대상, ⑤ 도구 등을 포함하여 진술해야 한다. 예를 들면 다음과 같다. "③ 영어 수동문을 능동문으로 바꾸라고 제시받았을 때 ⑤ 컴퓨터를 이용하여 ② 타자함으로써 ④ 한 부의 복사물을 ① 만들 수 있다.". **Gronlund**는 교육목표를 진술할 때, ① 일반적 수업목표, ② 명세적 수업목표를 포함해야 한다. 예를 들어, 일반적 수업목표는 "단원에 속해있는 기본 용어들의 의미를 안다", 명세적 수업목표는 "용어의 정의를 쓴다", "용어의 관계를 안다"로 진술한다.

3. 이원분류표 작성

교육목표는 ① **내용**, ② **행동**의 이원적 요소에 의해 규정된다. ① 내용은 행동이 발현될 수 있는 원천으로서 학습경험 속에 포함된 것이고, ② 행동은 그 내용을 통하여 얻게 되는 결과로서 교육의 궁극적 목표가 된다. 교육목표는 이원분류표를 사용하여,

① 내용(**교과내용**), ② 행동(**목적하는 학습결과**)를 대표할 수 있도록 구성되어야 한다. 이와 같은 이원분류표에 의해서 검사도구 전체를 검토할 수 있다.

내용소＼행동소	지식	이해	적용	분석	종합	평가
강세위치	1					
발음과 절차	1					
억양			1			
be동사의문문		1			1	
who의문사					1	
what의문사와 용법					1	
선택 의문문				1	1	
부정관사 a, an의 용법	1		1			
국적의 표현			1			
this, that의 형용사 용법과 대명사 용법		1	1			1

4. 평가도구의 제작

평가도구는 측정도구를 제작하는 것으로서, 평가도구의 내용 하나 하나가 교육목표를 제대로 측정할 수 있도록 제작해야 한다. 평가도구의 문항은 **난이도, 변별도, 추측도**가 적합해야 하며, 평가도구는 **타당도, 신뢰도, 객관도**가 잘 갖추어지도록 제작해야 한다.

5. 평가도구의 문항분석 및 검사도구 분석

예비 피험자를 선정하여서 문항분석과 검사도구 분석을 한다. 평가도구는 **문항분석**을 실시하여 **난이도, 변별도, 추측도**를 분석한다. 적합하지 못한 문항은 수정하거나 삭제한다. 또한 평가도구는 **검사도구 분석**을 실시하여 **신뢰도**와 **타당도**를 검정한다. 역시 적합하지 않은 문항은 역시 수정하거나 삭제한다.

6. 평가의 실시 및 결과 처리

평가의 실시를 위해서 검사의 실시 시기를 결정하고, 통풍, 채광, 소음 등과 같은 검사장의 물리적 조건도 통제한다. 검사결과를 채점하고 점수를 기록하는 단계에서는 측정의 오차를 줄이고 검사의 객관성과 신뢰성을 높이기 위한 채점 방안들이 강구되어야 한다.

7. 결과의 해석 및 활용

결과는 다음과 같이 활용되어야 한다. 첫째, 학생들의 학습결손을 진단하고 이에 대한 교정 자료로 사용할 수 있도록 한다. 둘째, 학생들의 학습곤란을 극복하고 학습지도방법을 개선하는데 활용할 수 있다. 셋째, 학생들의 생활지도 자료로 활용할 수 있다.

넷째, 학생 개개인의 성적을 평정하는 자료가 된다. 다섯째, 교육평가활동의 결과는 교육적 정치를 위한 자료로 활용할 수 있다.

Ⅵ 평가문항의 유형

> 교육평가 논술예제 ❽ 선택형 평가문항과 서답형 평가문항의 장·단점을 기술하시오('94, 대구 중등)

평가문항은 ① **선택형**과 ② **서답형**으로 구분되어진다. 선택형은 고정된 반응을 유도하는 구조화된 검사도구이며, 서답형은 자유 반응을 유도하는 비구조화된 검사도구이다. 선택형은 ㉠ **진위형**, ㉡ **연결형**, ㉢ **선다형**으로 구성되며, 서답형은 ㉠ **단답형**, ㉡ **완성형**, ㉢ **논술형**으로 구성된다.

1. 선택형 문항

(1) 진위형(True-False Form)

진위형은 주어진 진술문에 대하여 **진(眞)과 위(僞)로 표시하는 양자택일형(Alternative-Response Type) 문항**이다.

진위형 **제작상의 유의점**은 다음과 같다. 첫째, 한 가지의 지식만을 물어보는 내용으로 진술한다. 둘째, 종속절이 있는 복합문이 아닌 단문으로 진술한다. 셋째, 부정문을 피한다. 넷째, 교과서의 문구는 그대로 사용하지 않는다. 다섯째, 정답의 단서가 되는 내용을 제시하지 않는다. 여섯째, 정답과 틀린 답의 비율을 무선적으로 한다.

진위형의 **장점**은 다음으로 요약한다. 첫째, 초등학교 저학년에 적합한 문항이다. 둘째, 많은 양의 문항을 출제해서 내용 타당도를 높일 수 있다. 셋째, 채점이 용이하다. 넷째, 채점이 객관적이다. 진위형의 **단점**은 다음과 같다. 첫째, 추측도가 가장 크다. 둘째, 단순 기억지식의 문항에 출제된다. 셋째, 학습 동기를 낮춘다.

(2) 연결형(Matching Form)

① 김시습	㉠ 금오신화
② 허균	㉡ 허생전
③ 박지원	㉢ 홍길동전
	㉣ 에밀

연결형은 **일련의 문제군과 일련의 답지군**을 제시하고 **관련 있는 것**을 연결을 하도록 하는 문항이다. 연결형 **제작상의 유의점**은 다음과 같다. 첫째, 문제군은 왼쪽에 답지군은 오른쪽에 배열한다. 둘째, 답지군의 수는 문제군의 1.5배 많아야 한다. 셋째, 문제군과 답지군은 동질성이 유지되어야 한다. 넷째, 문제군과 답지군의 각 항목은 개념이 중첩되지 않아야 한다.

연결형의 **장점**은 다음으로 요약한다. 첫째, 문항의 채점이 객관성이 있다. 둘째, 문항제작이 간편하다. 연결형의 **단점**으로는 첫째, 단순 기억력을 평가한다. 둘째, 동질성을 유지한 문항 제작이 어렵다. 셋째, 배합 시에 정답의 단서를 주게 될 가능성이 있다로 정리된다.

(3) 선다형(Multiple-Choice Form)

---

1. 언어 평가 형식 중 선다형 평가의 장점으로 옳은 것은? (　　)

　　a. 대규모 평가에 유용하다.
　　b. 수험자에게 추측요인을 제거할 수 있다.
　　c. 신속한 채점이 가능하며 채점의 객관도도 높다.
　　d. 평가자가 문항 제작이 용이하다.
　　e. 언어 지식과 사용 능력을 통합적으로 평가하기에 적합하다.

　① a, b　　　② a, b, c　　　③ a, c, d　　　④ a, b, c, d

선다형은 질문이 있고 그 뒤에 **두 개 이상의 답지에서 최선의 답을 선택**하는 문항이다. 선다형 **제작 시의 유의점**은 다음과 같다. 첫째, 문항은 중요한 내용을 포함해야 한다. 둘째, 문항은 질문내용이 단순하게 구조화되어야 한다. 셋째, 질문에는 정의, 개념을 묻고 답지에는 개념에 대한 설명을 나열한다. 넷째, 질문은 긍정문으로 한다. 다섯째, 문항은 답을 암시하는 내용이 포함되지 않아야 한다. 여섯째, 매력적인 오답지를 작성해야 한다. 일곱째, 정답이 두 개 이상일 경우에는 최선의 답을 선택하도록 질문을 한다. 여덟째, 답지만을 분석해서 문항의 답을 맞히게 하지 말아야 한다. 아홉째, 문항의 답지들은 상호 독립적이어야 한다. 열 번째, 답지의 형태가 유사해야 한다. 열한 번째, 답지는 가, 나, 다 순으로, a, b, c 순으로, 연도나 숫자가 작은 수부터 큰 수의 순으로, 짧은 길이부터 긴 길이 순으로 작성한다.

선다형의 **장점**은 다음과 같다. 첫째, 오답지를 매력적으로 작성하면 고등정신능력을 측정할 수 있다. 둘째, 광범위하게 많은 내용을 출제할 수 있다. 셋째, 채점의 객관성이 높다. 넷째, 채점이 용이하다. **단점**은 다음과 같다. 첫째, 문항 제작의 시간과 노력이 많이 요구된다. 둘째, 매력적인 오답지 제작이 어렵다. 셋째, 추측 요인이 존재한다.

2. 서답형 문항

(1) 단답형(Short-Answer Form)

$a^2 + b^2 = c^2$ 은 무슨 공식인가? (　　　　　　　　)

단답형은 간단한 단어, 숫자, 기호, 연대 등의 **간단한 형태로 반응**하도록 하는 문항이다.

단답형 **제작상의 유의점**은 다음과 같다. 첫째, 간단한 단어, 문장, 숫자 등의 형태로 대답할 수 있어야 한다. 둘째, 질문이 간단하고 명료해야 한다. 셋째, 정답은 의미가 같은 여러 가지 표현으로 제시되면, 정답으로 간주해 주어야 한다. 넷째, 교과서의 문장을 그대로 작성하지 않는다. 다섯째, 문법, 철자법, 단위수가 틀리더라도 의미가 맞으면 정답으로 간주해 주어야 한다.

단답형의 **장점**은 다음과 같다. 첫째, 추측요인을 배제한다. 둘째, 문항 제작이 용이하다. **단점**으로는 단편적 지식만을 측정할 수 있다는 점이 된다.

(2) 완성형(Completion Form)

> Piaget의 인지발달단계는 감각운동기, (   ), (   ), 형식적 조작기로 순으로 발달된다.

완성형은 일부 단어가 빠져있는 진술문을 작성하고 **적합한 단어, 어구, 기호를 삽입**하여 완성하도록 하는 문항이다.

제작상의 유의점은 다음으로 요약한다. 첫째, 중요한 내용을 질문하도록 해야 한다. 둘째, 빈칸 하나에 1점의 비율로 채점한다. 셋째, 문장 그대로 작성하지 않는다. 넷째, 문장 속에 답을 암시하는 내용이 없어야 한다.

완성형의 **장점**은 다음과 같다. 첫째, 광범위하게 많은 내용을 질문할 수 있다. 둘째, 추측요인을 배제한다. **단점**은 다음으로 요약한다. 첫째, 고등정신능력을 측정할 수 없다. 둘째, 학생들이 학습을 단순한 방법으로 하게 만든다.

(3) 논술형(Essay Form)

> 한국 교육평가에서 수학능력시험의 문제점과 향후 방향점을 논하십시오(10점 만점).

논술형은 질문에 대해 **자유롭게 능력을 구사**하도록 하는 문항이다.

논술형의 **제작상의 유의점**은 다음과 같다. 첫째, 단순지식보다는 고등정신기능을 측정하도록 제작해야 한다. 둘째, 채점기준을 미리 제시해야 한다. 셋째, 쉬운 문항순으로 먼저 제시해야 한다. 넷째, 채점 시에 후광효과를 없애기 위해서 문항 단위로 채점을 한다. 다섯째, 채점의 신뢰도를 높이기 위해서 여러 명의 채점자가 채점을 해야 한다.

논술형의 **장점**은 다음과 같다. 첫째, 반응이 자유롭다. 둘째, 고등정신능력을 측정할 수 있다. 셋째, 추측요인을 배제한다. 넷째, 문항제작이 용이하다. 단점은 다음과 같다. 첫째, 채점의 주관성이 있으므로 채점자 간의 신뢰도가 확보되어야 한다. 둘째, 문항수가 적기 때문에 내용 타당도가 낮다. 셋째, 채점이 어렵다.

논술형의 **채점방법**은 **분석적 채점방법, 총체적 채점방법, 절충적 채점방법**으로 분류할 수 있다. 분석적 채점방법은 채점의 기준을 요소별로 분석해서 배점하고, 최종적으로 요소별 득점을 합산하는 방법이다. 총체적 채점방법은 전반적인 인상, 느낌으로 성취결과에 대한 전반적인 인상, 느낌에 의해서 총체적으로 점수를 부여하는 방법이다. 절충적 채점방법은 분석적 방법과 총체적 방법을 혼합한 방법이다. 먼저 총체적 방법을 이용해서 답안을 채점한 다음에, 분석적 방법을 활용해서 요소별로 분류하여 채점한다.

3. 선택형 문항과 서답형 문항 비교

첫째, **문항 제작**의 비교이다. 선택형 문항은 문항제작이 매우 어려우며 시간이 소모된다. 반면에 서답형 문항은 문항제작이 용이하고 비교적 시간 소모가 적다. 둘째, **채점**의 비교이다. 선택형 문항은 채점이 쉬우며 채점의 객관성이 확보된다. 그러나 서답형 문항은 채점이 어려우며 채점의 주관성이 문제가 된다. 셋째, **출제 영역**의 비교이다. 선택형 문항은 학습자의 기억력과 해석력 위주의 단순 영역에서 출제된다. 반면에 서답형은 조직력, 분석력, 종합력, 표현력 위주의 고등 영역에서 출제된다. 넷째, **장점** 및 **단점**의 비교이다. 선택형 문항의 장점은 많은 문항을 출제해서 내용 타당도를 확보할 수 있으며 채점이 객관적이며 단점은 추측에 의한 효과가 있으며 단순 기억력 측정이 된다는 점이다. 반면에 서답형 문항은 문항 제작이 용이하고 비판력, 사고력 등 고등능력을 측정할 수 있다는 장점이 있으며 채점의 주관성과 채점의 어려움이라는 단점이 있다.

4. 선택형 문항들의 장·단점 비교

선택형 문항은 진위형, 연결형, 선다형이 있다. 진위형 문항은 옳고 그름을 판단하는 문항이다. **장점**은 많은 양의 문항 제작이 가능하여 내용 타당도를 확보할 수 있고 문항 제작이 용이하며 채점이 객관적이라는 점이다. **단점**은 단순 기억력의 문항이기에 학습자 동기가 감소되며 추측도가 가장 높다는 점이다. 연결형 문항은 문제군과 답지군에서 정답을 연결하는 문항이다. **장점**은 문항 제작이 쉽고 채점의 객관성도 높지만 **단점**은 추측도가 있다는 점이다. 선다형은 두 개 이상의 답지에서 최선의 답을 선택하는 문항이다. **장점**은 많은 문항을 출제하여서 내용 타당도를 확보할 수 있으며 채점이 객관점이라는 점이다. **단점**은 문항 제작에 가장 많은 시간이 소모되며 매력적인 오답지 작성이 매우 어렵다는 점이 된다.

5. 서답형 문항들의 장·단점 비교

서답형 문항은 단답형, 완성형, 논술형이 있다. 단답형 문항은 간단한 단어로 답변하는 문항이다. **장점**은 많은 양의 문항 제작을 할 수 있고 문항 제작이 쉽고 채점이 객관적이며 추측도가 없다는 점이 된다. **단점**은 단순한 지식의 문항으로 기억력만 조장할 수 있다는 점이 된다. 완성형은 문항 진술문 중에서 중요한 부분을 여백으로 하여 중요한 단어를 작성하게 하는 문항이다. **장점**은 많은 양의 문항 제작을 할 수 있고 문항 제작이 용이하고 추측 요인이 없다는 점이다. **단점**은 단순 암기력에 치우친다는 점이다. 논술형은 주어진 질문에 피험자가 자유롭게 표현하는 문항이다. **장점**은 문항 제작이 용이

하며 분석력, 비판력, 종합력 등 고등정신을 측정한다는 점이 된다. **단점**은 많은 문항을 출제할 수 없으며 채점의 어려움과 주관성의 문제가 있다.

Ⅶ 문항분석 방법

문항분석 방법은 ① **고전검사이론에 의한 방법**과 ② **문항분석이론**에 의한 방법이 있다. **고전검사이론**은 검사 총점에 의해서 문항을 분석하고 피험자의 능력을 추정하는 검사이론이며, 반면에 **문항분석이론**은 **각 문항 하나하나의 고유한 문항특성곡선**에 의해서 문항을 분석하고 피험자 능력을 추정하는 이론이다. 문항반응이론은 고전검사이론의 문제점, 즉, 문항특성의 불변성과 피험자능력 불변성을 극복했기 때문에, 현재 많이 사용되고 있다.

1. 고전검사이론에 의한 문항분석

(1) 문항 난이도(Item Difficulty)

문항 난이도는 문항의 어려운 정도를 나타낸 지수이다. 문항 난이도 공식은 다음 공식과 같다. 문항 난이도 값은 **0에서 1 범위**에 있다. 문항 난이도 지수가 높을수록 쉬운 문항이 된다. 문항 난이도 해석을 보면, .40에서 .60은 중간 난이도 문항으로 해석한다. .60에서 .80은 쉬운 문항으로, .80에서 1.0은 매우 쉬운 문항으로 해석하며 반면에 .20에서 .40은 어려운 문항으로, .0에서 .20은 매우 어려운 문항으로 해석한다.

$$P = \frac{R}{N}$$

·P: 문항 난이도　·R: 문항의 답을 맞힌 피험자 수　·N: 전체 피험자 수

예) 1. ＿＿＿＿＿＿＿＿＿? (　2　)
① 20명
② 40명
③ 10명
④ 30명

정답: $\frac{40}{100} = .40$

(2) 문항 변별도(Item Discriminant)

문항 변별도는 학생의 능력수준을 변별해주는 지수를 의미한다. 즉, 문항 변별도는 각 문항이 학생의 능력수준의 상하를 예리하게 구별해주는 능력이라 할 수 있다. **문항 변별도 공식은 ① 상관분석 방법**과 **② 상·하위 집단의 정답률 차이에 의한 방법**이 있다.

상관분석에 의한 변별도 공식은 아래에 있다. 이때, 변별도 값은 **−1에서 +1 범위**에 있다. 변별도가 −1에서 0사이의 값일 때는 특정한 한 문항을 맞힌 학습자가 전체 총점이 낮고 그 문항을 틀린 학생이 전체 총점이 높다는 것을 의미한다. 변별도가 0일 때는 그 문항을 맞힌 학습자과 틀린 학습자의 총점이 같다는 것을 의미한다. 변별도가 0에서 +1사이에 있을 때는 그 문항을 맞힌 학습자는 총점이 높고 그 문항을 틀린 학습자는 총점이 낮다는 것을 의미한다. 변별도가 0이나 음수로 나오는 문항은 삭제해야 한다. 변별도는 .4이상이면 높은 변별력이 있는 문항으로 해석하며 .4이하는 낮은 변별력이 있는 문항으로 해석한다.

$$r = \frac{N\Sigma XY - \Sigma X \Sigma Y}{\sqrt{N\Sigma X^2 - (\Sigma X)^2}\ \sqrt{N\Sigma Y^2 - (\Sigma Y)^2}}$$

📝 1번 문항에 대한 변별도 계산

피험자	문항점수			총점
	문항1	문항2	문항3	
A	1	1	1	3
B	1	1	0	2
C	0	0	1	1
D	0	0	0	0
E	1	1	0	2

피험자	X 1번 점수	Y 총점	XY	X^2	Y^2
A	1	3	3	1	9
B	1	2	2	1	4
C	0	1	0	0	1
D	0	0	0	0	0
E	1	2	2	1	4
합	3	8	7	3	18

$$\text{정답: } r = \frac{5(7) - (3)(8)}{\sqrt{5(3) - (3)^2}\ \sqrt{5(18) - (8)^2}} = .88$$

문항 변별도는 상위능력집단의 정답비율과 하위능력집단의 정답비율의 차이로 계산되어질 수도 있다. 공식은 다음과 같다.

$$U - L = \frac{R_H}{N_H} - \frac{R_L}{N_L}$$

·R_H: 상위집단의 정답인원수 　·R_L: 하위집단의 정답인원수

·N_H: 상위집단의 전체인원수 　·N_L: 하위집단의 전체인원수

	상위집단	하위집단	
정답	300	180	480
오답	100	420	520
	400	600	1000

정답: $\dfrac{300}{400} - \dfrac{180}{600} = .45$

(3) 문항 추측도(Item Guessing)

문항 추측도는 능력이 없는 피험자들이 **추측을 해서 문항의 답을 맞힐 지수**를 의미한다. **문항 추측도 공식**은 다음에 있다. 문항추측도는 **0에서 1의 범위**로 있다. 따라서 문항추측도의 수치가 높으면 문항이 쉬운 것이고 문항추측도 수치가 낮으면 어려운 문항이 된다. 문항추측도가 .4에서 .6이면 중간 수준의 문항으로 해석한다.

$$P_{Gr} = \frac{G_w}{N(Q-1)}$$

·P_{GR}: 문항 추측도 　　·G_w: 문항의 답을 맞히지 못한 피험자 수

·Q: 보기 수 　　　　　·N: 전체 피험자 수

예 1. ＿＿＿＿＿＿＿? (2)

① 20명

② 40명

③ 10명

④ 30명

정답: $\dfrac{60}{100(4-1)} = .20$

(4) 문항 교정난이도

문항 교정난이도는 추측요인을 배제한 문항난이도이다. 공식은 다음과 같다.

$$P_C = P - P_{Gr}$$

· P_C: 문항교정 난이도　　· P: 문항 난이도　　· P_{Gr}: 문항 추측도

1. _____? (2)

① 20명

② 40명

③ 10명

④ 30명

정답: $\dfrac{40}{100} - \dfrac{60}{100(4-1)} = .20$

(5) 오답지의 매력도

오답지의 매력도는 선다형 문항에서 피험자가 오답지를 선택할 확률을 나타내는 지수를 의미한다. 선다형 문항의 질은 오답지의 매력도에 있다. 따라서 선다형 오답지 매력도 분석은 문항의 질을 향상시키는 일이 된다. 공식은 아래와 같다.

$$P_c = \dfrac{1-P}{Q-1}$$

· P_O : 답지 선택 확률　　· P: 문항 난이도　　· Q : 문항 보기 수

예 1. _____? (2)

답지	응답자	응답율	비교	오답지 해석
①	100명	.10	< .20	매력적이지 못한 오답지
②	400명	.40	.40	정답
③	300명	.30	> .20	매력적인 오답지
④	200명	.20	= .20	매력적인 오답지

정답: $\dfrac{1-.40}{4-1}$

(6) 고전검사이론의 장단점

고전검사이론은 문항분석을 피험자의 총점에 의해서 분석하는 방법이다. 고전검사이론의 **장점**은 계산방법이 용이하다는 점이 된다. 고전검사이론의 **단점**은 **문항모수의 불변성 개념과 피험자 능력 불변성 개념이 유지되지 않는다**는 점이 있다. 즉, **문항모수인 난이도, 변별도, 추측도가 피험자 집단에 따라서 다르게 측정**되어지며, **피험자의 능력점수도 검사도구의 특성에 따라서 다르게 측정**되어진다. 이런 문제로 인해서 문항반응이론이 등장했다.

2. 문항반응이론

(1) 개념 및 기본 가정

문항반응이론은 고전검사이론이 검사 총점에 의해서 문항분석을 하는 데 비해서, **문항은 각각의 불변하는 고유의 속성**을 지니고 있다고 가정하고, 이런 속성을 나타내는 **문항특성곡선(Item Characteristic Curve)에 의해서 문항분석**을 하는 이론이다. 문항반응이론의 가정은 첫째, **일차원성 가정**(Unidimensionality Assumption), 둘째, **지역독립성 가정**(Local Independence Assumption)이 있다. 일차원성 가정이란 검사가 측정하는 내용이 하나의 특성이어야 한다는 가정이다. 지역독립성 가정이란 어떤 능력을 가진 피험자가 하나의 문항에 대한 응답이 다른 문항의 응답에 영향을 주지 않는다는 가정으로서, 어떤 문항과 다른 문항의 답을 맞힐 확률은 상호 독립적이라는 의미이다.

(2) 문항특성 곡선(Item Characteristic Curve: ICC)

문항특성곡선은 **피험자의 능력과 문항의 답을 맞힐 확률과의 함수관계**를 나타내는 곡선이다. 일반적으로 S 형태의 곡선을 나타낸다. 문항특성곡선의 **X축**은 **피험자의 능력** θ로 나타내며, **Y축**은 피험자의 능력에 따라서 **문항의 답을 맞출 확률** $P(\theta)$로 표시된다.

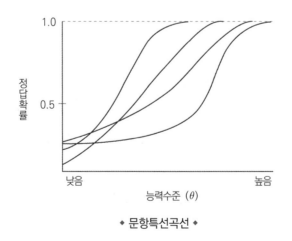

◆ 문항특성곡선 ◆

(3) 문항 난이도(Item Difficulty)

문항 난이도는 문항의 어려운 정도를 나타내는 지수이다. 1모수와 2모수의 경우에 문항난이도는 문항의 답을 맞힐 확률 값 .5에서 대응되는 ICC 곡선의 지점에서 X축에 해당되는 능력수준 값이 된다. 3모수의 경우에는 ICC 곡선의 절편 값(추측도)과 $P(\theta)$값 1의 중간 값에서 대응되는 ICC 곡선의 지점에서 X축에 해당되는 능력수준 값이다. 난이도는 b로 표기된다.

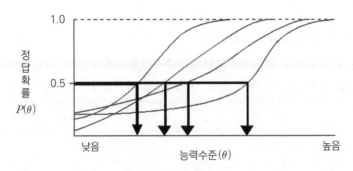

◆ 1모수와 2모수의 경우의 난이도 추정방법 ◆

◆ 언어적 표현에 의한 문항난이도의 범위 ◆

문항난이도	언어적 표현
−2.0 미만	매우 쉽다
−2.0 이상 ~ −0.5 미만	쉽다
−0.5 이상 ~ +0.5 미만	중간이다
+0.5 이상 ~ +2.0 미만	어렵다
+2.0 이상	매우 어렵다

(4) 문항 변별도(Item Discriminant)

문항 변별도는 문항이 피험자를 능력에 따라 변별하는 정도를 나타내는 지수이다. 문항반응이론에서 **문항 변별도는 문항특성곡선상의 문항난이도를 표시하는 점에서의 기울기를 말하며 a로 표기**한다. 따라서 변별도는 기울기가 클수록 높아지며 기울기가 낮을수록 낮다고 할 수 있다.

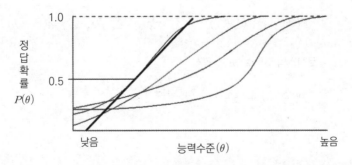

◆ 1모수와 2모수의 경우의 변별도 추정방법 ◆

문항변별도	언어적 표현
.00 이상 ~ .35 미만	거의 없다
.35 이상 ~ .65 미만	낮다
.65 이상 ~ 1.35 미만	적절하다
1.35 이상 ~ 1.70 미만	높다
1.70 이상	매우 높다

(5) 문항 추측도(Item Guessing)

문항 추측도는 능력이 전혀 없음에도 불구하고 추측해서 문항의 답을 맞힐 확률을 의미한다. 문항반응이론에서 **문항 추측도**는 **ICC의 절편을 말하며 c로 표기**한다.

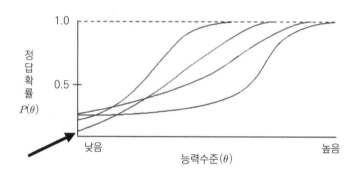

(6) 문항반응이론모형

문항반응이론의 모형은 **정규오자이브 모형**과 **로지스틱 모형**이 있다. 두 모형 모두 1모수 모형(문항난이도만 고려함), 2모수 모형(난이도, 변별도만 고려함), 3모수 모형(난이도, 변별도, 추측도를 고려함)으로 분류된다. 일반적으로 수리적으로 간단한 **로지스틱 모형**을 선택하고 문항난이도, 문항변별도, 문항추측도를 고려한 **3모수 모형**을 선택한다.

정규오자이브 3모수 모형 공식

$$P(\Theta) = c + (1-c) \int_{-\infty}^{a(\Theta-b)} \frac{1}{2}\, e^{-Z^2/2}\, dz, \;\; Z = a(\Theta-b)$$

로지스틱 3모수 모형 공식

$$P(\Theta) = c + (1-c)\,\frac{1}{1+e^{-1.7a(\theta-b)}}$$

(7) 문항반응이론의 장점 및 단점

문항반응이론의 장점은 문항모수치의 불변성과 피험자능력추정치의 불변성이 유지된다는 점이다. 피험자 능력 특성에 관계없이 문항마다 고유한 문항특선을 가지기 때문에, 문항난이도, 문항변별도, 문항추측도는 불변한다. 이것을 문항 모수치의 불변성이라고 한다. 또한 검사도구의 특성과 관계없이 피험자의 능력추정이 일관성이 있어서 피험자능력점수가 불변한다는 점도 있다. 이것을 피험자능력 모수치의 불변성이라고 한다. 그러나 문항반응이론의 단점으로는 고도의 수리적 방법으로 계산되기 때문에, 산출이 어렵과 이해하기가 어렵다고 할 수 있다.

Ⅷ 평가도구의 조건(타당도, 신뢰도, 객관도, 실용도)

교육평가 논술예제 ❾ 검사 제작과 관련하여 표준화, 규준에 대해 설명하고, 신뢰도와 타당도의 개념과 종류를 기술하시오.('08, 행정고시, 교육학)

교육평가 논술예제 ❿ 측정의 속성으로서 타당도와 신뢰도의 의미를 측정오차와 관련지어 밝히고, 두 개념의 보완적 관계를 논술하시오.('10, 행정고시, 조사방법론)

교육평가 논술예제 ⓫ "학생 참여 중심 수업에서도 평가의 타당도는 여전히 중요합니다. 타당도에는 준거 타당도와 구인 타당도 등이 있습니다. 그러나 저는 이원분류표를 작성해 평가가 교육목표에 부합하는지를 확인하는 방법으로 타당도를 높이는 방안을 고려하고 있습니다." 학생 중심 수업에서의 평가와 관련하여 교사는 위와 같이 말했다. 교사가 고려하고 있는 타당도의 유형과 개념을 제시하십시오.

1. 타당도(Validity)

(1) 개 념

타당도는 평가도구가 측정하고자 하는 **내용**을 **충실하게 측정**하고 있는지를 나타내는 **지표**를 의미한다. 검사도구의 **적합성**이라고 한다. 타당도는 ① **내용 타당도**, ② **구인 타당도(상관 계수법, 실험 계수법, 요인 분석법)**, ③ **준거관련 타당도**로 구분되며, 그 외에 ④ **결과 타당도** ⑤ **안면 타당도**도 있다. 내용 타당도는 학업성취 검사 도구일 경우에 구인 타당도는 심리 검사도구일 때 준거관련 타당도는 자격증 검사 도구일 때 주로 많이 사용되어지나, 최근에는 모든 타당도가 검사 도구 검정방법으로 활용되어지고 있다.

(2) 타당도의 종류

가. 내용 타당도(Content Validity)

내용 타당도는 검사 도구의 내용이 전체 수업 내용을 논리적으로 잘 선정하고 있는지, 즉, **검사도구**

의 **내용**이 **수업의 목표와 내용**을 잘 **대표**하고 있는지를 **전문가**에 의해서 분석하는 것이다. 학업성취 검사 도구의 경우에 주로 사용된다.

내용 타당도의 방법은 교과 타당도와 교수 타당도가 있다. **교과 타당도**는 전문가를 선정한 후에 전문가에게 **교과서 내용**에 기초하여 검사 도구의 내용을 검정하게 하는 방법이다. **교수 타당도**는 **이원 분류표**를 기초하여 검사 도구의 내용을 전문가에게 검정하게 하는 방법이다. 내용 타당도는 전문가에 의해서 **주관적**으로 검정되는 방법이기에 논리적 타당도라고도 한다.

나. 구인 타당도(Construct Validity)

구인 타당도는 심리적 특성을 이루고 있는 **하위 구인들**이 실제로 **검사 도구에 구성되고 있는지를 측정**하는 것이다. 이때, **구인**이란 눈에 보이지 않지만 존재한다고 가정되는 심리적 특성들을 구성하는 하위 요인이다. 예를 들어, 창의성 검사 도구를 제작한다면, 창의성을 구성하는 구인은 유창성, 융통성, 상상력, 독창성, 정교성으로 규정하게 된다.

최근의 구인 타당도 분석은 탐색적 요인분석과 확인적 요인분석으로 구분되어진다. 일차적으로 탐색적 요인분석을 통하여 수렴 타당도와 판별 타당도를 검정하고 이차적으로 확인적 요인분석을 실시하여 수렴 타당도와 판별 타당도를 검정하여서 구인을 증명하는 방법이 사용되고 있다. 그러나 본 교재에서는 탐색적 요인분석에 초점을 두어 **상관계수법**과 **요인분석법**을 설명하고자 한다.

상관계수법에 의한 구인 타당도 검정은 **각 구인의 점수**와 **총점과의 상관계수**에 의해서 구인을 검정하는 방법이다. 만일 구인과 총점과의 상관계수가 높으면 그 구인은 총점과 관련이 높기 때문에 그 검사 도구를 구성하는 구인으로 설명되어진다. 반면에 구인과 총점과의 상관계수가 낮으면 그 구인은 총점과 관련성이 낮기 때문에 그 검사 도구의 구인으로 설명되어지지 못하게 된다. 예를 들어, 창의성 검사 도구를 제작하기 위하여 구인으로 유창성, 융통성, 상상력, 독창성, 정교성, 협동심을 설정했다. 실제로 구인들(유창성, 융통성, 상상력, 독창성, 정교성, 협동심)이 창의성을 구성하는 구인이 되려면, 각 구인은 총점(창의성)과 높은 상관계수를 나타내야 한다. 아래의 표를 보면, 유창성, 융통성, 상상력, 독창성, 정교성은 총점(창의성)과 높은 상관계수를 나타냈지만, 협동심은 낮은 상관계수를 나타냈다. 따라서 협동심을 제외한 나머지 구인들은 창의성의 구인으로 될 수 있으나, 협동심은 창의성의 구인이 될 수 없다고 할 수 있다.

	유창성	융통성	상상력	독창성	정교성	협동심
유창성	1					
융통성	.55	1				
상상력	.40	.40	1			
독창성	.60	.51	.46	1		
정교성	.35	.49	.50	.59	1	
협동심	.15	.20	.90	.11	.15	1
총점 (창의성)	.70	.85	.90	.88	.79	.25

요인 분석법에 의한 구인 타당도 검정은 많은 문항들 간의 **상관관계**를 분석하여 **상관계수가 높은 문항들 간의 공통된 요인**을 찾아내고, **상관이 높은 문항들을 모아 하나의 요인으로 규명하고, 그 요인의 의미를 부여**하는 통계적 방법이다. 즉, **상관계수가 높은 문항들이 어떠한 하나의 요인들로 축약되어서 묶어지는지를 알아보고 그 요인의 의미를 찾아내는 방법**이다. 예를 들어, 창의성 검사 도구를 제작하기 위해서, 구인을 유창성, 융통성, 상상력, 독창성, 정교성으로 설정하고 각 구인별로 문항을 5개씩 제작했다. 즉, 유창성 구인은 1 – 5번 문항으로 구성했고, 융통성 구인은 6 – 10번 문항으로, 상상력 구인은 11 – 15번 문항으로, 독창성 구인은 16 – 20번 문항으로, 정교성 구인은 21 – 15번 문항으로 구성했다. 이때 척도는 5점 Likert 척도로 했다. 그리고 피험자에게 창의성 검사 도구를 실시하고 피험자 응답 결과를 SPSS 프로그램에 코딩한 후에 요인분석 옵션으로 프로그램을 실행했다. 검사 도구를 피험자에게 실시한 후에 요인분석을 실시한 결과를 보면, 1번에서 5번까지의 문항들은 하나의 공통된 요인과의 관계성이 .50 이상으로 높게 나타남으로서 하나의 요인을 중심으로 묶였다. 이때, 이 공통된 요인은 유창성 구인이라고 할 수 있다. 왜냐하면 검사 도구를 제작할 때 1번에서 5번까지의 문항은 유창성 구인을 구성하는 문항이었기 때문이다. 따라서 유창성은 정서지능을 구성하는 구인이며 하위 문항은 1번에서 5번까지의 문항이라는 것이 증명되었다. 다른 구인인 융통성, 상상력, 독창성, 정교성 구인도 동일한 방법으로 창의성을 구성하는 구인으로 증명이 되었다.

◆ 창의성에 대한 SPSS 프로그램의 요인분석 결과 ◆

문항	유창성	융통성	상상력	독창성	정교성
1	0.63610	0.03991	0.01593	0.1644	0.04994
2	0.63194	0.08906	0.03472	– 0.08051	0.15741
3	0.62786	0.04241	– 0.02942	0.03618	0.19429
4	0.60804	0.02612	– 0.14775	0.25232	0.10094
5	0.59866	0.17343	– 0.04884	– 0.13194	0.00210
6	0.08145	0.62110	0.07763	– 0.09757	0.04464
7	– 0.02342	0.61569	0.08215	0.04839	0.05179
8	– 0.01069	0.61569	– 0.12910	0.08989	0.05818
9	0.09211	0.60869	0.00755	0.05969	0.03250
10	– 0.02887	0.57256	– 0.08824	0.0.0250	– 0.04380
11	0.16456	– 0.01889	0.64200	– 0.00201	– 0.01813
12	– 0.00015	– 0.14863	0.63541	0.08530	0.01773
13	0.16090	0.13323	0.56116	0.17940	– 0.14971
14	0.06724	0.01039	0.52837	– 0.01944	0.03887
15	– 0.07338	0.00384	0.49901	0.13832	0.06922
16	0.02365	– 0.27376	0.07148	0.71482	0.08765
17	0.00346	– 0.17827	0.00896	0.67867	– 0.02006
18	0.10097	– 0.29988	0.18760	0.54614	0.08921
19	– 0.09885	0.06542	0.07678	0.52378	0.09920
20	0.18786	0.02901	– 0.08788	0.50871	0.00986

21	− 0.08977	0.01935	− 0.18788	0.09000	0.63486
22	0.19667	− 0.27364	0.01552	− 0.10294	0.59583
23	− 0.28768	0.09625	0.01561	− 0.09834	0.54408
24	− 0.29374	0.10096	0.0026	0.08456	0.52438
25	0.01591	0.02637	− 0.0263	0.10090	0.50004

다. 예언 타당도(Predictive Validity)

예언 타당도는 준거관련 타당도 중에 하나이며, 검사 도구가 수험자의 **미래의 행동특성**을 어느 정도 정확하게 **예언**하는지를 나타내는 지수를 말한다. 즉, 제작된 검사 점수와 미래의 어떤 행동특성과의 높은 상관관계를 제시하여서, 검사 도구가 미래의 행동특성을 예언하는 능력이 있다고 제시하는 타당도이다. 예를 들어, 수학능력 점수가 미래의 대학교의 4년간 학점과 높은 상관을 나타낸다면, 수학능력 검사 도구는 미래의 대학교에서의 학점과 관련이 높기 때문에 미래의 대학교에서 높은 학업성취를 예언하는 능력이 있게 된다. 따라서 그 수학능력 검사 도구는 예언 타당도를 증명하게 된다. 예언 타당도는 검사도구 점수와 미래의 행동특성과의 **상관계수**로 표시된다.

라. 공인 타당도(Concurrent Validity)

공인 타당도는 준거관련 타당도 중에 하나이며, 현재의 검사 도구가 **이미 타당도가 입증된 검사 도구와의 높은 상관관계를 제시하여, 현 검사 도구의 타당도 수준이 높다는 것을 입증시키는 방법**이다. 예를 들어, 새로 제작된 창의성 검사 도구 점수와 미국에서 표준화된 창의성 검사 도구 점수와 높은 상관관계를 제시한다면, 새로 제작된 창의성 검사 도구도 타당도가 높다는 것이 입증된다. 공인 타당도는 새로 개발된 검사도구가 타당도가 있다는 것을 경험적으로 증명하기 위해서, **타당도가 입증된 기존의 검사 도구를 준거로 하여, 두 검사 간의 높은 상관관계**를 제시하여서, 타당도를 검정하는 과정이 된다. 주로 **상관계수**로 제시된다.

마. 결과 타당도(Consequential Validity)

결과 타당도는 검사결과가 검사의 목적과 얼마나 부합했는지, 의도가 결과를 얼마나 달성했는지에 대한 검정이 된다. 예를 들어, 인성 검사 도구를 실시하고 나서, 학교에서 인성교육에 대해 긍정적인 효과가 있었다면, 그 검사 도구는 결과 타당도가 높다고 할 수 있다. 즉, 평가를 실시하고 난 다음에 **결과에 대해 가치판단**을 하는 것이다. 검사가 원래 의도한 결과와 의도하지 않은 결과, 긍정적인 결과와 부정적인 결과, 실재적 결과와 잠재적 결과에 대해 초점을 두면서 검사의 타당성을 판단하는 것이다.

바. 안면 타당도(Face Validity)

안면 타당도는 전문가가 아닌 **피험자의 상식적인 입장**에서 검사 도구의 타당도를 검정하는 방법이다. 즉, 일반인 피험자가 검사 도구의 문항이 측정하고자 하는 것을 제대로 측정하고 있는지를 판단하는 방법이다. 검사 도구는 안면 타당도가 높아야 피험자의 반응을 제대로 도출해 낼 수 있지만, 도덕성과 가치관 같은 정의적 영역을 측정하는 검사 도구에서 안면 타당도가 너무 높으면 거짓 반응을 유도해 낼 수 있다. 안면 타당도는 너무 주관적이기 때문에 많이 사용되지는 않는다.

2. 신뢰도(Reliability)

(1) 개 념

신뢰도란 측정도구가 **정확하게, 오차 없이, 일관성 있게, 측정했는지를 나타내는 지수**이다. 따라서 검사도구의 **안정성, 일관성, 정확성** 등의 의미를 포함한다.

(2) 신뢰도의 종류

가. 재검사 신뢰도(Test-Retest Reliability)

재검사 신뢰도는 **한 검사를 동일한 집단에게 일정한 시간적 간격을 두고 두 번 실시하고 검사결과 간의 상관계수로 신뢰도를 제시하는 방법**이다. 신뢰도의 정의에 가장 충실한 방법으로서, 한 검사를 같은 피험자에게 두 번 실시해서, 그 전후의 결과에서 얻은 점수를 기초로 신뢰도를 추정하는 것이다. 그러나 재검사 신뢰도의 **문제**는 전후 검사의 실시 간격을 어떻게 결정하느냐에 따라서 오차가 생기게 된다. 간격이 짧으면 기억효과가 있게 되어 두 번째 점수가 높아지므로, 결국 첫 번째와 두 번째 검사 결과 간의 상관계수가 낮아지게 된다. 간격이 길게 되면 그 능력의 자연적 성숙이 있게 되어서 두 번째 점수가 높아지기 때문에, 역시 첫 번째와 두 번째 검사결과 간의 상관계수가 역시 낮게 된다. 결국 신뢰도 추정에 오차가 생기게 된다. 또한 전후 검사를 실시하는 조건을 동일한 환경으로 조성하는 것에 어려움이 있게 된다. 따라서 재검사 신뢰도는 오차가 발생하게 된다.

나. 동형검사 신뢰도(Parallel-Form Reliability)

동형검사 신뢰도는 **두 개의 동형검사 도구를 제작하고, 이 두 검사 간의 상관계수를 산출하여 신뢰도는 나타내는 방법**이다. 재검사 신뢰도에서 동일한 검사 도구를 두 번 실시할 때 발생하는 문제점을 보완하기 위한 방법이다. 이때, 동형검사 도구는 문항은 다르지만 문항의 수, 난이도, 변별도, 추측도가 비슷하게 제작되기 때문에, 이론상으로 동질적인 문항으로 간주된다. 동형검사 신뢰도는 재검사 신뢰도보다는 바람직하지만, 동형의 검사도구 제작이 어렵다는 **단점**이 있다.

다. 반분 신뢰도(Split-Half Reliability)

반분 신뢰도는 하나의 검사 도구를 한 집단에게 **실시한 결과를 두 부분으로 나누어서, 이 두 부분의 점수 간의 상관계수를 산출하여 신뢰도를 나타내는 방법**이다. 반분 신뢰도는 두 부분에 대한 신뢰도이지 전체 신뢰도가 아니기 때문에, Spearman-Brown 공식으로 교정되어진다. 그러나 반분신뢰도는 한 검사 도구를 반으로 나누는 방법(기우법, 전후법, 단순무작위법, 문항특성에 의한 반분법)에 의해서 신뢰도 계수가 다르게 추정된다는 **단점**이 있다.

Spearman-Brown 공식

$$P_{xy} = \frac{2r_{XY}}{1 + r_{XY}}$$

라. 문항내적일관성 신뢰도

<u>문항내적일관성 신뢰도</u>는 검사도구의 **문항 하나하나를 독립된 하나의 검사도구로 간주**하여, 각 문항 간의 상관을 산출하고 그것을 종합하여서 신뢰도를 나타내는 방법이다. 종류는 <u>KR-20(이분문항)</u>, <u>KR-21(이분문항, 다분문항)</u>, <u>Hoyt(이분문항, 다분문항)</u>, <u>Cronbach α (이분문항, 다분문항)</u>가 있다. 문항내적일관성 신뢰도는 과학적으로 신뢰도 계수를 제공하기 때문에, 신뢰도 추정에 좋은 방법이다. 특히, **Cronbach α는** Cronbach가 분산분석에 기초하여 제안한 방법으로서, 가장 낮은 신뢰도 계수를 추정하기 때문에 **가장 안정적인 신뢰도 추정 방법**이 된다. Cronbach α는 **이분문항** 뿐만 아니라 **Likert 척도**에도 사용될 수 있는 신뢰도이다.

(3) 신뢰도를 높이는 조건

신뢰도에 영향을 주는 요인은 많은 **문항 수, 적절한 문항난이도, 높은 변별도, 내용의 동질성, 시험 시간을 제한하지 않는 역량 검사**가 된다.

(4) 신뢰도와 타당도의 관계

신뢰도는 타당도의 필요조건이 된다. 검사도구가 타당하기 위해서는 신뢰도가 전제조건이 되어야 한다. 따라서 검사제작과 관련해서 **신뢰도는 타당도에 필수적**이라 할 수 있다. 따라서 검사가 타당하려면 신뢰도가 높아야 한다(신뢰도는 타당도의 필요조건). 그러나 신뢰도가 높다고 해서 타당도가 반드시 높아지는 것만은 아니다(타당도는 신뢰도의 충분조건).

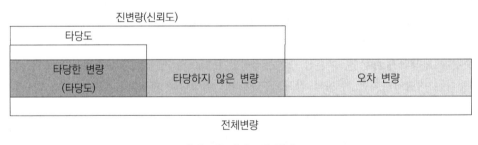

◆ 신뢰도와 타당도의 관계 ◆

3. 객관도(Objectivity)

<u>객관도</u>란 채점자가 주관적인 편견을 배제하고 일관성을 유지하면서 측정한 정도를 의미한다. 객관도는 **채점자 내의 신뢰도, 채점자 간의 신뢰도**로 구성된다. **채점자 내의 신뢰도는 한 채점자가 모든 피험자에 대해서 편견 없이 일관성 있게 측정**하는 것을 의미한다. **채점자 간의 신뢰도는 한 채점자가 다른 채점자들과 일관성 있게 측정한 것**을 뜻한다. 즉, **여러 채점자들이 부여한 점수들 간의 일치된 정도**를 의미한다. 채점자 간의 신뢰는 채점자 내의 신뢰도가 전제되어야 한다. 채점자 간의 신뢰도 종류는 **상관계수법, 일반화가능도 이론, 일치도 통계, Kappa 계수**가 있다.

4. 실용도(Usability)

　실용도란 한 개의 평가도구를 얼마나 시간과 노력을 적게 들이고 사용할 수 있느냐 하는 검사도구의 **경제성**을 의미한다. **실용도의 조건**은 첫째, 실시와 채점이 용이해야 하며, 둘째, 해석이 용이하고 활용 가능하여야 하며, 셋째, 비용이 적게 들어야 한다.

Ⅸ　수행평가

교육평가 논술예제 ⑫ 수행평가의 특징을 기존의 평가와 비교하여 서술하시오.('99, 대구 중등)

교육평가 논술예제 ⑬ 수행평가의 특징과 종류에 대해 논하시오.('98, 인천 중등)

1. 수행평가의 이론적 기초

(1) 수행평가 개념

　수행평가의 본래의 의미는 학생들이 학습한 지식이나 기술을 **실제로 행동**(Action, Doing, Performance)**으로 나타내는 과정과 결과를 관찰해서 판단하는 평가**를 의미한다. 수행평가는 21세기 지식정보화 사회가 요구하는 고등정신 능력으로서, 아는 것과 행하는 것을 함께 평가해서 암기위주의 교육을 해소하기 위한 필요성에서 대두되었다. 최근에는 수행평가의 개념이 **포트폴리오, 참평가, 직접평가, 대안적 평가**를 모두 포함하여 **광범위한 개념**으로 사용하기도 한다.

(2) 수행평가의 유사 용어

　가. 포트폴리오(Fortfolio)

　포트폴리오는 학생들이 한 학기, 혹은 일 년 동안 과제물, 작품을 연속적으로 제출하여서 작품모음집에 대한 과정과 결과를 평가하는 방법이다.

　나. 참평가(Authentic Evaluation)

　참평가는 실제상황에서 당면하는 과제를 해결하기 위해서 지식이나 기능을 활용하는 능력을 확인하는 **평가방법**이 된다.

　다. 직접 평가(Direct Evaluation)

　직접 평가는 평가하고자 하는 대상을 직접 평가하는 방법으로서, 간접적인 필기시험과 대비된다.

　라. 대안적 평가(Alternative Evaluation)

　대안적 평가는 전통적 평가와 대비되는 평가방법으로서, 수행평가, 포트폴리오, 직접평가, 참평가,

관찰, 면접, 논문, 실험실습, 시범 등이 모두 대안적 평가방법이 된다.

(3) 수행평가의 특징

수행평가의 특징은 다음과 같다. 첫째, 수행평가는 학생이 문제의 정답을 선택하게 하는 것이 아니라, **자기 스스로 정답을 작성하거나 행동**으로 나타내도록 하는 평가방식이다. 둘째, 수행평가는 추구하고자 하는 교육목표의 달성여부를 가능한 한 **실제 상황에서 파악**하고자 하는 평가방식이다. 셋째, 수행평가는 교수학습의 **결과**뿐만 아니라 교수학습의 **과정**도 함께 지시하는 평가방식이다. 넷째, 수행평가는 단편적인 영역에 대해 일회적으로 평가하기보다는, 학생 개개인의 변화 발달과정을 종합적으로 평가하기 위해 **종합적이면서 지속적인 평가방법**을 강조한다. 다섯째, 수행평가는 개개인을 단위로 해서 평가하기도 하지만, **집단에 대한 평가**도 중시한다. 여섯째, 수행평가는 학생의 **인지적 영역**뿐만 아니라, 학생 개개인의 행동발달 상황이나 흥미, 태도 등 **정의적인 영역**, 그리고 체격이나 **심동적인 영역**에 대한 **종합적이고 전인적인 평가**를 중시하는 평가방식이다. 일곱째, 수행평가는 기억, 이해와 같은 낮은 사고능력보다는 창의, 비판, 종합과 같은 **고등 사고능력의 측정**을 중히 여기는 평가방식이다.

(4) 전통적 평가와 수행평가의 비교

<u>전통적 평가</u>는 측정관과 선발적 교육관의 관점을 취하는 **규준평가**를 지향한다. 그리고 **절대주의 진리관**에 기초하기 때문에, 정답이 오직 하나로 나올 수 있는 **이분적 평가방법**을 사용하는 **고정형 평가**를 하게 된다. 따라서 학습자는 **수동적인 지식의 재생산자**가 되며 교사는 지식의 전달자가 된다. 평가는 인지적 영역에만 초점을 둔 **분석적 평가방법**을 사용하며, **인위적인 상황**에서 **단 한 번의 평가**를 한다. 이때, 평가는 **개인 위주의 정적인 평가**라고 할 수 있다. 전통적 평가는 검사도구의 타당도와 신뢰도 검정을 중요시하며, 평가 결과는 **행정적인 기능**을 목적으로 활용되어진다.

반면에, <u>수행평가는</u> 평가관, 발달적 교육관, 준거평가를 지향하고 있다. 그리고 **상대적인 진리관**에 기초하기 때문에, **개방형의 평가도구**를 사용하여 정답이 다양하게 나올 수 있는 **다분적인 평가**를 하게 된다. 따라서 학습자는 **지식의 창조자**가 되며, 이때, 교사는 학습의 안내자의 역할을 하게 된다. 또한 수행평가는 인지, 정의, 심동 영역을 **다원적으로 평가**하게 된다. 또한 **아는 것을 행함으로서 평가**하는 **동적인 평가**는 실시하며 이때 일회성이 아닌 **지속적인 평가**를 하게 된다. 수행평가는 **검사도구의 객관도**, 즉, 채점자 내의 신뢰도와 채점자 간의 신뢰도가 중요시 된다. 또한 수행평가는 개인보다는 **집단으로 평가**되기 때문에, 또래 간의 **협동성**에도 도움이 되는 평가방법이기도 하다.

2. 수행평가의 방법

수행평가의 방법은 **논문**, **포트폴리오**, **관찰법**, **면접법**, **구술시험**, **연구보고서법**, **토론법**, **실기시험**, **실험실습법**, **컴퓨터 시뮬레이션**이 있다. 논문은 개인의 생각이나 주장을 창의적이고 논리적이면서 설득력 있게 조직하여 작성하는 방법이다. 포트폴리오는 연속적으로 제출된 학생의 결과물(작품, 과제물, 성취기록, 공식기록, 일지)을 통해서, 변화된 정도를 평가하는 방법이다. 관찰법은 관찰을 통해 일련의 정보를 수집하는 방법이다. 면접법은 질문을 하여 응답을 얻어내는 언어적 상호작용 과정을 통하여, 피면접자가 내적으로 가지고 있는 것을 알아내는 평가방식이다. 구술시험은 학생에게 특정 주제에 대하여 자신의 의견을 발표하도록 하여서, 학생의 준비도, 이해력, 표현력, 판단력, 의사소통능력 등을 직접적으로 평가하는 방식이다. 연구보고서는 교과별로나 범교과적으로 연구주제 중에서 자신의 흥미에 적합한 주제를 선택하여 그 주제에 대해서 자료를 수집하고 분석한 연구보고서를 평가하는 방식이다. 토론법은 교수학습활동과 평가활동이 통합된 것으로서, 토의식 수업에서 학생들을 평가하는 것이다. 즉 교사와 학생, 학생과 학생 간의 토론의 장을 마련하여 자신의 주장을 논리적이고 설득력 있게 표현하도록 하며, 동시에 학생의 토론 준비도, 의사소통능력, 사고력, 토론태도 등을 평가하는 방법이다. 실기시험은 체능 교과에서 주로 활용되어 온 평가방법이나, 이전의 실기시험이 강요된 인위적 상황에서 이루어진 반면에 수행평가의 실기시험은 실제 문제 상황에서 요구되는 능력을 평가하는 데 초점을 맞춘다. 실험실습법은 어떤 과제에 대해서 학생에게 직접 실험이나 실습을 하게 한 후 그 결과보고서를 제출하도록 하는 것으로서, 이를 통해 기자재 조작능력뿐만 아니라 지식을 적용하는 문제해결과정을 종합적으로 평가한다. 컴퓨터 시뮬레이션은 컴퓨터 보조수업(CAT)의 시뮬레이션 기법을 이용한 것으로서, 시간적, 공간적, 경제적 제한으로 실제 조작해 볼 수 없는 상황을 컴퓨터로 모의하여 실제와 유사한 상황을 제공하는 평가이다.

3. 수행평가의 제한점

수행평가는 **다음의 제한점**이 있다. 첫째, 수행평가는 비용이 많이 들기 때문에, 현대사회가 요구하는 경제성을 추구하지 못한다. 둘째, 수행평가는 채점자 간의 일관성 문제, 즉 객관성에 문제가 발생할 수 있기 때문에, 평가결과를 신뢰할 수 없게 된다. 셋째, 수행평가는 다양한 학생에게 다양한 방법으로 진행되기 때문에, 평가도구가 잘 제작되지 않으면 신뢰도와 타당도의 문제가 발생할 수 있다. 넷째, 교사의 업무가 많은 상황에서는 수행평가를 감당할 수 없게 된다. 다섯째, 수행평가는 과밀학습 상황에서는 현실적으로 적용하는 데 어려움이 있다. 여섯째, 유일한 진리를 추구하는 전통적인 지식관은 암기식 교육을 추구하기 때문에, 평가자들의 인식전환이 요구된다.

X 컴퓨터와 검사

1. 컴퓨터화 검사

(1) 개 념

컴퓨터 검사는 종이와 연필로 검사하는 지필검사 대신에 컴퓨터를 이용한 모든 검사를 의미한다. 컴퓨터화 검사는 현재 피험자의 개별능력에 따라서 문항이 제시되는 **컴퓨터화 능력적응검사** 수준이다.

(2) 컴퓨터화 능력적응검사

컴퓨터 능력적응검사는 피험자의 **능력 수준에 적합한 문항들을 선별해서 피험자 개별적으로 실시하는 검사**이다. 피험자가 제시된 문항에 정답을 제시하면 컴퓨터가 더 어려운 난이도의 문항을 선별하여 제시하고 오답을 제시하면 더 쉬운 문항을 선별하여 제시하여, 각 피험자의 능력에 적합한 최소한의 문항만으로 검사를 해서 정확한 능력 추정을 하는 검사이다. 따라서 모든 피험자들이 동일한 순서로 동일한 문항을 제시받는 것이 아니라 사전에 마련된 문제은행에서 컴퓨터의 연산을 통해 피험자들의 능력에 부합되는 난이도를 지닌 문항들이 선별되어 제공되기 때문에, 개별적인 피험자의 특성에 적응된 검사들을 각각 제시받게 된다.

컴퓨터화 능력적응검사의 구성요소는 **문제은행, 문항반응이론, 검사알고리즘**이 된다. 제일 먼저, 문제은행을 구축하여 충분한 수의 양질의 문항을 예비해야 한다. 다음으로, 문항반응이론을 활용하여, 피험자능력과 문항모수 추정의 불변성을 유지해야 한다. 마지막으로, 컴퓨터에 검사알고리즘을 입력하여, 검사시작 기준점, 다음 문항 선택하는 기준, 검사를 종료하는 기준을 명확히 규명되도록 해야 한다.

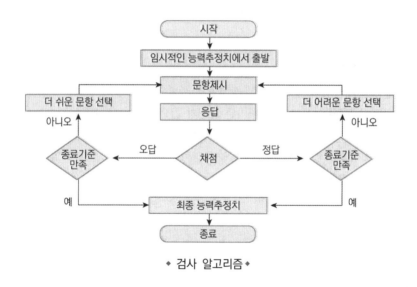

♦ 검사 알고리즘 ♦

2. 컴퓨터 능력적응검사의 장점

컴퓨터화 능력적응검사의 **장점**은 다음으로 요약된다. 첫째, **정확한 피험자 능력점수**를 얻을 수 있다. 피험자 능력수준에 맞는 소수의 문항으로 평가하기 때문에 피험자 능력을 정확하게 추정할 수 있다. 둘째, 피험자의 **동기**를 유발시킨다. 피험자 능력수준에 맞는 문항이 컴퓨터를 통해서 추출되기 때문에, 동기와 사기를 진작시킨다. 셋째, 채점과 **결과 통보의 인력, 시간, 경비를 절약**할 수 있다. 피험자 능력점수가 검사를 마친 후 바로 알려지기 때문에, 채점의 시간과 경비를 줄일 수 있다. 넷째, 그래프, 사진, 동영상, 음성 등의 **새롭고 흥미로운 문항**을 통하여 측정하기 때문에 지필검사로는 측정하지 못했던 능력을 측정할 수 있다. 다섯째, **컴퓨터를 통한 모의실험을 통하여 수행평가**를 실시할 수 있다. 여섯째, 검사일정에 구애 받지 않고 **원하는 시기**에 검사를 실시할 수 있다. 일곱째, 시각장애 자나 유아에게 음성을 이용한 검사를 실시할 수 있기 때문에 **장애정도에 따라 적절한 평가환경**을 제공할 수 있다. 여덟째, 피험자에 대한 결과점수에 대해 **정보를 지속적으로 저장**할 수 있다. 아홉째, 검사 내용에 대한 **비밀보장**이 용이하고 경비도 절감시킬 수 있다.

XI 교육평가모형

1. 목표중심평가('07, '08 중등임용 출제, '11 초등임용 출제)

(1) 타일러(Tyler)의 목표중심 평가모형

목표중심 평가모형은 **Tyler(1949)**에 의해서 제안된 평가모형으로서, **미리 진술된 교육목표를 평가의 기준으로 설정하여서 그 목표가 실현된 정도를 판단하는 모형**이다. Tyler의 목표중심 평가모형은 교육목표, 교육내용, 교육방법, 교육평가 간의 논리적인 일관성을 유지하고 있다. 설정된 행동적인 교육목표에 의해서 학습경험이 선정되어지고, 학습조직이 이루어지며, 교육평가가 이루어진다. 또한 교육평가를 통해서 교육목표의 실현정도를 파악한다. 이와 같이 교육목표와 교육평가를 연계시켰다는 점에서 오랫동안 교육에서 인정되고 있다.

그러나 Tyler의 모형은 교육모형 중에서 교육목표를 가장 우선순위에 두어서 교육내용을 교육목표 달성의 수단으로 전락시켰으며, 목표를 미리 선정하여 수업 중에 발생하는 부수적 목표를 간과했으며, 교육목표를 행동적 용어로 진술해서 행동적으로 규정되지 못하는 교육목표를 제한한다는 **단점**이 있다.

(2) 하몬드(Hammond)의 평가모형

Hammond(1973)는 평가모형은 교육목표와 교육평가를 3차원의 입방체 모형으로 다양하게 설정한 모형이다. 교육목표는 **행동적 차원, 수업차원, 기관차원**으로 고려했다. 행동적 차원은 인지적 영역, 정의적 영역, 심동적 영역, 3개의 영역으로 분류했으며, 수업차원은 조직, 내용, 방법, 시설, 비용, 5개 영역으로 분류했으며, 기관차원은 학생, 교사, 관리자, 교육전문가, 학부모, 지역사회, 6개 영역으로 분류했다. 교육평가를 위한 구조 틀을 위하여, 교육목표가 3차원 입방체로 구안되어 개념화되었다.

Hammond는 평가모형의 **특징**은 다음으로 요약한다. 첫째, 행동적 차원(3영역), 수업차원(5영역), 기관 차원(6영역)의 상호 관련성을 구조적으로 파악하여서, 교육평가에서 간과하기 쉬운 영역 간의 관련성을 고려했다. 둘째, 행동 차원, 수업 차원, 기관 차원이 서로 교차함으로서 생기는 상호작용 효과를 목표로 제시하고 있다. 셋째, 학교에서 실행되는 프로그램의 수정, 보안에 필요한 정보를 수집하고 있다. 넷째, 이 모형은 각 차원의 영역을 수정하여 다양한 목표 지향적 접근의 프로그램으로 적용할 수도 있다.

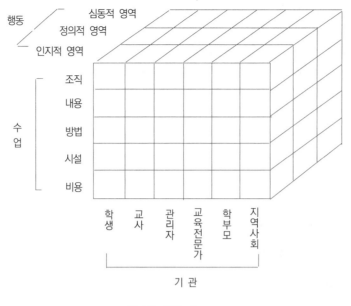

행동 — 심동적 영역 / 정의적 영역 / 인지적 영역

수업 — 조직 / 내용 / 방법 / 시설 / 비용

학생 / 교사 / 관리자 / 교육전문가 / 학부모 / 지역사회

기 관

◆ 평가를 위한 구조 ◆

2. 의사결정모형

(1) 스터플빔(Stufflebeam)의 CIPP 모형

CIPP 모형은 Stufflebeam(1971)에 의해서 제안된 대표적인 **의사결정모형**이며, **상황평가(Context),** **투입평가(Input), 과정평가(Process), 산출평가(Product)**의 4개 평가를 통하여 **의사결정에 필요한 정보를 제공**하는 모형이다. 4개 형태의 평가의 머리글자를 합해서 CIPP 모형이라고 부른다.

상황평가는 계획적 의사결정을 위한 평가이다. 조직의 경영체제를 분석하고 목표를 설정하는 의사결정을 한다. **투입평가**는 구조화된 의사결정을 위한 평가이다. 목표달성에 필요한 전략, 계획, 절차를 설계하는 의사결정을 한다. **과정평가**는 실행 의사결정을 위한 평가이다. 결정된 절차나 전략을 실행하고 개선시키는 의사결정을 한다. **산출평가**는 재순환 의사결정을 위한 평가이다. 목표가 달성된 결과를 파악하고 후속조치를 제시하는 의사결정을 한다.

CIPP 모형의 **특징**은 다음으로 요약된다. 첫째, 이 모형은 의사결정 유형에 따라서 평가 유형을 구분했다. 계획, 구조화, 실행, 재순환의 의사결정 유형에 따라서 상황평가, 투입평가, 과정평가, 산출평가로 구분했다. 둘째, 평가자와 의사결정자의 역할이 분리되어 있다. 평가자는 4개의 단계별 평가 결과를 의사결정권자에게 제공하여 최종적인 의사결정을 촉진하고 있다. 즉, 평가자는 정보 제공자의 역할만을 하게 되며, 의사결정자는 평가자에 의해서 제공한 정보를 통해서 최종적인 옳은 판단을 하게 된다. 셋째, 이 모형은 순환적 의사결정이다. 산출평가가 다시 상황평가에 재투입되는 순환적인 의사결정을 하기 때문에, 상황평가, 투입평가, 과정평가, 산출평가의 4개의 평가가 순환적으로 이루어지고 있다.

(2) 알킨(Alkin)의 CSE의 평가모형

Alikin(1969)의 CSE 평가모형은 의사결정자가 적절히 결정할 수 있도록, 필요한 정보를 선택하고 수집하고 분석하고 제공하는 모형이다. CSE는 UCLA대학의 평가연구소(Center for the Study of Evaluation)의 약자이다. CSE 모형은 CIPP 모형과 유사하며 평가는 의사결정권자가 효과적으로 사용되도록 정보를 수집하는 과정으로 정의한다.

평가절차는 **체제 사정 평가**(System assement), **프로그램 계획 평가**(Program planning), **프로그램 실행 평가**(Program implement), **프로그램 개선 평가**(Program improvement), **프로그램 승인 평가**(Program certification)로 구분된다. 체제 사정 평가는 교육목표를 결정하는 데 필요한 정보를 수집하는 과정이다. 프로그램 계획 평가는 체제 사정 평가에서 선정된 요구를 충족시킬 효과적인 방안에 대한 정보를 수집하는 과정이다. 프로그램 실행 평가는 프로그램이 의도한 대로 실천되는지에 대한 정보를 제공하는 과정이다. 프로그램 개선 평가는 프로그램의 진행과정에 문제를 파악하고 수정하고 개선하는 과정이다. 프로그램 인증 평가는 의사결정자에게 프로그램의 종합적인 결과를 제시해서 프로그램의 채택여부를 결정하도록 도움을 주는 과정이다.

3. 가치판단모형

(1) 스크리븐(Scriven)의 탈목표평가

Scriven(1974)의 탈목표평가(Goal-Free Evaluation)는 **교육목표가 실현**되었는지를 평가할 뿐만 아니라, **교육목표의 가치, 프로그램의 가치**도 총체적으로 판단하는 모형이다. **교육목표 달성여부, 예상되는 결과** 이외에 **의도하지 않은 부수적인 효과, 교육자에게 미치는 긍정적·부정적 효과, 실용성, 비용, 도덕성**의 7가지를 평가한다.

탈목표평가의 **특징**은 다음과 같다. 첫째, 탈목표평가는 내재적 준거뿐만 아니라 **외재적 준거**에도 관심을 기울인다. 내재적 준거는 대상에 내재된 준거, 평가도구의 신뢰도, 타당도, 객관도, 그리고 평가도구의 제작, 문항의 작성, 통계처리 등을 의미한다. 외재적 준거는 프로그램의 효과를 말한다. 예를 들어, 평가의 효과, 평가의 변화, 평가의 부작용과 역작용 등 의도된 효과와 의도하지 않은 부수효과를 말한다. 둘째, 탈목표평가는 총체적 평가 방법이다. 사전에 수립된 교육목표에 대한 평가뿐만 아니라 이외의 다른 기준에 의한 평가까지 총괄적으로 하기 때문이다. 셋째, Scriven의 탈목표평가는 Tyler의 교육평가의 약점을 보완해 주는 평가이다. Tyler의 목표중심평가가 사전에 설정된 목표 이외의 교육적 효과를 무시하는 반면에 탈목표평가는 교육목표에 대한 가치판단을 포함한 교육적 효과성까지도 평가하기 때문이다. 넷째, 탈목표평가는 총괄평가뿐만 아니라 형성평가에도 관심을 가진다. Tyler의 목표중심평가가 총괄평가에 강조를 두었지만, 탈목표평가는 총괄평가만 강조하던 것에서 벗어나 형성평가에도 강조를 두어야 한다고 했다.

(2) 스테이크(Stake)의 종합실상모형

Stake(1969)의 종합실상모형은 평가대상 교육과정에 대한 **기술** 및 **판단**을 강조하는 모형이다. 종합실상모형은 수집할 자료를 **선행요건, 실행요건, 성과요건**으로 구분했다. 선행요건은 프로그램 실시전의 학습자 특성, 교육과정, 교육시설, 학교환경이다. 실행요건은 학생과 교사 간 상호작용, 학생 간의 우연한 상호작용, 질의, 설명, 토론, 숙제, 시험과 같이 프로그램 실행에 작용하는 변인이다. 성과요인은 학습자의 학업성취, 흥미, 동기, 태도의 변화, 프로그램이 교사, 학교, 학부모, 지역사회에 미친 영향이다.

종합실상모형은 연관성 분석과 합치도 분석을 실시한다. 연관성 분석은 의도와 관찰별로 선행요건, 실행요건, 성과요건 간의 연관성을 점검하는 것이다. 의도의 연관성 분석은 논리적 연관성이 되며, 관찰의 연관성 분석은 경험적 연관성이 된다. 합치도 분석은 의도한 목표와 경험적인 관찰 결과가 일치되는 정도를 분석하는 것이다. **종합실상모형**은 이와 같은 연관성 분석과 합치도 분석을 통해서 **기술**을 한다. 그리고 표준과 판단별로 연관성 분석과 합치도 분석을 실시함으로서, 최종적인 가치 **판단**을 한다.

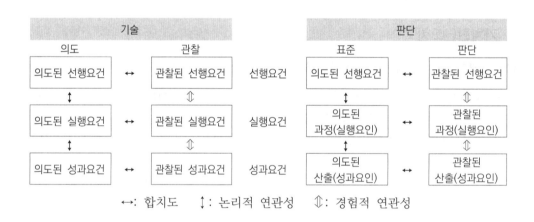

4. 참여자중심평가

(1) 스테이크(Stake)의 반응평가모형

Stake의 반응평가모형은 **평가자와 인사와의 지속적인 상호작용을 통해서 서로의 요구를 맞추어서 평가의 과정을 창조해가는 모형**이다. 사전에 계획된 것만 평가하는 것이 아니라, 평가자와 인사 간의 역동적인 상호작용을 통해서 인사들의 요구에 따라 어떤 정보를 어떤 방법으로 수집할지를 결정하고 관찰한 것을 진술하는 평가이다.

반응평가모형의 특성은 다음과 같다. 첫째, 평가는 실제 상황 속에서 결정된다. 종합실상모형이 평가 전에 평가 계획에 의거해서 자료를 체계적으로 수집하는 방법인 반면에, 반응평가모형은 평가 도중에 관련 인사와 의논해서 그들의 요구와 반응에 따라서 정보를 수집하고 분석하고 기술하는 방법이다.

둘째, 평가와 직접·간접적으로 관련된 인사들 간의 지속적인 상호작용이 필수적이다. 이때, 이해 관련자들의 의견을 청취하는 능력이 요망되며 불이익을 당하는 관련자가 없도록 배려하는 공정성이 요망된다. 셋째, 평가자의 전문성이 매우 요구되어진다. 반응평가모형은 평가에 개인적인 주관성이나 선입견이 개입되며 상황 속에서 평가자의 즉각적인 반응이 중요시되기 때문에, 평가자의 전문성이 매우 중요시된다. 넷째, 면접, 관찰, 비언어적인 단서 등 질적 연구방법이 사용된다.

종합적으로 볼 때, 반응평가모형은 절대적인 평가 기준을 부인하고 관련 인사들과 지속적인 상호작용을 통한 서로의 요구에 반응하여 평가과정을 창조해 나가는 직관적인 접근이다. 또한 관련 인사들의 가치관과 사회적·정치적 성향 등 가치 다원성을 유연하게 수용하는 현상학적·해석학적·구성주의적 평가모형이라고 할 수 있다.

5. 전문가중심평가

(1) 워든, 샌더스, 피츠패트릭(Worthen, Sanders, Fitzpatrick)의 전문가중심평가모형

전문가중심 평가모형은 가장 널리 쓰이는 모형으로 **전문가의 판단에 의하여 교육제도, 프로그램, 교육상품, 교육활동 등을 평가하는 방법**이다. **전문가중심 평가모형**은 공식적 전문심의체제, 비공식적 심의체제, 상황에 따라서 부정기적으로 실시되는 **특별전담 위원회의 심의**, 해당 분야 특정 권위자에게 심의하도록 하는 **특별전담 개인 심의**로 구분된다.

전문가중심 평가모형은 평가과정에서 전문가의 판단과 지혜의 중요성을 강조한다는 점에서 중요한 의의를 갖지만 평가 전문가의 개인적 편견이 반영되기 쉽다는 것이 **제한점**으로 작용하기도 한다. 공식적 전문심의체제는 인정평가협회와 같은 공식적 기구를 통해 학교, 대학, 병원과 같은 기관을 승인하는 과정을 의미하며 현재 우리나라의 대학평가 등에서 많이 활용하고 있다.

(2) 아이즈너(Eisner)의 교육적 감식안과 교육비평

Eisner(1975)의 교육평가모형은 평가자가 예술 교육 관점처럼, **교육적 감식안과 교육비평의 관점으로 평가해야 한다는 모형**이다. **교육적 감식안**은 예술을 감상하는 감식가처럼 평가자가 교육의 질을 감상하고 판단하는 예리하고 세련된 기술을 의미한다. 교육적 감식안은 개인적인 성격이 강하다. 이때, 교육적 감식안의 차원은 의도적 차원, 구조적 차원, 교육과정 차원, 수업 차원, 평가차원으로 분류된다. **교육비평**은 예술작품을 비평하는 예술가처럼 평가자가 기술, 해석, 평가, 주제화라는 방식을 통해서 남에게 밖으로 생생하게 전달하는 기술을 의미한다. 공적인 성격이 강하다. 비평은 반드시 감식안을 통해서 이루어진다.

아이즈너 모형의 **특징**은 교육적 관찰에 대한 질적인 해석을 시도했다는 점이다. 또한 선행 훈련, 경험, 정련된 지각 능력을 강조함으로서 교사의 평가 자료의 해석을 깊이 있게 할 수 있다는 점도 있다. 그러나 **단점**으로는 평가자의 지나친 주관적인 평가가 문제로 초래되기 때문에, 공평함과 정확함이 요구되는 공적인 프로그램 평가에 적합하지 않다는 점이 있다. 또한 교육적 감식안과 교육비평 능력을 소유하고 있는 평가자가 거의 없어서 동일한 방법론으로 광범위한 대상들을 평가하기에는 한계가 있다는 점이 있다.

주관식 기출 및 예상문제

문제 1 교육평가의 유형 중 수업진행에 따른 종류를 쓰고, 그 특징을 논하시오.

모범답안

　교육평가는 수업진행 시기에 따라 진단, 형성, 총괄평가로 나누어질 수 있다.

　진단평가는 의사가 환자에 맞는 처방을 위하여 환자의 병력, 증상, 각종 검사 등을 하는 것과 같이 학습자의 특성을 파악하여 학생에 맞는 적절한 수업을 전개하기 위해 학생 개개인에 대한 사전적 진단이다. 진단평가는 교수·학습이 시작되기 전에 학습자가 소유하고 있는 특성을 체계적으로 측정함으로써 수업전략에 대한 기초 자료를 얻고, 교수·학습방법의 적절성을 확인하기 위한 것을 목적으로 한다. 구체적인 진단 평가의 기능은 다음과 같다. 첫째, 학습과제와 관련한 학생들의 선수학습의 결손을 진단하고 이에 대한 교정과 보충학습을 마련한다. 둘째, 학습자의 학습과제에 대한 사전습득수준의 정보를 준다. 셋째, 학습자의 흥미, 성격, 학업성취 및 적성 등에 따라 적절한 교수처방을 내릴 수 있다. 넷째, 교수변인 외의 조건과 관련된 학습부진의 원인들을 파악할 수 있다.

　형성평가는 교수·학습의 진행과정에서 교수·학습의 극대화를 목적으로 이루어지는 평가이다. 교수·학습 과정 중에 가르치고 배우는 내용을 학습자들이 얼마나 잘 이해하고 있는지를 수시로 점검하고, 학습자들의 수업 능력, 태도 학습방법 등을 확인함으로써 교육과정을 개선하고 교재의 적절성을 확인할 수 있다. 형성평가의 주된 기능은 다음과 같다. 첫째, 학습자들의 학습 진행 속도를 조절할 수 있다. 둘째, 학습자의 학습에 대한 강화의 역할을 한다. 형성평가를 통해 설정된 학습목표를 거의 달성하였다는 사실을 학습자가 확인함으로써, 그 뒤에 이어지는 학습을 용이하게 해 줄 뿐 아니라 학습동기를 유발시킬 수 있다. 셋째, 학습 곤란을 진단하고 교정한다. 즉 형성평가는 학습자들에게 교수목표에 비추어 무엇을 성취했고 무엇을 더 학습해야 하는지를 구체적으로 알려주는 장점을 가지고 있으므로, 학습자는 자신의 학습곤란을 스스로 발견하며 그것을 제거해 나가게 된다. 넷째, 형성평가는 학습지도 방법의 개선에 이바지할 수 있다.

　마지막으로 총괄평가는 형성평가를 통해 수정, 보완을 되풀이한 다음, 최종적으로 완성된 교육과정이나 프로그램의 종합적인 성과 및 그 효율성을 다각적으로 판단하기 위해 실시하는 이종의 최종 종합평가이다. 학습 활동의 결과를 확인함으로써 후속 과제에서의 성공 여부 예측, 집단 간 비교, 자격인정의 의사결정에 주로 사용된다. 총괄평가는 대개 한 교과의 학습이 끝날 때 이루어지고, 일반적으로 중간고사, 기말고사, 또는 학년말 고사의 형태를 띤다. 따라서 진단평가나 형성평가에 비해 교육목표의 일반화가능성과 전이가능성이 크다고 할 수 있다. 총괄평가의 구체적인 기능은 첫째, 학습자들의 성적을 결정하고, 둘째, 학습자들의 미래 학업성적을 예측하는 데 도움을 준다. 셋째, 집단 간의 성적을 비교할 수 있는 정보를 주고, 넷째, 학습자의 자격을 인정하는 판단의 역할을 한다.

문제 2 다음 글을 읽고 세 교수가 강의에 적용한 평가 참조틀(frame of reference)이 무엇인지 설명하고, 각각의 장단점을 논하시오.[2009, 행정고시 교육학]

어느 대학에서는 〈한국 근대사의 이해〉 과목을 교양필수 과목으로 개설하여 3명의 교수가 각각 한 반씩 나누어 강의를 담당하고 있다.

김 교수는 "역사 공부는 과거의 사실을 정확히 아는 일로 끝나는 것이 아니라 그것이 학생 개개인에게 의미를 줄 수 있어야 한다."는 믿음을 갖고 있다. 이에 따라 성적 평가도 학생들 스스로 선택한 주제로 작성한 보고서와 발표 및 토론 참여를 바탕으로 이루어지고, 무엇보다도 학생이 얼마나 최선을 다하고 있으며 학생 개개인의 역사에 대한 지식과 역사를 보는 관점이 얼마나 향상되고 있는가를 중요시 한다.

이 교수는 "역사에는 오직 사실이 있을 뿐이다."라는 믿음을 갖고 있다. 이에 따라 강의는 주로 교재의 내용을 자세히 전달하는 방식으로 이루어지며, 성적 평가는 알고 있어야 할 지식들을 제대로 알고 있는가를 확인하는 데 주안점을 둔다. 90% 이상을 맞히면 A를 주고, 80~90%이며 B, 70~80%이면 C, 60~70%이면 D, 60% 미만이면 무조건 F를 주는 것이다.

박 교수는 "인생 자체가 제한된 자원을 획득하기 위한 경쟁이다."라는 믿음을 갖고 있다. 이에 따라 강의하는 한국 근대의 역사적 사건을 중심으로 사실을 정확하게 파악하는 데 중점을 두고 진행된다. 또한 박 교수는 좋은 성적을 얻기 위해 학생들이 서로 경쟁하는 것은 당연하고 바람직한 것이라 생각하여 정상분포곡선에 따라 철저하게 스테나인 점수 체제(9등급 점수)를 적용해 A^+, A^0, B^+, B^0, C^+, C^0, D^0, F를 준다.

모범답안

김 교수가 강의에 적용한 평가 참조틀은 최근 새롭게 대두되고 있는 능력 및 성장 참조평가이다. 능력 및 성장 참조 평가는 상대비교를 위한 규준참조 평가나 일정 준거에 의해 학습의 결과를 판단하는 준거참조 평가와는 다르게 교육의 개인화에 따른 교육평가에 관심이 있는 평가틀을 말한다. 능력 참조 평가는 학생 개인이 지니고 있는 능력을 얼마나 발휘하였느냐에 관심을 두는 평가이고, 성장참조 평가는 교육과정을 통해 얼마나 성장하였느냐에 초점을 맞추는 평가이기 때문에 엄밀히는 다른 참조평가 틀로 구분되어야 한다. 그러나 김 교수는 학생들이 스스로 선택한 주제에 대해 얼마나 최선을 다하고 있는지를 평가함으로써 그 학생의 능력 대비 최대 발휘도를 고려할 것을 제안하였고, 학생들의 역사에 대한 지식과 관점이 얼마나 향상되었는지를 중요시 하겠다는 점을 보았을 때, 개인화에 따른 능력참조평가와 성장참조평가를 혼합하여 능력 및 성장 참조틀에 따른 평가를 적용한 것으로 나타났다.

이 교수가 적용한 평가 참조틀은 준거참조평가이다. 준거참조평가는 다른 학생과의 비교에 초점을 맞추는 것이 아니라 학생들이 정해진 교육목표를 달성했는지 여부에 관심을 갖는 평가체제이다. 주어진 교육목표가 학생들의 성취도를 평가하는 준거가 되며, 일반적으로 준거란 어떤 일을 수행할 수 있다고 일반 사람들이 확신하는 지식이나 기술 수준을 의미한다. 따라서 이 교수는 평가 내용의 정답률에 따른 기준을 설정해놓음으로써 그 기준에 따라 학생들을 평가하고자 하였으므로 준거참조평가를 적용한 평가를 수행하였다.

박 교수가 적용한 평가 참조틀은 규준참조평가이다. 규준참조평가는 평가 결과를 해석할 때에 집단 내의 상대적인 위치를 기준으로 평가하는 방법이다. 이때 상대적인 비교를 위한 기준을 규준이라 한다. 정상분포를 가정하는 선발적 교육관에 영향을 받는 규준참조평가는 일반적으로 집단의 평균을 중심으로 원점수에 대한 비교를 하게 된다. 따라서 박 교수는 정상분포곡선에 따라 스테나인 점수 체제를 적용하여 학생들을 평가하였으므로 규준참고평가를 적용한 평가를 수행하였다.

문제 3 검사에서 사용되는 표준화와 규준에 대해 설명하고, 타당도와 신뢰도의 개념과 종류에 대해 설명하시오.

모범답안

검사에서 사용되는 표준화란, 검사 결과 해석의 객관성 보장을 위해 타당한 과정을 토대로 마련된 근거를 의미한다. 즉 누가 사용하더라도 검사의 실시, 채점, 결과의 해석이 동일하도록 절차와 방법을 일정하게 만들어 놓은 것을 말한다. 따라서 표준화 검사란 "표준화된 절차를 통해서 행동의 표본을 수집하고, 그것을 기초로 하여 두 사람 이상의 행동을 규준에 비추어 비교하는 체계적 절차"를 말한다. 규준은 검사 결과의 상대적 비교를 위해 설정된 기준을 말하고, 표준화 검사라면 반드시 규준을 포함하고 있어야 한다. 표준화 검사는 한 개인의 성취도 또는 특성을 어떤 기준에 의해 비추어 해석해야하기 때문이다.

타당도와 신뢰도는 검사 도구의 양호도를 평가하는 대표적인 기준이다. 타당도란 검사도구가 특정하고자 하는 것을 얼마나 충실히 측정하였는가를 의미한다. 평가 관련 이론에 의해 최근 정의된 타당도의 종류는 1) 검사 내용과 반응 과정에 기초한 내용타당도, 2) 내적 구조의 기초에 기초한 구인타당도, 3) 다른 변수에 기초한 예측타당도 및 공인타당도, 4) 검사결과에 기초한 결과 타당도가 있다. 내용타당도란 논리적 사고에 입각한 분석 과정으로 판단하는 주관적인 타당도로 객관적인 자료에 근거하지는 않는다. 이는 검사 내용 전문가에 의해 검사가 측정하고자 하는 속성을 제대로 측정하였는지를 주관적으로 판단한다. 구인타당도란 인간의 심리적 특성이나 성질을 심리적 구인으로 분석하여 조작적 정의를 부여한 후, 검사 점수가 조작적 정의에서 규명한 심리적 구인들을 제대로 측정하였는가를 검정하는 방법이다. 구인타당도를 추정하는 통계적 방법으로는 상관계수법, 실험설계법, 요인분석 등이 있다. 다른 변수에 기초한 타당도의 두 종류 중 예측타당도는 검사에서 얻은 점수와 그 검사가 예측하고자 했던 특성의 결과가 얼만큼 밀접한 관계를 갖고 있는지를 알아보는 타당도이다. 예를 들어 대학 수학능력시험은 학생들의 대학에서의 수학(修學)능력을 검정해보는 시험이라고 정의된다면, 학생들의 대학에서의 수학(修學)정도를 단적으로 나타낼 수 있는 학점과의 관계를 살펴봄으로써 대학수학능력 시험의 예측타당도가 어떤지를 판단할 수 있다. 공인타당도란 새로운 검사를 제작하였을 때, 새로 제작한 검사의 타당성을 검증하기 위하여 기존에 타당성을 보장받고 있는 검사와의 유사성 혹은 연관성에 의하여 타당성을 검증하는 방법이다. 예를 들어 새로운 인성 검사를 개발하여 성격검사로 그 타당성을 인정받고 있는 MMPI의 검사와의 관계를 검정하여 새로운 인성 검사의 타당성을 판단할 수 있다. 예측타당도, 공인타당도 모두 목적에 따라 제2의 검사 결과를 준거로 설정하여 해당 검사의 결과치와 준거 검사의 결과치 간의 상관계수를 비교함으로써 각 타당도의 통계적 검증이 가능하다. 결과타당도란 시대적 배경이나 환경을 고려하여 검사 결과의 타당성을 논의하는 것을 말한다. 중요도가 높은 검사일수록 검사가 의도한 결과, 의도하지 않은 결과, 긍정적 결과, 부정적 결과, 실제적 결과, 잠재적 결과에 대해 다양하게 분석될 필요가 있다. 예를 들어 고용과 승진에 영향을 주는 검사 점수에서 특정 집단 간 다른 효과가 나타났다면,

이것은 상당한 문제가 된다. 따라서 검사 결과의 타당성에 대한 판단은 어떠한 배경에 의해 그러한 결과가 나타났는지, 그것은 초기 검사 제작 당시 의도된 것이었는지 등을 다각적으로 분석할 필요가 있다.

타당도가 '무엇을 측정하고 있는가?'의 문제라면 신뢰도는 검사 제작의 목적에 따라 피험자의 특성을 '얼마나 안정적으로 잘 측정하고 있는가?'의 문제이다. 검사는 측정의 대표적 도구이고, 오류 없이 측정되는 것은 현실적으로 불가능하므로 측정 오차의 문제를 수반하게 된다. 그 오차를 얼마나 줄이는가에 따라 검사의 질은 달라지고, 이것이 바로 신뢰도의 개념이 된다. 즉 신뢰도란 검사 결과가 얼마나 일관성 있으며, 오차로부터 얼마나 벗어나 있는지를 나타낸다. 신뢰도가 높은 점수는 정확하고, 다른 상황에서 그 검사가 시행된다고 해도 그 점수는 재현 가능하며, 나아가 다른 유사한 검사에도 일반화할 수 있음을 의미한다. 신뢰도의 종류는 1) 검사 결과의 일관성과 안정성을 확인하기 위해 동일 검사를 일정 시간이 지난 후 다시 실시하여 얻은 결과치가 처음의 결과치와 얼마나 유사한지를 검증하는 재검사신뢰도, 2) 실시하는 검사와 동형인 검사를 제작하여 두 검사 간의 유사성을 살펴보는 동형검사신뢰도, 3) 한 검사를 다양한 반분법에 따라 반분하여 반분된 검사 간의 관계를 살펴보는 반분검사신뢰도, 4) 검사를 이루고 있는 문항들의 측정의 일관성을 살펴보는 문항내적일관성신뢰도가 있다. 재검사신뢰도, 동형검사신뢰도, 반분신뢰도는 모두 상관계수 추정방법에 의해 검증이 가능하고, 문항내적일관성신뢰도는 진점수 분산과 관찰점수 분산의 비율에 기초한 $KR-20$, $KR-21$, Hoyt 신뢰도, Cronbachα로 통계적 검증이 가능하다.

I 통계의 기초 개념

1. 교육통계의 기초

(1) 교육통계의 개념

교육통계는 수리적인 방법을 사용해서 교육사상 및 현상에 대한 사항을 간결하게 기술하는 학문이다. 구체적으로, 이론을 도출, 지지, 거부, 수정을 위하여 **가설을 설정**하고 수집된 자료를 가지고 **가설을 검정**하는 **확률적인 과정**이 된다.

(2) 교육통계의 기능

첫째, 주어진 현상에 대한 측정결과를 간략하게 요약·기술해 준다. 둘째, 관찰된 소수의 결과를 통해서 전반적인 현상에 대해 일반적인 결론을 도출한다.

(3) 통계의 종류

통계는 ① **기술통계**(Descriptive statistics)와 ② **추리통계**(Inferential Statistics)로 구분된다. 기술통계는 관찰된 자료를 효율적으로 요약해서 교육현상을 **기술하거나 설명**하는 통계이다. 대표적인 방법으로, 그래프, 중심경향값(평균, 중앙값, 최빈값), 분산도(범위, 사분위편차, 분산, 표준편차), 상관이 있다. 추리통계는 수집된 자료의 결과를 가지고 그 자료가 추출된 **모집단을 추정**하는 통계이다. 구체적으로, 표집에서 얻어진 통계치를 가지고 표집오차를 고려하여 이에 대응하는 모집단의 특성을 추정하는 방법이다.

(4) 변인(Variable)

가. 개 념

연구의 대상이 되고 있는 일련의 개체가 어떤 속성이 있을 때, 이러한 속성을 변인이라고 한다.

나. 변인의 종류

변인은 ① **질적 변인**(Qualitative variable)과 ② **양적 변인**(Quantitative variable)으로 구별된다. 질적 변인은 그 속성에 따라 단지 몇 개의 유목으로 분류할 수 있을 뿐 서열화하거나 양적으로 값을 매길 수 없는 변인이다. 다시 말해서, 용어로만 정의되는 변수이다. 예를 들어, 비서열 질적 변인은 성별, 인종, 전공이 있으며, 서열 질적 변인은 학력이 해당된다. 반면에 양적 변인은 그 속성을 수량화할 수 있는 변인이다. 예를 들어, 키, 체중, 성적, 지능이 있다.

변인은 ① **연속 변인**(Continuous variable)과 ② **비연속 변인**(Uncontinuous variable)으로도 구별된다. 연속 변인은 주어진 범위 내에서는 이론적으로 무한히 세분된 값을 가질 수 있는 변인이다. 예를 들어, 키, 몸무게, 시간, 학업성취, 지능, 연령이 있다. 비연속 변인은 어떤 특정한 값 이외의 다른 값을 취하지 못하거나 더 이상 세분할 수 없는 변인이다. 예를 들어, 자동차수, 사람 수, 휴가일,

시험점수가 있다.

또한 변인은 ① **독립변인**(Independent variable), ② **종속변인**(Dependent variable), ③ **매개변인** (Extraneous variable)으로 구분된다. 독립변인은 다른 변수에 영향을 미치는 변인이다. 종속변인은 독립변인에 의해서 영향을 받는 변인이다. 매개변인은 독립변인이 아니면서 종속변인에 영향을 주는 변인으로 오차변인이다.

(5) 척도(Scale)

가. 개 념

척도는 사물의 속성을 구체화하는 측정 단위이다. 실제로 재어서 얻는 수치를 의미하는 것으로, 한 변인이 분류 또는 측정되었을 때 그 변인이 수리적인 특성에 관해서 어느 정도의 정보를 갖고 있느냐에 따라 몇 가지 종류로 나눌 수 있다.

나. 척도의 종류

척도의 종류는 ① **명명척도**(Nominal Scale), ② **서열척도**(Ordinal Scale), ③ **동간척도**(Interval Scale), ④ **비율척도**(Ratio Scale)로 분류된다. 명명척도는 사물의 구분을 위해 이름을 부여하는 척도이다. 예를 들어, 성별, 인종, 남녀가 있다. 서열척도는 사물의 등위를 나타내기 위해서 사용되는 척도이다. 이때, 등수 사이의 점수는 동일한 간격이 아니다. 예를 들어, 1등과 2등의 점수 차이는 3등과 4등의 점수 차이와 동일하지 않다. 서열척도의 예는 등위와 서열이 있다. 동간척도는 동일한 간격에 단위를 부여하여 동간성을 지닌 척도이다. 임의 영점을 가졌으며, 임의 단위를 가졌다. 그리고 덧셈법칙과 뺄셈법칙이 적용될 수 있다. 예를 들어, 온도, 점수가 있다. 비율척도는 동일한 간격으로 단위를 부여한 척도이다. 절대 영점과 임의 단위를 가진다. 가감승제가 가능하다. 예를 들어, 길이, 무게, 넓이가 있다.

Ⅱ 기술통계

1. 집중경향치

(1) 집중경향치의 개념

<u>집중경향치</u>란 표본에서 얻어진 자료를 도표화 할 때 많은 자료가 어떤 특정한 값으로 몰리는 형상을 의미한다. 한 분포에 들어 있는 여러 수치를 종합적으로 대표하는 수치로서 한 집단의 점수분포를 하나의 값으로 요약 기술해주는 지수이다. 집중경향치는 ① **평균**(Mean), ② **최빈치**(Mode), ③ **중앙치** (Median)가 있다.

(2) 평균(Mean)

평균은 한 집단에 속하는 모든 점수의 합을 이 집단의 사례수로 나눈 값이다. 주로, ① 동간척도 혹은 비율척도의 자료일 때, ② 가장 신뢰 있는 집중경향치를 구할 때, ③ 다른 통계치의 기초 자료로 사용할 때, ④ 분포가 좌우 대칭일 때, 사용되어진다. 그리고 평균치로부터 모든 점수의 차(편차)의 합은 0이 된다.

(3) 최빈치(Mode)

최빈치는 한 분포에서 가장 빈도수가 높은 점수이다. ① 집단의 중심적 경향을 대강 짐작하고 싶을 때, ② 다른 집중경향치를 계산할 시간이 없을 때, ③ 명명척도를 사용할 때, 사용되어진다. 만일 분포가 5, 13, 14, 14, 15, 17, 17, 17, 20이라면, 최빈치는 17이 된다. 그러나 표집에 따른 변화(오차)가 가장 크다.

(4) 중앙치(Median)

중앙치는 한 분포의 수치를 낮은 수치부터 높은 수치 순서로 배열했을 때 50%에 해당되는 점수를 의미한다. 주로, ① 분포가 편포되어 있을 때, ② 서열변인을 사용할 때, ③ 양극단의 점수를 배제하고 싶을 때, 사용되어진다. 예를 들어, 분포가 2, 4, 5, 8, 11, 14, 14, 23, 24일 때, 중앙치는 11이 된다. 다른 예로, 분포가 23, 41, 56, 60, 68, 70, 92, 94일 때, 중앙치는 64가 된다.

(5) 집중경향치의 비교

첫째, 표집에 따른 변화가 가장 큰 것은 최빈치, 중앙치, 평균의 순이며, 평균이 표집에 따른 변화가 가장 적은 대표치이다(Mo > Mdn > M). 둘째, 대표치로서 어떤 다른 정보를 자료에서 얻고자 하는 경우에는 평균치의 계산은 필수적이다. 셋째, 정상분포를 나타내고 표집이 비교적 클 때에는 평균, 중앙치, 최빈치가 거의 일치하게 된다. 넷째, 평균치는 계산에 있어 모든 점수를 고려하므로 극단치가 있는 경우에는 이것의 영향을 크게 받는다.

(6) 분포에 따른 집중경향치의 관계

① **정상분포**: M = Mdn = Mo ② **부적편포**: M < Mdn < Mo

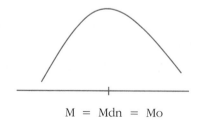

M = Mdn = Mo

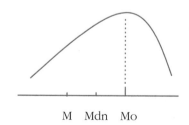

M Mdn Mo

③ 정적편포: Mo < Mdn < M

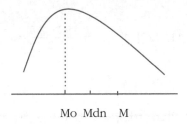

Mo Mdn M

2. 분산도(Variation)

(1) 분산도의 개념

분산도는 집단 내 점수분포의 흩어진 정도를 의미한다. 분산이 크면(A) 개인차가 크기 때문에 이질적인 집단이 되며, 분산이 작으면(B) 개인차가 작기 때문에 동질적인 집단이 된다. 분산도는 **범위, 사분위 편차, 분산, 표준편차**로 알아본다.

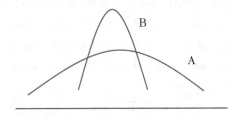

(2) 범위(Range)

범위는 한 점수분포에 있어서 최고점수에서 최하점수의 거리를 의미한다. 그러나 극단적인 점수의 영향을 받으므로, 안정성이 없다는 단점이 있다. 공식은 다음과 같다.

$$R = 최고점수 - 최하점수 + 1$$

예를 들어, 어떤 분포의 최고점이 90, 최하점이 30일 경우에, $R = 90 - 30 + 1 = 61$.

(3) 사분편차(Quartile Deviation)

사분편차는 한 분포에서 중앙부 50% 사례를 포함하는 점수 범위의 1/2을 의미한다.

① 양극단점수의 영향을 배제하고자 할 때, ② 분포가 심하게 편포되었을 때, ③ 분포가 불완전하거나 절단되었을 때, 사용된다. 공식은 다음과 같다.

$$Q = \frac{Q_3 - Q_1}{2}$$

예를 들어, 분포 점수가 1, 2, 3, 4, 5, 6, 7, 8, 9, 10, 11, 12일 때, $Q = \frac{9.5 - 3.5}{2} = 3$.

(4) 표준편차(Standard Deviation)

표준편차는 평균으로부터의 편차점수를 자승하여 합하고 이를 사례수로 나누어서 그 제곱근을 얻어낸 값이다. 표준편차는 오차가 가장 적으며 통계적으로 가장 안정적인 값이다. 특징으로서, 한 집단의 모든 점수에 일정한 점수를 더하거나 빼도 표준편차는 변하지 않는다. 또한 한 집단의 모든 점수에 일정한 상수 C를 곱하면 표준편차는 C배만큼 증가한다. 공식은 다음과 같다.

$$SD = \sqrt{\frac{\sum (X - \overline{X})^2}{N}}$$

(5) 표준편차와 정상분포의 관계

표준편차는 정상분포와 일정한 관계를 가지고 있으며 이는 다음과 같다.
① M±1σ : 평균을 중심으로 해서 1 표준편차 사이에 전체 사례의 약 68%가 들어 있다.
② M±2σ : 평균을 중심으로 해서 2 표준편차 사이에 전체 사례의 약 95%가 포함되어 있다.
③ M±3σ : 평균을 중심으로 해서 3 표준편차 사이에 전체 사례의 약 99.7%가 속하게 된다.

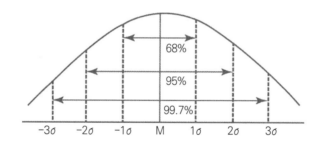

예 1 어떤 지능검사의 결과가 정상분포이다. 평균이 100, 표준편차가 15일 때 지능지수 85~115에는 전체 사례수의 몇 %가 포함되는가?

정답: 68%

예 2 100명 학생의 평균이 70점, 표준편차가 10일 때, 이 집단의 평균을 중심으로 95명은 몇 점과 몇 점 사이에 분포하는가?

정답: 50~90점 사이

예 3 600명 학생의 수학평균이 60점이다. 표준편차가 10일 때 80점 이상의 학생은 몇 명인가?

정답: 15명

3. 상관분석(Correlation)

(1) 상관의 의미

상관은 두 변인 간에 상호관계를 나타내는 지수로서, 한 변인이 변함에 따라 다른 변인은 어떻게 변하느냐의 정도를 나타낸다. 상관의 범위는 -1.0에서 +1.0까지이다($-1.0 \leq r \leq +1.0$).

(2) 상관계수의 크기와 방향

가. 정적상관

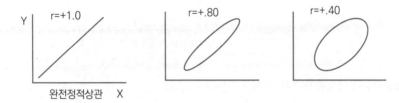

나. 부적상관

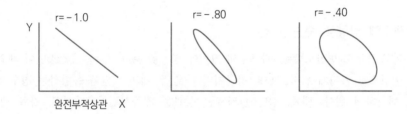

다. 무상관

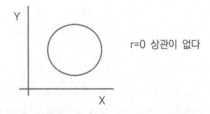

라. 상관계수의 해석

상관계수가 양수일 때는 정적인 상관이며, 음수일 때는 부적인 상관관계를 의미한다. 상관계수의 크기를 해석할 때는 방향과 상관없이 절대치를 가지고 상관이 높고 낮음을 해석한다. 상관이 .90~1.00일 경우는 '아주 상관이 높다'고 해석하며, .70~.90은 '상관이 높다', .40~.70은 '확실히 상관이 있다', .20~.40은 '상관이 있으나 낮다', .00~.20은 '거의 상관이 없다'고 해석한다. 이 때 상관계수가 양수일 때는 '정적으로 상관이 높다 또는 낮다'라고 해석하고 음수일 때는 '부적으로 상관이 높다 또는 낮다'라고 해석한다.

(3) 상관의 계산

상관도는 ① Pearson의 적률상관계수(Product－Moment Correlation)와, ② Spearman의 등위상관계수(Rank Correlation Coefficient)를 많이 사용한다. Pearson의 상관계수는 변수가 양적 변수일 경우에 사용되며, 등위상관계수는 변수가 서열 변수일 경우에 사용된다.

① Pearson의 적률상관계수의 공식은 다음과 같다.

$$r = \frac{N\Sigma XY - \Sigma X \Sigma Y}{\sqrt{N\Sigma(X)^2 - (\Sigma X)^2}\,\sqrt{N\Sigma(Y)^2 - (\Sigma Y)^2}}$$

② Spearman의 등위상관계수의 공식은 다음과 같다.

$$\rho = 1 - \frac{6\sum d^2}{N(N^2-1)} \qquad d : 순위차$$

(4) 상관계수에 영향을 주는 요인

첫째, 점수의 분포정도(변산도)는 상관계수의 크기에 영향을 준다. 둘째, 중간집단이 제외되면 상관계수는 사실 이상으로 커지게 된다. 셋째, 평균치가 다른 두 개의 집단을 통합하는 경우 상관계수는 여러 가지로 변화하게 된다. 넷째, 절단된 자료는 상관을 왜곡시킨다. 다섯째, 자료 내에 국외자(outlier)와 같은 극단치가 많이 포함되면 상관이 과장되거나 축소되어 해석될 수 있으므로 자료의 성격에 비추어 보아 지나치게 극단적인 점수는 제거하는 것이 좋다.

4. 검사점수

(1) 원점수

원점수는 검사나 시험을 치를 때 채점되어 나오는 점수이다. 기초점이 없어 여러 교과에서 나오는 원점수는 서로 비교할 수 없다. 따라서 집단 간 교육적 성취도도 비교할 수 없다.

(2) 백분위

백분위는 규준집단에서 어떤 학생의 점수보다 낮은 점수를 받은 학생이 **전체 학생 중 몇 %가 있느냐를 나타내주는 표시방법**이다. 전체 학생 수를 100으로 할 때, 한 점수가 분포상에서 서열로 몇 %에 위치하는지를 말해 준다. 예를 들어, 원점수를 80점인 학생의 백분위가 75라면, 그 학생보다 낮은 점수를 받은 학생이 전체 집단 내에 75%라는 것을 뜻한다. 백분위는 학생 간 비교가 가능하다.

(3) 표준점수

표준점수는 통계적 절차를 통해서 어떤 척도로 옮겨 놓은 것으로 여러 점수 체제 중에서는 가장 신뢰성이 있고 유용한 척도이다. 표준점수는 대표적으로, ① Z점수, ② T점수, ③ H점수, ④ 스테나인(stanine)이 있다.

표준점수인 ① **Z점수**는 평균이 0, 표준편차를 1로 하는 분포를 이룬다. 공식은 다음과 같다.

$$Z = \frac{X - \overline{X}}{S}$$

표준점수인 ② **T점수**는 평균을 50, 표준편차를 10으로 하는 분포이다. 공식은 다음과 같다.

$$T = 10Z + 50$$

표준점수는 ③ **H점수**는 평균 50, 표준편차를 14로 한 점수이다. 공식은 다음과 같다.

$$H = 14Z + 50$$

표준점수 ④ **스테나인(stanine)**은 평균을 5 표준편차를 2로 한 점수이다. 점수를 9등급으로 나타내어서 일정한 구간을 하나의 점수로 정하는 특징이 있다. 스테나인 범주별 비율은 1(4%) 2(7%) 3(12%) 4(17%) 5(20%) 6(17%) 7(12%) 8(7%) 9(4%)이다. 공식은 다음과 같다.

$$C = 2Z + 5$$

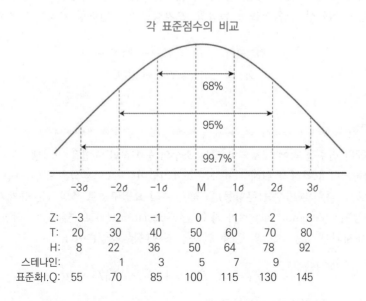

각 표준점수의 비교

	-3σ	-2σ	-1σ	M	1σ	2σ	3σ
Z:	-3	-2	-1	0	1	2	3
T:	20	30	40	50	60	70	80
H:	8	22	36	50	64	78	92
스테나인:		1	3	5	7	9	
표준화I.Q:	55	70	85	100	115	130	145

Ⅲ 추리통계를 위한 기타 통계분석

1. 차이검정

집단 간의 평균 등에 차이가 있는지를 검증하기 위한 통계방법으로 ① **Z검증**, ② **t검증**, ③ **F검증 (분산분석)**, ④ χ^2**검증** 등이 있다.

- ① **Z검증**은 모집단의 분산(표준편차)을 알고, 독립변수가 질적 변인(두개 수준)이고 종속변수가 양적 변수일 때에 Z분포도를 사용해서 가설을 검정하는 통계방법이 된다. 종류는 **단일 표본 Z검정, 두 독립표본 Z검정, 두 종속표본 Z검정**이 있다.
- ② **t검증**은 모집단의 분산(표준편차)을 모르고, 독립변수가 질적 변수(두개 수준)이고 종속변수가 양적변수일 때, t 분포표를 사용해서 가설을 검정하는 통계방법이다. 종류는 **단일표본 t검정, 두 독립표본 t검정, 두 종속표본 t검정**이 있다.
- ③ **F검증**은 독립변수가 질적변수(세 개 수준 이상)이고 종속변수가 양적변수일 때, F 분포표를 사용해서 가설을 검정하는 통계방법이다. 종류는 **일원분산분석, 이원분산분석** 등이 있다.
- ④ χ^2**검증** 독립변수가 질적변수(두 수준 이상), 종속변수가 질적변수(두 수준 이상)일 때, χ^2분포 표를 사용해서 가설을 검정하는 방법이다. 종류는 **집단 간의 동질성 검정**과 **상관 검정**이 있다.

2. 회귀분석

회귀분석은 **독립변인이 종속변인에 미치는 영향력**을 확인하기 위한 통계분석 방법으로 독립변수들이 종속변수를 설명하거나 예측하는 함수모형을 찾아내는 분석 방법이다. 회귀분석은 독립변인이 양적 변수이며 종속변인이 양적 변수이어야 한다. 회귀분석을 위해서는 독립변수와 종속변수 간의 선형성 가정, 오차항들의 정규성, 오차항들의 독립성, 오차항들의 동변량성 가정이 만족되어야 한다.

$$\text{회귀모형} \quad Y_i = B_o + B_1 X + e_i$$
$$\text{회귀식} \quad \hat{Y} = B_o + B_1 X$$

3. 요인 분석

요인분석은 **관찰된 변수들 속에 내재되어 있는 소수의 공통적인 요인을 찾아냄**으로써 변수를 적은 **수의 구조로 축약**하거나 요약하기 위해 사용하는 통계기법이다. 요인분석은 구인 타당도를 검정하는 하나의 방법론으로서, 다수의 변수들(문항들)을 적은 수의 요인구조로 축약하는 통계기법이다. 상관관계를 통해서 공통인자(common factor)와 특수인자(special factor)로 분류하여, 직접 관측할 수 없지만 변수 속에 내재되어 있는 소수의 공통 인자를 찾아내는 방법론이다.

$$X_1 = \lambda_{11}F_1 + \lambda_{21}F_2 + \lambda_{31}F_3 + \lambda_{41}F_4 + \mu$$

요인부하량　　공통요인(구인)　　　　　　　고유요인

주관식 기출 및 예상문제

문제 1 층화표집과 할당표집에 대해 설명하고 그 장단점을 비교하시오.

모범답안

　층화표집은 확률적 표집 방법의 하나로 추정값의 표본오차를 감소시켜 표본의 대표성을 높이는 방법으로 모집단이 동질적이면 이질적일 때보다 표집오차가 작다는 논리에서 시작한다. 모집단을 동질적인 소그룹으로 유층화하고 그 집단의 크기에 따라 단순 무선표집을 하는 방법이다. 표집과 전집의 구성 비율을 같이한 비례유층표집과 필요한 수만큼 적당히 비율을 조정하여 표집하는 비비례유층표집이 있다. 층화표집의 장점은 1) 관련된 변수들 간의 대표성을 확보할 수 있고, 2) 다른 모집단과 비교가 가능하며, 3) 동질적인 집단에서 추출되어져 표집오차를 줄일 수 있다는 것이다. 그러나 모집단의 특성(층)을 알아야 하고, 표집에 있어서 시간이 많이 소모되며 범위가 작으면 표본 추출이 어려워진다는 단점이 있다. 또한 계층을 정의하는 변수가 적절치 못할 경우 조사 결과의 타당성을 저해할 수 있다.

　할당표집은 모집단을 몇 개의 소집단으로 나누고 이의 비율에 따라 표집을 하는 것이다. 이와 같은 집단을 할당할 때, 성별, 나이, 소득수준, 학력 등이 고려되어진다. 모집단을 여러 개의 하위집단으로 구분하여 표집한다는 점은 유층표집과 비슷하지만, 표본의 추출이 무선적이 아니고 모집단에 대한 구성비율에 대한 정확한 사전지식이 요구될 뿐 아니라, 조사자의 판단이 개입되므로 비확율적 표집방법으로 표본의 대표성이 떨어진다고 할 수 있다. 그러나 조사자의 편의에 맞추어 편리하게 표집될 수 있다는 장점이 있어 확률적 표집이 용이하지 않은 경우 특정 대상에 대한 조사만이 진행되어도 무방한 경우 사용된다.

* 참고: 표집이란 모집단의 특성을 예측하기 위해 전수조사가 불가능할 경우 모집단의 특성을 반영하고 있는 표본을 추출하는 것을 의미한다. 표집은 크게 확률적 표집과 비확률적 표집으로 나눌 수 있다. 확률적 표집은 무선의 원칙에 의거하여 모집단에서 표본을 추출하는 것으로 1) 각각의 Sample은 실제 모집단으로부터 추출되어야 하고, 2) 추출된 Sample들은 모집단의 특성을 예측할 수 있는 통계치를 산출할 수 있는 군집이 되어야하며, 3) 표집에러를 계산할 수 있어야 한다는 전제가 있다. 확률표집의 종류에는 단순무선표집, 유층(층화)표집, 군집표집, 단계적표집, 체계적표집 등이 있다. 비확률적표집은 확률표집을 할 수가 없는 경우나 연구특성상 특정대상을 표본으로 삼아야 할 경우에 이용되는 방법으로, 모집단에 대한 대표성을 가정할 수 없어 연구결과 일반화에 제한이 있다. 비확률적표집에는 의도적표집, 편의표집, 할당표집, 스노우볼표집 등이 있다.

문제 2 다음은 어느 회사의 부서에 근무하는 7명의 직원들에 대하여 시행한 직무능력 평가 결과와 그 직원들이 대학교 평균평점 자료이다.[2009, 행정고시, 통계학]

직무능력 평가점수(Y)	80.3	85.7	83.5	92.9	78.1	87.2	90.4
대학교 평균평점(X)	3.4	3.9	3.3	4.3	3.0	3.4	3.9

대학교 평균평점과 직문능력 평가점수 사이에 어떤 연관이 있는지 알아보기 위해 단순선형회귀 모형을 적합하여 다음과 같은 결과를 얻었다.

Analysis of Variance					
Source	DF	Sum of Square	Mean Square	F value	Pr > F
Model	1	129.2	129.2	16.86	0.0093
Error	5	38.3	7.7		
Corrected Total	6	167.5			

Parameter Estimates					
Variable	DF	Parameter Estimate	Stamdard Error	t value	pr > $|t|$
Intercept	1	48.1	9.2	5.25	0.0033
X	1	10.4	2.5	4.11	0.0093

1) 회귀모형의 유의성을 검정하고자 한다. 귀무가설과 대립가설을 설정하고 유의수준 5%에서 검정하시오.

2) 위의 결과물을 이용하여 회귀모형에 대한 결정계수(R^2)를 소수점 둘째자리까지 구하고 그 의미를 설명하시오.

3) 적합된 회귀식을 기술하고 그 의미를 설명하시오.

4) 어느 직원의 대학교 평균평점이 4.0일 때, 이 직원의 직무능력평가점수를 예측하시오.

모범답안

1) $H_0 : \beta_1 = 0$

; 대학교의 평균평점은 직무능력 평가점수를 예측하는 데 있어서 설명력이 전혀 없다.

$H_A : \beta_1 \neq 0$

; 대학교의 평균평점은 직무능력 평가점수를 예측하는 데 있어서 유의한 설명력을 가지고 있다.

유의수준 5%에서 위의 문제에서 제시된 회귀모형의 통계적 유의성을 검증하는 F값의 유의 확률은 0.0093, 대학교의 평균평점과 직무능력 점수와의 관계를 나타내는 직선(회귀식)의 회귀계수 검증통계량 t값에 대한 유의확률은 .0093으로 모두 통계적으로 유의한 것으로 나타났다.

즉, 회귀 계수가 0이라는 귀무가설(영가설)은 기각된다.

2) $R^2 = .77 (R^2 = \dfrac{SS_M}{SS_T} = .770)$

R^2은 결정계수로 종속변수의 분산 중 독립변수가 설명하는 정도를 나타낸다. 따라서 직무능력 점수 총변화량의 77%가 대학교의 평균평점에 의해 설명되고 있다고 해석한다.

3) 직무능력 평가점수= 48.1 + 10.4*(대학교의 평균평점)

추정된 회귀 식에 따르면, 대학교의 평균평점과 직무능력 평가 점수 간에는 위와 같은 선형적 관계가 있어서 대학교 평균 평점을 알면 이에 따른 직무능력 평가 점수를 예측할 수 있다. 즉 대학교의 평균평점이 1단위 높아질 때, 직무능력 평가점수는 58.5만큼 높아진다고 해석할 수 있다.

4) 89.7= 48.1 + 10.4*(4.0)

12 교육과정

▶ **교육학 논술 길라잡이**

✓ 교육과정 연구 패러다임 분석을 통해, 각 연구 패러다임들이 교육과정 연구에서 무엇을 강조하였고, 그것들이 학교현장에서 어떠한 모습으로 나타났는지를 파악한다.

✓ 중앙집권적 교육과정 개발 체제를 채택하고 있는 우리나라의 특수한 교육과정 실제의 모습을 정확히 진단할 수 있다.

▶ **한 눈에 보는 교육과정 연구의 개념지도**

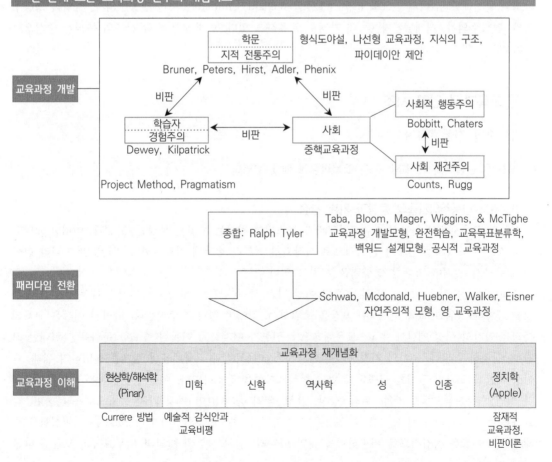

1. 서 론

Thomas Kuhn은 '과학혁명의 구조'(1962)에서 패러다임을 일련의 아이디어, 가치, 탐구행위를 제어하는 법칙과 자료해석방식, 그리고 세계관을 의미한다고 밝히고 있다. Kuhn에 의하면, 한 시대의 학자들이 정상과학의 가정에 따라서만 탐구활동을 진행하다 보면, 학자들은 그들이 설명할 수 없는 비정상적 증상에 주목하게 된다. 또한 오랜 기간 동안 그러한 비정상적 증상들이 증가하면, 정상과학만으로는 특정한 문제의 범주들을 적절히 다룰 수 없게 된다. 이러한 문제들이 중요하게 부각되면, 결국 탐구활동의 방향을 이끌어 주는 세계관을 바꿀 필요가 있다는 점을 Kuhn은 강조하고 있다.

이러한 Kuhn의 주장은 교육과정 연구에도 적용될 수 있다. 즉, 기존의 교육과정 이론으로 설명할 수 없는 교육과정 현상들이 증가하면서, 점차 이들만으로 교육과정의 다양한 문제들을 다룰 수 없게 되었다. 이에 따라 교육과정 연구와 관련하여 새로운 유형의 질문들이 제기되었고, 그러한 질문들에 대답하기 위해 다양한 형태의 교육과정 연구방법들이 등장하게 되었으며, 이들은 점차 교육과정 연구 사조로 발전해왔다. 이러한 교육과정 사조들을 William Schubert는 **지적 전통주의자**, **사회적 행동주의자**, **경험주의자**, **재개념론자** 등 네 가지로 분류하고 있다. 이하에서는 각 사조의 특징을 중심으로 살펴보고자 한다.

2. 교육과정 연구 사조

(1) 지적 전통주의자

교육과정 논술예제 ❶ 학문 중심 교육과정에 대해 설명하시오.

가. 지적 전통주의자들의 등장과 기본 관점

서양의 교육사에서 전통적 자유교양교과가 강조되어 왔다는 사실은 부정할 수 없다. 이러한 교양교육의 강조는 교육과정 연구가 본격적으로 시작되기 전부터 현재에 이르기까지 미국뿐만 아니라 한국의 교육과정 실제에 막대한 영향력을 끼치고 있다.

지적 전통주의자들은 인간의 본성(**특히 이성**)이란 시·공간을 초월하여 동일하기 때문에 인간의 본성을 계발하기 위한 교육 역시 시·공간을 초월하여, 같아야 한다고 주장한다. 따라서 이들은 교육의 목적을 인간의 이성 계발에 두고, 교육내용으로 인류가 이제까지 이룩한 중요한 문화유산(위대한 고전)을 강조하게 된다. 초기의 지적 전통주의자들은 교육목적과 교육내용의 관계를 설명하기 위해, 즉 이성 계발과 교과의 관계를 설명하기 위해 형식도야설을 강조하였다. 이들이 주장하는 형식도야설이란 인간의 정신을 지각, 기억, 추리, 상상, 감정, 의지 등과 같이 여섯 가지 능력으로 구분하여, 각 교과를 통해 각각의 능력을 키울 수 있음을 의미하였다. 하지만 Edward Thorndike는 전이실험을 통해 형식도야설을 직접적으로 비판하였을 뿐만 아니라, 점차 산업의 발달과 의무교육의 보급에 따른 학령인구의 증가는 보다 실용적인 교과를 포함할 것을 요구하게 됨으로써 지적 전통주의의 철학적 기반은 비판을 받기 시작하였다. 이러한 학문적·사회적 요구에 따라 이후 설명될 다양한 사조의 교육과정 연구가 등장하게 되었으며, 반대로 교육과정 실제에서 차지해오던 학문의 강력한 지위는 점차 학습자 혹은 사회에게 이양되었다. 하지만 1957년 Sputnik 사건을 계기로 등장한 Jerome Bruner의 '교육의 과정'(1960)을 통해, 다시 한 번 지적 전통주의자들이 교육과정 연구에서 전면으로 등장하게 된다.

나. Bruner의 학문 중심 교육과정

① 지식의 구조 강조

Bruner는 지식의 구조를 지식이나 학문의 기조를 이루고 있는 기본개념과 원리 혹은 사물이나 현상의 관련방식을 이해하는 사고방식으로 정의하고 있다. 이를 통해 그는 지식의 구조(학문의 구조)를 중심으로 한 지식체계화와 발견학습을 교육과정 개발의 원리로 제안하고 있다. 특히 지식의 구조를 바탕으로 한 학습은 어떤 문제를 해결하기 위해 학습자가 지녀야 할 정보의 양을 최소화시켜 이해 및 기억이 용이하다는 경제성, 어떤 지식도 어떤 학습자에게 효과적으로 가르칠 수 있도록 표현이 가능하다는 표상성, 전이가 높고 학습자에게 새로운 명제를 산출할 수 있게 하는 생성력, 초등지식과 고등지식의 간극을 좁힐 수 있다는 점 등의 강점이 있다.

② 나선형 교육과정

나선형 교육과정이란 학습자의 인지발달 단계에 맞추어 동일한 학습 요소로서의 지식의 구조를 심화·반복적으로 제시함으로써 초보지식에서 고등지식으로 수준을 높여나가도록 구성하는 것을 의미한다. 이 때 Bruner는 학습자의 발달단계를 **행동적**(행동으로), **영상적**(그림이나 표로), **상징적**(언어나 수리같이 추상적 형태로)으로 구분하여 이에 맞추어 지식의 표현양식이 제시되어야 함을 강조하고 있다.

③ 장점

Bruner의 주장에 따르면 교육내용을 보다 경제적이고 효율적으로 선정하고 조직할 수 있으며, 교육내용이 기본 개념을 중심으로 조직되므로 지식의 전체 구조를 쉽게 파악할 수 있어서 기본 개념을 이해하기 쉽다. 또한 핵심적인 교육내용만을 다루기 때문에 학습에 관한 흥미를 지속적으로 유발할 수 있으며, 학생이 능동적으로 탐구과정에 참여함으로써 탐구력, 이해력을 향상시킬 수 있다.

④ 단점

하지만 Bruner의 나선형 교육과정은 모든 교과에 적용하여 개발할 수 있는 것이 아니라 수학과 과학 등 일부 교과에만 적용이 가능하다는 문제점이 있으며, 나선형 조직이 잘못되면 내용이 단순하게 반복되거나 학년이 올라갈수록 내용이 많아지고 어려워지는 문제점에 노출될 수 있다. 이는 결과적으로 소수의 우수한 학생에게 유리한 결과로 작용될 소지가 다분하다. 또한 지식의 구조만 강조하고 사회문제나 인간교육, 가치교육 등의 정의적인 요소가 소홀히 다루어짐으로써 전인교육에 난점을 드러낼 뿐만 아니라 청소년의 욕구와 그들의 광범한 생활문제를 등한시할 수 있으며, 사회적 제 조건의 성질, 사회적 현실, 민주적 이념 등이 잘 반영되지 않을 수 있다. 마지막으로 서로 단절된 교과목간의 통합 가능성을 저해할 소지를 가지고 있다는 문제점을 내포하고 있다.

다. Bruner 이외의 지적 전통주의자

Bruner 외에 학문이 교육과정의 중심이 되어야 한다고 주장한 대표적 학자는 영국의 Peters와 Hirst 이다. 이들은 각 교과의 내재적(혹은 선험적) 가치를 중요시 하였다. 이들은 교육을 통해 학생들을 공적 전통에 입문하게 해야 한다고 주장하였다. 공적 전통은 경험의 상이한 측면을 표현 및 이해하는 데에 필요한 독특한 개념과 논리적 구조가 확립된 결과물이다. 즉 삶을 이해하고 이해하는 데에 필요한 유일한 개념적 도구로, 공적 언어를 통해 전수되며, 이는 지식의 형식으로도 표현될 수 있다. 이들은 이 지식의 형식으로 수학, 물리학, 인문학, 역사, 종교, 문학, 순수예술, 철학을 꼽는다. 이런 공적 전통에 입문함으로써 학생들은 이성을 계발할 수 있고, 나아가 자유로운 삶을 구가할 수 있다고 주장한다. 한편 Hirst는 이후에 자신의 전기 이론을 약간 수정하여 '교과'의 가치에 '사회'의 가치를 접목한 '사회적 실제'라는 개념을 발전시킨다. 즉 그동안 이성을 갖추고 있는 인간에 비하여 부차적인 지위를 갖는 우연적인 산물로 사회를 여겨온 것에 대해 반성하며, 사회 속에서 태어나서 삶을 영위하는 인간의 존재방식으로서 사회적 실제라는 개념을 주장하는 것이다. 다시 말해 인간이 집단적 삶을 영위하는 가운데 사회적 전통으로 구축되고 발달되어 온 행위양식, 인간이 필요와 욕구를 충족시키기 위하여 의식적으로 노력하는 가운데 관례로 확립되어온 행위양식으로서 사회적 실제를 강조하는 것이다. 따라서 그에 의하면 교육이란 학생을 사회적 실제에 입문시켜 실제적 이성을 계발하는 것이다.

Phenix는 기존 철학의 편협성에서 탈피, 인간 삶의 총체성, 종합성에 근거하여 자신의 이론을 전개한다. 그에 의하면 교육목적은 삶에 대한 안목 확장, 사물의 관련성에 대한 통찰 심화, 통합적인 관점 형성 및 발전이고, 이에 따라 인간은 의미를 발견, 창조, 표현하는 존재로 거듭날 수 있다. 특히 그가 주장한 의미 중심의 일반 교육과정은 분과주의를 경계하면서, 각 학문의 논리적 구조에 따라 양(단일, 일반, 종합)/질(사실, 형식, 규범)로 구분, 전형적인 탐구방법/주도적 아이디어/독특한 구조 등에 따라 여섯 가지 의미 영역을 도출하여 구성된다. 이러한 여섯 가지 의미 영역은 일반교육을 통하여 발달시켜야 하는 인간의 기본적인 능력으로, 이 교육과정에 따라 교육이 이루어지면 학생은 통합적인 전인으로서의 성장할 수 있게 된다는 것이 그의 주장이다.

◆ Phenix의 여섯 가지 의미의 영역 ◆

의미	교과
상징적 의미: 일반 형식	일상 언어, 수학, 몸짓, 의식, 율동 형식과 같은 비언어적 상징형식들
경험적 의미: 일반 사실	물질계, 생물계 및 인간에 관한 과학들
심미적 의미: 단일 형식	음악, 시각예술, 동작예술, 문학
실존적 의미: 단일 사실	철학, 심리학, 문학, 종교
윤리적 의미: 단일, 일반 규범	윤리학, 사회도덕
총괄적 의미: 종합적 사실, 규범, 형식	역사, 종교, 철학

M. J. Adler는 대표적인 지적 전통주의자인 R. M. Hutchins와 함께 연구와 실천을 해오면서, 오랫동안 인류 사회에 전수되어 오는 위대한 고전을 학교 교육과정의 중요한 구성요소로서 강조하였다. 청소년을 위한 위대한 저서를 개발하고, 이를 교육과정으로 만들기 위한 구체적인 계획을 마련하는 등의 노력을 하였고, 이를 통해 학생들의 지적 열정과 활동을 성인기까지 지속시키고자 하였다. 특히 그는 1982년 파이데이아 그룹(PG)에서 미국의 초·중등교육 개혁안으로서 '파이데이아 제안'을 발표할 때 주도적인 역할을 하였다. 파이데이아(paideia)는 라틴어에서 유래한 말로, 현대에 와서는 어린이의 양육, 인문학, 모든 인류가 소유해야만 하는 일반적인 학습 등으로 쓰이고 있는 단어이다. 파이데이아 제안이 발표될 당시 미국은 학생들의 낮은 학업성취도와 높은 중도탈락률로 고민이 깊을 때였다. 이를 해결하기 위해 발표된 파이데이아 제안은 첫째, 일반적, 비직업적, 인본적 성격의 교육 강조, 둘째, 모든 인류가 소유해야 하는 일반적인 학습의 강조, 셋째, 만인이 평등한 교육기회를 가질 수 있도록 동등한 양과 질의 교육 제공(불우한 아이들에게는 취학 전 교육 필요), 넷째, 조직화된 지식의 획득, 지적 기능 발달, 확장된 이해의 강조, 다섯째, 개인차는 보충수업, 보상수업으로 처리 등의 특징을 갖는다. 그리고 이러한 특징에 적합한 교과편제를 다음과 같이 제시하고 보조과목으로서 체육과 건강, 수공예, 노동과 직업세계의 이해를 제안한다.

	제1열	제2열	제3열
목적	조직화된 지식의 획득	지적 기능의 발달	관념과 가치에 대한 이해
수단	강의와 응답	코칭, 연습, 실제의 지도	산파술, 능동적 참여
영역	언어, 문학, 예술, 수학, 자연과학, 역사, 지리 등	읽기, 쓰기, 말하기, 듣기, 계산, 문제해결, 관찰, 측정, 평가, 비판적 판단	예술작품에 대한 토론, 예술활동에 참여

(2) 사회적 행동주의자

교육과정 논술예제 ❷ 사회적 행동주의자들이 주장하는 교육과정 모형에 대해 설명하시오.

가. 사회적 행동주의자들의 등장과 기본 관점

교양교육이 고능교육을 위시하여 미국의 학교교육을 지배하고 있었지만, 새로운 과학정신에 입각한 교육과정 이론이 19세기 중반부터 등장하기 시작하였다. 이는 산업혁명, 시민혁명 등 역사적 변혁에 따라 교육의 초점이 점차 엘리트교육에서 대중교육으로 넘어가고 있었음을 의미한다. 즉, 19세기 후반 보편교육이 이루어짐에 따라 학교교육의 실제적 결과에 대한 관심이 고조되었으며, 이러한 실제적 결과를 생산하기 위해서 교육과정은 과거 고급문화를 향유하는 특정 집단에서 요구되었던 이성 이상의 것을 발전시키는 실제적 수단이 되어야 했다. 또한 사회·경제적 압력에 따라 학교교육은 사회 계층 상승, 취업, 일상의 실용적인 요구 등을 만족시킬 수 있어야 했다.

이러한 교육적 요구를 크게 자극하였던 대표적인 학자는 영국의 Herbert Spencer(1820~1903)였다. Spencer는 Darwin의 '종의 기원'(1859)이 출간된 해 교육과정 사고의 핵심으로 자리 잡은 '어떤 지식이 가장 가치가 있는가?'를 소논문으로 출간하였으며, 이듬해 이는 '교육: 지, 덕, 체'(1860)의 첫 장으로 다시 등장하게 되었다. 그는 '어떤 지식이 가장 가치가 있는가?'라는 질문을 통해 전통적 개념의 교양교육을 실제적 가치가 없는 '장식용 교육'으로 비판하면서, 당시 지배적이던 학문 본위의 교육과정(혹은 학문 중심 교육과정)을 뒤엎으려 시도하였다.

'어떤 지식이 가장 가치가 있는가?'에 대한 대답으로 Spencer는 **과학**을 강조하였으며, Spencer에 의해 강조된 '과학'은 두 가지 측면에서 이후 교육과정 연구에 영향을 끼쳤다. 하나는 교육과정의 교과 편제에서 전통적 교양교과가 아닌 교과로서 실용적인 과학의 지위가 강조되었다는 점과, 다른 하나는 보다 넓은 의미에서 사변적 교육과정 연구와 개발이 아닌 과학적 교육과정 개발에 대한 관심이 증대되었다는 점이다. 특히 사회적 요구를 과학적으로 밝혀내어(일명 **활동분석**) 학교교육의 내용으로 삼고자 하는 학자들이 등장하였는데 이들이 바로 Franklin Bobbitt으로 대표되는 사회적 행동주의자들이다.

사회적 행동주의자들은 Jurgen Habermas(1971)의 분류에 따른다면, 기술적 관심을 지향하는 실증 주의적 가치 체계에 기반하고 있다. 즉, 이들은 자연법칙과 같은 명제를 설정하고, 이를 검증함으로써 교육적 현상이 확률에 의해 설명될 수 있다는 가치체계에 근거하고 있다. 또한 교육내용 선정 및 조직과 관련하여 이들은 지식을 가치중립적이며 객관화될 수 있는 것으로 한정하고 있으며 이러한 지식에 이르는 가장 효율적인 방법을 가장 최상의 방법으로 간주하고 이를 찾고자 노력한다. 이러한 입장의 대표적 사회적 행동주의자들을 살펴보면 다음과 같다.

먼저, Spencer의 옹호자였던 David Snedden은 Spencer의 입장을 받아들여 전통적 교양교육을 강력히 비판하였으며, 자기보존과 직접적으로 관련된 교육과정을 개발하고자 하였다. 이를 위해 Snedden은 신체, 시민, 문화, 직업 영역에서 성인들의 생활에 요구되는 활동들을 분석하였고, 학생의 배경과 능력에 따라 사례별 집단으로 나누어 교육과정을 다양화해야 한다는 주장을 펼쳤다. 특히 그가 사용한 **활동분석법**은 이미 1918년 Franklin Bobbitt에 의해 주장된 것으로, 성인이 수행하는 활동들을 절차에 따라 자세히 분석함으로써 학교에서 가르칠 내용이 결정되어야 한다는 주장에 근거하고 있다. 이처럼 활동분석에 근거한 교육과정 개발은 W. W. Charters에 의해 그 이론적 근거가 마련되었으며, 관습에 입각한 전통적 자유교양교과를 따르기보다는 당시의 사회적 요구에 부응하는 새로운 교과목으로 교육과정을 대체하고자 하였다. 이러한 경향은 이후 Ralph Tyler나 Benjamin Bloom 등에 의해 교육목적이나 목표의 강조로 이어졌다. 또한 이들은 교육목표를 평가가능하고 측정가능한 행동주의 목표로 진술함으로써, 교육의 효과성 측정에 대한 교육과정 연구의 관심을 집중시켰다. 특히 Bloom의 경우 교육목표를 상세하게 기술하는 방안에 대해 연구하면서 교육목표분류학을 발전시켰다.

나. Tyler의 교육과정 개발 모형

Tyler는 '교육과정과 수업의 기본원리'(1949)를 통해 교육과정을 논리적이며 체계적으로 개발할 필요가 있다고 주장하면서, 교육과정 개발 시 고려해야 할 사항을 다음의 네 가지 질문을 통해 강조하고 있다.

첫째, 학교에서 달성하고자 하는 교육목표는 무엇인가?

둘째, 수립된 교육목표를 달성하는 데 유용한 학습경험은 어떻게 선정하는가?

셋째, 효과적인 수업을 위해 선정된 교육경험은 어떻게 조직할 수 있는가?

넷째, 학습경험의 효과성은 어떻게 평가할 수 있는가?

위의 질문은 ① **교육목표 설정**, ② **학습경험 선정**, ③ **학습경험 조직**, ④ **평가**의 네 가지 요소로 요약될 수 있으며 이는 1970년대 재개념주의자들이 등장하기 전까지 교육과정 개발의 전형으로 작용하였다.

① 교육목표 설정

Tyler는 학교교육의 목표를 설정하기 위해 아동연구, 미국 실용주의 전통에 따른 사회연구, 전통적 교과의 가치를 주장하는 교과전문가의 제언을 통해 얻어진 잠정적 교육목표를 교육철학에 의해 바람직한 것으로, 학습심리학에 의해 가르칠 만한 것으로 거르고, 이를 배우고 난 뒤 수행하게 될 학생의 구체적 행동으로 표현할 것을 제안하였다. 또한 타일러는 교육목표 선정의 원리로 합의된 가치와의 합치성, 포괄성, 일관성, 달성 가능성을 제안하고 있다. 한편 타일러는 교육목표를 기술하는 방식으로서 '내용＋행동'을 제안하였다. 즉 교육목표를 기술할 때 행동동사를 사용하여 후에 평가가 용이하도록 해야 함을 강조한 것이다. 이러한 행동주의적 교육목표 기술방식은 Bloom, Mager 등과 같은 학자들이 교육목표를 어떻게 기술하는 것이 합리적인지에 대한 연구를 하는 데에 큰 영향을 미쳤다.

② 학습경험 선정

Tyler는 교육목표 달성을 위한 학습경험 선정의 원칙으로 ① 기회의 원칙(교육목표를 달성할 기회가 보장되도록 경험 선정), ② 만족의 원칙(학생의 흥미·필요와 합치되도록 경험 선정), ③ 학습가능성의 원칙(학습자의 발달단계에 맞는 경험 선정), ④ 일목표 다경험의 원칙(다양한 학습경험으로 목표를 달성할 수 있도록 경험 선정), ⑤ 일경험 다성과의 원칙(하나의 경험을 통하여 여러 성과를 거둘 수 있도록 경험 선정), ⑥ 타당성의 원칙(학습경험 목표 달성에 도움이 되도록 선정)을 제안하고 있다.

③ 학습경험 조직

효과적인 학습지도를 위하여 선정한 학습경험들을 조직해야 하는데 이때 고려되어야 할 원칙으로 동일 내용이 반복되어야 한다는 계속성, 반복되지만 점차 심도 있는 내용으로 조직해야 한다는 계열성, 그리고 학습경험들의 수평적 연관성에 대한 통합성을 강조하고 있다.

④ 평가

교육과정 평가는 학습경험의 효과성을 확인하고 처음에 설정했던 교육목표를 달성했는지 여부를 확인하는 과정으로 특히 학생평가와 관련하여 Tyler는 절대평가를 중시하였으며, 수행평가도 강조하였다. 또한 이러한 평가의 결과들은 다시 교육목표를 수정, 보완할 수 있는 기초 자료로 활용하게 함으로써 그는 교육과정 개발 단계를 순환적 과정으로 제안하고 있다.

⑤ Tyler 모형의 장점

Tyler 모형의 가장 큰 장점은 이제까지 각기 분리되어 강조되어 오던 교육과정의 원천, 즉 교과(학문), 학습자, 사회의 다양한 요구를 균형 잡힌 시각을 통해 교육과정 속으로 담고자 노력하였다는 점이다. 이러한 의도에 따라 타일러 모형은 체계적이고 종합적으로 교육과정 개발 단계를 제안하고 있다. 따라서 이는 어떤 교과나 수업 수준에서도 활용될 수 있는 폭넓은 유용성을 지닌다.

⑥ Tyler 모형의 단점

하지만 타일러 모형은 교육과정 개발의 네 단계 중 목표를 가장 우위에 두어 학습경험을 목표 달성을 위한 수단으로 전락시켰다는 비판을 받고 있다. 또한 목표를 미리 선정하여 수업 중에 발생하는 부수적, 확산적 목표의 중요성을 간과하고 있으며, 행동목표로 진술되기 어려운 목표들을 교육과정의 목표에서 배제하고 있다는 비판을 면하기 어렵다. 또한 무엇이 교육목표이고, 왜 다른 목표를 제치고 선정되어야 하는지에 대한 당위성 혹은 규범성에 대한 논의들을 배제하고 있다. 즉, 무엇을 가르쳐야 할 것인가에 대한 확답을 회피하고, 교육과정의 실질적 내용을 제시하지 못하고 있다는 비판도 가능하다. 마지막으로 타일러 모형에서 언급되는 일반적 구성 절차가 지나치게 체계적, 합리적, 규범적으로 제시됨으로써 실제 교육과정 개발에서 발생하는 복잡한 양상을 담고 있지 못하다. 이 때문에 교육과정의 구체적인 장면들이 어떻게 이루어지고 있는지에 대한 연구가 등장하게 되었다.

Walker의 자연주의 모형

Kettering project는 Eisner의 주도하에 1967년 가을에 시작되어 2년간 계속된 초등학교 미술과 교육과정 개발 프로젝트이다. 이 과정을 세밀하게 관찰한 Walker는 이를 상세하게 보고하면서 자연주의 모형(naturalistic model)으로 명명하고, 이는 교육과정 개발 과정에서 실제로 일어난 일을 그대로 기술한 것이라고 설명한다. 그는 교육과정 개발 과정을 3단계로 표현한다. ① 토대 다지기(platform), ② 숙의(deliberation), ③ 설계(design)가 그것이다.

먼저 ① 토대 다지기는 숙의에 참여하는 사람들 사이에 합의라고 부를만한 것이 형성되어 있는 상태를 말한다. 토론의 기초가 될 수 있는 개념, 이론, 신념체계 등의 발판이 필요하기 때문에 이 단계는 매우 중요하다고 볼 수 있다. 이런 토대는 참여자의 내면에 잠재되어 있는 것이기 때문에 이를 공식적으로 논의의 시작으로 삼기 위해서는 '정보'라는 매개체가 필요하다. 이는 토대가 뚜렷한 형태로 나타나게 하는 계기로 볼 수 있다. 즉 토대는 정보와 결합되어 외부로 표현될 수 있다.

잘 다져진 토대를 바탕으로 하여 교육과정을 개발하기 위한 집단적 논의의 과정인 ② 숙의가 이어질 수 있다. 숙의의 과정은 목적이나 문제가 되는 사안을 확인하는 일, 목적을 달성하기 위한 여러 가지 수단이나 대안을 모색하는 일, 수단이나 대안의 타당성을 검토하는 일, 가장 타당한 수단 혹은 대안을 선택하여 문서로 표현하는 과정으로 이루어진다. 즉 올바른 의미의 숙의는 (1) 주어진 교육과정 문제를 가장 설득력 있고 타당한 방법으로 논의, (2) 가장 유망한 교육과정 실천 대안을 검토, (3) 대안을 내세우면서 거론한 관련 지식들을 고려, (4) 그 지식이 토대로 하고 있는 바를 검토하기 위해 적절한 논쟁을 벌임으로써 각 대안들이 지닌 장점들의 분석, (5) 작은 결정 하나에도 관련된 모든 집단의 입장과 가치 탐색, (6) 공정하고 균형 잡힌 판단의 단계를 거쳐야 한다. 한편 Walker는 잘못된 숙의로서 (1) 특정 집단의 견해를 반영하는 파당적 숙의, (2) 몇몇 요인만 과도하게 부각하는 제한적 숙의, (3) 숙의의 대상에 대한 근본적인 재검토 내지 재규정이 불가능한 한정적 숙의, (4) 구체적인 실천계획은 사라지고 목적, 이상, 기본 원칙, 장기계획, 철학 등만 늘어놓는 유사적 숙의, (5) 숙의와 결정에 앞서 의사결정자를 위한 거친 수준의 정보와 의견을 제공하는 공청회로 제시한다.

이렇게 잘못된 숙의를 경계하며 제대로 된 숙의가 잘 이루어지면 마지막으로 교육과정 ③ 설계 단계로서 지금까지 논의된 것을 바탕으로 실제 교육과정 문서로 번역하는 과정을 거치게 된다. 이 때에는 '정책'이라는 매개체가 작용하게 된다. 즉 숙의를 통하여 최선의 대안이 나왔다고 하더라도 이 대안이 문서화되는 과정에서 실제 교육적 환경의 상황을 고려할 수밖에 없는 것이다. 학제, 행·재정적 조건, 시·공간적 환경 등이 그것이다. 결국 숙의에 의해 선택된 최종적인 대안은 이러한 정책을 고려하여 교육과정 문서로 표현된다.

Stenhouse의 연구 모형, 과정 모형

개발된 교육과정은 하나의 가설이고, 이를 적용해보는 수업은 가설을 검증하는 연구의 과정이라고 보는 모형이다. 이때 교사는 연구자가 되고 교사는 만들어진 교육과정을 수업에 적용해보면서 장·단점을 파악하여 이를 차후 교육과정 개발 시 피드백하는 역할을 충실하게 수행해야 한다.

→ 이런 모형들이 나오게 됨에 따라 교사의 교육과정 전문성, 문해력 등이 강조되었고, 교사들이 외부에서 만들어진 교육과정을 단순히 학교현장에 적용해야 한다는 '충실도의 관점'에서 점차 '변형의 관점', '창안의 관점'으로 교육과정에 대한 교사의 역할을 보는 관점이 변했다.

다. Tyler 이후의 연구 동향

1970년대 이후 교육과정 개발에서 교육과정 이해로 교육과정의 패러다임이 전환된 이후 교육과정 개발에 대한 논의가 줄어든 것은 사실이다. 하지만 Wiggins, & McTighe가 **백워드 설계모형**을 주장하며 다시 교육과정 개발에 대한 관심이 증가하기 시작하였다. **백워드 설계모형**은 전통적인 Tyler의 목표 모형을 근간으로 하고, 상위수준의 교육목표가 하위수준까지 체계적으로 잘 연결되어야 하며, 교사는 책무성을 가지고 이를 교실에 적용하여야 할 것을 강조한다. 또한 Bruner의 지식의 구조 이론에서 학문의 기본적 아이디어, 개념 혹은 원리 등을 차용하여 교육목표가 **'영속한 이해'**로 구성되어야함을 주장한다. 특히 '백워드 설계모형'이라는 이름은 Tyler의 '목표 – 경험 선정 – 경험 조직 – 평가'로 이어지는 모형에서 '평가' 항목이 '목표' 항목 다음으로 옮겨오면서 붙여진 이름이다. 즉 평가를 맨 마지막에 위치시킨 Tyler의 모형이 학교현장에서의 수업 – 평가가 연계되지 못하도록 하는 데에 일조했다는 비판이 나옴에 따라, 수업이 이루어진 동안 평가를 항상 고려하도록 설계된 모형이 백워드 설계모형인 것이다. 목표 설정 다음에 평가 계획을 세움으로써 목표를 달성했다는 증거를 미리 생각하고 이를 수업과 연계해야 한다는 것이다. Tyler가 교육과정 개발을 위한 매뉴얼적인 성격의 모형을 제시한 것처럼 Wiggins, & McTighe도 학교 현장에서 수업 계획, 평가 계획을 잘 세우고 이를 잘 운영할 수 있도록 하는 다음과 같은 세부직인 모형을 제시하였다. 이 세부 모형들은 기대하는 학습결과로서의 이해 도출, 이해의 증거로서의 평가 개발, 학습경험 선정 및 조직에 대한 것을 모두 포괄하고 있다. 이렇듯 이 모형은 Tyler와 Bruner의 모형을 혼합한 것으로 앞서 두 이론에 각각 가해졌던 비판이 모두 이 이론에 적용가능하다.

◆ Wiggins, & Mctighe의 영속적 이해 여섯 가지 측면 ◆

이해	정의
설명하기	근거, 정당화 과정을 통하여 현상, 사실, 자료를 설명하는 것
해석하기	의미 있게 이야기 말하기, 적절하게 변환하기, 이미지, 일화, 은유, 모형 활용하기, 아이디어와 사건에 대하여 역사 또는 개인적인 차원 관련짓기
적용하기	다양한 상황에 지식을 효과적으로 활용하고 적용하기
관점 가지기	다양한 시각에서 조망하기, 비판적이고 큰 그림 보기
공감하기	다른 사람의 가치를 발견하고, 감성적으로 인식하고, 이전 경험에 기초하기
자기지식 가지기	개인의 스타일, 편견, 투사를 인식하고 이해의 충동과 형태 모두를 고려하는 습관, 이해하지 못하는 것과 왜 이해하는 것이 어려운지 아는 것

이해의 증거로서 평가의 개발

① 수행과제 개발: GRASPS 모형(Goal, Role, Audience, Situation, Performance, Standards)
'학습자들이 실생활에 적용할 수 있는 상황(Situation)에서, 어떤 목표(Goal)를 가지고, 구체적인 대상 혹은 관중(Audience)을 고려하면서, 특정 역할(Role)을 맡아, 기준(Standard)에 따라, 결과물(Product)을 만들어내는 것'
② 그 외의 다른 증거들: 수행과제를 제외한 기존의 다양한 평가 방식 활용
③ 자기평가

학습경험 선정 및 조직(수업 계획): WHERETO 모형
(What/Why, Hook, Equip, Rethink/Revision/Refinement, Evaluation, Tailored, Oganized)

'학생들이 단원의 궁극적인 목표와 방향이 무엇인지, 왜 그것을 배우는지 알 수 있도록 안내해야 하고(Where, Why), 관심을 집중시키며(Hook), 과제 수행에 필요한 지식과 경험, 도구, 노하우 등을 갖추게 하고(Equip), 핵심 아이디어들을 다시 생각해보고 반성하고 재점검(Rethink, Reflect, Revise)하게 하고, 스스로의 진보를 평가할 수 있는 기회를 제공하고(Evaluate), 학생 개개인의 강점과 재능, 흥미에 적합한 방식으로(Tailored), 깊이 있는 이해를 최적화 할 수 있도록 조직화(Organize)'

(3) 경험주의자

교육과정 논술예제 ❸ 경험주의자들이 추구하는 교육과정 설계 방향에 대해 설명하시오.

가. 경험주의자의 등장과 기본 관점
경험 중심 교육의 역사적 근원은 Rousseau로까지 거슬러 올라간다. 루소는 개인은 사회의 영향을 받아 부패하기까지는 본질적으로 순수하다고 간주하여, 어린이들의 자연스런 발달과 경험을 보호하는

교육을 옹호하였다. 이러한 관점은 19세기 Pestalozzi와 Froebel과 같은 유럽의 교육자들에 의하여 더욱 발전되었고, 아동의 경험, 흥미, 욕구를 한층 더 강조하는 아동 중심 교육이 유럽을 점차 지배하게 되었으며, 유럽의 영향을 받은 미국의 교육자들도 점점 많은 관심을 가지게 되었다.

특히 미국의 경험 중심 교육에 촉매 작용을 한 것은 20세기 초 실용주의 철학의 발달과 진보주의 교육운동이었다. 이러한 진보주의 교육운동을 이끈 대표적인 학자가 바로 John Dewey였다. 하지만 Dewey는 '경험과 교육'(1938)에서 Rousseau의 영향을 받은 자연주의적 교육관에 입각한 아동 중심 교육과정 학자들과 자신을 분명히 분리하였다. Dewey는 사회, 학습자, 교과 간의 균형을 요청하면서 실제적인 교육과정의 과업을 다음과 같이 요약하고 있다; "교육과정을 좀 더 충만하고 폭 넓고 세련되게 그리고 보다 쉽게 관리하기 위해 아동들의 흥미와 습관을 활용하는 것이 교사의 전적인 임무로 정의되어야 할 것이다." 이처럼 듀이가 당시의 경험 중심 교육과정 학자들이 주장하는 바와 같이 전적으로 아동의 흥미에 입각하여 교육과정을 개발하는 것을 반대하였음에도 불구하고 경험 중심 교육과정학자들은 교육과정 개발의 핵심 원천으로 개인을 강조하였다는 점은 분명하다.

경험주의자들은 교육과정이 **아동의 경험** 속에만 존재한다고 보고 있다. 즉, 그것은 교과서에 있는 것도 아니요, 교수요목에 있는 것도 아니요, 교사의 의도 속에 있는 것도 아니다. 교육과정은 교육내용 이상의 것이다. 내용을 선정하는 것은 교사의 책임이지만, 그 내용이 아동의 경험의 일부가 될 때까지는 교육과정을 구성하지 못한 것으로 간주하였다. 이러한 측면에서 이들은 교육과정의 중점을 교과에 두지 않고 학생에게 둔다. 따라서 학생의 바람직한 성장을 조성하는 데 힘쓰기 위해 교재는 사전에 조직되는 것이 아니라 학습현장에서 결정된다고 보고 있다. 또한 교육과정은 교사가 일방적으로 부과하는 것이 아니라 모든 학생의 협동적인 참여로 구성된다고 간주하며, 분산된 사실을 가르치는 것보다 통합된 의미를 체험하는 것을 더 중시한다. 따라서 이들은 학습자 개개인의 창조적인 특성을 육성하려한다. 마지막으로 이들은 교육을 끊임없는 성장의 과정으로 본다.

경험주의자들이 주장하는 교육의 목적은 아동의 발달에 있으며, 그 내용은 아동이 계속적으로 성장하는 데 도움이 되는 모든 경험을 포함한다. 이를 위해 주어진 교과서보다 지역사회, 혹은 학습자의 다양한 경험에서 수업의 소재를 찾는다. 이 과정에서 Kilpatrick이 주장한 프로젝트 중심의 수업이 강조되며, 교사는 학습 촉진자로서 역할을 수행한다. 또한 교과의 인위적인 구분에 대한 비판과 함께 그 대안으로 교과목의 통합을 지향하는 통합교육과정을 강조한다.

나. 8년 연구(1933~1941)

진보주의 학회는 진보주의 교육이 중등학교에서도 성공할 수 있는가와 진보주의 중등교육을 받은 학생들이 대학에 가서도 성공적으로 학습하고 생활할 수 있는가에 대한 물음에 대한 대답을 얻기 위해 1933부터 1941년까지 8년간의 30개의 실험학교 학생들을 대상으로 종단연구(고교: 3년, 대학: 5년)를 실시하기로 결정하였다. 경험주의자들은 8년 연구의 결과에 대해 전통적 교육과정에서 더 벗어나면 벗어날수록 실험학교의 학생들이 전통적 교육과정으로 공부한 학생들에 비하여 학문적 성취뿐만 아니라 학교생활 전반에서 오히려 뛰어난 성취 결과를 보여준다고 해석한다.

다. 경험주의 교육과정에 대한 비판

개인이 부딪히는 상황, 생활, 경험은 개인마다 다르기 때문에 이를 사전에 충분히 계획하기란 쉽지 않은 일이다. 이 때문에 학생들의 변덕스런 성향에 영합하는 교육이 이루어지기 쉽다. 이와 관련하여 Dewey는 '경험과 교육'(1938)에서 다음과 같이 비판하고 있다.

> 몇몇 교사들은 집단의 구성원들에게 제안을 하는 것마저도 두려워하는 것 같다... 아동들 주위에 있는 물건들과 자료들이 전적으로 아동들에게 맡겨져 있고 교사는 자유가 침해받지 않도록 하기 위해 그 자료들을 가지고 무엇을 해야 하는지조차 제시하기를 꺼린다는 사례를 들었다. 그렇다면 왜 그 자료를 공급하는가?

즉, 진보주의 학자들은 교육과정의 세 가지 준거인 지성 개발(교과), 사회적 기능 개발, 개인 경험(학습자)의 성장에 대한 균형을 취하지 못하고 경험에만 치우친다는 비판을 피할 수 없을 것이다.

교육과정 논술예제 ❹ 8년 연구의 결과로 등장한 중핵교육과정을 설명하시오.

중핵교육과정

1. 서론
중핵교육과정은 교과나 과목 등 지식 습득에만 지나치게 집착하는 교과 중심 교육과정과 아동의 흥미나 필요 또는 학습자의 활동에만 집착한 경험 중심 교육과정이 가지고 있는 결함, 즉 교과 중심 교육과정의 단편적인 지식화와 경험 중심 교육과정의 지나친 현실만족이라는 단점들을 시정, 보완하기 위하여 등장하였다.

중핵교육과정에서 중핵이란 사물의 중심 부분, 즉 **핵심**을 말한다. 이는 어떤 내용이나 영역이 중핵이 되면 그 외의 부분은 중핵을 중심으로 하여 그 영향 밑에서 그것과 긴밀한 관계를 가지며 하나의 통합을 이루게 된다. 즉, 중핵교육과정의 구조는 통합적인 중심학습과 분화된 주변학습이 동심원적으로 결합된 모습이다. 이 중핵교육과정의 기본목표는 다음과 같다. 첫째, 일정한 중심에 의해서 **교육내용의 통합**을 기한다. 둘째, 통합된 교육내용에 의해서 **개인의 인격적 통합**을 이룩하자는 것이다. 셋째, 인격체로서의 개인에 의하여 구성된 **통합된 사회**를 실현하고자 하는 것이다.

2. 중핵교육과정의 유형
중핵교육과정은 중심 또는 중핵에 위치하는 것이 교과일 경우는 교과 중심 중핵, 학습자의 흥미, 관심이면 학습자 중심 중핵, 해결해야 할 사회문제이면 사회 중심 중핵 등으로 분류가 가능하며 각각은 다음과 같은 특성을 지닌다.

① 교과 중심 중핵교육과정
• 광역교과로서의 중핵형
중핵교육과정이 개발된 초기에 있어서 중핵이란 모든 학생들이 학습해야 할 사실이나 지식의 총체라고 생각했다. 이는 중핵교육과정의 실례로 초기 교육과정 실행에 많이 적용되었다. 예컨대, 광역교과인 예능과, 사회과, 과학과 등을 중핵과정으로 본 것이 그것이다. 그러나 이것은 종래의 교과중심 교육과정을 그대로 적용한 것에 지나지 않으며 따라서 중핵형의 근본적인 성격과는 거리가 있었다.

• 통합과정으로의 중핵형
최근에는 통합과정을 중핵과정으로 이해하는 경향도 존재한다. 이에 따르면 국어와 사회, 혹은 국어와 과학 등의 교과 내용들이 중핵과정이란 새로운 과정을 형성하기 위하여 통합된다. 최근 창의적 인재

양성을 위해 과학, 기술, 공학, 예술, 수학 등 교과 내용을 중심으로 통합하려는 STEAM 교육이 대표적인 예이다.

② 학습자 중심 중핵

최근 학습자들의 요구나 필요들을 확인하고 분류하는 노력이 많이 이루어졌다. 이들 필요는 학습자들이 육체적·사회적으로 발달한다는 사실에서부터 파생한다. 그 결과로서 학습자들이 자신을 이해하고, 더 나아가 다른 사람을 이해하고, 그들과 교제하는 기술을 훈련할 때 요구되는 문제들, 예컨대 개인 관계의 확립, 독립의 확립, 인간행동의 이해, 사회 내에서 자아의 확립, 정상상태, 전 인류세계에 대한 이해 등이 학습자 중심 중핵교육과정의 기초로 작용할 수 있다.

③ 사회 중심의 중핵

중핵교육과정 중 가장 발전된 형태로서 어느 사회에서나 공통되는 사회기능, 즉, 교통, 자원, 의사소통 등을 중핵 요소로 두는 사회 기능 중심형과 사회적 문제를 중핵에 두는 사회 문제 중심형이 있다. 이러한 교육과정은 궁극적으로 사회 질서의 유지와 개선을 위해 그에 필요한 이해와 태도 등을 학습하는 것을 목적으로 한다. 특히 사회 문제와 쟁점 중심 중핵형은 대공황 이후 빈부격차와 같은 사회문제를 해결하기 위해 등장하였으며, 이러한 문제를 중심으로 여러 교과의 내용을 통합적으로 구성하여, 학생의 자발적, 능동적 수업 참여를 통한 문제해결력과 비판적 사고를 기르고자 함에 목적이 있다.

3. 장점

중핵교육과정은 지식의 단절에서 벗어나 지식의 상호관련성에 대한 이해를 고취시킬 수 있을 뿐만 아니라 학습자의 자발적, 능동적 참여를 강조하여 교사와 학생이 함께 교육과정을 계획하게 함으로써 학습자에게 의의 있고 중요한 학습경험을 촉진시키고 문제해결력과 비판적 사고력의 향상을 돕는다. 또한 교육내용의 통합을 통해 개인의 통합적 성장에 도움을 주며, 이는 사회의 문화적 가치를 습득하고 문제를 해결하는 등 광범위한 교육목표들을 달성할 수 있도록 도와준다.

4. 단점

중핵교육과정을 준비하기 위해 개별 교사들은 시간과 경비의 부족으로 원래 의도하였던 충분한 효과를 기대하기 힘들다. 부족하게 준비된 중핵교육과정하에서 학생들은 매년 비슷한 학습내용을 되풀이하기 쉽고, 배워야 할 경험이나 지식이 누락될 수 있다. 또한 중핵과 주변의 구분이 명확하지 않을 수도 있으며, 체계적인 학습이 어려워 지식 측면에서 전문화에 적합하지 않은 측면이 있다.

(4) 재개념주의자

교육과정 논술예제 ❺ 교육과정 재개념주의자들의 특성에 대해 설명하시오.

가. 재개념주의자들의 등장과 기본 관점

실증주의에 근거한 사회적 행동주의자들의 교육과정 개발에 대한 강력한 비판은 Joseph Schwab에 의해 시작되었는데, 특히 그는 교과편제와 관련하여 논리 실증주의적 지식의 구성을 1970년대 당시 가장 전제적이며 검증되지 않은 교육과정 원리라고 통렬히 비판하였다. 더 나아가 그는 기술적이고 행동적인 교육과정 연구 경향이 너무 과도하게 사용되고 있기 때문에 교육과정 연구가 죽어가고 있다고 경고하였다. 또한 실증주의를 기반으로 한 지배적 패러다임에 대한 비판을 바탕으로 Habermas와 Bernstein은 현상학/해석학과 비판이론으로부터 이끌어 낸 대안들을 사회 과학 분야에 소개하였고,

이들이 소개한 새로운 대안들에 영향을 받은 일군의 교육과정학자들은 1970년대부터 새로운 교육과정 연구 분야와 방법론을 개척하고 있으며 이들을 William Pinar는 '재개념주의자'로 명명하고 있다.

현 시점에서 재개념주의자들의 기원은 다음의 세 가지로 요약될 수 있다. 첫째, 일부는 Maurice Merleau-Ponty와 Jurgen Habermas와 같은 유럽계 철학자들의 저서와 함께 Sartre, Camus, Kafka 등의 실존주의 철학에 지적 기반을 두고 있다. 둘째, 또 다른 일부는 Basil Bernstein, M. D. Young 등 영국과 유럽대륙 출신의 지식사회학자들의 저서를 지적기반으로 하고 있다. 셋째, 일군의 재개념주의자들은 Habermas가 해석한 비판이론으로 알려진 신마르크스주의 사상을 바탕으로 교육과정 연구를 수행하고 있다.

근본적으로 1970년대 이후 실증주의에 대한 비판으로 등장한 이러한 교육과정 연구들은 자연과학의 연구방법론을 사회과학에 적용할 수 있는가라는 질문을 바탕으로 사회현상을 연구하는 새로운 대안을 모색하는 과정에서 등장하였다. 이에 따라 이들은 실증주의가 지배해온 교육 편제나 교육 내용에 대한 비판을 제기하며, 각각의 입장에서 새로운 대안을 물색하고 있다.

물론 재개념주의 학자들마다 제시하는 대안들이 너무 다양하여 일반화하기는 어려운 측면이 있지만, Paul Klohr은 이들의 입장이 공통적으로 취하는 특성을 다음의 아홉 가지로 요약하고 있다: (1) **자연에 대한 유기체적 시각**, (2) **지식의 구성자로서 개인**, (3) **경험에 기초한 방법**, (4) **전의식적 경험**, (5) **교육과정 문헌의 새로운 원천**, (6) **자유와 고차원적 의식**, (7) **다양성과 다원주의를 함의하는 수단과 목적**, (8) **정치적 및 사회적 재개념화**, (9) **새로운 언어형식** 등이 그것이다.

이들의 입장은 궁극적으로 세상을 바라보는 상이한 관점들을 교육내용으로 포함함으로써, 더 나아가 이를 통해 학습자가 세상을 지각하게 함으로써 인간의 인식지평을 풍요롭고 자유롭게 하기 위함에 교육과정 개발의 목적을 두고 있다. 따라서 이들은 고정적으로 주어진 교육과정이 아닌 학생과 교사가 함께 만들어 가는 교육과정, 인위적으로 구분된 교육내용이 아닌 통합된 형태의 교육내용을 강조하게 된다.

나. 재개념주의의 대표적 연구 경향

1970년대 등장하는 재개념주의자들은 '일반적으로' 승인된 문화유산 혹은 과학적으로 증명된 교육목적과 교육내용을 부정하는 경향을 강화시켰다. 먼저 일군의 학자들은 자본주의 체제의 가치들이 궁극적으로 학교지식의 종류와 질을 결정한다는 측면에서 '일반적으로' 혹은 '과학적으로' 승인된 지식에 대해 근원적인 의문을 제기하였으며, 이는 '**누구를 위한 지식인가?**'라는 질문의 형태로 나타났다. 또한 그러한 지식들이 학교에서 어떻게 재생산되는지(**잠재적 교육과정**)를 밝히고자 노력하였으며 **실천적 비판(praxis)**을 통해 이데올로기의 제약으로부터 해방을 강조한다. 이에 따라 이들은 '일반적으로' 혹은 '과학적으로' 승인되지 않았던 지식에 대한 관심, 예컨대 인종, 성, 사회경제적 지위, 기타 차이에 의해 소외받은 이들의 내용에 관심을 가지기 시작하였다. 또한 이러한 내용들을 교육과정으로 포함하기 위해 James Macdonald는 교육과정 개발과정의 핵심으로 학생과 교사 사이의 대화를 통한 해방의 중요성을 강조하였으며, Michael Apple은 해방을 위한 인간의 인식과정에서 이데올로기의 작동 기제를 밝히기 위해 노력하였다.

이들이 비판이론에 근거하여 기존의 교과편제 혹은 교육내용에 대한 비판을 가하였다면 또 다른 학자들은 Husserl이나 Heidegger의 **현상학·해석학**을 바탕으로 기존의 교육과정 자체를 비판하고 있다. 왜냐하면 이들에게 지식이란 역사적, 정치적, 사회적 맥락 속에서 간주관적으로 구성되는 것으로 간주되고, 기존의 교육과정에서 제시하는 특정 상황에 대한 배경 지식 없이 제공되는 일반적 지식들은 맥락적 의미를 가질 수 없기 때문이다. 즉, **지식의 구성자로서 개인의 강조, 지식이 구성되는 상황의 다양성과 다원성의 강조** 등은, 일반적으로 주어지는 교육과정이 아닌 개개인이 만들어가는 교육과정을 강조하게 되었으며, 이를 William Pinar(1974)는 '**Currere(쿠레레)**'로 명명하고 있다. 이들은 각 개인들은 그들이 속해 있는 문화 및 역사적 환경과 상호작용을 맺고 있다고 여기며 사람과 환경 사이의 상호작용을 증진시키는 것에 핵심 가치를 둔다. 따라서 교육은 단순한 지식 전달 체제가 아니라, 인간의 내면 깊이 감추어져 있는 바를 밝혀 주고 그 의미를 고민하도록 도와주는 데 그 목적을 두고 있다.

다. 비판이론을 중심으로 한 재개념주의자들의 논의

교육과정 논술예제 ❻ 잠재적 교육과정에 대해서 설명하시오.

① 잠재적 교육과정의 개념

잠재적 교육과정(hidden curriculum)이란 학교의 물리적 조건, 제도 및 행정조직, 사회적·심리적 상황을 통하여 학교에서는 계획한 바 없으나, 학교생활을 하는 동안에 학생들이 은연중에 가지게 되는 경험을 의미한다. 1960년대 후반 이후 학교는 자체적인 규율이나 관습, 풍습, 가치 등을 갖고 있는 하나의 하위문화로 인정되어 왔다. 따라서 학교문화로부터 연유된 생활방식을 통하여 학습이 일어날 수 있으며, 이러한 경험들은 비록 의도되거나 드러나는 것은 아니지만, 교육과정을 구성하여 종종 심오한 학습도 가능케 할 수 있다. 예컨대 Philip Jackson이 초등학생들에 대하여 연구한 '교실 속의 생활'(1968)에서, 학교의 사회화가 학교에서 이루어지는 학습에 크게 영향을 미친다는 것을 보여주었다. 이후 잠재적 교육과정은 학교 수업에서 어떻게 사회적 지배 권력이 재생산되고 있는지, 또한 지배적인 사회 문화나 권력 문화(일명 이데올로기)가 불평등의 유형을 재생산하기 위해 어떻게 위계적인 사회 구조를 널리 유포시키고 있는지를 밝히는 연구로 발전하게 되었다.

② 잠재적 교육과정의 형태

잠재적 교육과정의 형태는 크게 세 가지로 주장될 수 있다. 먼저 학생들은 잠재적 교육과정을 통해 교실에서 성공의 요령을 잘 배우고 있다는 주장이 존재한다. 학생들은 수업 중에 주의를 집중하고, 교사의 통찰력에 대하여 경의를 표하고, 적당히 수긍을 보내며, 추천도서나 과제물 목록 중에서 꼭 필요한 것들을 효과적으로 분류해 낸다. 이를 통해 학생들은 학급이나 학교라는 사회적 환경으로부터 많은 것들을 배우게 된다.

또 다른 형태의 잠재적 교육과정은 미묘하게 의도된 메시지에서 찾아볼 수 있다. 교사가 시범을 보이거나 칭찬으로 어떤 학생의 행동을 강화시킬 때, 교사는 '이러저러하게 하라'고 분명하게 말하지 않지만, 묵시적으로 그러한 의미를 전달한다는 것이다.

마지막으로, 교사들은 대개 일반적인 가치보다는 중산층의 가치와 생활양식을 학생들에게 보여준다는 점을 지적할 수 있다. Michael Apple이나 Henry Giroux와 같은 교육과정 학자들은 학교가 학교

교육과정을 통해 제공하는 지식을 비판적으로 보지 못하기 때문에 필연적으로 계급위계와 불평등을 재생산하고 있다고 주장한다. 또한 Jean Anyon은 자신의 속한 사회계층에 따라 학생들이 차별대우를 받고 있다는 증거를 제시하였다. 즉, 그녀는 상류층의 학생들은 지식을 창출해 낼 수 있는 존재로서 대접을 받는 반면에, 하류층 학생들은 창출된 지식을 순순히 받아들이도록 교육을 받는다는 점을 밝힘으로써, 잠재적 교육과정의 문제점을 지적하고 있다. 이처럼 잠재적 교육과정은 부정적 효과와 함께 긍정적 효과를 가지고 있음이 분명하지만 교육과정 연구에서 그 초점은 부정적 효과에 주로 맞추어져 있다.

③ 다른 교육과정과의 차이점

잠재적 교육과정을 보다 잘 이해하기 위해서는 이와 관련된 공식적 교육과정 및 영 교육과정과 비교해볼 필요가 있다.

• 공식적(표면적) 교육과정

공식적(표면적) 교육과정의 경우 교육과정의 개발자가 의도적으로 만든 것이지만, 잠재적 교육과정의 경우에는 교육과정 개발 시 의도되거나 계획되지 않는 내용이 학습될 수 있다는 것이므로, 양자는 **의도성**에서 차이점이 있다. 또한 공식적(표면적) 교육과정의 경우 지식이나 교과 내용 등 인지적 측면들로 많이 구성되나, 잠재적 교육과정의 경우 문화나 인성, 정서적 측면이 많이 고려된다. 마지막으로 공식적 교육과정은 대표적으로 교사의 수업계획서, 단위학교의 교육과정 계획서, 혹은 국가교육과정 문서의 형태로 나타나지만, 잠재적 교육과정의 형태는 사전에 예측하기 어렵다.

• 영 교육과정(null curriculum)

잠재적 교육과정의 경우 암묵적 혹은 은연중에 학습되나, 영 교육과정은 교육과정을 개발할 때부터 의도적으로 배제된 영역이다. 따라서 잠재적 교육과정은 무의식적, 비의도적으로 학습되는 영역을 가리키나 영 교육과정은 의도적, 계획적으로 배제하여 애초부터 학습할 수 없는 영역이라는 점에서 차이가 있다. 잠재적 교육과정은 의도하지 않았으나 학습된 것으로 교육의 결과로 판단이 가능하지만, 영 교육과정은 의도적으로 공식적 교육과정에서 배제된 영역으로 사전에 그 판단이 가능하다. 즉, 잠재적 교육과정은 사후적 개념이며, 영 교육과정은 사전적 개념이다.

예를 들어, 과학시간에 다루어지는 진화론이 공식적 교육과정이라면, 의도적으로 배제된 창조론은 영 교육과정에 속한다(만약 창조론을 수업시간에 실제로 배웠다면 이는 공식적 교육과정으로 편입된 것임). 또한 일본의 역사교과서에서 한국 침략 내용을 배제시키는 것, 남한의 경제 성장을 북한이 교육과정에서 배제하는 것, 혹은 그 반대로 북한의 주체사상을 남한의 교육에서 배제하는 것 등 또한 영 교육과정의 예에 해당한다. 특히 영 교육과정과 관련하여 Eliot Eisner는 교육내용 선정 시 영 교육과정을 고려하여 교육내용을 더욱 풍부하게 해야 한다고 예술적 교육과정 개발 모형에서 주장하고 있다.

이처럼 공식적 교육과정, 영 교육과정, 잠재적 교육과정의 구분은 고정불변의 것이 아닌 상대적인 개념으로 사회적 맥락에 따라 달라질 수 있다. 따라서 Eisner의 주장처럼 교육과정 개발 시 이들 세 유형의 교육과정을 충분히 고려하여 교육과정을 개발할 필요가 있을 것이다.

④ 잠재적 교육과정을 고려한 교육과정 개발
• 교육목표의 설정

교육목표를 수립함에 있어서 설계된 교육과정이 의도하지 않은 결과를 낳을 수 있다는 점을 인식하고 교육목표를 다양한 관점에서 수립할 필요가 있다. 따라서 인지적 영역에 집중된 교육 목표 뿐만 아니라 정의적, 인성적 측면에 있어서 교육목표를 설정하려는 노력이 필요하다.

• 학습경험 선정 및 조직

학습경험의 선정과 조직에 있어서 학습경험이 학생에게 어떠한 영향을 미칠지에 대한 다각도의 분석을 통해 학습경험을 선정하고 조직하는 신중한 배려가 요구된다. 또한 학습경험이 과연 누구 혹은 어떤 사회계층에게 이익이 되는지를 고려하여 선택할 필요가 있을 것이다.

• 평가

평가기준을 세움에 있어서 Scriven이 주장한 탈목표(goal-free) 평가의 관점을 수용하여 의도하지 않은 교육적 결과에 대해서도 교육적 책임을 지는 자세가 필요하다. 특히 잠재적 교육과정은 목표지향적 평가에서는 배제되는 영역이므로, 의도하지 않은 교육적 결과가 발생하더라도 이를 적극적으로 평가하여 그 결과를 교육과정 개정의 자료로 활용할 필요가 있다.

라. 현상학·해석학을 중심으로 한 재개념주의자들의 논의

교육과정 논술예제 ❼ Pinar의 Currere 방법에 대해 논하시오.

① 현상학·해석학의 기본 전제

해석학적 패러다임의 입장을 견지하는 교육과정 학자들은 교육과정의 3대 원천 중 '**개인**'을 강조하며, 교육과정을 개인 삶의 궤적과 그 해석으로 정의한다. 1970년대 이전까지 개인은 쉽게 파악될 수 있는 몇 가지 특징을 가진 존재로 이해되었다면, 1970년대 이후부터는 실존주의·현상학·해석학 사상의 영향으로 개인은 쉽게 결론을 내릴 수 없는 행위자로 이해되기 시작하였다. 즉, 개인(학습자)은 스스로에 대해 자서전적으로 말해 주어야 조금씩 이해될 수 있는 존재가 된 것이다.

이러한 관점에서 William Pinar는 교육과정 개발 패러다임으로 대표되는 Tyler의 합리적, 실증적 교육과정 개발 모형이 인간의 구체적 경험을 추상화하여 왜곡되게 가르쳐 왔고, 사회적, 문화적 실제에 부응하지 못하는 교육이 시행되도록 했다는 점을 비판하며 교육과정 연구의 패러다임 전환을 요구하였다. 또한 그는 현재의 학교교육이 개인의 입장에서 무의미할 수밖에 없다고 비판하며, 교육과정의 개념을 단순히 기계적으로 교육내용을 선정하고 조직하고, 평가에 이르는 과정으로 인식하는 것이 아니라 사회적 맥락 속에서 개인의 고유한 경험의 의미를 실존적, 정신분석학적, 해석학적 관점에서 탐구하는 것으로 인식해야 함을 주장하였다.

이러한 생각을 바탕으로 Pinar는 교육과정 개발이 아닌 교육과정 이해로 교육과정의 연구 패러다임이 전환되어야 함은 물론이고 그 목적은 인간의 실존적 해방에 있다고 주장하고 있다. 그는 인간과 세계의 참된 모습을 종합적으로 이해하기 위해서는 자기 비판적 성찰의 과정을 통하여 진정한 내적 의식의 세계를 깊이 깨닫고, 이를 통하여 자신과 관련된 사회적, 문화적 제약들을 인지함으로써 자신을 넘어서서 타인까지 진정한 인간의 모습으로 해방시켜야 한다고 보았다.

② Currere의 정의

교육과정(curriculum)은 라틴어의 currere에서 파생된 용어로 교육과정 개발주의자들은 이를 명사적 의미로서 '경주로', 즉 교육의 목적을 달성하기 위해 학생들이 따라가도록 마련된 일련의 교수요목을 뜻하는 것으로 이해하였다. 그러나 Pinar는 교육과정이 코스에서 학습자가 달리면서 갖게 되는 교육적 경험으로 이해되어야 한다고 주장하였으며, '경험하다'라는 동사적 의미의 currere로 새롭게 교육과정을 재개념화해야 한다고 보았다. 따라서 교육과정은 더 이상 주어지는 것이 아니라 교육 주체인 교사와 학생이 함께 만들어 가는 것으로 재개념주의자들 사이에서 그 의미가 변화되었다.

③ Pinar의 Currere 방법

Pinar는 개인 경험의 특별한 의미를 이해하기 위한 방안으로서 학습자의 전기적 상황에 주목하여야 한다고 보았고, 이를 위해 현상학·해석학 이론에 기반을 둔 자서전적 연구방법을 제안하고 있다. 그가 제안한 방법은 소급, 전진, 분석, 종합의 네 단계로 이루어지는데, 이를 구체적으로 살펴보면 다음과 같다.

첫째, **소급의 단계**는 학습자의 과거를 현재화하는 단계이다. 학습자는 자유로운 연상과정을 통하여 개인의 실존적 경험들을 회상하고 자세히 묘사해본다.

둘째, **전진의 단계**에서 학습자는 미래에 주목한다. 이 때 학습자는 자유연상의 기법을 사용하여 자신의 설정 가능한 미래를 자유롭게 상상하여 본다.

셋째, **분석의 단계**에서는 현상학적 방법과 유사한 방법으로 과거와 미래, 현재를 함께 검토해 본다. 이들을 연결하고 있는 복잡한 관계를 검토해 봄으로써 전체적인 자신의 삶을 면밀히 분석해 본다.

마지막으로 **종합의 단계**에서는 학습자들은 생생한 현실로 돌아와 자기 자신의 목소리를 주의 깊게 듣고, 자신에게 현재의 의미가 무엇인지를 자문해본다. 이때 과거의 교육경험이 자신의 성장에 어떠한 영향을 주었는지, 학교교육을 통해 지식의 이해가 올바르게 획득되었는지를 자문해 본다.

이처럼 해석학적 교육과정 연구자들은 개인에 의하여 보고된 것으로서 개인의 교육적 경험에 초점을 둔다. 이들은 사회적 행동주의(경험·분석적) 교육과정 연구자들이 사용한 표면적 상호작용을 기술하거나 혹은 원인과 결과의 관계를 수립하기 위하여 행동을 계량화하는 연구보다는 무엇이 개인에게 그러한 행동을 하게 하였는가를 찾는다. 이 과정에서 '거리두기'와 '괄호치기'라는 현상학적 과정을 유용하게 사용한다.

④ 새로운 교사상에 대한 요구

Pinar는 과거 명사적 의미의 교육과정 하에서 나타났던 교사와 학생의 일방적 관계, 즉, 학습자는 고정된 교육내용을 수동적으로 받아들이고 교사는 이를 전달하는 것에만 초점을 두는 그런 관계를 통렬히 비판하였다. Pinar는 이러한 현상을 나를 버리고 남을 배우는 일이라고 지적하며, 교과서의 내용은 단지 전달되어야 할 목적이 아니라 교사와 학생에 의해 재해석되어야 할 대상이라고 보았다.

재개념화된 동사적 의미의 교육과정하에서는 가르치고 배우는 행위는 상호적인 의미구성의 과정으로서 이론과 실제는 서로 간에 영향을 주고받으며 함께 변화해 가는 변증법적 관련 속에서만 이해되고 통합될 수 있다. 이에 교사는 자신이 교육내용에 관하여 갖는 가정과 신념을 명료화하고 교육의 실천 속에 내재되어 있는 동기와 가치를 밝혀, 보다 나은 교육적 관점을 갖고자 노력함과 동시에 학생과 함께 의미를 구성해 나가는 연구자로서의 역할을 수행하여야 한다.

Ⅱ 교육과정 실제: 우리나라 국가 교육과정의 변천과 특징

교육과정 논술예제 ❽ 우리나라 국가 교육과정의 변천사를 설명하시오

1. 우리나라 국가 교육과정 변천사

(1) 우리나라의 국가 교육과정 개발 체제

우리나라의 초·중등학교 교육과정은 정부 주도로 개발되는 체제를 선택하고 있다. 정부 주도로 교육과정을 개발하는 체제를 채택한 이유는 교육의 질적 기회균등 보장, 학교급별 교육내용의 계통성과 일관성 유지, 일정한 교육수준의 유지, 정치·종교로부터 교육의 중립성 확보, 교육의 책무성 강화를 통한 국제경쟁력 제고 등에 있다. 하지만 이러한 장점에도 불구하고 정부 주도 교육과정 개발 체제는 지역과 학교의 특수한 상황에 맞는 교육과정을 개발하기 어려울 뿐만 아니라 교사들이 교육과정 개발과정에서 배제됨으로써 교육과정에 대한 주인의식을 고취시키기 어렵다는 단점을 가지고 있다.

또한 우리나라의 국가 교육과정 개정 방식은 주기적, 전면적, 일시적이라는 특징을 지니는데, 이러한 방식은 교육과정 적용에 따른 경험을 체계적으로 축적하는 데 있어 장애로 작용해왔고, 교육과정 평가에 바탕한 수정 및 보완을 하는 데에도 악영향을 미쳐왔다. 이러한 문제점을 시정하기 위해 2007 개정 교육과정부터 개정이 필요한 부분이 생길 때마다 수시적으로 개정을 실시하는 수시 부분 개정 체제를 도입했지만, 막상 그 내막을 들여다보면 2015 개정 교육과정에 이르기까지 기존의 개정 방식을 고수해 왔음을 확인할 수 있다. 이렇듯 우리나라는 주기적, 전면적, 일시적 개정에 따라 제1차부터 2015 개정에 이르기까지 10여차례에 걸쳐 국가 교육과정이 개정되어 왔다.

(2) 교육과정 시기별 특징

가. 교수요목기(1946~1954)

교수요목기란 광복 후 미군정기에 의해 성립된 교육과정에 의한 시기로, 이후 제1차 교육과정이 등장하기 전까지의 교육과정기를 의미한다. 교수요목은 교과의 지도내용을 상세하게 기술한 문서를 말하며 이 시기는 향후 우리나라 국가 교육과정의 기초를 마련한 기간으로 볼 수 있다. 이 시기는 교과의 지도내용을 상세히 표시하고 기초능력을 배양하는 데 주력하였고, 교과는 분과주의를 선택하여 체계적인 지도와 지력을 기르는 데 중점을 두었다. 또한 우리나라 교육이념인 홍익인간의 정신에 입각한 애국애족교육을 강조하였으며 일제의 잔재를 없애고자 각별한 노력을 기울였다.

나. 제1차 교육과정기(1954~1963)

제1차 교육과정은 '교과 중심 교육과정' 특징을 지니며, 교육과정을 '각 학교의 교과목 및 기타 교육

활동의 편제'로 정의하였다. 교과서는 생활 중심을 지향하였으며, 교과와 특별활동의 2대 편제였다. 또한 반공교육, 도의교육, 실업교육을 강조하였다.

다. 제2차 교육과정기(1963~1973)

제2차 교육과정은 '생활 중심 교육과정' 또는 '경험 중심 교육과정'이라 부르며, 교육과정을 '학생들이 학교의 지도하에 경험하는 모든 학습의 총화'로 정의하였다. 교육과정의 내용에서는 자주성, 생산성, 유용성을 강조하였으며, 교육과정은 교과활동, 반공도덕, 특별활동의 세 영역으로 구성되었다. 특히 고등학교 교육과정이 인문과정(문과)과 자연과정(이과), 직업과정, 예능과정으로 분리되었으며, 시간배당과 교과과정을 같이 공포하였다. 고등학교 교육과정에서 처음으로 단위제가 도입된 시기이기도 하다.

라. 제3차 교육과정기(1973~1981)

우리나라 교육과정 개정상 처음으로 교육과정심의회에서 시안을 확정하고 2년간의 실험평가를 거쳐 확정되었다. 제3차 교육과정은 1968년 선포된 국민교육헌장의 이념과 1960년대 미국 교육계를 주도한 학문 중심 교육과정 이론에 바탕을 두고 만들어졌다. 그 결과, 지식의 구조, 기본개념과 원리 중시, 자발적 탐구를 통한 지식의 이해를 강조하였다. 교육과정 편제면에서는 반공·도덕영역이 없어지고 국사, 도덕과가 신설되면서 교과활동과 특별활동의 2대 편제가 되었으며, 국사가 교과로서 독립되었다. 하지만 학문 중심 교육과정을 통해 학생들의 수업 부담이 과중되었으며, 주지적 교육에 치우쳐 전인적 발달에 소홀하였다는 비판을 받기도 하였다.

마. 제4차 교육과정기(1981~1987)

제4차 교육과정은 종합적이고 복합적인 성격을 지니며, 인간 중심 교육과정이 도입되었다. 제3차 교육과정의 문제점을 보완하고 5공화국의 개혁 조치와 급변하는 정치 사회적 요구를 반영하고자 개정되었다. 초등학교에 통합교육과정이 처음으로 도입되었으며, 한국교육개발원에서 기초연구개발을 주도한 최초의 연구개발형 교육과정이다. 국민교육헌장 및 유신과업의 삭제가 이루어졌으며, 국사를 사회교과로 통합시켰다.

바. 제5차 교육과정기(1987~1992)

제5차 교육과정기부터 이후 개발되는 국가 교육과정은 어느 한 교육과정 이론에 근거하지 않고 종합적 성격을 띤다. 개정의 방침은 교육과정의 적정화·내실화·지역화에 두고, 개정의 전략으로 지속성, 점진성, 효율성 등을 제시하였다. 처음으로 중앙집권적 교육과정 체제를 지방화하기 위하여 교육과정의 지역화를 강조하였다.

사. 제6차 교육과정기(1992~1997)

제6차 교육과정 이후 교육과정 결정의 분권화가 본격적으로 시작되었다. 즉, 중앙집권형 교육과정을 지방분권형 교육과정으로 전환시켜 시도교육청과 학교의 자율 재량권을 확대하였다. 그 결과, 교육부(국가 수준의 기준), 시·도 및 지역교육청(교육과정 지침 및 장학자료), 학교(학교 수준의 교육과정)로 개발의 층위가 마련되었고, 이는 이후 교육과정에서도 계속적으로 이어지고 있다.

교육과정 구조의 다양화에 따라 다양한 이수 과정과 교과목을 개설하고 필수과목을 축소하는 한편,

선택과목을 확대하여 교육내용의 획일성을 줄이려는 노력을 하였다. 재량 시간이 3-6학년에 걸쳐 연 34시간으로 처음 도입되었다. 그러나 1995년 개정 교육과정에서는 초등 영어가 3-6학년에 연 68시간 도입되면서, 3-6학년 학교 재량 시간은 0-34시간으로 변경되었다. 학교 재량 시간은 제7차 교육과정에서 재량활동으로 변경되어, 초등학교 1학년에서 고등학교 1학년까지로 적용 범위가 확대되었다.

아. 제7차 교육과정기(1997-2007)

제7차 교육과정의 목표는 21세기 세계화·정보화 사회를 살아갈 학생들의 학습에 대한 자기 주도 학습 능력을 기르고, 창의력과 정보 처리 능력을 배양하는 것을 목표로 하고 있다. 이러한 목적에 따라 개발된 제7차 교육과정의 특징은 다음과 같다. 첫째, 국민공통 기본 교육과정(초1~고1)과 선택 중심 교육과정(고2~고3)으로 이원화, 둘째, 수준별 교육과정 도입, 셋째, 재량활동 신설 및 확대, 넷째, 교육과정 편제에 과목군 개념 도입, 다섯째, 교육과정 결정의 분권화 강화, 여섯째, 교과별 학습량의 최적화와 수준의 조정, 일곱째, 필수 학습 요소를 중심으로 교과별 학습 내용 선정, 이수 교과목 수의 축소와 범위/수준의 적정화 도모. 여덟째, 질 관리 중심의 교육과정 평가체제 도입, 마지막으로 정보화 사회에 대비한 창의성/정보 능력 배양 등이 그것이다.

자. 2007 개정 교육과정(2007-2013)

2007 개정 교육과정은 주5일 수업제 월2회 실시에 따른 수업시수 조정의 이유로 등장하게 되었다. 이에 따라 연간 총 수업 시간 수 감축이 이루어졌으며, 단위 학교별 교육과정 편성·운영의 자율권이 확대되었다. 또한 국가·사회적 요구사항을 반영하여 과학교육을 강화하였으며, 역사교육 역시 강조하고 있다. 보다 구체적으로 국어교과서가 국정에서 검정으로 전환되었고, 수준별 수업이 권장되었으며, 시·도교육청 교육과정 편성·운영 지침 및 지역 교육청의 장학자료 작성 시 다문화 가정 자녀의 교육에 관한 사항을 추가하도록 하였다. 또한 처음으로 학기 집중이수제를 제안하였으며, 이를 효과적으로 실천하기 위해 교과군의 개념을 도입하였다.

차. 2009 개정 교육과정(2013-2017)

2009 개정 교육과정의 주요 골자는 집중이수제, 진로 집중과정, 학생 선택권 강화, 학교재량권 확대 등이다. 이에 따라 공통교육과정을 중학교 3학년까지로 수정하였으며, 학년군 개념을 도입하고, 교과군(2007 개정 교육과정)을 재분류하였다. 또한 고등학교 전 과정을 선택교육과정으로 설정하고 기초 영역 학습 강화와 진로 및 적성 등을 감안한 학습이 이루어지도록 하였다.

카. 2015 개정 교육과정(2017-현재)

2015 개정 교육과정의 주요 특징은 핵심역량의 도입, 범교과 주제 정비 및 안전교육 강화, 중학교의 자유학기제 명시, 고등학교에서의 공통적인 교육 강조(한국사, 통합사회, 통합과학, 과학탐구실험 신설), 고등학교의 예술 교과에 연극 과목 추가, NCS 기반의 직업계 고등학교 교과목 개선, 백워드 설계 모형에 따른 교과 교육과정 구성 등이다. 특히 교과 교육과정 개정에 있어, 백워드 설계모형에 따라 교과의 지식의 구조를 파악할 수 있도록 교육내용을 구성했다는 점이 주요한 특징이라 할 수 있다.

2. 우리나라 국가 교육과정 관련 다양한 이슈

(1) 집중이수제

가. 정의 및 도입배경

'집중이수제'란 수업시수가 적은 일부 과목의 이수시기를 특정 학년, 학기에 집중적으로 배정하는 방식으로, 교과 집중이수제의 목적은 학기당 이수하는 교과목수를 줄여 학생들의 학습부담을 줄이고, 블록타임제 등을 활성화하여 교육의 효과를 증대하기 위한 것이다.

2009 개정 교육과정에서 강조된 개념으로, 학교에서 집중이수제가 활성화될 수 있도록 하기 위해, 수업시수가 적게 배정된 교과목의 집중이수제 운영을 유도하고자, 중, 고등학교에서 학기당 이수할 수 있는 교과목수를 8개 이내로 제한하였다. 다만 이때 교과목의 특성을 반영하여 체육, 예술(음악/미술)은 8개 이내에서 제외하여 편성할 수 있도록 하였다. 2009 개정 교육과정에서는 학년군, 교과군 개념을 도입하였기 때문에 교과목의 수업 시기나 시수를 자율적으로 결정할 수 있게 되었는데, 이에 따라 집중이수제도 학교 자율에 따라 실시할 수 있다.

나. 장점

첫째, 과거 중등학생의 경우 주당 11개-13개 과목을 이수하고 있어 학습부담이 과중하고 학업에 대한 흥미가 감소하는 것으로 나타났다. 집중이수제를 실시할 경우 학기당 이수 교과목수가 줄어들어 학습부담이 줄어들고 학업 흥미도가 증대될 수 있다.

둘째, 과거 사회, 과학교과의 경우 분산수업으로 학습의 계속성을 담보하기 어려웠다. 집중이수와 블록타임제 수업을 실시할 경우 분산수업의 문제를 해소할 수 있고, 조사, 탐구, 토론, 발표 수업 등 밀도 있는 수업이 가능하다. 더불어 교사의 수업이나 평가 부담도 줄어들 수 있어, 보다 내실 있는 수업 운영, 평가 관리가 가능하다.

셋째, 기존의 사회, 과학교과처럼 교과 내 과목의 지나친 세분화로 교육과정의 파편화와 동시에 과목 간 내용이 중복되어 학생의 통합적인 교육경험 형성에 지장을 주었다. 집중이수와 블록타임제를 실시할 경우 분과적인 교육과정 운영이 아닌, 통합적인 교육과정 운영이 가능할 것이다.

다. 단점과 해결방안

집중이수제와 관련된 대표적인 문제점은 학생들이 전학을 하게 될 경우, 특정 교과목의 중복이수나, 특정 교과목을 이수할 기회를 갖지 못할 가능성(미이수)이 발생할 수 있다는 것이다. 이와 관련하여 2009 개정 교육과정은 전입학생의 학습결손과 관련하여 다음과 같은 지침을 제시하고 있다. "전입학생이 특정 교과목을 이수하지 못할 경우 교육청과 학교에서는 '보충학습과정' 등을 통해 학습결손이 발생하지 않도록 한다."

전학 등으로 특정 교과목을 배우지 못하게 되는 학생을 위해서 관할 교육청과 학교는 적절한 방법을 통해 학생 성취수준을 확인하여 이수를 인정해주거나 귀국학생 등의 사례참조, 방학 중 보충학습과정을 개설하여 학습결손을 예방·보완할 수 있도록 하고 있다. 보충학습과정으로 단위학교 차원 개설, 지역교육청 차원 개설, 시도교육청 차원 개설 등이 가능하다. 또한 보충학습과정 개설과 관련하여 교육방송, e-learning 등을 통한 보충학습 이수를 인정하는 방안도 있을 것이다. 그러나 이 경우 평가 문제, 출석문제 등이 해결되어야 할 것이다. 또한 전학 등으로 중복이수 상황이 발생하는 경우 학생선택에 의해 다른 교과수업을 이수할 수 있도록 하는 방안도 강구해야 한다.

미이수 교과목 문제를 예방하기 위하여 시도교육청에 제시하고 있는 방안은 다음과 같다. 첫째, 전입교의 교육과정을 참고하여 전입학생을 배정하는 방안, 둘째, 학교알리미나 홈페이지에 교육과정 관련 자료들을 탑재하여 전입학생을 지도하는 방안, 셋째, 학급별 집중이수교과를 교차편성하는 방안, 넷째, 교육과정 협의학교를 설정하여 2~3개 학교를 단위로 집중이수교과목과 이수시기를 서로 다르게 편성하는 방안 등이 그것이다.

(2) 교과교실제

가. 정의

우리나라는 지금까지 학급교실제를 채택해왔다. 학급교실제란 교실의 종류를 일반교실과 특별교실로 구분하고, 학생들을 학급으로 구분하여 구분된 학급에 따라 일반교실에 수용한 후, 교과목 시간표에 따라 교사가 한 학급의 학생들이 앉아 있는 일반교실에 들어가 수업을 진행하는 학교 운영방식이다. 이때 특별교실은 미술, 음악, 체육 등 특별한 교구나 시설 등이 필요한 교과목에 한하여 만든 교실로 이 교과목 시간에 한 학급의 학생들이 관련 특별교실로 이동하는 방식으로 운영된다. 반면 교과교실제는 교과의 특성에 맞게 교과마다 전용 교실이 구비되어, 학생들이 시간표에 따라 교실을 옮겨다니며 수업에 참여하는 학교 운영방식이다. 교과교실제는 전 교과목에 대해 실시하는 선진형과 일부 교과목에 대해 실시하는 과목중점형으로 구분할 수 있는데, 현재는 선진형으로만 운영되고 있다. 선진형으로 운영되기 위해서는 교과교실 외에 학생들이 휴식을 취할 수 있고, 친구들과 교류할 수 있으며, 물품을 보관할 수 있는 사물함이 비치되어 있는 홈베이스와 복습이나 예습을 할 수 있는 미디어스페이스, 교사연구실, 별도의 행정실 등이 같이 구비되어야 한다.

나. 도입배경

공교육에 대한 낮은 만족도, 교사들의 사기 저하, 주입식 일방적 수업방식의 고착, 학생의 수업 참여 저조, 학생의 필요나 수준에 맞는 수업 운영 어려움 등의 문제점이 제기되는 속에서 제7차 교육과정에서 선택 중심 교육과정의 내실화를 위하여 그 도입이 논의된 이후로, 2009 개정, 2015 개정 교육과정을 거치면서 점차 확대되고 있는 정책이다. 2009 개정 및 2015 개정 교육과정에서 학생들의 선택권 강화, 진로집중과정 등을 강조하고 있는데, 이러한 소프트웨어적인 교육과정이 잘 운영되기 위해서는 하드웨어적인 학교 환경 조성이 필수적이기 때문이다. 교과교실제가 본격적으로 확대되기 시작한 것은 이명박 정부 때로 2009년 5월 교과교실제 기본 계획이 마련되면서부터이다. 특히 2015 개정 교육과정에서는 교과교실제의 활성화를 명시하고 있다. 이에 따라 2018년에는 805개교에서 교과교실제가 운영되고 있는 상황이다.

다. 장점

교과교실제는 교육과정의 다양한 운영을 위한 물적 토대이자, 진정한 의미의 학생 중심 교육과정, 학생 맞춤형 교육과정이 운영될 수 있도록 하는 조건이다. 그동안 교육과정 개정을 통해 추구해왔던 블록타임제, 수준별 수업, 집중이수제, 진로집중과정, 학생 선택권 강화 등이 실제로 운영될 수 있도록 하는 기반이 되는 것이다. 교과교실제는 무엇보다 각 교과의 특성에 맞는 교육을 실시할 수 있다는 장점이 있다. 또한 교과별 교사연구실을 통해 교과 내 교사들의 협업을 통한 교과 연구가 활발하게 이루어질 수 있으며 이를 통해 교사 만족도 및 전문성 신장에도 도움을 줄 수 있다. 교수학습 측면에서 전통적 강의식 수업이 아닌 다양한 방식(예컨대, 토론식, 협동식, 실험식 등)으로 수업을 진행할 수 있다는 측면에서 학습자의 만족도 제고에도 긍정적 영향을 미칠 수 있을 것이다.

라. 단점

하지만 학생들이 수업에 따라 매번 교실을 이동해야 하기 때문에 이에 따른 불편함을 학생들이 감수해야 하는 문제점이 제기된다. 학생들이 자기만의 교실이 없어 안정감을 갖기 어려울 수도 있으며, 소지품 분실 등에 따른 불만을 제기할 수도 있다. 또한 교사 간 교류 단절로 인한 협력적 학생 지도에 문제가 생길 수 있고, 교육과정에 따른 학생 이동이 아닌 천편일률적 이동으로 전락할 우려가 있으며, 교실 활용률 및 건물 관리 효율성 저하, 시설 확충의 어려움 등이 야기되고 있다.

(3) 고등학교에서의 진로집중과정

가. 정의 및 도입배경

제7차 교육과정 이후로 고등학교에 선택 중심 교육과정이 도입되었지만, 학생들이 선택한 교과목들이 하나로 모아지지 못한 채, 파편화된다는 비판이 나왔다. 이에 따라 2009 개정 교육과정에서는 학교 자율과정의 일환으로 고교 진로집중과정을 제시하고 있다. 구체적 규정은 다음과 같다. "학교는 학생의 요구 및 흥미·적성 등을 고려하여 진로를 적절히 안내할 수 있는 진로집중과정을 편성·운영하도록 한다. 이를 위해 학교는 이 교육과정에서 제시하는 '학교자율과정'에서 진로집중과정과 관련된 과목의 심화학습이 이루어질 수 있도록 편성·운영한다." 2015 개정 교육과정에서도 고등학교의 자율 편성 단위 부분을 학생의 적성과 진로를 고려하여 편성할 것을 명시하고 있다.

따라서 학교는 학생들의 과목 선택이 잘 이루어질 수 있도록 충분한 안내를 해야 하고, 학생들이 흥미, 적성에 따라 진로를 결정할 수 있도록 필요한 정보를 제공하면서 진로집중과정을 편성·운영하도록 해야 한다.

나. 고등학교 진로집중과정의 개설 방안

진로집중과정을 위하여 학교가 개설할 수 있는 과목은 매우 다양하며 자유롭다. 학교는 국가 교육과정상에 제시된 교과목 외에 대학선이수과목(AP)이나 국제적으로 공인 받은 교과목(ex: IB 과목) 등을 개설할 수도 있다. 일반고등학교임에도 불구하고 과학, 수학, 사회, 영어, 예술, 체육 등 영역별 중점학교를 운영할 수 있으며 학교자율과정의 50%이상을 관련 교과목으로 편성하는 것이 가능하다.

학교는 학생의 희망 진로와 관련되는 진로집중과정을 설치·운영해야 한다. 이 경우 종래와 같이 단순히 인문사회과정과 자연·이공과정과 같이 이분법적으로 운영하는 것을 지양하고, 학생의 진로와 관련하여 필요한 과목을 집중적으로 이수할 수 있는 다양한 과정을 설치·운영해야 할 것이다.

예컨대 예술과정, 체육과정, 직업과정과 더불어 더욱 세부적으로 문학집중과정, 경제집중과정, 수학집중과정 등을 설치 및 운영할 수 있는 것이다. 이때 학년에 따라 1학년에는 진로탐색이 이루어질 수 있도록 진로탐색과정으로 운영하고, 이를 바탕으로 2-3학년 때 진로집중과정을 운영하면 좋을 것이다. 또한 유의할 것은 학생이 중도에 진로를 수정할 수 있으므로 이에 대비하여 유연하게 교육과정을 운영하는 것이 필요할 것이다.

> **교육과정 논술예제 ❾** 공교육 정상화 방안 중의 하나인 자유학기제의 실행방안을 교육과정, 교수학습, 교육평가 측면에서 논하시오.

(4) 중학교 자유학기제

가. 정의 및 도입배경

자유학기제는 중학교 과정 중, 한 학기 동안 지식·경쟁 중심의 교육에서 벗어나, 학생 참여형 수업을 실시하고 학생의 소질과 적성을 키울 수 있는 다양한 체험 활동을 중심으로 교육과정을 운영하는 제도이다. 최근 선진국들은 청소년들에게 새로운 환경에 적응할 수 있는 기회와 함께 적성과 소질에 맞는 진로를 탐색할 수 있는 계기를 제공하는 추세이다. 또한, 지식에 대한 수용과 암기보다 미래사회에 능동적으로 대처하기 위해 필수적인 핵심역량 중심 교육을 강조하고 있다. 우리의 경우도 창의성, 문제해결력, 고등사고력 등 학생들이 미래지향적 역량을 함양할 수 있도록 다양한 노력을 기울이고 있으나, 학생들은 입시위주의 경쟁으로 암기식·주입식 교육에 매몰되어 있고 학습 흥미도 및 행복지수가 낮은 상황이다.

따라서 학생들이 끼와 잠재력을 발현하며 변화하는 환경에 잘 대처하도록 하기 위해, 공교육 내에서 새로운 돌파구를 모색해야 할 시점임이 분명하다. 이를 위해 중학교의 한 학기를 자유학기로 운영하여 우리나라 '초·중·고등학교 교육 전반을 변화시킬 전기'로 활용할 필요가 다음과 같이 존재한다. 첫째, 학생들의 꿈과 끼를 살려주기 위한 다양한 기존 프로그램들을 자유학기제를 통해 통합·연계·체계화 할 필요, 둘째, 중요성에도 불구하고 시간, 인적·물적 자원의 제약 등으로 운영에 어려움이 있는 진로교육을 자유학기를 통해 확산·강화할 필요, 셋째, 청소년 발달단계를 고려할 때, 학생의 정체성 확립, 적성과 소질의 탐색 등을 위한 중학교 단계에서의 기회 제공 필요 등이 그것이다.

나. 해외사례

① 아일랜드의 전환학년제

전환학년제는 우리나라의 중학교에 해당하는 과정(Junior Cycle)을 마치고 고등학교 과정(Senior Cycle)에 들어가기 선, 1년 동안 운영되는 과정이다. 전환학년제는 1년간 학생들에게 무시험, 체험 중심의 교육과정을 제공하여 학생들이 자신에 대해 성찰할 수 있는 기간을 갖게 함으로써 학생의 지적 성장뿐만 아니라 인성적, 사회적, 교육적, 직업적 발달을 도와 성숙한 존재로 성장하도록 하는 것을 목적으로 하고 있다.

② 덴마크의 애프터 스쿨

애프터 스쿨(after-school)은 자유학교(free-school)의 일종으로서, 공립기초학교를 졸업하고 김나지움이나 직업학교로 진학하기 전 잠시 쉬어가기를 원하는 8~10학년 과정의 학생들이 1년 동안 공부하며 인생을 설계하는 기숙형 학교이다. 이 기간 동안의 교육에서는 다양한 감성교육을 통한 자아 성찰과 진로 모색에 중점을 둔다. 희망하는 학생만 진학하는데, 주로 고등학교에 진학하기 전 여유 있는 시간을 가지면서 자아를 찾고 진로를 탐색하거나 친구들과 깊은 우정을 나누기를 원하는 학생들이 선택하며, 중학교를 졸업하는 전체 학생의 30%가 선택하고 있다. 애프터 스쿨의 교육과정은 주로 음악, 미술, 체육 등 감성교육과 단체 활동으로 구성되지만, 구체적인 내용은 각 학교마다 다양하게 운영되고 있다.

다. 추진 목적

자유학기제의 추진 목적은 다음과 같다. 첫째, 학생들이 스스로 꿈과 끼를 찾고, 자신의 적성과 미래에 대해 탐색·고민·설계하는 경험을 통해 지속적인 자기성찰 및 발전할 수 있는 기회 제공, 둘째, 지식과 경쟁 중심 교육을 자기주도 창의학습 및 미래지향적 역량(창의성, 인성, 사회성 등) 함양이 가능한 교육으로 전환, 셋째, 공교육 변화 및 신뢰회복을 통해 학생이 행복한 학교생활 제공이 그것이다.

라. 운영 모형 및 적용

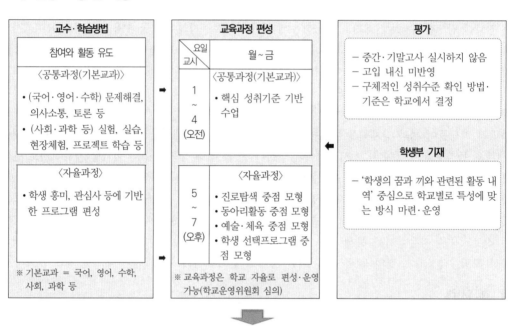

교수·학습방법	교육과정 편성	평가
참여와 활동 유도 <공통과정(기본교과)> • (국어·영어·수학) 문제해결, 의사소통, 토론 등 • (사회·과학 등) 실험, 실습, 현장체험, 프로젝트 학습 등	요일/교시 월~금 1~4(오전) <공통과정(기본교과)> • 핵심 성취기준 기반 수업	− 중간·기말고사 실시하지 않음 − 고입 내신 미반영 − 구체적인 성취수준 확인 방법·기준은 학교에서 결정

자유학기 운영 모형(예시)

• 진로탐색 중점 모형	• 학생 선택프로그램 중점 모형
− (편성) 기본교과(65%) + 진로(15%) + 기타(20%) − (운영) 진로탐색활동* 위주의 자율과정 편성	− (편성) 기본교과(57%) + 선택(23%) + 기타(20%) − (운영) 선택형 프로그램* 위주의 자율과정 편성
*진로검사, 초청강연, 포트폴리오 제작 활동 현장체험, 직업리서치, 모의창업 등	*창조적인 글쓰기, 한국의 예술 발견하기, 미디어와 통신, 학교잡지 출판하기, 드라마와 문화, 녹색학교 만들기 등
• 동아리활동 중점 모형	• 예술·체육 중점 모형
− (편성) 기본교과(65%) + 동아리(15%) + 기타(20%) − (운영) 동아리활동* 위주의 자율과정 편성	− (편성) 기본교과(66%) + 예·체(15%) + 기타(19%) − (운영) 예술·체육활동* 위주의 자율과정 편성
*문예토론, 라인댄스, 벽화제작, 과학실험, 웹툰 제작, UCC 제작, 천체관측, 연극, 오케스트라 등	*국악, 무용, 만화, 사진, 디자인, 축구·농구·배구·배드민턴, 스포츠리그 등

마. 교육과정 편성·운영 방안

① 학생의 체계적인 진로탐색 기회 확대

학생의 체계적인 진로탐색 기회를 확대하기 위한 방안은 다음과 같다. 첫째, (진로학습) 학생이 적성과 소질을 탐색하여 스스로 미래를 설계해 나갈 수 있도록 체계적인 진로학습 토대를 마련한다. 둘째, (진로상담·검사) 학생의 개인별 특성과 역량에 맞는 진로설계를 지원하기 위한 진로상담·검사 체제를 구축한다. 셋째, (진로체험) 학생의 수요를 반영하여 진로학습 및 상담에서 모색한 자신의 소질과 적성을 직접적인 체험을 통해 확인하는 기회를 활성화한다. 넷째, (진로탐색 포트폴리오 구성) 자유학기를 중심으로 초·중·고등학교에 걸친 학생의 진로탐색 활동 전반을 체계적으로 기록·관리·제공한다.

② 학생의 관심과 흥미를 불러오는 체험·참여형 프로그램 강화

이를 위해 첫째, 학생의 희망과 선호에 따른 다양한 동아리 개설 및 활동을 지원하고 학교 간 동아리 연계 활동을 강화한다. 둘째, 흥미, 관심사 등에 맞는 수요자 중심의 선택형 프로그램 개발·제공으로 학생들의 학습동기를 유발한다. 셋째, (예술(음악·미술)·체육 교육) 예체능 교육을 다양화·내실화하여 학생들의 소질과 잠재력을 끌어내는 교육을 실시한다. 마지막으로 (체험·참여형 프로그램 발굴·관리) 학생들의 관심과 흥미를 유발할 수 있는 새로운 프로그램을 다양한 경로를 통해 개발·수집·이용하도록 한다.

③ 학생의 참여와 활동 중심으로 교수·학습방법 다양화

학생의 수업 참여도를 고취하기 위해 먼저, 기본교과별 특성에 맞는 참여·활동 중심의 교육을 강화한다. 그리고 학습효과를 높일 수 있는 다양한 수업방법 즉, 블록타임을 활용한 융합·연계 수업, 코티칭(Co-Teaching)-코러닝(Co-Learning), 간접체험교육과 직접체험교육을 동시에 활용한다.

④ 학교의 자율성을 존중하는 유연한 교육과정 편성·운영

학교 교육과정의 유연한 편성·운영을 위해 수업시수 증감 제도를 활용하고, 중간·기말고사 기간 등 여유 시간을 활용하도록 한다. 또한 유연한 교육과정 편성·운영의 장애 요인을 개선하고 핵심 성취기준 중심으로 수업내용을 재구성한다.

⑤ 자유학기제의 취지에 맞는 평가방법 마련

자유학기제는 특정 기간에 집중하여 실시하는 중간·기말고사 등 지필시험을 실시하지 않음을 그 기본방향으로 한다. 따라서 형성평가, 자기성찰 평가 등 학습과정에 따른 학생의 기초적인 성취수준을 확인하고 이를 학생지도에 활용하는 방안이 요구된다. 이때 자유학기 성취수준 확인 결과는 고입에 미반영함을 원칙으로 한다.

바. 기대 효과

첫째, 적성에 맞는 자기계발 및 인성 함양을 고취한다. 즉, 개인 맞춤형 진로탐색 활동을 통한 꿈과 끼, 적성에 맞는 자기계발이 가능하며, 더불어 함께하는 협동·협업 학습을 통한 사회성 및 인성 함양에 도움을 줄 수 있을 것이다. 또한 지역사회 봉사활동, 지역시설 이용 진로탐색 활동을 통한 지역사회 및 일과 직업세계에 대한 이해도 제고될 것이며, 토론, 문제해결, 의사소통, 프로젝트 수업 등 참여 위주의 교실수업을 통한 창의적 자기주도 학습능력 향상에도 도움을 줄 수 있을 것이다.

둘째, 만족도 높은 행복한 학교생활이 가능하다. 참여·활동 중심의 학습을 통한 학생의 학교생활 만족도를 높일 것이며, 모둠 협동 학습을 통한 교우관계 개선 및 교사와 함께 하는 체험활동을 통한 교사·학생 관계 개선에 도움을 줄 것이다. 또한 자기 이해 및 진로에 대한 비전을 바탕으로 학습 동기를 찾아 학업에 매진하는 계기를 마련해줄 것이다.

셋째, 공교육 신뢰회복 및 정상화가 가능하다. 즉, 과도한 학업부담, 지나치게 성적을 중시하는 학교풍토를 개선하여 학교교육에 대한 신뢰를 회복하게 할 것이며, 경쟁과 성취 중심의 교육에서 학생의 전인적 성장을 위한 교육으로 전환하여 공교육 정상화 계기를 마련할 것이다.

(5) 고교학점제

가. 정의 및 도입배경

고교학점제는 학생들이 진로에 따라 다양한 과목을 선택·이수하고 누적학점이 기준에 도달할 경우 졸업을 인정받는 제도이다. 고교학점제는 학생의 과목 선택권 확보와 확대를 지향하므로, 학교의 여건이 허락하는 한 되도록 학생들이 자신의 진로와 관심에 따라 하고 싶은 공부를 할 수 있도록 허용해줄 수 있다. 고교학점제를 도입하게 된 배경은 고교교육의 패러다임에 대한 전환을 요구하는 상황 때문이다. 즉 현재 우리나라 교육은 미래 사회에 필요한 인재상이 아닌 표준화된 산업사회 인재상을 기준으로 한 획일적 교육 패러다임의 우세, 줄 세우기식 평가(9등급 산출)에 따라 모든 학생들의 배움과 성장의 질을 높이는 데에 실패, 학생 개개인이 잠재력과 역량을 최대한 발휘할 수 있도록 돕는 개별화된 교육 제공에의 실패, 고교체제 다양화의 결과로 나타난 서열화된 고교 입시로 인한 초·중학교 교육의 왜곡 등 많은 문제점을 양산하고 있다. 이러한 입시·경쟁 중심의 획일적인 교육에서 벗어나 모든 학교에서 다양하고 특색 있는 교육을 제공하는 방식으로 변화하기 위한 조건으로서 고교학점제가 제안된 것이다. 고교학점제는 2022년부터 전면적으로 도입될 예정으로, 2018년 현재 전국적으로 연구학교 54개(일반고 31, 특성화고 23), 선도학교(일반고) 51개 총 105개 학교가 고교학점제 연구·선도학교로 지정된 상황이다.

나. 주요 내용

이 제도는 학생의 진로, 적성에 맞는 과목 선택 및 유연한 학사 운영, 교사의 자율성과 전문성이 발휘되는 수업과 평가, 엄격한 학습의 질 관리 등을 특징으로 한다. 이에 따라 고교 교육과정 운영 전반을 개선하고, 고교 교육의 혁신을 지원하기에 적합한 학사제도라고 할 수 있다. 고교학점제에 따라 학교에서는 다음과 같은 내용으로 교육과정이 운영될 수 있다. 첫째, 학교에서는 진로 상담을 내실화하여 학생이 진로와 연계한 학업 계획서를 작성할 수 있도록 돕고, 학생에게 이수가 필요한 교과목 등에 대해 체계적으로 안내한다. 둘째, 학교에서는 학생 진로를 고려한 다양한 선택 과목을 개설하고, 학생은 직접 수강 신청하여 개인별 시간표를 편성한다. 이때 학생의 과목 선택권 확대를 위해 최대한 학교 내에서 다양한 교과를 개설하고, 소인수·심화과목에 한해 공동교육과정, 지역사회 연계 교육과정, 온라인 교육과정 등을 개설할 수 있다. 셋째, '교육과정 지도팀'은 학업계획서 및 학습 이력에 근거하여 학생 대상으로 컨설팅을 실시하고 개인 시간표 관리 등을 지원한다. 넷째, 객관식 지필평가 비중을 줄이고 수업과 연계한 과정 중심 평가를 강화한다. 다섯째, 개인별 시간표에 따라 공강이 발생할 경우 자기주도적 학습을 지원하고, 학교별 상황에 맞는 생활지도 방안을 마련한다. 여섯째, 성취기준 미달 학생에 대한 별도 학업 보충기회를 제공한다.

다. 제도 안착을 위한 전반적 교육제도 개선방향

제7차 교육과정 이후로 고등학교에서의 학생 과목 선택권이 확대되어 왔음에도 불구하고, 학생 평가, 교원 수급 등의 문제로 학생 선택권이 제대로 발휘되지 못했다. 즉 내신을 상대평가로 산출하는 상황에서는 학생들이 자신이 원하는 과목을 맘껏 선택하기 어려웠다. 예를 들어, 학생들은 소수의 학생들이 선택하는 과목을 선택할 경우 내신에서 불리한 성적을 받을 수 있기 때문에 이런 과목들을 피하는 과정에서 과목 선택권으로부터 자유롭지 못하였다. 따라서 학생들이 평가의 유·불리에서 벗어나 자신이 정말로 원하는 과목을 선택할 수 있도록 현행 학생평가제도가 개선되어야 한다. 또한 학생이 원하는 과목이 있어도 해당 학교에 관련 교과 교사가 없거나 수업을 할 수 있는 교실수가 부족하면 과목을 개설할 수 없었다. 이는 당연히 학생의 과목 선택권을 제한하였다. 따라서 고교학점제의 원활한 운영을 위해서는 시설 확보, 교원 수급 개선방향 등을 포함한 장·단기 제도 개선방안이 마련되어야 한다. 즉 구체적으로 학력(자격) 취득을 위한 총 이수학점·필수 이수학점 등 제시, 학점 취득을 위한 과목별 성취기준 설정 및 수업 중 이루어지는 교사별 평가·과정 평가의 안착, 출석 일수를 기준으로 하는 학년 단위 진급·졸업이 아닌 학점을 기준으로 양적·질적 졸업요건 설정, 학생부전형 내실화, 학점제 특성을 반영한 대입전형 설계 및 관리 방안 등 검토, 1인의 교원이 전공 교과군 내에서 다양한 과목을 개설할 수 있도록 교원 양성·임용·연수 제도 전반의 장기 개선방향 검토, 수업·연구 외 잡무를 대폭 경감할 수 있도록 학교의 업무 구조와 문화 혁신, 행정지원 확대 방안 마련 등이 이루어져야 할 것이다.

1. 교육과정 개발

   1918년 바빝에 의해 교육과정이 처음으로 공식적 학문영역으로 인정받은 이후부터 1970년대까지 교육과정 개발 절차나 원리에 대한 논의를 담고 있음.

2. 교육과정 이해(교육과정 재개념화)

   1970년대 맥도랄드에 의해 처음으로 교육과정 재개념화라는 용어가 사용되었고 파이너가 이를 더욱 발전시킴. 더 이상 교육과정 개발 절차나 원리가 아닌 교육과정 현상에 대한 학문적 이해를 추구함.

3. 교육의 3요소

   교사, 교육내용(교육과정), 학습자

4. 교육과정 3대 원천

   교과(학문), 학습자, 사회

5. 지적 전통주의

   인간 이성의 계발을 목적으로 이제까지 인류가 이룩한 문화유산(예컨대 학문)을 학생들에게 가르칠 것을 강조하는 교육과정 사조임. 특히 인간 이성의 계발과 관련하여 초기의 지적 전통주의자들은 형식 도야설(육체 운동을 매일 힘들게 할수록 근육이 단련되듯이, 심근(마음)도 어렵고 힘들게 반복적으로 연습 및 훈련하면 도야된다고 함)을 주장함.

6. 경험주의

   교육과정의 중심이 학문(혹은 교과)인 점을 강력히 비판하고, 그 중심을 학생으로 옮김. 교육과정은 교사가 일방적으로 부과하는 것이 아니라 모든 학생의 협동적인 참여로 구성된다는 생각을 가짐.

7. 사회적 행동주의

   경험주의가 학습자의 흥미와 요구를 중심으로 교육과정을 구성하는 것을 강조하였다면, 사회적 행동주의자들은 이 점을 비판하며, 현 사회적 가치나 요구를 중심으로 교육과정을 개발하고자 하였음. 특히 블룸, 메이거 등에 의해 행동주의 교육목표가 강조된 이후 주어진 목표를 효율적으로 달성하는 교육과정을 만들기 위해 목표를 어떻게 기술할 것인가에 관심을 둠.

8. 사회 재건주의

   사회 재건주의는 현 사회의 구조적 모순을 변화시키는 데 초점을 둠. 이에 따라 교육내용은 사회적 불합리성과 모순을 깨닫도록 하는 내용으로 구성해야 함을 주장함. 특히 사회 재건주의 교육과정 학자들은 현 사회의 구조적 모순이 학교교육을 통해 학생들에게 어떻게 영속화되는지를 밝히고자 함.

9. 공식적 교육과정

   공식적 교육과정은 교육기관(학교)에서 학생들에게 무엇을 어떻게 가르칠 것인지를 미리 결정한 교육과정으로 국가 교육과정 문서 혹은 교사의 수업계획서 등이 여기에 해당됨.

10. 잠재적 교육과정(hidden curriculum)

    의도하지는 않았지만 학생들이 학교생활을 통해 은연중에 학습하는 내용을 의미함. 따라서 잠재적 교육과정은 공식적 교육과정이나 영 교육과정과는 달리 학습의 결과로서만 확인할 수 있음.

11. 영 교육과정(null curriculum)

    교육기관에서 학생들에게 가르칠 수 있는 내용은 한정되어 있음. 수많은 내용 중 공식적 교육과정으로 포함되지 않은 교육내용이 영 교육과정임. 따라서 영 교육과정은 사전에 의도적으로 배제됨.

※ 잠재적 vs 영 교육과정 비교

잠재적 교육과정	영 교육과정
• 의도하지 않은 경험의 총체 • 사후적 개념: 지난 후에 확인 가능함 • 결과에 관심 • 학생이 경험한 교육과정	• 적극적으로 가르치지 않은 내용에 관심 • 사전적 개념 • 의도적인 배제에 관심

12. 타일러 모형

대표적 교육과정 개발 모형으로 ① 교육목표 설정(합치성, 포괄성, 일관성, 달성가능성), ② 학습경험 선정(기회의 원칙, 만족의 원칙, 학습가능성의 원칙, 일목표 다경험의 원칙, 일경험 다성과 원칙, 타당성의 원칙), ③ 학습경험 조직(계속성, 계열성, 통합성, 범위), ④ 평가(절대평가 분만 아니라 수행평가 강조) 등의 순으로 개발 절차를 제시하고 각 절차별 개발 원리를 제안하고 있음.

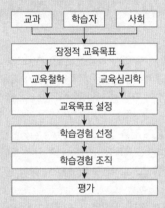

13. 타일러 모형의 비판

첫째, 당위성 혹은 규범성 측면에서 목표는 어떤 것을 포함해야 한다는 언급 없음. 둘째, 목표를 미리 선정하여 수업 중에 발생하는 부수적, 확산적 목표의 중요성을 간과함. 셋째, 실제 교육과정 개발은 비선형적/비절차적이기도 함.

14. 워커의 자연주의 모형(숙의 모형)

타일러 모형이 교육과정 개발에 참여하는 사람들이 합리적으로 판단하여 교육과정을 개발한다는 가정에서 출발한다면, 워커는 실제로 학교현장에서 이루어지는 교육과정 개발 과정을 연구함으로써 자연주의 모형을 제시함. 이를 통해 교육과정 개발 단계는 비선형적이고, 융통적임을 밝혀냈으며, 타협과 조정(숙의)을 강조함.

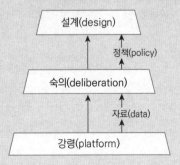

15. 아이즈너의 예술적 교육과정 개발 모형

미학적 관점에서 교육과정 개발 절차를 다음과 같이 제안함. ① 목표 설정, ② 내용 선정(영 교육과정 고려), ③ 학습기회의 유형 개발, ④ 학습기회의 조직, ⑤ 내용영역의 조직[cross- curricula(범교과 학습)가 필요], ⑥ 제시 양식 고려, ⑦ 다양한 평가절차의 적용[예술적 감식안(educational connoisseurship)과 교육비평(educational criticism)이 요구됨]

16. 백워드 설계모형

성취기준 중심의 교육개혁(NCLB)을 바탕으로 바람직한 성과를 확인시켜 주어 교육자들에게 기대된 책무성을 획득하는 데 유용한 수단을 제공함. 보다 구체적으로 단원 수준에서 큰 개념이나 아이디어를 구체적인 내용 및 기능들로 세분화시키고 수업의 목표로 활용할 수 있도록 하는 목적적 과제분석 방법에 기초함. 특히 백워드 설계 모형은 타일러와 브루너의 모형에 근간을 두고 있음.

17. 자유학기제

현재 2015 개정 교육과정에 의하면 자유학기제는 중학교의 한 학기에서 운영하도록 되어 있음. 자유학기제 동안은 중간, 기말고사 등 지필평가를 지양하고 학생들의 꿈과 끼를 찾을 수 있는 다양한 교육과정과 교육방법을 적용할 것을 강조함.

18. 집중이수제

집중이수제는 한 학기당 학생들이 배울 수 있는 과목을 8개(예체능교과 제외) 이내로 제한함으로써 학생들의 학업부담을 줄여주기 위한 정책임. 집중이수제를 실현하기 위해 국가 교육과정 문서에서 교과군(2007 개정 교육과정)과 학년군(2009 개정 교육과정)의 개념을 도입함.

19. 교과교실제

교과교실제는 교과마다 특성화된 전용 교실을 갖추고 학생들이 수업시간마다 교과교실로 이동하여 수업을 듣는 학교 운영 방식임. 교과교실제는 다양한 교육과정 운영을 위한 물적 토대이자, 학생 맞춤형 수업을 위한 조건임. 교과교실 외에 홈베이스, 미디어스페이스, 교사연구실, 행정실 등의 공간도 필요함.

20. 블록타임제

국가 교육과정 문서에서 "기후 및 계절, 학생의 발달 정도, 학습 내용의 성격 등과 학교 실정을 고려하여 탄력적으로" 수업 시간을 편성할 수 있다는 규정에 근거하여 2시간의 수업을 묶어 시간표를 구성하는 것임. 특히 실험 (과학), 실습(기술·가정, 음악, 미술, 체육 등)이 필요한 과목들에 적합함.

21. 진로집중과정

고등학교의 문·이과식 교육과정 구분에서 벗어나 학생들의 다양한 진로에 맞추어 보다 세분화되고 다양한 교육과정 제공을 목적으로 함.

22. 고교학점제

고교학점제는 학생들이 진로에 따라 다양한 과목을 선택·이수하고 누적학점이 기준에 도달할 경우 졸업을 인정 받는 제도임. 학생의 과목 선택권 확보와 확대를 지향하므로, 학교의 여건이 허락하는 한 되도록 학생들이 자신의 진로와 관심에 따라 하고 싶은 공부를 할 수 있도록 허용해주는 제도임.

주관식 기출 및 예상문제

문제 1 다음은 교육과정과 관련한 어떤 개념을 중심으로 교사가 자신의 생각을 정리한 것입니다. 관련된 개념을 예시와 함께 설명하고 이 개념이 교육과정에 미치는 긍정적 영향을 기술하시오.

교사: 2015 개정 교육과정에서는 예술 교과 내에 연극이라는 과목이 추가되었어. 2009 개정 교육과정까지는 없던 과목인데, 앞으로는 학생들이 더욱 다양한 경험을 할 수 있겠군. 향후 교육과정이 개정될 때에는 영화, 뮤지컬 등 더 많은 과목들이 추가되면 좋을 것 같아.

모범답안

교사의 생각과 관련된 개념은 Eliot Eisner의 영 교육과정(null curriculum)이다. 공식적 교육과정은 태생적으로 선택과 배제의 산물이다. 우리가 학교에서 가르치고 배울 수 있는 시간은 한정적이기 때문이다. 따라서 공식적 교육과정에 포함되지 않는 영역이 생겨나는 것은 당연하다. 이렇듯 공식적 교육과정에 포함되지 않은 영역을 영 교육과정이라고 볼 수 있으나, 영 교육과정을 공식적인 교육과정이 개발될 때부터 누군가에 의해 '의도적으로' 배제된 영역으로 볼 수도 있다. 이처럼 영 교육과정은 의도적, 계획적으로 배제된 영역이기 때문에 애초부터 학생들은 학습할 수 없는 영역이다. 영 교육과정의 예로는 일본이 역사 교육과정에서 한국 침략 내용을 배제하는 것, 남한의 경제성장을 북한이 교육과정에서 배제하는 것, 혹은 그 반대로 북한의 주체사상을 남한이 교육과정에서 배제하는 것 등을 들 수 있다. 영 교육과정은 사전적으로 그 판단이 가능하기 때문에 의식 있는 교육과정 전문가나 교사는 공식적 교육과정에 포함되지 못한 것들을 살펴보면서 공식적 교육과정의 개선 가능성을 따져 볼 수 있다. 세상의 수많은 지식들 중에 극히 일부만이 공식적 교육과정에 포함되는 것이기 때문에, 영 교육과정을 분석함으로써 공식적 교육과정에 미처 담지 못했던 것들을 찾아낼 수 있는 것이다. 따라서 공식적 교육과정을 계획할 때, 영 교육과정을 고려하여 교육과정을 더욱 풍성하게 할 필요가 있을 것이다.

문제 2 다음은 두 명의 교사가 교육목표 설정과 관련하여 대화한 내용을 적은 것입니다. 대화에서 언급된 교육목표 설정과 관련된 이론들을 설명하시오.

교사 A: 교육목표는 수업 전에 미리 설정될 필요가 있어. 또한 나중에 평가가 용이하도록 행동적 교육목표로 기술되어야 해. 그래야만 객관적인 평가가 가능하지.

교사 B: 아니야. 수업은 예측가능하지 않은 상황으로 흘러갈 때가 많지. 그래서 미리 교육목표를 설정하는 것 자체가 모순이야. 더욱이 눈에 보이지 않는 것을 학생은 학습할 수도 있기 때문에 교육목표를 기술할 때 꼭 행동동사를 사용할 필요도 없어.

교사 A는 Ralph Tyler의 교육목표 기술 방식을 말하고 있다. 타일러는 교육과정 개발의 절차를 교육목표 설정, 학습경험 선정, 학습경험 조직, 평가로 제안하면서 교육목표 설정에 따라 후속 절차들이 잘 이루어질 수 있기 때문에 첫 번째 절차인 교육목표 설정이 굉장히 중요하다고 피력한다. 특히 마지막의 평가는 교육목표 달성 여부를 확인하는 과정이기도 하기 때문에 이 평가가 잘 이루어지도록 하기 위해 교육목표가 명확하고 구체적으로, 그리고 눈에 보이는 학생의 행동 중심으로 기술될 필요가 있음을 강조한다. 이에 따라 '내용+행동' 중심의 교육목표 기술 방식을 제안하게 되는 것이다. 반면 Eliot Eisner는 타일러의 행동목표를 비판한다. 수업의 과정은 예술의 과정과도 같아서 애초에 설정된 교육목표만을 향해서 나아갈 수 없다는 것이다. 수업을 진행하기도 전에 수업이 끝난 후 학생들이 갖게 될 '모든' 결과들에 대해 미리 규정해 놓는 것은 아이즈너가 볼 때 교육을 너무 획일적으로 규정하는 것이다. 이에 따라 아이즈너는 형식적일 뿐인 행동목표를 비판하고, 대신 표현적 목표를 강조했다. 이는 수업 중 혹은 수업 후에 나타나게 되는 새로운 목표를 말하는데, 계획되거나 의도되지 않았는데도 학생이 수업 과정에서 혹은 수업 후에 어떤 것을 학습했다면 그것이 표현적 목표에 해당될 수 있다. 이러한 표현적 목표는 다시 '문제해결 목표'와 '표현적 결과'로 나뉜다. 문제해결 목표는 정답이 정해져 있지 않은 문제를 해결하면서 학생들이 얻게 되는 답이고, 표현적 결과란, 개인의 경험을 풍부하게 하고 학습자의 삶을 다양하게 할 것이라고 여겨지는 활동을 의도적으로 제공하여 학습자가 그 과정이나 완료 후에 얻게 되는 교육적 결과이다. 이처럼 양자 모두 모든 교육의 과정이 완료된 후에야 목표가 드러난다는 점에서 미리 설정된 타일러의 행동목표와는 차이가 있다.

교육사회학

교원임용시험 교육학 솔루션 대비 K 교육학

CHAPTER

13 교육사회학

✓ 교육사회학의 주요 이론을 전체적으로 파악하여 이를 토대로 교육에 관한 핵심 주제들을 사회학적으로 이해하는 능력을 키운다.

✓ 교육사회학적 관점에서 한국 교육의 문제를 진단하고 분석할 수 있는 능력을 기른다. 또한 이러한 한국 교육의 문제를 다른 교육학 과목과 연관시켜 종합적으로 분석해 본다.

중점 주제	개요 및 학습주안점	세부학습 포인트	다른 교육학 이론과의 연관성
1. 교육사회학의 주요 이론	교육사회학의 주요 이론적 패러다임인 기능론적 교육이론, 갈등론적 교육이론, 신교육사회학이론이 바라보는 교육관을 이해하고, 각 이론을 주장한 주요 이론가들의 주장 및 한계점을 파악한다.	뒤르켐의 사회화, 파슨스의 학급사회화, 볼즈와 긴티스의 상응이론, 부르디외의 문화적 재생산이론 등	교육철학, 교육과정, 교육심리학 등
2. 교육과 사회 평등	교육의 기회균등과 교육평등을 개념적으로 이해하고 교육불평등을 해소하기 위한 다양한 교육적 조치들을 파악해 낸다.	교육의 기회균등, 롤스의 평등관, 교육평등관 유형 등	교육철학, 교육행정학, 교육측정 및 평가 등
3. 신자유주의 교육론	신자유주의 교육의 핵심 주장과 관점을 살펴보고 한국의 신자유주의적 교육정책의 장, 단점을 논해 본다.	교육소비자, 학교선택, 차터스쿨, 책무성, 교육시장 등	교육행정학, 교육정책학, 교육과정 등
4. 한국 교육의 사회학적 이해	한국의 전통적 교육문화, 학력주의, 다문화교육, 입학사정관제 등의 주요 교육현상 및 제도를 사회학적으로 이해한다.	교육문화, 학력주의, 학벌주의, 다문화사회, 다문화주의, 다문화교육, 입학사정관제	교육철학, 교육행정학, 교육심리학 등

1. 교육사회학의 개념

교육사회학은 교육의 사회적 제 현상을 과학적으로 분석·설명·해석하여 합리적인 대안을 모색하기 위한 학문이다. 교육사회학은 '사회적 맥락 속에 교육'을, '교육적 맥락 속에 사회'를 밝히는 과학적 학문이라 할 수 있다. 교육사회학이 추구하는 과학은 자연과학에서 추구하는 개념과 다르다. 교육사회학은 사회과학에 의존하지만, 사회과학은 자연과학처럼 물리적 세계에 대해 자명하면서 객관적이고 변하지 않는 실증적 근거를 제시하지는 못한다. 사회과학은 자연과학의 물리적 입자와 달리 인간을 대상으로 하기 때문이다. 인간의 행동은 자연과학의 인과관계에 따라 움직이는 것이 아니라, 때로는 불규칙적이면서 무정형적으로 나타난다. 교육사회학의 과학은 축적된 일련의 지식인 이론적 기반 위에 논리적이고 체계적인 근거를 밝히는 것이다. 그러므로 교육사회학의 과학은 자연과학이 추구하는 개념과 차이가 날 수밖에 없다. **교육사회학은 이론적 기반 위에서 논리적이고 체계적으로 교육과 사회의 인과관계를 밝히는 학문이다. 교육사회학은 교육의 사회적 제 관계를 대상으로 하며 그 분석 대상은 매우 광범위하다.** 교육과 관련된 모든 사회적 관계가 교육사회학의 학문적 범위에서 벗어날 수가 없으므로, 교육의 사회적 관계에 대한 '사회학적 상상력'이 필요하다. **종합하면, 교육사회학은 일차적으로 사회적 실체로서의 교육현상을 객관적·실증적으로 파악하는 일에 전념하는 한편, 연구를 통하여 현실의 교육활동과 사회문제로서의 교육적 과제를 해결·개선·변혁하는 데 공헌하고자 한다.**

2. 교육사회학의 전개

(1) 외국의 교육사회학

19세기까지 교육사회학이란 학문은 거의 존재하지 않았다. 20세기에 들어서면서 교육사회학은 20세기가 낳은 최고의 학자 중 한 명인 뒤르켐(E. Durkheim)에 의해 나타났다. 일반적으로 뒤르켐은 프랑스의 사회학자로 잘 알려져 있다. 실제 뒤르켐은 보르도 대학과 소르본 대학에서 교육학과 사회학을 담당하는 교수로 활동하였다. 그는 『교육과 사회』, 『도덕교육론』, 『프랑스 교육의 발전』이라는 주옥 같은 교육사회학 저서를 발표하였다. **뒤르켐은 교육사회학의 이론적인 가능성에 대한 새로운 전망을 가능하게 해 준 최초의 학자**라고 할 수 있다. 그런 점에서 뒤르켐은 **교육사회학의 아버지**라고 불린다. 그는 교육학을 과학적 차원으로 승화시켜 '교육과학'이라는 용어를 최초로 사용한 학자이기도 하다.

교육철학자로 알려진 미국의 듀이(J. Dewey)도 교육사회학과 무관하지 않다. 그는 주요 저서인 『민주주의와 교육』, 『학교와 사회』에서 교육의 사회적 관점에서 논의했다. 그러나 공식적으로 교육사회학이 제도권에서 학문적으로 인정받기 시작한 것은 미국의 수잘로(H. Suzzallo)에 의해서다. 그는 1907년 콜롬비아 대학에서 교육사회학을 처음 개설했으며, 1916년에는 콜롬비아 사범대학에서 처음으로 교육사회학과가 설치되었다. 1917년에는 스미스(W. R. Smith)에 의해 교육사회학의 개론서 틀을 갖춘 『교육과 사회학 입문』이 저술되었다. 1920년대는 200개 대학에서 교육사회학 강좌가 개설되었고, 1923년에는 미국 교육사회학회가 발족되었다.

당시의 교육사회학은 학문적 토대가 매우 미약하여 현실 문제의 해결에 관심을 가진 실천 지향적 성격이 강하였다. 이 때의 교육사회학은 **교육적 사회학**(educational sociology)이라 불렸으며, 실천적·규범적·응용적 학문의 성격이 강하여 "**실천 지향적 교육사회학**"이라 하였다. **교육적 사회학은 주로 교육학자가 사회학적 관점에서 논의를 하였으며, 교육을 사회진보와 현실 문제를 해결하는 수단으로 여겼다.** 1930년대 지역사회학교 운동으로 인해 교육적 사회학은 교육실천 문제에 더욱 관심을 가지고 전개되었다. 교육적 사회학은 사회 전반적인 문제에 관여하여 그 내용이 포괄적이고, 학문적 수준이 낮았지만 교육사회학의 학문적 가치를 제고했다는 점에서 의의가 있다.

1950년대부터는 교육에 대한 과학적 접근이 강조되면서 주로 사회학자가 교육의 사회적 현상에 관심을 가지는 **교육의 사회학**(sociology of education)이 주류를 이루기 시작하였다. 이때의 교육의 사회학을 "**과학 지향적 교육사회학**"이라 부른다. 규범적 성격을 가진 교육적 사회학은 과학적 연구방법의 발달로 체계적이고 논리적인 접근을 하게 되었다. **교육의 사회학은 실증과학을 배경으로 교육의 사회적 현상에 주목하였으며, 교육의 사회적 현상에 대해 객관적이고 가치중립적인 접근을 하기 시작**하였다. 교육의 사회학은 교육의 사회적 기능에 초점을 두면서 정치, 경제, 사회, 문화와 관련시켜 연구하는 경향이 강하였다. 교육의 사회학은 실증과학이라는 학문적 배경의 뒷받침으로 더욱 이론적이고 체계적인 틀을 갖출 수가 있었다.

1971년 영(M. Young)이 『Knowledge and Control』이라는 편저를 발표하면서, **교육과정사회학이라 불리는 "신교육사회학**(new sociology of education)"이 대두되었다. 전통적인 교육사회학적 접근이 교육의 사회적 현상에 대한 설명력의 한계를 보이자, 다른 형태의 접근이 필요했던 것이다. **신교육사회학은 구교육사회학의 거시적 관점과 달리 교실수업 장면에서 일어나는 미시적 관점에 주목**하였다.

교육적 사회학과 교육의 사회학, 그리고 신교육사회학을 거치면서 교육사회학은 학문적으로 성숙할 수 있었다. 교육사회학은 1985년, 소련의 페레스트로이카(perestroika) 선언으로 세계적으로 이념적 대립이 종식되면서 새로운 형태의 학문적 전환을 모색하기 시작하였다.

> ▶ **개념정리**
>
> E. Durkheim(1858-1917)
> 교육사회학의 창시자. 프랑스의 대학에서 사회학과 교육학을 강의하며 교육을 사회학적으로 연구하는 데 관심을 가졌다. 교육을 사회구조의 한 부분으로 보면서 교육의 사회직 기능을 밝히는 것이 교육학 연구의 핵심이라고 주장했다.

(2) 한국의 교육사회학

한국 근대사의 정치사회의 역동적 변화는 교육사회학의 학문적 발달에도 많은 영향을 미쳤다. 처음에는 불안한 정치사회적 여건으로 인해 교육사회학은 학문적으로 큰 진전이 없었다. 1952년이 되어서야 서울대학교 사범대학에서 처음으로 선택과목으로 채택된 교육사회학은 1954년에는 필수과목으로 개설되었다가, 1955년에는 교직의 한 과목으로 채택되었다. 교직과목이 된 교육사회학에 대한 관심은 빠르게 진전되었다.

1967년에는 한국교육학회 내에 최초로 "교육사회학연구회"가 창립됐으며 회원 수는 30명으로 출발하였다. 1970년대로 들어서면서 교육사회학은 다소 이론적 진전을 보이기 시작하였다. 1961년 5·16 군사정부는 반공을 국시로 삼고 근대화 이념을 경제발전의 기저로 삼았다. 근대화 이념은 새마을운동으로 구체화되어 전개됐으며, 새마을운동은 교육사회학의 발전에 부분적으로 공헌하였다. 즉, 해방 후 국가의 재건을 위해 향토학교 운동이 일어났으며, 나중에 이 운동은 학교의 인적·물적 자원을 이용하여 지역사회의 발전을 도모하고자 하는 학교와 지역사회운동으로 변모하게 되었다.

1970년대는 불안한 군사정권으로 인해 사회적으로 저항운동이 확산되는 시기였다. 교육사회학도 사회적 모순에 대한 관심을 가지며 시대의 영향력에 따라 사회 모순에 저항하는 비판적 성향이 나타나기 시작하였다. 1980년대에 들면서 한층 정교해진 사회과학적 서적과 비판적 연구물들이 밀물처럼 출간되기 시작하였고, 비판적 교육이론의 황금기가 도래하였다. 이 시기에는 사회구조적 모순에 대한 관심이 고조되어 1970년대와 달리 이론적이고 체계적인 저항이 일어났으며 각종 교육적 모순에 대한 사회과학적 논리를 제공하였다. 재생산론, 국가론, 종속이론, 노동시장론, 지위집단론, 지식사회학, 신교육사회학 등에 관한 논문과 서적이 집중적으로 쏟아져 나왔다. 교육사회학은 1980년대 교육운동의 이론적 자양분이 되었다.

그러나 1980년대 중반, 세계적으로 냉전시대의 유물인 계급적 이념이 서서히 종식되기 시작하면서 그동안 각광받던 갈등주의 교육이론 역시 미흡한 해결 대안으로 인해 국내에서도 자성적 반성이 확산되었다. 또한 1980년대 중·후반부터 철학적으로 탈가치와 탈권위를 강조하는 포스트모더니즘과 시장 경쟁 원리를 강조하는 신자유주의적 이념이 세계적으로 유행하기 시작하였다. 한국의 상황은 1988년 서울 올림픽과 더불어 기층민중에 의한 '풀뿌리 민주화'의 욕구가 분출되었으며 복지와 평등에 관한 관심이 나타났다. 그동안 외국 이론에 의존하던 한국의 교육사회학계는 새로운 방향을 모색하기 시작하였다. 교육사회학계는 외국의 이론적 틀로 한국의 교육적 상황을 분석하는 연구에 한계를 느끼면서, 자국의 토양에 적합한 사회학적 분석에 대한 관심이 고조되었다.

3. 교육사회학의 연구 방법 및 주제

(1) 교육사회학의 연구 주제

교육사회학의 연구 주제는 사회변화에 따라 다양하게 나타난다. 이는 시대의 흐름과 변화에 따라 새로운 주제에 대해 지속적으로 적응할 수 있는 탄력적인 학문적 성격을 가지고 있다. 교육사회학의 연구 주제는 접근하기에 따라 그 영역을 많이 넓힐 수 있지만, 여기에서는 세 가지 영역으로 구분하여 제시해 보겠다.

첫째, 교육사회학의 독립적인 연구주제다. 이는 교육사회학의 이론적인 영역에 초점을 둔 것이다. 그 영역을 간단히 제시하면 ① 교육과 평등, ② 교육과 사회이동, ③ 교육과 사회계급 ④ 교육과 사회변동, ⑤ 교육과 재생산, ⑥ 교육과 사회적 지위, ⑦ 교육과 사회적 이해관계, ⑧ 교육의 사회적 기능, ⑨ 교육과 사회화, ⑩ 교육과 선발, ⑪ 교육과 문화, ⑫ 미래교육의 변화, ⑬ 교육정책 등이다. 이외에도 학교풍토와 조직, 학업성취, IQ 검사 등도 좋은 연구주제다. **둘째, 교육사회학의 학문 간 연구주제다.** 이는 교육학의 분과학문과 관련된 연구 주제의 예를 열거한 것이다. 그 영역을 간단히 제시하면 ①

교육과정, ② 교실수업, ③ 교과지식의 선발과 구성, ④ 교사와 학생의 상호작용, ⑤ 교사와 학생의 사회학적 이해, ⑥ 교육의 사회사, ⑦ 사이버교육, ⑧ 교육행정의 사회문화, ⑨ 교육과 평가, ⑩ 학교 입시제도 등이다. **셋째, 교육사회학의 사회현상적인 연구주제다.** 이는 사회 속에 나타나는 현실적인 교육의 사회적 현상에 초점을 둔 것이다. 그 영역을 간단히 제시하면 ① 학력·학벌주의, ② 교육문화, ③ 교육열, ④ 교육정책, ⑤ 대학입시교육, ⑥ 학교의 비인간화 교육, ⑦ 사교육비, ⑧ 과외교육, ⑨ 조기교육, ⑩ 교육 양극화, ⑪ 학교의 촌지, ⑫ 강남 8학군, ⑬ 조기유학, ⑭ 기러기 아빠, ⑮ 대학 수학능력시험 등이다. 이외에도 교육행정정보시스템(NEIS), 고교평준화, 3불정책, 무상급식, 반값등 록금 등도 좋은 연구주제가 된다.

(2) 교육사회학의 연구 방법

넓은 의미에서 교육사회학은 교육에 대한 인간과 인간관계를 다루는 학문이므로 다양한 학문적 배 경을 가진 연구 방법에 의존할 수 있다. 여기에서는 **교육사회학의 도구적 연구 방법**을 중심으로 간략 히 설명하기로 한다. **도구적 연구 방법은 객관적이며 수단적인 과학적 도구를 이용하여 해석의 설득력 을 높이는 것을 의미하며 양적 방법과 질적 방법으로 구분**할 수 있다.

양적 연구 방법은 모든 현상에서 원인과 결과를 구분하는 뚜렷한 인과관계에 초점을 두며, 통계 적·실증주의 방법에 의존한다. 양적 방법은 분석 대상에 대해 주관적 관점을 배제하고 객관성을 높이 기 위한 것이다. 양적 방법은 모든 분석 대상과 현상을 수량화·계량화하고 있다. 그러나 양적 방법은 뚜렷한 원인과 결과를 가정하여 인간의 복잡한 심리구조와 사회현상 등 수량화할 수 없는 대상을 수량 화하고 있다는 점에서 비판을 받고 있다. 또한 양적 방법은 인간의 사회적 행위는 상황에 따라 매우 다양하게 반응하는데도, 수량화된 객관적 틀에 고정하여 해석하는 경향이 강하며, 모든 사회적 현상을 표준화된 객관적 범주 틀에 고정하여 경직된 해석을 한다는 점에서 한계를 가지고 있다.

질적 방법은 양적 방법과는 달리 객관화보다는 주관적 행위와 의미관계에 초점을 두고 있다. 질적 방법은 특정 대상에 대한 고정적이고 일정한 해석을 거부하며, 상황에 따라 다양한 해석이 가능하다는 입장이다. 질적 방법은 어떤 개인의 행위를 일정한 학문적 틀에서 해석하는 것이 아니라, 개인이 처한 사회적 상황에 따라 유연한 해석적 관점을 취한다. 질적 방법은 한 개인에 대한 이해를 위해, 사회가 제공하는 객관적이고 표준적인 해석 틀을 버리고, 그 개인의 마음 속에 들어가 개인이 처한 상황을 직접적으로 이해하는 주관적 해석을 지향한다. 질적 방법은 주로 관찰, 면담, 녹음 등의 도구를 이용하 여 사회적 상황에 따른 주관적 해석을 시도하고 있으며, 인류학, 현상학, 민속방법론 등에서 강조되고 있다. 그러나 질적 방법은 개인의 주관적 해석을 강조하기 때문에 사회적으로 객관화하기 어렵다는 한계가 있다.

이렇게 보면 양적 방법과 질적 방법은 학문적으로 양 극단에 놓여 있다. 양적 방법과 질적 방법은 상호 장·단점이 공존하고 있다. **양적 방법과 질적 방법은 객관화와 주관화라는 한계를 가지고 있다. 따라서 이러한 양쪽 방법론의 한계를 극복하기 위해, 양적 방법과 질적 방법의 장점을 통합할 수 있는 삼각법(triangulation)을 지향**하고 있다. 삼각법은 양적 방법의 객관성과 질적 방법의 주관성에 대한 방법론적 장점을 통합하여 연구 방법의 신뢰도를 높이기 위해 고안된 통합적 방법이다.

교육사회학의 연구 방법
- 질적 연구 방법: 면담이나 참여관찰을 통해 특정한 맥락 속에서 현상을 이해하려는 것을 목적으로 하는 연구 방법.
- 양적 연구 방법: 측정가능한 형태로 가설을 설정한 다음, 이를 통계적으로 검증함으로써 일반화하려는 것을 목적으로 하는 연구 방법.

4. 교육사회학과 교사

교사에게 교육사회학이 필요한 학문적 이유를 정리하면 다음과 같다.

첫째, 학생의 심리환경에 대한 심층적 이해를 도모한다. 학생들이 학교교육에 제대로 적응하지 못할 경우, 일반적으로 개인의 재능과 노력부족을 원인으로 꼽는다. 물론 개인의 재능과 노력 부족이 중요한 원인이 될 수는 있다. 그러나 그것만이 이유의 전부는 아니다. 학교교육의 부적응에는 사회구조적 측면이 더욱 근원적이고 중요한 원인으로 자리하고 있다. 학생의 사회경제적 배경은 개인적 심리형성과 학업성취에 직접적인 영향을 미친다는 것이다. 따라서 교육사회학은 학교교육의 부적응 문제에 대한 사회구조적 해석을 가능하게 해 주며, 인간을 보는 관점에 대한 해석의 지평을 넓혀 준다.

둘째, 학생의 재능에 대해 다양하고 새로운 해석을 해 준다. 전통적으로 학교교육에서 재능은 IQ와 동일시하는 경향이 있으며, 일반적으로 낮은 학업성취는 낮은 지능과 관계있다고 본다. 학교교육에서 요구하는 재능과 IQ 검사는 언어와 수리검사에 한정된 매우 편협한 성격을 가지고 있다. 그러나 현대사회는 이보다 더욱 넓은 사회적 재능을 요구한다. 그런 점에서 교육사회학은 음악, 미술, 예술, 패션, 취향 등도 사회적 능력의 범주 속에 포함하는 등 인재에 대한 개념의 범위를 넓혀 준다.

셋째, 학교교육의 능력주의(meritocracy)에 대한 새로운 관점을 제공해 준다. 학교교육의 학업성취는 사회경제적 지위(Social-Economic Status: SES)와 밀접한 관련이 있다. 어렸을 때부터 미리 사교육을 받은 학생은 그렇지 않은 학생보다 학교교육의 적응력에서 차이가 날 수밖에 없다. 객관화된 검사인 시험과 IQ 및 적성검사의 결과는 학생이 사회적으로 놓인 위치에 따라 달리 나타날 수밖에 없다. 이는 마치 100m 달리기에서 상류층 학생이 20~30m 앞서, 출발하는 것과 같기 때문이다. 이 점은 학교교육에서 추구하는 객관화된 검사지로 이루어진 능력주의에 대한 공정성의 심층적 한계를 보여 주면서, 학교교육에 대해 깊은 사회학적 이해를 도모하게 한다.

넷째, 학생문화의 새로운 시대적 흐름에 대한 이해를 도모한다. 디지털과 정보통신의 발달로 현대사회의 변화는 급속하게 전개되고 있다. 이러한 변화의 물결은 인간관계를 구성하는 가치관과 관습, 그리고 의식형태의 빠른 변화를 수반한다. 시대적 흐름에 따라 사고하는 학생들의 가치체계는 기존 세대와 많은 차이를 보이고 있다. 급속하게 변화하는 학생문화에 대한 교육적 보조를 맞추지 못하면 학교교육에 대한 신뢰를 저하시킬 수 있다. 교육사회학은 시대적 흐름과 이에 따른 인간관계의 변화 속도에 대한 적응을 도모하고, 빠르게 변화하는 학생문화에 대한 심층적 이해를 고양하게 한다.

다섯째, 교실수업에 대한 사회학적 이해를 도모한다. 교실수업은 사회와 독립된 것처럼 보이지만, 그 안에서 교사와 학생의 사회적 상호작용이 이루어지며 그것은 교사와 학생의 계급적 특성을 반영하고 있다. 교육과정에서 지식의 선발과 구성은 사회적 역학관계와 무관하지 않다. 교수-학습장면에서는 궁극적으로 사회적 선발에서 우수한 위치를 점유하기 위해 기능적 효율성을 강조하는 과정이 강조되고 있다. 따라서 작은 공간에서 한정적으로 이루어지는 교실수업에서 교사와 학생의 교육적 관계의 이면에는 사회적 역학관계가 숨어 있다.

여섯째, 교사의 사회적 정체감 형성에 도움을 준다. 교사는 학교라는 작은 공간에서 교육적 활동을 한다. 학교교육이라는 작은 틀 속에 교사의 역할을 축소시키면, 교사는 매우 제한적 공간에서 활동하는 교육적 기능인에 불과하게 된다. 교사는 사회관계에서 교육의 의미를 찾아야 하고, 교육을 거시적인 사회적 틀 아래에서 해석해야만 교사에 대한 올바른 이해를 도모할 수 있다. 교육의 사회적 역학관계의 정체를 이해하면 교사의 사회적 위치와 정체감을 확인할 수 있다. 교육사회학은 학교교육에 한정된 교사의 위치를 폭넓게 해석하게 하며, 사회 속의 교육에 대한 깊은 이해를 제공하여 교사의 사회적 역할과 정체감에 대해 심층적으로 알 수 있게 한다.

일곱째, 교육의 다양한 현상에 대한 사회학적 이해를 도모한다. 교육의 사회적 현상은 교육에 대한 인간관계 방식에 의해 나타난 것이다. 교육의 다양한 사회적 현상을 정확하게 파악하기 위해서는, 그 사회가 추구하는 인간과 인간관계의 맥락에 대한 이해가 선행되어야 한다. 또 교육에 대한 사회적 가치관, 관습, 의식 형태에 대한 이해도 도모해야 하는 것이다. 교육의 사회적 현상에 대한 이해는 학교교육과 교실수업에 대한 심층적 이해의 도모와 다양한 층위에 있는 교육관계자들의 사회적 역학관계와 흐름에 대한 예측을 가능하게 한다. 교육사회학은 교육의 사회적 현상을 이해함으로써 교육에 대한 궁극적 이해와 복잡하게 얽혀 있는 교육의 사회적 역학관계를 명료하게 한다.

여덟째, 교육정책에 대한 사회학적 이해를 통해 단위학교에서 교사의 역할 범위를 넓게 해 준다. 교육정책은 적용시간과 체감 정도의 차이만 있을 뿐, 결국 단위학교와 교사의 교육적 활동에 직접적인 영향을 미친다. 교육정책을 이해한다는 것은 단위학교와 교사에게 미치는 영향력의 양과 질에 대한 예측을 가능하게 한다. 새로운 교육정책은 교육의 사회적 맥락과 시대적 흐름에 부응하기 위해 제안되고 출발한다. 교육사회학은 교육정책에 대한 신속한 이해의 도모와 이를 통해 교육이 미치는 사회적 영향력을 예측하게 한다.

아홉째, 미래 교육에 대한 사회학적 이해를 도모한다. 디지털 정보통신과 과학기술의 발달, 그리고 세계의 시대적 흐름 등은 일상생활에서 사회관계, 그리고 국제관계에 이르기까지 엄청난 변화를 수반하고 있다. 학교교육도 시대적 변화에 조응하기 위해 새로운 형태의 교육으로 변모할 수밖에 없다. 미래 교육의 청사진은 세계사적 흐름을 탄력적으로 수용하여, 교육 경쟁력을 기반으로 국가 경쟁력을 높이기 위한 효율적인 교육전략과 같다. 교사 역시 미래 교육에 대한 시대적 흐름의 깊이 있는 이해가 필요하다. 앞으로 전개될 교육의 방향을 이해한다면 교육의 새로운 형태에 대한 적응력을 높이고, 남보다 앞선 사고를 촉진하여 교사 자신의 개인적 교육 경쟁력을 높일 수 있다.

5. 교육사회학의 주요 이론적 패러다임

이론은 사회현상에 대한 특정 해석을 제공해 주는 '인식의 안경'이라 할 수 있다. 어떤 안경을 착용하느냐에 따라 세상은 하얀색, 파란색, 빨간색 등의 각기 다른 색으로 보인다. 이론은 머릿속에 있는 인식의 안경이므로, 어떤 이론을 취하느냐에 따라 사회현상에 대한 해석 방식이 달라진다. 이론적 관점에 따라 인간관, 사회관, 세계관이 달라지며 세상에 대한 진선미의 판단 기준이 달라진다. 이론은 무수히 많으므로, 모든 이론을 세밀하고 자세히 이해할 수는 없다. 하지만 큰 틀에서 보면 비슷한 분류 특성을 가지고 있다. 이론의 분류 틀은 '이론을 이해하는 지도'와 같으며, 이론적 흐름과 맥락에 대한 심층적 혜안을 준다.

패러다임은 이론 분류의 틀로서 이용되는 용어로, 1962년 과학철학자 쿤(T. Kuhn)이 『과학혁명의 구조』라는 그의 저서에서 과학의 발전사를 효과적으로 설명하기 위해 만들어 낸 신조어다. 그에 의하면 과학의 발전은 점진적이며 개선적으로 이루어진 것이 아니라, 비약적이며 도약적으로 이루어졌다고 한다. 이런 **과학적 인식의 대전환을 패러다임의 전환**이라고 한다. 패러다임이란 용어는 처음에 과학적 인식 틀을 구분하기 위해 사용한 것이다. 점차 발전되어 패러다임은 다른 학문 차원에서 이론과 인식의 구분을 위해 매우 다양하게 활용되고 있다. 사회과학에서도 예외는 아니다.

사회과학에서 패러다임은 사회현상을 설명하기 위한 이론적 관점에 대한 인식 틀을 구분하기 위해 사용하고 있다. 예컨대, 규범적 패러다임(normative paradigm)과 해석적 패러다임(interpretive para-digm)으로, 또는 기능주의 패러다임과 갈등주의 패러다임 등으로 구분하여 쓴다. 교육사회학에서도 패러다임은 이론적 관점을 구분하기 위해 활용하고 있다. 여기서는 세 개의 분류 방법을 제시하여 교육사회학의 이론적 산맥에 대한 이해를 높이고자 한다. 교육사회학의 이론적 패러다임에 대해 카라벨과 할시(J. Karabel & A. H. Halsey)의 분류, 풀스톤(R. G. Paulston)의 분류, 블랙키지와 헌트(D. Blackage & B. Hunt)의 분류 틀을 제시하면 아래와 같다.

◆ 교육사회학의 이론적 분류체계 ◆

카라벨과 헬시의 분류	풀스톤의 분류	블랙키지와 헌트의 분류분류
• 기능주의적 교육이론	• 진화론	• 기능주의 교육이론
• 경제적 인간자본론	• 신진화론	
• 방법론적 경험주의	• 구조기능이론	
	• 체제이론	
• 갈등주의 교육이론 – 신베버학파 – 신마르크스주의	• 마르크시즘과 네오마르크시즘	• 갈등주의 교육이론
	• 문화재건이론	
	• 무정부적 이상론	
	• 신교육사회학	• 신교육사회학

교육사회학의 이론적 패러다임은 외형상 학자마다 매우 다르지만, 자세히 살펴보면 상당히 비슷한 분류 형태를 보여 주고 있다. 큰 틀에서 보면 그것들은 대부분 블랙키지와 헌트의 분류 방법에 속해 있다. 다만 학자가 위치한 시대적 관점의 차이와 중요도에 따라 차이를 보이는 것이다. 따라서 분류 방법은 학자마다 다를 수 있으며 어떤 분류 방법을 택하느냐에 따라 설명력에서 약간의 차이가 있지만, 크게 중요한 것은 아니다. **여기에서는 블랙키지와 헌트의 방법에 따라 교육사회학의 이론적 맥락을 이해**하기로 한다.

1. 기능론적 사회관과 교육관

(1) 등장 배경 및 사회관

　기능주의(functionalism) 사회학의 출현은 당시의 지적 분위기나 사회적 혼란과 무관하지 않다. 유럽은 중세까지 신학이 중심적인 학문이었다가, 근대에 들어서면서 이성 중심의 철학이 성행하게 되었다. 19세기 전후에는 자연과학과 다윈(C. R. Dawin)의 진화론이 각광받았다. 모든 학문은 과학과 같이 엄밀함을 요구받아서, 사회학의 창시자인 콩트(A. Comte)도 사회학을 '사회물리학'으로 명명하며 출발하였다. 사회학 출현의 또 하나의 중요한 계기는 당시의 사회적 혼란을 들 수 있다. 1789년 프랑스 대혁명이 일어나면서, 당시의 사회는 정치사회적으로 극심한 혼란의 소용돌이 속에 있었다. 그 이후에도 프랑스에서는 계속적으로 혁명이 일어났으며 불안한 상황이 지속되었다. 콩트는 사회질서 유지와 개선에 관심을 가졌으며, 사회에 관한 이론적 과학의 필요성을 느꼈다. 콩트는 새로운 사회질서와 개선을 통해 사회가 보다 안정을 취할 수 있는 사회이론을 체계화하기 시작하였다. 그는 사회질서는 자연법칙과 비슷하며, 구성원들의 지지와 보편적 합의에 의해 이루어진다고 보았다. 콩트의 이러한 관점은 기능주의 사회학적 이념을 지탱해 주는 이론적 기반이 되었다. 비슷한 시기의 스펜서(H. Spencer) 역시 적자생존과 진화의 법칙을 강조하면서 사회적 균형을 강조하였다. **뒤르켐(Durkheim)은 정치사회적으로 극심한 혼란을 겪으면서 사회질서에 관심을 가졌는데, 그는 사회질서의 유지를 위해 사회통합의 중요성을 강조하면서, 이를 위한 도덕을 강조**하였다. 이러한 기능주의의 사상적 흐름은 파슨스(T. Parsons)의 구조기능주의에 영향을 주었으며, 미국의 주류 사회학으로서 위치를 공고히 하게 하였다.

　기능주의는 사회질서와 안정을 우선시하며, 사회의 각 부분에 대한 우열을 구분하지 않고 기능상의 차이만 인정한다. 기능주의를 쉽게 이해하기 위해서는 초기 기능주의가 취했던 **사회를 유기체와 비교**하면 명확해진다. <u>**첫째**, 우리의 몸은 병에 걸리거나 피로(사회적 불일치, 파괴 등)하면 자연적으로 건강(사회적 균형, 안정, 질서 등)을 유지하려고 한다. **둘째**, 내적 균형을 유지하기 위해, 몸의 각 부분(눈, 코, 심장, 위, 폐, 손, 다리 등)은 상호 의존적이며 네트워크처럼 연결되어 있다. **셋째**, 그 각각은 다른 부분이 대신할 수 없는 고유의 독자적 기능을 가지고 있어서, 부분들 사이에 상호 간 우열이 있을 수가 없다. 단지 기능상의 차이만 존재한다.</u> 예를 들면 정치가, 기업가, 예술가, 과학자, 교직원, 노동자, 청소부 등은 고유한 사회적 역할이 있다. 그들의 역할은 사회적 균형의 필요에 의해 나타나며, 이들은 고유한 사회적 기능을 수행함으로써 사회적으로 평등한 위치에 있게 된다. 단지 수행하는 사회적 역할이 다를 뿐이다. '직업에는 귀천이 없다'는 것이다.

(2) 기능론적 교육관

기능주의 교육관은 기능주의 사회관과 논리적으로 연장선상에 있다. 한 사회에서 교육의 기능은 광범위하다. 특히 학교는 현대사회에서 대표적인 사회적 기관이다. 현실적으로 대다수의 사회 구성원들이 학교교육을 이수해야 하기 때문에 학교의 사회적 역할은 매우 크다. 학교는 사회 각 부분의 기능적 역할 기반을 제공해 주기 때문이다. 구체적으로 <u>학교교육의 기능</u>을 정리하면 다음과 같다.

① 학교는 아동에게 필요한 가치, 규범 등을 내면화시켜 사회에 원만하게 적응하도록 도와주는 '**사회화 기능**'을 한다.

② 학교는 복잡하게 분화되는 사회의 안전을 위해 사회의 각 분야에 필요한 인재를 **분류 선발**하여 **업적주의 사회의 기반을 공고히** 하는 데 있다.

③ **학교**는 현대 사회에서 필요한 **지식, 기술, 가치규범을 함양**하도록 한다.

④ **학교**는 평등한 교육기회를 부여함으로써 **계층이동의 사다리**로 기능한다.

⑤ **학교지식**은 사회구성원의 **보편적 합의에 의한 것**이다.

⑥ **학교**는 개인의 **재능과 노력에 따라 공정한 보상**을 한다(능력주의 교육관).

▶ 개념정리

기능론적 교육관
교육의 목적은 사회화와 선발·배치의 기능을 통해 전체 사회를 유지하는 것이다.

능력주의(meritocracy)
능력주의는 신분과 혈통에 의해 사회적 지위가 결정되는 과거의 귀속주의와 대비되는 개념으로, 업적주의와 혼용하여 사용된다. 능력주의는 1958년 영(M. Young)이 『능력주의 사회의 발흥』이라는 저서에서 현대사회는 과거와 달리 개인의 능력에 의해 사회적 지위가 결정되는 것을 설명하기 위해 사용한 신조어다. 영이 설명한 능력주의는 'IQ+노력'을 의미한다. 그러나 현대사회의 IQ개념은 다양하게 변화하기 때문에 오히려 재능으로 이해하는 것이 용이하다. 즉, 능력주의는 '재능+노력'이라고 할 수 있다. 영에 의하면 현대사회의 능력주의는 많은 부분에서 교육에 의해 결정된다고 한다. 일반적으로 교육적 능력주의와 사회적 능력주의를 동일시하는데, 교육적 능력주의는 사회적 능력주의와 반드시 일치하지 않는다고 하며, 교육적 한계를 지적하였다.

이상과 같은 기능론적 사회관과 교육관의 특징을 정리하면 다음의 표와 같다.

◆ 기능론적 사회관과 교육관 ◆

	사회관	교육관
1	사회의 모든 요소는 안정 지향적이다.	학교는 사회의 안정과 질서에 기여한다.
2	사회의 각 요소들은 상호 의존적이며 통합적이다.	학교는 개인의 재능과 노력에 따라 공정한 보상을 한다.
3	사회변화는 점진적이고 누적적이며 개선적으로 이루어진다.	학교는 사회 불평등을 해소해 주며, 사회 평등화를 도모한다.
4	사회적 합의는 모든 사회 구성원들의 지지에 의해 이루어진다.	학교는 지위의 사다리이며, 이를 통해 공정한 사회이동을 촉진한다.

5	모든 사회 구성원들에게 균등하고 공정한 기회가 주어지며, 사회적 보상은 능력과 노력(능력주의)에 따라 주어진다.	학교는 사회의 각 집단과 유기적인 관계를 맺고 있으며, 상호 의존적인 영향을 미친다.
6	사회적 가치관, 관습, 규범 등은 보편적 가치를 가지고 있으며, 사회통제이데올로기는 강제와 억압보다는 보편적 합의에 의해 이루어진다.	학교에서 전수하는 교과내용과 지식은 사회 구성원들의 합의와 보편적 가치를 가지고 있다.

2. 주요 기능론적 교육이론

(1) 뒤르껨(Durkheim)의 교육 사회화론

가. 교육학을 "교육과학"이라고 명명한 최초의 학자이며, 다른 학문처럼 교육과학에도 독립적 학문 체계의 개연성을 부여한다. **교육사회학의 창시자로서 현대사회학과 교육사회학의 성립에 커다란 공헌**을 한다.

나. 사회가 개인의 총합 이상이라는 사회적 실제론을 주장한다. 그의 교육관 역시 교육행위의 보편적 방식인 객관적 규칙과 외적 실체인 **교육적 사실(educational facts)을 밝히는 데 초점**을 둔다.

다. 그의 교육관은 '**사회화(socialization)**'로 함축될 수 있다. 사회화로서 교육은 사회생활의 준비를 갖추지 못한 아동에게 성인의 영향력을 행사한다. 사회화로서 교육은 사회에서 요구하는 가치, 규범, 성격 등 성인생활에 필요한 것을 아동에게 전수하여 미래의 사회생활에 원만하게 적응할 수 있도록 도와준다.

라. 사회화의 종류

① 보편사회화: 사회 전체의 기반이 되는 지적·도덕적·신체적 특성 등을 아동에게 내면화시킨다. 교육은 한 사회의 동질성 확보를 위해 집합의식과 보편적 가치를 강조하여 사회적 결속력과 안정을 유지하게 한다.

② 특수사회화: 산업화가 됨에 따라 사회적 분화가 가속화되면서 발생하는 각 직업에 필요한 지적, 도덕적, 신체적 특성을 마련해 주는 것이다. 교육은 각 직업에 필요한 적절한 사회화를 전수하여, 각 직업 간의 유연한 결속력과 운영의 효율을 도모한다.

마. 보편사회화 강조

• 전문화된 교육이 증가할수록 사회 전체의 동질성을 유지하기 위한 보편교육은 필수적이 되므로 이것이 교육의 핵심을 이루어야 한다.

바. 사회적 연대(social solidarity) 강조

• 사회 구성원 간의 결속력 정도를 의미하는 사회적 연대(social solidarity)를 강조한다. 사회적 연대는 기계적 연대(mechanical solidarity)와 유기적 연대(organic solidarity)로 구분한다.

사. 도덕교육 강조

• 사회의 안정과 질서 유지를 위해 '도덕교육'을 강조한다. 도덕은 개인에게 요구하는 집합 의식이며 행위의 규칙체계로서, 도덕적 생활은 사회의 안정과 밀접하게 관련된다.

아. 학교는 가정의 애정어린 도덕성과 사회의 엄격한 도덕성 사이를 매개하는 훈육을 해야 한다고

주장한다. 그러나 인간의 존엄을 해치는 체벌이나 처벌은 반대한다.

자. 비판점

① 사회를 구성하는 각 집단 간의 갈등과 불일치를 과소평가, 교육적 갈등에 대한 구체적인 논의가 없다.

② 학교의 교육내용을 보편적인 합의를 지닌 사회적 가치로 단정한다.

③ 도덕교육의 주체가 명확하지 않다. 도덕교육의 방법과 내용을 누가 결정해야 하느냐의 문제가 있다.

(2) 파슨스(Parsons)의 학급 사회화론

가. 사회체계를 유기체 혹은 생존체계로 비유한다. 각각의 사회체계는 유기체와 같이 상호 관련되어 기능한다고 한다.

나. 사회 체제의 특징

① 사회체계란 각 체계(구조)들의 기능적 관계망을 의미.

② 각각의 하위체계는 생존을 위한 상호의 필요를 충족시키기 위해 기능적으로 연결됨.

③ 모든 사회체계는 자신의 독립적인 체계를 가지고 있지만, 생존을 위해서 다른 체계와 상호 안정적이고 균형적인 관계를 유지함.

다. 사회체제로서 학교의 사회화와 선발 기능 강조

① 학교는 사회의 안녕과 질서 유지에 기여하며 뒤르켐의 주장처럼 아동이 미래의 역할을 원만히 수행하게 도모하는 사회화 기관임.

② 한 사회가 통합적이며 안정적으로 운영되기 위해서는 학생들에게 필요한 특정 역할의 자질과 책임을 발달시켜야 함.

③ 학교는 사회적 역할을 잘 수행할 수 있는 학생을 분류하기 위한 선발 과정을 거쳐 사회의 각 기관에 배치해야 함.

라. 학급사회화론

① 학교의 기능을 수행하는 실제적 장소는 학급이라고 봄. 학급은 사회화와 사회의 분류와 배치라는 일차적 기능을 직접적으로 수행하는 곳임.

② 분석의 초점을 주로 초등학교에 둠. 초등학교는 학급 사회화의 첫번째 단계이기 때문임.

③ 초등학교의 학업성취를 "인지적 학습과 도덕적 학습"으로 구분. 인지적 학습은 경험적 지식 및 기술 등을 의미하고 도덕적 학습은 품행과 공동체 생활에 필요한 책임 있는 시민 의식의 고양과 관련됨.

④ 좋은 학생은 인지적 요소와 도덕적 요소가 혼합되어 있으며, 초등학교의 성적 우수 학생들은 인지적 학습과 도덕적 학습의 과제 수행 능력에서 뛰어나다고 함.

⑤ **학급은 사회적 선발 기제로서 성취 평가를 가치 있게 여기게 하고, 개인이 내면화 할 적절한 가치체계를 제공하여 통합적 기능을 수행**한다고 봄.

마. 비판점

① 학교교육을 통한 사회의 안정과 통합을 강조하여 교육갈등을 도외시 함.

② 학교교육 평가체계의 공정성에 대해 지나친 신뢰감을 갖고 있음.

③ 학교교육의 평가체계에 의한 사회적 배분의 기능을 정당하게 보려고 함.

④ 성적 우수 학생은 인지적 학습과 도덕적 학습 모두에서 성취 능력이 뛰어나다고 생각한 점.

(3) 기술기능주의론

가. 클락의 『전문가 사회와 교육(1962)』이라는 저서에 의해 대두됐다.

나. 각 개인은 학교교육을 통해 원하는 지위 구조에 편입할 수 있는 기회가 주어지고, 이런 기회는 그들의 성취 과정을 통해 이루어진다고 본다.

다. 현대사회는 산업화의 영향으로 지식과 기술의 급속한 발전과 전문적 분화가 이루어지고 있으며, 학교는 이를 수용하기 위해 사회에 필요한 지식과 기술을 전수해야 한다.

라. 산업사회는 고도의 지식과 기술 수준을 소유한 숙련된 기술자의 직업적 전문가를 요구하기 때문에, 각 직종은 구조적인 질적 변화를 수반하고 학교교육의 변화에 영향을 준다.

마. 기술기능주의 관점에서 **학력은 개인의 상승이동을 촉진하는 사회적 매개체이고, 학력의 위계화는 직업의 위계화를 반영하므로, 높은 학력일수록 개인의 지위 결정에 미치는 영향력이 크게 작용**한다. 고등교육의 확대는 산업사회의 영향으로 인한 자연스러운 현상이다.

바. 기술기능주의 교육론 비판: 외형상 상당한 정도의 이론적 설득력을 가지고 있으나, **학력 인플레이션의 상황, 학력과 직업세계의 구조적 미스매치 현상, 학교교육의 직업세계에서 필요한 지식과 기술 전수능력 부족 등을 설명하지 못하고 있다.**

(4) 인간자본론(Human capital theory)

가. 인간자본의 개념

① 1950년대 말, 인간자본론(human capitalism)은 종래의 실물자본(physical capital)을 근거로 한 경제학 이론이 경제성장과 소득 불평등에 대한 설명력에서 한계를 보이자, 이를 보완하기 위해 대두됐다. **슐츠(T. Schultz), 베커(G. Becker), 민서(J. Mincer) 등을 중심으로 나타난다.**

② **인간자본**은 학교, 가정, 노동시장에서의 정규 또는 비정규 교육이나 훈련, 신체단련, 경험, 이주 등에 의해 획득되거나 발달되어진, **경제적으로 가치 있는 지식, 기능, 능력 등을 가리킨다.** 인간자본의 형성을 가져오는 활동들은 비용(costs)의 지출을 필요로 하며, 그러한 활동들이 종료되고 나면 편익(benefits)이 증가한다.

③ **교육을 통한 개인과 사회의 경제적 가치 상승에 관심을 둔다.**

나. 인간자본과 교육

① 교육을 종래의 소비재적 관점에서 벗어나 실물자본과 같이 투자재로 본다. 인간자본론은 실물자본의 투자와 같이 **인간에 대해 교육, 실습, 건강, 정도 등에 투자하면, 생산성과 관계된 지식, 기술 등을 습득하여 보다 높은 경제적 가치를 증대시킨다고 한다.**

② 슐츠는 인간이 자기 자신에게 투자하는 것은 생산자로서 또는 소비자로서의 능력을 높이는 것으로, **인간자본의 투자 중에서 가장 큰 투자가 교육**이라고 본다. 교육은 읽기, 쓰기, 인지, 기술 그리고 모든 직업에서 개인의 생산성을 높일 수 있는 능력을 배양한다.

③ **교육에 대한 투자는 인간자본의 질과 경제적 생산력을 증대시킴으로써, 노동임금을 결정하는 중요한 요인이 된다.** 교육에 대한 투자로 개인의 인간자본이 축적되면 그만큼 인간의 자본적 가치와 수입 능력을 높이므로, 인간자본의 투자가 많을수록 더 높은 소득을 얻게 된다.

④ 따라서 대부분의 사람들은 자신의 인간자본적 가치를 높이고, 높은 소득을 보장받기 위해 고등교육의 이수 경험을 필요로 한다. 고등교육은 높은 투자 회수율을 보장하고 사회적 지위를 높여주는 효과적인 제도적 장치이므로, 고등교육에 대한 투자는 활성화된다는 것이다.

⑤ 노동시장의 완전경쟁 상황을 상정함. 즉, 인적 자원의 수요와 공급의 균형점에서 한계 생산력의 정도에 따라 노동임금이 결정된다고 보고 숙련도와 기술을 제외하고 노동력의 자유로운 매매를 제약하지 않는 상태에서 기업은 최소의 비용으로 가장 생산성이 높은 노동자를 고용할 수 있는 노동시장이 실재한다고 가정하고 있다.

다. 인간자본론의 의의

- 인간자본론의 가정은 1950년대와 1960년대에 세계적으로 일어난 고등교육 팽창에 대한 이론적 근거를 제시하고, 교육은 사회적 평등화를 도모하는 합법적 기제라는 이념적 정당성을 제공한다.

라. 한계점

- 인간자본론이 수준 높은 이론적 설득력을 확보하려면, 교육 수준과 생산 수준의 관계가 일치되어야 하나, 학력과 직업이 반드시 일치되지 않는 현상과 제3세계의 경제성장 증진의 실패를 설명하지 못한다.

마. 인간자본론에 대한 비판

① 노동시장분단론(분단노동시장가설): 임금결정 매커니즘이 동일하지 않은 시장이 존재. 1차 시장(핵심부산업) – 임금↑, 작업조건양호, 고용조건 안정, 승진기회 많음 / 2차 시장(주변부산업) – 1차시장과는 대조적인 여건

② 선별가설: 학력은 고용주가 취업예정자의 능력을 모르는 불확실성 속에서 고용주가 요구하는 태도, 특성들을 취업예정자가 소유했는가를 적은 비용을 들여 구별해 내려고 하는 장치에 불과함.(교육이 인간의 능력을 향상시키는지는 알 수 없음). 원래 생산성이 높은 사람이 교육을 받았기 때문이지 교육이 생산성을 향상시킨 것은 아님. 따라서 **교육은 생산성을 향상시키는 것이 아니라, 높은 임금을 받을 수 있는 지표로 작용할 뿐임.** 학력은 생산성 향상의 도구가 아니라 고용주의 노동자 선별 기준에 불과함. 같은 맥락에서 Bills(1988)는 학력은 승진보다는 채용에 더 큰 영향을 미친다고 주장하였음.

③ 신호모형: 능력이 뛰어난 사람은 교육을 받음으로써 적은 비용으로 고용주에게 자신이 능력있다는 신호를 보낼 수 있음. 따라서 **학력은 자신의 능력을 드러내는 간접적인 지표(신호)일 뿐 생산성과 직접적인 관련이 있는 것은 아님.**

④ 직무경쟁이론: 노동시장에서 기업은 시장에서 결정된 임금에 따라 일정 수의 노동자를 고용하는 것에 한정된 것이 아니라 노동자들이 취업할 수 있는 직무의 종류와 수를 미리 결정할 수도 있음. 이런 상황에서 **노동자들은 임금을 둘러싸고 경쟁을 벌이는 것이 아니라 기업이 제공하는 직무를 놓고 경쟁을 벌이게 됨**. 이때 임금은 개별 노동자의 생산성에 따라 결정되는 것이 아니라 노동자가 맡는 직무에 따라 결정됨. 이 이론에서는 노동자가 직업과 관련된 대부분의 기술을 사업체에 고용된 후 직업훈련을 통해서 습득한다고 가정하고, 직무를 둘러싼 경쟁에서 교육받은 사람이 더 유리한 이유를 그 사람의 생산성이 높기 때문이 아니라 보다 용이하게 훈련될 수 있기 때문이라고 봄.

3. 기능주의 교육이론에 대한 비판점 종합

① 학교교육을 통한 사회의 안정과 통합만을 강조하여 교육적 갈등을 도외시하고 보수적임.
② 학교의 교육내용의 보편적인 합의를 단정함.
③ 학교교육 평가체계의 공정성 과장 및 사회적 선발과 배치 기능을 정당화함.
④ 학교교육의 경제적 효과를 강조하지만 학력 인플레이션의 상황, 교육수준과 생산수준의 불일치, 학력과 직업수준의 미스매치 현상 등을 설명하지 못함.

Ⅲ 교육에 대한 갈등론적 관점

> 교육사회학 논술예제 ❷ 갈등주의 교육사회학 이론을 설명하고 그에 대한 비판을 하시오.

1. 갈등론적 사회관과 교육관

(1) 등장 배경 및 사회관

1960년대 전후로 하여 기능주의의 사회구조적 모순이 서서히 노출되기 시작하였다. 이 시기에 등장한 정치사회적인 신세대는 계급, 인종 등의 문제에 본격적인 관심을 가졌다. 그들을 중심으로 신좌파운동(new left movement)이 일어났으며, 이는 곧 세계적으로 빠르게 확산되었다. 신좌파운동은 비인간화 경향, 사회적 소외감, 배금주의, 관료조직의 경직성 등 근본적인 사회구조적 문제를 비판하면서 새로운 대항문화를 창출하였다. **갈등주의 사회학은 1960년대의 사회 분위기에 편승하여 교육을 통해서 사회적 불평등을 완화할 수 있다는 믿음에 의문을 제기**하였다. 그리고 학교교육의 근본적 문제에 대해 신랄하게 비판하는 연구들이 나오게 되었다. 대표적으로 「콜맨 보고서(Coleman Report)」, 콜(Kohl)의 「개방교실」, 코졸(J. Kozol)의 「자유학교」, 일리치(I. Illich)의 「탈학교사회」, 프레이리(P. Freire)의 「의식화 교육」 등을 들 수 있다. 이들은 학교의 비인간화 교육에 대한 비판을 하면서, 문제의 원인을 학교교육과 사회구조적 불평등과 관련시키고 있다.

갈등주의 사회학의 대표 학자로는 마르크스(K. Mark), 베버(M, Weber), 짐멜(G. Simmer), 코저(L. Coser), 다렌돌프(R. Dahrendorf) 등을 들 수 있다. **교육사회학자로는 볼스와 긴티스(S. Bowles & H. Gintis), 부르디외(P. Bourdieu), 콜린스(R. Collins), 지루(H. Giroux), 애플(M. Apple) 등이 있다.** 갈등주의(conflictism)는 인류의 사회적 재화는 한정되어 있지만, 요구하는 인간의 욕망은 무한하기 때문에 이를 차지하기 위한 사회적 경쟁과 투쟁이 불가피하다고 본다. 모든 사회집단은 각각의 사회적 이해관계를 가지고 있으며, 이런 이해관계를 점유하기 위해 지속적으로 대립할 수밖에 없다. **갈등주의 사회관은 지배적 위치를 선점하기 위한 지배집단과 피지배집단의 경쟁과 갈등이 끊임없이 나타난다고 한다.** 여기서 갈등은 학자마다 의견이 다를 수 있지만, 개인의 긴장과 경쟁관계에서 전쟁과 혁명에 이르는 폭넓은 개념적 성격을 가지고 있다. 마르크스는 갈등의 원인을 자본주의 사회의 구조적 모순으로 인한 자본가와 노동자 계급의 경제를 둘러싼 계급갈등으로 파악하였고, 베버는 지위와 권력, 부를 차지하기 위한 집단 간의 갈등으로 이해하였다.

▶ **개념정리**

갈등론의 두 뿌리

- 마르크스주의: 경제적 요인 중시. 생산수단을 소유한 계급과 소유하지 못한 계급 사이의 갈등이 사회변동의 주된 동력. 진보적, 혁명지향적, 낙관적. (계급 갈등론)
- 베버주의: 경제적 요인 외에 사회적 지위, 권력 등을 같이 고려. 보수적, 회의적. 사회적 관계를 권력관계라고 보고, 이 안에서 갈등을 찾으려 함. (권력 갈등론)

콜맨 보고서

콜맨 보고서는 1966년에 발표한 「교육의 기회균등」이라는 연구 보고서를 의미한다. 콜맨은 당시 미국 전체 학교의 약 5%에 해당하는 약 70만 명을 대상으로 대규모의 실증 조사를 실시하였다. 기존에 알려진 것과 달리, 학업성취는 학교의 내적 요인인 학교 시설보다 아동의 사회경제적 배경과 또래집단 같은 학교의 외적 요인에 더 영향을 받는다고 하였다. 지금은 일반화된 내용이지만, 당시의 상황으로는 매우 파격적인 연구 결과여서 세계 학계에 엄청난 충격을 주었다. 이 보고서를 계기로 교육의 기회균등뿐만 아니라 결과의 평등에 관심을 가지게 되었다.

---

(2) 갈등론적 교육관: 지배계급의 이데올로기 주입+생산관계의 재생산 → 사회재생산

① **학교교육**은 보편적이고 합일적인 가치를 추구한 것이 아니라 **지배집단의 이익을 반영**하고 있다.
② 학교에서 추구하는 **능력주의**는 지배집단에게 유리하게 편성되어 있으며, 피지배집단에게는 심한 좌절감과 열등감을 심어 준다. 외형상 능력주의는 과학적 객관성에 의존하는 것처럼 보이지만, 실제는 **사회적 불평등을 강화하는 이념적 기제**이다.
③ 자본주의 사회에서 학교란 지배집단이 자신의 불평등한 위계관계를 정당화하고, 계급 간의 긴장과 갈등을 완화하는 이데올로기적 교화 기관이다.

	사회관	교육관
1	모든 사회는 불일치와 갈등 속에 있다.	학교는 지배계급의 이익을 도모하는 제도적 수단이다.
2	모든 사회는 급진적이고 비약적으로 변화한다.	학교는 사회의 불평등 위계구조를 영속화하고 있다.
3	사회의 각 요소들은 대립적이고 경쟁적인 관계를 가지고 있다.	학교는 불평등한 사회질서를 재생산하는 이데올로기적 도구다.
4	사회는 지배계급과 피지배계급으로 구성되어 있으며 대립적 관계를 가지고 있다.	학교의 교육내용은 지배계급의 가치를 반영한 것으로 그들의 이익에 기여한다.
5	사회의 안정은 억압과 통제에 의해 이루어진다.	학교는 피지배계급 학생에게 지배계급의 문화가 우월하고 거기에 순응할 것을 요구한다.
6	사회는 불평등한 관계로 구성되어 있으며, 사회적 보상은 불평등하게 배분된다.	학교교육은 인간의 자아실현보다 오히려 강요와 억압을 위주로 이루어지고 있으며, 학생을 수동적인 존재로 전락시키고 있다.
7	사회의 각 집단은 지배집단의 이익에 기여하고 있다.	학교에서 행하는 능력주의는 위장된 이데올로기에 불과하며, 지배계급의 학생에게 유리하게 편성되어 있다
8	사회의 공동 가치는 위장된 것으로서, 실제로 지배집단의 이익을 반영하고 있다.	

2. 주요 갈등론적 교육이론

(1) 경제적 재생산론

경제적 재생산론(economic reproduction theory)은 자본주의 사회는 성격상 불평등한 관계로 구성되어 있어서 계급적 갈등이 불가피하므로, **학교교육은 계급적 갈등을 완화하고 자본주의 사회의 불평등 체제를 유지하는 도구적 수단이라고 본다.** 경제적 재생산론자들은 학교교육이란 자본주의 사회의 계급적 모순을 은폐하고, 불평등한 위계적 관계를 정당화하여 지배계급의 사회적 이점을 유지하며, 재생산 기능을 수행하는 제도적 장치라고 인식하고 있다. 이러한 경제적 재생산론은 볼스와 긴티스(S. Bowles & H. Gintis)의 대응이론(correspondence theory: 상응이론)과 알튀세(L. Althusser)의 교육의 상대적 자율성(educatioal relative autonomy)으로 구분된다.

가. 보울스와 긴티스(Bowles&Gintis)의 대응이론

1976년에 미국의 매사추세츠 공업 지역의 학교교육을 역사적으로 분석한 「미국 자본주의 사회와 학교교육」을 발표하면서, 경제적 재생산론이라는 새로운 관점을 제시하였다.

볼스와 긴티스는 정통 마르크시즘의 입장에서 1976년에 미국의 매사추세츠 공업 지역의 학교교육을 역사적으로 분석한 「미국 자본주의 사회와 학교교육」을 발표하면서, 경제적 재생산론이라는 새로운 관점을 제시하였다. **볼스와 긴티스의 경제적 재생산론의 핵심은 대응이론(혹은 상응이론)이다. 대응이론이란 자본주의 사회에서 학교교육은 불평등한 사회적 위계관계를 정당화 · 합법화함으로써 지배계급인 자본가 계급의 사회적 이익을 유지하는 기능을 한다는 것이다.**

학교교육은 개인에게 사회의 생산관계에 필요한 인성을 내면화시킴으로써 지배계급이 요구하는 불

PART_5

평등한 위계의식을 반영한다. 학교교육은 업적 원리와 관계된 인지적 특성을 가르치는 것이 아니라, 생산관계에서 필요한 비인지적 특성을 강조한다.

학교교육의 비인지적 특성의 강조는 기존의 자본주의 사회의 계급구조의 위계화를 공고히 하여, 계급 간의 갈등을 완화시키기 위해서다. 즉 학교에서 높은 학업성취로 인해 좋은 학력(學歷)을 취득한 사람은 그렇지 않은 사람보다 우수하다는 인식이다. **자본가 계급은 노동자 계급보다 학력 수준이 높기 때문에 결국 노동자 계급은 자본가 계급에 순응해야 한다는 것이다. 이를 정당화하는 사회공학적 기제가 능력주의 이데올로기다.**

학교교육의 능력주의는 객관화된 검사인 지능, 성적, 적성 등에 과학적 믿음을 부여하여 사회적 정당성을 확보하고 있다. 검사 결과는 의심 없이 받아들여야 하는 타당한 과학적 근거가 된다. 그러나 볼스와 긴티스는 객관화된 검사는 과학적 이데올로기에 의해 지지된 사회공학적 허구며, 객관화된 검사 자체가 완전한 과학적 근거를 갖추지 못하고 있다고 하였다. 또한 학교교육의 객관화된 검사는 지배계급의 학생에게 유리하게 편성되어 있어, 피지배계급 학생은 처음부터 불리할 수밖에 없다. 피지배계급 학생은 어렸을 때부터 학교교육의 지속적인 실패로 인해, 자연스럽게 자본주의의 불평등 체제에 대해 복종과 순종 의식을 내면화하게 된다. 결국 **학교교육의 능력주의는 경제적 실패 요인을 개인의 능력 부족으로 여기게 하여, 불평등한 사회구조를 은폐하고 있다. 학교교육의 능력주의는 교육의 위계적 단계에 따른 계급적 분절 의식을 심어 주는 핵심적인 이데올로기적 기능**을 수행한다.

교육적 위계 단계에 따른 계급적 분절 의식은 대응이론에서 극명하게 나타나고 있다. **대응이론은 자본주의적 생산의 위계관계를 학교에서 그대로 반영하고 있다고 한다.** 학교는 노동의 위계적 분화에 따라, 초등교육은 하위노동직에게 필요한 복종, 시간, 규칙 엄수 등을, 중등교육은 중간관리직에게 필요한 일반 사무와 관리 능력 등을, 고등교육은 최고관리직에게 필요한 리더십, 창의력, 독립심 등을 강조한다.

교육은 경제구조의 그림자며 꼭두각시가 된다. 경제구조의 요구에 따라 교육의 모습이 결정되고, 교육은 경제구조에 어떤 영향을 주지 못한다는 것이다. 교육의 모순을 해결하기 위해서는 먼저 경제적 구조가 개혁되어야 하는데, 대응이론은 과도한 경제구조의 영향력을 강조한 나머지 '기계적 경제 결정론'이라는 비판을 받기도 한다. 볼스와 긴티스는 이러한 비판을 인식하여 후기에는 교육의 상대적 영향력을 어느 정도 인정하기도 하였다.

> ▶ **개념정리**
>
> 대응(correspondence)이론
> - 학교교육 체제와 공장에서의 생산체제가 내용에서뿐만 아니라 구조적으로도 대응관계를 유지하고 있음을 의미.
> - 교육자들이 의식적으로 그렇게 한다는 뜻이 아니라 작업장에서의 인간관계를 지배하는 사회적 관계와 학교교육에서의 사회적 관계가 그 형식에 있어서 일치하기 때문에 교육과 경제구조 간의 구조적 상응이 일어나게 됨.
> - 상응이론으로 부르기도 함.

나. 알튀세(Althusser)의 교육의 상대적 자율성

알튀세는 프랑스를 대표하는 사회철학자 중의 한 명으로, **학교교육은 자본주의 사회의 불평등한 위계구조를 반영하는 가치, 규범, 태도 등을 아동에게 전수하여 변화하는 생산관계에 적응하도록 한다고 본다.**

알튀세의 입장은 학교교육이 아동에게 자본주의 사회의 모순적 불평등을 유지하기 위한 의식을 내면화한다는 점에서 대응이론과 큰 차이가 없다. 그러나 경제구조에 대한 교육의 상대적 영향력을 인정했다는 점에서 대응이론과 구분된다.

알튀세는 학교교육과 생산관계의 경제적, 정치적, 이데올로기적 실천 단계를 설명하기 위해 사회구성체(social formations)의 형성 요건에 대해 논의하였다. 사회구성체는 토대(base)와 상부구조(superstructure)로 구성되어 있다. 토대와 상부구조의 관계를 보면 상부구조는 토대에 대해 상대적 자율성(relative autonomy)이 있으며, 토대와 상부구조는 상호 호혜적인 기능을 한다. 토대의 변화가 상부구조에 영향을 주며 상부구조의 변화도 토대에 영향을 준다.

상부구조는 정치적·법적 기구를 대표하는 **억압적 국가기구(repressive state apparatus: RSA)와 이데올로기적 국가기구(ideological state apparatus: ISA)**로 구분된다. RSA는 강제적 힘을 행사하는 경찰, 군, 행정부, 교도관 등으로 구성되어 있다. ISA는 교육, 종교, 가족, 법, 정치, 무역, 미디어·문화적 ISA로 구분되며, 자발적 동의를 창출하는 기능을 수행하고 있다. 즉, 강제력을 사용하지 않고 이데올로기적 조정과 통제를 통해 사회 구성원의 동의를 확보한다.

알튀세의 관점에서 자본주의 사회의 ISA 기능은 매우 중요하다. ISA는 자본주의 사회의 불평등 체제에 대한 이데올로기적 정당성을 부여하여, 자본축적 과정과 생산관계의 재생산에 대한 합법성을 제공한다. 그는 **자본주의적 모순을 교묘하고 은밀하게 숨기는 가장 중요한 기능을 하는 ISA를 교육적 ISA라고 보았다.** 구체적으로 **교육적 ISA의 기능**은 다음과 같다.

첫째, 변화하는 생산수단의 유지와 변형을 위해 학교교육은 방법적 지식(know−how)을 전수하여, 생산에 필요한 독·서·산을 교육함으로써 자본주의 사회의 변형과 발전에 기여한다.

둘째, 학교교육은 자본주의 사회의 가치와 규범, 태도 등을 학생에게 전수한다. 학생은 노동의 위계적 분화에 적합한 규칙을 배움으로써 자본주의 사회의 불평등한 위계질서에 순응한다.

따라서 학교교육은 자본주의 사회의 모순적·이데올로기적 순응을 강화하여 다양한 계급의 학생들에게 미래에 점유하게 될 직업 유형에 따라 상이한 행동 규칙을 가르친다. 교육적 ISA는 노동의 재생산의 필수 요인인 기술의 재생산과 지배 이데올로기에 대한 복종의 재생산을 도모하고, 궁극적으로 이데올로기적 실천의 재생산에 기여한다.

볼스와 긴티스의 대응이론과 알튀세의 교육의 상대적 자율성으로 대표되는 <u>경제적 재생산론적 관점에서, 학교교육은 자본주의 사회의 불평등한 경제체제에 종속되어 있어 자본가 계급의 이익을 반영하는 의식체계인 가치, 규범, 태도 등을 전수한다. 학교교육은 미래에 위치할 직업 유형에 순응하도록 학생을 조건화하여 생산관계를 자연스럽게 수용하게 한다. 결국 학교교육은 자본주의 사회의 불평등한 생산관계를 유지·재생산하는 기능을 수행한다.</u>

다. 경제적 재생산 이론의 비판점

경제적 재생산론은 학교교육에 대한 새로운 이해의 해석 틀을 제공해 주었지만, 이론적 한계도 동시에 가지고 있다.

첫째, 학교교육을 경제적 모순 구조에 국한시킴으로써 정치, 문화, 역사 등과 같은 다양한 측면을 간과하였다.

둘째, 학생의 의식체계를 경제구조에 구속시킴으로써, 인간을 기계적이며 수동적인 존재로만 파악하였다.

셋째, 교수−학습과정에서 나타나는 교사와 학생, 그리고 학생 간의 역동적인 관계를 간과하여 학교 내부를 검은 상자로 취급하였다.

(2) 부르디외(Bourdieu, P.)의 문화적 재생산론

가. 핵심 내용

문화적 재생산론(cultural reproduction theory)은 **자본주의 사회가 불평등한 구조적 모순에도 불구하고 자연스럽게 유지되는 이유를 문화 영역과 계급구조에 초점을 두어 밝히고 있다.** 학교교육은 은연중에 자본주의 사회의 지배계급인 상류층의 문화를 강조하고 있으며, 이러한 문화적 기준에 따라 학생의 선발과 배치 기능을 한다.

학교교육은 상류층의 문화가 보편적 가치 기준이 되어 지배계급 학생에게 유리하게 작용하고 있으며, 궁극적으로 자본주의 사회의 계급적 불평등을 은밀히 재생산하고 있다. 이러한 문화적 재생산론을 대표하는 학자는 부르디외(P. Bourdieu) 등을 들 수 있으며 일반적으로 번스틴(B. Bernstein)도 포함시키고 있다.

문화에 대한 정의는 관점에 따라 다를 수 있으나, 문학과 예술, 종교, 과학 등의 모든 상징체를 나타내는 포괄적인 의미를 가지고 있다. 부르디외는 문화는 절대적·보편적 가치가 존재하지 않으며, 시간과 공간에 따른 가치 기준이 달라진다는 문화적 상대주의(cultural relativism) 입장을 취한다.

그는 한 사회의 문화적 가치는 계급적 위치에 따른 상대적인 가치를 가지고 있으나, 계급적 성격에 의해 결정된다고 보았다. 그래서 문화의 가치는 정체되어 있는 것이 아니라 끊임없이 소비·분배·생산되는 경제재(기술, 성향, 지식 등)와 같다고 하였다. 문화자본의 운동 원리는 경제자본의 운동 원리와 비슷하며, 문화시장(cultural market)을 형성하여 문화재(cultural goods: 졸업장, 자격증 등)를 교환한다. 자본주의 사회에서 문화적 자본은 다른 어떤 자본보다 중요한 역할을 한다.

여기서 자본은 사회 행위자가 지배의 정당성을 획득하고 유지하기 위한 모든 수단을 의미하며, 이를 통해 궁극적으로 경제적 가치를 발생시킨다. 자본은 지배의 원리를 합법성의 가면 아래 정당화하여 사회 행위자들이 자연스럽게 수용하도록 하는 가치체계를 포함하고 있다. 부르디외는 문화적 자본의 역할을 설명하기 위해 자본의 개념을 네 가지로 분류하였다.

① 경제적 자본(economic capital): 금전, 토지, 임금 등의 화폐 요소를 의미.
② 사회적 자본(social capital): 특정 집단에 소속되어 사회 관계망을 형성하여 영향력을 미치는 자본. 학맥과 정치사회적 연줄 등을 의미.

③ 문화적 자본(cultural capital): 특정 문화에 계급적 가치가 부여되어 자본적 역할을 수행하는 것을 의미.

④ 상징적 자본(symbolic capital): 경제적 자본＋사회적 자본＋문화적 자본의 결합에서 파생되어 얻어진 신뢰, 위신, 명예, 존경, 명성 등을 의미

부르디외는 사회에서 중요한 기능을 하고 있는 핵심 자본을 문화적 자본으로 보았다. 그는 문화적 자본을 다음의 세 가지로 구분하였다.

① 몸과 마음속에 오랫동안 지속적인 상태로 남아 있는 성향들의 형태인 아비투스적 자본(habitus capital).

② 책, 그림, 사전, 도구, 기계와 같은 형태의 객관화된 자본(objective capital).

③ 학위, 학력, 자격증 같은 제도화된 자본(institutional capital).

부르디외는 이 중에서 **가장 중요한 문화적 자본은 아비투스적 자본이라고 하였다. 아비투스적 자본은 계급적 배경에 의해 내면화된 지각, 인지, 행위, 습성, 성향을 의미**한다. 아비투스적 자본은 다른 문화적 자본의 토대가 되는 실질적 기반으로 작용한다.

그러나 부르디외의 문화적 자본은 매우 광범위한 개념을 가지고 있다. 교육자본, 학력자본, 언어자본(linguistic capital)뿐만 아니라 심지어 일상생활의 옷차림, 패션 감각, 취향, 억양, 매너, 태도 등을 포괄하고 있다. 이러한 문화적 자본은 계급적 구별짓기의 차이를 나타내는 상징적 기제로 작용한다. 부르디외에 의하면 노동자는 값싸고 영양분이 있는 음식을, 전문직은 건강에 도움을 주는 가볍고 비만을 방지하는 음식을 소비한다고 한다. 이런 문화적 차이는 계급적 신분을 구분하는 기준으로 작용한다. 특정의 문화적 자본이 신분적 구별짓기의 중요한 기준이 되는 것은 계급적 권력에 의해 사회적으로 정당성과 합법성을 부여받았기 때문이다.

따라서 상류계급의 문화적 자본은 사회의 중심적 가치를 띠게 되어, 사회적으로 힘을 행사하게 된다. 엄격한 의미에서 문화적 가치는 상대적인 것인데도 어떤 계급적 문화가 다른 문화보다 우월하다는 것은 사회적으로 규정된 허구에 불과하다.

그럼에도 **상류계급의 문화가 우월하고, 보편적 가치를 띤 것처럼 착각하는 것은 상징적 폭력(symbolic violence)의 작용 때문이다.** 상징적 폭력은 사회적 허구성에 의해 부여된 상류계급의 문화가 보편적 기준으로 작용하여, 다른 문화를 규정하고 계급적 차이를 만드는 권력적 작용을 의미한다. **부르디외는 상징적 폭력의 대표적 기관을 학교라고 보았다.** 학교는 외형상 독립적이고 중립적인 문화를 가르치는 곳처럼 보이지만, 실제는 상류계급의 문화적 가치를 수용하고 있다. 학교는 상류계급의 문화적 가치를 객관적이며, 보편적인 기준으로 상정하여 상이한 계급의 문화를 억압하는 상징적 폭력을 행사한다. 학교의 상징적 폭력 작용을 통해 학생들은 자신도 모르게 상류계급의 문화를 보편적 가치의 기준으로 수용하게 된다. 학교에서 강조하는 상류계급의 문화적 가치는 무의식적으로 공정성과 객관성을 띠게 된다. 즉 학교교육이 중립적이고, 기회균등과 보편적 가치를 측정하는 능력주의가 공정하게 운영되는 것처럼 보이게 하는 것이다. 자연히 학업성취의 계급적 차이는 재능과 노력으로 인한 공정한 게임의 결과라고 인식하게 만든다.

이처럼 학교가 수용하는 문화는 자연히 상류계급의 학생에게 유리할 수밖에 없게 된다. 어렸을 때부터 상류계급 문화를 깊숙이 내면화한 아비투스적 자본을 소유한 학생들은 학업성취에서 우월한 위치에 있게 되며, 나아가 지배계급의 이익을 유지하게 된다. 역으로 하류계급 학생은 불리한 사회적 위치에 계속 남을 수밖에 없다.

학교교육은 지배집단에 유리하게 편성되어 있다. 학교는 지배문화를 수용하고 있기 때문에 문화적 자본이 풍부한 학생이 유리할 수밖에 없다. 결국 학업성적은 사회적 지위를 가늠하는 중요한 지표로 작용하며 이는 곧 계급적 차이로 나타난다. 이 점에서 보면 교육의 기회균등과 능력주의는 자본주의 사회의 불평등한 구조를 은폐하려는 위장된 이데올로기에 불과하다.

나. 비판점

부르디외의 문화적 재생산론은 교육에 대한 새로운 해석관을 제공하여 세계적으로 선풍적인 학문적 위세를 누렸다. 그의 문화적 접근 방식은 매우 독특하고 난해하지만, 교육에 대한 새로운 이해의 틀을 제공한 것은 분명하다. 그럼에도 불구하고 나타나는 문화적 재생산론의 이론적 한계는 다음과 같다.

첫째, 문화의 측면을 지나치게 강조하여 다른 외부적 요인을 간과하는 경향이 있다.

둘째, 문화구조에 인간의 특성을 제한함으로써 인간을 수동적인 존재로 파악하였다.

셋째, 문화적 자본의 핵심인 아비투스적 자본의 개념이 매우 모호하다.

넷째, 교수-학습 장면에서 발생하는 교사와 학생, 그리고 학생 간의 복잡한 상호작용을 도외시하였다.

다섯째, 학교교육을 지배계급의 문화를 재생산하는 도구적 수단으로만 봄으로써, 학교교육을 통한 사회의 불평등 구조에 대한 저항 의식을 약화시켰다.

▶ **개념정리**

문화자본
사회적으로 추구하거나 소유할 만한 가치가 있는 상징적 부의 전유를 위한 도구로서, 언어능력, 문화에 대한 인식, 졸업장 등이 포함됨. 일반적으로는 고급문화에 대한 취향이나 감상 정도를 통해 측정함.

사회자본
사회적 자본의 개념에 대한 접근은 학자마다 조금씩 다르다. 콜맨은 사회적 자본을 행위자의 특정한 목적을 달성하려는 사회관계와 구조로 보고 있다. 구체적으로 그는 부모와 자녀의 관계, 부모의 사회적 관계 등의 가족 자본과 지역사회의 다양한 사회적 관계망을 들었다.
푸트남(R. Putnam)의 사회적 자본은 사회적 효율성을 높이고 사회를 개선하여, 공적, 정치적인 상호 이익을 발생시키는 신뢰와 규범, 네트워크 등을 의미한다.

언어자본
부르디외의 언어자본은 번스타인의 계급별 언어 유형을 살펴보면 이해가 쉽다. 번스타인은 언어 유형을 정교화된 코드(elaborted code)와 제한된 코드(restricted code)로 구분하였다. 전자는 주로 상위계급이 선호하는 언어 코드로서, 문법과 문장 규칙이 정확하고 의미 수준이 높은 상징체계를 많이 사용한다. 문장 구성은 복잡하며 논리적이고 체계적이다. 후자는 하위계급이 소유한 언어 코드로서, 문법과 문장 규칙이 부정확하며 사용하는 상징체계의 수준도 낮다. 문장 구성은 단순하며 비논리적이고 비체계적이다. 학교교육은 체계화된 언어 유형인 정교화된 코드를 선호하기 때문에, 상위계급 아동은 하위계급 아동보다 학업성취에서 우월하여, 미래에 차지할 직업적 지위에 대해서도 유리한 위치에 놓이게 된다.

문화재생산론과 문화이동모형(Cultural mobility model)
부르디외는 어린 시절의 사회화 과정에서 습득한 상속된 문화자본에 주목하여 이러한 문화자본이 결국은 현존하는 사회적 계급 관계를 재생산하는 기능을 수행한다고 주장하였다. 그러나 Erickson(1996), DiMaggio(1982) 등은 계급구조와 문화가 급격하게 변화하고 있고, 고급문화에 대한 접근의 기회가 증대된 현대 사회에서는 상속된 문화자본 못지않게 학교교육과 다양한 사람들과의 교류를 통해 획득한 문화장르에 대한 이해도 중요한 문화자본이 될 수 있다고 주장하였다. 나아가 이들은 사회경제적 지위가 낮은 가정의 자녀들은 고급문화를 사회적 상승 이동의 수단으로 활용할 수 있는 반면 사회경제적 지위가 높은 가정의 자녀들은 문화자본으로부터 추가적인 이익을 보지 못한다고 주장하였다. 이들의 주장을 부르디외의 문화재생산론과 구별하여 문화이동모형이라고 부른다.

(3) 지위집단이론

가. 핵심 내용

지위집단이론(status-group theory)은 **지위경쟁이론(status-competition theory)이라 부르기도 한다. 대표자는 콜린스(R. Collins)와 헌(C. Hurn)** 등이 있으며 네오 베버리즘으로 분류된다. 지위집단이론은 1979년에 출판된 콜린스의 『자격증 사회』에서 비롯됐으며, 실제 내용은 학력(學歷)사회에 관한 것이다.

지위집단이론은 사회적 이해관계가 지위구조와 밀접한 관계가 있으며, 이런 이해관계는 지위집단이 선호하는 문화 양식에서 영향을 받는다고 한다. 지위집단이 선호하는 문화 양식, 즉 가치와 신념체계, 삶의 양식 등은 그들의 이해관계를 반영하는 상징적 기제로서 작용한다.

여기서 **지위**란 한 개인 또는 집단이 유지하고 있는 신분, 직업, 학력(學歷) 등에 따른 일정한 사회적 명예와 위신(prestige)의 수준을 의미한다. **지위집단**은 비슷한 가치관, 신념, 규범 등의 문화 양식을 소유한 비슷한 사회적 지위의 사람들이 사회적 특권과 이익을 반영하기 위해 조직한 공동체다. 이러한 지위집단은 사회적 이익을 유지하기 위해, 그들이 선호하는 문화 양식을 토대로 유기적 연대감을 형성하고 있다. 따라서 특정 지위집단에 진입하기 위해서는 그들의 문화 양식을 체득해야만 동질적인 공감대를 가질 수 있다.

현대사회에서 지위집단의 문화가 반영되는 대표적인 제도적 장치는 학교교육이다. 학교교육은 특정 지위집단이 요구하는 문화적 경험을 반영하고 있으며 학생들에게 이를 가치 있는 상징체계라고 주입하고 있다. 따라서 지위집단은 학력과 밀접한 관계를 갖게 되며, 학력(學歷) 수준은 지위집단 문화를 상징하게 된다. 학력과 지위집단의 이러한 결합력은 자연히 학력의 사회적 가치를 높아지게 만든다.

콜린스는 '학교의 지위집단 문화'와 '사회의 지위집단 문화'의 합치가 잘 이루어질 경우, 학력의 선발 지표 기능은 더욱 높아진다고 보았다. 학력은 지위집단의 문화적 수단을 나타내는 지표이므로, 사회 구성원들은 이를 획득해야만 원하는 지위집단에 편입할 수 있다. 즉, 교육의 이수 정도는 지위집단의 문화적 위계구조를 반영하고 있으며, 그 이수 정도에 따라 지위집단에 들어갈 수 있는 자격이 부여된다.

그러나 지위집단의 학력은 사회적 지위구조에 진입하는 단순한 문화적 자격증으로서 경제적 생산성이나 기능적 수월성을 나타내는 지표와는 무관하다. 학력은 지위집단의 능력이나 자질을 나타내는 것이 아니라 단순히 특정의 문화적 가치를 대변하는 상징에 불과하다. 실제 학교에서 배우는 교과내용은 업무 수행에 있어서 별로 활용되지 못하고 있으며, 직업적인 능력의 배양은 직접 직업생활을 경험하면서 점진적으로 배워 간다.

학력은 특정 지위구조에 들어갈 수 있는 문화적 자격증이다. 학력이 높으면 자격증으로서의 문화적 가치가 높아지게 된다. 학력 자격증은 문화적 자격증으로서 사회에서 문화적 화폐의 기능을 한다. 문화적 화폐 가치는 특정 지위집단의 성원이 되는 자격을 부여한다. 즉, 어떤 학력 자격을 소유하고 있느냐에 따라 문화시장에서 화폐적 가치가 달라지며, 이 화폐 가치에 따라 사회적 지위가 결정된다. 높은 학력은 상위계급인 엘리트 집단에 들어갈 수 있는 문화적 자격의 기능을 한다. 학력의 문화적 가치가 높은 고등교육은 사회적 지위를 가늠하는 중요한 제도적 기준이므로, 각 지위집단은 문화적 수혜자가 되기 위해 치열한 학력경쟁을 하게 된다.

따라서 학력 자격의 획득을 위해 사람들은 고등교육의 개방을 요구하게 되며, 이런 요구는 고등교육의 확대를 초래한다. 그렇게 되면 점차 고등교육의 수혜자는 증가하지만, 직업구조는 그들을 수용할 변화가 이루어지지 않아 사회이동에 거의 도움을 주지 못하게 된다. 따라서 특정 지위집단에 진입하기 위한 학력 요건은 점차 높아질 뿐이다. 엘리트 지위집단은 더욱 높은 학력 수준을 요구하기 때문이다.

나. 비판점

결국 학력은 개인의 중요한 성공 요소라기보다는 출신 계급을 나타내는 신분 지표가 된다. 학력은 문화적 지위를 점유할 수 있는 중요한 자격증이므로, 각 지위집단의 학력에 대한 요구는 치열한 학력경쟁을 부추긴다. **지위집단이론에서 학력은 실질적 능력과 사회생산적인 효과와 관계없는 형식적 자격증에 불과하지만, 지위집단에 진입하기 위한 실질적 자격증으로서의 역할을 한다. 따라서 특정 지위집단에 진입하기 위한 학력경쟁은 더욱 치열해지고, 학력 인플레이션을 촉진한다.** 지위집단이론은 많은 점에서 교육적 시사점을 주고 있지만, 다음과 같은 한계를 가지고 있다.

첫째, 학력의 문화적 자격증 기능을 부인할 수 없지만, 현대사회의 교육은 특정의 생산적 능력을 중요시하는 경향이 있다.

둘째, 고등교육 확대의 원인은 개인적 요구보다는 국가와 사회구조적 요구와도 많은 관계가 있다.

셋째, 학력 인플레이션의 원인은 교육적 요인보다는 산업사회의 구조적 요인과도 많은 관련이 있다.

▶ 개념정리

학력의 평가절하, 교육인플레이션, 과잉교육
용어 그대로, 학력의 가치가 제대로 인정받지 못하고 평가절하된 상태를 '학력의 평가절하'라고 지칭. 지위경쟁이 발생하는 상황에서는 담당하고 있는 직무수준에 변화가 없더라도 남들과의 경쟁에서 이기려면 높은 학력을 따두어야 하는데(→교육인플레이션, 과잉교육), 이렇게 되면 과거에는 고등학교 졸업장으로 취업할 수 있던 자리에 이제는 대학졸업장이 필요하게 됨. 이 경우, 대학교육은 제대로 그 가치를 인정받지 못하는 것이 되며, 따라서 학력의 평가절하가 발생함.

(4) 저항이론

가. 핵심 내용

저항이론(resistance theory)의 대표자는 지루(H. Giroux), 윌리스(P. Willis), 애플(M. Apple) 등이 있다. 저항이론은 프랑크푸르트 학파의 비판철학에서 영향을 받았으며, 실질적 저항이론가로는 지루를 꼽을 수 있다.

재생산론의 인간관은 경제와 문화라는 구조에 인간을 한정시킴으로써 지배계급에 종속되는 구조적 존재로 보고 있다. 인간은 사회구조에 의해서만 영향을 받는 수동적 존재로 이해하기 때문에, 불평등한 사회구조의 변화에 대한 설명력이 미흡할 수밖에 없다. 그런데 **저항이론**은 재생산론과 같이 인간을 구조적이며 수동적 존재로 파악하는 관점을 비판하면서, **인간을 새로운 사회개혁을 주도하는 능동적이고 자율적인 존재로 인식**한다.

저항이론은 기존의 구조적 이론과는 다른 인간관에서 출발한다. 저항이론에서 인간은 사회구조가 규정하는 것을 수동적으로 받아들이는 꼭두각시 같은 존재가 아니라, 주체적 의지를 가진 존재로서 불평등한 사회구조를 비판하고, 거부하며 저항하는 능동적인 존재가 된다.

저항이론은 **윌리스의 『노동과 학습』**에서 이론적으로 중요한 시사를 받는다. 이 책은 공장 주변에 위치한 영국의 남녀공학 중등학교(우리의 전문계 학교와 비슷함)를 분석 대상으로 삼았다. 이 학교의 문제아들은 가부장적 육체문화가 지배하는 부모의 공장문화(shop-floor culture)를 선호한다. 공장 문화의 영향으로 그들은 '사나이(lad)'라고 지칭된다. 사나이들은 모범 학생들을 수동적 존재라는 의미에서 '귓구멍(ear'ole)'이라고 부른다. 우리의 경우 '범생이'와 비슷한 의미를 가진 은어다.

학교의 문제아인 사나이들은 공장의 가부장적 육체문화의 영향으로 인해 학교에서 담배 피우기, 이상한 옷맵시, 비속어 등을 사용하는 등, 구조적 순응을 거부하는 반문화(counter culture) 행위를 한다. 중요한 점은 사나이들은 자신들이 열등한 사회구조적 위치에 있는 것을 **간파(penetration)**하고 있으나, 불평등한 사회구조로 인해 교육을 통해 상승이동할 수 없다는 체념 같은 **한계(limitation)**를 인식을 하고 있다는 것이다. 이를 **문화생성론(cultural production theory)**이라고 한다.

> ▶ 개념정리

반학교 문화
기존의 지배적인 학교문화에 반(反)하는 문화. 반학교 문화는 학교에 대한 도전과 반항으로 그치는 것이 아니라, 새로운 사회질서를 창출하는 기반이 될 수 있다고 본다는 데 핵심이 있음.

지루의 저항이론은 사회의 구조적 불평등의 간파를 통해 한계 인식에 멈추는 것이 아니라, 사회개혁을 위해 적극적으로 거부, 비판, 저항을 해야 한다는 점에서 **문화생성론과 차이**가 있다. 일반적으로 보수주의 교육관은 대항 행위를 개인의 심리적 문제, 즉 일탈행위(deviant behavior)로 보고 있으며, 단순히 사회병리학적으로 치료되어야 할 대상으로 보고 있다. 그러나 저항이론은 이러한 일탈행위가 개인적 문제라기보다는 사회구조적 불평등에서 귀인한다고 본다.

저항이론은 사회의 구조적 불평등에 대해 철저한 의심과 비판을 해야 한다고 주장하며, 자신과 사

회의 해방을 위해 의식화 교육을 통한 현실 참여적인 실천(praxis)을 중요하게 여긴다. 저항이론은 철저한 성찰적 사고를 통해 정치사회적 이데올로기에 대한 비판과 저항을 하면서, 궁극적으로 구조적 불평등의 사슬에서 해방되는 사회를 강조한다. 즉 저항은 사회구조적 모순에 대한 폭로의 기능을 가져야 한다. 자기해방과 사회변혁을 지향하는 투쟁의 요소로서 저항은 사회 실체에 대해 비판적이며 반성적 사고를 요구한다. 따라서 저항의 궁극적 가치는 사회의 구조적 불평등에 대한 비판을 통한 집단적인 정치 투쟁과 관련을 맺고 있다.

저항이론은 사회적 불평등에 대한 정치사회적 의심과 비판을 강조하는 **의식화 교육에 초점**을 두고 있다. 저항이론의 교육관은 학생을 주체적이고 인격적인 존재로 보고 있으며, 교육을 통해 사회 모순적 실체를 이해하는 **비판적 사고를 고양**하는 데 있다. 이를 통해 사회구조적 모순을 해결하는 실천적 행위로서 저항을 강조하고 있다. 학교교육을 통해 불평등한 사회를 개혁해야 한다는 것이다.

나. 비판점

저항이론은 사회개혁에 대한 급진적인 관점을 가지고 있으나, 이론적으로 제고해야 할 많은 시사점을 준다. 저항이론은 완성된 이론적 체계성을 갖춘 것이 아니라, 아직도 많은 점에서 보완될 여지가 있는데 구체적인 한계를 지적하면 다음과 같다.

첫째, 성(sex)과 인종문제에 대해 잘 설명하지 못하고 있다.

둘째, 학생들의 저항 행위에 대한 대상이 명확하지 않다는 점이다.

셋째, 저항을 요구하는 사회 모순적 실체의 역사적 발달 과정에 대한 설명이 미흡하다.

넷째, 사회의 불평등 체제가 학생의 인성 형성에 구체적으로 어떤 영향을 미쳤는지에 대해 명확하게 제시하지 못하고 있다.

(5) 무정부적 이상론

가. 핵심 내용

교육을 통해 사회 평등화를 도모하고자 하는 보수·자유주의적 교육관점은 1960년대에 오면서 사회적으로 비판을 받기 시작하였다. 구체적으로 **홀트(J. Holt)**는 학교교육의 경직성을 비판하면서 학교가 학생을 소위 정답 제조기(producer)로 만들어 버린다고 하였다. 1966년 **굿맨(P. Goodman)**은 미국의 공립학교는 쓸모없는 지식만을 전하고, 아동의 자연적 호기심을 죽이고 있다고 하였다. **코졸(J. Kozol)**은 공립학교를 '지적이고 보호적인 감옥'이라고 비유하면서, 공립학교가 하는 일은 천한 노동을 제품화하는 과정이라고 하였다.

교육은 사회의 구조적 모순을 해결하는 엘도라도가 아니라는 회의적 인식은 1970년대 전후로 더욱 가속화된다. 특히 남미의 교육적 모순을 체계적으로 분석한 **프레이리(P. Freire)**와 **일리치(I. Illich)**, 그리고 **라이머(E. Remier)**의 입장은 1970년대에 세계적으로 주목을 받음과 동시에 엄청난 영향을 주었다.

브라질의 교육적 모순을 목격한 **프레이리**는 현행 **교육제도는 지배자의 이념을 강요하고, 힘없고 가난한 자에게 복종과 순응을 강요하는 지배계급의 통치 기구에 불과하며, 불평등한 현실을 그대로 수용하는 강제된 순화 기구**라고 하였다(Elias, 1976: 97). 따라서 학교는 만인을 위한 교육이 아니라 지배계급을 위한 교육을 실시하는 기관에 불과하여서, 교육은 결코 중립적이 될 수 없게 된다.

이러한 **지배계급의 도구적 수단으로 전락한 교육 형태는 은행저축식교육(banking education)**이다. 은행저축식교육은 기계적으로 암기하고 반복시킴으로써 사회의 불평등한 실체를 이해하지 못하게 하고, 수동적이며 타율적인 인간으로 길들인다. **이를 극복하기 위해** 프레이리는 억압받는 민중들이 그들 자신의 삶을 반성하고 사회 현실을 올바르게 인식할 수 있는 '**의식화 교육**'을 **강조**하였다. 구체적으로 그는 교사와 학생의 수평적 관계 속에서 사회 현실에 대한 올바른 이해와 성찰적 사고를 통해 비판적 사고를 형성하게 하는 **문제제기식교육(problem-posing education)을 제안**하였다.

가톨릭 신부인 **일리치**는 남미 사회의 제도화된 교육의 모순을 목격하고, 1970년에 『탈학교 사회』를 발표하였다. 그에 의하면 남미의 교육은 인간의 자주성과 창의성을 마비시키고 인간을 정형화된 규격체로 양성하고 있다고 한다. 제도화된 기관들은 인간의 욕구와 잠재 능력을 억압하고 있으며 사회 실체를 왜곡하고 있다고 비판하였다.

학교교육은 인간의 자아실현과 인간성 회복을 저해하고 있으며, 지배계급의 이념을 주입시킴으로써 사회의 모순적 불평등을 심화시킨다. 학교교육은 지배계급의 이익을 영속화하고, 학업성취가 낮은 피지배계급을 사회적 실패자나 낙오자로 낙인찍어 심한 좌절감과 패배감을 형성시킨다. 그는 교육의 이러한 모순적 기능을 극복하기 위해서 제도화되고, 정형화된 틀을 강요하는 교육에서 벗어나는 '**탈학교'를 주장**하였다.

탈학교는 제도화된 틀에서 해방된 인간의 본질적 자유를 추구할 수 있는 새로운 교육적 대안이다. 그는 탈학교의 구체적 실현을 위해 모든 사람이 언제, 어디서든 원하면 교육을 받을 수 있는 '**학습망(learning web)'을 제안**하였다. **학습망은 교육의 피라미드 구조를 해체·분산시켜, 학습을 원하는 사람은 누구든지 쉽게 접근할 수 있는 제도며, 학습자의 사회적 신분과 경력, 그리고 학벌과 관계없이 이용할 수 있는 교육체제**다.

▶ **개념정리**

학습망

학습망이란 대중들이 쉽게 이용할 수 있으며, 교수와 학습이 평등하게 이루어질 수 있도록 교육기회를 확산할 수 있는 네트워크를 말함. 학습망을 통한 교육은 배우기 원하는 모든 사람들이 언제든지 교육적 자원에 접근할 수 있는 기회를 제공받고, 자신이 알고 있는 것을 공유하기를 원하는 사람이 자신으로부터 배우고자 하는 사람을 언제든지 찾을 수 있음. 이 같은 일리치의 학습망은 학교라는 시간적, 공간적으로 제한된 곳에 갇혀 교육전문가들에 의해 제공되는 표준화된 교육과정을 당연한 것으로 숙달해야만 하는 것을 교육이라고 생각하는 그릇된 이해로부터 사람들을 해방시키는 것이었다(손준종, 2001).

따라서 **탈학교론은 교육의 폐지가 아니라 사회의 불평등을 심화시키는 제도화된 학교교육을 폐지하자는 것이며, 인간성 회복을 위한 새로운 교육적 대안인 학습망의 구축을 강조**한다. 굳이 비교하면 학습망은 오늘날의 사이버교육체제와 매우 유사하다. 학습망은 사람을 구분짓는 계급적 경계선이 존재하지 않으며, 순수하게 원하는 교육을 받을 수 있는 교육체제다. 학습망은 인간의 본래 모습을 회복시키고, 제도화된 불평등 위계체제의 모순을 극복하는 새로운 교육의 대안이 된다.

라이머는 교육을 통한 인간성의 회복이라는 점에서 일리치와 비슷한 생각을 하였다. 그는 1971년에 발표한 『학교는 죽었다』에서 오늘날 교육은 인간을 억압하고, 사회적 불평등을 심화시킨다고 하였다. 그는 본래의 목적에서 벗어난 이러한 교육적 상황에 대해 학교는 죽어 가고 있으며, 현대교육은 "부자를 부자 되게 하고, 가난한 사람을 더욱 가난하게 하고 있다"라고 강하게 비판하였다. 그에 의하면 학교는 학생의 보호 기능, 차별적 선별 기능, 이데올로기의 주입 기능, 지식과 기술의 개발 기능을 수행하여 폐쇄된 기술사회를 강화하고 있다고 한다. 그러나 라이머는 교육적·모순적 기능에 대해 훌륭한 통찰력을 보였지만, 이를 해결할 수 있는 교육적 대안을 제시하지 못한 점이 프레이리나 일리치와 다른 점이다.

프레이리와 일리치, 그리고 라이머의 교육적 모순에 대한 체계적인 비판은 1970년대에 세계적으로 선풍적인 각광을 받았으며, 특히 제3세계에서 더욱 주목을 받았다. 당시의 정치사회적 상황은 교육적 모순의 비판에 대한 이론적 갈증이 증폭되고 있었다. 이들의 비판적 통찰력은 교육에 대한 새로운 해석적 안목을 제공하여 매우 큰 관심을 받았다. 우리나라의 경우, 1970년대의 야학운동과 무관하지 않다.

나. 비판점

이들의 무정부적 이상론은 세계적으로 교육적 모순에 대한 이론적인 각성과 새로운 교육적 방향의 모색에 대한 깊은 통찰력을 제공하였지만, 많은 점에서 한계를 보이고 있다.

첫째, 학교교육의 모순을 극복하기 위한 교육적 대안이 현실적으로 매우 미흡하다.

둘째, 그들의 교육적 대안으로 사회적 모순구조의 해결이 가능할 수 있는가의 문제다.

셋째, 지배계급은 교육을 통해 그들의 사회적 이익을 쉽게 포기할 수 있는가의 문제다.

넷째, 무정부적 이상론은 경험적인 실증적 근거가 불충분하며, 기능적이고 관념적인 요소에 너무 의존하고 있다.

Ⅳ 신교육사회학 교육이론

교육사회학 논술예제 ❸ 신교육사회학 이론을 설명하고 그에 대한 비판을 하시오.

1. 등장배경

교육을 통해 사회적 평등화를 도모하려는 인식은 오랫동안 지속적으로 유지되어 왔다. 즉 교육을 통해 인간의 삶의 질과 자아실현을 도모하고, 사회적 불평등을 완화하며, 공동체적 삶을 향상시키고자 하였다. 교육은 사회의 기능적 효율성과 안정화를 추구하는 장치였다.

그래서 만(H. Mann)은 교육을 위대한 평등화 장치라고 하였다. 교육정책도 이런 믿음 아래 이루어졌으며, 교육의 기회균등에 대한 정책적 배려와 노동계급 아동을 위한 보상교육 프로그램의 실시,

교육의 병리현상 해소 등의 정책적 노력이 있었다. **그러나 이러한 교육정책들은 의도와 달리 큰 실효를 거두지 못하였다. 오히려 학교교육이 계급 간 위계화와 사회적 불평등을 심화시키고 있다는 지적이** 대두됐다.

실제 영국에서는 어렸을 때부터 계급 간의 교육적 차이를 심화시키는 11＋를 폐지하고, 노동계급 아동의 재능의 손실을 막기 위해 종합화 정책(comprehensive policy)을 실시하였다. 11＋는 아동들을 11살에 조기 선발하여 복선형 학제에 따른 교육 수준과 방향을 결정하기 때문에 교육자원이 풍부한 상류계급 아동에게 유리할 수밖에 없었다. 11＋는 계급 간의 사회적 불평등을 정당화하는 기능을 수행하고 있다는 비판이 제기됐다. 그 대안으로 모색된 **종합화 정책은 모든 아동들에게 기회를 균등하게 주어 학교교육을 통해 실제적인 사회적 평등화를 도모하려는 것이다. 그러나 이러한 정책적 노력은 큰 실효를 거두지 못하였다.** 교육정책의 배려에도 불구하고 노동계급 아동의 학업성취는 크게 향상되지 못하였다. 이처럼 사회적 평등화를 실현하려는 정책적 노력에도 큰 성과가 나타나지 않자, 새로운 교육적 대안이 필요하였다.

1950년대와 1960년대를 지배한 구조기능주의는 교육문제를 거시적 관점에서 해결하려고 하였다. 즉 사회라는 거시적 관계 속에서 교육을 파악하였다. 영(M. Young)에 의하면 교육사회학은 그동안 주로 교육기회의 균등을 증진시키거나, 학교교육의 효율성, 교육적 일탈을 통제하는 일에 주된 관심을 기울여 왔다고 한다. 이러한 전통적 관점은 지식과 교육과정의 선발과 조직의 원리를 무시하고 학교와 교실에서 일어나는 제도적 장면과 상호작용의 특성을 무시하는 과오를 범했다고 하였다(Bernbaum, 1977: 14).

신교육사회학은 학교 외부에서 교육적 불평등을 해결하려는 종래의 관점에 비판을 제기하면서 등장하였다. 소위 구교육사회학이라 불리는 기존의 입장은 학교를 검은 상자(black box)로 취급하여 학교 내부에서 일어나는 복잡한 사회적 역학관계를 간과하여서, 교육문제에 대한 접근이 잘못되었다는 것이다.

이처럼 신교육사회학은 학교 외부에서 문제를 해결하려는 종래의 관점에서 벗어나 학교 내부의 역학관계에 관심을 가질 것을 강조하면서 대두됐다. 신교육사회학은 1971년 **영이 『지식과 통제』를 편집·발표하면서 세계적으로 주목**을 받았다. 영에 의해 주도된 신교육사회학은 교육내용 지식의 사회적 성격과 교사와 학생의 사회적 역학관계에 관심을 가질 것을 강조하였다. 주로 학교 외부에서 문제를 해결하려는 종래의 관점에서 벗어나, 학교 내부에 숨어 있는 사회적 불평등 체계를 밝혀야 함을 요구한 것이다.

이러한 **신교육사회학의 관점은 교육 불평등의 원인을 학교 외부에서 내부로 돌렸다는 점에서 패러다임의 전환**이라고 할 수 있다. 그래서 고르바트(D. Gorbutt)는 이러한 관점을 '신교육사회학'이라고 명명하고, 교육적 불평등을 해결할 수 있는 **새로운 교육적 대안이라는 의미에서 '대안적 패러다임(alternative paradigm)'**이라고 하였다.

종래의 구교육사회학은 교육과 사회의 관계를 거시적 수준에서 분석하였기 때문에, 학교의 사회적 기능에만 초점을 두는 소위 투입－산출(input－output) 모형에만 의존하였다. 이와 같은 거시적 수준에서 일정한 규칙에 의해 해석하는 것을 '규범적 패러다임(normative paradigm)'이라 한다.

신교육사회학은 학교의 내부 과정에서 이루어지는 미시적 수준을 분석하고, 인간의 상호작용 행위에 대해 객관적이고 일정한 틀보다는 상황에 따른 해석적 과정을 요구한다. 신교육사회학의 이런 관점을 '해석적 패러다임(interpretive paradigm)'이라고 한다.

신교육사회학은 학교 내부의 미시적 수준에 대한 분석을 강조하지만, 실제 학교 내부의 사회적 역학관계에 대해 관심을 가지고 있다. 신교육사회학이 태동한 『지식과 통제』에서는 거시적 측면에서 학교 내부를 분석하는 부르디외와 번스틴의 관점도 포함하고 있다. 이 점에서 보면 **신교육사회학은 '교육과정사회학(curriculum sociology)'과 크게 다르지 않다.**

교육과정사회학은 학교 내부의 교육과정에 대한 사회학적 관점이라 지칭할 수 있다. 기능주의와 갈등주의의 거시적 측면도 교육과정에 대한 다양한 사회학적 분석을 하고 있다. 교육과정사회학은 학교 내부의 미시적 측면과 사회관계의 거시적 측면에 이르기까지 교육과정에 대한 사회학적 분석을 모두 포함한다. 그런 점에서 교육과정사회학은 신교육사회학보다 개념적으로 넓다고 할 수 있다. 아래 표는 구교육사회학과 신교육사회학의 차이를 도표로 나타낸 것이다.

◆ **구교육사회학과 신교육사회학 비교** ◆

	구교육사회학(전통적)	신교육사회학(해석적)
관점	거시적, 결정론적	미시적, 이해론적
연구관심	사회구조	일상적 생활세계, 구성원의 행위, 구성원이 행위에 부여하는 의미, 구성원들 사이의 상호작용
인간의 본질	수동성, 사회화의 산물, 자유의지와 주체성 결여	주체성, 능동성, 상징성, 자유의지 강조
사회과학의 목적	인간의 행위와 사회현상을 설명할 수 있는 과학적 법칙 탐구	사회적 행위의 해석적 이해를 통해서 행위자가 행위에 부여하는 의미 규명
연구방법	실증주의적 연구방법, 과학적 조사연구	해석적 이해, 관찰과 행위자와의 대화를 통한 질적 연구

2. 이론적 특징

신교육사회학은 거시적 수준에서 벗어나 미시적 수준의 학교 내부에 숨어 있는 사회적 역학관계를 밝히기 위한 것이다. 신교육사회학은 교과내용의 지식 구성과 교사와 학생의 상호작용 관계에 주목하고 있다. **신교육사회학**은 이러한 **미시적 수준의 사회적 관계를 이해하기 위해, 연구 방법론을 주로 해석적 패러다임에 의존**하였다. 해석적 패러다임은 인간의 상호작용 속에 일어나는 해석과 의미 부여에 관심을 두고 있으며, 연역적 설명보다 귀납적 설명, 즉 일상생활의 세계를 구체적으로 이해할 수 있는 해석적 과정에 초점을 두고 있다.

번스틴(Bernstein, 1973: 163)은 **해석적 패러다임의 특징**을 다음과 같이 논의하였다. ① 사회 세계의 창조와 구성, 그리고 의미 창조자로서 인간관, ② 거시적-기능적 사회학에 대한 반대, ③ 사회질서의 제반 가정들을 의문시, ④ 객관적 범주의 사용과 양적 연구에 대한 불신, ⑤ 해석적 절차의 습득과 전달의 강조다. 따라서 해석적 패러다임은 거시적 방법의 일정한 틀에 의해 부여된 정형화된 해석에 반대를 하며, 역동적으로 변화하는 상황에 따른 과정적 해석을 강조하고 있다.

신교육사회학은 교실 내부의 미시적 분석을 하기 위해 해석적 패러다임에 의존하고 있지만 실제로는 다양한 연구 방법이 활용된다. 구체적으로 지식사회학(sociology of knowledge)과 인본주의 마르크시즘(humanitic marxism), 상징적 상호작용론(symbolic interaction), 현상학적 사회학(pheno-menological sociology), 민속방법론(ethnomethodology)을 들 수 있다. 지식사회학과 마르크시즘은 어떤 부분에서 거시적 측면의 성격을 포함하고 있어서 해석적 패러다임에는 적합하지 않다. 그러나 신교육사회학은 이러한 연구 방법론에 멀티패러다임(multiparadigm)을 복합적으로 이용하여, 교실 내부의 사회적 역학관계를 밝히기 위한 도구로 이용하고 있다는 점에 유의할 필요가 있다.

> ▶ 개념정리

해석적 이해

행위자가 왜 그 행동을 했는지를 해석자가 행위자의 입장에서 이해하는 방법. 이러한 방법은 인간의 행위가 자연현상과는 달리 가치와 목적이 포함된 현상이라는 인식에 기초해 있음. 이러한 관점에 의하면 인간 행위에 대한 올바른 이해는 행위 자체의 단순한 관찰이 아니라 행위의 목적, 행위자에게 있어서 그 행위의 가치, 그 행위가 일어난 상황적 조건 등에 대한 해석을 통해서만 가능함.

(1) 지식사회학

대표자로는 만하임(K. Mannheim)을 들 수 있다. 지식사회학의 이론적 관점은 지식의 상대성이다. 지식의 상대성에서 지식은 역사와 사회적 조건에 의해 구성된다. 지식은 시간과 공간을 초월하여 존재하는 것이 아니라, 당시의 사회적 성격에 의해 그 가치가 규정된다. 프로타고라스(Protagoras)는 "인간은 만물의 척도"라고 하였다. 만물은 끊임없이 유전하며, 모든 감각은 주관적이고, 객관적 진리는 존재하지 않는다. 단지 역사적 시공간에서 주어진 대상만 인식할 뿐이다. 마르크스는 지식이 지배계급의 경제적 이데올로기에 의해 구속된다는 "지식의 존재 결정론"을, 만하임은 계급적 배경에 따라 '지식의 사회적 구속성'을 주장하였다. 또한 니체는 진리란 사회적 힘과의 관계로 결정된다는 '진리 의지'를 강조하였다.

(2) 인본주의 마르크시즘

대표자는 루카치(G. Lukács), 사르트르(J. Sartre) 등이 있다. 인본주의는 인간의 자유로운 주체 의지를 강조하여 역사와 사회를 설명하려 한다. 인본주의 마르크시즘은 기능주의 해석이나 결정론적 관점을 거부하고 있다. 자본주의 사회에서 상품은 객관적 가치를 부여받는 물신화(物神化)가 이루어지며, 모든 영역에서도 동일하게 적용된다고 한다. 자본주의의 물신화로 인해 계급의식이 생기는데, 인본주의에서는 이러한 계급의식을 고양하여 자본주의 사회의 불평등 체계를 극복하고자 한다. 계급의식은 즉자적(卽自的) 계급의식과 대자적(對自的) 계급의식으로 구분된다. 전자는 자신이 놓인 계급적 상황을 의식하지 못하는 계급이며, 후자는 계급의 불평등한 상황을 인식하고 대항하는 주체적이고 자율적인 계급을 의미한다. **인본주의 마르크시즘에서는 인간의 자율적인 대자적 계급의식을 통해 자본주의의 구조적 모순을 해결**하고자 한다.

(3) 상징적 상호작용론

대표자는 미드(G. H. Mead), 호만스(G. C. Homans), 블라우(P. M. Blau) 등이다. **상징적 상호작용론은 거대한 사회구조나 제도보다 일상생활에서 인간이 서로 얼굴을 맞대고 일어나는 상호작용과 커뮤니케이션에 초점**을 두고 있다. 상징적 상호작용론에 의하면 인간 상징을 매개로 일어나는 상호작용 속에서 사고와 자아개념이 형성되고, 사회적 현실이 생성·유지·변화된다고 한다. 인간은 사회적·문화적 산물이 아니라 일상생활의 상호작용 속에 능동적으로 의미를 구성하는 주체적 존재다. 더불어 인간은 의미 있는 상징의 공유를 기반으로 사회적 상호작용 속에 새로운 의미를 만들고 새로운 세계를 창출한다.

(4) 현상학적 사회학

대표자는 슈츠(A. Schutz)가 있다. 독일 철학자 후설(E. Hussel)의 현상학(phenomenology)을 슈츠가 미국에서 현상학적 사회학으로 발전시켰다. 현상학은 인간의 의식에 관심을 가지며, 우리가 살고 있는 세계는 우리의 머릿속에서 창조되었다는 의식의 구성을 강조한다. 현상학은 의식의 근원을 알기 위해 우리에게 주어지는 사회적 질서와 가정에 대해 의문을 제기해야 한다고 주장한다. 그리고 인간의 주관성을 인정하며, 너와 내가 인정하는 상호 주관성에 의해 사회질서를 구축해야 하며, 이에 따라 개인은 정형화(typification)된다고 본다. **현상학은 세계를 한 개인의 창조물로 이해하며, 각 개인은 전기적 상황(biographical situation)에 따라 정형화된 해석의 범주를 가지게** 된다. 우리 모두는 자신만의 정형화된 해석 범주를 가지고 있으며, 이러한 해석 범주는 새로운 상황에 따라 변화가 이루어진다.

(5) 민속방법론

대표자는 가핑클(H. Garfiinkel)이 있다. 민속방법론은 현상학적 방법론에 의존하여 일상 세계의 구체적인 모습에 초점을 두고 있다. 그런데 **현상학**은 인간의 의식적 작용을 통한 의미 구성에 초점을 두지만, **민속방법론**은 의식의 과정에서 나타나는 관찰 가능한 행위에 초점을 두는 질적 방법이다. 민속방법론은 걷기나 웃음, 전화 대화 같은 구체적 모습을 통해 일상생활의 기본 구조와 원칙을 발견하려고 한다. **민속방법론은 사회에서 당연하게 받아들이는 행위의 규명에 초점을 두고, 사람들이 상호작용을 통해 어떻게 공통된 인식을 가지는가에 대해 관심**을 가진다. 민속방법론은 객관화된 사회 실체를 인정하지 않고 상호작용 속에 이루어지는 의미의 창조와 구성을 강조하며, 이를 통해 사회적 의미의 공통 기반을 찾고자 노력하는 연구 방법이다.

3. 주요 이론적 관점

신교육사회학에서 학교는 보편적이고 중립적인 기관이 아니라, 지배집단의 이해관계를 실현하는 이데올로기적 도구다. 이러한 **신교육사회학의 관점**을 개괄적으로 정리하면 다음과 같다.

첫째, 교육과정과 학교지식에 관한 것이다. 교육과정은 사회의 통제와 원칙을 담고 있으며, 계급적 이해관계를 실현하는 사회적 산물이다. 학교지식의 선발과 분류 과정에서 지배계급은 일정한 영향력을 행사한다. 학교지식은 지배계급의 이익과 밀접하게 관련되어 있으며, 기존의 불평등한 체제를 은밀히 정당화한다.

둘째, 숨은 교육과정을 들 수 있다. 학교의 일상생활에는 계급적 이데올로기가 스며있으며, 계급적 차별을 정당화하고 있다. 숨은 교육과정은 지배계급 이데올로기를 정당화하고 사회적 불평등을 당연한 것으로 받아들이게 한다.

셋째, 교사와 학생의 상호작용을 들 수 있다. 교수-학습과정에서 교사는 학생들을 알게 모르게 계급적 차별의 범주화를 한다. 교사의 범주화 과정 속에는 계급적 의식이 숨어 있으며, 이를 통해 학생들을 불평등하게 대우한다.

(1) 교육과정의 사회적 구성

교육과정은 사회와 분리·독립되어 구성된 것이 아니라, 사회적 특성과 계급적 불평등 관계를 반영하고 있다. 교육과정 속에는 외견상 계급적 이데올로기가 작용되지 않은 것처럼 보이지만, 학교의 교육과정 속에 은밀히 반영되어 있다.

학교교육을 직접적으로 구현하는 **교육과정은 계급적 이데올로기를 은연중에 심어 주고 있으며, 계급적 불평등을 정당화하고 합법화하는 기능**을 한다. 교육과정은 지배계급의 가치관, 규범, 태도의 사회적 우월성을 정당화하여 학생들에게 자연스럽게 내면화하도록 한다. 즉, 교육과정은 지배집단의 이해관계를 반영하는 사회적 구성물이다.

가. 애플(M. Apple)

① 숨은 교육과정: 애플은 학교의 일상생활에서 나타나는 사회적 불평등을 분석하면서 교육과정의 보이지 않는 이데올로기적 통제 형태에 주목한다. 교수-학습과정의 일상생활 규칙 속에서 자본주의 이데올로기가 자연스럽게 강조되고 있으며, 이런 과정을 통해 사회적 불평등을 은폐한다고 본다. 그는 **학교의 일상생활을 통해 기존의 불평등한 모순 구조를 학생들이 자연스럽게 내면화하는 과정을 설명하기 위해 숨은 교육과정(hidden curriculum)을 제시**하였으며, 이를 설명하기 위해 그람시(A. Gramsci)의 헤게모니(hegemony) 개념을 차용하였다.

② 헤게모니의 작용: 헤게모니는 자본가 계급이 그들의 지배적 가치관, 규범, 문화체계 등의 우월성을 일상생활을 통해 은연중에 사회 구성원들에게 내면화시켜, 자신들의 지배적 위치를 정당화·합법화하는 과정을 말한다. 애플에 의하면 **학교는 지배계급의 헤게모니를 창출하는 기관**이라고 한다. 학교 현장에 스며 있는 계급적 영향력, 즉 헤게모니의 작용으로 인해 사회적 불평등을 오히려 자연스러운 사회적 결과로 받아들이게 되는 것이다. 학교의 일상생활에 속에 침투된 숨은 교육과정은 계급 간의 모순을 은폐하는 헤게모니가 작용하고 있으며, 학생들은 은연중에 기존의 불평등한 체제를 정당한 것으로 받아들이게 된다. 외견상 학교의 일상생활은 학생의 자본주의 이데올로기와 무관하게 보이지만, 교묘한 방법으로 교수-학습과정에 지배적 헤게모니가 침투하여 학생들은 자신들도 모르는 사이에 자본주의 이데올로기에 동화된다.

나. 번스틴(B. Bernstein)

① 번스틴 역시 교육과정은 사회적 위계 원칙을 반영한 사회적 산물이라고 인식한다. 즉, 사회의 권력과 통제 원칙에 따라 지식의 분류화와 구조화가 이루어지며, 이를 기반으로 교육적 지식 코드(통합형 코드와 집합형 코드)가 만들어져 교육과정에 반영된다고 보는 것이다. 그는 학교지식을 구체적으로 전달하는 교육과정(curriculum), 교수(pedagogy), 평가(evaluation)체제를 구체화했다. 교육과정은 타당한 지식, 교수는 타당한 지식의 전달, 평가는 타당한 지식의 실현을 의미한다. 특히 **교육과정은 학교교육과 사회구조의 관계를 코드로써 설명하는 이론적 출발점**이다. 교육과정은 내용 사이의 관계를 통제하는 원칙이며, 사회적 지위의 차이를 반영하고 있다.

② 번스틴은 **사회적 지위의 차이를 반영하는 교육과정을 명료화하기 위해 집합형 코드(collection code)와 통합형 코드(intergrated code)로 구분**하였다. **집합형 코드로 구성된 교육과정**은 교과목 간의 전문성이 강조되며 교과내용의 경계선이 뚜렷이 구분된다. 수평적 관계보다 수직적 관계를 추구하여 사회의 위계적 계급구조를 반영한다. 반면, **통합형 코드로 구성된 교육과정**은 교과목 간의 내용 경계선이 구분되지 않으며, 교과목의 통합으로 인한 수평적 관계와 이데올로기적 합의가 내재해 있다.

③ 그는 교육과정을 더욱 구체화하기 위해 **분류화(classfication)와 구조화(framing)를 제시**한다. 분류화는 내용 사이의 경계 유지 정도를 의미한다. 즉, 과목 간, 전공분야 간, 학과 간의 구분을 말한다. 한편, 구조는 과목 또는 학과 내의 조직의 문제로 가르칠 내용과 가르치지 않을 내용의 구분이 뚜렷한 정도, 계열성의 엄격성, 시간배정의 엄격성 등을 포함하는 개념이다. 즉, 교육내용의 선정, 조직, 진도, 시정(時程)에 대하여 교사와 학생이 소유하고 있는 통제력의 정도를 의미한다. 분류가 강할 경우 상급과정으로 갈수록 지식이 세분화되고 전문화되는 반면, 분류가 약할 경우 상급과정으로 갈수록 지식이 추상화되고 통합적으로 되는 경향을 보인다. 구조화가 철저하면 교사나 학생의 욕구를 반영하기 어렵고, 구조화가 느슨하면 욕구를 반영하기가 용이하다(김신일, 2009: 415 – 416).

(2) 교육내용의 사회적 구성

가. 영(M. Young)

① 영에 의해 주도된 신교육사회학은 지식의 사회적 구성에 주목하면서 출발하였다. **신교육사회학의 관점에서 지식은 절대적이며 보편적 가치를 띤 것이 아니라, 사회적 구성에 따른 상대적 가치를**

추구한다. 지식은 사회적·역사적 조건을 초월한 절대적 진리가 아니라, 사회적 성격에 따라 규정되는 것이다. 따라서 지식의 가치는 사회적으로 구성된 것이며, 특정 집단의 이해관계와 관련을 맺고 있다. 소위 '학교지식(school knowledge)'이라 불리는 교과내용의 지식은 사회적 이해관계의 반영을 통해, 불평등한 위계적 관계를 정당화·합법화하는 이데올로기적 기능을 수행하고 있다. 따라서 학교지식의 사회적 정체성에 대해 끊임없는 의문을 제기해야 하는데 이를 구체적으로 살펴보면 다음과 같다.

첫째, 학교지식은 누구에 의해 선발되고 분류되는가이다.
둘째, 학교지식은 어떻게 구조화되고, 누구에 의해 합법화되는가이다.
셋째, 학교지식은 구체적으로 누구의 계급적 이익에 기여하고 있는가이다.

② **학교지식이 지배집단의 이해관계를 반영하는 정치사회적 산물이라면, 교과내용은 사회의 계급적 불평등을 정당화하거나 은폐하는 기능**을 하게 된다. 교과내용은 특정 집단과 관련을 맺고 있으며, 교과내용으로 선발된 지식은 계급적 위계관계를 유지해 주는 이데올로기적 의식체계를 주입하고 있다. 교과내용으로 구성된 지식체계는 사회적 이해관계를 담고 있으며, 계급적 차별을 하고 있다.
③ **교과내용의 지식 구성은 지배계급에 유리하게 편성되며, 계급적 불평등에 대해 이데올로기적 정당성을 제공**한다. 교과내용의 지식은 사회적 위계원리를 반영한 이데올로기적 성격을 가지고 있으며, 은연중에 사회의 모순적 구조에 대해서는 합법적인 정당성을 갖게 한다.

나. 케디(N. Keddi)

① 케디(N. Keddi)는 **교수-학습과정에서 나타나는 교사와 학생의 지식관이 상호 교환되는 과정을 통해 학업성취의 사회적 의미를 밝히고자 함**. 그녀에 의하면 학교에서 가르치고 있는 지식은 객관적이고 보편적인 가치를 지닌 것이 아니라, 사회의 정치 이데올로기적 헤게모니를 지닌 집단의 산물이라고 함.
② 교사는 학생의 계급적 성격에 따라 지식을 구성하는 사회적 특성을 다르게 보고, 교수-학습과정에서 계급적 지식의 성격에 따라 학생들을 범주화함으로써 결국 사회 속에 내재해 있는 불평등을 표면화 함.
③ 교사들은 학교에서 가르치는 지식은 당연시되어야 하며, 그러한 지식은 선험적으로 주어진 객관적인 가치를 지니고 있기 때문에, 일상생활의 지식보다 위계적으로 높은 가치를 지녔다고 여김. 교사는 이런 과정을 통해 학구적인 지식에 높은 가치를 부여하고 계급적 차이를 정당화·합법화함.

다. 애니언(J. Anyon)

① 애니언(J. Anyon)은 미국의 역사 교과서를 분석하여, 자본주의 이데올로기가 어떤 형태로 조직되고 누구의 이익을 반영하고 있는지를 명확하게 분석함. 그녀에 의하면 미국의 17권의 역사 교과서는 기업들의 생산력에 의한 사회변화를 선호하고 있으나, 이로 인해 파생된 도시빈민이나 사회문제와 갈등관계를 소홀히 다루고 있다고 함. 여기서는 기업가의 생산적 노력을 영웅시하거나 그들의 업적을 고무적인 것으로 표현하고 있으나, 이로 인해 파생된 사회문제와 노사 간의 갈등은 은폐하거나 부정적으로 묘사하고 있음. 노동자 파업에 대해서도 실패한 파업을 주로 다루고 있으며 노동운동에 대해 부정적인 인식을 은연중에 심어 주고 있다. 그녀가 분석한 교과내용의 지식은 자본가에게 유리하게

편성되어 있으며, 사회에 편제된 계급적 불평등을 은폐하거나 부정적 인식을 심어 줌으로써 정당화·합법화하는 정치사회적 이데올로기 기능을 하고 있음.

② 교과내용에 선발된 지식은 사회적 실체를 담고 있으며, 지식의 구성과 형식 또한 사회관계와 밀접한 관련을 가지고 있다. 학교지식은 객관적이고 중립적인 가치를 지닌 것이 아니라 사회적 이해관계를 반영하며, 학생들에게 계급적 불평등을 정당한 것으로 내면화시킨다.

(3) 교수-학습의 사회적 구성

교수-학습과정은 역동적인 사회적 산물이다. 교사와 학생은 자신들의 사회적 기준에 따라, 각자 서로를 해석하는 사회관을 가지고 있기 때문이다. 교수-학습과정에서 교사와 학생은 상호작용을 통해 현실세계를 조정하고 변형하여 새로운 사회관을 만드는 탄력적인 관계다. 따라서 교사와 학생의 만남은 서로 존중하는 열린 세계에서 이루어져야 하며, 교수-학습과정은 사회가 규정한 정태적이고 범주적인 틀로써 해석하지 말아야 한다. 그러나 현실적으로 교수-학습과정은 사회적으로 규정된 교사의 세계관에 의존하여, 학생에게 사회적 편견에 따른 불평등한 대우를 받도록 하고 있다.

케디에 의하면 교사의 세계관은 은연중에 학생에 대한 편견을 조장하여 학생들을 계급적으로 차별하게 한다고 한다. 교수-학습상황에서 교사의 범주화된 규정은 학생에게 직접적으로 적용되어 알게 모르게 교사에 의한 사회적 차별이 이루어진다. 그러나 교수-학습과정에서 이루어지는 교사의 위계적 범주화는 계급적 위계성이 반영된 사회적 편견에 불과하다.

애니언에 의하면 교수-학습과정에서는 계급구조에 따라 학교지식이 전수된다고 한다. 상위계급 학생에게는 법, 의학, 경영지식과 같은 고도의 추상적 지식이 주로 전수되지만, 상대적으로 하위계급 학생에게는 단편적이고 구체적인 지식이 전수된다. 하위계급 학교의 학생은 자신의 계급적 상황에 대한 역사적·사회적 특성을 배우지 못하고, 자본주의를 정당화하는 조작된 이념이나 상징을 배운다. 중간계급 학교의 학생은 노동의 역사를 배우지 않거나 대다수의 중간 직업에 적합한 지식체계를 배운다. 상위계급 학교의 학생은 그들 자신의 역사를 배우고, 자본가 계급의 권력에 대한 합법성과 정당성을 배운다.

특히 노동자계급의 학교에서 학습은 단계적 과정을 수행하고 있으며, 그 과정은 기계적이고 지루한 암기만을 요구한다. 그 과정에서 의사결정 같은 고도의 지적 능력을 요구하는 행위는 거의 이루어지지 않는다. 여기서 교사는 학생들에게 유순하고 순종적인 태도를 익히도록 지도한다. 중간계급의 학교에서는 모든 학습이 모범 해답을 제시하는 데 초점을 두고 있으며, 학생들은 정답을 얻기 위해 교사의 지시에 따라야 한다. 그 지시는 약간의 선택과 의사결정이 포함되어 있다. 그러나 상위계급의 학교에서 학습은 대부분 독자적으로 이루어진 창의적 활동으로 구성되어 있다. 학생들은 지속적으로 개념을 표현하고 적용하도록 요구받는다. 이런 학습은 개성적인 사고와 표현, 관념의 확장과 예시, 적절한 방법과 내용의 선택 등이 중심을 이룬다.

학교의 교수-학습과정에는 보이지 않는 계급적 관계가 스며 있으며, 이런 내적 과정을 통해 학생들은 자신의 계급적 위치를 자연스럽게 수용하게 된다.

4. 비판점

신교육사회학이 교육과정과 교수−학습을 사회적 역학관계가 작용하는 공간으로 본 점은 많은 시사점을 준다. 신교육사회학은 미시적 수준에서 보이지 않는 계급적 불평등을 밝혀냈다는 점에서 의미가 있다. 그러나 신교육사회학이 교육의 사회적 관점에 대해 새로운 해석적 지평을 열어 준 것은 사실이지만, 다음과 같은 **한계점**을 지닌 것도 부인할 수 없다.

첫째, 신교육사회학은 학교교육의 미시적 장면에서 일어나는 복잡한 사회적 역학관계에 대한 이해의 틀을 제공했지만, 현실적 대안은 매우 미흡하였다. 1980년대 중반까지 신교육사회학은 교육의 사회적 모순 구조에 대해 날카로운 통찰력을 제공했지만, 이를 해결할 수 있는 교육적 대안은 큰 신뢰를 주지 못하였다.

둘째, 지식의 상대성에 대한 역설적 오류다. 지식의 상대성은 러셀(B. Russell)이 발견한 역설의 함정에 빠진다. 역설에 대한 러셀의 예를 들면 "어떤 크레타인이 말하길, 모든 크레타인은 거짓말쟁이다."라는 말이 성립되는가이다. 이는 벽에 쓰인 '낙서금지'와 같은 논리라고 할 수 있다. 즉 지식의 상대성 자체가 지배계급의 이해관계를 위한 지식적 산물이 되는 역설적 오류가 생기는 것이다.

셋째, 현상학적 인간관을 들 수 있다. 현상학적 인간관은 인간을 사회적 의미를 생성하는 인식의 주체로 보고, 인간 행위의 교류를 통해 사회개혁을 주도할 수 있다는 순진한 낙관주의에 빠져 있다. 즉, 새로운 사회현실을 창조할 수 있는 인간의 능동적이며 주체적인 의지를 너무 강조한 나머지, 사회의 구조적 영향력을 간과한 것이다.

주관식 기출 및 예상문제

문제 1 기능주의 교육사회학 이론을 설명하고 그에 대한 비판을 하시오.

모범답안

　기능주의 이론가들의 주요 관심사는 기본적으로 사회의 구성원이 다른 세대에 의해 교체되고 있음에도 불구하고 어떻게 사회가 유지되고 전승되는가에 관심을 기울인다. 기능론자들은 사회의 질서와 균형은 사회 구성원들 간에 도덕적 합의가 있기 때문에 유지될 수 있다고 보면서 종교나 교육이 이러한 기능을 수행한다고 본다. 특히, 기능론적 관점에서 교육의 목적은 사회화와 선발 및 배치의 기능을 통해 전체 사회를 유지하는 데 있다고 본다.

　기능주의적 관점에서 교육을 논한 대표적 이론가들로는 뒤르켐(Durkheim)과 파슨스(Parsons) 등이 있으며 기능론적 교육관을 반영하는 대표적 이론으로는 인간자본론이 있다. 뒤르켐은 교육의 목적을 전체로서의 사회와, 아동이 장차 소속하게 되어 있는 특수 환경, 이 양편이 요구하는 지적, 도덕적, 신체적 제 특성을 육성하고 계발하는 데 있다고 보고 교육을 사회화와 동일시하였다. 파슨스 역시 학교 혹은 학급이 사회화와 선발의 대행기관으로서 어떻게 전체 사회에 이바지하는가에 대해 설명하면서 현대사회의 성취지향적 가치관을 학교가 공유하고 있기 때문에 선발의 기능을 수행할 수 있다고 보았다. 한편, 인간자본론은 학교교육이 개인에게 지식, 기능, 그리고 문제분석 능력을 제공함으로써 개인의 생산성을 향상시키고, 이것이 곧 소득증대로 이어진다고 주장하면서 교육을 통한 개인과 사회의 경제적 가치 상승에 관심을 둔다.

　기능주의 교육이론가들이 바라보는 학교에 관한 기본 입장을 정리하면 다음과 같다. 첫째, 학교교육의 목적은 본질적으로 기존사회의 유지와 변화하는 사회에 적응하기 위한 사회화에 있다. 둘째, 학교교육의 기능은 재능 있는 사람들을 분류 선발하여 업적주의 사회의 기반을 튼튼히 하는 데 있다. 셋째, 학교는 지식과 전문적 소양을 중시하고 현대 전문가 사회에서 필요한 지식, 기술, 가치규범을 함양하도록 만든다. 넷째, 교육기회를 균등하게 부여함으로써 불평등을 해소할 수 있다. 즉, 학교는 계층이동의 수단으로 기능한다. 다섯째, 학교지식은 사회구성원의 합의에 의한 보편적인 것이다. 마지막으로, 학교에서의 성공과 실패는 사회 구조적인 차원보다 개인 차원으로 귀인 할 수 있다 등이다.

　그러나, 이와 같은 기능주의 교육사회학 패러다임의 주요이론들은 다음과 같은 점에서 비판을 받고 있다. 첫째, 근대화이론과 인간자본론을 바탕으로 이루어진 교육에 대한 투자와 교육의 양적 성장은 국가에 따라서는 심각한 실업자문제를 야기했다. 둘째, 교육선발이 능력본위로 이루어진다는 기본전제에 대해서도 비판을 받고 있다. 셋째, 갈등주의이론과 마찬가지로 교육을 정치, 경제적 구조의 종속변수로만 인식함으로써 교육의 본질을 밝히는 데는 미흡하다는 지적이다. 넷째, 사회의 통합성과 합의성을 지나치게 강조한 나머지 집단 간의 갈등을 무시하고 있다. 그래서 현실사회에서 가치관에 의한 합의보다는 집단 간 상이한 입장들이 대치되고 있다는 사실을 간과했다.

문제 2 갈등주의 교육사회학 이론을 설명하고 그에 대한 비판을 하시오.

모범답안

갈등론적 교육사회학 이론은 교육을 통해서 사회적 불평등을 완화할 수 있다는 믿음에 의문을 제기하면서 등장하게 되었다. 이와 함께 교육의 불평등과 불공정성을 폭로하고 사회적 불평등이 현행 학교교육을 통해 어떻게 강화, 유지되는가를 밝히는 비판적 연구들이 나오게 되었다. 즉, 갈등주의 이론가들은 능력주의 이데올로기의 허구성과 지배집단의 이익을 반영하고 있는 학교교육의 불공정성을 지적하면서 현행 학교교육을 비판하였다.

갈등주의적 관점에서 교육을 논한 대표적 이론가들로는 보울스와 긴티스(Bowles and Gintis), 알튀세(Althusser), 부르디외(Bourdieu), 윌리스(Willis), 지루(Giroux) 등이 있다. 보울스와 긴티스는 대응이론을 통해 자본주의 사회에서 학교교육은 불평등한 사회적 위계관계를 정당화·합법화함으로써 지배계급인 자본가 계급의 사회적 이익을 유지하는 기능을 한다고 주장하였다. 알튀세 역시 같은 맥락에서 학교는 이데올로기적 국가 기구로서 기능하며 자본주의적 모순을 교묘하고 은밀하게 숨기는 가장 중요한 기능을 수행하고 있다고 주장하였다. 그러나 알튀세의 입장은 경제구조에 대한 교육의 상대적 영향력을 인정했다는 점에서 대응이론과는 구분된다. 한편 부르디외(Bourdieu)는 자본주의 사회가 불평등한 구조적 모순에도 불구하고 자연스럽게 유지되는 이유를 문화 영역과 계급구조에 초점을 두어 밝히고자 하였다. 학교교육은 은연중에 자본주의 사회의 지배계급인 상류층의 문화를 강조하고 있으며, 이러한 문화적 기준에 따라 학생의 선발과 배치 기능을 한다는 것이다. 반면, 윌리스(Willis)와 지루(Giroux) 등은 이상의 갈등론적 교육론은 인간을 지배계급에 종속되는 수동적 존재로 이해하기 때문에, 불평등한 사회구조의 변화에 대한 설명력이 미흡할 수밖에 없다고 보았다. 대신 이들은 저항이론을 통해 사회적 불평등에 대한 정치사회적 의심과 비판을 강조하는 의식화 교육을 강조한 바 있다.

갈등주의 교육이론가들이 바라보는 학교에 관한 기본 입장을 정리하면 다음과 같다. 첫째, 학교는 불평등한 사회구조를 정당화하고 지배계급의 이익에 봉사한다. 둘째, 학교교육과 내용은 중립적이고 개관적인 것처럼 위장하고 있다. 셋째, 학교는 기회균등과 보편적 가치를 측정하는 능력주의가 공정하게 운영되는 것처럼 보이게 한다 등이 있다.

이와 같은 갈등주의 교육사회학 패러다임의 주요이론들은 불평등한 사회구조와 교육과의 관계에 대한 폭을 넓혀 주었다는 점에서 긍정적 평가를 받는다. 그러나, 갈등이론은 다음과 같은 점에서 비판을 면하기 어려울 것으로 보인다. 첫째, 재생산론자들의 경우, 교육이 경제구조나 문화구조에 의해 일방적으로 결정된다고 보기에 교육의 자율성을 인정하지 않는다. 둘째, 저항이론가들은 인간의 능동성에 주목하였으나, 저항행위의 대상이 불분명하며 성과 인종 문제 등의 사회모순의 실체에 관한 설명이 미흡하다. 셋째, 갈등론들은 학교교육의 역할이나 공헌을 무시하고 있다. 넷째, 교수－학습과정에서 나타나는 교사와 학생, 그리고 학생 간의 역동적인 관계를 간과하고 있다. 마지막으로 학교교육의 모순을 극복하기 위한 교육적 대안이 현실적으로 매우 미흡하다.

PART_5

문제 3 신교육사회학 이론을 설명하고 그에 대한 비판을 하시오.

모범답안

신교육사회학은 학교 외부에서 교육적 불평등을 해결하려는 종래의 관점에서 벗어나 학교 내부에 숨어 있는 사회적 불평등 체계를 밝히는 데 주목하면서 등장하였다. 따라서 신교육사회학은 학교의 내부 과정에서 이루어지는 미시적 수준을 분석하고, 인간의 상호작용 행위에 대해 객관적이고 일정한 틀보다는 상황에 따른 해석적 과정을 요구한다.

신교육사회학은 교실 내부의 미시적 분석을 하기 위해 해석적 패러다임을 따르고 있으며 주로 상징적 상호작용론(symbolic interaction), 현상학적 사회학(phenomenological sociology), 민속방법론(ethnomethodology) 등의 다양한 연구 방법을 활용한다.

신교육사회학의 주요 이론가로는 애플(M. Apple), 번스틴(B. Bernstein), 영(M. Young)등이 있으며 이들은 학교가 보편적이고 중립적인 기관이 아니라, 지배집단의 이해관계를 실현하는 이데올로기적 도구라는 관점을 지니고 있다. 애플(M. Apple)은 숨은 교육과정(hidden curriculum)이라는 개념을 통해 학교의 일상생활을 통해 기존의 불평등한 모순 구조를 학생들이 자연스럽게 내면화하는 과정을 설명하였다. 번스틴(B. Bernstein)역시 교육과정은 사회적 위계 원칙을 반영한 사회적 산물이라고 인식하고 학교지식을 구체적으로 전달하는 교육과정(curriculum), 교수(pedagogy), 평가(evaluation)체제를 구체화하였다. 영(M. Young)은 지식의 사회적 구성에 주목하여 학교지식의 선발, 조직, 분류에 의문을 제기하고 교과내용의 지식 구성은 지배계급에 유리하게 편성되어 있다고 주장하였다.

이상과 같은 신교육사회학은 교육과정과 교수-학습을 사회적 역학관계가 작용하는 공간으로 이해하면서 많은 시사점을 제공하였으며 미시적 수준에서 보이지 않는 계급적 불평등을 밝혀냈다는 점에서 의미가 있다. 그러나 신교육사회학은 교육의 사회적 모순 구조에 대해 날카로운 통찰력을 제공했지만, 이를 해결할 수 있는 교육적 대안은 큰 신뢰를 주지 못했다는 비판을 받고 있다. 또한 지식의 상대성에 대한 역설적 오류를 지니고 있는데, 이는 지식의 상대성 자체가 지배계급의 이해관계를 위한 지식적 산물이 되는 역설적 오류가 생긴다는 것이다. 마지막으로 새로운 사회현실을 창조할 수 있는 인간의 능동적이며 주체적인 의지를 너무 강조한 나머지, 사회의 구조적 영향력을 간과한 점이다.

CHAPTER

14 교육의 사회학적 이해

I 교육과 사회적 평등

1. 교육사회학과 평등

평등은 사회를 지탱하는 이념적 축이자, 갈등의 원천이다. 사회에서 일어나는 대부분의 갈등은 평등과 밀접한 관련이 있다. 단지 추구하는 평등관의 성격에 따라 사회적 갈등의 양상이 달라질 뿐이다. 평등은 한마디로 정의하기 어려운 매우 복잡한 개념적 속성을 가지고 있다. 현실적으로 모든 것이 똑같은 평등사회를 구축하는 것은 불가능한 일이다. 계급, 계층, 사회이동, 구별짓기 등의 사회학적 개념들은 암묵적으로 사회적 차이와 불평등을 전제하고 있다. **사회학은 사회적 불평등에 관한 학문이라 할 수 있다.** 동시에 차이가 차별이 되지 않고 공존하는 사회, 즉 사회적 불평등을 최소화하기 위한 학문이다. 그런 의미에서 **교육사회학은 교육에서 오는 사회적 불평등을 해소하기 위한 학문이다.**

2. 학교교육과 평등의 원리

현대사회에서 사회적 평등을 실현해 주는 이념적 장치는 학교교육이다. **학교교육은 사회적 불평등을 해소하기 위한 대표적 장치로서, 사회적으로 이동할 수 있는 기회를 준다.** 건강한 사회는 상승과 하강의 수직적 이동이 활발하게 일어난다. 학교교육은 수직적 이동을 도모하는 기제다. 학교교육의 수직적 이동은 능력주의 원리에 의해 지지를 받는다. **능력주의는 재능과 노력에 따른 업적에 의해 원하는 사회적 지위에 도달할 수 있는 이념적 기제다. 학교는 교육적 능력주의를 실현하는 대표적인 기관**이다. 능력주의는 공정성, 공평성, 형평성, 그리고 정의라는 문제를 수반한다. 정의는 모든 사람에게 공정하게 적용하는 사회적 규칙으로, 사회의 이익을 극대화하기 위한 것이다. 정의는 사회적 불평등 개념과 밀접하게 연결되어 있다. 정의는 근원적으로 사회적 불평등을 해소하거나, 혹은 사회 구성원들이 합의하여 사회적 불평등을 인정하는 공정성의 원리에 기초하고 있다. 따라서 사회적 불평등과 관련된 정의의 개념은 복잡할 수밖에 없다.

3. 롤스(J. Rawles)의 평등관과 교육기회

롤스(J. Rawles)에 의하면 자유주의 평등관은 정의로운 사회의 출발점이라고 한다. 전통적인 자유주의는 개인의 권리와 가치를 중시하며, 다른 사람에게 해를 끼치지 않는 한에서 개인의 이익을 추구한다. **롤스는 전통적인 자유주의 가치를 인정하면서 평등을 정의의 기본 이념으로 제시**하고 있다. 롤스의 정의론(a theory of justice)에서는 양 극단에 있는 두 가지의 정의 원칙을 수용하여 사회적 불평등을 해소하려고 하였고, 자유와 평등을 동시에 실현하기 위한 다음과 같은 정의 원칙들과 원리를 강조하였다.

① 제1원칙(평등의 원칙): 인간의 기본적 권리로서 어떤 정치사회적 조건에 의해 차등되지 않고 모든 사람에게 동등한 대우를 해야 함. 개인의 자유는 사회 전체의 목적과 이익을 위해 침해할 수 없는 불가침의 권리이기 때문임.

② 제2원칙(차등의 원칙): 모든 사람의 이익을 증대시키기 위해 불가피하게 나타나는 불평등을 정당한 것으로 간주함. 그러나 특정 개인의 이익을 극대화하기 위한 능력주의는 부정의하고 불평등한 것이며, "최소 수혜자에게 최대 이익"인 사회적 선을 실현하는 것이 정의로운 사회임.

③ 공정한 기회균등의 원리 강조: 능력주의는 외관상 공정하게 보이지만, 사실 사회의 출발선상에서 보이지 않는 계급적 혜택에 의해 좌우됨. 이런 문제를 보완하기 위해 "사회적 우연성", 즉 계급적 배경의 혜택을 배제하고, 누구나 동일한 교육적 출발선상에 놓이게 할 것을 주장.

④ "차등의 원칙"을 고려한 교육관: **교육이 비록 사회적 우연의 결과라도 사회적 공동선을 실현하기 위해 제도적으로 활용할 필요가 있다고 주장.** 그의 교육관은 "차등의 원칙"을 고려하여, 모든 사람의 최대 이익을 구현하는 사회적·집단적 공동선을 실현하는 자유를 통해서 모두가 행복할 수 있는 사회적 평등의 최대화에 있음. 롤스는 개인의 자유 가치를 존중하면서 사회의 평등 원리를 지향하고 있지만, 궁극적으로 **평등 원리에 비중을 더 두고 있음.**

4. 노직(R. Nozick)의 개인적 자유와 교육기회

노직(R. Nozick)은 사회적 평등보다 개인의 자유와 권리를 더욱 중요하게 여긴다. 롤스는 사회적 평등을 위해 국가의 적극적인 개입을 주장하지만, 반대로 노직은 개인의 자유와 권리를 위해 국가의 개입은 최소화해야 한다고 본다. 롤스와 노직은 이 점에서 상반된 입장을 보인다. **노직은 개인의 자유와 권리를 최우선적인 가치에 두면서, 어떤 형태도 이 가치를 침해할 수 없다고 한다.** 사회적 공동선을 실현한다고 하는 어떤 명분 아래에서도 개인의 자유와 권리를 침해해서는 안된다. 국가는 개인의 자유와 권리를 침해하지 않아야만 좋은 국가가 된다. 노직은 개인의 자유와 권리를 보장하기 위해 개인의 소유권을 중요하게 여겼다. 사회적으로 정당하게 소유한 것이라면, 정당한 권리를 가질 수 있고 그 권리는 능력이 있으면 얼마든지 축적할 수 있다. 개인의 소유권은 그 자체로서 정당한 권리라는 것이다. 따라서 그는 **개인의 자유와 권리에 대해 배타적 소유를 강조하면서, 심지어 천부적이고 사회적인 우연으로 축적된 재화와 용역의 소유권도 정당한 것으로 보았다.**

노직에 의하면 시장은 모든 개인이 합리적인 선택을 근거로 하여 자발적인 교환이 일어나는 체제다. 시장의 자발적 교환행위는 개인의 소유권에 대한 정당성을 제공하며, 개인의 자유와 권리를 보호하는 장치다. 그래서 그는 가난한 사람을 돕기 위해 과세하는 것 역시 정당하지 않다고 하였다. 개인의 소유권과 시장의 자발적 행위를 저해하기 때문이다. 교육의 기회균등에 관한 노직의 입장은 다음과 같다.

① 교육의 기회균등 의미: 개인의 자율적 선택을 보장하는 것임. 즉 교육의 기회균등은 개인의 자유로운 선택 기회를 최대한 보장하고, 그에 따른 정당한 소유권을 인정하는 것임. 개인의 사회적 우연성에 의해 획득된 학습 능력은 정당한 것이며, 여기에 따른 사회적 분배도 공정하게 봄. 노직은 계급적 차이로 인한 사회적 우연성을 보충하기 위한 학습은 불공정한 경쟁이며, 이를 위해 과세하는 것도 정의롭지 못하다고 함.

② 공교육 체제: 집단의 평등성을 도모하게 하며, 자발적 교환행위를 추구하는 개인의 합리적인 자율성을 저해함. 합리적 선택에 따른 자유로운 교육경쟁 강조. 그에 따르면 개인의 정당한 소유권에 의한 교육경쟁의 차별적 결과는 정당한 것으로 간주되기 때문에, 사회경제적 배경에 따른 사교육 체제를 인정하게 됨.

③ 지나친 개인의 자유와 권리를 강조했다는 한계를 지님.

5. 교육평등관의 유형

교육적 평등관에 관심을 가지게 된 직접적인 계기는 "콜맨 보고서"를 통해서였다. **교육기회의 불평등에 대한 조사에서 콜맨은 학교시설보다 학생의 사회경제적 지위(SES)가 학업성취와 직접적인 관계가 있다고 하여 세계적으로 충격**을 주었다. 이런 이유로 콜맨 보고서는 교육적 평등관에 대한 논의를 확산시켰으며, 교육기회뿐만 아니라 교육결과의 평등을 고려하게 하여 교육적 평등관의 유형 분류 가능성을 제시하였다. 콜맨을 새롭게 조명한 김신일(2006: 243~250)의 교육적 평등관을 개괄적으로 정리하면 다음과 같다.

(1) 교육기회의 허용적 평등

① 모든 사람에게 동등한 기회가 주어져야 한다.

② 신분, 성, 인종, 지역, 종교 등을 이유로 교육기회를 제한하는 일을 금지함으로써 개인이 원하고 능력이 미치는 데까지 교육을 받을 수 있도록 법이나 제도상으로 허용해야 한다.

③ 교육을 받을 기회는 모든 사람에게 주어지지만 능력에 따라 기회가 주어지는 것이다. 따라서 개인의 상급학교 진학 여부는 국가가 개입하여 조정하기보다는 개인의 노력과 능력에 맡기는 것이 좋다.

④ "인재군" 또는 "재능예비군": 사회마다 유능한 인재가 존재함을 전제하고, 이 인재들을 발굴하여 알맞은 교육을 시킨 뒤에 충분히 활용하자는 것. 그러나 인재군 개념은 교육기회를 제한하는 정책을 뒷받침하는 일에 자주 동원되었음. 그리하여 상층계급이 대학교육기회를 많이 차지하고 있는 것을 정당화하는 논리로 사용되기도 함.

(2) 교육기회의 보장적 평등

① 제도적 차별의 철폐로는 완전한 교육평등의 실현이 불가능.
② 교육평등을 실현하기 위해서는 취학을 가로막는 경제적, 지리적, 사회적 제반 장애를 제거해 주어야 한다.
③ 유럽은 보장적 평등정책을 추구하여 중등교육을 보편화하는 한편 **무상교육**을 실시하고 소외계층의 자녀들에게는 의복, 점심, 학용품 등을 지급.

(3) 교육과정(조건)의 평등

① 보장적 평등이 이루어졌다 해도 학교의 시설, 교사의 자질, 교육과정 등에 있어서 학교 간의 차이가 없어야 한다고 주장한다.
② 콜맨: 교육기회의 평등은 단지 취학의 평등만이 아니라 평등하게 효과적인 학교에서의 취학을 의미한다.
③ 콜맨 보고서(1966)의 쟁점: 연구의 가설이었던 학교시설과 교사 봉급 등 교육투자경비의 불평등이 학생의 학업성취에 미치는 효과는 매우 미약하며, 그 대신 학생의 가정배경과 동료집단의 영향이 큰 것으로 나타났다. 특히 그 중에서도 학생의 가정배경이 더 큰 영향을 미쳤다. **콜맨의 보고서를 계기로 교육결과의 평등론이 제기**되었다. 이와 같은 콜맨의 논의는 젠크스(1972)에 의해 재확인되었다.
④ **한국의 고교평준화 정책**이 개념적 수준에서는 과정의 평등에 해당한다. 하지만 엄밀히 말하자면 학교 시설, 교사의 질, 교육과정의 차이를 없애고 교육조건, 여건의 평등화를 꾀하는 것이 아니라 학생의 학교 간 균등배정을 통한 평등화에 주력하기 때문에 온전한 과정적 평등화를 위한 정책으로 보기는 어렵다.

(4) 교육결과의 평등

① 교육결과 즉 학업성취의 평등을 위한 적극적 조치를 취해야 한다는 입장이다.
② 배워야 하는 것을 배우는 데 목적이 있으므로 교육결과가 같지 않으면 결코 평등이 이루어진 것이 아니라고 본다.
③ **역차별**: 과거에는 약자가 차별을 받았다면, 교육결과의 평등을 지향하는 정책을 실시한 결과 강자가 차별을 받게 되는 현상이 발생.
④ 롤즈(Rawls): 누가 어떤 잠재능력을 가지고 어떤 가정에 태어나느냐는 순전히 우연의 결과이므로 능력이 있거나 좋은 가정에 태어난 사람은 그렇지 못한 사람에게 적선을 하는 것이 도리에 맞다고 주장. 그는 인종, 사회적 지위, 경제적 위계를 불평등의 근원으로 보고 우연적 불평등을 공적 조치를 통해 보상해야 한다고 주장하였다.
⑤ **"보상적 평등주의"**: 미국의 Head Start Project, 영국의 교육우선지역(Educational Priority Area) 사업, 한국의 농어촌학생특별전형제, 한국의 교육복지투자우선지역 사업 등.

Head Start Project

1965년 미국 정부에 의해서 8주간의 여름 프로그램으로 시작되었다. 이 프로젝트는 저소득 가정의 취학 전 아동에게 정서적, 사회적, 심리적 그리고 건강 및 영양상의 결핍을 보상하기 위해 포괄적 프로그램을 제공했으며, 빈곤퇴치에 궁극적인 목적을 두었다.

교육복지투자우선지역 지원사업

교육복지투자우선지역 지원사업은 대도시 내 교육·문화적 환경이 상대적으로 열악한 지역을 '교육복지투자우선지역'으로 선정하여 다른 지역보다 더 많은 정책적 배려와 지원을 함으로써, 해당 지역의 교육·문화·복지 환경과 서비스의 질을 개선하는 것을 주요 골자로 한다. 이 사업은 교육복지투자우선지역 내 유아, 학생, 청소년의 교육 성취 수준 향상과 정서적 안정에 중점을 두고, 영유아에서부터 청소년에 대한 교육-문화-복지의 통합적 서비스를 제공하는 데 목적을 두고 있다.

Ⅱ 교육과 시험의 이해

1. 교육과 시험의 기능

시험은 객관적이고 합리적으로 인재를 선별하여 사회적 지위를 배분하는 효과적 장치다. 시험은 모든 사람에게 공정한 기회를 주어 적절한 사회적 보상을 하는 제도적 장치다. 시험은 능력주의적 선발 경쟁으로 인해 보편적이고, 중립적인 가치를 가지고 있다. 시험에 의한 공정한 선발 과정은 사회 구성원들의 보편적 합의에 의해 지지되고 있으며, 공정한 기회와 평가, 그리고 합리적 선별 과정으로 인해 누구나 신뢰할 만한 인재 선발 장치라고 인식되고 있다.

그러나 **시험은 제도적 경쟁을 촉진하고, 개인의 끊임없는 노력을 요구하는 선발 장치다.** 시험은 사회적으로 인재를 효과적으로 배분하지만, 한편으로는 지나친 경쟁으로 인해 모든 사람을 불편하게 한다. 그래서 '시험은 사회의 필요악이며, 사회의 계륵 같은 존재'다. 시험의 사회 부정적 기능 역시 만만치 않다는 것이다.

2. 시험의 순기능

① 시험은 사회의 신뢰받는 선발 장치로서, 시험에 의한 지위 배분은 사회적 갈등을 완화.
② 시험은 사회적 분화에 적절하게 대응할 수 있는 능력 있는 사람을 분류·배치.
③ 시험은 공정한 기회를 통한 긍정적·사회적 경쟁의 인식을 높임.
④ 시험은 객관적 선별 장치의 기능을 함.
⑤ 공정한 경쟁을 보장하는 시험은 개인에게 원하는 지위에 도달할 수 있다는 신뢰할 만한 희망을 주고, 미래사회의 발전에 대한 낙관적 동기를 갖게 함.
⑥ 따라서 시험은 지위 배분과 선발에서 오는 사회적 갈등을 합리적으로 조절하는 질서 유지의 안전 장치가 됨.

3. 시험의 역기능

① 성적 중심의 결과주의 경쟁을 부채질: 시험은 교육목적의 실현 정도를 측정하기 위한 과정의 의미보다는 결과에 의존하게 됨.

② 단편적인 암기식, 주입식 교육의 성행 초래.

③ 시험결과에 따른 사회적 보상으로 인해 치열해지는 교육 경쟁과 비인간화 촉진.

④ 시험은 계급적 차별을 정당화: 볼스와 긴티스에 의하면 학교시험은 공정한 기회의 보장에 의한 객관적인 분류 장치로서 계급적 불평등을 유지하고 존속하는 도구에 불과.

⑤ 시험의 공정성 위장: 학생에게 불평등한 구조적 모순을 자연스럽게 내면화시킴.

⑥ 시험은 사회적으로 위계화된 가치체계를 전달하는 장치: 시험에 의한 능력주의는 교육의 중립성이나 기회균등을 통한 사회적 평등화를 도모할 수 있다는 이데올로기적 합의를 만들어 내지만, 실제는 불평등한 사회관계를 은폐하기 위한 위장된 이데올로기에 불과. 자본주의 불평등 체제를 유지하고, 피지배계급을 억압하는 도구에 불과함.

Ⅲ 신자유주의 교육의 이해

1. 신자유주의(neo-liberalism)의 특징

(1) 신자유주의 기원

① 1970년대 높은 인플레이션과 경기침체가 병행되는 스태그플레이션(stagflation)이 일어나자, 국가 주도의 공공 정책을 표방한 케인즈 학파가 이를 적절히 설명하지 못하면서 대두.

② 신자유주의는 **개인주의에 이론적 기초를 둔 자유주의 사상에서 출발.**

③ 신자유주의는 국가의 역할을 축소하고, 시장경제를 활성화하기 위해 나타난 것으로, 대표자는 하이에크(F. A. Hayek)와 시카코 학파의 프리드만(M. Friedman)이 있음.

④ 신자유주의는 영국의 대처리즘과 미국의 레이거노믹스의 이론적 기반이 되었으며, 1980년대에 나타난 **세계화(globalization)의 조류와 함께 지배적인 패러다임으로 등장.**

(2) 신자유주의 주안점

① 신자유주의는 금융의 세계화를 촉진하였으며 **시장의 보이지 않는 손인 마법의 손을 강조.**

② 개인의 합리적 선택에 기초한 **시장의 자유경쟁을 통한 경제성장에 주안점**을 둠.

③ 신자유주의는 개인을 매우 합리적이며 도덕적으로 선한 존재로 가정.

④ 시장 속의 개인은 자유로우며, 타인에 의해서 강제로 거래를 하지 않음. 또한 개인은 평등한 자유로운 존재이므로 개인의 사유권은 철저히 보장되어야 함.

이념적 측면	경제적 측면
개인의 자유	작은 정부
자유경쟁 원리	시장경쟁 원리
경쟁의 효율성	공기업의 민영화
공정한 기회의 제공	개인의 사유재산권 보장
합리적 선택과 책무성	정부 규제의 철폐 내지는 축소

(3) 신자유주의의 영향

① 신보수주의(new conservatism)와 연합하여 신우익(new right)이라는 새로운 모습으로 나타나면서 더욱 강력한 영향력을 발휘.
② 1980년대에 세계 경제의 희망으로 보랏빛 청사진을 제시하며, '국경 없는 금융의 세계화'를 촉진, 투명하고 공정한 시장의 철저한 완전경쟁을 통해 세계의 경제성장은 물론이고, 도처에 편재한 사회적 불평등을 해소할 수 있다고 봄.

(4) 신자유주의의 비판점

① 자유주의의 시장경쟁은 가진 자에게만 유리한 제도며, 오히려 사회적 불평등의 골을 더욱 깊게 하는 **계급 양극화를 촉진**한다는 것임.
② 적자생존의 논리를 기반으로, 신자유주의의 시장경쟁은 강자만이 살아남는 **약육강식의 정글 법칙을 연상**케 함.
③ 헤닉(Henig, 1994: 203)은 신자유주의 적자생존의 원리는 인간은 사라지고, **시장이라는 도구만이 지배하게 한다**고 비판함.

2. 신자유주의의 교육관과 교육정책

(1) 교육관

1990년대에 미국과 영국을 중심으로 시장 원리를 바탕으로 한 신자유주의 교육개혁 운동이 일어났다. 미국에서는 첩과 모우(J. E. Chubb & T. M. Moe) 등이 공교육을 개혁하기 위한 교육의 시장경쟁체제를 주장하였다. **신자유주의 교육관은 선택(choice)과 자유(liberty), 그리고 책무성(accountability)이라는 세 가지 이념 축을 가지고 전개**된다.

신자유주의 교육관은 시장에서 인간은 자유로운 존재고 그들의 선택은 합리성을 기반으로 이루어져서 선택에 대한 책임은 전적으로 개인에게 있다고 한다. 교육시장에서 인간은 자유로운 선택경쟁을 통해 교육을 받을 수 있다는 소비자(학생과 학부모) 주권을 강조한다. 이러한 신자유주의 교육관을 정리하면 다음과 같다.

PART_5

① 교육의 시장경쟁은 교육의 질을 높인다.

② 교육 소비자는 자유로운 존재며, 합리적인 선택을 한다.

③ 교육 소비자는 원하는 학교를 선택할 자유로운 권리가 있다.

④ 단위학교는 교육 소비자가 원하는 질 높은 교육을 제공한다.

⑤ 단위학교는 정부의 규제 없이 자율적으로 관리·운영할 수 있다.

⑥ 단위학교는 학업성취, 즉 교육적 결과에 따른 책무성을 가진다.

⑦ 실패한 단위학교는 시장 원리에 의해 교육시장에서 퇴출될 수 있다.

⑧ 다수의 범재보다 한 명의 천재를 위한 수월성 위주의 엘리트 교육을 지향한다.

(2) 신자유주의 교육 정책 원리

① 신자유주의는 **교육을 시장 영역의 상품으로 보고 있다.** 시장에서는 상품의 질이 높아야만 경쟁의 비교우위를 확보할 수 있듯이, 교육시장에서는 교육의 질을 높인 상품을 교육 소비자에게 공급해야 한다.

② 교육의 시장경쟁 원리는 교육상품의 질을 높이는 실질적인 이념적 기반이다. **교육의 시장경쟁은 교육 공급의 질을 높이고, 교육 소비자는 원하는 교육상품을 합리적으로 선택**한다.

③ 첩과 모우는 교육의 질을 높이는 시장경쟁의 우위성에 대해, 공립학교보다 뛰어난 학업성취 능력을 보이는 **사립학교의 효과성을 예로 들면서 공교육의 시장화 정책을 주장**한다.

(3) 차터스쿨(charter school) 사례

공교육의 시장화 정책은 수요자의 학교 선택제(school choice)와 연결된다. 학교 선택제는 그 형태가 매우 다양한데, 여기서는 대표적인 유형 중의 하나인 차터스쿨(charter school)을 간단히 개관하고자 한다.

① 차터스쿨은 공교육의 시장화 정책의 일환으로 나타났다. 차터스쿨은 학교와 교육과정의 운영에서 포괄적인 자율성에 대한 권한을 위임받은 학교다. 차터스쿨은 각종 규제를 완화해 주는 웨이버(waivers)를 받는다.

② 차터스쿨은 그동안 교육구의 교육위원회 권한이었던 교육과정, 학생선발, 교사채용, 예산 등에서 자율적인 결정을 할 수 있다. 또한 교과목, 교수법, 수업시수 등은 물론 특허(charter)를 내준 교육구의 교육위원회에도 계약한 사항(주로 학업성취) 이외에는 보고할 의무가 없다. 심지어 교사의 근로 규정과 봉급, 노조의 허용 여부, 교사 통제 여부 등에서 일체의 관여를 하지 않는다 (성열관, 1998: 96).

③ 차터스쿨은 단위학교의 모든 규제를 철폐하고, 자율경영이 가능하도록 재량권이 위임되었다. 즉, **차터스쿨은 자율성을 가진 공립학교**라고 할 수 있다. 그러나 교육구의 교육위원회와 계약 사항인 일정한 학업성취 목표의 달성 여부와, 학교 운영과 재정에 대한 효과적인 경영에 대해 엄격한 책무성이 존재하고, 학업성취 목표의 달성에 실패한 학교는 학교의 재정적 지원이 끊기며, 심지어 폐교까지 감수해야 한다.

④ 정부는 공교육비를 바우처(voucher)라는 교육상품권으로 전환하여 학부모에게 지급한다. 학부모는 원하는 **학교에 등록금을 대신하여 바우처라는 교육상품권을 제출**한다. 교육상품권을 가진 학부모는 자연히 우수한 학교를 선택하게 되고, 그렇지 못한 학교는 등록금의 부족으로 폐교될 위치에 처하게 된다.

(4) 신자유주의 교육과 교육소비자

신자유주의에 의하면 교육소비자는 교육시장에서 교육상품들을 비교하여, 좋은 교육을 받을 수 있는 자신의 자율적 선택권을 높일 수 있다. 학교는 교육소비자가 무엇을 원하는지를 정확히 파악하여 고객이 선호하는 맞춤식 교육의 개발을 위해 끊임없는 노력을 해야 한다.

학교는 교육소비자를 우대하고, 그들의 의견을 반영하여 교육 서비스의 질을 높여야 한다. 학부모의 입장에서 보면 학교 선택제를 선호할 수밖에 없다. 학부모는 교육상품을 구매하는 고객으로서 우월적 위치에 있기 때문이다. 신자유주의의 학교 선택제는 교육의 질을 높이는 대안적 장치가 된다.

(5) 신자유주의의 교육의 한계점

대다수의 연구에서는, 미국의 **학교 선택제가 공정한 경쟁을 조장하기보다는 인종차별과 성 차별을 더욱 조장하여 기존의 성취 수준이 낮은 학교로부터 우수한 학생을 빼앗아 가는 우수학생 흡수효과로 인한 결과라고 비판**한다(송기창, 2007: 157).

위티(G. Whitty)는 미국의 사례를 살펴본 후, 학교 선택론자들은 가난한 학생들에게 기회를 제공하고, 또 경쟁이 학교의 효율성과 책임감을 증가시켰다고 하지만, 이는 여전히 그릇된 희망이라고 보았다. 그리고 이러한 희망은 아직도 현실화되지 못했고 미래에도 실현될 것 같지 않다고 하였다(Apple, 2001: 76). 이렇게 신자유주의 교육관은 다양한 비판에 직면해 있다. **신자유주의 교육관의 한계점**을 지적하면 다음과 같다.

① 교육시장의 상품화로 인한 비인간화 교육이 성행할 수 있다.
② 수월성 위주의 학생 간 성적 중심의 치열한 경쟁이 예상된다.
③ 교육의 시장경쟁에서는 사회경제적 배경이 높은 학생이 유리하다.
④ 학교 간에 교육상품의 질을 높이기 위한 학업성취 경쟁이 촉진된다.
⑤ 빈민 지역의 학교는 학업성취 경쟁력의 저하로 폐교될 가능성이 크다.
⑥ 빈곤한 학생은 경제적 이유로 통학 거리가 먼, 좋은 학교를 선택하기 어렵다.
⑦ 교육시장의 공정성은 학업성취 수준이 낮은 학생의 보상교육에 대해서 부정적이다.
⑧ 단위학교의 시장적 경영을 위해 경영자인 교장에게는 자율성과 권한이 집중되지만, 상대적으로 교사의 자율성과 권한은 약화된다.
⑨ 교육의 시장경쟁에 의해 공교육의 본질을 훼손하여 공교육 단위학교의 양극화를 파생시켜, 단위학교 간에도 '교육 빈곤의 악순환'을 초래할 수 있다.

신자유주의 교육관은 그 자체에 이론적 한계를 내재하고 있지만, 동시에 자율성이라는 장점도 가지고 있다. 예컨대 교원의 자율성은 신자유주의 원리가 도입되기 이전에도 끊임없이 강조된 것이다.

PART_5

다만 자율성이라도 한국교육의 실정에 맞는 적용상의 문제가 있다. 신자유주의 교육정책 모두를 매도 해서도 안 되지만, 그것을 모든 교육정책의 절대 기준으로 적용하는 것은 더욱 많은 부작용을 예상하 게 한다. 신자유주의는 근본적으로 수월성 중심의 교육경쟁 만능주의에 의존하기 때문이다.

3. 신자유주의의 한국교육

(1) 김영삼 정부의 5·31 교육개혁안

신자유주의의 세계적 추세 속에 문민정부의 김영삼 정권은 1995년에 「신교육 체제 수립을 위한 교육개혁 방안」으로 발표했다.

① 국가 경쟁력의 원천을 교육 경쟁력으로 보고, 이념적으로는 신자유주의 교육관을 수용.
② "교육 공급자의 편의 위주 교육에서 교육 소비자의 선택 중심 교육", "규제 위주 교육에서 자율 과 책무성에 바탕을 둔 교육"으로의 전환을 강조.
③ 경직된 관료적 교육 대신에 교육의 자율성을 확대하여 기업가적 교육을 등장시켜야 한다는 관점.
④ 수요자 중심의 교육(소비자 주권론), 수준별 교육과정, 교육공급시장의 다양화 및 특성화(자립 형 사립고, 특수목적고) 등의 정책은 교육을 상품시장에 비유해 다양한 교육상품을 공급하고 이를 수요자가 선택할 수 있게 한다는 시장주의적 교육개혁의 성격을 띠고 있음(박도순 외, 2007: 13).
⑤ 교육 공급자의 경쟁을 통해 교육 소비자의 주권을 보호해야 한다면서, 교육을 서비스적 관점에서 학교와 교원을 교육 공급자로, 그리고 학생, 학부모, 기업을 고객인 교육 소비자로 인식하게 함.
⑥ 자립형 사립고, 특수목적고, 자율형 공영학교 등의 교육상품의 다변화 모색을 통해 탈규제와 기업가적 경영 마인드를 권고함.
⑦ 교육상품에 대한 정확한 정보를 전달하기 위해 교육정보센터를 설립하여 평균 성적, 교사의 질 등 학교정보 공개의 필요성이 제기됨.
⑧ 수준별 교육과정과 선택중심 교육과정을 통해 학생의 교육 선택권을 강화해 줌.

(2) 김대중 정부와 신자유주의 교육안

국민의 정부에서도 5·31 교육개혁안의 신자유주의 원리를 그대로 계승하였다.

① 자립형 사립고에 등록금의 자율 결정권을 부여했으며 학생의 학교 선택권을 확대함.
② 자립형 사립고는 차터스쿨과 같이 교원인사, 교육과정 편성·운영, 신입생 선발 등에서 상당한 정도로 학교 운영의 자율권이 보장됨.
③ 교직계에서는 교원 정년 단축이 전격적으로 단행되고 성과급제도가 교원에게도 도입됨.
④ 대학교육은 시장경쟁 원리에 의해 대학의 구조조정이 단행됨.
⑤ 교수는 연구, 교육, 봉사 등의 다양한 업적평가를 받게 되고 이 업적평가의 결과는 인사 승진뿐 만 아니라 연봉과 성과급에 반영됨.

(3) 노무현 정부와 신자유주의 교육안

참여정부에 들어서도 신자유주의적 5·31 교육개혁안은 조금도 약화되지 않았다.

① 교육 책무성을 강화하기 위해 교원 평가제를 도입하여 시범 실시.
② 각 지방에 건설될 혁신도시에는 공영형 혁신학교를 도입하여 교육과정, 학생선발, 교원자격 등에서 자율적 운영권을 보장하기도 함.
③ 학교에서는 기업가적인 자율적 경영 방식을 서서히 도입.
④ 교육개방으로 인해 경제자유구역 내에서 외국인을 위한 국제자율학교의 설립 계획을 발표.
⑤ 국립대의 통폐합과 정원 축소를 통해 대학의 교육 경쟁력을 높이려고 함.

(4) 이명박 정부와 신자유주의 교육안

이명박 정부에 들어서는 신자유주의 교육정책이 더욱 가속화되었으며 이는 자율적인 경쟁을 통한 교육의 질을 확보하는 데 목적이 있었다.

① 전국 초·중등학교에서는 일제식 학력평가를 통해 지역별, 학교별, 개인별로 성적을 공개하여 차등 지원의 기초 자료로 삼음.
② 학교와 교장, 교원평가에 반영계획.
③ 세계화와 교육 경쟁력 제고 차원에서 영어의 공교육을 제안하면서 초등교육부터 영어몰입교육을 강조하고 국제중학교를 설립하여 초등학교부터 치열한 입시경쟁을 예상하게 함.
④ 학생의 선택권과 교육의 질을 높이기 위해 기숙형 공립 고등학교와 마이스터 고등학교의 새로운 설립(안), 자율형 사립학교의 100개 확대 계획은 치열한 경쟁을 예고하는 학교의 등급화에 대한 우려를 낳음.
⑤ 교원의 경쟁력과 전문성 신장을 위해서는 교원평가를 입법화하여 교원 간의 경쟁을 유도하겠다는 계획을 가짐.
⑥ 그동안 정부가 가지고 있던 교육권한의 상당 부분을 시도교육청에 위임하였으며, 사립학교 총장들의 협의회 기구인 대학교육협의회에 상당한 권한을 이양하여 대학의 자율성을 확대함.

15 한국교육의 사회학적 이해

I 한국 교육문화의 이해

1. 한국 교육문화 이해의 필요성

문화는 한 사회의 정신적 소프트웨어며, 집단적 사고의 흐름이다. 교육문화는 교육에 대한 집단적 인식의 흐름이다. 교육문화는 교육에 대한 가치관, 규범, 관습, 태도 등의 정신적 가치 기준이 된다. 교육에 대한 인식 틀인 교육문화는 우리의 일상적 교육행위와 교육정책에 이르기까지 광범위한 영향을 준다.

한국교육을 제대로 알기 위해서는 우리의 교육문화에 대한 이해가 선행되어야 한다. 교육문화는 교육에 대한 사회적 인식의 흐름이므로, 교육적 의사결정의 중요한 기준으로 작용하기 때문이다. 한국교육의 다양한 문제는 교육문화와 무관하지 않다. 한국교육은 입시위주교육, 암기식 교육, 치맛바람, 기러기 아빠 등의 다양한 문제를 표출하고 있다. 이런 문제를 자세히 살펴보면 우리의 교육문화가 깊숙이 자리 잡고 있다는 것을 부인하기 어렵다. 물론 시대의 성격에 따라 표출되는 모습은 외관상 다르지만, 그 본질은 교육문화와 많이 관련되어 있다. **한국의 교육문화에 대한 올바른 성찰은 한국교육의 사회적 성격에 대한 심층적 이해의 실마리를 제공할 것이다.**

2. 한국 교육문화의 특징

한국의 전통적 교육문화는 논의의 관점에 따라 다르게 분류된다. 일반적으로는 **숭문주의(崇文主義), 입신양명주의(立身揚名主義), 문벌주의(門閥主義), 가족주의(家族主義)**로 분류된다. 전통적 교육문화는 상호 독립되어 구성된 것이 아니라, 한 몸으로 이루어진 동질적 성격을 가지고 있다. 여기에서는 논의의 편의와 이해의 풍부성을 위해 한국 교육문화를 다음과 같이 임의적으로 분류하여 설명하였다.

(1) 숭문주의 교육문화

숭문주의는 역사적으로 유교 사상과 밀접한 관련을 갖고 전개된다. 고려 말 신진사대부들은 정권 창출을 위해 신유학(新儒學)을 도구적 이데올로기로 삼았다. 조선 초, 이들은 정권의 취약성을 보완하기 위해 신유학의 충과 효의 엄격한 계서적 원리를 강조하였다. 지배계층인 양반은 신유학을 도덕적 실천 원리로 삼아,『소학』,『주자가례』,『효행록』등을 사회 깊숙이 전파하여 일상생활의 규범을 통제하였다. 신유학은 학문적 위계서열에서 가장 높은 가치로 지배적 정당성을 확보하였다. 따라서 문신(文臣)은 최고의 핵심적 위치인 청요직(淸要職)에 올라갈 수 있었으나, 무신(武臣)은 그렇지 못하여 경시되는 풍조가 있었다. 우리의 숭문주의는 엄격히 유교 사상에 편중되어 있었으며, 오늘날의 전문직이라 할 수 있는 잡학과 같은 타 학문에 매우 배타적인 입장을 보였다. 따라서 숭문주의는 유교 사상에 한정된 편협한 문에 대한 숭상주의다. 숭문주의는 비록 지배적 이데올로기로 작용했지만, 역사적으로 **문을 숭상하면 지배적 위치에 놓일 수 있다는 교육적 인식을 강화**할 수 있었다.

(2) 입신양명주의 교육문화

입신양명의 원래 의미는 천리(天理)를 깨달아 인(仁)을 사회적으로 실현하여 자연스럽게 사람들에게 자신의 이름을 알려 부모를 영광스럽게 하는 것이다. 입신양명은 유학(儒學)의 실천 사상을 함축적으로 표현한 말이다. 그러나 입신양명은 과거제와 결부되면서 세속적인 의미를 띠게 된다. 과거 합격이 곧 입신을 의미하게 되고, 이를 통해 부모와 자신의 이름을 세상에 알리는 것이다. **세속화된 입신양명은 '과거 합격은 효의 시작이며 끝'이라는 출세주의적 성격**을 가지고 있다.

전근대 사회에서 과거 합격은 일시에 지위, 권력, 부를 획득할 수 있는 극적인 요소를 가지고 있었다. 유교 공부의 목적은 도(道)를 깨우쳐 인을 실현하기 위한 것이 아니라 과거 합격에 초점을 두게 된다. 유교 학문은 수신(修身)에 의한 내면적인 인격의 성숙을 강조하였으나, 불행하게도 관료 사회의 정치사회적 이해관계를 반영하는 세속적인 도구로 변질하였다. 유교 학문은 양반층의 이익을 보장해 주고 사회적 출세의 기회를 제공했기 때문이다. 요컨대 과거를 통한 입신양명은 효를 실현하고, 가문의 명예를 높일 수 있다는 세속적인 의미로 변질되었으며, 교육적 출세주의와 밀접한 관련을 가지고 있었다.

(3) 문벌주의 교육문화

문벌(門閥)은 가문(家門)이나 사문(師門), 직업 등에서 여러 세대에 걸쳐 축적된 공적(功績)을 통해 사회적 명망과 위세를 확보하여 세력화된 집단을 의미한다. **문벌주의는 몇 세대에 걸쳐 형성된 족벌(族閥)이나 학벌(學閥)의 공유된 동류의식을 통해 집단적 결속력을 강화하여 개인뿐만 아니라 집단의 이해관계를 고양시켜 사회적 영향력을 행사**하는 것이다.

문벌 형성이 제도적으로 나타나기 시작한 것은 고려시대의 사학12도와 좌주문생제(座主門生制)였다. 사학12도는 선후배 간의 학연에 의해 강력한 학벌관계를 형성하여 문벌적 특권을 형성하였다. 사학12도는 마음대로 옮길 수 없었으며 만일 이를 어기면 강한 사회적 제재를 받았다.

좌주(座主)는 과거 시험관인 지공거를 뜻하고, 문생은 그 시험의 합격생을 의미한다. 좌주와 문생은 부자(父子)로 비유될 정도로 끈끈한 연으로 형성되어 매우 친밀한 유대적 관계를 가지고 있었으며, 문벌적 권력을 형성하여 정치사회적으로 많은 영향력을 행사하였다. 좌주문생제는 조선 초기에 혁파되었지만, 조선 중기 이후부터 문벌화 경향이 심하였다.

17세기 이후에는 벌열(閥閱) 가문이 대두되면서 대대로 벼슬을 세습화하는 경향이 강하였다. 특히 과거 급제자 수가 증가함에 따라 분관(分館)뿐만 아니라 청요직에도 문벌이 작용하여 문벌이 아니면 청요직에 배치되기 어려웠다. 조선시대에도 후기로 갈수록 문벌적 영향력이 커졌다.

(4) 가족주의 교육문화

조선 중기에 들면서 혈연에 의한 적장자 중심의 종법제(宗法制) 가족주의 경향이 두드러지기 시작하였다. 종법제 가족주의는 문중과 가문이라는 집단적 사고 의식을 강화시켰다. 족적(族籍) 중심의 문중은 하나의 생명체와 같이 움직였다. 개인은 문중의 사회적 부속물에 불과하고, 문중의 지위는 곧 개인의 지위가 되었다. 따라서 문중의 지위를 높이기 위해서는 엄청난 사회적 경쟁을 감수해야 했다. 특히 문중의 사회적 지위를 높이기 위한 가장 확실한 방법은 과거 합격이었다. 과거 합격은 문중 위세의 사회적 척도였다. 양반들은 자제에게 과거 준비에 열중할 것을 요구하였으며, 이러한 노력을 평생 동안 그치지 않았다. 유망한 인재가 있으면 종중(宗中)에서 교육시키기도 하였다(이성무, 1973: 51).

따라서 **교육은 가문의 존속과 발전을 위한 효과적인 수단**이었다. **교육에 대한 의미는 가문 전체의 발전이라는 사회적 생존권과 관련이 있다.** 교육에 대한 투자는 가문의 지위를 보장해 주는 현실적인 미래 자본이 된다. 이 점에서 사회적으로 교육에 대한 투자 행위는 긍정적으로 수용될 수밖에 없다.

(5) 상징주의 교육문화

조선시대에서 과거제는 그 자체가 사회적 상징의 기제였다. 과거제는 객관성과 공정성, 그리고 능력주의 이념을 기반으로 하기 때문에 사회적 상징의 의미가 남다를 수밖에 없었다. 과거 합격증은 국가가 공인하는 사회적 인증서였기 때문이다. 그래서 혈연 중심의 음서(蔭敍)제에 의해 승진한 관료는 사회적으로 정당성을 확보하기 어려웠다. 오늘날의 장관과 비슷한 지위인 음서에 의해 승진한 당상관(堂上官)에 위치해도 사회적 명예와 객관적 인정을 얻으려고 과거시험에 다시 응시할 정도였다.

실제 관직과 관계없으며 학위 신분층에 불과한 진사와 생원도 마찬가지였다. 진사와 생원이 되기 위한 필사적인 노력이 이루어진 것은 과거제가 갖는 사회적 상징성이 그만큼 컸기 때문이다. 진사와 생원은 단순한 자격증이 아니라 국가가 공인한 사족(士族)의 상징적 자격증이다. 심지어 과거에 합격하지 못해도 유교적 동류의식을 나타내기 위해 죽어도 묘비명에 '學生○○○之墓'로 표기할 정도였다. 죽어서도 양반 신분의 사회적 상징을 보여 주고 싶었던 것이다.

조선 후기에 신분제가 동요되면서 급작스럽게 양반 자격증을 획득한 사람들은 심리적인 신분적 불안을 해소하기 위해 과거에 응시하기도 하였다. **과거 응시 자체는 암묵적으로 양반 신분을 나타내는 상징적 행위**였기 때문이다. 이처럼 실질적인 사회적 혜택이 없지만, **상징적 자격증을 획득하기 위한 필사적인 노력은 양반 신분의 상징성을 객관적으로 인정받기 위해서였다.** 상징 속에는 보이지 않는 사회의 차별적인 힘이 내재해 있기 때문이다.

1. 학력주의의 개념

과거는 개인의 신분과 혈통에 의해 사회적 신분이 결정된 귀속주의 사회(ascribed society)였지만, 현대는 개인의 재능과 능력을 우선시하면서 형식적 교육경력을 강조하는 학력주의(學歷主義) 사회다. 즉, 현대의 사회 구성원 각각은 학교교육에 의한 경쟁과 선발 메커니즘을 통해 학력을 취득하고, 학력 수준에 따라 사회적 지위가 결정된다. 현대사회에서 학력은 과거의 신분과 혈통을 대신하는 귀속적 성격을 가지고 있다. 따라서 학력주의는 학력에 의해 사회적 지위가 결정되는 새로운 사회적 혈통주의 라고 지칭될 만큼 사회적 영향력이 크다.

학력(學歷)은 교육내용의 수준에 따라 학교교육의 일정한 단계를 경험한 형식적인 교육경력을 의미 한다. **학력주의(學歷主義)**는 학교교육의 형식적 경력이 사회적 지위의 중요한 지표로서 작용하는 사 회적 관행이다. 학력이라는 지표가 인적 배분의 지배 원리가 되는 것이다.

학력주의는 '수직적 학력주의'와 '수평적 학력주의'로 구분할 수 있다. **수직적 학력주의**는 학교교육 의 형식적 위계구조를 반영한 것으로서, 중졸, 고졸, 대졸이라는 수직적 차원의 교육단계에 따라 사회 적 보상이 달라진다. **수평적 학력주의**는 동일 수준의 학교교육의 경력을 가지고 있어도 지명도에 따라 사회적 보상이 달라진다. 특정 대학교와 특정 학과에 따른 사회적 혜택이 부과되는 것이다. 우리나라 의 학력주의는 수직적·수평적 학력주의가 동시에 작동하고 있다. 최근에는 고등교육이 보편형 단계에 진입함에 따라 수직적 학력주의보다 수평적 학력주의 형태가 부각되고 있다.

학력주의와 비슷한 의미인 **학벌주의(學閥主義)**는 동일한 형식적 교육경력인 학력(學歷)을 기반으 로 형성된 동류의식을 중심으로 집단화, 세력화하여 직접적인 사회적 이해관계를 고양하는 것이다. 이러한 학벌주의는 동일한 학력(學歷)을 가진 사람들이 집단적 결속력을 강화하여 개인과 집단의 이 익을 높이기 위해 사회적으로 직접적인 영향력을 미친다. 학벌주의는 동일한 학력에 의해 세력화된 파벌을 형성하는 것을 의미한다. 우리나라의 학벌주의는 동일한 대학 출신을 중심으로 지위, 권력, 부를 독점하는 수평적 학력주의와 밀접한 관련이 있다. 따라서 학력주의가 단순히 개인적 차원에서 학력에 의한 사회적 차별을 한다면, 학벌주의는 동일한 학력을 바탕으로 집단화한다는 점에서 차이가 있다. **학벌주의는 학력주의의 사회 차별적 요소를 포함하고 있어, 우리는 보통 학력주의와 학벌주의를 혼용하여 사용**하고 있다.

2. 학력주의의 이해

근대사회로 오면서 개인의 재능과 노력이 신분과 지위에 영향을 주는 능력주의(能力主義, merito-cracy) 이념이 대두됐다. 특히 학교교육의 제도화 단계인 근대학제의 출현은 능력주의 이념을 제도적 으로 더욱 확산하였다. 능력주의는 학력(學力)의 형식적 경력인 학력(學歷)에 의해 보증되었다. 근대 사회에서 학력(學歷)은 사회적 능력의 대리 지표로 부각되어 학력주의(學歷主義) 인식을 확대하였다.

학력주의는 사회적으로 '學歷=學力=能力'이라는 무의식적 연결도식을 강화하였다. 학력(學力)에 대해 객관적 검증절차와 학교제도에 의해 보증되는 학력(學歷)은 사회적 능력을 상징하게 되었다. **학력주의는 학력(學歷)이 학력(學力)과 능력(能力)을 보증하면서, 학력(學歷)이 사회적 능력의 대리 지표로서 신분과 지위를 점유할 수 있는 정당한 기제로서 작용**하였다.

그러나 학력주의가 사회적으로 순수한 정당성을 확보하려면, '學歷＝學力＝能力'이라는 도식에는 논리적이고 과학적인 근거가 마련되어야 한다. 과학적 근거가 전제되지 않으면 학력(學歷)은 학력(學力)과 능력의 제도화된 가면에 불과하다. 형식적 교육경력인 학력(學歷)은 학교교육의 실질적 능력인 학력(學力)의 상징물에 불과하다. 학력(學力)은 사회적 능력을 고양하기 위한 능력(能力)의 축소판에 지나지 않는다.

3. 한국 학력주의의 특성

한국에서 학력주의의 대두는 일제강점기의 근대학제가 도입되면서 시작되었다. 구한말에는 이미 근대학제가 도입되었지만 많은 점에서 학력주의가 미흡하였고, 또한 조선말의 관습과 정서로 인해 과도기적 성격을 가지고 있었다. 일제강점기에는 엄격한 학교급별 입학시험이 성행하였고, 학력(學歷)에 의해 사회적 지위가 구분되었다.

해방 이후부터 오늘날에 이르기까지 학력주의 풍토는 조금도 약화되지 않고 오히려 확대 재생산되어, 학력에 의한 사회적 차별이 매우 다양하고 폭넓게 이루어지고 있다. 한국사회에서 '학력은 고부가 가치를 가진, 평생 동안 퇴화하지 않는 만능자격증'이다. 즉, 학력은 '현대판 신분 증명서'이며 사회적 능력과 신분의 지표다.

학력경쟁은 사회적으로 심화될 수밖에 없게 된다. 학력경쟁은 교육의 본질적 목적보다 시험을 위한 점수 기계를 양성하는 비인간화 교육을 성행시키기 때문이다. 수직적·수평적 학력주의로 인해 모든 학생은 학력경쟁의 굴레에서 벗어날 수가 없다. 이러한 **학력경쟁은 교육문제를 벗어나 사회문제로 확대**되었다.

한국사회에서 학력은 사회의 생존권 기회와 관련이 있다. 학력이 낮으면 처음부터 사회적 기회가 차단될 가능성이 높기 때문이다. 한국은 학력에 의해 사회적 기회가 부여되는 학력사회라고 할 수 있으며, 학력의 사회적 차별 가치가 높게 작용하고 있다.

한국사회에 학력은 거의 사회적으로 만능적인 가치를 가지고 있다. 학력은 사회생활을 영위하는 기능적 편리함과 생존권적 가치를 지닌 실제적 자격증이다. 학력은 사회적 신분과 지위를 상징하며, 학력에 의한 사회적 차별은 의식적·무의식적으로 성행하고 있다. 따라서 **학교의 교육경쟁은 학력경쟁으로 변질되어 치열하게 전개되고, 학교교육은 효과적으로 학력을 획득하기 위한 경쟁으로 왜곡되고 있다.** 이제 학력은 교육경쟁의 지표이자, 목적 그 자체가 되었다.

1. 다문화교육의 특징

정보통신 과학기술의 발달과 세계화로 인해 물리적 시공간의 벽이 허물어져 노동 인력의 국가 간 이동이 활발히 이루어지고 있다. 지구는 하나의 촌으로 변모하여 단일한 문화 속에 삶을 영위하는 것은 거의 불가능하며, 다양한 문화를 경험하게 된다. 한 사회에 다양한 문화가 공존한다는 것은 상이한 가치판단의 정신세계가 다양하게 존재하는 것을 의미한다. **다문화주의**(multiculturalism)는 지배문화와 피지배문화, 중심문화와 주변문화 등의 위계화된 서열을 해소하여, 다양한 문화적 차이와 다양성에 대한 이해와 존중, 동등한 공존을 강조하고 있다. **다문화주의는 서로의 문화를 열린 시각으로 바라보며 문화적 차이에서 오는 편견을 없애고 정치적·경제적·사회적 차별을 해소하고자 한다.**

그러나 문화적 차이에서 오는 사회적 편견과 차별을 해소하는 것은 용이한 일이 아니다. '차이가 차별'로 이어지는 악순환적 연결고리를 끊기 위해서는 많은 교육적 노력이 필요하다. 다문화주의를 실현하기 위해서는 교육을 통해 다문화적 의식을 형성해야 한다. **다문화교육**(multicultural education)**은 문화적 다양성의 존중과 이해를 위한 일련의 교육적 과정을 통해 문화적 차이에서 오는 사회적인 차별을 해결하여 궁극적으로 민주주의 가치를 실현하기 위한 교육전략**이다.

바브루스(Vavrus, 2002: 1)는 다문화교육을 문화적·민속적·경제적 집단들 간의 교육적 평등을 실현하기 위해 고안된 총체적 학교개혁의 노력이라고 규정하였다. 다문화교육은 초·중등학교의 교육과정, 다문화 지식의 구성 과정, 편견적 차별 해소, 평등한 교육기회(equity pedagogy), 그리고 모든 아동과 젊은이를 위한 사회구조와 학교문화의 형성 기여도를 높이기 위해 내용 통합을 강조한다. **뱅크스**(J. A. Banks) **또한 다문화교육은 이념과 개념, 그리고 교육개혁 운동 등 일련의 과정을 포함해야 한다고 하며 다문화교육의 정치·사회적 맥락을 강조**한다.

2. 다문화교육의 전개

다문화주의는 사실 오래전부터 역사의 씨앗이 뿌려져 왔으며, 정착되기 전까지는 많은 시행착오와 지속적인 노력이 있었다. 다문화주의는 역사적으로 여러 단계를 거쳐 진화해 왔다. 하지만 다문화주의의 역사적 단계는 학자마다 구분이 달라 일정한 기준을 정하기는 쉽지 않다.

여기서는 **다문화주의의 역사적 단계를 배척주의**(nativism), **동화주의**(assimilation), **용광로주의** **(melting pot), 그리고 다문화주의**(multiculturalism)**로 구분**해 본다.

(1) 배척주의

미국에서 초기에 미리 정착한 구이민자가 홍수처럼 밀려오는 새로운 이민자를 막기 위한 것이었다. 미국의 초기 문화는 1620년 메이플라워 호를 타고 온 영국인들에 의해 청교도문화가 이식된 것에 지나지 않았다. 그러다가 점차 유럽의 다양한 나라에서 이민자들이 유입되자 청교도문화를 유지하려는 구이민자와 신이민자 사이에 갈등이 시작되었다(장인실, 2006: 30~31).

실제로 19세기 말에 독일계 이민자들은 그들의 언어가 선택되고 성공하기 위해서는 영어가 필요하다는 것을 인식하였다. 복수문화의 교육을 요구하는 사람들과 단 하나의 믿음 기준을 지지하는 사람들 간에 일어난 언어교육에 대한 갈등은 투쟁의 상징처럼 되었다. 학교는 청교도를 지지하면서 가톨릭에 대한 반감을 가졌고 이것은 종교 갈등의 원인이 되었다(Salili & Hoosain, 2001: 3~4).

(2) 동화주의

동화주의는 소수집단이 그들의 민속적 정체성을 포기하고, 주류 문화에 합병되는 것이다. 동화주의는 문화적 다양성과 차이를 사회적 갈등의 원인으로 간주하였다(Coelho, 1998: 19). 동화주의 개념을 처음 주장한 쿠벨리(E. P. Cubberly)는 동화주의에 대해, 우리의 과업은 민족집단을 분해하여 미국 인종의 일부로서 이들 집단을 동화 또는 융화시키기 위해 그들의 자녀에게 앵글로색슨의 정의, 법, 질서와 정부의 개념을 심어주고 그들로 하여금 우리 민주제도의 존엄과 인간 존중의 미국 생활을 깨닫게 하는 것이라고 하였다(장인실, 2006: 31).

동화주의는 소수집단 문화를 인정하지 않으며, 앵글로색슨의 지배문화를 강요한 인종적 편견을 가지고 있었다. 여기서 모든 소수집단은 자신들의 문화적 정체성을 포기하고 백인 중심의 청교도문화에 합병되어야 했다. 베넷(Bennet, 1995: 89)에 의하면 동화주의는 ① 자신의 고유문화 포기, ② 앵글로색슨의 서유럽 지배문화에 합병되거나 이에 대한 정체성을 확립, ③ 앵글로색슨의 서유럽 지배문화를 중심이라고 생각하는 것이다.

(3) 용광로주의

용광로주의는 다양한 국적 이민자가 증가하고, 인종 편견적 동화주의의 한계를 극복하기 위해 여러 나라의 문화를 용광로에 융해시키듯 특정문화를 배제한 새로운 형태의 종합문화를 만드는 것을 의미한다. 용광로주의는 다양한 문화의 물리적 결합보다 화학적 결합을 강조하고 있다. 그러나 용광로주의는 이상과 달리, 동화주의와 비슷한 잘못을 범했다. 즉 용광로주의는 모든 문화를 상대적 입장에서 보지 않고, 백인문화를 소수집단문화보다 우월적인 위치에 두었다.

베넷(1995: 86~87)에 의하면, 용광로주의는 동화주의가 소수집단문화를 고려하지 않은 역사적 사실을 간과하였다고 한다. 구체적으로 그는 다양한 반동화주의 전략에 의해 강요된 노동과 노예 생활을 하고 강제적 보호구역 정착, 강요된 순종, 집단학살을 경험한 아메리카 인디언을 예로 들었다. 아울러 그는 용광로주의에 반대하는 하나의 명백한 증거로서 흑인과 백인의 분리를 합법화한 점과 짐 크로우의 법령 아래 노예 상태에 있었던 아프리칸-아메리칸의 억압 생활을 들었다. 용광로주의는 새로운 이상적 문화를 탄생시키는 화학적 결합이 아니라, 문화적 위계성이 존재하는 물리적 결합에 가까웠다. 용광로주의는 추구하는 이상과 달리 새로운 형태의 차별을 정당화하는 등 동화주의와 큰 차이가 없었다.

(4) 다문화주의

다문화주의는 1970년대에 **호주와 캐나다에서 시작**하여 세계적으로 확산되었다. **다문화주의는 다양성과 민주주의 원리에 기초하여 문화적 편견을 해소하고 사회적 평등화를 도모**하고자 한다. 또한 다문화주의는 문화적 상대성과 다원성, 그리고 다양성을 기초로 하며, 문화적 인식 차이에서 오는 차별을 극복하고 모든 문화를 동등한 입장에서 파악하고자 한다. 다문화주의의 관점에서 지배문화와 소수문화의 경계선은 사라지며, **그 목적은 정치, 경제, 사회 등의 모든 차별을 해소**하는 데 있다. 따라서 다문화교육은 일련의 교육과정을 통해 문화에 대한 편견을 없애고 상호 간 문화의 존중과 관용을 통해 문화적 차이에서 오는 사회적 차별을 예방하기 위한 것이다.

▶ **개념정리**

다문화이론의 유형

　용광로 이론(theory of melting pot): 18~19세기에 정립된 용광로 이론은 주류 집단과 다양한 이주민들의 문화가 한 국가의 문화 속에 녹아들어가는 것을 말한다. 용광로는 다양한 물질들을 화학적 결합을 통해 전혀 다른 새로운 물질로 변화하게 한다. 용광로의 이런 특성을 미국의 다문화적 상황에 반영하고 이해한 것이 용광로 이론이다. 기존의 다양한 이주민들이 미국의 지배계급인 WASP라는 문화적 용광로에 용해되어, 새로운 미국인으로 탄생하는 것을 말하며, 때론 동화주의와 혼용하여 쓴다.

　모자이크 이론(theory of mosaic): 모자이크 이론은 1960년대 이민자의 문화적 뿌리를 제거하는 미국의 용광로 정책에 대한 반성과 1970년대의 캐나다의 다문화주의를 설명하기 위해 기본(J. M. Gibbon)이 제시한 것이다. 모자이크 이론은 다양한 색상과 조각으로 구성된 이민자들이 각각의 고유한 문화적 특성들을 살리면서, 전체적으로 아름답고 통일된 사회를 지향하는 데 있다. 그러나 모자이크 이론의 한계는 그 밑그림을 서구문화를 중심으로 하고 있다는 점이다.

　샐러드 볼 이론(theory of salad bowl): 샐러드 볼 이론은 민족적·문화적 다양성을 인정하고, 각 집단의 고유한 문화의 유지를 보장하는 것을 의미한다. 샐러드 볼은 접시에 담겨 있는 샐러드가 각각 고유의 모습을 가지고 있는 상태에서 부분적으로는 각 재료들의 맛을 살리면서, 전체적으로는 다른 새로운 맛을 내는 것을 말한다. 이 점은 용광로 이론과 차이가 있다. 샐러드 볼 이론은 각각의 악기들을 통해 완성된 음악을 만들어내는 오케스트라로 종종 비유된다. 그러나 샐러드 볼 이론 역시 각각의 재료적 특성 그 자체를 살리기보다는 전체적으로 어우러지게 하는 경향이 강하여, 각 이민자들의 고유한 문화적 특성을 인정하고 대변하기에는 한계가 있다. 이 점에서 보면 샐러드 볼 이론은 모자이크 이론과 매우 유사하다.

---

3. 한국 다문화교육의 이해

(1) 다문화사회 형성 배경

　한국의 다문화는 1990년대 중반을 계기로 다양하고, 급속하게 형성됐다. **한국 다문화의 형성 요인**은 매우 다양하다. 정보통신과 교통수단의 발달로 인한 단일 지구촌의 형성, 고등교육 인구의 증가와 3D(difficult, dirty, dangerous) 직종의 기피로 인한 노동인구의 부족, 경제성장으로 인한 산업연수생의 확대, 농어촌 총각의 국제결혼, 북한 이탈주민의 대량 유입, 재외한국인 동포의 급증 등이 한국을 다문화사회로 이끌었다.

(2) 다문화 실태

　2007년 현재, 한국사회는 외국인 체류인구가 백만 명을 넘어서고 있으며, 전체 인구 대비 2.19%를 점유하고 있어 확실히 다문화 사회로 정착하고 있다고 할 수 있다. 한국의 다문화 유형은 국제결혼,

외국인 근로자, 새터민 가정, 중국 동포 등으로 구분할 수 있다. 각각의 다문화는 그 특성이 매우 상이하여, 일괄적으로 특정문화로 통합하기에는 많은 어려움이 있다. 특히 국제결혼은 다양한 인종과 나라로 인해 문화적 이질성이 더욱 심하다.

(3) 급속한 다문화사회화와 문제

한국의 다문화사회화가 급속히 진행되면서 그에 따른 문제점도 많이 나타났다. 그동안 한국사회는 단일민족의 혈통을 기반으로 한 폐쇄적 문화를 유지해 왔었다. 외국인을 위시한 다문화적 경험이 없었기 때문에 이들을 배려할 수 있는 다양한 정책적 지원이 부족한 것도 사실이었다.

그러나 정부, 학계, 교육계, 언론계 등의 적극적 관심으로 인해 과거보다 다문화에 대한 인식이 많이 고양되고, 특히 학교교육을 중심으로 다문화 가정을 배려하기 위한 다양한 지원을 실시하고 있다. 그러나 아직도 많이 부족한 것이 사실인데, 그 이유는 다문화 가정이 급속하게 증가하면서 그에 따라 다문화 가정 자녀의 취학률도 높게 나타나고 있기 때문이다. 이러한 <u>다문화 학생의 증가세에도 불구하고 그들은 언어적응, 학교적응, 학습적응 등에서 많은 문제를 보이고 있으며 이를 해결하기 위해 정부와 언론계, 교육계는 다양한 인적, 물적, 행·재정적 지원을 강구하고 있으나, 다문화 학생의 원활한 교육적 적응이 이루어지지 못하고 있다.</u>

(4) 다문화교육의 사회학적 기능

아직도 이해 부족과 지원체제의 미비로, 다문화 학생들은 문화적 이질감을 느끼고 한국 사회에 동화되지 못하고 있는 실정이다. 다문화교육의 관련 기관과 단체들의 더욱 적극적인 관심과 실천이 요구된다. 이러한 **한국 다문화교육의 사회학적 기능**은 다음과 같다.

첫째, 다문화 사회에 대비하기 위해 **교육의 사회통합적 기능이 강조**되어야 한다. 다양한 문화적 차이는 사회갈등을 유발하고, 사회통합을 저해할 수 있다. 따라서 다문화교육을 통해 다문화의 이질적 차이를 극복하고, 상호 배려와 인식의 통합이 이루어져야 한다.

둘째, **다문화 학생의 교육의 기회균등에 대한 심층적 고려가** 있어야 한다. 다문화 학생은 한국 학생에 비해 교육적으로 평등하지 못한 위치에 있다. 언어문제와 문화적 차이 등으로 학교생활과 학습적응에 많은 어려움을 가지고 있다. 김신일의 교육적 평등관의 유형을 중심으로 살펴보면, 한국의 다문화교육은 인종, 종교, 지역의 차이에 따른 제도적 차별은 비교적 많이 나아지고 있는 편이다. 이 점에서 보면 한국의 다문화교육은 허용적 평등관을 수용하고 있다. 그러나 경제적 차이로 인한 교육기회의 보장인 보장적 평등관, 학교시설, 교과과정, 교사의 질 등을 고려한 조건의 평등관, 그리고 균등한 학업성취 수준을 고려한 교육결과의 평등관에 상당한 문제가 나타날 수밖에 없다. 따라서 다문화 학생을 위한 교육에 대한 심층적 배려가 필요하다.

셋째, 다문화교육을 통해 **사회문화적 이질성을 극복**해야 한다. 한국은 오랫동안 단일민족이라는 혈통적 배타성을 지녀 왔다. 이러한 배타성은 다문화 사회에 대한 이해의 부족을 초래할 수 있다. 다문화교육은 단일민족에 의한 동화교육이 아니므로, 소수문화에 대한 차이를 인정하는 사회적 존중과 배려가 필요하다. 그리고 다문화 학생뿐만 아니라 국내의 학생들에게 문화적·인종적 편견을 해소할 수 있는 **반편견 교육**을 실시하여 사회문화적인 이질적 차이를 극복해야 한다.

단일민족주의(the racially homogenuous nationalism)의 허구

　민족주의는 개인주의를 탄생시킨 서구 근대사회의 산물이다. 당시의 국왕은 자본가 계급과 결탁하여 봉건영주제를 폐지하였다. 그 영향으로 발생한 근대사회는 원자화된 개인을 통제하고, 강력한 연대감을 형성하기 위해 종족의 혈연적 일체감에 기반한 민족(nation)이란 허구적 개념을 탄생시켰다. 민족과 국가의 결합은 인민이란 이름을 지닌 개인의 탄생을 보완하기 위해 나타났다. 따라서 프랑스, 독일, 이탈리아 등은 종족적 혈연을 기반으로 한 단일민족국가를 주장하게 되었다. 당시의 니체(F. Nietzsche)는 민족주의는 국가라는 냉혹한 괴물이 민중을 속이는 사기극에 불과하다고 하며, 민족이라는 혈연적 배타성에 기반한 폭력성에 대해 음산한 경고를 하였다. 대표적으로 나타난 것이 혈연적 민족주의의 깃발 아래, 유태인의 인종적 청소를 단행한 나찌즘이다.

　한국에서 민족이란 단어가 처음 등장한 것은 1900년 황성신문에서 비롯됐으며, 1908년 신채호의 독사신론(讀史新論)에서 체계적으로 소개되었다. 여기서 그는 고대사회의 우리 민족은 6종족으로 구성되어 있다고 하며, 혈연적 민족주의보다 정신적 민족주의를 강조하였다. 고려와 조선 사회에서도 전쟁과 귀화를 통해 인종적 유입이 자연스럽게 이루어졌다. 그래서 한국의 단일민족주의 기원은 매우 모호할 수밖에 없다. 19세기 말, 일본은 서구의 단일민족주의에 위협을 느껴, 이를 극복하고자 오히려 그들의 혈연적 단일민족주의를 수입하였다. 한국의 단일민족주의는 이러한 일본의 단일민족주의에 영향을 받아 탄생하였다. 실제 박찬승(2011)에 의하면 일제강점기에도 단일민족이란 표현은 매우 드물었다고 한다. 단일민족주의가 우리의 의식 속에 깊게 각인되기 시작한 것은 사실 해방 이후부터다. 이때부터 당시의 지도급 인사들은 단일민족주의를 내세웠고, 이승만과 박정희 대통령을 거치면서 단일민족주의는 한국사회에 굳게 뿌리내렸다. 한국의 단일민족주의 기원은 역사적으로나, 과학적으로나 학술적 근거가 매우 미약하다. 한국의 단일민족주의는 일제강점기와 해방 이후의 혼탁한 정치적 상황을 타개하기 위해 민족적 혼연일체를 강조하기 위한 이데올로기적 성격과 밀접한 관련이 있다. 인류사의 관점에서 볼 때, 순수한 혈통을 보존하여 한 국가를 오랫동안 유지하는 것은 불가능에 가깝다. 유전적 일체성을 보존한 단일민족국가는 지구상에 거의 존재하지 않는다고 할 수 있다.

Ⅳ 입학사정관 제도의 이해

1. 입학사정관제 개념 및 목적

(1) 입학사정관(adimission officer)

　교육과학기술부(2008)는 입학사정관을 '직무상 대학 내 다른 행정조직으로부터 독립된 보직으로서 전형기관 무관하게 연중 입학업무를 수행하는 전문가'라고 하였다. 한국대학교육협의회(2009)는 '성적으로 포함하여 학생이 갖고 있는 다양한 전형자료를 통해 개인의 능력과 소질, 잠재력, 발전가능성을 종합적으로 평가하여 입학여부를 결정하는 대입전형 전문가'라고 정의하고 있다.

(2) 입학사정관제

　교육인적자원부(2007)는 '대학이 고등학교 교육과정 및 대학의 선발방법 등에 대한 전문가를 채용하고, 이들을 활용하여 신입생을 선발하는 제도'라고 하였다. 한국대학교육협의회는 '대학이 대입전형

전문가인 입학사정관을 육성·채용·활용함으로써 대학이나 모집단위별 특성에 따라 보다 자유로운 방법으로 학생을 선발하는 제도'라고 하였다. 여기서는 입학사정관제의 개념을 대학에 중심을 두고 정의를 하고 있지만, 고등학교에서도 활용이 가능하다.

(3) 목 적

입학사정관제는 학업 점수에 의존하던 기계적인 선발 방식에서 벗어나, 학생의 잠재적 능력과 소질 그리고 발전가능성 등을 종합적으로 분석하여 미래의 쓸모있는 인재를 양성하는 데 있다. 입학사정관제는 서열화된 점수성적의 굴레에 벗어나 학생의 흥미와 재능을 고양하고, 사회에 적합한 인성을 갖추게 하여 학교교육의 건강성을 회복하는 데 있다.

(4) 출발배경

제1차 세계대전이 끝나고, 유럽으로부터 이주민이 증가하면서 1920년대부터 미국의 주요 대학(하버드, 예일, 프린스턴, 콜롬비아, 펜실베니아 대학 등)에 유대인의 입학율이 급속도로 증가하였다. 이런 현실에 대해 미국의 지배계급(WASP: White Anglo·Saxon Protestant)은 위기의식을 느꼈다. 이들은 그동안 학업성적에 의한 선발 방법에서 벗어나, 훌륭한 지도자는 지능보다는 "고상한 품격과 인성 그리고 지도력" 등을 갖춘 인간에게 나온다면서 자신들의 고급문화를 강조하였다. 미국의 일류 대학에서 지배계급에게 유리하게끔, 학업능력 외에 주관적 평가 요소를 채택하게 된 것이 입학사정관제의 효시였다.

(5) 선발 특징

미국의 입학사정관제에 의한 선발은 이념적 특징과 방법적 특징으로 구분할 수 있다.

첫째, 선발의 이념적 특징에서는 대학이 자체 판단에 따라 선발할 수 있는 자유재량(discretion)과 대학의 선발에 대해 공적 감시가 없는 불투명성(opacity)을 들 수 있다. 자유재량과 불투명성은 대학이 선발하고 싶은 학생을 공적 감시 없이 마음대로 선발할 수 있다는 것을 의미한다.

둘째, 선발의 방법적 특징에서는 개인의 환경, 성취, 잠재 능력, 교과성적, 비교과 활동기록, 논술, 면접 등을 종합적으로 전형하여, 인종이나 소득수준에 따라 가산점이 부여되는 '포괄적 검토'(comprehensive review)와 학업성취, 비인지적인 다양한 능력, 개인의 현실 등을 개인적 차원에서 심층적이고 종합적인 평가를 하는 '개별적 검토'(individual review)를 들 수 있다. 이런 주관적 평가는 선발의 객관성보다 주관적 요인이 개입될 여지가 크다.

(6) 외국 및 국내 입학사정관제

① 미국: 1922년 Darthmouth 대학이 입학사정관제를 처음 도입한 이래, 선발의 공정성에 대한 의문이 꾸준히 제기됐다. 실제 Karabel(2005)과 Golden(2005)은 역사적 분석을 토대로 '미국의 입학사정관제는 상류층에게 유리한 불공정한 선발 방식'이었다고 하였다. 그렇지만 미국의 입학사정관제는 약 100년 동안 우여곡절을 겪으면서, 비교적 안정적으로 정착되고 있다.

② 일본: 우리와 비슷하게 점수중심의 대학입시경쟁으로 인해 중등교육은 사회적으로 문제될만큼

심각한 우려의 수준에 있었다. 교과 성적보다 다양한 잠재 능력과 학습 동기를 중시하여 중등교육의 정상화를 마련할 필요가 있었다. 이를 위해 입학사정관제인 AO(Adimission Office) 제도를 도입하였다. 짧은 역사에 불구하고 일본의 많은 대학들은 대학입학선발에서 AO제도를 채택하여 입학사정관제를 급속히 정착시키고 있다.

③ 한국: 입학사정관제의 씨앗은 1995년의 5·31 교육정책에 내재되어 있었다. 학교교육의 다양화와 자율성을 표방한 5·31 교육정책은 그동안 점수로 서열화된 획일적 선발방식에서 벗어나, 전형방식의 다양성과 모집절차와 시기의 자율성을 중심으로 한 대학입시안으로 입학전형이 생겼다. 입학사정관제를 통해 소모적 선발경쟁에서 건설적 교육경쟁, 성적위주의 획일적 선발에서 학생의 잠재적 소질과 능력 등을 고려한 다면적 선발 등을 추진하여, 학교교육의 정상화를 도모하고 사교육비를 감소시키고자 하였다.

2. 입학사정관제의 전개

(1) 전개과정

한국의 입학사정관제 도입은 정부 주도에 의해서 이루어졌다. 미국의 입학사정관제는 명문대학을 중심으로 탄생하였으며, 일본은 사립대학의 도입을 시작으로 1997년부터 국립대학이 도입하면서 자연스럽게 확산되었다. **한국의 입학사정관제는 정부의 지원금으로 운영되기 때문에 불안정한 요소를 가지고 출발**하였다. 입학사정관제는 대학의 요구에 적합한 인재를 선발하기 위해서는 독립된 예산의 확보가 우선되어야만 대학의 자율성을 확보할 수 있다. 그렇지 않으면 입학사정관의 원래 취지와 달리, 대학의 학생선발권이 외부의 간섭에 이루어질 가능성을 배제할 수 없게 된다. 그러나 이명박 정부의 입학사정관제는 과열된 대학입시경쟁의 냉각, 공교육의 정상화를 통한 사교육비의 감소, 저소득층 배려를 통한 교육양극화의 해소, 소질과 적성 중심 교육을 통한 학력(벌)주의의 완화 등을 기대하게 한다. 이명박 정부에서 입학사정관제는 교육적 유토피아를 만드는 만능의 제도적 장치와 같이 보인다. 이런 기대를 가능하게 한 것은 입학사정관제의 전형자료와 평가 내용이 기존의 획일적인 점수위주의 선발방식과 완연한 차이를 보이기 때문이다.

(2) 입학사정관제에 대한 기대와 우려

한국의 입학사정관제는 미국과 일본과는 달리, 사회적으로 심각한 교육문제를 개선하기 위해 정부 주도로 거의 전격적으로 도입되었다. 그래서 입학사정관을 바라보는 사회적 분위기는 호의적인 것만은 아니었다. 입학사정관제에 대한 기대도 있었지만, 우려에 대한 시각도 비등하였다. 일천한 역사를 가진 한국의 입학사정관제는 앞으로도 이러한 기대와 우려가 반복될 가능성이 크다.

사회적 기대	사회적 우려
• 공교육의 정상화 도모 • 대학 자율화 추구의 기반 마련 • 사교육비 경감과 교육양극화 해소 • 우수학생의 개념변화로 인한 소질과 적성 중심교육의 중시 • 다면적 종합평가를 통해 과도한 성적중심 대학입시교육의 개선	• 정부주도 지원 예산의 한계 • 입학사정관제의 공정성과 투명성 • 입학사정관의 전문적 판단 능력의 미비 • 신사교육비의 발생으로 인한 교육양극화 • 고교등급제의 반영으로 인한 학교격차 심화 • 다양한 전형자료의 스펙관리로 인한 대학입시의 부담감 증가

3. 입학사정관제의 논의

한국의 입학사정관제는 도입 초기부터 지금까지 끊임없는 논란의 쟁점이 되었다. 한국의 입학사정관제는 정부 주도의 인위적 제도라는 점에서 다소 불안감을 주었지만, 그보다는 우리의 대학입시와 사교육 풍토에서 정상적인 역할을 수행할 수 있는가이다. 물론 한국의 입학사정관제가 시행착오를 거치면서 안정적으로 정착하기 위해서는 시간적 여유가 필요한 것도 사실이다. 그러나 지금까지 한국의 입학사정관에 의해 나타난 예기치 않은 결과에 대해 논의할 필요성은 있다. 한국의 입학사정관의 미래에 대한 전망을 재단할 수 있게 하기 때문이다.

(1) 사교육과 입학사정관제

한국의 입학사정관제는 사교육 경감과 밀접한 관련이 있었다. 그런데 사교육 경감과 관련하여 큰 기대를 모았던 입학사정관제는 도입 초기부터 예상과 다르게 나타났다. 입학사정관제는 예상과 달리 스펙 관리라는 새로운 암초를 만나 사교육 열풍을 주도하였다. 입학사정관제의 전형 자료인 자기소개서, 교사 추천서, 봉사활동 등도 기형적으로 사교육 대상이 되었다.

스펙 관리의 사교육 열풍은 학생들에게 엄청난 중압감을 줄 수밖에 없다. 2008학년도 대학입시체제 안의 "내신＋수능＋논술"을 「죽음의 트라이앵글」로 부르던 것을, 입학사정관의 스펙이 더해지면서 「죽음의 사각지대」와 「저승 스펙」이라는 살벌한 용어로 대신하였다. 그것도 모자라 당시, 입학사정관제의 절실한 현실에 대해 "내신＋수능＋논술＋영어＋공인인증시험"을 「죽음의 오각형」이라고 표현하였다.

(2) 공정성 확보와 입학사정관제

왜곡된 스펙 관리로 인한 우리 사회에서 **입학사정관제에 대한 또 하나의 심각한 문제는 '공정성의 확보'**다. 공정성 문제는 도입 초기부터 지속적으로 제기됐다. 그 이유를 살펴보면 다음과 같다.

① 사회적 공정성: 스펙과 사교육비는 정비례하여 '경제적 부'에 의해 대학이 결정되므로, 사회적 공정성의 문제가 제기됨.
② 교육적 공정성: 현실적으로 입학사정관 한 명이 수천 장의 자료를 검토하여 만든 정성적 평가는

변별력을 확보하기 어려움. 이런 어려움으로 인해 입학사정관제는 손쉽게 학업성적을 정량적 지표로 활용할 경향이 큼. 입학사정관제의 취지와 달리, 우수학생을 성적 위주의 학력(學力)으로 선발하게 되므로, 교육적 공정성에 문제가 제기됨.

③ 선발체제의 공정성: 교사 추천서의 허위 작성, 자기소개서의 대필 의혹, 각종 서류의 위조 등에 대한 검증 시스템이 매우 미비하여, 사회적 일탈 전력이 있는 학생이 인위적으로 가공한 미화에 의해 선발될 수 있음.

(3) 한국의 입학사정관제 현주소

한국의 교육현실에서 입학사정관제는 기대만큼의 역할을 하지 못하고 있음.

① 외국의 교육제도를 우리의 실정에 고려하지 않고 단순히 도입한 것이 원인이 될 수도 있음.
② 정치적 성과주의에 집착하여 장기적이고 합리적 안목을 갖지 못하고 조급하게 진행한 것도 문제가 될 수 있음.

1. 보편사회화

   전체로서의 사회가 요구하는 신체적, 지적, 도덕적 특성을 함양시키는 것. 즉, 한 사회의 공통적 감성과 신념(집합의식)을 새로운 세대에 내면화시킴으로써 그 사회의 특성을 유지하고 구성원들의 동질성을 확보하기 위한 것.

2. 특수사회화

   개인이 속하게 되는 특수 환경이 요구하는 신체적, 지적, 도덕적 특성의 함양.

3. 인간자본

   학교, 가정, 노동시장에서의 정규 또는 비정규 교육이나 훈련, 신체단련, 경험, 이주 등에 의해 획득되거나 발달되어진, 경제적으로 가치 있는 지식, 기능, 능력 등을 가리킴.

4. 대응이론

   보울스와 진티스(Bowles & Gintis)의 이론으로 작업장에서의 인간관계를 지배하는 사회적 관계와 학교교육에서의 사회적 관계가 형식에 있어서 일치하기 때문에 구조적인 상응이 일어나고 있음. 즉 미국의 학교는 자본주의 발전과 상응하는 방식으로 발전해왔다고 주장하는 이론.

5. 문화자본

   사회적으로 추구하거나 소유할 만한 가치가 있는 상징적 부의 전유를 위한 도구로서, 언어능력, 문화에 대한 인식, 졸업장 등이 포함됨. 일반적으로는 고급문화에 대한 취향이나 감상 정도를 통해 측정함.

6. 문화재생산론

   부르디외의 주장으로 어린 시절의 사회화 과정에서 습득한 상속된 문화자본에 주목하여 이러한 문화자본이 결국은 현존하는 사회적 계급 관계를 재생산하는 기능을 수행한다고 보는 이론.

7. 상징 폭력

   부르디외(Bourdieu, P.)는 "모든 교육행위는 자의적인 권력을 통해서 문화적 자의성을 주입한다는 점에서 상징 폭력이다"라고 표현.

8. 사회자본

   포괄적인 사회적 관계 속에서 각 개인이 가지고 있는 연결망과 집단 소속이 해당 당사자에게 주는 다양한 사회적 기회의 총칭.

9. 가정 내 사회자본

   부모가 자녀에게 투자하는 시간과 노력, 자녀교육에 대한 기대수준, 배려, 관심, 가족규모, 부모의 양육 행동, 취업여부 등으로 파악됨.

10. 문화기술지 연구

    질적 연구 방법의 대표적인 연구법. 오랜 기간에 걸친 참여관찰과 면담 등을 통해 내부자적 관점에서 행위자들의 비공식적 교류양식 및 의미체계, 상징적 상호작용 등을 탐색하는 연구법.

11. 신교육사회학(교육과정사회학)

    교육과정에서 다루는 지식이 특정한 사회계층의 이익을 대변하는 것이라고 간주하는 입장. 이들은 교육과정을 사회권력, 사회계층, 학교 조직과 연계하여 파악함.

12. 아노미이론

    뒤르켐에 의해 처음 사용된 이론으로 비행 또는 범죄발생의 원인을 설명함. '아노미'현상은 인간의 사회적 욕구를 억제해 줄 수 있는 집합적 질서가 붕괴되면 인간은 무한정의 욕구를 표출하게 되며, 결국 규범이 붕괴되는 현상을 의미.

13. 낙인이론

    낙인이 각 개인의 자아상(self-image)에 부정적인 영향을 미치게 된다는 이론. 청소년 비행의 원인을 설명하는 이론 가운데 하나로, 낙인을 부여받은 청소년은 스스로를 불량 청소년 혹은 비행 청소년으로 여김으로써 미래에

PART_5

더 큰 일탈, 즉 이차적 일탈을 저지를 가능성이 높아진다고 봄.

14. 보상적 평등

교육결과의 평등의 결과를 지칭하는 것으로 교육결과 즉 학업성취의 평등을 위한 적극적 조치를 취해야 한다는 평등관임. 미국의 Head Start Project, 영국의 교육우선지역(Educational Priority Area)사업, 한국의 농어촌 학생특별전형제, 한국의 교육복지투자우선지역 사업 등이 보상적 평등실현을 위한 적극적 조치에 해당.

15. 자기충족예언이론

인간의 사회적 행동은 어떤 행동을 하리라는 주위의 예언이 행위자에게 영향을 주어 결국 그렇게 하도록 만든다고 설명한다. 자성예언, 피그말리온효과라고도 불림. 로젠탈과 제이콥슨(Rosenthal & Jacobson)은 교사가 성적이 올라갈 것으로 기대하는 학생은 실제로 성적이 올라간다는 일종의 자기충족예언(self-fulfilling prophecy)을 검증하여 학생의 학업성취에 미치는 교사의 기대효과를 검증함.

16. 지위경쟁이론

학력이 사회적 지위획득의 수단이기 때문에 사람들은 경쟁적으로 높은 학력을 취득하려 하고, 이에 따라 학력이 계속적으로 높아진다고 설명하는 이론.

17. 학교선택제

학부모들에게 그들의 자녀가 취학할 학교를 선택할 권리를 보장한다는 신자유주의식 교육정책 가운데 하나임. 학교선택제는 학부모 및 학생을 교육 소비자로 보고 학교를 교육 생산자로 보는 이른바 시장 지향적인 교육관이 개입되어 있음.

주관식 기출 및 예상문제

문제 1 현재 우리나라에서는 사회적 배려자들을 위한 교육적 지원과 혜택방안이 다방면으로 고려되고 있다. 이와 같은 우리사회의 소외계층 자녀를 위한 교육지원 정책의 근거와 필요성을 논리적으로 설명하고 사회적 공감 및 제도의 안착을 위한 개선방안을 논하시오.

모범답안

최근 들어 갈수록 심화되는 교육양극화의 문제를 개선하기 위한 일환으로 정부에서는 교육복지투자우선사업이나 대학입학의 기회균형선발제도 등의 소외계층을 위한 다양한 교육적 지원정책을 추진하고 있다. 이러한 교육적 지원은 학교교육을 통한 교육평등을 실현하고 궁극적으로 사회통합에 기여할 수 있다는 의의에도 불구하고 역차별적이며 교육평등의 실질적 효과를 기대하기 어렵다는 측면에서 논란이 제기되기도 한다. 여기에서는 사회적 배려자들을 위한 교육지원정책의 필요성과 한계를 고려해 보고 앞으로 나아가야 할 방향을 간략히 논의해 보겠다.

먼저, 사회적 배려자들을 위한 교육지원 정책은 교육결과의 평등을 실현하기 위한 적극적 조치(affirmative action)라고 할 수 있다. 교육평등을 실현하기 위해 교육기회를 확대하고, 지역 및 학교 간의 격차를 해소하는 등 교육조건의 평등화를 위한 정책들이 모색되기도 하나, 실질적인 교육평등으로 이어지는 데는 어느 정도 한계가 있다. 콜맨의 연구결과에서도 드러났듯이, 학교여건보다도 가정환경이 자녀의 학업성취도에 가장 강력한 영향을 미쳤다는 점은 교육결과의 평등을 위해서는 궁극적으로 가정환경으로 인한 격차를 극복할 수 있는 보상교육이 필요하다는 것을 짐작할 수 있다. 또한 롤즈의 주장처럼, 인종이나 계층 등과 같은 우연적 불평등은 공적 조치를 통해 보상될 필요가 있다. 소외계층 자녀를 위한 교육지원은 이러한 점에서 교육을 통한 세대 간 지위이동을 원활하게 하고 빈곤의 대물림을 벗어나게 하는 의미 있는 정책이라고 할 수 있다. 마지막으로, 경쟁적인 고교 및 대학입시에서 소외계층을 배려하는 사회적 배려자 전형이나 기회균형선발제도와 같은 정책을 실시하는 것은 학교교육의 다양성을 확보하고 다양한 학교구성원 사이의 공동체 의식을 함양하게 하는 등 교육 본연의 임무를 실천하는 길이 된다고 할 수 있다.

그러나, 이와 같은 교육지원 정책들은 다음과 같은 한계점으로 인해 비판을 받기도 한다. 먼저, 사회적 배려자를 위한 정책들로 인해 학업성취도가 더 좋은 비소외계층 학생들이 역차별을 받을 수 있다는 것이다. 또한 사회적 배려자 대상의 기준에 관한 논란도 제기된다. 즉, 저소득층 가정, 다자녀가정, 다문화가정 등 다양한 기준들로 인해 제도의 악용사례도 발생할 수 있다. 아울러 능력주의를 신봉하는 사람들은 성취도 수준이 낮은 사람들을 필요 이상 지원하는 교육정책은 낭비라고 주장한다. 그 외에도 이러한 지원이 교육평등을 위해 실질적인 효과를 발휘하는가에 대해 의문을 제기하기도 한다.

이상에서 살펴보았듯이, 사회적 배려자를 위한 교육지원정책의 필요성에도 불구하고 여러 한계점으로 인해 이러한 제도의 안착이나 확대를 기대할 만한 사회적 공감대는 아직 자리잡지 못하고 있는 것으로 보인다. 그러나 우리사회의 대통합과 교육을 통한 열린 사회이동을 위해 사회적 배려자들을 위한 교육지원정책들은 더욱 안정적이고 체계적인 방향으로 진행될 필요가 있다. 이를 위해서는 앞서 제시된 한계점들을 극복해 나가는 것에서부터 시작해야 할 필요가 있다. 특히 학업성취도가 더 높은 학생들의 역차별 논란을 불식시키고 실질적인 교육평등 효과를 지니기 위해서는 정부와 학교차원에서 더 체계적인 교육적 관리가 필요할 것이다. 즉, 교육적 혜택을 얻은 사회적 배려자 학생들에게는 이러한 기회에 점차 부응할 수 있는 재능과 성취수준을 얻어낼 수 있도록 교사, 학교, 정부의 지속적인 관리가 필요하다. 아울러 대다수 일반 학생들에게는 이러한 제도가 역차별로 인식되기보다는 우연적 불평등 요소를 제거해 주는 사회통합적 조치라는 인식을 키워주어야 할 것으로 보인다.

문제 2 최근 학교개혁의 일환으로 학교운영의 자율성과 학교수요자의 권한을 보장하는 다방면의 정책이 진행되고 있다. 이 가운데 학부모의 학교활동 참여를 적극 권장하는 근거와 이러한 학부모의 학교활동 참여의 장·단점을 논하고 학교 및 자녀교육 발전에 기여하기 위해 나아가야 할 방안을 논하시오.

모범답안

최근 들어 학부모의 학교활동 참여를 지원하고 권장하기 위한 일환으로 소규모 학부모모임을 정부 교육당국 차원에서 공모하고 지원하는 정책이 활발히 시행되고 있다. 학부모의 학교활동 참여는 학부모의 알 권리를 보장하고 자녀들에게는 학교생활 적응에 도움을 줄 수 있다는 긍정적 측면도 제시되나, 소외계층 자녀들에게는 위화감을 조성할 가능성이 있고 학부모조직의 활동 및 운영에 투명성이 보장되지 않을 수 있다는 비판도 제기된다. 이러한 상반된 견해를 중심으로 첫째, 학부모의 학교활동 지원정책의 장·단점을 검토해 보고 둘째로, 학부모의 학교활동 참여가 학교발전에 기여할 수 있는 방안에 대해 논의해 보도록 하겠다.

학부모의 학교활동 참여는 정부의 교육선진화 정책일환으로 지원되고 학부모 교육정책 모니터링단, 상담주간 운영 등의 활동을 통해 주로 이루어지고 있다. 이처럼 학부모의 학교활동 참여를 적극, 지원하고 권장하는 것은 '학부모참여(Parents' involvement)' 또는 '교육적 관여'의 긍정적 기능 때문으로 이해될 수 있다. 학부모 입장에서의 긍정적 입장은 수요자로서의 교육권을 행사할 수 있는 기회가 된다는 것이다. 또한 학생의 입장에서는 교육성과에 대한 가정 내 사회자본의 영향력 차원에서 학부모 학교활동이 자녀에게 더 많은 관심과 지원을 갖게 하여 학생에게 긍정적으로 작용할 수 있다는 것이다. 더 나아가 정책입안자 입장에서는 학부모를 통한 교육선진화에 기여할 수 있다는 긍정적인 면을 지니고 있는 것으로 보인다.

그러나, 학부모 학교활동 지원정책은 위와 같은 긍정적인 취지에도 불구하고 일부 우려할 점들도 제기되고 있다. 첫째, 우리나라의 분위기에서 학부모활동 지원정책은 취지와 달리 과잉 교육열을 더욱 부추기는 기회가 될 수 있다. 둘째, 자발적인 의미의 봉사나 참여보다는 학교의 강권에 의한 봉사나 참여가 될 수도 있어 학부모에게 심리적 부담감을 더욱 가중시킬 수도 있다. 셋째, 학부모의 교육적 관여는 부모의 사회경제적 지위가 낮을수록 더욱 제한적이라는 측면이다. 다시 말해 저소득층 자녀의 학부모는 학교활동에 참여하기 어려운 현실로 인해 이러한 활동이 저소득층 부모에게 부담스러운 정책이 될 수 있는 것이다.

앞서와 같은 긍정적, 부정적인 면을 고려하여 학부모 학교활동 지원의 개선방안에 대해 논하면, 먼저 학부모의 교육적 지원과 활동의 범위를 넓히는 것이다. 즉, 학교방문활동만이 아니라 전화나 이메일, 학교 홈페이지 등 여러 경로를 통한 소통의 길을 확대하는 것이다. 둘째, 학부모활동의 순수한 의미를 살려 봉사활동 장소가 본인 자녀의 반이 아닌 다른 반으로 제한하는 것이다. 이런 방안들은 학부모 봉사활동이나 지원활동의 순수한 의미를 살려서 전체적인 학교발전과 교육발전에 기여할 수 있을 것으로 보인다. 결론적으로 말해, 분명 학부모의 학교활동과 지원은 활성화되고 권장될 필요가 있다. 그러나 이런 정책의 충분한 의의를 살리기 위해서는 저소득층 학부모 등의 참여도 아우를 수 있는 다양한 방안들이 충분히 모색되어야 할 것이다.

문제 3 현재 우리나라의 다문화사회 진입에 따른 다문화교육의 현황과 문제점을 논하고 다문화시대의 교사역량 강화를 위해 나아가야 할 방향을 논하시오.

모범답안

최근 우리나라는 급속도로 다인종·다민족 사회로 변모하고 있다. 국내 체류 외국인 수가 120만 명을 넘어서고 이들 가정의 자녀수도 점차 확대되고 있는 것으로 보고된다. 이러한 현실은 학교현장에서 전체학생을 대상으로 다문화 사회에 대한 이해 및 다문화수용능력을 키우는 교육을 필요로 하며 다른 한편으로는 다문화 가정 자녀에 대한 교육적 지원을 포함하는 포괄적인 다문화교육을 필요로 하고 있다. 여기에서는 이러한 현실에 맞춰 현재 우리나라의 다문화교육의 실태와 문제점을 간략히 살펴보고 다문화시대의 교사역량 강화를 위해 나아가야 할 방안을 논의해 보겠다.

먼저, 다문화교육은 다문화사회에서 다양성과 공존이라는 가치 아래 사회통합을 위한 일환으로 학교 안과 밖에서 실시되는 교육이라고 정의할 수 있다. 이러한 다문화교육은 어떠한 다문화정책과 이념을 추구하는가에 따라 구체적 양상이 달라진다. 다문화정책은 크게 동화주의 정책과 다문화주의 정책으로 나누어진다. 동화주의 정책은 소수계 사람들이 고유한 문화를 포기하고 주류문화를 받아들임으로써 주류사회와 문화에 통합되도록 하는 것을 의미한다. 반면 다문화주의는 다양한 문화가 공존할 수 있고 평등하게 존중되어야 한다는 가치와 이념을 담고 있다. 우리나라는 대체로 동화주의적 다문화정책을 추진하고 있는 것으로 드러나고 있다.

이러한 동화주의 정책아래 진행되고 있는 우리나라 다문화교육은 크게 다음과 같은 양상을 보인다. 첫째, 다문화가정 학생을 대상으로 한 한국어와 한국문화 이해교육을 강조하고 있다. 둘째, 다문화가정대상 자녀양육 지원 및 한국어·한국문화 교육 등을 진행하고 있다. 셋째, 일반학생 및 가정의 다문화 이해교육을 실시한다. 그러나 이와 같은 현행 다문화교육은 전반적으로 다문화가정 학생들에 대한 동화주의적 교육지원에 상당히 치중해 있어 주류집단의 학생들에 대한 다문화 이해교육은 많이 미흡한 상태라는 비판이 제기되고 있다. 따라서 학교차원에서는 다문화친화적인 학교분위기를 조성하고 정부차원에서는 주류집단의 학생들을 대상으로 하는 다문화 이해교육 프로그램을 확대 추진하는 방안을 시급히 모색할 필요가 있을 것이다.

이를 위해 다문화사회를 살아가는 전체 학생을 대상으로 한 다문화 이해교육을 충실히 수행할 수 있는 역량 있는 교사를 양성하고 교육하는 데 더 힘써야 할 것으로 보인다. 교사들의 다문화적 역량을 강화하기 위해서는 무엇보다도 교사 교육과정에서 다문화교육을 필수적으로 이수하게 할 것이다. 이를 통해 교사들로 하여금 다문화적 감수성을 키우게 하고 스스로 이주민이나 문화에 대한 편견을 해소할 수 있도록 해야 할 것이다. 이러한 다문화교육을 통해 교사들은 앞으로 자신이 만나게 될 다문화가정 자녀를 잘 지도할 수 있고 전체 학생들에게는 다문화적 이해와 세계시민의식을 키워 낼 수 있다는 자신감을 갖게 되어 다문화적 효능감을 지닐 것으로 보인다. 이처럼 다문화적 역량과 효능감을 지닌 교사들이 학교현장에서 다문화교육을 담당하게 하는 것은 궁극적으로 내국인과 이주민의 상호이해를 증진시키고 사회통합에 기여하는 가장 의미 있는 교육적 밑거름으로 기여할 것으로 보인다.

P·A·R·T

6

교육행정

C·H·A·P·T·E·R

16 교육행정의 개념 및 주요이론

▶ 교육학 논술 길라잡이

✓ 교육행정은 전체적인 구조가 조직, 인사, 재정, 교육정책으로 이루어져 있음을 안다.

✓ 교육행정의 주요이론이나 개념을 이해하고 학교현장에 적용하는 능력을 기른다.

▶ 한 눈에 보는 핵심요점

중점 주제	개요 및 학습주안점		세부학습 포인트	다른 교육학 이론과의 연관성
1. 교육 행정의 주요이론	조 직 론	과학적 관리론	교사직무의 표준화, 보상과 제재, 경제적·물질적 동기, 공식 조직	성악설적 인간관
		인간관계론	호손공장 실험, 사회·심리적 요인과 비공식조직, 교육행정의 민주화	성선설적 인간관
		학교조직의 특성	전문적 관료제, 조직화된 무질서, 이완조직, 이중조직	교직의 전문직성
		동기이론	－ 동기위생이론, 직무풍요화 － 기대이론	교직의 전문직성 기대 가치 이론
		리더십	－ 피들러, 허쉬와 블렌차드 － 변혁적 리더십, 분산적 리더십, 교사리더십, 문화적 리더십	내재적 동기
2. 교육 행정의 실제	교육 정책	교육자치 제도	－ 교육자치제의 원리 － 교육감 제도	교육의 본질
		학교운영 위원회	심의기구, 공동체, 학교운영위원회의 구성	학교단위책임 경영제
	교육 재정	교육재정의 구조	지방교육재정교부금, 지방자치단체로부터의 전입금, 자체 수입, 보조금	
	인사 행정	교원연수	직무연수, 자격연수, 특별연수, 자기연수, 단위학교 중심 연수	교직의 전문직성
		교원능력 개발평가	평가결과의 활용	교직의 전문직성
		승진제도	경력평정, 합산점, 다면평가제, 연수성적평정, 가산점	
		교원단체	－ 교원단체의 역할 － 교원노조와 전문직교원단체	교직관
		장학	임상장학, 동료장학, 자기장학, 컨설팅장학	교직의 전문직성
3. 학교 및 학급경영	학급 경영	학급경영의 실제	학급운영 조직, 분단조직, 학급자율규범, 교실환경구성, 학급 경영평가	

1. 교육행정의 개념[1]

(1) 조건정비론

교육목표를 효율적으로 달성하기 위하여 인적·물적 제조건을 정비·확립하는 수단적·봉사적 활동이라고 보는 견해이다. 교육행정의 기능주의적 입장을 대표하는 정의로서, 민주적 교육행정을 설명하는데 가장 많이 인용되는 정의이다. 대표적인 학자인 Moehlman은 수업이 학교의 목적이며, 행정의 조직과 과정은 이 목적을 달성하기 위한 것이므로 수단이라고 보았다. '교육을 위한 행정'의 입장으로서 기능적 해석을 취한다. 교육의 독자성을 강조하며, 교육의 특수성·전문성, 비권력적·비강제적 성격을 강조한다. 그러나 통합성, 생산성과 같이 행정의 효율성과 행정적 가치를 경시할 수 있다.

(2) 국가통치권론(분류체계론)

교육행정을 국가권력 작용의 관점에서 파악하려는 관점으로, 국가 통치권인 입법·사법·행정 중 행정의 하위에 분류되는 '교육에 관한 행정'이라고 보는 입장이다. 달리 말하면 교육행정은 정부가 수행하는 법적 기능 혹은 행정 작용이라고 정의하는 방식이다(법규 해석적 정의, 공권력설 또는 교육행정영역구분론이라고도 함). 이러한 관점은 행정의 통합성을 강조하며 효율주의, 행정적 능률성을 추구한다. 그러나 관리·통제 위주의 행정편의주의에 빠지기 쉬우며, 교육행정의 특수성·전문성을 중시하기보다는 권력적·강제적 성격을 강조하며, 교육의 정치적 중립성·자주성을 간과할 가능성이 높다.

2. 교육행정의 기본원리(교육행정의 이념)

가. 민주성: 공개와 참여를 바탕으로 국민의 의사에 따라 교육행정을 수행해야 함을 의미한다. 정책결정과정에 국민의 참여기회가 확대되는 것으로 실현되고 있다.

나. 효율성: 효과성과 능률성을 동시에 표현하는 말로 최소비용으로 최대성과를 달성하는 것을 의미한다(비교: 효과성은 목표달성도로서 질적 개념이다. 능률성은 최소비용으로 최대성과를 달성하는 것으로 양적 개념이다). 최근의 정부재정지원사업은 고르게 나눠주기의 방식보다는 선택과 집중에 의한 방식을 선호하고 있는 것에서 확인할 수 있다.

다. 합법성: 권력집단의 정치적 악용과 자의적 지배 방지를 위해 법에 따른 행정을 해야 함을 의미한다. 이는 헌법 제31조 제6항의 교육제도 법정주의가 그 근거가 된다.

라. 평등성: 성별·종교·사회적 신분 등을 이유로 차별을 받아서는 안된다는 원리이다. 이는 상대적 평등의 개념으로 동일한 것은 동일하게 다른 것은 다르게 해야 함을 의미한다. 의무교육제도, 고교평준화정책, 특수교육 확대, 대학생 학자금 대출제도 등이 평등성을 구현하는 대표적

---

1 윤정일 외(2008). 교육행정학 원론. 학지사.

인 정책이다.

마. 자주성: 교육의 본질을 추구하기 위하여 교육행정은 일반행정으로부터의 분리·독립, 정치적
·종교적 중립성을 유지해야 한다. 공립학교에서는 특정 종교에 대한 교육이 금지되어 있는
것이 그 예가 된다.

바. 전문성: 교육활동의 본질을 이해하고 교육행정에 관한 이론과 기술을 습득한 전문가가 담당
해야 한다는 것을 의미한다. 이의 실현을 위해 다른 선출직과 달리 교육감과 교육위원의 자격
제한, 장학사·장학관, 연구사·연구관에게 일정 기간 이상의 교육경력을 요구하고 있다.

Ⅱ 교육행정의 발달과정

1. 고전이론(1910~1935)

고전이론은 성악설적 인간관에 기초하여 조직 및 인간관리의 과학화·합리화·능률화를 추구하였
다. 특히 경제공황 이후 노동자 개인 수준의 노동 생산성에 관심을 두고 발달하였다. 주요 이론으로
과학적 관리론, 행정과정론, 관료제 등이 있다.

> **교육행정 논술예제 ❶** 과학적 관리론의 주요내용을 설명하고 학교조직 운영에 주는 시사점을 논하시오.

(1) 과학적 관리론(Taylor)

가. 의의: 테일러(Taylor)는 20세기 초 미국에서 산업화와 인구의 도시집중화 등 제반 산업사회적인
문제를 해결하기 위하여 능률적인 관리운동을 전개한 대표적 인물이다. 그는 <u>작업과정을 시간
연구와 동작연구에 의해 표준화함으로서 하루의 과업을 설정하고 그 과업을 기준으로 관리의
과학화를 도모하여 능률성을 극대화하려고</u> 하였다. 과학적 관리론에서는 경제적·물질적 동기
요인을 강조하였는데, 이는 인간을 효율적인 기계와 같이 프로그램화할 수 있고, 노동자는 경제
적 요인으로 동기가 유발되며, 생리적 요인에 의해 성과가 제한된다고 본 것이다.

나. 원리: 주요 원리는 다섯 가지이다. 첫째, 모든 노동자에게 명확하게 규정한 최대의 1일 작업량을
정해 주어야 한다(최대의 1일 작업량). 둘째, 노동자가 과업을 성공적으로 수행할 수 있도록
작업조건과 도구를 표준화해 주어야 한다(표준화된 조건). 셋째, 노동자가 과업을 성공적으로
완수한 경우에는 높은 보상을 해 주어야 한다(성공에 대한 높은 보상). 넷째, 노동자가 과업을
달성하지 못한 경우에는 그 실패에 대한 책임으로 손해를 감수하도록 해야 한다(실패에 대한
책임). 다섯째, 노동자에게 주어지는 과업은 효율적으로 구분되어야 하며, 숙련을 통해 도달할
수 있는 수준이어야 한다(과업의 분업화·전문화).

다. 과학적 관리론의 교육행정 적용

Taylor의 과학적 관리론을 교육행정에 적용한 학자로는 Spaulding, Bobbit, Sears 등이 있다. 학교조직의 운영에 있어 Bobbit이 제시한 과학적 관리의 원리로는 다음과 같은 것이 있다. ① 교육시설 활용을 극대화하고, ② 교직원의 작업능률을 최대한 유지하고, 교직원의 수를 최소로 감축하며, ③ 교육에서의 낭비를 최대한 제거하고 ④ 교육행정의 분업화 즉 교원은 학생을 가르치고 행정가가 학교행정을 책임진다는 것이다.[2] 또한 Bobbit이 제시한 과학적 관리론에 입각한 교육행정의 원리[3]는 다음과 같다. 첫째, 교육감이나 학교장은 교육청이나 단위학교에서의 교육목표를 분명히 설정해야 한다. 둘째, 학교에서는 학교장을 중심으로 교직원이 협력하여 학교의 목표를 달성하기 위해 노력한다. 셋째, 학교관리자는 최선의 교수방법을 탐색해야 하며, 교사는 최선의 교수방법을 숙지하여 교육에 임해야 한다. 넷째, 교사의 자질과 자격에 관한 기준이 명확하게 마련되어야 한다. 다섯째, 사전교육은 물론 각종 연수를 충실히 이수해야 한다.

라. 문제점

과학적 관리론에서는 인간을 단순히 기계적·합리적·비인간적 도구로 취급하였다. 조직운영에 있어 인간을 기계와 같이 취급함으로써 인간적 요소를 경시하였으며, 인간의 사회심리적 측면을 도외시하여 자발적인 생산성을 저하시켰다.

(2) 관료제

가. 개념

베버(Weber)는 비능률과 권위주의적 병폐 등으로 요약되는 사회통념상의 관료제와는 달리, 기존 조직에서 보다 특징적인 관료제적 측면을 추상하여 만든 순수한 이상형(ideal type)으로서의 조직구조를 관료제로 개념화하였다. 관료제는 다의적·불확정적 개념으로 현대 대규모 조직에서 일반적 형태를 이루고 있다. 베버에 의하면 관료제란 계층제의 형태를 지니고 합법적 지배가 제도화되어 있는 대규모 조직의 집단관리현상이다.

나. 이상적인 조직형태로서 관료제의 특징

첫째, 조직의 목적에 필요한 활동은 일정한 방식에 의해 공식상의 직무로서 배분된다.

둘째, 직무의 조직은 계서제의 원리에 따른다.

셋째, 구성원은 직무수행에 있어 엄격하고 체계적인 규칙에 의해 통제받으며, 그 적용은 일률적이다.

넷째, 직원은 개인적인 감정을 드러내지 않고 비인격성(impersonality)을 띠면서 직무를 수행한다. 의사결정의 합리성을 기할 수 있으나, 사기를 저하시킬 수도 있다.

다섯째, 직원의 보수는 계서제의 직위에 따라 책정·지급되며, 승진은 상위자의 판단에 의하되 경력이나 실적에 의해 결정된다.

---

2 윤정일 외(2008). 전게서.
3 Bobbit(1913). The supervision of city school, 신현석 외(2013)에서 인용.

◆ 관료제의 순기능과 역기능 ◆

순기능		관료제의 특성		역기능
엄격한 순응 및 조정	−	① 권위의 위계(hierarchy of authority)	−	의사소통의 저해
전문성	−	② 분업과 전문화(specialization)	−	권태
계속성과 통일	−	③ 규칙과 규정(rules and regulations)	−	경직성과 목표전치
		④ 문서화(written records)		
유인체계	−	⑤ 경력지향(career orientation)	−	업적과 연공서열 간의 갈등
합리성	−	⑥ 비정성(impersonality) 또는 비인격성	−	사기저하
		⑦ 고정된 봉급제도(salaried personnel)		

교육행정 논술예제 ❷ 인간관계론의 요지를 설명하고 학교행정에 주는 시사점을 논하시오.

2. 인간관계론(Follett, Mayo & Roethisberger: 1935~1950)

(1) 인간관계론의 대두

첫째, 호손공장의 조명실험을 통해 작업장의 조도와 생산성 간에는 관계가 없다는 것을 밝혀 과학적 관리론의 한계를 드러내었다. 둘째, 전화계전기 조립실험을 통해 휴식, 간식, 봉급인상 같은 물리적 작업조건보다 심리적 만족도, 집단에의 소속감과 참여 등 인간적·사회적 측면이 작업능률에 더 큰 영향을 준다는 것을 밝혔다. 셋째, 면접프로그램을 통해 생산성 향상을 위해서는 물리적 조건의 개선보다는 개인적이고 사회적인 감정과 태도 등 인간적 요인이 더 중요하다는 것을 보여주었다. 넷째, 이전의 실험과 달리 네 번째 실험에서는 실험적 조작이 전혀 없이 관찰만 하는 건반배선조립 관찰실험을 수행하였다. 이를 통해 구성원의 행동이 성과급 같은 공식적 규정보다 오히려 비공식조직의 규범(비공식적 작업표준량)에 의해 이루어지고, 노동자의 행동이 공식적 직무규정과 일치하지 않고 비공식조직이 영향을 주었음을 드러내었다. 특히 구성원의 행동을 통제하는 비공식적 규범이 존재하고 있음을 밝혔는데, 구성원들은 허용될 수 있는 정도의 비공식적인 작업표준량을 정해놓고 더 많은 생산을 할 수 있음에도 불구하고 그렇게 하지 않고 경제적 인센티브를 포기하고 있음이 관찰을 통해 알려졌다.

(2) 인간관계론의 요지

인간관계론에서는 사람들이 경제적·물리적 작업여건보다 집단에의 소속감, 참여감 등 사회적·심리적 요인을 더 중시하고 있음을 강조하였다. 또한 구성원의 행동이 공식적인 규정보다 비공식조직의 집단규범에 의해 영향을 받을 수 있음을 드러내어 조직 내에서 비공식조직의 중요성을 강조하였다.

(3) 과학적 관리론과의 공통점

과학적 관리론과 인간관계론 모두 인간을 조직의 생산성 극대화를 위한 수단으로 보고 있다. 즉, 과학적 관리론에서는 경제적 동기유발을 통하여, 인간관계론에서는 구성원의 사회심리적 만족감을 통하여 조직의 목표 달성 극대화를 추구하고 있다는 점에서 방법만 다를 뿐 인간을 수단화하는 관점은 동일하다. 또한 외부 환경과의 상호작용보다 조직 내부에 관심과 노력을 집중하여 조직 효율화를 추구하였다는 점에서 공통점이 있다.

(4) 인간관계론과 교육행정

인간관계론을 교육행정에 도입한 학자로는 Koopman, Yauch, Mohlman, Griffiths 등이 있다. 첫째, 인간관계론은 교육행정의 민주화에 크게 공헌하였다. 구체적으로 민주적 리더십, 적극적 참여에 의한 의사결정, 봉사행정의 성격 강조, 교육행정에서 인간관계의 중시, 인간주의적 장학 등을 주장하였다. 둘째, 고전이론에서 교사의 직무를 표준화하고 그 기준과 관련된 연수를 제공하고 각종 보상과 제재를 부여하는 것을 강조하였다면, 인간관계론에서는 교사의 내면적 동기에 해당하는 소속의 욕구나 존경의 욕구 충족을 통한 직무만족감 증진과 이에 따른 수업의 질 향상을 강조하였다. 그리고 고전이론이 주로 합리성을 기초로 한 학교조직의 공식적 차원을 강조하였다면, 인간관계론은 교사들 사이에 존재하는 비공식조직의 역할과 규범, 기능을 강조하였다.[4]

3. 행동과학이론(1950년대 이후)

> 교육행정 논술예제 ❸ 역할과 인성의 상호작용 모형과 Getzels & Guba 모형이 학교에 주는 시사점을 논하시오

(1) 사회과정(체제)모형

사회체제를 개인의 집합으로 이루어진 사회적 단위라고 보고 사회체제 속에서 인간이 어떠한 행동을 보이는가에 대해 본격적으로 연구한 이론이다.

가. 역할과 인성의 상호작용모형

사회체제 내에서의 인간의 행위를 $B = f(P \cdot R)$ (B = Behavior, P = Personality, R = Role)라는 공식으로 표현되는 인성과 역할의 상호작용으로 본다. 예컨대, 군대는 개인의 성향보다 조직 내에서 주어진 역할을 강조한다. 때문에 군대에 속한 사람의 사회적 행동은 역할이 미치는 영향이 인성이 미치는

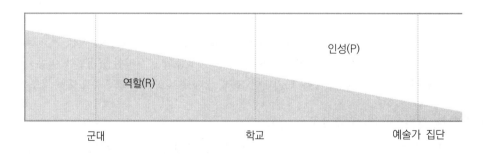

인성(P)

역할(R)

군대　　　　　　　　학교　　　　　　　예술가 집단

---

4 신현석 외(2013). 학습사회의 교육행정 및 교육경영. 학지사.

영향에 비해 훨씬 크다. 이러한 현상은 군대뿐만 아니라 공무원 조직과 같이 개인보다 조직의 목적이 중시되는 조직에서 강조된다. 이와 달리 예술인 사회는 규율과 통제보다는 개인의 개성과 자유로운 활동을 중시하므로 각 개인에게 주어진 사회적 역할보다는 타고난 개인적 성향이 사회적 행동에 더 큰 영향을 미친다.

나. Getzels & Guba 모형

사회체제를 개인의 집합으로 이루어진 사회적 단위로 보고 사회체제 속에서 인간의 행동은 사회적 조건(규범적 차원)과 개인의 심리적 특성(개인적 차원) 간의 상호작용의 결과로 나타난다고 보았다.

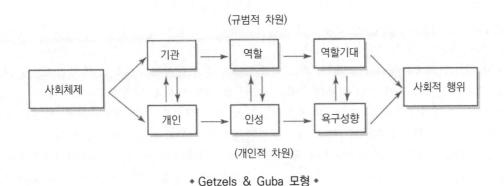

◆ Getzels & Guba 모형 ◆

다. Getzels & Thelen의 수정모형

Getzels & Guba의 모형은 현대의 복잡한 사회의 사회적 상호작용을 설명하는 데 한계가 있다. 따라서 Getzels & Guba는 인류학적, 조직풍토적, 생물학적 차원을 추가하여 보다 다양한 사회적 행동을 설명하고 있다.

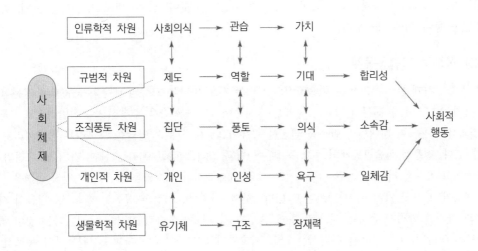

1. 학습조직(Senge)과 전문적 학습공동체

(1) 학습조직

학습조직은 일본 미국 등의 선진기업에서 조직의 새로운 경영혁신 모델로 이용되고 있다. 학습조직이란 지식정보화사회의 급격히 변화하는 환경에 대처하기 위하여 구성원들 간에 개인, 팀, 그리고 조직수준에서 지식·정보의 창출, 공유 그리고 활용이 잘 되는 조직이다.

학습조직이 가지는 특징은 ① 구성원 간에 지식의 창출과 습득, 전달이 잘 일어나고 그것이 결과적으로 행동변화나 성과향상에까지 연결되며, ② 개별적 학습의 결과가 조직차원으로 승화·발전되는 형태로 지식과 정보의 공유가 잘 되며, ③ 신뢰와 협력적 분위기, ④ 모든 교직원이 주도적으로 참여하고 위험을 감수, ⑤ 비전 및 목표의 공유, ⑥ 전문성 신장을 위해 노력한다는 점이다.

Senge는 효과적인 조직을 만드는 데 작용하는 다섯 가지 규율을 제시하였다. 첫째, 체계적 사고(systems thinking)는 전체를 인식하고 이에 포함된 부분들 사이의 순환적 인과관계 또는 역동적인 관계를 이해할 수 있게 하는 사고의 틀을 의미한다. 시스템 사고는 부분이 아닌 전체 유형을 명확하게 보고 조직을 효과적으로 변화시키는 방법을 찾도록 도와준다. 둘째, 개인숙련(personal mastery)은 개인이 추구하는 지식, 기술, 태도 등을 형성하기 위하여 개인의 능력을 지속적으로 계발하는 행위이다. 셋째, 정신모델(mental model)은 세상을 이해하고 행동하는 방식에 영향을 미치는 우리 안에 깊이 각인된 가정, 일반화, 심상이나 이미지 등을 말한다. 기존의 시대착오적인 관행이나 편견을 간파하고 이를 고치는 과정이 바로 조직학습이라고 할 수 있다. 넷째, 공유된 비전(shared vision)은 조직이 추구하는 목표, 가치, 비전을 조직 전체가 공유하는 것이다. 이를 통해 구성원들이 자발적으로 자신이 원하는 비전의 달성을 위해 노력하고 헌신하게 하는 것이다. 다섯째, 팀학습(team learning)은 팀이 협업능력을 키워서 팀차원에서 학습이 이루어져야 한다는 것이다. 동교과모임, 동학년 모임, 팀 단위 연수활동 등이 이에 해당된다.

(2) 전문적 학습공동체

최근 활발하게 논의되고 있는 학습조직의 사례는 사토 마나부 교수의 배움의 공동체와 전문적 학습공동체가 있다. 이 중 전문적 학습 공동체는 교사들이 교수－학습을 주목적으로 집단적으로 학습하고 그 결과를 적용하며 개개인의 반성적 실천을 공유함으로써 전문적 발달을 도모하는 집단이라고 정의할 수 있다. 전문적 학습공동체의 주요 특성은 다음과 같다. Hord(2004)는 신념, 가치 및 비전의 공유, 지원적이고 공유된 리더십, 집단 학습 및 그 적용, 개별교사의 교수활동의 공유, 지원적 환경을 전문가 학습공동체의 다섯 가지 특성으로 들고 있다. 첫째, 가치 및 비전의 공유는 학교구성원들이 학교의 비전과 가치를 함께 공유하는 것으로 특히, 학생과 학생들의 학습력 향상을 중시한다는 것이 특징이다. 둘째, 지원적이고 공유된 리더십은 학교 최고관리자인 학교장이 학교구성원들과의 동료적 관계(collegial relationship)를 받아들이고 권력과 의사결정권한을 공유하는 것을 의미한다. 셋째, 집단학습 및 그 적용은 교사들이 함께 집단적으로 학습하고 그 학습한 결과를 교육현장에 적용한다는 것이다. 넷째, 개별 교사의 교수활동의 공유는 교사들이 수업 및 교실공개를 통해 서로 학습하고 피드백을 주고 받는 것을 의미하며, 다섯째, 지원적 환경은 의사소통 시스템의 구축, 그리고 구성원들이 전문성 개발을 위해 함께 할 수 있는 장소나 시간 제공 등이 포함된다.[5]

> **교육행정 논술예제 ❹** 학교조직은 관료제의 특성과 전문직의 특성이 혼합되어 있다. 학교조직의 관료제의 특성과 전문직의 특성을 설명하시오. 그리고 이러한 학교조직의 특성이 학교조직 관리에 주는 시사점을 논하시오.

2. 학교조직의 특성

(1) 전문적 관료제

가. 개념

학교조직은 관료제와 전문직제의 혼합적인 조직형태로 전문적 관료제라고 볼 수 있다. 학교는 관료제의 특성을 어느 정도 지니고 있으면서 전문직제의 상반된 가치가 작용함으로써 관료적 요구와 전문적 요구 간에 갈등이 일어나는 곳이라고 할 수 있다. Hoy와 Miskel은 학교에서 관료지향적 행정가와 교육전문가인 교사의 행동특성의 차이를 다음과 같이 설명하였다. 즉, 관료지향적 행정가는 조직의 이익을 위해 행동하도록 기대되는 반면 교육전문가인 교사는 고객인 학생과 학부모의 이익을 위해 행동하도록 기대된다. 또한 관료적 행정가는 위계를 강조하고 훈련된 복종과 조직에의 종속을 강조하는 반면 전문가는 행동의 준거를 동료로부터 찾고 의사결정의 자율권행사와 자율적 기준에 의한 통제를 강조하며 업무에 대하여 자신이 책임을 지는 경향성이 있다.[6]

나. 학교의 관료제적 성격과 전문직제적 성격

학교가 가지는 특성으로는 학교도 기본적으로 관료제적인 특성을 지닌다. 첫째, 분업과 전문화는 초·중등학교가 분리되어 운영되며, 각 교과별로 과정이 운영되는 것이다. 교수활동과 행정이 분리되며, 교무분장조직에 의해 여러 부서로 직무를 분담하여 처리한다. 둘째, 교육감－교육장－교장－교감－부장교사－교사 순으로 권위의 위계가 존재한다. 셋째, 학교의 많은 업무가 각종 법령과 규정에 근거하여 수행되며, 경력이 많은 교원이 보수와 승진 등에서 유리한 경력지향성을 갖고 있고, 사사로운 감정에 치우치지 않는 비인정성의 성격을 띤다.

반면에 학교는 일반적인 관료제와는 다른 전문직제의 성격이 존재한다.[7] 첫째, 교사는 고도의 교육을 받은 전문가이다. 둘째, 교사는 수업에서 상당한 자유·재량권을 행사하기 때문에 교장의 지시나 통제가 영향을 미치는 데 한계가 있다. 셋째, 전문적인 교육활동에 관한 의사결정에서 교사들의 많은

---

5 이경호(2010). 전문가학습공동체 운영사례와 정책적 시사점. 한국교원교육연구, 27(4), 395－419.
6 Hoy & Miskel(2008). Educational Administration: Theory, Research, and Practice, 신현석 외(2013)에서 재인용.
7 윤정일 외(2008). 전게서.

참여를 보장하고 있기 때문에 분권화된 특성을 지닌다. 넷째, 학교의 교육목표가 불분명하여 직무수행의 통일된 표준 설정이 어렵고 교사들에 대한 감독이 어렵다. 다섯째, 교사에 대하여 관료제와 다른 통제 수단을 활용한다. 즉 교사자격증 요구, 표준화된 교육과정과 교과서 사용 등이 그것이다.

(2) 조직화된 무질서 조직(Organized Anarchy)

가. 개념

Cohen, March와 Olsen(1972)은 학교조직을 조직화된 무질서(Organized Anarchy)조직이라고 하였다. 학교는 분업과 전문화에 기초한 역할분담, 권위의 위계구조 등 공식구조로서의 외형을 갖추고 있지만, 실제에서는 그 관계가 명확하지 못하고 매우 모호하고 혼란스럽다.

나. 특성

이러한 조직이 가지는 특성으로는 첫째, 목표가 불분명하다. 교육조직의 목적은 자아실현, 지덕체 함양처럼 구체적이지 못하고 분명하지 않다. 둘째, 기술이 불확실하다. 투입과 산출의 인과관계가 불명확하여, 학교에서 사용된 어떤 기술이 학습자의 목표달성에 어떠한 영향을 미치는지 분명하지 않다. 셋째, 참여자의 유동성이 높다. 학생은 입학한 후 일정한 기간이 지나면 졸업한다. 교사와 행정가도 때때로 이동하며, 학부모와 지역사회 관계자도 필요시에만 참여한다.

(3) 이완조직(loosely coupled system)

가. 개념

Weick(1976)은 학교조직을 이완결합체제로 설명하였다. '이완결합'(loosely coupled)이란 연결된 각 사건이 서로 대응되는 동시에 각각 자체의 정체성을 보존하면서 물리적·논리적 독립성을 갖는 경우로서 이들의 결합관계는 견고하지 않으며 상호 간에 영향력이 약하고 제한적이다. 즉 최소한으로 상호의존하는 요인 간의 약한 또는 간헐적인 결합관계를 의미한다.

나. 내용

교사는 일상적인 학교관리에서는 감독을 받지만 다른 한편, 교사들의 전문적인 결정권은 상당히 많고 교실수업에 대한 자율권은 매우 높다. 예컨대, 교사에 대한 통제는 이완된 형태로 이루어진다. 학교의 핵심적인 활동인 수업에 대해 감독이 어렵고 수업활동에 대한 평가도 보통 겉치레로 행해지고 있다.

다. 특성

이완조직에서 나타나는 특성은 다음과 같다. 첫째, 환경 변화에 적응하기 위해 한 조직에서 이질적인 요소들이 공존하는 것을 허용한다. 둘째, 광범한 환경 변화에 대해 민감하여야 한다. 셋째, 국지적인 적응을 허용한다. 넷째, 기발한 해결책의 개발을 장려한다. 다섯째, 다른 부분에 영향을 주지 않는 한 체제의 한 부분이 분리되는 것을 용납한다. 여섯째, 체제 내의 참여자들에게 보다 많은 자유재량권과 자기 결정권을 제공한다. 일곱째, 부분 간의 조정을 위하여 비교적 소액의 경비가 요구된다.

Meyer와 Rowan은 수업은 관료구조와 관련되어 있지 않다고 하면서 학교를 이완결합체제로 본다.

따라서 수업측면(교육평가와 교육과정, 교수방법, 교육권 등)에서 교육행정가는 교사를 통제할 위치에 있지 못하기 때문에 학교는 이완조직의 측면에서 신뢰의 논리에 의해 운영되어야 한다고 주장한다.

(4) 이중조직

가. 개념

학교는 수업과 관련해서는 느슨한 결합구조를 지니지만 행정관리의 측면에서는 엄격한 결합구조(관료제적 특성)를 갖는 이중조직이다.

나. 내용

이중조직은 학교의 수업(또는 교수-학습과정)과 관련된 전문적 영역에서는 상급자와 교사가 느슨하게 결합되어 있다. 수업을 제외한 학교경영활동에서는 교장과 교사가 보다 엄격한 결합을 맺고 있는(◎ 인사관리, 학생관리, 시설관리, 재무관리, 사무관리 등) 관료제적 특성을 가진다. 이러한 조직을 관리함에 있어 지나친 독립성이 조직의 생산성과 효율성을 떨어뜨릴 수 있는 반면, 엄격한 경직성도 교사들의 사기를 떨어뜨려 과업수행의 효과를 감소시킬 수 있다. 따라서 학교행정가는 느슨한 결합과 엄격한 결합의 단점을 극복하고 양자의 순기능을 최대한 확보할 수 있는 안목과 전략 수립 능력을 갖추어야 한다.

> 교육행정 논술예제 ❺ 민츠버그의 기계적 관료제와 전문적 관료제를 설명하고 그 시사점을 논하시오.

3. 민츠버그(Mintzberg)의 구조모형

민츠버그는 조직 구조를 분석하기보다 종합적인 틀을 제시하고 있는데, 조직이 과업에 따라 작업자들을 나누고 이들 간의 조정을 이끌어 내는 방식으로 구조를 설명하였다.

(1) 조정기제

조직이 과업을 점검하고 통제하기 위한 수단으로 민츠버그는 다섯 가지를 꼽고 있다. 첫째, 상호적응(mutual adjustment)은 비공식적인 의사소통을 통한 조정이며, 둘째, 직접감독(direct supervision)은 개인적 명령을 통한 조정이며, 셋째, 작업과정의 표준화(standardization of work processes)는 작업내용을 세분화함에 의해서 이루어지고, 작업과정은 단계별로 세분화된다. 넷째, 산출의 표준화(standardization of outputs)는 작업의 결과를 세분화함에 의해서 얻어지며, 다섯째, 기술의 표준화(standardization of skills)는 작업을 간접적으로 통제하는 조정기제이다. 성공적인 작업수행에 필요한 훈련을 구체화함으로써 지식과 기술이 표준화된다.

(2) 조직의 주요부분

조직의 주요부분 또한 다섯 가지로 구분하고 있다. 첫째, 운영핵심층(operating core)은 제품 및 서비스생산과 직접적으로 관련을 가지는 기본적인 과업과 활동을 수행하는 사람으로 구성되어 있다.

학교에서 보면 교사들이 운영핵심층이며, 교수－학습이 핵심적인 산출이 된다. 둘째, 전략적 고위층(strategic apex)은 조직이 설정된 목적을 효과적으로 달성할 수 있도록 하는 책임을 부여받은 최고행정가들로 구성된다. 교육자치단위에서 보면, 교육감과 실·국장들이 여기에 해당된다. 셋째, 중간관리층(middle line)은 공식적 권한구조를 통해서 고위층과 운영핵심층을 연계시키는 행정가들로 구성되어 있다. 교육자치단위에서 보면, 학교장들이 여기에 해당된다. 넷째, 기술구조층(technostructure)은 계획을 책임 맡고 있는 행정부서를 뜻한다. 이 부서는 구성원의 과업을 표준화하고 또 조직을 환경에 적응시키기 위하여 기술을 적용하는 분석가로 구성되어 있다. 교육과정담당 장학사와 수업담당 장학사는 학교의 기술구조층의 구성원이다. 다섯째, 지원부서(support staff)는 조직을 지원해 주기 위해서 존재하는 단위로 구성되어 있다. 학교의 경우 시설, 재정, 서무, 식당 등이 여기에 포함된다.

(3) 구조모형

① 단순구조(simple structure)는 전략적 고위층이 가장 중요한 부분이며, '직접감독'이 조정기제의 중심을 이룬다. 고도로 권한이 집중화되어 있고 구성원 간에 비공식적인 과업수행관계를 가지고 있다. 최고행정가는 규정과 규칙에 의해서 구속받지 않는 비공식적인 분위기에서 강력한 전제적 리더십을 행사한다. 분업과 전문화 등이 거의 없고 적은 행정계층만 있다.

② 기계적 관료제(machine bureaucracy)는 기술구조층이 조직의 중요한 부분을 이루며, '작업과정의 표준화'가 주된 조정기제로 사용된다. 고도의 집권화와 규칙과 규정이 구조를 지배하며, 공식적 의사소통이 중시된다. 의사결정은 권한의 위계에 따라 행해진다. 즉 베버의 관료제 구조와 유사하다. 전략적 고위층과 더불어 기술구조층의 권한이 막강하다. 왜냐하면 기술구조층의 역할이 조직의 작업과정을 표준화하는 것이기 때문이다. 그리고 기계적 관료제에서는 작업수행과정이 단순하고 일상적이며 반복적이다.

③ 전문적 관료제(professional bureaucracy)는 운영핵심층이 조직의 중요한 부분을 이루며, '기술의 표준화'가 주된 조정기제로 사용된다. 기계적 관료제는 직위에 부여된 권한에 의존하지만 전문적 관료제는 지식과 전문성의 권위에 의존한다. 구성원들의 관계가 느슨하게 결합되어 있으나 고객과는 밀접한 관계를 가진다. 전문가들 간에 민주적인 관계가 형성된다. 행정구조는 비교적 단층구조로 되어 있다. 많은 권한이 운영 핵심층의 전문가들에게 주어지기 때문에 권한이 분산된다.

④ 분할된 형태(사업부형태)(divisionalized form)는 중간관리층이 조직의 중요한 부분을 이루며, '산출의 표준화'가 주된 조정기제로 사용된다.

⑤ 특별위원회(애드호크라시)(adhocracy)는 지원부서가 조직의 중요한 부분을 이루며, '상호적응'이 주된 조정기제로 사용된다.

4. 홀(Hall)의 교육조직 구조

홀(Hall)의 연구는 관료화의 정도를 측정하려고 초기에 시도된 체계적인 연구 중의 하나로서 관료구조의 여섯 가지 중요한 특징을 측정하기 위해 조직 조사표를 개발하였다.

(1) 두 가지 조직형태

완전히 통합된 하나의 관료제가 아닌 두 가지 패턴의 합리적 조직이 존재한다. 첫 번째 유형의 특징들을 '관료적'으로, 두 번째 유형의 특징들을 '전문적'으로 분류하였다. 이 두 가지 패턴은 독립적이거나 부적 상관관계를 지니고 있었다.

조직특징	조직패턴
권위의 위계	관료적(bureaucratic)
직원들에 대한 규칙	
절차 상세화	
비정성	
기술적 능력	전문적(professional)
전문화	

(2) 학교조직구조 유형

학교의 조직구조를 유형화하면 다음의 네 가지로 나누어 볼 수 있다. 첫째, Weber 형은 학교구조는 전문화와 관료화가 상호보완적인 관계에 있는 구조이다. 양 차원이 모두 높다. 이 유형은 Weber가 기술한 이상적 형태와 비슷하다. 둘째, 권위주의형(authoritarian) 구조는 관료적 권위를 강조한다. 권위는 직위와 위계에 토대를 두고 있다. 규칙, 규제 및 명령에 대한 복종이 조직운영의 기본원리가 된다. 권력은 집중되어 있고 하향적으로 집행된다. 셋째, 전문형(professional) 구조는 의사결정이 전문적인 직원들에게 위임되어 있는 구조이다. 직원들은 전문지식과 능력을 갖춘 전문가로 간주된다. 규칙과 절차는 동일하게 적용되는 엄격한 형태가 아니라 가이드로서 작용한다. 넷째, 혼돈형(chaotic) 구조는 전문화와 관료화 정도가 모두 낮으며, 따라서 혼란과 갈등이 일상의 조직운영에서 나타난다. 모순, 반목 및 비효과성이 조직 전반에 퍼져있다. 다른 구조유형으로 이동하려는 강력한 압력이 늘 제기된다.

		전문성정도	
		높음	낮음
관료성 정도	높음	베버형	권위주의형
	낮음	전문형	혼돈형

PART 6

1. 동기의 개념 및 유형

동기란 인간의 행동을 유발하고 그 행동을 유지·지속시키며, 그들을 일정한 방향으로 유도하는 과정이다. 동기이론은 내용이론과 과정이론으로 구분된다. 첫째, 내용이론은 인간이 지닌 욕구나 충동이 무엇이며 그것의 우선순위를 확인하는 데 주로 관심을 두고, 사람이 충족·획득하고자 하는 목표가 무엇인지 관심을 갖는다. 대표적인 이론으로 Maslow의 욕구위계이론, Alderfer의 ERG이론, Herzberg의 동기위생이론, McGregor의 XY이론, Argyris의 성숙 미성숙 이론 등이 있다. 둘째, 과정이론은 인간이 목표를 달성하기 위해 노력하는 과정에 관계된 요인은 무엇이고 각 요인이 어떻게 상호 관련되는가를 밝히는 데 관심을 두고 있다. Vroom의 기대이론, Lawler와 Porter의 기대이론, Adams의 공정성이론, Locke의 목표설정이론 등이 여기에 해당된다.

2. 동기의 내용이론

(1) Maslow의 욕구위계모델(Need Hierarchy Model)

Maslow는 인간의 욕구란 개인이 내적 균형을 획득하기 위하여 어떤 행위 과정을 추구하도록 하게 하는 내적 불균형의 상태라고 보았다. 욕구위계모델의 기본명제는 다음과 같다. 첫째, 아래 욕구가 충분히 충족 시 다음 욕구가 충족을 요구한다. 둘째, 충족되지 못한 욕구만이 행동을 유발하는 동기가 된다. 셋째, 개인의 욕구들은 보편적인 것이며 위계적으로 배열되어 있다.

메슬로우는 인간의 욕구는 다섯 가지로 구분된다고 보았으며, 각각의 욕구는 계층을 이룬다고 하였다. 가장 기본이 되는 욕구부터 순서대로 살펴보면 다음과 같다. 첫째, 생리적 욕구(physiological needs)는 인간의 생명을 유지하기 위한 가장 기본적인 욕구로서 물, 음식, 은신처 등이 예가 된다. 둘째, 안전의 욕구(safety and security needs)는 정신적·육체적 안전을 얻고 싶어하는 욕구로서 육체적 위협으로부터 보호, 경제적 안정, 질서 있는 환경 등이 있다. 셋째, 사회적 소속감의 욕구(belonging, love, and social activities)로서 동료집단에 소속되어 우의와 우정을 나누고 싶어하는 욕구이며, 애정, 수용, 친선 등을 추구하는 것이 여기에 해당된다. 넷째, 존경의 욕구(esteem needs)는 타인으로부터 높은 평가와 존경을 받고 싶어하는 욕구와 자기존경욕구 두 가지로 구분할 수 있다. 다섯째, 자아실현의 욕구(self-actualization or self-fulfillment)는 인간이 잠재적 능력을 실현하고, 최대한 자기발전·창조성을 발휘하려는 욕구로서 성장, 성취, 진보를 추구하는 것이 여기에 해당된다.

이러한 매슬로우의 욕구위계이론을 교육현장에 적용해 본다면 다음과 같은 예를 생각해 볼 수 있다. 첫째, 학교폭력으로 인한 안전욕구의 불충족은 학생이 공부하는 일에 집중하기 어렵게 한다. 둘째, 안전욕구가 강한 교사는 변화에 저항할 수도 있고 이러한 욕구를 충족시킬 수 있는 직무의 안전성과 재해보상프로그램 및 퇴직프로그램을 원할 수 있다. 셋째, 교사의 존경 욕구는 자율성, 존경 및 전문적 능력을 추구하도록 교사의 행동을 유발할 수 있다.

	일반요구	욕구수준	조직요인
복잡한 욕구	성장	자아실현욕구	도전적인 직무
↑	성취	(5)	조직 내에서의 발전
|	진보		일의 성취
|	자기 존경	존경욕구	직책
|	타인으로부터 존경	(4)	지위상징
|	인정		승진
|	애정	사회적 욕구	감독의 질
|	수용	(3)	경쟁적인 작업집단
|	친선		전문적인 친선
|	안전	안전욕구	안전한 근무조건
|	안심	(2)	특별급여
|	안정		직업안정
|	물	생리적 욕구	냉·난방시설
↓	음식	(1)	기본급여
기본적 욕구	은신처		근무조건

(2) McGregor의 X, Y이론

맥그리거는 매슬로우의 욕구위계이론을 바탕으로 인간을 보는 관점을 두 가지로 구분하였는데, 조직에 대한 전통적 관리체제를 정당화시켜 주는 인간관을 X이론, 인간적 측면에 착안하여 조직의 새로운 관리체제를 지지해 주는 인간관을 Y이론이라고 하였다. X이론은 매슬로우의 욕구위계 가운데 하위욕구를 중시하는 것이며, Y이론은 상위욕구를 중시한다. 맥그리거는 조직의 관리자가 인간을 보는 관점이 X이론과 Y이론 중 어떤 것을 선호하는가에 따라 조직의 구성원에 대한 동기유발 방법이 달라질 것이라고 설명하였다.

각 이론의 인간관과 관리전략을 비교해 보면 다음과 같다. 먼저 X이론에서는 인간을 첫째, 본성적으로 일을 싫어하며 되도록 일을 회피하려고 한다. 둘째, 일을 시키고자 하면 강제, 명령, 위험, 벌칙 등이 가해져야 한다. 셋째, 명령받는 것을 좋아하며, 책임지기를 싫어하고 야심 없이 안정된 생활만 추구하는 수동적, 피동적, 소극적인 경향이 있다고 본다. Y이론에서는 인간을 첫째, 일을 반드시 싫어하지는 않고, 상황이나 조건에 따라서 일을 보는 견해가 다르다. 둘째, 조직의 목표달성을 위한 활동은 수동적인 명령 위협도 있지만 개개인의 능동적인 활동도 중시한다. 셋째, 인간은 자발적이고 의욕적인 참가를 통해 보람을 느끼고, 책임의식을 갖고 자기존경욕구를 갖기에 충실히 기쁘게 일하는 존재로 본다.

관리전략 면에서 X이론은 권위적이고 강압적인 리더십을 행사하고, 행동을 지시하고 그들의 행동을 통제하려 하며, 경영자는 구성원을 설득과 보상을 통해 처벌하고 통제하려 한다. 이와 달리 Y이론에서는 구성원이 가지고 있는 잠재력, 작업동기, 책임수행 능력 등을 발전시키는 것은 경영의 책임으로 본다. 따라서 경영자는 조직의 제반 여건과 운영방법을 개선하여 구성원들로 하여금 조직목표를 위해서 스스로 노력하도록 유도해야 한다고 본다.

(3) Herzberg의 동기·위생이론(양요인설)

가. 개념

욕구위계이론처럼 동기·위생이론도 동기를 유발하는 요인을 탐색하였다. 그런데 허즈버그는 개인 내부에 있는 욕구보다는 인간이 일에 대하여 긍정적 혹은 부정적 태도를 유발하는 요인이 무엇인지 탐색하기 위하여 작업환경에 초점을 두었다. 허즈버그는 직무 만족에 기여하는 요인(만족 요인)과 직무 불만족(불만족 요인)에 기여하는 요인이 별개로 존재한다고 주장하였다.

동기·위생이론의 기본가정은 세 가지이다. 첫째, 직무 만족과 불만족을 설명하는 두 가지의 상호 구분되는 요인이 있다. 둘째, 동기요인은 만족을 만들어내는 경향이 있고, 위생요인은 불만족을 낳는 경향이 있다. 셋째, 직무 만족과 불만족은 반대적인 개념이 아니라 상호 구분되는 독립된 차원이다. 동기요인(직무 만족)의 반대 개념은 무만족이며, 위생요인(직무 불만족)의 반대 개념은 무불만족이다.

나. 동기요인(motivation factors)과 위생요인(hygiene factors)

만족요인은 동기요인이라고도 하는데, 조직 구성원의 만족은 주로 직무(업무 자체)로부터 도출된 인간의 내적·심리적인 요소와 직접적으로 관련된 것으로 본다. 예컨대, 직무와 관련된 성취감, 성취에 대한 인정, 도전적인 작업 그 자체, 책임감, 발전, 성장가능성 등이 여기에 해당된다. 이러한 동기요인이 만족되면 직무에 대한 긍정적 태도를 유발하고, 과업성취에 긍정적인 기여를 하는 경향이 있다.

이와 달리 불만족 요인은 위생요인이라고도 하는데, 조직 구성원의 불만족은 대체로 과업수행의 상황이나 작업환경(work environment)과 연관된 것으로 본다. 조직의 정책과 행정, 기술적 감독, 직업안정, 보수, 상급자나 동료들과의 인간관계, 근무조건, 지위, 신분 등이 여기에 해당된다.

다. 결론

동기요인들이 충족되면 만족을 증가시키게 되지만, 동기요인이 충족되지 않았을 때에는 단지 최소한의 불만족만이 나타난다고 가정한다. 한편, 위생요인들이 충족되지 않을 경우에는 부정적인 태도가 나타나 직무불만족을 낳게 된다. 즉 위생요인의 충족은 최소한의 직무만족만을 가져올 뿐이라는 것이다. 요컨대, 행정가들은 두 가지 차원의 요인이 있다는 것을 인식해서 직무에서 불만족을 가져오는 요소(위생요인)를 제거하고, 가르치는 일을 도전적이고 흥미롭게 설계하고 풍요롭게 만들어야 한다.

라. 학교에의 적용

대부분의 경영자들은 위생요인에만 관심을 집중하는 경향이 있는데 허즈버그에 따르면 이러한 위생요인은 동기에 영향을 별로 주지 못한다. 이에 허즈버그는 직무재설계의 방식으로 직무풍요화를 제시하였다. 직무풍요화란 조직원이 자기가 맡은 일에 관련된 권한을 확충하여 줌으로써 책임감을 높이고, 동시에 심리적으로 성장감을 느끼게 한다는 것이다.[8]

---

8 Hoy & Miskel(2008). Educational Administration: Theory, Research, and Practice, 오영재 외(역)(2007). 교육행정-이론, 연구, 실제, 아카데미프레스.

마. 비판

상호 배타성에 대한 오류 즉 연구에서 동기요인은 만족요인임과 동시에 불만족요인으로 자주 나타난다. 예컨대 보수는 불만족 요인이 아니며, 어떤 사람들에게는 동기요인으로 작용한다.

◆ 동기의 내용이론의 종합·비교 ◆

수 준	Taylor & Mayo	F. Herzberg	A. Maslow	C. Alderfer	D. McGregor	Argyris
상위 욕구 내적 동기	인간관계론 (E.D.Mayo)	동기요인	자아실현 욕구	성장욕구	Y 이론	성숙이론
			존경의 욕구	관계욕구		
			사회적 욕구			
하위 욕구 외적 동기	과학적 관리론 (F.W.Taylor)	위생요인	안전의 욕구	생존욕구	X 이론	미성숙이론
			생리적 욕구			

3. 동기의 과정이론

> 교육행정 논술예제 ❼ Vroom의 기대이론의 주요내용을 설명하고 이 이론을 적용하여 교사의 동기유발을 위한 방안을 논하시오.

(1) Vroom의 기대이론(expectancy theory)

가. 기본가정과 구성요소

기대이론은 다음과 같은 네 가지 가정을 근거로 한다. 첫째, 인간은 자신의 욕구, 동기, 과거의 경험에 대한 기대를 가지고 조직에 들어오는데, 이들은 각 개인이 조직에 어떻게 반응하는지에 영향을 미친다. 둘째, 개인의 행동은 의식적인 선택의 결과이다. 즉, 인간은 자신의 기대치 계산에 의해 자신이 취할 행동을 선택한다. 셋째, 높은 수준의 보수, 직업안정, 승진 등과 같이 각 개인이 조직에 대해 원하는 바가 각자 다르다. 넷째, 인간은 산출을 극대화할 수 있도록 여러 대안 중에서 선택한다.

기대이론의 구성 요소는 다음과 같다. 첫째, 유인가(valency)는 목표의 매력성 또는 인지된 가치이다. 둘째, 성과기대 또는 기대감(expectancy)는 노력과 성과의 연계 즉 노력이 어떤 수준의 성과를 가져올 것이라는 신념의 강도이다. 예컨대, 교사가 노력함으로써 학생의 성취를 높일 확률이 높다고 생각한다면 그 교사는 높은 성과기대를 가지고 있는 것이다. 셋째, 보상기대 또는 수단성(instru-mentality)은 성과와 보상의 연계 즉, 과업수행의 1차적 산출의 결과로서 받게 될 특별한 보상에 대한 지각된 확률이다. 예컨대, 교사가 자기 학급의 학생들의 높은 성취가 자신의 교수능력을 공식적으로 인정받는 결과를 가져올 것이라고 생각하면 그 교사는 높은 보상기대를 가지고 있는 것이다.

나. 내용

기대이론에서 동기=f(성과기대×보상기대×유인가)로 본다. 즉, 동기의 강도는 성과기대, 보상기대 그리고 유인가가 상호작용한 것의 함수이다. 가장 강력한 동기를 유발할 수 있는 세 가지 유인의 조합은 높은 긍정적 유인가, 높은 성과기대, 높은 보상기대이다. 이러한 세 요인 중 어느 한 가지 요소라도 영의 상태에 가깝다면 동기가 강하지 않을 것이다.

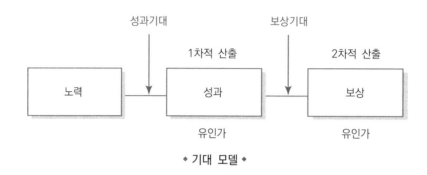

◆ 기대 모델 ◆

교육행정 논술예제 ❽ 교사의 동기유발을 위한 직무설계 프로그램의 주요이론을 설명하고 이를 적용하여 교사의 동기유발 방안을 논하시오.

4. 교사의 동기유발을 위한 직무설계 프로그램

(1) 의 의

직무재설계 프로그램은 사람들의 작업에 대한 동기를 유발시키기 위해 직무의 내용과 과정을 바꾼다. 동기유발의 관점에서 직무에 대한 외재적인 보상이나 유인보다는 직무자체의 내재적 측면을 증가시킴으로써 개인의 동기를 유발하고자 한다.

(2) 직무확장(직무풍요화, job-enrichment)이론

허즈버그는 직무재설계의 방식으로 직무풍요화를 제시하였다. 직무풍요화란 조직 구성원에게 자기가 맡은 일에 관련된 권한을 확충하여 줌으로써 책임감을 높이고 동시에 심리적으로 성장감을 느끼게 하여 동기를 유발하고 업무성과를 향상시키는 방법이다.

직무풍요화는 고객에 대한 봉사를 위주로 하는 업무체계에 적절하며, 작업결과를 담당자에게 알려주는 피드백 체제를 갖추어야 한다. 또한 부단한 연찬을 통한 새로운 지식과 기술을 습득할 수 있는 기회를 제공하고, 작업수행에 필요한 자원을 스스로 통제할 수 있는 재량권을 부여하며, 작업수행에 필요한 정보원에 직접 연결되도록 의사소통체계를 개선할 때 효과적이다. 그리고 결과에 대해 스스로 책임을 질 수 있는 체제를 마련할 때에 의도한 목적을 달성할 수 있다.[9]

---

9 신현석 외(2013). 전게서.

(3) 직무특성이론

1970년대 후반 이후 직무재설계에 대한 지배적인 이론은 직무특성모형이다. 이 이론은 Maslow의 욕구위계이론, Herzberg의 직무확장이론, 기대이론을 기초로 설계되었다. 직무특성이론은 직무특성과 개인적 차이가 어떻게 상호작용하여 개인의 직무만족, 동기유발, 생산성 등에 영향을 주는가를 설명하는 이론이다.

직무특성에 의해 구성원에게 주요 심리적 상태(바람직한 성과를 가져오게 하는 데 있어서 매우 중요한 요인으로 보람, 책임감, 결과에 대한 인지 등 세 가지가 있다)가 나타나고 이러한 심리적 상태가 결과(성과)를 가져온다. 주요 심리적 상태를 만들어주는데 작용하는 직무특성으로는 기술의 다양성 수준, 과업의 일체성, 과업의 중요성, 피드백 등이 있다.

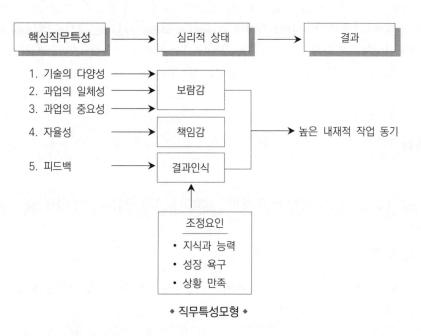

◆ 직무특성모형 ◆

직무특성이 세 가지 중요한 심리적 상태를 가져올 때 조직구성원의 내재적 동기는 유발된다. 직무특성모형에서의 직무재설계는 기본적으로 직무의 다섯 가지 핵심적인 특성을 개선함으로써 직무에 대한 내재적 동기를 증가시키고자 한다. 세 가지 심리적 상태의 의미를 살펴보면 다음과 같다. 첫째, 작업결과에 대한 보람감이다. 개인이 어떤 직무에서 그 일이 가치 있고 의미 있다고 느끼는 정도를 가리킨다. 어떤 일이 의미가 있으려면, 기술의 다양성(개인이 다양한 기술과 능력을 발휘할 수 있게 하는 활동), 과업의 일체성(개인이 수행하는 직무가 일의 전체 공정을 완성하는 정도), 과업의 중요성 (타인의 일에 미치는 영향의 정도)의 세 가지 특성이 필요하다고 가정한다. 둘째, 결과에 대한 개인적인 책임감이다. 개인이 한 일의 결과에 대해 개인적으로 책임감을 느끼는 정도를 말하는 것이다. 자율성은 책임감을 일으키는 직무특성으로 가정한다. 셋째, 결과에 대한 인식이다. 개인이 업무를 얼마나 효과적으로 수행하는지에 대해서 지속적으로 알고 이해하는 정도를 가리킨다.

(4) 교직의 경력단계 프로그램

최근 들어 우수한 교사들이 교직을 떠나는 현상이 심화되고 있으며, 교직은 납작한 구조(평교사−교감−교장)를 가지므로 교사들이 승진할 수 있는 기회가 별로 없다. 또한 교직은 창의성과 재능을 요구하는 힘든 일임에도 불구하고, 여전히 반복되는 업무의 특성을 지닌다. 따라서 경력단계 프로그램을 통해 직무풍요화 전략을 사용하여 교사가 직무 자체를 보다 흥미 있게 여기고, 그들의 자율성과 책임을 증가시키며, 심리적 성숙에 대한 기대를 증대시킴으로써 교사의 동기를 유발할 수 있어야 한다. 교사의 경력단계별 프로그램은 다음과 같다.

첫째, 수습교사 단계는 일차적으로 학생을 가르치면서 수석교사로부터 교과지도 및 학생지도에 대한 지도와 조언을 받고 정규교사가 되기 위한 수습기간을 마친다. 둘째, 정규교사 단계는 교과지도와 학생지도에 대한 독자적인 책임을 지고 자율성을 갖는다. 셋째, 선임정규교사 단계는 특수한 과제(예 교사연구, 수업연구, 교재개발)에 대한 책임이 확대된다. 넷째, 수석교사 단계는 교단교사로는 가장 높은 단계로 교실수업은 경감되고 동료교사를 지원해 주는 역할을 담당한다. 지원역할에는 교육과정의 개발 및 평가, 수습교사에 대한 지도 및 조언, 교과연구, 교사연수 등이다.

Ⅴ 리더십

교육행정 논술예제 ❾ 리더십 이론의 주요내용을 서술하고 학교 현장에 주는 시사점을 논하시오.

1. 리더십의 개념

리더십(leadership)이란 조직의 목표를 효과적으로 성취하기 위하여 구성원 개인 및 집단의 활동에 영향을 미치는 리더의 행위를 의미한다.

2. 리더십 특성론(위인론)

특성론은 리더십 연구에서 가장 전통적인 이론으로서, 리더는 어떤 특성을 구비해야 한다고 보고, 그것을 구비한 자는 어떤 집단이나 어떤 상황에서도 리더가 된다고 보는 입장이다. 이때 리더는 선천적인 리더십 특성을 지니고 있다고 보고, 리더가 공통적으로 구비하고 있는 특성과 자질을 연구하였다. 그러나 특성론에서 제시된 여러 가지 리더의 특성 간에 공통성이 결여되어 있어 일반화하기가 어렵고, 그러한 특성이 특성론에서 전제한 것처럼 타고난 것인지 후천적으로 형성된 것인지 설명하지 못한다는 비판을 받았다. 이러한 비판으로 한동안 연구되지 않다가 최근에는 타고난 특성보다는 업무에 필요한 특성(예 고위공직자의 청렴도)을 중심으로 다시 연구가 진행되고 있다.

3. 리더십 행위론(behavior theory)

리더십 행위론은 1950년대 사회과학에서 행태주의 연구가 도입되면서 그 영향을 받아 시작되었다. 행위론에서는 리더가 실제로 조직에서 행하고 있는 행위를 분석하여, 효과적인 리더와 비효과적인 리더의 행위를 비교분석하였으며, 리더십의 유형에 따라 조직의 효과성이 달라진다고 보았다.

(1) 미시간 대학의 리더십연구

Likert는 리더십을 직무중심 리더십과 종업원중심 리더십의 양차원으로 구분하였다. 조사결과 생산성이 높은 부서의 리더는 종업원중심의 태도를 갖고 있는 것과 달리, 생산성이 낮은 부서의 리더는 직무중심적인 태도를 갖고 있음을 발견하였다. 이를 통해 연구팀은 구성원의 과업과 과업 성취를 위한 방법을 강조하는 직무중심 리더보다 구성원의 개인적인 욕구와 인간관계의 개선을 강조하는 종업원중심 리더가 생산성을 높인다는 결론을 내렸다.

(2) 오하이오 주립대학의 리더십연구

조직의 목표를 달성하는데 효과적인 리더의 행위에 초점을 두었다. 즉, 효과적인 리더의 행위는 어떤 유형이며, 이 리더의 행위는 조직의 성과와 만족에 어떤 영향을 주는지에 관심을 두었다. 연구팀에서는 Hemphill 등의 '리더 행동기술질문지'(LBDQ: Leader Behavior Description Questionnaire)를 개발하여 구성원이 리더의 행동을 어떻게 지각하고 있는지 조사하였다. 조사결과, 구조성 차원(initiating structure)과 배려성 차원(consideration)이 별개의 리더십 유형임을 밝혔다.

구조성 리더는 구성원 각자에게 기대되는 역할을 분명히 하고, 임무를 배정하고, 계획을 세우고, 일처리 방법과 절차를 확립하며, 결실을 보기 위해 일을 추진한다. 이와 달리 배려성 리더는 리더와 구성원 간의 관계에 있어 상호 신뢰, 존경, 온화, 지원, 집단 구성원에 대한 관심을 나타낸다.

Halpin은 LBDQ를 적용한 비교연구를 통해 다음의 네 가지 리더십유형 중 높은 구조성과 높은 배려성이 가장 효과적인 리더임을 밝혔다. 그리고 교육감과 공군지휘관에게 LBDQ를 적용하여 비교한 연구에서는, 교육감은 공군지휘관에 비해 배려성 차원을 보다 강조하고 구조성 차원을 덜 강조한다는 결과와, 존경받지 못하는 리더의 대부분은 구조성과 배려성 모두 평균점 이하라는 결과를 도출하였다.

◆ Halpin의 리더십 유형 ◆

(3) Blake와 Mouton의 관리망(Managerial Grid)

리더 성향을 생산(과업)에 대한 관심과 인간(관계성)에 대한 관심으로 규정하고 관리망 모형을 제시하였다. 블레이크와 머튼은 관리망을 통해 다섯 가지 유형의 리더십을 도출하였다. 첫째, 무기력형(1.1형)이다. 리더가 조직에 계속 고용될 수 있을 정도의 최소한으로 요구되는 과업만을 수행한다. 둘째, 권위복종형(9.1형)이다. 리더는 권력, 권위, 통제를 통하여 생산을 극대화하는 데 관심을 두고, 인적 요인의 개입을 최소화 하는 방향으로 작업조건을 마련하여 능률성을 제고하려고 한다. 셋째, 사교형(1.9형)이다. 리더는 생산성이 저하되는 일이 있어도 동료 간에, 부하직원 간에 호감을 유지하는데 주로 관심을 갖고 인간관계를 개선하기 위해 노력하여 편하고 우정적인 조직 분위기를 조성하려고 한다. 넷째, 조직·인간 경영형(5.5형)이다. 리더는 현상에 순응하고 중도를 유지하거나 이럭저럭 잘 해나가는 데 집중하여 과업의 필요와 구성원 사기 간의 균형유지를 통한 적절한 성과를 달성하고자 한다. 다섯째, 팀경영형(9.9형)이다. 리더는 집단 구성원의 광범위한 참여를 통하여 양적·질적 개선을 위한 목표중심적 접근방법을 활용함으로써 구성원의 헌신으로 과업성취−공동이해를 통한 상호의존성이 신뢰와 존경의 관계를 형성하도록 한다. 가장 이상적인 리더십 유형은 팀경영형(9.9형)이다.

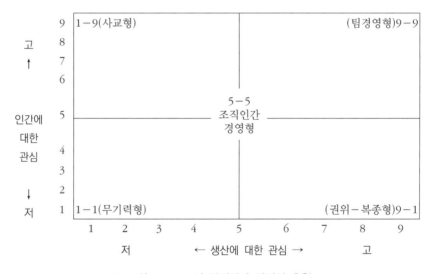

◆ Blake와 Mouton의 관리망과 리더십 유형 ◆

4. 상황적 리더십론(상황적합론 접근)

상황적 리더십론은 특성론이 강조하는 리더의 특성, 행동론의 리더십 유형, 상황론의 상황을 포괄하는 이론으로, 조직과 환경의 상호작용을 강조하는 개방체제이론의 영향을 받았다. 즉, 효과적인 리더십은 상황에 따라 달라진다는 것인데, 리더는 자신의 능력과 구성원의 욕구를 환경의 요구와 효율적으로 연계시키고, 조직·구성원·환경의 특성이 변하면 리더십을 그러한 상황에 적합하도록 변화시켜야 한다고 주장한다.

(1) Fiedler의 상황이론(contingency model)

가. 기본전제

리더십 유형과 효과성의 관계는 상황적 요소인 리더-구성원 관계, 과업구조, 지위권력의 세 가지에 따라 좌우된다.

나. 상황이론의 주요변인

$$\text{리더십유형} \rightarrow \left\{ \begin{array}{c} \text{리더-구성원 관계} \\ \text{과업구조} \\ \text{리더의 지위권력} \end{array} \right\} \rightarrow \text{효과성}$$

◆ 상황적 호의성 ◆

첫째, 리더십유형: 가장 싫어하는 동료척도(LPC: Least-Preferred Co-Worker Scale - 리더가 함께 일하기 가장 싫은 동료를 묘사하는 8점 척도로 된 18개 문항의 의미분석척도)로 측정하였다. 여기서 LPC 점수(64점 이상)가 높은 리더는 과업수행을 위해 인간관계를 중시하는 관계지향형 리더이며, LPC 점수(57점 이하)가 낮은 리더는 과업지향형 리더로 구분하였다.

지시: 당신이 현재 혹은 과거에 함께 일했던 동료 중, 가장 함께 일하기 싫은 혹은 싫었던 동료 한 사람을 생각하면서, 그 사람에 대한 당신의 느낌을 아래 난에 V표 하십시오.									
상쾌하다	8	7	6	5	4	3	2	1	불쾌하다
거부적이다.	1	2	3	4	5	6	7	8	수용적이다
협력적이다	8	7	6	5	4	3	2	1	비협력적이다
말썽을 피운다	1	2	3	4	5	6	7	8	조화를 이룬다
도움이 된다	8	7	6	5	4	3	2	1	거추장스럽다
멀다	1	2	3	4	5	6	7	8	가깝다
효과적이다	8	7	6	5	4	3	2	1	비효과적이다
음침하다	1	2	3	4	5	6	7	8	명랑하다

둘째, 상황의 호의성: 상황이 리더로 하여금 집단에 대하여 영향력을 발휘할 수 있도록 하는 정도를 의미하는 것으로 다음의 세 가지로 구성된다.

① 리더-구성원관계(leader-member relation): 리더가 가지고 있는 부하직원에 대한 신뢰, 리더에 대한 구성원의 존경도 등에 의해 평가된다.

② 과업구조(task structure): 부하들의 과업의 특성으로 과업이 명확하게 규정되고 수행방법이 체계화되어 있으면 구조화되었다고 하며, 그렇지 않은 경우에는 비구조화된 것이다.

③ 지위권력(position power): 리더가 합법적·보상적·강압적 권력을 가지고 부하의 행위에 영향을 줄 수 있는 능력을 소유한 정도를 의미한다.

다. 결론

상황이 매우 호의적이거나 아주 호의적이지 못할 경우에는 과업지향 리더십이 효과적이고, 상황의 호의성 정도가 중간 정도일 경우에는 관계지향적 리더십이 효과적이다.

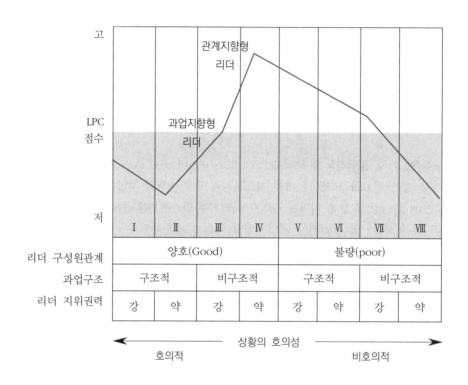

(2) Hersey와 Blanchard의 상황적 리더십 유형

허쉬와 블랜차드는 구성원의 성숙도를 중요한 상황요인으로 보고 이에 맞는 리더십 유형을 구분하여 제안하였다. 학교현장에서 교장은 교사의 성숙 수준이 향상될 수 있도록 과업지향성을 점점 낮추어 가는 리더십을 발휘해야 한다.

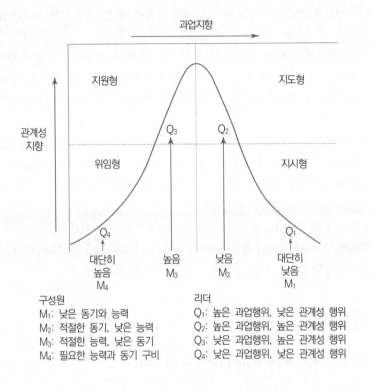

구성원
M₁: 낮은 동기와 능력
M₂: 적절한 동기, 낮은 능력
M₃: 적절한 능력, 낮은 동기
M₄: 필요한 능력과 동기 구비

리더
Q₁: 높은 과업행위, 낮은 관계성 행위
Q₂: 높은 과업행위, 높은 관계성 행위
Q₃: 낮은 과업행위, 높은 관계성 행위
Q₄: 낮은 과업행위, 낮은 관계성 행위

가. 구성요인

① 리더십 유형: 첫째, 과업 행위 중심의 리더는 구성원에게 무슨 과업을 언제, 어떻게 수행해야 할 것인가를 설명함으로써 일방적인 의사소통에 전념한다. 둘째, 관계성 행위 중심의 리더는 사회 정서적인 지원, 즉 심리적 위로를 제공하고 일을 촉진하는 행동을 함으로써 쌍방 의사소통에 전념한다.

② 구성원의 성숙도(상황적 변인): 첫째, 직무성숙도란 교육과 경험에 의하여 영향을 받게 되는 개인의 직무수행 능력을 의미한다. 둘째, 심리적 성숙도란 성취욕구와 책임을 수용하려는 의지를 반영한 개인적 동기수준을 의미한다.

나. 리더십 유형

① 지시형(설명형): 높은 과업, 낮은 관계성 유형이며, 구성원의 동기와 능력이 낮을 때 효과적이다.

② 지도형(설득형): 높은 과업, 높은 관계성 유형이며, 구성원이 적절한 동기를 갖고 있지만 낮은 능력을 지닌 경우에 효과적이다.

③ 지원형(참여형): 낮은 과업, 높은 관계성 유형이며, 구성원이 적절한 능력을 갖고 있지만 낮은 동기를 지닌 경우 효과적이다.

④ 위임형: 낮은 과업, 낮은 관계성 유형이며, 구성원이 높은 능력과 동기를 지닌 경우 효과적이다.

다. 연구결과

① 조직 구성원의 성숙수준이 미성숙 수준으로부터 성숙 수준으로 변화됨에 따라, 리더십 유형도

그에 맞추어 가운데 종모양의 곡선을 따라 변화해 나가야 한다. 이를 통해 효과성을 극대화 시킬 수 있다.

② 구성원의 성숙도 수준이 보통정도가 될 때까지는 과업행위를 감소하고 관계성 행위를 증가시키는 것이 효과적이다. 구성원의 성숙도가 보통이상이 되면, 과업행위와 관계성 행위 모두를 감소시키는 것이 효과적이다. 성숙도가 최고수준이 되면, 과업행위와 관계성 행위가 거의 필요 없게 된다.

③ 그림에 제시된 바와 같이 구성원이 낮은 동기와 능력을 가지고 있을 때(M_1), 리더는 집단 구성원의 역할을 규정하고, 행동을 지시해야 한다(Q_1). 구성원이 능력은 낮으나 적절하게 높은 동기를 가지고 있을 때(M_2), 리더는 약간의 방향을 제시하되 구성원들이 리더의 결정과 방향을 수용토록 지도해야 한다(Q_2). 구성원들이 적절하게 높은 능력은 가지고 있으나 낮은 동기를 갖고 있을 때(M_3) 리더 주도의 방향제시는 불필요하되 집단 구성원들이 동기화 될 수 있도록 의사결정에 참여시켜야 한다(Q_3). 구성원들이 높은 능력과 동기를 가지고 있을 때(M_4), 리더는 집단 구성원들에게 과업을 위임함으로써 집단에 대한 신뢰를 나타내야 한다(Q_4).

5. 새로운 리더십 이론

(1) 변혁적 리더십 이론(Transformational leadership)

가. 개요

변혁적 리더십이란 조직이 처한 위기 속에서 기대 이상의 직무수행을 가능하게 하는 리더십으로 1980년대에 대두되었다. 변혁적 리더십을 설명하기 위해 이전의 리더십이론을 거래적 리더십(Transactional Leadership)으로 구분하여 설명하고 있다. 거래적 리더십이란 주로 리더가 구성원에게 순종을 요구하고 그 대가로 보상을 제공하는 리더십이다. 이와 달리 변혁적 리더십은 번즈(Burns)와 배스(Bass)가 주장한 리더십으로 과업의 중요성과 가치의 증대를 통해 팀과 조직을 위해 자신의 이익을 초월하게 함으로써, 그리고 욕구를 자아실현의 욕구와 같은 고차원의 수준으로 높임으로써 기대이상의 성과를 달성하게 하는 리더십이다.

나. 거래적 리더십과 변혁적 리더십의 비교

관 점	변혁지향적 리더십	거래적 리더십
권위의 원천	리더의 도덕성에 대한 구성원의 신념에 기초, 카리스마적 권위를 바탕	공식적 지위에 근거, 합법적 권위를 바탕
구성원에 대한 동기부여	비전과 높은 가치의 제시 구성원의 발전에 대한 진정한 관심 조직에의 헌신	과업에 대한 보상과 이윤
주된 관심	조직의 보다 높은 가치, 즉 비전의 실현 조직 구성원의 능력 개발 조직 구성원의 신념, 가치, 욕구의 변화	거래를 통한 과업의 달성

요구되는 능력	미래에 대한 통찰력, 자신감, 헌신적인 노력, 정열적인 자세	합리적인 사고와 행동
시간경향성	장기적, 미래지향적	단기적, 현실지향적
의사소통	다방향적	수직적, 하향적

다. 변혁적 리더십의 특성

첫째, 이상화된 영향력(idealized influence): 구성원으로부터 신뢰와 존경을 받고 동일시와 모방의 대상이 되어 이상적인 영향력을 행사한다.

둘째, 영감적 동기화(inspirational motivation): 구성원들로 하여금 조직의 과업이 달성되고 발전할 수 있다는 기대와 도전감을 갖도록 하며, 비전을 공유하도록 구성원들을 동기화한다.

셋째, 지적 자극(intellectual stimulation): 기존 상황에 대해 새롭고 개방적인 방식으로 접근함으로써 구성원들이 혁신적이 되고 창의적이 되도록 자극한다.

넷째, 개별화된 배려(individualized consideration): 구성원들의 개인적 성장욕구에 관심을 보이며, 지원적 분위기에서 학습기회를 제공하여 그들의 잠재력을 발전시키고자 한다.

다섯째, 리더는 단순히 상황에 부합되는 특성을 지니고 그에 맞는 적절한 행동을 해 나가는 것이 아니라, 자신의 특성과 행동 스타일에 맞도록 상황자체를 변혁하고 개선해 나가는 것이 중요하다는 입장이다.

(2) 분산적 리더십(Distributed leadership)[10]

가. 의의

분산적 리더십은 최근 영미권 국가에서 교육 및 학교조직 개혁의 핵심적인 대안으로 여겨지고 있다. 그 이유는 분산적 리더십이 수평적 상호관계에 대한 시대적 요청과 아주 밀접하게 관련되어 있기 때문이다. 분산적 리더십은 조직 내 공식적·비공식적 리더들이 조직의 상황과 맥락에서 조직의 목표, 직면한 문제에 대한 의사결정을 공유하면서 리더십을 분산하여 조직효과성과 개인의 역량을 극대화하는 데 초점을 맞춘 이론이다. 구체적으로 분산적 리더십은 다음 세 가지를 핵심적인 요소로 한다.

나. 핵심요소

① 지도자 확대: 지도자 확대는 학교 내 교장·교감 선생님 등 공식적인 지도자뿐만 아니라 전문성을 갖춘 공식적·비공식적 교사지도자들을 포함한다. 이는 민주적 학교운영 및 의사결정과 맥을 같이 한다.

② 상황: 상황의 교소는 정례화된 활동, 도구, 인공물 들을 포함하는 요소이다. 여기서의 상황은 조직의 실재에 더 가까운 개념이라고 할 수 있다.

③ 조직문화: 분산적 리더십에서는 학교 내 구성원들의 상호 신뢰, 협력, 높은 집단효능감, 소통과 개방 등의 조직문화가 중요하다. 긍정적 조직문화는 분산적 리더십의 핵심적인 요소 중 하나이다.

10 주영효(2012). 분산적 지도성(한국교육행정학회 소식지, 제112호).

(3) 도덕적 리더십(Moral leadership)

가. 개념

변혁적 리더는 구성원에게 잠재된 동기를 찾아내고, 그들이 지닌 내적 동기를 만족시키고자 노력하며, 구성원이 능력을 발휘할 수 있도록 지원한다. 결국 변혁적 리더는 구성원을 리더로, 조직 내 리더는 도덕적 행위자가 되도록 조직 내 구성원과 리더를 자극하고 향상시킨다. 결과적으로 이는 보다 더 높은 수준의 도덕성, 즉 제3의 리더십 개념인 '도덕적 리더십'으로 나타나며, 1990년대 교육분야에서 많은 관심을 받기 시작하였다.

도덕적 리더십은 리더의 개인적인 자질에 기반을 둔 영향력으로 다른 사람으로부터의 존경이나 동일시 대상으로서 구성원에게 영향을 미치는 리더십을 말한다. 또한 구성원이 과업을 수행하는데 필요한 규범이나 가치 등을 조직문화 차원에서 내면화해 가는 영향력이다.

나. Sergiovanni의 학교의 네 가지 유형

도덕적 리더십은 Sergiovanni가 도덕적 측면에서의 선의(good-will)와 관리적 측면에서의 성공(success)이란 두 가지 차원을 조합한 학교의 네 가지 유형을 통해서 살펴 볼 수 있다.

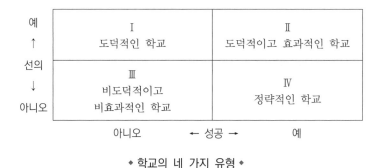

◆ 학교의 네 가지 유형 ◆

학교는 선의와 성공 두 가지 차원의 조합에서 네 가지 유형의 학교로 분류된다. Ⅰ상한의 도덕적인 학교에서 교직원은 선의에 의해 동기가 유발되지만 목적의 성취에 있어서는 성공적이지 못하다. 반면에 Ⅳ상한의 정략적인 학교에서 교직원은 선의에 의해 동기가 유발되진 않았지만 목적성취에 있어서는 성공적이다.

여기서 Ⅰ상한의 도덕적인 학교는 선의에 기초한 교장의 리더십을 구성원이 공유하면서 성공할 가능성이 증대될 것이다. 단기적으로 성공을 지향하는 Ⅳ상한의 학교보다는 장기적으로 Ⅰ상한의 학교의 성공가능성이 더 높다. 결국 교장이 지향해야 할 도덕적 리더십은 성공보다는 선의를 중시하는 Ⅰ상한과 Ⅱ상한의 학교를 만드는 리더십이라고 할 수 있다.

다. 도덕적 리더십의 통제전략

Ⅰ상한과 Ⅱ상한의 학교를 만들기 위한 전략으로 전문직업적 사회화, 목적설정과 공유가치, 동료의식과 상호의존성을 제시하고, 이러한 전략을 통해서 구성원이 일에 헌신하도록 하는 데 필요한 규범적

권력을 제공함으로써 이완구조의 상황에서 통제문제를 해결할 수 있고, 이러한 전략들이 성공할 경우 그것들은 교사들을 구성원에서 자기관리자로 변혁시킬 수 있다고 보았다.

(4) 초우량 리더십(Super leadership)

만즈(Manz)와 심스(Sims Jr.)가 주장한 리더십으로, 조직이 공식화된 권력, 권위에 의해 전통적 리더십에 따라 관리되기 때문에 비효과적이며, 오늘날의 조직은 구성원의 자율적 리더십(self leadership)을 개발하여 이용하는 새로운 리더십인 초우량 리더십을 필요로 한다고 하였다.

초우량 리더십은 리더만의 독특한 특성이나 능력보다는 구성원이 스스로 리더로서의 능력을 계발·활용할 수 있도록 하는 리더의 능력을 강조한다. 생산적인 구성원은 외적인 통제보다는 주체적이고 자기주도적인 내적 통제에 의해 과업을 수행하고 그 과업에서 성공을 거두는 사람들이다. 따라서 초우량 리더는 구성원이 스스로 자율적 리더십을 계발하고 이를 통해 조직의 과업수행을 효율화하고 조직의 생산성을 제고하는 방향으로 일할 수 있도록 역량을 발휘하는 사람이다.

초우량 리더십은 리더가 조직구성원 개개인을 리더로 성장시킴으로써 리더가 '구성원의 리더'가 아니라 '리더들의 리더'가 되게 하여 구성원을 리더로 변혁시키는 리더십이다. 이런 점에서 볼 때 초우량 리더십은 도덕적 리더십이 지향하는 바와 상당히 유사한 점이 있다.

(5) 문화적 리더십(Cultural Leadership)

문화적 리더십이란 인간의 의미추구 욕구를 만족시킴으로써 그 구성원을 조직의 주인으로 만들고, 조직의 통합을 가능하게 하는 효과적 리더십을 말한다. 리더는 조직의 기본가정인 신념체계, 즉 조직문화가 무엇인지 알아야한다. 리더의 중요한 역할 중 하나는 긍정적인 조직의 문화와 풍토를 조성하고 발전시키는 것이다. 이는 조직의 효과성을 지속적으로 개선하기 위해서는 구조적 접근만으로는 한계가 있으며, 그에 상응하는 변화에 대한 지원이 조직문화에서 일어나지 않으면 변화시키려는 행동과 구조는 오래 지속될 수 없기 때문이다.

학교는 구조적 의미에서 이완결합이지만 문화적 의미에서는 확고하게 결합되어 있다. 그래서 교사와 학생은 관료제적 규칙, 관리지침, 상황의존적인 교환, 합리적 실체의 이미지보다는 규범, 집단의 관습, 신념의 유형, 가치 등에 의해 더 잘 움직여진다. 따라서 Cunningham & Gresso는 미국의 교육개혁에서 수월성 추구를 위해서는 구조가 아닌 문화를 통해서 접근되어야 한다고 하였다.

(6) 교사 리더십[11]

교사 리더십은 1980년대 미국에서 교사의 '권한 강화'와 '분권화 전략'등이 우세해지면서 등장한 비교적 새로운 리더십 이론으로 학교 개혁의 주체로서 교사의 역할을 강조한다. 따라서 교사 리더십은 교사 중의 교사 혹은 교사 리더(teacher leader)의 역할뿐만 아니라 학교 변화와 혁신의 주체로서 모든 교사의 역할을 상징적으로 보여준다. 교사 리더십에는 교사의 의사결정 공유, 권한 강화, 팀워크 활동 등이 포함되는데, 보다 구체적으로 Lieberman과 Miller(2000)는 학교 조직 내에서 공식적이든 혹은

---

11 안암교육행정학연구회(2014). 학교중심의 교육행정 및 교육경영. 박영사.

비공식적이든 리더십을 발휘하는 교사의 특성과 역할을 다음과 같이 제시하고 있다.

① 전문가학습공동체(professional learning community) 참여: 교사 리더십을 발휘하는 교사는 전문성을 개발하고, 책임감 있게 자신의 직무를 수행하기 위해 전문가 학습공동체에 참여해야 한다.

② 공동의 리더십 실천: 전문가학습공동체 참여는 교사 리더십의 본질이 개인적 활동과 책임이 아니라 함께하는 공동의 리더십이라는 사실을 보여준다. 교실에서 리더 역할을 수행하는 교사나 교사들을 앞에서 이끄는 교사 리더 모두 학교라는 조직 내에서는 학생들의 학습에 대해 공동의 책임을 가지게 된다.

③ 학습중심으로 사고 전환: 과거의 교사는 교수활동에만 초점을 두었다. 하지만, 실질적인 수업 리더로서 학생들의 학습을 강조하는 교사는 학생들의 학습 진도, 학생의 배경 등을 고려하여 수업전략을 구상하고, 교육과정을 편성해야 한다.

CHAPTER

17 교육행정의 실제

I 교육 정책

1. 단위학교 책임경영제

(1) 의 의

의사결정 권한의 단위학교 이양과 교육주체의 참여를 통해 학교운영의 자율과 재량을 확보하고, 학교 운영의 결과에 대한 책무성 확보를 통하여 교육의 질적 향상을 시도하는 제도라 할 수 있다.

(2) 기본전제

첫째, 교육주체들이 의사결정을 내릴 때 학교교육에 대한 가장 적절한 의사결정을 함으로써 교육의 적합성·대응성(responsiveness)을 제고할 수 있다는 것이다. 둘째, 단위학교의 변화는 학교 구성원들이 의사결정에 대한 권한을 가짐으로써 주인의식을 지닐 때 가능하다는 것이다. 다시 말해, 학교당사자들에게 권한을 부여하여 주인의식을 높이고 전문성을 자극하며 조직을 건강하게 만들어 결과적으로 교육체제 전반의 개선을 가져온다는 것이다. 셋째, 자율부여에 따른 교육결과에 대한 책임을 강조함으로써 책무성 제고를 가져올 수 있다.

(3) 구체적인 제도

① 조직: 학교운영위원회
② 인사: 교원초빙제, 교장공모제
   교장공모제는 학교를 효율적으로 조직·관리하고 지원할 수 있는 탁월한 역량과 전문성을 갖춘 인사를 교장으로 임용하기 위해, 현재의 승진 임용제도와는 달리 공개모집을 통해 교장을 임용하는 제도이다. 이 제도는 기존 승진 임용방식보다 교장 지원 자격 요건을 완화하고, 민주적이고 투명한 공모 절차를 적용하는 등 교장 임용과정에서 개별학교의 자율성과 특수성을 반영할 수 있는 것이 장점이다. 그러나 교장임용은 원칙적으로 임명제이고 예외적으로 시행되고 있으며, 현재까지는 자율학교 및 초빙교장제 학교를 대상으로 실시하였다.
③ 재무: 학교회계제도
④ 교육과정: 제7차 교육과정의 분권화 경향

2. 교육자치제도

(1) 교육자치제의 개념 및 원리

교육자치제란 인사와 재정을 비롯하여 교육행정을 일반행정으로부터 분리, 독립시킴으로써 행정의 제도, 조직면에서 교육의 자주성을 보장하려는 것이다. 교육자치제의 기본 원리는 다음과 같다.

첫째, 지방분권의 원리로서 지방교육행정기관이 중앙으로부터 독립해서 독자적, 자율적으로 의사결정권을 가지고 지역의 특성과 실정에 맞는 교육을 해야 한다는 원리이다.

둘째, 주민참여(주민통제)의 원리로서 주민이 대표를 통하여 의견을 반영하여야 한다는 원리이다. 현행 제도에서 교육감의 주민직선 및 주민소환제를 실시하는 것은 주민통제의 원리와 밀접한 관계가 있다.

셋째, 교육행정 독립의 원리(자주성의 원리)로서 지방교육행정기관을 일반행정으로부터 분리 독립시켜서 교육의 독자성·특수성을 인정하고 그 자주성과 정치적 중립성을 보장하여야 한다는 원리이다. 현행 제도에서 교육감을 교육과 학예에 관한 집행기관으로 두는 것과 교육감의 선출자격에서 과거 1년 동안 정당의 당원이 아니어야 한다는 규정은 이 원리와 밀접한 관계가 있다. 그러나 2014년부터 교육의원제도를 폐지하는 것은 자주성의 원리상 문제가 있을 수 있다.

넷째, 전문적 경영의 원리로서 교육에 관한 깊은 이해와 고도의 교육행정 식견을 갖춘 전문요원들에 의해 교육활동이 관리·운영되어야 한다는 원리이다. 현행 제도상 교육감의 선출자격으로 교육경력 또는 교육행정경력을 요구하는 것은 이와 밀접한 관계가 있다.

(2) 우리나라의 현행 교육자치제도

우리나라의 교육자치제도는 시·도 단위의 광역 지방교육자치제도를 실시하고 있다. 지방교육자치제도는 교육·학예에 관한 사무를 별도의 집행기관과 의결기관으로 독립하여 상호 견제와 균형을 맞추는 것이 이상적이나 현행 제도는 집행기관은 독립되어 있지만 의결기관은 일반 지방자치와 통합되어 있다. 시도교육청의 하위행정기관으로 시·도의 교육·학예에 관한 사무를 분장하기 위해 1개 또는 2개 이상의 시·군 및 자치구를 관할구역으로 하는 "시·군·구교육지원청"을 두고 있다.

우선, 교육감은 시·도의 교육·학예에 대한 집행기관으로서 주민의 보통·평등·직접·비밀선거에 따라 선출한다(주민직선제). 교육감의 임기는 4년으로 하며, 계속 재임은 3기에 한한다. 교육감의 선출자격은 교육경력 또는 교육행정경력이 3년 이상 있거나 양 경력을 합하여 3년 이상인 자이다. 교육감은 법령 또는 조례의 범위 안에서 그 권한에 속하는 사무에 관하여 교육규칙을 제정할 수 있다. 주민은 교육감을 소환할 권리를 지닌다.

교육행정의 실제 논술예제 ❶ 학교운영위원회가 학교에 왜 필요한지 도입취지를 논하시오.

3. 학교운영위원회

(1) 의 의

초·중등학교에서는 학교운영의 자율성이 부족하고, 학부모의 학교 운영에의 참여가 미흡하여 단위학교의 자율적 자치가 이루어지지 못하고 있다. 교육의 주민자치 정신을 구현하고 단위학교의 자율성을 확대하여 학교교육의 효과를 극대화하기 위해서는 교직원, 학부모, 지역사회 인사 등이 자발적으로 책임지고 학교를 운영하는 학교공동체 구축이 필요하다. 단위학교의 교육자치를 활성화하고, 지역의 실정과 특성에 맞는 다양한 교육을 창의적으로 실시할 수 있도록 단위학교별로 '학교운영위원회'(이하 학운위)를 구성·운영하고 있다. 1995년 5·31 교육개혁에서 초·중등교육의 자율적 운영을 위한 학교공동체 구축 방안의 하나로 제안되었다.

(2) 학교운영위원회 설치의 필요성

① 교육의 본질적, 전문적 특성을 실현하기 위해서는 가치와 규범의 공유를 통해 결속되는 학교공동체의 구축이 필요하다. 학교교육에 대한 가치의 공유, 신뢰성, 조건없는 수용 등을 특징으로 하는 학교공동체를 통해 책임을 공유하고 학교의 발전을 도모하는 핵심적인 장치로서의 역할을 학운위가 수행해야 한다.
② 학운위는 학교단위 자율경영제를 실현하는 핵심적 장치이다. 급변하는 환경변화는 단위학교 책임경영제를 통하여 단위학교에 자율성을 부여하고 그에 대한 책무성을 묻는 방식으로 행정통제에 변화를 요구하고 있다. 이러한 학교단위 자율경영제를 뒷받침하는 핵심장치로 학운위가 도입되었다.
③ 획일적이고 일방적인 교육을 지양하고 교육 수요자의 요구를 반영하는 참여적 의사결정체제의 구축을 통한 합리적인 학교운영이 필요하다.

(3) 학교운영위원회의 주요내용

설치범위	학운위는 의무기구이자 법정기구로서, 국·공립 및 사립의 초등학교·중학교·고등학교 및 특수학교에 학교운영위원회를 구성·운영하여야 한다.
성격(기능)	국·공립학교의 학운위는 심의기구이고 사립학교의 학운위는 자문기구의 성격을 지닌다. 단, 학교발전기금 사항에 대하여 심의·의결할 수 있다.
구성(5-15인)	• 학교운영위원회의 위원정수는 5인 이상 15인 이내의 범위 안에서 학교의 규모 등을 고려하여 정한다. • 학교운영위원회는 당해 학교의 교원대표·학부모대표 및 지역사회 인사로 구성하며 교장은 당연직 교원위원이 된다.
(부)위원장	학문위에는 위원장 및 부위원장 각 1인을 두되, 교원위원이 아닌 위원 중에서 무기명투표로 선출한다.
심의영역	국·공립의 학운위는 학교헌장및 학칙제정, 교육과정, 교원인사, 학교재정, 기타 영역 등 학교운영의 전반적인 내용에 대한 심의권한을 지닌다.
심의 결과	국·공립학교의 장은 운영위원회의 심의결과를 최대한 존중하여야 하며, 그 심의결과와 다르게 시행하고자 하는 경우에는 이를 운영위원회와 관할청에 서면으로 보고하여야 한다.

1. 교육재정의 구조와 특징

(1) 의 의

교육재정이란 국가·사회의 교육활동을 지원하기 위하여 국가나 지방공공단체가 필요한 재원을 확보, 배분, 지출, 평가하는 일련의 활동이다. 이러한 교육재정의 확보, 배분의 과정이 공공절차를 통해 이루어지고 나아가 교육재정은 학교교육의 운영방식이나 교육생산성에 영향을 주며, 학교교육의 질적 수준을 결정해주는 핵심적인 요인으로 작용한다. 따라서 우리나라 교육재정의 구조는 교육의 질에 상당한 영향을 미치기에 그 의의가 크다고 할 수 있다.

(2) 교육재정의 구조

가. 개괄

현행 초중등을 위한 교육재정의 지원구조는 중앙정부의 교육부예산과 시·도교육청 교육비 특별회계로 구분되어 있는데, 중앙정부의 교육부예산은 대부분이 일반회계에 계상되어 있으며 국립학교로 배분된다. 지방교육재정은 중앙정부가 지원하는 지방교육재정교부금 및 보고금과 지방정부가 지원하는 전입금 등을 통해 시·도교육청이 교육비특별회계를 편성하여 운영하며 공립학교 등에 배분된다. 이와 같이 초중등을 위한 교육재정은 중앙정부와 지방자치단체 그리고 지방교육자치단체 자체에서 조달된 재원을 지방교육자치단체가 단위학교에게 표준교육비를 근거로 일정방식으로 지급하고 최종적으로는 단위학교에서 학생교육을 위해 지출하는 구조로 되어 있다. 이러한 지방교육재정의 세입재원 즉, 시도교육비 특별회계의 세입재원을 설명하면 다음과 같다.

나. 지방교육재정의 세입재원

① 지방교육재정교부금

지방교육재정교부금은 지방의 재정자립도나 빈부의 격차로 인하여 발생하는 교육기회의 불균형과 교육의 질적 격차를 해소하기 위해 국가가 지자체에 교육재정을 지원하는 재원이다. 그 목적은 지방자치단체가 교육기관 및 교육행정기관(그 소속기관을 포함)을 설치·경영함에 필요한 재원의 전부 또는 일부를 국가가 교부하여 교육의 균형있는 발전을 도모하기 위함이다. 지방교육재정교부금은 보통교부금과 특별교부금으로 나뉜다. 보통교부금 배부방법은 교육과학기술부 장관이 기준재정수입액이 기준재정 수요액에 미달하는 지방자치단체에 그 미달액을 기준으로 하여 총액으로 교부한다. 여기서 기준재정수요액은 지방교육 및 그 행정운영에 관한 재정수요를 법령에 의하여 산정한 금액을 말하며, 기준재정수입액은 일반회계 전입금 등 교육·학예에 관한 지방자치단체 교육비특별회계의 수입예상액을 말한다. 보통교부금의 재원은 내국세 총액의 1만분의 2,027에 해당하는 금액의 96%와 교육세

세입액 전액으로 구성된다. 여기서 교육세는 목적세로서 독립된 세원을 가지고 있지 않고 일부국세에 덧붙여 징수하는 부가세형태를 띤다.

특별교부금의 재원은 당해 연도의 내국세 총액의 1만분의 2,027에 해당하는 금액의 4%이며 교부사유는 법으로 정하고 있는데 전국에 걸쳐 시행하는 국가시책사업으로 특별한 재정수요가 있는 때(특별교부금의 100분의 60), 기준재정수요액의 산정방법으로 포착할 수 없는 특별한 지역현안수요가 있는 때(특별교부금의 100분의 30), 보통교부금의 산정기일후에 발생한 재해로 인하여 특별한 재정수요가 있거나 재정수입의 감소가 있는 때(특별교부금의 100분의 10) 교부된다.

② 지방자치 단체로부터의 전입금

지자체가 부담하는 재원은 시·도세 수입액의 일정률(특별시 10%, 광역시 및 경기도 5%, 도 3.6%)인 시·도세 전입금, 지방교육세 전입금, 담배소비세 전입금(특별시와 광역시의 담배소비세의 45%)으로 구성된다.

③ 자체수입

교육청의 자체수입에는 교육청의 재산수입, 사용료, 수수료, 학생납입금 등을 포함한다.

④ 보조금

그리고 국고보조금이 있다.

(3) 특징 및 문제점[1]

우리나라 교육재정제도의 특징은 우선 지원구조가 단순하고 지방교육재정을 지원할 수 있는 제도적 장치가 마련되어 있다는 점이다. 지방교육재정교부금이라는 국가지원금이 내국세의 20.27%로 교부율이 법제화되어 있어서 재원을 매우 안정적으로 확보할 수 있는 구조를 갖추고 있다. 현행과 같이 교부금을 내국세의 일정률로 확보하면 교부금이 총액으로 결정되기 때문에 재정운영의 자율성과 책무성을 제고하는 장점이 있다. 그리고 목적세인 교육세를 징수하여 교육재원을 확충해왔다. 교육세를 통해 국민의 조세저항을 줄이면서 효과적으로 교육재원을 확충해왔다.

둘째, 중앙정부의 역할이 매우 크다는 점이다. 지방교육재정교부금 지원예산 규모가 지방교육재정 수입 재원의 75% 이상을 차지하고 있는 만큼 초·중등교육을 위한 중앙정부의 역할이 절대적이라고 할 수 있다. 지방교육비의 75% 이상이 중앙정부에서 교부금의 형태로 지원되고 지자체의 전입금도 대부분 법정전입금으로서 국가 차원에서 결정되므로 교육비 조달에 대한 책임은 일차적으로 중앙정부라고 할 수 있다.

셋째, 단위학교에 재정운영의 자율성을 부여하고 있는 학교회계제도를 운영하고 있다는 특징을 들 수 있다. 2001년 도입된 학교회계제도는 단위학교의 자율적 재정운영을 보장하여 다양한 교육활동을 효과적으로 지원하기 위하여 도입되었고 단위학교의 특수성과 다양성을 살린 예산편성이 가능하게 되었다.

넷째, 학교회계제도 도입과 동시에 학교발전기금제도를 도입하여 단위학교 재정확보를 위한 보완적 장치를 마련한 것도 특징이다. 학교발전기금 제도는 학부모의 교육적 기여를 교육조직 내로 수용하

---

1 신현석·안선회 외(2011). 전게서.

는 역할을 했고, 기부금을 제도화함으로써 찬조금품을 둘러싼 비교육적 행태를 해소하는 데 기여했으며, 발전기금을 통해 학교를 특성화하고 공교육재원의 한계를 극복하고자 하였다.

그러나 우리나라 교육재정은 다음과 같은 문제점을 지니고 있다. 첫째, 중앙정부가 지방교육재정의 재원을 대부분 책임지고 있는 상황에서 지방정부가 교육재정 확충의 자율성과 재정운영의 자율성을 확보하는 데에는 한계가 크다는 사실이다. 지방정부는 교육재정 세입의 대부분을 계속하여 중앙정부에 의존할 수밖에 없기 때문이다.

둘째, OECD 선진국의 평균에 비해 낮은 교육재정규모를 갖고 있다는 문제점이 있다.

셋째, 복잡한 교육세체계와 불안정성이다. 교육세의 징수구조가 과세표준, 세율 등에서 매우 복잡하다. 교육세는 독립적인 세원을 가지고 있지 못하고 일반국세에 부과하는 방식을 취함으로써 교육적 필요에 의하여 세수가 결정되는 것이 아니라 모세의 세율변동에 의하여 세수가 결정된다. 따라서 교육세가 목적세로서의 역할을 다하지 못하고 있다.

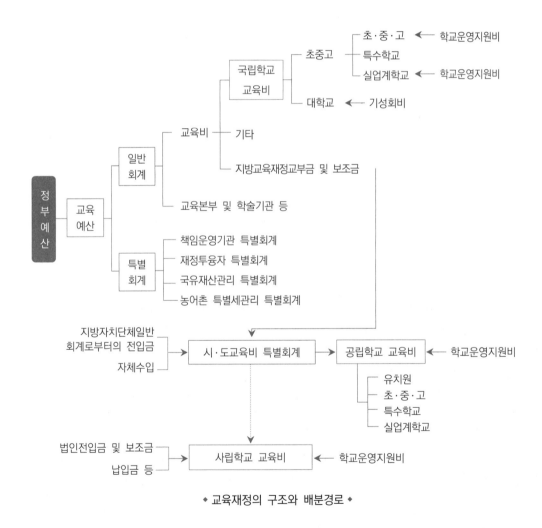

◆ 교육재정의 구조와 배분경로 ◆

1. 교원의 능력개발

교육행정의 실제 논술예제 ❸ 교사가 교원능력개발평가에서 교수방법(또는 생활지도)에 문제가 있다는 것이 나타났다. 교원의 능력을 함양하기 위한 방안을 연수측면에서 논하시오.

(1) 교원연수(현직교육)

가. 개념

교원은 교육자로서 갖추어야 할 품성과 자질을 향상시키기 위하여 노력하여야 한다. (교육기본법 14조)라는 규정에서 나타나듯이 교원은 지속적인 현직교육을 통해서 교육전문가로서의 자질·능력을 신장시켜야 한다. 교원연수란 교직에 입문한 이후 현직에서 받는 재교육과정을 의미한다. 여기에는 직무연수나 자격연수뿐만 아니라 단위학교에서 실시하는 연구수업이나 교과연수와 교사 개인적으로 수행하는 자기연수 등도 포함된다. 그러나 협의의 교원연수는 자격연수, 직무연수, 특별연수 등 교원 연수기관에서 실시하는 공식적인 연수를 의미한다. 단위학교의 연수나 개인적으로 참여하는 연구활동은 각각 교내장학이나 자기장학과도 연관된다.[2]

나. 교원연수의 목적

현직연수의 목적은 다섯 가지로 분류된다. 첫째, 교직원 집단 또는 개개인 교사의 직무수행 능력 개선, 둘째, 승진 또는 승급을 위한 개개인 교사의 사전 경험을 확장, 셋째, 개개인 교사의 전문적 지식 및 이해 증진, 넷째, 교사의 개인적 욕구를 충족시키거나 일반교양을 증진시키는 것이다.[3]

다. 교원연수의 유형[4]

① 직무연수

직무연수는 교육의 이론·방법 및 직무수행에 필요한 능력 함양을 위한 목적으로 시행되는 연수이다. 직무연수의 내용은 교과, 생활지도, 정보화, 교양관련 등과 같이 매우 다양하다. 직무연수는 15시간 1학점을 기준으로 60시간(4학점), 45시간(3학점), 30시간(2학점), 15시간(1학점) 등과 같이 네 가지 유형으로 세분화된다. 직무연수 이수학점은 전보, 표창, 전문직 임용, 성과상여금, 승진 등의 인센티브와 연계되어 운영되고 있다. 상술하면, 10년 이내에 이수한 60시간(4학점) 이상의 직무연수를 대상으로 직무연수 성적은 승진에 환산되어 반영된다. 그리고 성과상여금 지급을 위한 평가기준의 항목으로 연수이수시간이 포함되어 교원성과급에도 직무연수 이수가 반영되고 있다.

---

2 송기창 외(2009). 중등 교직실무. 학지사.
3 이윤식 외(2007). 교직과 교사. 학지사.
4 송기창 외(2009). 전게서.

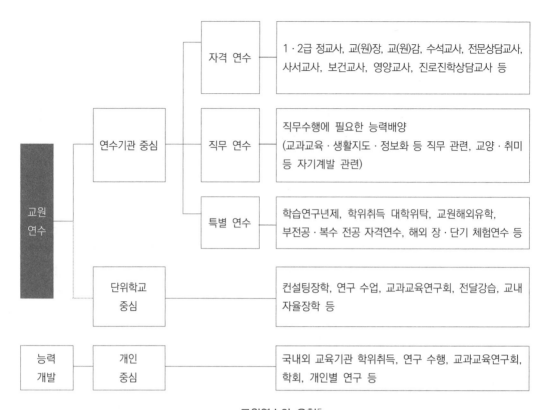

◆ 교원연수의 유형5 ◆

② 자격연수

자격연수는 교원의 자격을 취득하기 위한 연수로서 상위자격취득과 특수자격취득이 있다. 자격연수의 종류에는 2급정교사 연수, 1급 정교사 연수, 전문상담교사(1급) 연수, 사서교사(1급) 연수, 보건교사(1급) 연수, 영양교사(1급) 연수, 교감연수, 교장연수 등으로 구분된다. 자격연수는 출석연수를 원칙으로 한다.

③ 특별연수

특별연수란 전문지식 습득을 위한 국내외 특별연수프로그램을 위미한다. 직무연수나 자격연수와 달리 일정기간 현직 활동에서 벗어나 국내·외의 교육기관 또는 연수기관에 일정기간 체류하면서 실시된다. 특별연수자는 연수 이수 후에 직무에 복귀하여야 하며 일정기간 동안 복무해야 할 의무를 진다. 복무의무를 다하지 않을 경우 지원된 경비의 전부 또는 일부를 반납해야 한다.

④ (단위)학교 중심 연수

학교중심 연수는 단위학교 내에서 교직원들의 필요와 요구에 의하여 자체적인 계획수립에 의하여 이루어지는 연수 활동이다. 단위학교를 중심으로 한 연수는 일종의 장학활동으로서 컨설팅 장학, 수업

---

5 2015년도 교원 연수 중점 추진 방향. 교육부.

연구, 교내자율장학 등이 있다. 학교중심 연수는 구체적인 학교 현장문제 해결에 기여할 수 있다는 장점이 있다. 최근 교육청에 따라 교육현장에서 자발적으로 운영되고 있는 교원들의 소규모 연수 프로그램을 시·도의 '특수분야 연수과정'으로 지정하고 직무연수로 인정해주고 있다.

- 수업 연구(공개): 수업연구란 교사들의 수업능력 개선과 수업의 질을 제고하기 위한 활동을 의미한다. 일반적으로 수업연구는 수업의 계획, 수업의 실시, 수업의 평가, 3단계로 구성되며 수업평가 결과는 다음의 수업계획에 반영된다. 즉, 수업연구 준비 및 설계(수업연구 전 협의회) → 수업 연구 발표 → 수업반성(수업연구 후 협의회)으로 이루어진다.
- 교사 학습동아리: 학습과 관련된 동일한 관심 주제를 가진 교사들의 학교 내 모임
- 단위학교 교과교육연구회
- 교내 자율 장학
- 컨설팅 장학

⑤ 자기연수

교사 스스로 자신의 수업과 교육활동의 질을 높이기 위해 수행하는 활동이다. 대학원 등록이나 교과교육연구회 참여, 학회 참여, 개인별 연구 등이 이에 해당한다. 예를 들면, 교과교육연구회는 자율적인 각 교과 교원의 연구모임을 통해 교원의 교실수업 개선을 목표로 한다. 전국교과교사연구회의 교과 모임에 참여하여 현직교사를 위한 연수 프로그램을 듣거나, 교사와 교과의 문제점 개선, 교과 및 학습자료 개발 등의 전문성 향상 활동을 수행하는 경우 등도 하나의 예가 될 수 있다.

라. 교원연수의 발전방향[6]

현직연수의 발전을 위하여 고려되어야 할 주요방향은 다음과 같다. 우선, 현직연수의 편성·운영에 교사들의 필요와 요구가 적절히 반영되며 교사들이 참여할 수 있어야 한다. 둘째, 현직연수의 주제와 내용이 교사들의 전문적인 발달을 도와줄 수 있는 내용이어야 하고, 현장중심적이고 구체적인 내용들로 선정되어야 한다. 추상적이고 이론적인 내용보다는 학교현장의 문제나 과제의 해결에 기여할 수 있는 현장중심적인 내용이 강화되어야 한다. 셋째, 현직연수의 운영에 있어서 다양한 교수·학습방법과 교수·학습자료 및 매체를 활용하며 특히 참여식 교육방법을 적극 활용하도록 해야 한다. 전통적인 강의 중심의 방법을 탈피하여, 다양한 교수-학습 방법을 활용하고, 성인학습의 원리에 입각하여 참여식·경험식 교육방법을 활용하려는 노력이 확대되어야 한다. 넷째, 교사의 발달단계를 고려하여 교사가 받게 될 현직연수 과정의 체계화가 요망된다. 교직 전기간에 걸친 교사의 발달단계에 맞추어 경력개발을 한다는 관점에서 연수과정의 체계화가 필요하다.

> 교육행정의 실제 논술예제 ❹ 교원능력개발평가를 활용하여 교수방법(또는 생활지도)에 어려움이 있는 교사의 능력을 함양하기 위한 학교 차원의 방안을 논하시오.

---

6 이윤식 외(2007). 전게서.

(2) 교원능력개발평가제

가. 교원능력개발평가제 목적

교원능력개발평가제의 목적은 첫째, 교원의 교육활동에 대한 전문성을 진단하고 그 결과에 따른 능력개발을 지원하여 학교교육의 질 향상을 도모하는 것이다. 둘째, 모든 학생들에게 양질의 교육을 제공하여 학교교육의 만족도를 향상하고, 구성원 간의 소통 증진을 통해 공교육의 신뢰를 제고하는 것이다.

나. 주요 내용

구 분			주 요 내 용
목 적			교원 전문성 신장
평가 대상			국·공·사립, 초·중·고 및 특수학교 재직 교원
평가종류/ 평가참여자	동료교원 평가		교장·교감 중 1인 이상, 수석교사(또는 부장교사) 1인 이상, 동료교원 등 포함 5인 이상
	학생 만족도조사		–
	학부모 만족도조사		–
평가시기			매년 실시
평가 영역 · 요소	교원		교원의 교육활동 전반(학습지도, 생활지도 등)
	교사	학습지도	수업준비, 수업실행, 평가 및 활용 등
		생활지도	상담 및 정보 제공, 문제행동 예방 및 지도, 생활습관 및 인성지도 등
	교장· 교감	학교경영	학교교육계획, 교내장학, 교원인사, 시설 관리 및 예산운용 ※ 교감은 시설관리 및 예산운용 지표 제외
결과 활용			평가결과에 따른 맞춤형 연수(학습연구년제, 자율연수, 능력향상연수) 등(단, 초등학생의 만족도 조사는 교원의 자기성찰 자료로만 활용)

다. 평가결과 활용

평가결과 활용의 기본방향은 교원의 전문성 신장에 최우선으로 활용하는 것이다. 현재 평가결과를 개별교원에게 평가종류별 지표별 결과를 통보해주고 있고 이에 따라 「능력개발계획서」의 작성·제출을 의무화하고 있다. 이와 같이 교원은 평가결과를 통하여 피드백을 받음으로써 수업개선에 활용할 수 있고 더 나아가 능력개발계획의 토대로 삼음으로써 전문성 신장에 활용해야 한다.

둘째, 평가결과를 활용한 맞춤형 연수 운영 및 보상기제의 기초자료로 활용하는 것이다. 즉, 평가결과와 연수프로그램의 연계성을 강화하여 연수의 현장적합성 및 실효성을 강화하는 것이다. 구체적인 방안은 다음과 같다.

① 평가지표별 연수를 확대·정착하여 학교단위연수, 개인연수, 연수원연수 등에서 개별교원의 요구·필요에 부응하는 연수가 이루어지도록 한다. 예를들면, 개인연수에서는 멘토(수석교사 등)와의 상담을 통해 평가결과를 반영한 연수과제의 선정 및 자기능력개발계획을 수립한다. 학교단

위연수에서는 학교별 연수계획에 따라 수석교사, 우수교사, 학습연구년 교사, 외부 인사 등을 강사로 활용하여 학교별 교원능력개발평가 결과 미흡영역·지표에 대해 집중적으로 연수를 실시한다. 연수원 연수에서는 평가결과를 반영하여 찾아가는 연수, 교과별 심화연수 등 연수 개설을 확대한다. 한편, 시도교육청에서는 평가결과 상대적으로 점수가 낮은 평가지표에 대한 연수프로그램의 개발 등을 통해 연수지원을 확대해야 한다. 예를들면, 학생 및 학부모만족도 조사에서 상대적으로 낮은 평가요소(개인생활 지도─개인문제 파악 및 창의·인성 지도, 가정연계지도, 진로 진학 및 특기적성 교육)에 대한 원격심화연수프로그램을 개설하여 자율연수의 프로그램의 현장 적합성을 제고해야 한다.

② 능력향상연수의 실시

평가영역별로 미흡한 교원(동료교원평가 또는 학생만족도조사 결과 2.5 미만인 경우)을 대상으로 장·단기능력향상 연수를 실시함으로써 연수의 실효성을 제고함으로써 학교교육의 질을 제고한다.

③ 학습연구년제와의 연계

교원능력개발평가 결과를 필수지원 자격으로 반영하여 시도자체 계획에 따라 학습연구년 대상자를 선정한 후 특별연수를 실시한다. 향후 이러한 전문성 있는 현장교사(수업명사, 생활지도 우수교사)가 교육과정 개정 및 수업개선에 적극 참여할 수 있도록 하며, 현장장학요원, 교내외 강사요원 등으로 적극 활용한다.

셋째, 평가결과의 공개를 통해 공교육에 대한 신뢰를 제고하는 것이다. 평가지표별 학교단위 평가결과 공시를 통해 학교단위 평가결과에 대해 학부모 등 교육주체의 알권리를 충족시키고 이를 통해 공교육의 신뢰성을 회복한다.

> 교육행정의 실제 논술예제 ❺ 우리나라 교원 승진 제도의 주요특징과 승진제도가 학교 현장에 가져온 문제점을 논하시오.

(3) 승 진

가. 의의

승진이란 동일 직렬내에서의 직위상승을 의미한다. 교사가 교감으로, 교감이 교장으로 되는 것이 대표적인 예이다. 현재의 관리직 우위 풍토에서 교사는 교감으로의 승진을 열망함에 따라 승진제도는 학교현장에 많은 영향을 주고 있다. 일례로, 교장─교감─보직교사─교사로 이어지는 권위주의적 위계구조도 교감이 되기 위하여 필요한 점수의 평정자가 상위직이라는 것이 크게 영향을 주고 있다.

나. 승진의 기준

승진의 기준은 연공서열주의와 능력주의로 나눌 수 있다. 우선, 연공서열주의는 근무연수, 연령, 경력, 학력 등의 기준을 중시하는 것이다. 이는 동양의 운명 공동체적 풍토에 기반을 둔 것으로서 그 적용이 용이하고 승진관리에 안정성을 기할 수 있는 반면, 유능한 인재의 확보가 미흡하고 행정의 침체성이라는 단점이 있다. 반면, 능력주의는 직무수행 능력과 업적 등을 중시하는 것이다. 이는 서양의 이익 공동체적 풍토에 기반을 둔 것으로서 과학적이며 합리적인 인사가 가능하다는 장점이 있는 반면, 근무보다 시험에 열중하고 시험을 전후한 사기에 영향을 주는 단점이 있다.

다. 교원승진 임용의 기준과 구조

「교육공무원승진규정」에 의하면 승진임용의 기준은 경력평정, 근무성적평정(합산점), 연수성적평정, 가산점평정의 평정점수의 순위에 따라 자격별로 승진 후보자 명부를 작성·비치하고 이 명부에서 순위가 높은 교원의 순으로 결원된 직에 대하여 3배수 범위 안에서 승진임용하거나 임용을 제청하도록 되어 있다. 이와 같이 현행 승진제도는 연공과 실적을 절충한 형태로 이루어진다고 볼 수 있으나 실제로는 경력중심의 자격요건에 의한 연공서열식 승진구조를 지니고 있다. 구체적으로 네 가지 평정점수에 대하여 살펴보면 다음과 같다.

① 경력평정

경력평정은 매 학년도 종료일을 기준으로 하여 정기적으로 실시한다. 경력은 기본경력과 초과경력으로 나눈다. 기본경력은 평정시기로부터 15년을 평정기간으로 하며, 초과경력은 기본경력 전 5년을 평정기간으로 한다. 평정대상 경력은 교육경력·교육행정경력·교육연구경력 및 기타 경력으로 한다. 경력평정의 채점은 기본경력 평정점수와 초과경력 평정점수를 합산하여 행한다. 경력평정의 평정기간 중에 휴직·직위해제 또는 정직기간이 있는 때에는 그 기간을 평정에서 제외한다.

② 교사의 근무성적평정 등(합산점)

• 의의

근무성적평정은 교원의 근무실적·근무수행 능력 및 근무수행 태도를 객관적 근거에 의하여 종합적으로 평가하여 승진, 전보, 포상 등에 반영하는 것이다.

• 내용

교사의 근무평정은 매 학년도 종료일을 기준으로 하여 해당 교사의 근무실적·근무수행능력 및 근무수행태도에 관하여 근무성적평정과 다면평가를 정기적으로 실시하고, 각각의 결과를 합산한다. 근무성적평정자는 근무성적평정시 평정대상자가 작성하여 제출한 자기실적평가서를 참작하여 평가하여야 한다. 근무성적의 평정자와 확인자는 승진 후보자명부 작성권자가 정하는데, 교사의 경우 평정자는 교감이며, 확인자는 교장이다. 근무성적의 확인자는 다면평가를 실시하기 위하여 근무성적의 평정자를 위원장으로 하는 다면평가관리위원회를 구성·운영한다. 위원회는 평가대상자의 근무실적·근무수행능력 및 근무수행태도를 잘 아는 동료교사 중 3명 이상 7명 이하의 다면평가자로 구성한다. 교사의 근무평정 요소 및 기준은 근무수행태도(교육공무원으로서의 태도 <10점>)에 대한 평정과 근무실적 및 근무수행능력(학습지도<40점>, 생활지도<30점>, 전문성개발<5점>, 담당업무<15점>)에 대한 평정으로 구분된다. 근무성적평정과 다면평가 결과의 합산은 근무성적의 평정자와 확인자가 행한다. 평가방법은 상대평가(강제배분법)로서 합산점은 수(95점 이상) 30%, 우(90점 이상 95점 미만) 40%, 미(85점 이상 80점 미만) 20%, 양(85점 미만) 10%의 분포비율에 맞도록 해야 한다. 합산점은 특별한 사정이 없는 한 동일하지 아니하도록 하여야 한다.

근무성적의 평정점은 평정자가 100점 만점으로 평정한 점수를 20%로, 확인자가 100점 만점으로 평정한 점수를 40%로 환산한 후 그 환산된 점수를 합산하여 60점 만점으로 산출한다. 다면평가점은 다면평가자가 수업교재 연구의 충실성 등 정성평가의 방법에 따라 100점 만점으로 평가한 점수를 32

퍼센트로, 주당 수업시간 등 정량평가의 방법에 따라 100점 만점으로 평가한 점수를 8퍼센트로 각각 환산한 후 그 환산된 점수를 합산하여 40점 만점으로 산출한다. 합산점은 근무성적평정점과 다면평가점을 합산하여 100점 만점으로 산출한다.

• 결과의 활용 등

근무성적평정결과는 공개하는 것이 원칙으로 평정대상자의 요구가 있는 때에는 특별한 사정이 없는 한 최종 근무성적평정점을 알려주어야 한다. 이러한 근무성적평정 등의 결과는 승진이나 전보·포상 등 인사관리에 활용한다. 구체적으로, 교사가 교감으로 승진하는 데 반영되는 합산점의 경우 명부의 작성기준일부터 5년 이내에 해당 직위에서 평정한 합산점 중에서 평정대상자에게 유리한 3년을 선택하여 산정한다.

③ 연수성적 평정

연수성적 평정은 교육성적평정과 연구실적평정으로 나눈다. 교육성적평정은 직무연수성적과 자격연수성적으로 나누어 평정한 후 이를 합산한 성적으로 한다. 연수성적 평정기준점은 30점 만점으로 교육성적 27점(직무연수 18점, 자격연수 9점), 연구성적 3점으로 규정하고 있다.

직무연수성적의 평정은 당해 직위에서 「교원 등의 연수에 관한 규정」에 의한 연수기관 또는 교육부장관이 지정한 연수기관에서 10년 이내에 이수한 60시간 이상의 직무연수성적 및 직무연수이수실적을 대상으로 평정한다. 자격연수성적에 대한 평정은 승진대상직위와 가장 관련이 깊고 최근에 이수한 자격연수 성적 하나만을 평정대상으로 한다.

연구실적평정은 연구대회입상실적과 학위취득실적으로 나누어 평정한 후 이를 합산한 성적으로 한다. 연구대회입상실적은 당해 직위에서 국가·공공기관 또는 공공단체가 개최한 교육에 관한 연구대회로서 교육부장관이 인정하는 전국 규모의 연구대회에서 입상한 연구실적과 시·도교육청, 지방공공기관 및 공공단체 등이 개최하는 교육에 관한 연구대회로서 시·도교육감이 인정하는 시·도규모의 연구대회에서 입상한 연구실적을 대상으로 한다. 교육공무원이 당해 직위에서 석사 또는 박사학위를 취득하였을 경우 그 취득학위 중 하나를 평정 대상으로 한다.

④ 가산점평정

가산점은 공통가산점과 선택가산점으로 구분한다. 공통가산점은 교육부장관이 지정한 연구학교(시범·실험학교를 포함)의 교원으로 근무한 경력, 교육공무원으로 재외국민교육기관 파견근무경력, 직무연수 중 연수이수실적이 학점으로 기록·관리되는 연수이수학점 등이다.

선택가산점은 시·도 교육청에 따라서 다양하다. 보통 도서·벽지학교에 근무한 경력, 한센병환자 자녀 학교 또는 학급에서 근무한 경력, 특수학교 또는 특수학급에서 근무한 경력, 교육감이 지정한 연구학교(시범학교, 실험학교)의 근무경력, 보직교사 근무경력, 장학사·교육연구사 근무경력 등이 포함될 수 있다.

라. 결론[7]

교장, 교감으로의 승진 과열 현상이나 학생교육에 최선을 다하는 교사가 승진하기 어려운 제도적 문제점이 근본적으로 개선되지 못하고 있다. 이에 새로운 대안으로 수석교사제나 교장공모제 등이 도입되었다. 수석교사제는 현행 관리직 우위의 교단풍토를 교단교사가 존중되는 풍토로 변화시키기 위한 취지로 도입·시행되고 있다. 아울러 교장공모제 특히 개방형 교장 공모제를 도입하여 교사에서 직접 교장이 될 수 있도록 함으로써 연공서열보다는 능력에 의한 승진이 가능하도록 하는 제도를 도입하였다. 또한 학생교육에 최선을 다하는 교사가 승진할 수 있는 교단풍토를 조성하기 위하여 학생·학부모 만족도 조사결과를 근무평정의 자료로 반영하여야 한다는 논의도 제기되고 있다. 이러한 여러 대안의 궁극적인 방향은 학생교육에 최선을 다하는 교사가 승진하고 존중받도록 지원·조장·촉진하는 것이어야 한다.

교육행정의 실제 논술예제 ❻ 수석교사제의 이론적 근거를 서술하고 수석교사의 역할을 논하시오.

(4) 수석교사제

가. 의의

첫째, 교사 본연의 가르치는 업무가 존중되고 그 전문성에 상응하는 역할을 부여함으로써, 수업 전문성을 가진 교사가 우대 받는 교직 풍토를 조성하고자 한다. 둘째, 현 교장·교감의 학교 관리직 우위 풍토를 수업 잘하는 교사(또는 교단교사) 중심으로 재편하고, 이러한 방향으로 교직 사회를 학습 조직화하는데 핵심적인 기제로서 수석교사제가 도입되었다. 셋째, 관리직과 교단직의 2원화를 통한 경력 있는 교사의 사기 진작을 도모하고자 한다.

나. 기본 내용

수석교사제는 현행 1원화된 교원승진체제를 교수경로와 행정관리 경로의 2원화체제로 개편하려는 것이다. 법령에 따르면, 수석교사의 역할은 교사의 교수·연구활동을 지원하며, 학생을 교육하는 것이다. 수석교사의 자격은 15년 이상의 교육경력(「교육공무원법」 제2조제1항제2호 및 제3호에 따른 교육전문직원으로 근무한 경력을 포함한다)을 가지고 교수·연구에 우수한 자질과 능력을 가진 사람 중에서 대통령령으로 정하는 바에 따라 교육과학기술부장관이 정하는 연수 이수 결과를 바탕으로 검정·수여하는 자격증을 받은 사람이어야 한다. 수석교사는 대통령령으로 정하는 바에 따라 수업부담 경감, 수당 지급 등에 대하여 우대할 수 있다. 제한사항으로 수석교사는 최초로 임용된 때부터 4년마다 대통령령으로 정하는 업적평가 및 연수실적 등을 반영한 재심사를 받아야 하며, 심사기준을 충족하지 못한 경우 대통령령으로 정하는 바에 따라 수석교사로서의 직무 및 수당 등을 제한할 수 있다. 또한, 수석교사는 임기 중에 교장·원장 또는 교감·원감 자격을 취득할 수 없도록 규정하고 있다.

---

7 신현석·안선회 외(2011). 전게서.

다. 수석교사의 역할

수석교사는 최고의 수업전문가로서 교사들에 대한 교수·연구활동 지원을 통하여 교내 연수 및 장학 활성화와 교사들의 수업 전문성 신장의 역할을 수행한다. 이를 소속 학교에서의 역할과 지역교육지원청 등에서의 역할로 나누어 상술하면 다음과 같다. 우선, 소속 학교에서의 역할은 신임교사·수업전문성 부족교사·수업을 더 잘하려는 교사 및 기간제 교사·교육실습생에 대한 수업 컨설팅(컨설팅, 장학 등)을 담당하는 것이다. 그리고 교원능력개발평가 학습지도 영역에 대한 평가전문가로서의 역할을 수행하며 평가에 연계된 연수계획 등을 수립하는 데 관여함으로써 전문성 신장의 역할을 수행한다.

둘째, 소속 지역교육지원청 또는 시·도교육청단위에서의 역할은 지역청 내 해당 교과 연구수업의 참관 및 조언, 현장 연구 및 수업연구대회에서 컨설팅 및 장학 활동, 지역청 단위의 교육과정·교수학습·평가방법 연구·개발, 지구별 장학 및 시·도교과연구회나 교육연수원 등과의 연계 활동이다.

라. 수석교사에 대한 지원 내용

수업시수 감소(주당 수업시수의 50% 경감)를 통해 전문적 역할을 수행하도록 지원한다. 또한, 수석교사에 대해 연구활동비를 지급한다. 또한 수석교사의 수업장학·연구·강사활동을 적극 지원한다. 아울러, 우수 수석교사에게 시·도 교육청 차원에서 별도의 인센티브로서 해외연수, 학습연구년, 특별연구비 지원 등 취지에 맞는 지원책을 강구하도록 하고 있다.

> 교육행정의 실제 논술예제 ❼ 교원단체의 역할 및 쟁점사항을 논하시오.

(5) 교원단체

가. 교원단체의 역할과 기능

교원단체란 교원의 권익과 복지향상을 추구하고, 전문성을 향상하는 등 공동의 목표를 추구하는 교원집단을 의미한다. 교원단체의 역할과 기능은 다음과 같다.

① 교원의 사회·경제적 지위향상 등 집단적 이익 추구: 교원의 경제적 처우를 개선하고 근무조건 및 복지향상을 추구한다.

② 교원의 전문성 신장: 교원의 전문성 신장을 위해 교육당국과의 교섭을 통해 교원의 전문성 향상을 위한 정책과 재원을 확대해 나가고 교직단체 스스로 구성원의 전문성 신장을 위해 노력하는 것이다(⑩ 교원연수, 연구와 학술활동, 각종 프로그램 운영)

③ 교육정책 형성과 집행과정에의 참여: 교육현장의 주체로 올바른 교육을 위해 교육정책 과정에 참여하고 이를 실천해야 한다. 구체적으로 성명서 발표, 정책토론회 개최, 정책담당자와의 면담, 집회 등 다양한 방식으로 의사를 표현하고 있다.

나. 교원단체의 종류 및 주요내용

① 교원단체의 종류

현재의 교원단체는 전문직단체와 교원노동조합으로 이원화되어 있다. 전문직 교원단체는 한국교원단체총연합회(교총)이 있다. 설치근거는 교육기본법 15조(교원은 교원의 경제적 사회적 지위를 향상시키기 위하여 각 지방자치단체와 중앙에 교원단체를 조직할 수 있다.)이며 단체교섭·협의의 근거는 교원지위향상을 위한 특별법이다.

반면, 노동직관에 입각하여 설립된 교원노조는 전교조, 한전교조, 자유노조 등 복수노조로 운영되고 있으며, 단체교섭·협약의 근거법률은 교원의 노동조합설립 및 운영에 관한 법률이다.

② 주요내용

구분	교원노조(교섭·협약)	전문직 교원단체(교섭·협의)
교섭근거	교원의 노동조합설립및운영등에 관한 법률	교원지위향상을위한 특별법
노동기본권	단결권, 단체교섭권만 인정하고 단체행동권은 인정되지 않는다.	결사의 자유에 해당
가입 및 조직	초·중등학교법상의 교원(교장, 교감, 교수 제외)이 가입할 수 있다.	교장, 교감 및 대학교수를 포함한 교원 및 교육전문직도 가입할 수 있다.
교섭당사자 및 교섭목적	노동조합의 대표자는 그 노동조합 또는 조합원의 임금, 근무 조건, 후생복지 등 경제적·사회적 지위 향상에 관하여 교육과학기술부장관, 시·도 교육감 또는 사립학교 설립·경영자와 교섭하고 단체협약을 체결할 권한을 가진다.	교원단체는 교원의 전문성 신장과 지위향상을 위하여 교육감 또는 교육과학기술부장관과 교섭·협의한다.
효력	• 단체협약 내용에 대하여 이행 의무를 진다. • 단, 단체협약의 내용 중 법령·조례 및 예산에 의하여 규정되는 내용과 법령 또는 조례에 의하여 위임을 받아 규정되는 내용은 단체협약으로서의 효력을 가지지 아니한다. 그러나 사용자는 그 이행을 위해 성실히 노력할 의무를 진다.	교육감 또는 교육과학기술부장관은 교섭·협의에서 합의된 사항의 시행에 노력하여야 한다(성실이행 의무).
기타	교원의 노동조합은 일체의 정치활동을 하여서는 안된다.	교섭·협의는 교원의 처우개선, 근무조건 및 복지후생과 전문성 신장에 관한 사항을 그 대상으로 한다. 다만, 교육과정과 교육기관 및 교육행정기관의 관리·운영에 관한 사항은 교섭·협의의 대상이 될 수 없다.

다. 쟁점사항

① 실제로 2002년 정부와 교원노조와의 단체협약 이후 지금까지 거의 단체협약이 이루어지지 않고 있다. 이와 같이 교섭·협의 거부시 강제방법이 거의 없다는 점이 문제이다.

② 단체협약의 협의 내용이 대부분 법령·조례·예산과 관련되어 단체협약 불이행시 강제할 장치가 거의 없다는 점이다. 아울러 교원노조의 경우 교사, 학생 및 학부모에 영향을 미치는 광범위한

교육정책 사안을 교섭대상에서 제외함으로써 교원단체의 기능수행에 한계로 작용하고 있다.

③ 교직단체 활동상의 제약이 많다. 일체의 정치활동 금지나 단체행동권의 불인정 그리고 공무원으로서 정치적 중립성 및 집단행위 금지 등 의무를 준수해야 한다. 교원단체가 교육의 자율성 확보는 정치성을 내포할 수밖에 없다. 교원단체의 정치활동의 경우 학생들의 학습권 보장 및 교육의 정치적 중립성을 해하지 않는 범위 내에서 인정되어야 한다.

④ 교육정책 형성에의 참여에 대한 제약이 많다.

Ⅳ 장 학

교육행정의 실제 논술예제 ❽ 수업에 어려움이 있는 교사의 능력 함양 방안을 장학측면에서 논하시오 (단, 구체적인 장학유형을 정해서 논하시오)

1. 장학의 종류와 나아갈 방향

(1) 서 론

장학이란 교수행위의 개선을 위해 교사에게 제공하는 장학담당자의 지도·조언 행위를 의미한다. 학교의 핵심활동이 교수-학습활동이라고 할 때, 교수 행위 개선을 목적으로 하는 장학은 교육행정의 중핵을 차지한다고 해도 과언이 아니다. 이러한 중요성에도 불구하고 실제 현장에서 장학은 상급관청에 의한 감시로 행해져온 관례에 의해 형식적으로 이루어지곤 하였다. 이에 장학의 종류와 장학의 나아갈 방향을 살펴보고자 한다.

(2) 장학의 유형(장학행위의 주체에 따른 분류)

가. 지방장학(교육청)

지방교육행정기관인 시·도 교육청과 그 하급 교육행정기관인 시·군·구 교육지원청에서 이루어지는 장학을 의미한다. 그 종류로는 종합장학, 확인장학, 개별장학, 요청장학, 특별장학 등이 있다. 여기서 종합장학은 국가시책, 교육청 시책을 비롯하여 중점업무 추진상황, 교수-학습지도, 생활지도 등 학교운영 전반에 관해 종합적으로 지도·조언하는 장학활동을 의미한다. 흔히 전통적 의미의 장학으로서 단위학교에 1년에 한두 번 행해졌던 장학이 종합장학이었다.

나. 지구별 자율장학

지구별 자율장학이란 지구별 장학협력회 간사학교가 중심이 되어 지구 내 학교 간·교원 간의 협의를 통해 독창성 있는 사업을 자율적으로 선정·운영함으로써 교원의 자질과 교육의 질적 향상을 도모하고, 학교 간·교원 간 유대를 강화하며, 수업공개를 통한 학교 특색의 일반화와 교수-학습 방법을 개선하고자 하는 장학활동을 의미한다.

다. 교내 자율장학

외부로부터의 통제 없이 단위학교 구성원들이 주체가 되어 교육활동의 개선을 위해 협력적이고 참여적인 공동노력을 통해 이루어지는 활동이다. 교내 자율장학을 통해 교원연수의 주체를 상부 기관뿐만 아니라 단위학교와 교사 개인의 수준에서도 실시할 수 있게 되었다. 구체적으로 임상장학, 동료장학, 약식장학, 자기장학, 컨설팅 장학 등이 있다.

① 임상장학(clinical supervision)
* 의의

교실 내에서 교사와 장학담당자의 직접적인 대면관계(face-to-face) 강조하는 장학으로 교사와 학생 간 상호작용 등 수업과 관련된 교사의 지각, 태도에 관한 정보를 중심으로 교사의 전문적 성장과 수업개선에 근본적 목적을 둔다. 특징으로는 지시적관계가 아닌 쌍방적 동료관계를 지향하고, 수업상황에 대한 객관적 피드백을 제공하여 교사의 전문적 성장을 도와준다는 점이다. 전통적 장학이 지시적, 권위적 장학사 중심인 데 반발하여 나타난 장학지도의 형태로서 상호작용적이며 민주적이며 교사 중심의 장학이다.

* Cogan의 임상장학의 과정
  ㉠ 교사와 장학담당자의 관계수립
  ㉡ 교사와 함께 수업계획 작성, 관찰전략
  ㉢ 수업관찰: 핵심단계
  ㉣ 교수·학습과정 분석, 협의회 전략기획: 관찰자료를 검토·해석
  ㉤ 교사와의 협의회: 다음 수업 위해 피드백
  ㉥ 새로운 계획 수립
* 내용

임상장학은 실패에 대한 비난보다는 건설적인 분석과 수업의 성공을 강화시키는 것으로서 장학의 관심은 교사가 무엇을 어떻게 가르치느냐에 집중한다. 임상장학은 교사의 수업상의 문제를 확인하고 명료화하며, 장학담당자가 제공하는 분석자료와 전문적 도움으로 해당 문제의 해결을 촉진하도록 돕는 하나의 과정이다.

② 동료장학

동료장학은 수업 및 교육 활동의 개선을 위하여 교사들이 서로 협동하고 공동으로 노력하는 장학이다. 그 장점은 ㉠ 학교 내에서 수업 전문성을 갖춘 인적자원을 최대한 활용할 수 있고, ㉡ 교사 간에 긍정적인 동료성을 만들고 집단지성을 발휘하는 학습공동체를 형성할 수 있으며, ㉢ 해당 학교 및 학생들에 대한 이해 및 경험을 공유함으로써 보다 타당하고 현실적이고, 실천적인 지도·조언이 가능하다는 점이다.
* 동학년·동교과 수업연구(공개): 동학년 단위 또는 동교과 단위로 수업연구 과제의 해결이나 수업방법의 개선을 도모하기 위한 수업연구(공개) 활동(수업연구중심 동료장학).

- 동학년·동교과 교사협의회: 동학년 또는 동교과 간 교사들이 공동 관심사나 공동 과제, 공동 문제의 해결·개선을 위해 공식적·비공식적으로 협의하는 협의중심의 동료장학.
- 공동 연구과제, 공동 시범 과제 추진 등 연구과제중심 동료장학
- 교사 학습동아리: 학습과 관련된 동일한 관심 주제를 가진 교사들의 학교 내 모임
- 멘토링: 전문성과 경험이 풍부한 교사(멘토)가 저경력 교사(멘티)를 1:1로 전담하여 지도·조언하면서 해당 교사의 수업 전문성 신장을 지원하는 활동. 이를 통해 저경력 교사들의 학교생활 적응 및 수업기술 개선을 지원한다.

③ 약식장학

단위학교의 교장이나 교감이 간헐적으로 짧은 시간 동안 학급순시나 수업참관을 통하여 교사들의 수업 및 학급경영활동을 관찰하고, 이에 대해 교사들에게 지도·조언을 제공하는 것이다. 약식장학은 단위학교에서 일상적으로 빈번하게 수행되기 때문에 일상장학이라고도 한다.

④ 자기장학

외부의 강요나 지도에 의해서가 아니라 교사 스스로가 자신의 전문성 신장을 위해 스스로 계획을 수립하고 실천해 나가는 장학을 일컫는다. 예를 들면, 수업녹화 비디오, 학생들의 교수평가, 전문서적이나 컴퓨터 정보, 대학원과정이나 워크숍 참여, 관련된 전문인사의 자문과 조언을 들 수 있다.

⑤ 컨설팅 장학

- 의의

전문성을 갖춘 장학요원들이 교원의 의뢰에 따라 이들이 직무 수행상 필요로 하는 문제와 능력에 관해 진단하고, 그것의 해결과 계발을 위한 대안을 마련하며, 대안을 실행하는 과정을 지원 또는 조언하는 활동이다.

- 컨설팅 장학의 절차

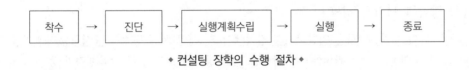

◆ 컨설팅 장학의 수행 절차 ◆

- ㉠ 착수단계: 의뢰인과의 최초 만남과 예비문제 진단, 그리고 협약이 이루어진다. 여기서 의뢰인과의 최초의 만남은 의뢰인의 요구에 의해 이루어진다.
- ㉡ 진단단계: 장학요원의 주도로 문제의 진단, 진단에 필요한 자료 수집, 자료분석 등이 이루어진다.
- ㉢ 실행계획수립: 진단에 기초해서 문제해결에 필요한 다양하고 창의적인 대안이 개발되며, 개발된 대안 중에서 모의실험 등의 평가를 통해 결정된 최종대안이 의뢰인에게 제안된다.
- ㉣ 실행: 의뢰인이 장학요원으로부터 제안 받은 대안을 직접 실행에 옮긴다.
- ㉤ 다섯째: 컨설팅 장학의 전체 과정을 통하여 의뢰인의 문제가 해결되었는지에 대한 평가가 이루어진다.
- 컨설팅 장학의 원리
  - ㉠ 자발성의 원리: 전문가의 도움을 필요로 하는 교원이 스스로 그 필요성을 느끼고 자발적으로

도움을 요청함으로써 시작된다. 컨설팅을 함에 있어서 의사결정의 주체는 의뢰인이어야 한다.

ⓛ 전문성의 원리: 과제 해결을 위한 컨설팅 내용과 방법이 전문가에 의한 컨설팅이어야 하는 원리이다.

ⓒ 자문성의 원리: 장학요원은 교원을 대신하여 문제를 직접 해결하는 것이 아니라 의뢰인이 자신의 문제를 스스로 진단하고 해결 할 수 있도록 안내, 조언, 지원하는 역할을 수행해야 한다는 것이다.

ⓔ 독립성의 원리: 장학요원은 의뢰인인 교원과의 합의에 따라 독립적으로 객관적인 조언과 도움을 제공해야 한다. 의뢰인은 장학요원이 마음에 들지 않을 경우에 거부하거나 교체를 원할 수 있고, 심할 경우에는 컨설팅 장학을 종료시킬 수도 있어야 한다.

ⓜ 학습성의 원리: 컨설팅 과정을 통하여 의뢰인과 컨설턴트 모두가 끊임없는 반성과 성찰을 통하여 성장한다는 원리이다.

ⓗ 한시성(일시성)의 원리: 원칙적으로 하나의 의뢰과제는 해결과 동시에 그 프로세스가 종료된다는 원리이다.

• 예시

ⓐ 학교 수업 컨설팅 장학: 학교별로 교수·학습 방법 개선을 위해 컨설팅을 신청한 의뢰인에게 교내외 전문가들로 구성된 컨설턴트들이 문제와 과제의 해결을 도와주는 장학 활동. 수업을 공개하거나 수업 동영상을 촬영하여 수업 분석 및 컨설팅을 실시한다.

ⓑ 수업커플 컨설팅 장학: 동일교 동일 교과 교사 2인이 서로 수업 컨설턴트가 되어 수업을 공개하고 컨설팅하며, 교실 수업 개선을 도와 주는 장학 활동이다.

ⓒ 또래 교사 수업 컨설팅 장학: 동일교 교사 2−3인이 동일 교과 수업을 공개하고 컨설팅하며, 다른 학교의 컨설턴트를 직접 찾아가 컨설팅을 받아 교실 수업을 개선하는 활동.

(3) 장학의 나아갈 방향

장학의 나아갈 기본방향은 역할로서의 장학에서 과정으로서의 장학을 중시하는 방향으로 나아가야 한다. 장학을 역할로 보는 관점에서는 장학을 단지 장학사 또는 일부 교육행정가 등 소수의 사람들만이 수행하는 공식적인 지도·조언 활동으로 본다. 반면 과정으로서의 장학은 교육현장에서 어떠한 형태로든지 교육개선과 관련하여 주고받는 공식적 또는 비공식적 지도·조언 행위를 의미하게 된다. 이런 경우 종래 장학사 또는 일부 교육행정가들의 전유물로 인식된 장학활동이 학교현장의 교장, 교감, 일반교사 등이 상호 신뢰 및 협력 관계 속에서 참여할 수 있는 장학활동으로 그 의미에 있어서 커다란 전환이 시사된다. 상급행정기관이 주도하는 장학은 '역할로서의 장학'의 성격이 강한 반면, 자율장학은 과정으로서의 장학의 성격이 강하다. 장학이 본래의 목적을 이루려면 이러한 과정의 관점에서 실시되어야 한다.[8]

---

8 이윤식 외, 전게서.

역할로서의 장학	과정으로서의 장학
누가 하느냐	어떻게 하느냐
상하관계 전제	협동관계 전제
주어지는 장학	함께 하는 장학
상급행정기관 주도의 장학	학교현장 주도의 자율장학
장학지도	장학협의

이러한 기본방향하에서 구체적인 장학의 발전방향을 제시하면 다음과 같다.9 첫째, 장학의 학교현장 중심화로서 교육활동이 실제로 전개되고 있는 단위학교 현장의 상황과 조건, 그리고 현장에서 교육활동에 종사하고 있는 교직원들의 필요와 요구를 존중하는 방향으로 장학이 발전되어야 한다. 둘째, 장학의 전문화로서 장학담당자는 장학과 관련된 제반영역에 관하여 충분한 전문적 태도·이해·지식·기술을 갖추어야 한다. 셋째, 장학의 민주화로서 장학은 교사들의 자발성을 기초로 장학담당자와 교사들 간에 민주적이고 협력적인 상호작용을 통하여 이루어질 때 그 효과가 극대화될 수 있다. 넷째, 장학여건의 충실화로서, 실질적이고 효과적인 장학활동이 전개되기 위해서는 장학담당자와 교사들이 시간적여유와 물적·재정적 여건이 마련되어야 한다.

---

9 이윤식 외, 전게서.

18 학교 및 학급경영

I 학교경영

1. 학교경영의 과정 및 학교경영기법

(1) 학교경영(school management)의 개념

주관적, 자율적, 창의적, 분권적, 동태적 관점에서 교육목표를 효과적으로 달성하기 위하여 학교 내의 인적·물적·재정적 지원을 확보하고 교장과 교사의 협력 하에 계획·집행·평가하는 총체적인 활동이다.

(2) 학교경영의 영역과 과정

가. 학교경영의 영역[1]

첫째, 교육과정 운영과 장학이다. 교육목표를 달성하기 위한 교육과정의 운영문제와 시간의 편성, 교사의 교수기술 향상과 교육과정 운영 개선, 그리고 학급 및 학년경영의 합리화를 위한 전문적 보조 활동으로서 수업장학, 임상장학 등이 이에 해당한다.

둘째, 학생관리로서 입학, 재학, 퇴학 특히 의무취학을 위한 제 문제, 생활지도, 복지 등이 이에 해당한다.

셋째, 교직원 인사관리로서 교직원의 채용, 능력발전, 사기 앙양 문제 등이 이에 해당한다.

넷째, 시설·재정관리이다. 교지, 교사, 운동장 등의 제 시설이나 교재, 교구 등 제 설비를 실제 교육에 알맞도록 정비하는 문제, 학교를 운영·관리하기 위하여 필요한 제반 회계, 경리를 교육 실정에 맞도록 합리화하는 것이다.

다섯째, 사무관리로서 학교경영 활동을 수행하는 과정에서 수반되는 제반기록과 작성 및 보관, 공문서 처리 등을 하는 영역이다.

여섯째, 대외관계로서 학부모와 관계, 지역사회와의 관계, 교육청과 관계 등이 이에 해당한다.

---

1 주삼환 외(2012). 교육행정 및 교육경영. 학지사.

나. 학교경영의 과정2

학교경영의 과정이란 학교교육 목표를 합리적으로 달성하기 위하여 학교경영이 어떤 절차를 거쳐서 수행되느냐를 의미한다. 학교경영의 과정은 기획(계획), 조직, 지시, 조정, 평가로 이루어진다.

① 기획(계획): 학교의 목표를 설정하고 이 목표달성을 위한 최적의 수단, 방법, 절차 등을 미리 결정하고 준비하는 일련의 과정을 의미한다. 다시 말해, 장래에 대한 예측과 분석된 학교 여건을 바탕으로 일정한 목표를 설정하고 이를 달성하는 데 요구되는 합리적인 행동을 예정하고 계획하는 과정을 말한다.

기획의 효용성은 첫째, 미래지향적이고 발전적인 학교운영을 가능하게 한다. 장래에 대한 예측과 학교 여건을 고려하여 목표를 설정해서 학교를 운영하므로 교육의 방향이 명확해서 발전적으로 학교를 운영할 수 있다. 둘째, 학교목표달성을 위해 합리적이고 효율적인 운영을 가능하게 한다. 목표달성을 위한 최적의 수단, 방법을 미리 결정하므로 합리적이고 자원이 낭비되지 않는다.

② 조직: 조직이란 교육목표를 효과적이고 달성하기 위해 분업적 협동체제로 조직을 구성한 것이며 인적조직은 물론 자원의 배분까지 포함한다. 단위학교에서는 교무분장 조직을 구성하는데, 1학년, 2학년, 3학년 등 학년조직이 있으며, 교무운영부, 연구부, 방과후학교부, 학생복지부 등과 교육과정위원회, 복지심사위원회 등 각종 위원회가 있다.

③ 지시: 교육목표를 달성하기 위해 교사들로 하여금 교수–학습지도, 생활지도, 학급경영 등 제 업무에 자발적인 노력을 하도록 하는 것이다. 최근 들어, 민주적 교육행정이 발달하면서 자극, 영향, 동기화와 같은 변혁적이고 민주적 리더십의 발휘 등이 중시된다.

④ 조정: 교직원들의 역할과 노력, 그리고 각 부서 활동과 인적·물적 자원을 학교교육 목표의 달성에 기여하도록 조화하고 통합하는 과정이다. 다시 말해 단위학교 교육의 목표를 달성시키기 위해 전 교직원들의 역할 갈등 최소화로 사기를 진작시키면서 업무과정에서 일어날 수 있는 낭비요소를 줄이고 주어진 업무에 노력을 집중할 수 있도록 교무분장 조직을 균형 있고 조화롭게 운영하는 활동을 말한다.

⑤ 평가: 설정된 교육목표에 비추어 학교경영 업무의 수행과정 및 그 결과를 분석하여 검토하여 과정의 합리성과 결과의 효과성과 효율성을 밝히는 활동이다.

(3) 학교경영의 원리

① 타당성의 원리: 바람직한 학교교육 목표를 설정하고 거기에 타당한 경영활동이 되어야 한다는 것을 말한다.

② 합법성의 원리: 학교경영이 법에 의거하고 법이 정하는 범위 내에서 이루어지는 것을 원칙으로 한다는 것을 의미한다.

③ 민주성의 원리: 학교교육의 목표설정과 경영계획 수립, 실천, 평가 등 학교경영의 제반과정과 영역에 교직원과 학생, 그리고 학부모의 광범한 참여를 통하여 공정한 의사를 반영하게 하며,

---

2 안암교육행정학연구회(2014). 학교중심의 교육행정 및 교육경영. 박영스토리.

특히 실천과정에 있어서 권한의 이양을 통하여 독단과 전횡을 막는 것을 의미한다.

④ 자율성의 원리: 단위 교육기관인 학교조직체가 효율적인 교육활동을 위하여 상부나 외부의 간섭 없이 자주적으로 의사를 결정하고 조직체를 운영하는 것을 말한다.

⑤ 능률성의 원리: 학교교육 활동을 전개하는 데 있어서 최소한의 경비와 노력을 통하여 최대한의 성과를 거두자는 것이다.

⑥ 과학성의 원리: 학교경영이 합리적으로 계획되고, 체계적인 운영체제를 갖추어 실현되며 과학적으로 평가되어야 함을 의미한다.

⑦ 지역성의 원리: 학교가 위치하고 있는 지역사회의 특성에 맞추어서 학교를 경영하는 것을 말하며 그렇게 함으로써 교육의 생활화, 학교의 사회화의 원리가 실현될 수 있다.

(4) 학교경영기법

가. 목표에 의한 관리(MBO: Management By Objectives)

① 명확한 목표의 설정, 책임한계의 규정, 구성원의 참여와 협조, 업적평가 및 환류과정을 통해 관리계획을 개선하고 구성원의 동기를 유발하며 나아가 조직의 효율성을 증진시키는 관리기법이다.

② 장점 및 단점: 학교 내 구성원들을 공동의 조직목표를 설정하는 데 참여하도록 하여 각자의 목표를 공동의 목표에 부합할 수 있도록 할 수 있다. 즉, 활동을 목표에 집중시킴으로써 효율성을 제고할 수 있고, 참여에 의한 의사결정으로 직무만족도를 높이고 생산성 향상에 기여할 수 있다. 단점으로는 장기적이고 비가시적인 목표에 치중할 수 있고, 목표달성에만 치중하므로 교육의 과정을 경시할 우려가 있다.

나. 조직개발기법(OD: Organization Development)

① 조직구성원의 가치관, 태도, 신념 등의 계획된 변화를 이룸으로써 조직환경의 변화에 능동적으로 적응할 수 있도록 조직전체의 변화와 발전을 도모하려는 관리기법이다. 행동과학적인 지식과 기술을 활용하여 조직의 목적과 개인의 욕구를 결부시켜서 조직전체의 변화와 발전을 도모하려는 관리기법이다.

② 과업수행기능보다는 대인관계능력에 역점을 둔다.

③ 조직발전은 전체체제로서 조직의 변동을 의도한다.

④ 조직발전은 최고관리층의 지지하에 관리되는 조직 전체의 유기적 노력에 관련된다.

⑤ 조직구성원의 자율성과 참여에 중점을 둔다.

⑥ 지속적, 총체적, 체제적인 접근전략이다.

1. 학급경영

(1) 학급경영의 의의 및 원리

학급경영이란 학급을 단위로 교육목표를 효과적으로 달성하기 위한 협동적 과정을 말한다. 학급경영의 원리는 다음과 같다.

① 자유의 원리: 학생의 인격을 존중하고, 개성을 발전시킨다. 즉 학생발달에 대한 구속을 지양하고, 자연적인 발달을 조장할 수 있는 여건을 제공해야 한다.

② 협동의 원리: 학급집단의 안전과 이익을 위하여 협동생활을 할 수 있도록 지도해야 한다. 학업성적의 점수를 얻기 위해 필요 이상으로 경쟁을 조장해서는 안 된다.

③ 노작의 원리: 노작은 자기 활동이요, 자기표현이다. 그리고 정신적·육체적 활동을 통해 유형·무형의 창작물이 나온다. 따라서 학습활동, 특별활동 등에서 스스로 자기의 목표를 실현하도록 한다.

④ 창조의 원리: 창조는 광범하고 깊은 상상력의 발로이다. 따라서 학급생활에서 첫째, 과학하는 과정, 즉 자료의 수집과 분석, 종합, 정리, 활용하는 방법을 지도하고 둘째, 관찰, 실험, 학습, 현장학습 등에서 과학하는 활동을 지도하고 셋째, 간이기구의 제작을 비롯한 공작활동을 지도하고 넷째, 지적 수준이 낮은 학생들에게 흥미본위의 자기 활동을 하도록 동기를 유발한다.

⑤ 흥미의 원리: 흥미는 활동의 원동력이므로 학생이 흥미를 갖도록 하기 위해서는 생활환경을 새롭게 마련하고 성공감을 가지도록 지도하며, 다음 학습에 대한 준비태세를 갖추도록 하여, 자율적 활동을 적극적으로 권장한다.

⑥ 요구의 원리: 이끌고 도와주는 교사의 입장과 이끌리고 활동하는 학생의 입장을 동시에 고려하고, 학생의 요구, 가정의 요구, 지역사회의 요구, 국가의 목표를 충분하게 고려한다.

⑦ 접근의 원리: 학급은 교사와 학생이 상호작용하는 장이다. 교사와 학생 또는 학우 상호간의 의사소통과 인격적 접근으로 개인과 학급 전체가 발전되는 것이다.

⑧ 발전의 원리: 바람직한 발전을 위해 단원을 설정하고 자료를 수집하여 지도함으로써 학급생활에 계획된 변화를 가져오도록 한다.

(2) 학급경영의 영역

① 교과지도영역: 교과지도, 특수아 지도, 가정학습지도 등
② 특별활동지도 영역: 자치활동지도, 클럽활동지도, 학교행사 등
③ 생활지도 영역: 학업 및 교우관계 문제지도, 진학 및 진로지도, 건강지도 등
④ 시설 환경관리 영역: 시설 및 비품관리, 게시물 관리, 청소관리, 물리적 환경관리 등

⑤ 사무관리 영역: 각종 장부관리, 학생기록물 관리, 각종 잡무처리 등
⑥ 가정 및 지역사회관계 관리 영역: 학부모와의 관계 유지, 지역사회와의 유대관계 유지, 봉사활동 등

(3) 학급경영계획의 수립

① 학급경영목표 수립: 우선 학급경영의 목표와 방침을 명확하게 설정해야 한다. 학급경영목표는 학교목표와 학년목표, 교육방침 등과의 일관성을 유지해야 한다. 학급의 교육적 수준과 학생실태 파악을 기초로 하여 설정되어야 한다.

② 기초조사계획: 학교경영계획을 수립하기 위해서는 학생들의 개인적·집단적 사정의 파악을 위한 정확한 자료들을 확보해야 한다. 기초자료는 가정환경조사서, 학교생활기록부, 건강기록부 등을 통해서 획득할 수 있으나 학생 개개인에 대한 자세한 정보는 설문조사, 면담 등을 통해서 확보하는 것이 좋다.

③ 학급조직계획: 학급경영계획에는 학급활동에 필요한 조직을 구성하는 계획도 포함되어야 한다. 분단조직, 자치회나 학급회조직, 특별활동조직, 봉사활동조직, 생활지도 조직 등이 있다.

④ 학급환경구성계획: 학급환경은 학생들이 학급생활에 애착을 느낄 수 있도록 구성되어야 한다. 즐겁고 명랑한 분위기를 조성하고, 학습동기를 자극하며, 학습활동에 직접 도움이 될 수 있는 것으로 조성하는 것이 필요하다.

⑤ 구체적인 학생지도계획: 학생지도계획에는 학급 학생지도를 통하여 학교 교육목적을 실현할 수 있는 구체적인 내용이 담겨 있어야 한다. 학생지도계획에는 학습지도계획, 특별활동지도 계획, 건강지도계획, 기타지도계획 등으로 나누어 수립하는 것이 좋다.

⑥ 학급경영평가계획: 학급경영의 평가계획에서는 영역 혹은 활동별로 학급경영의 성과를 진단·평가할 수 있는 방법을 구체적으로 계획하되, 교사와 학급 학생이 공동으로 평가하는 방안을 포함시키는 것이 바람직하다. 평가결과는 계획의 수정·보완 및 차기 계획의 수립에 반영해야 한다.

⑦ 학급경영안 작성: 학급경영계획의 마지막 단계는 앞의 구상과 조사 및 계획을 기초로 일정한 양식에 의거하여 학급경영안을 기록·작성하는 일이다. 학급경영안은 학교의 통일된 양식에 따라 작성할 수도 있고, 교사 자신이 별도의 양식을 개발하여 사용할 수도 있다.

(4) 학급경영의 실제

가. 학급운영의 조직

학급운영조직에는 학급회와 운영위원회 조직, 각 부서 및 부서별 활동조직(총무부, 환경부, 학습부, 미화부, 보건체육부)을 포함시켜 논의할 수 있다.

또한 학급운영의 조직에 있어서 반장과 부반장을 포함한 학급임원의 선출은 단기적으로 1년간의 학급운영을 위한 조건을 확립하는 데 목적이 있으며, 장기적으로는 그 절차와 방법을 통해서 학생들로 하여금 민주적인 태도와 습관을 형성하고 올바른 민주시민의식을 형성하게 하여 앞으로 바람직한 민주시민으로 성장시키는 데 목적이 있다. 따라서 학급임원의 선출 과정을 통하여 학생들은 학급의 주인으로서 긍지와 자부심을 가질 수 있고, 그 절차를 통하여 민주주의의 실천과 지도자의 중요성을 학습할 수 있는 좋은 기회라고 할 수 있다.

나. 분단의 조직과 좌석의 배정

효과적인 분단의 조직과 좌석의 배정은 교사들이 학생들을 가장 잘 가르칠 수 있고, 학생들이 이를 통해 가장 잘 학습할 수 있도록 여건을 조성하기 위한 것이다. 특히 분단은 학급에서 여러 가지 활동을 위해 구성되는 학급의 하위집단으로서 분단을 조직하는 일반적인 목적은 ① 일제학습의 문제를 해소하고 학습에 대한 참여의식을 높임으로서 학습지도의 효과를 높이고, ② 분단의 여러 가지 활동을 통해 협동과 연대의식을 길러주며, ③ 학급 구성원들로 하여금 문제해결과 과업활동에 능동적으로 참여하게 함으로서 학급활동에 대한 참여의식을 높이고 자율성을 신장시키는 데 있다.

① 편성인원: 팀워크와 능률을 고려하여 5~7명이 적당하다. 너무 많으면 분단의 의미가 없어지고 적으면 능률에 문제가 생긴다.

② 지속기간: 활동의 내용과 성질에 따라 다르지만, 대체로 1~2개월 정도가 적당하며, 1학기 정도면 충분하다.

③ 분단장: 효율성의 측면에서 보면 분단장을 처음부터 끝까지 지속시키는 것이 좋으나, 교육적인 측면에서는 능력과 능률에 상관없이 돌아가면서 하는 것이 바람직하다.

④ 능력별 편성: 일반적으로 등질편성보다는 이질편성이 좋다. 등질편성시에는 정서의 문제를 각별히 주의해야 한다.

⑤ 분단구성: 분단을 편성할 때에는 본인의 요구나 희망을 반영하는 것이 바람직하다. 취미별 분단 편성과 같은 경우는 더욱 그렇다.

다. 학급 자율규범의 설정

학급 자율규범은 담임교사의 교육관이나 학급 구성원들의 바람직한 공동체 구성 의지를 반영해야 하며, 일단 설정하면 학급 전체의 구성원이 준수해야 할 생활지침이 된다. 자율규범은 담임교사의 교육적 신념과 경험, 그리고 학급 구성원들의 요구와 동의를 통해서 설정될 수 있을 것이다. 초등학교 저학년과 학생 간 친밀성이 떨어지는 경우는 담임교사의 신념과 경험을 통해서 설정하고 차후에 수정해 나가는 방법도 사용될 수 있으며, 고학년과 학생 간 친밀성이 높은 경우에는 학급학생들의 요구와 동의, 그리고 상호 간의 합의에 의해 규범을 설정하는 것도 좋은 방법이 될 수 있다.

중요한 것은 어떠한 경우든 간에 학급학생들의 동의가 있고, 모든 학생들이 필요하다고 인정해야 학급규범으로서 효력을 지닌다는 사실이다. 따라서 학급학생들의 합의와 동의를 전제로 학생들이 이 학급규범을 지킨다는 약속으로 학급규범에 서명하여 학급 전면에 게시하는 것도 좋을 것이다.

라. 교실환경 구성과 청소지도

교실환경은 학급학생들에게 많은 생리적·심리적·사회적 영향을 주고 학업성취에도 많은 영향을 준다. 따라서 담임교사는 학년과 학기초에 교사와 학생, 학생과 학생 간의 협동적 인간관계 형성을 통하여 교실환경 구성에 많은 관심을 갖도록 해야 한다. 특히 학년초에 실내의 물리적 환경구성 활동을 교사와 학생, 학생 상호간에 협동심과 함께 일하는 보람을 느낄 수 있는 기회로 활용할 수도 있다.

교실앞면은 지나치게 화려한 장식으로 시선을 흩트리는 것은 피한다. 앞면은 비우거나 최소한으로 단장하는 것이 좋다.

마. 주번의 임무지도

주번은 담임과 주변교사와의 긴밀한 관계를 통해 학급에 일상적으로 이루어지는 학습활동을 위한 조건을 확보하고, 학급학생들이 필요로 하는 사항들을 대신해서 전달하며, 학급일지의 작성 등을 통해 학급 내에서 일어나는 역사를 기록하는 역할을 담당한다.

바. 학급 단체활동지도

소풍, 여행, 체육대회는 학급의 모든 학생들이 정규 교실수업을 하지 않고 교실과 학교를 벗어나는 것만으로 즐거워하고 많은 기대를 하는 활동이다. 단체활동을 통해서 학급 구성원들은 상호간에 일체감을 확인하고 서로를 이해할 수 있는 반면, 일부 학생들의 활동에 국한되는 행사가 되거나 그 내용에 있어서도 유행가나 인기가수들의 춤을 재현하는 활동으로 전개되어 대다수 학급학생들에게 의미 없는 행사로 변질될 수 있다. 따라서 담임교사는 이러한 단체활동에 학급 구성원 모두가 참여하여 교육적 효과를 높일 수 있도록 하는 방안을 준비해야 할 것이다.

(5) 학급경영의 평가

① 개념: 학급경영을 종료한 후에 이루어지는 활동으로 학급을 경영하는 동안에 학급경영이 잘 이루어졌는지의 여부를 검토함으로써 이후의 학급경영을 위한 개선 자료로 활용하기 위한 과정이다.
② 평가의 필요성: 학급경영의 발전과 개선 도모, 학급 담임교사의 성장 도모, 다음 계획 수립의 자료로 활용한다.
③ 평가자: 학급담임교사 자신이 평가자가 되는 것이 일반적이나, 경우에 따라서는 학교경영평가의 일부로서 학교장이 직접평가하는 경우도 있다. 학교장이 평가하는 경우는 학급담임교사의 능력을 평가하고 지도·조언하기 위한 자료로 활용된다.

2. 담임교사의 임무

① 수업활동: 수업활동은 학급 내 활동의 가장 큰 부분을 차지하며, 교사의 입장에서 보면 교수활동이고 학생의 입장에서 보면 학습활동이다. 이를 위해서 교사는 수업활동 이전에 학생들에게 어떤 경험을 학습하게 할 것인가 하는 방법을 계획하고, 그 결과를 평가해야 한다.
② 생활지도: 학생의 안정적인 생활자세는 성공적인 학교생활의 전제조건이 된다. 교사는 학생들로 하여금 자신의 문제를 해결하도록 지도하고 도와주어야 한다. 특히 관심학생을 조기에 발견하고 학부모와의 긴밀한 협조관계를 구축하여 개별적으로 특별지도를 해야 한다.
③ 특별활동 지도: 담임교사는 학급 내에서 이루어지는 학급회를 포함한 학생자치활동, 소풍, 수학여행, 체육대회, 각종 수련회를 포함한 단체활동, 그리고 학생봉사활동에 대한 이해를 통해서, 그러한 활동이 의도하는 교육적 효과를 거둘 수 있도록 해야 한다.
④ 학급의 교실환경 정비: 쾌적하고 정돈된 교실환경과 신뢰감에 기초한 사회심리적 환경 구성은 학급에서의 교수-학습을 안정적으로 진행하기 위한 필요조건이다. 그리고 교실의 물리적 환경

구성에는 담임교사의 학급에 대한 관심이 일차적으로 반영된다.

⑤ 학급 사무의 처리: 담임교사는 학급운영과 관련성 있는 각종 사무와 학교 내의 다른 부서에서 요구하는 다양한 사무를 처리해야 한다. 관료화된 행정풍토에서는 실질적인 학생지도보다는 학생지도기록부를 잘 작성하는 것이 교사에 대한 책임 추궁을 면하는 길이기도 하다. 그리고 오늘날 행정적 전시효과를 위한 사무적인 잡무가 많아지면서 학생지도에 지장을 초래하고 있는 것은 큰 문제이다.

⑥ 학교운영에 대한 참여: 담임교사는 학생들을 가르치고 학교생활을 지도하는 것 이외에도 교무회의, 교과협의회, 학년회의, 인사자문위원회의 구성원이 되어 학교행정에 직접적으로 참여하여 바람직한 교육환경의 구성을 위해 노력해야 한다.

주관식 기출 및 예상문제

문제 1 다음은 푸른 중학교에 근무하는 교사들의 대화내용이다. (1) 김한국 교사의 동기가 약한 이유를 동기-위생이론의 관점에서 논하시오. 그리고 (2) 김한국 교사의 동기를 유발하기 위한 단위학교 차원의 방안을 직무풍요화의 관점에서 논하시오.

> 김한국 교사: 저는 학생들의 수업목표를 창의성이나 문제해결력 같은 고등정신능력이 되어야 한다고 생각해요. 그리고 이를 함양하기 위해서는 현재의 강의식 수업보다는 토론위주의 수업, 체험위주의 수업방식을 해야 한다고 생각해요. 그런데 여러 가지 이유로 어려움이 많아서 뜻대로 되지 않네요. 그러다 보니 학교생활도 점점 재미가 없어지고 있어서 큰일이여요.
> 최대한 교사: 어떠한 어려움이 있지요?
> 김한국 교사: 우선, 주제중심의 통합수업이나 교과서 재구성을 통한 수업을 하려고 하는데 이에 대한 전문성도 부족하구요. 또 학교평가 업무를 담당하다보니 시간도 많지 않아요. 또, 입시위주의 교육이라는 문화 속에서 강의식 수업과 교과서 위주의 수업방식을 변화시키는 것이 쉽지 않아요.

모범답안

1. 논제의 해석

이 문항은 학교조직에서 교사의 동기와 관련된 이론인 허즈버그의 동기-위생이론과 이를 실제 학교현장에 적용시킨 직무풍요화를 출제한 문제이다. 동기위생이론의 핵심내용을 적용하여 김교사가 동기가 저하된 이유를 분석하고, 직무풍요화를 적용하여 단위학교에서 동기를 제고하는 방안을 제시하는 것이 논제의 요지이다.

2. 서론쓰기

현재 한국의 교사가 직면한 현실과 동기와의 관련성이나 교사 동기유발의 중요성을 언급하는 정도에서 작성하면 좋겠다. 예를 들면 다음과 같다. 현행 수업을 "교과서 중심에서 교육과정 중심으로 변화시켜야 한다" 또는 "행정업무중심에서 교수-학습중심의 학교로 변화시켜야 한다"는 말이 함의하는 바를 동기위생이론과 관련해서 논하고자 한다.

3. 본론쓰기

본론은 본론1과 본론2로 나누어질 수 있다. 본론1에서는 허즈버그의 동기-위생이론의 요지를 서술하고 이를 사례에 적용시켜 다음의 내용을 중심으로 논하면 된다. 허즈버그에 따르면 위생요인과 동기요인은 서로 별개이다. 따라서 위생요인은 동기에 영향을 별로 주지 못하므로 동기유발을 위해서는 만족요인을 충족시켜주어야 한다. 만족요인은 동기요인이라고도 하는데, 조직 구성원의 만족은 주로 직무(업무 자체)로부터 도출된 인간의 내적·심리적인 요소와 직접적으로 관련된 것으로 본다. 예컨대, 직무와 관련된 성취감, 성취에 대한 인정, 도전적인 작업 그 자체, 책임감, 발전, 성장가능성 등이 여기에 해당된다. 사례에서 김교사는 교사의 직무인 수업에서 성취감을 느끼지 못하고 발전감을 느끼지 못하며, 전문성의 부족으로 수업이 도전적인 일이 되고 있지 못하다. 따라서 김교사는 학교에서 동기 유발이 잘 안되고 있다.

본론2에서는 직무풍요화이론을 간단히 제시한 다음에 이를 적용하여 단위학교의 동기 유발 방안을 제시한다. 예시하면 다음과 같다.

허즈버그는 직무재설계의 방식으로 직무풍요화를 제시하였다. 직무풍요화란 조직 구성원에게 자기가 맡은 일에 관련된 권한을 확충하여 줌으로써 책임감을 높이고 동시에 심리적으로 성장감을 느끼게 하여 동기를 유발하고 업무성과를 향상시키는 방법이다.

직무풍요화는 고객에 대한 봉사를 위주로 하는 업무체계에 적절하며, 작업결과를 담당자에게 알려주는 피드백 체제를 갖추어야 한다. 또한 부단한 연찬을 통한 새로운 지식과 기술을 습득할 수 있는 기회를 제공하고, 작업수행에 필요한 자원을 스스로 통제할 수 있는 재량권을 부여하며, 작업수행에 필요한 정보원에 직접 연결되도록 의사소통체계를 개선할 때 효과적이다. 그리고 결과에 대해 스스로 책임을 질 수 있는 체제를 마련할 때에 의도한 목적을 달성할 수 있다. 단위학교의 동기유발 방안으로는 새로운 지식과 기술을 습득할 수 있는 기회로서 컨설팅 장학이나 단위학교의 연수를 개설하는 방안, 집중이수제나 블록타임제 같은 교육과정구성의 재량권을 확대하는 방안 등을 제시하면 된다.

4. 결론쓰기

본론에서 논한 내용을 뒷받침하는 정책을 주장하면서 끝맺는 방식도 결론쓰기의 하나의 유형으로 권장할 만하다. 예로, 본 사례에서는 행정업무경감을 통해 직무에 전념할 수 있는 대책을 강구해야 한다던지 더 많은 자율과 재량권을 단위학교에 제공하는 정책 등을 주장하면서 마무리를 지을 수 있다.

문제 2 다음은 초록 중학교에 근무하는 교사와 교장의 대화내용이다. (1) 김민국 교장과 장대한 교사 간에 갈등이 발생하는 이유를 전문적 관료제의 측면에서 논하시오. (2) 장대한 교사의 수업을 지원하기 위한 단위학교의 연수 방안을 서술하시오.

> 김민국 교장: 장선생님은 수업을 모든 학생들을 참여시키는 토론식 수업을 하신다고 하던데요...그런데 교과서 내용을 모두 다루지 못하고 있고 집단점수를 주다보니 평가에 대한 객관성이 낮다는 불만이 학생들 사이에서 있더군요... 장선생님의 수업이 효과가 있으면 좋겠지만 그렇지 못한 것 같아요...그리고 우리나라의 입시위주의 교육현실에서는 교과서 반복 위주의 강의식 수업이 시험에서 높은 성취를 달성하는 데 효과적이 아닐까요?
>
> 장대한 교사: 교장선생님이 우려하는 바는 알겠지만, 현재 하위권 학생들의 참여도가 높아지는 등 효과가 나타나고 있고 문제점들도 점차 나아지고 있어요..수업방식의 결정 권한은 교사에게 있으니 더 믿고 맡겨주시면 좋겠어요...

모범답안

1. 논제의 해석

학교조직의 특성인 전문적 관료제를 이해하고 학교 사례에 적용할 수 있는지를 출제한 문제이다. 그리고 단위학교 중심의 연수방안을 알고 있는가를 묻는 문제이다.

2. 서론쓰기

동기위생이론에 따르면 교사들은 가르치는 일 자체에서 성취감과 보람감을 느끼고 동기를 갖게 된다고 한다. 학교는 수업측면에서 전문직의 성격을 지니기 때문에, 전문적인 능력개발을 통해 교사의 수업 효능감을 제고하고 이를 통해 효과적인 학교를 만들어야 한다.

3. 본론쓰기

본론은 본론1과 본론2로 나누어질 수 있다. 본론1에서는 전문적 관료제의 내용을 제시하고 이를 사례에 적용하여 논하는 것이 핵심이다.

[전문적 관료제]

학교조직은 관료제와 전문직제의 혼합적인 조직형태로 전문적 관료제라고 볼 수 있다. 학교는 관료제의 특성을 어느 정도 지니고 있으면서 전문직제의 상반된 가치가 작용함으로써 관료적 요구와 전문적 요구 간에 갈등이 일어나는 곳이라고 할 수 있다. Hoy와 Miskel은 학교에서 관료지향적 행정가와 교육전문가인 교사의 행동특성의 차이를 다음과 같이 설명하였다. 즉, 관료지향적 행정가는 조직의 이익을 위해 행동하도록 기대되는 반면 교육전문가인 교사는 고객인 학생과 학부모의 이익을 위해 행동하도록 기대된다. 또한 관료적 행정가는 위계를 강조하고 훈련된 복종과 조직에의 종속을 강조하는 반면 전문가는 행동의 준거를 동료로부터 찾고 의사결정의 자율권행사와 자율적 기준에 의한 통제를 강조하며 업무에 대하여 자신이 책임을 지는 경향성이 있다.

본론2에서는 아래의 단위학교 중심의 연수방안 중 하나를 선택하여 자세하게 설명할 수 있으면 된다.

[단위학교 중심의 연수 방안]

수업 연구(공개), 교과교육연구회, 교내자율장학, 교사 학습동아리, 컨설팅 장학 등이 있다.

4. 결론 쓰기

연구에 따르면 효과적인 학교의 특성은 교사들이 교수에 대한 효능감이 높고, 헌신적이고 열정적이며, 자발적인 책임감을 지닌다고 한다. 학교조직은 일반적인 관료제와 다른 전문직의 특성을 강하게 지니는 바, 교사의 전문적인 능력개발을 활성화시킴으로써 교사 효능감을 높이고 내적 책무성을 제고하여 효과적인 학교가 되도록 해야 할 것이다.

문제 3 발문기법 신장을 위한 자기장학 방안 두 가지를 쓰시오(09년 초등논술시험 변형).

모범답안

자기장학이란 외부의 강요나 지도에 의해서가 아니라 교사 스스로가 자신의 전문성 신장을 위해 스스로 계획을 수립하고 실천해 나가는 장학을 일컫는다. 예를 들면, 수업녹화 비디오, 학생들의 교수평가, 대학원과정이나 워크숍 참여, 관련된 전문인사의 자문과 조언을 들 수 있다. "교육의 질은 교사의 질을 넘을 수 없다"는 말이 시사하듯이 수업개선을 위한 스스로의 노력은 교육의 질 제고에 핵심이라고 할 수 있다.

발문기법 신장을 위한 자기장학 방안을 제시하면 다음과 같다. 현행, 교원능력개발평가 시행기본계획에 따르면, 현재 평가결과를 개별교원에게 평가종류별 지표별 결과를 통보해주고 있고 이에 따라 「능력개발계획서」의 작성·제출을 의무화하고 있다. 이와 같이 교사들이 스스로 교수기법 등에 대한 평가결과를 통하여 피드백을 받아 스스로 수업개선에 활용하도록 해야 한다. 더 나아가 능력개발계획을 작성하여 이후에 맞춤형 연수가 이루어져 발문기법 등 수업기술의 신장을 위한 적실성 있는 노력을 하도록 하는 것이다. 이러한 과정을 통해 허즈버그의 동기－위생이론이 함의 하듯이 수업자체에 대한 성취감과 성장감을 제고함으로써 교직에 대한 만족감을 높일 수 있을 것이다.

둘째, 발문기법에 관하여 스스로 전문성이 있는 전문가에게 컨설팅을 받는 방안이 있다. 전문적인 컨설턴트의 조언을 통해 발문에 대한 자신의 문제점을 스스로 진단 해결하고(자문성의 원리) 이러한 컨설팅 과정에서 발문에 관한 반성과 성찰을 통해(학습성의 원리) 발문기법을 신장시킬 수 있을 것이다. 수업공개가 어려운 경우는 수업을 녹화한 비디오를 통해 컨설턴트에게 수업 분석 및 조언을 구하는 것도 하나의 방식이 될 수 있다.

장학이 본래의 목적을 이루려면 종래 교육행정가들의 의해 이루어진 "역할로서의 장학"에서 점차 학교현장 교사들이 신뢰 및 협력 관계 속에서 자발적으로 수업개선을 위해 노력하는 "과정으로서의 장학"으로 나아가야 한다. 교사들이 자발적인 수업개선에 더욱 전념할 수 있도록 교육당국은 더욱더 교육여건 조성에 힘써야 할 것이다.

P·A·R·T

7

교육학 논술 실전문제

교원임용 교육학 논술 대비 K 교육학

다음은 K 중학교 초임 교사인 김 교사와 경력 교사인 최 교사의 대화 내용 중 일부이다. 다음 대화문을 읽고 김교사가 간과하고 있는 문제점을 현상학적/또는 해석학적 관점에서 진단하고(2가지), 수업에 소극적 학습자들을 능동적인 학습자로 전환하기 위한 방안을 3가지 측면(① Pinar의 Currere방법, ② 구성주의 교육방법, ③ 협동학습)에서 각각 2가지씩만 논하시오.[20점]

김 교사: 선생님께서는 교직 생활을 오래 하셨으니 학교의 일상적인 업무뿐만 아니라 가르치는 일에서도 큰 어려움이 없으시죠? 저는 새내기 교사라 여전히 많은 고민이 있습니다.

최 교사: 처음부터 잘하는 사람이 있나요~ 저도 스스로에게 수많은 질문을 던지고, 자문도 구하고... 그랬죠.

김 교사: 네... 그렇긴 한데... 요즘 제가 고민이 되는 부분이 있습니다. 저마다 담당하고 있는 학문의 내용이나 깊이가 다르고, 어떠한 지식을 바라보는 관점이 다양할 수 있다는 것은 알겠는데, 수업을 진행하다 보니 학습자들이 개념을 활용하고 적용하기까지 어느 정도는 교사가 학습자들을 통제하고, 지식을 체계적으로 전달하고 때로는 배운 내용들을 외우고 쓰게 하는 활동이 오히려 단시간 내에 학습효과를 더 향상시킬 수 있지 않나...하는 생각이 듭니다.

최 교사: 단시간내 많은 것을 암기하게 하고 성적을 올릴 순 있겠죠. 하지만 수업시간 학습자들의 모습은 어떤지 한번 떠올려 보세요. 다들 진지한 표정으로 내용을 듣고 이해하던가요?

김 교사: 음... 그렇게 적극적인 모습은 아니지만 나름대로 잘 듣고, 때론 필기도 하고 하더라구요.

최 교사: 잘 듣고 필기를 하는 것과 잘 학습하고 이해하는 것은 다르다고 생각해요. 선생님이 잘 정리하고 구조화하여 전달한 지식을 학습자들은 그 지식의 참뜻을 이해했을까요? 배우고 나서 시간이 흘러 그 지식을 활용하고 적용해야 할 경우 제대로 기억하고 문제를 해결할 수 있을까요?

김 교사: 배운 내용을 지속적으로 상기시켜 주고 반복 연습시키면 개념을 이해하고 습득하지 않을까요? 일단 단순하고 기초적인 개념을 잘 인식시켜 주는 것이 더 중요하다고 생각됩니다.

최 교사: 네. 물론 단순하고 기초적인 개념들을 명확하게 가르치는 것은 필요하죠. 하지만 우리의 지식은 구체적인 개념도 있지만 추상적인 개념들이 더 많죠. 학습자들은 학습에 있어 초보자이기 때문에 잘 구조화시켜 가르쳐 주는 것이 필요하지만 정말 무엇이 중요하고, 그 개념이 갖는 의미, 중요성 등은 학습자 스스로 깨닫고 느껴야 자기 것이 되죠. 그래야 시간이 지나도 기억에 남아서 후속적인 학습에서 제시되는 새로운 개념들과 관계를 지을 수 있게 됩니다. 그래야 스스로 사고하고 학습하는 능동적인 학습자가 될 수 있지 않을까요?

김 교사: 네... 선생님 말씀처럼 학습의 주체는 학습자이어야 하고, 학습자 스스로 사고하고, 스스로 느껴야 하는 주체임을 동의하면서도 자꾸 제가 일방적으로 지식을 전달하고 구조화하고, 정리해 주고... 그렇게 되네요.

최 교사: 그렇죠~ 저도 늘 고민하고 있는 부분이에요. 학습자들을 좀 더 능동적인 학습자로 전환시키는 방법 함께 고민해 보고 또 얘기 나눠요~

논술 지도

- **현상학적-해석학적 관점에서 간과하고 있는 2가지 문제 진단(아래 포인트 중 2개 이상을 쓰면 됨)**

  1. 지식구성에 있어서의 인식주체자의 중요성이 간과되고 있으며, 이를 통하여 지식의 개인적, 체험적 의미가 상실되어 버린다.

  2. 주지주의적 지식관은 세계를 개념적 인식의 대상으로 환원하여 선술어적으로 표현되는 인식영역을 제거시켜 버린다.

  3. 현상학적-해석학적 관점에서 보면 모든 지식은 인간의 대상세계에 대한 주관적 이해를 통해 얻어진다.(지식은 인간의 주관적 구성물). 따라서 학습자 개인의 주체적(주관적) 이해의 과정이 중시되어야 한다. 그런데 김교사는 능동적 이해과정보다 수동적 암기과정을 중시하고 있다. 또한 학습도 보편적인 개념의 학습에 치중하며, 체험을 통한 주체적인 이해의 과정이나 문제를 해결하는 과정은 생략된 채, 추상적 개념의 이해만 추구하고 있다.

  4. 교사는 지식을 구조화하여 주입하는 주체, 학생은 이를 수동적으로 받아들이는 객체로 상정되고 있다. 그러나 해석학적 관점에서 보면 모든 지식의 매개과정은 해석적 과정이며, 이렇게 보면 해석에 참여하는 교사나 학생의 주체성과 자유가 확보될 수 있다.

- **Pinar의 Currere방법**

  1. 교육은 삶의 과정이 되어야 한다. currere란 교육과정을 "학생들이 배워야만 하는 교수요목"의 의미로서의 명사가 아닌, 교육적 경험의 과정으로써, "삶을 지속적으로 살아가다"는 의미에서 동사적으로 이해해야 한다는 것이다.

  2. 학생의 주체적 참여와 체험을 강조한다. 학생의 삶을 회상-전진-분석-종합의 단계를 통해 자서전적, 전기(傳記)적으로 이해해야 한다 이를 통해 학생들은 자신들의 삶을 심도있게 이해하여 바람직한 삶의 방향을 설정할 수 있다(자아성찰/자아정체성 형성).

  3. 개인마다 형성되는 쿠레레가 다르므로, 개별화 수업을 추구해야 하며, 이를 자연스럽게 진로교육과 연결시킬 수 있어야 한다.

- **구성주의 교육방법**

  배운 지식을 단편적으로 기억하고 습득하는 것이 아니라 직접 경험하거나 조사(탐색)하게 하고, 성찰의 기회를 갖게 하는 내용이 담기면 된다.

  1. 교육과 실생활과의 연계성을 중요시하며, 실제생활의 문제를 풀어가는 구체적 상황을 주어 배운 지식을 적용하여 문제를 해결할 수 있게 한다.

  2. 학습자의 기존 지식과 개념을 활용할 수 있는 학습환경을 제공하고, 정답 유무에만 집중하지

않고 자신의 경험내용에 대해 무심코 지나치지 않고 사건과 경험의 의미와 중요성에 대해 항상 의문과 분석할 수 있도록 반성의 기회를 갖게 한다.

- **협동학습**

협동학습의 효과 부분에서 적절하게 2가지 전략을 찾으면 된다.

1. 동기론적 관점
   - 집단목표달성 : 동료간 학습활동을 서로 도와준다.
   - 학습활동 자체에 대한 긍정적 태도형성 : 학업성취동기 증진(인지적 효과발생)
2. 사회적 응집이론
   - 협동의 원인이 자기보상을 위해서가 아니라 타인의 성공을 진정으로 바라기 때문이다.
3. 인지론적 관점
   - 인지발달이론(비고스키) : 상호작용을 통한 상호자극 → 인지적 발달
   - 인지정교화론 : 정보자료를 인지적으로 재조직하거나 정교화하여 자기 것으로 수용하는 것이다.
4. 연습이론
   - 다른 학습구조에 비해 학습대상을 연습하고 숙달할 수 있는 기회가 많이 주어져서 높은 학습효과를 유발한다.

··· 교육학 논술 실전문제 2

다음은 A고등학교의 초임교사 이교사와 경력 교사인 박교사의 대화 내용이다. 이교사와 박교사의 교육관, 지식관, 교수-학습관, 학생관 그리고 교사-학생 관계에 대한 이해를 각각 진술하고, 이교사와 박교사가 제기하고 있는 학생들의 정체성의 상태를 정의하며 그 특징을 각각 설명하시오. 또한 이교사가 사용하고 있는 상담 기법의 명칭과 인간관을 설명하고, 그가 사용하고자 하는 진로지도의 대표적인 학자, 특징, 성격유형을 서술하시오. 이와 더불어 박교사가 학생들 비행을 진단한 비행이론의 명칭, 특징을 서술하시오.

이 교사: 선생님, 잠시 상의드리고 싶은 것이 있는데요... 저는 제가 교단에 서기 전부터 생각했던 교육과 실제 체감하는 학교 현실이 많은 차이가 있어서 고민이 많습니다. 저는 학생들이 세상을 주체적으로 바라보고 살아갈 수 있도록 그들에게 비판적 사고와 자율적인 도덕성을 길러주고 싶습니다. 하지만 학생들이 저의 의도를 잘 받아주지를 않네요.

박 교사: 이선생님은 교육을 무엇이라고 생각하나요? 이교사의 교육관은 너무 이상적이어서 현실과는 거리가 먼 것 같군요. 학생들에게 너무 많은 기대를 하지 마세요.

이 교사: 저는 학생들이 단지 학교에 와서 죽은 지식을 전수받는 것이 아니라 우리 사회의 부조리에 대해서 인식하고 학생 개개인이 이에 대해서 비판적으로 사고하는 해방된 인간으로 가르치고 싶을 뿐입니다.

박 교사: 선생님의 고민은 충분히 공감해요. 하지만 학생들은 현재 대학 진학이 중요한 과제이기 때문에 그러한 문제에는 관심이 없어요. 수능에 나올만한 공식이나 문제를 풀어주기를 원하지요. 그래서 은행에 저금을 하듯이 지식이 쌓이는 것만을 원할 뿐이에요.

이 교사: 학생들이 능동적으로 삶을 살아가는 '주체적이고 자유로운 인간'이 되었으면 하는데 그게 쉽지 않습니다. 우선 학생들은 자기 자신과 사회에 대해 진지하게 생각하지 않아요. 간혹 가정문제가 있는 학생들도 그것에 대해 깊이 생각하지 않는 것 같고요. 매사에 수동적이고, 그러니 학교생활에도 목적이 없는 것 같아요.

박 교사: 그렇지요. 공부를 좀 한다는 상위권 학생들도 마찬가지에요. 학업에는 열심이지만 왜 공부를 해야 하고, 자신이 원하는 대학, 원하는 학과에 왜 가야하는지에 대한 진지한 고민은 아예 없어요.

이 교사: 그러니 학생들의 자아정체성 자체가 모호한 상태인 것 같습니다. 상담을 통해 그들 삶을 위해 중요한 주제들에 대해서 대화하고, 그들이 처해 있는 문제들을 해결해주고자 시도해 보았지만 학생들은 쉽게 마음의 문을 열지 않더군요.

박 교사: 좀 더 구체적으로 이야기 해보세요.

이 교사: 학업 성적이 하위권에 있는 학생들 가운데에는 가정환경이 결손가정이거나 경제적으로 어려운 처지에 있는 학생들이 많은 것 같습니다. 제 생각으로는 이러한 학생들이 특히 자신의 정체성을 빨리 찾고 그래서 남들보다 더 열심히 공부해서 자신의 처지를 극복했으면 하거든요.

박 교사: 어떤 면에서 보면, 학생들은 자신들의 처지를 잘 인식하고 있어요. 그리고 그들에게 허용되어

있는 방법으로 사회와 만나는 것입니다. 그들은 상류층 학생들에 비해서 모든 면에서 불리하지요. 경제적인 면이나 문화적인 면에서 비교될 수밖에 없고요. 현재 학교체제 속에서 그들에게 많은 것을 요구할 수는 없어요. 그들의 입장에서 그들의 행동을 이해하고 문제를 해결하도록 해야 합니다.

배 점

- 답안의 논리적 구성 및 표현[총5점]
- 논술의 내용[총15점]
  - 각각의 교사의 교육관에 대한 설명[6점]
  - 각각의 교사의 정체성에 대한 설명[3점]
  - 이 교사의 상담 기법과 인간관[3점]
  - 박 교사가 생각하는 비행 이론의 명칭과 특징[3점]

논술 지도

- **각각의 교육관에 대한 설명[6점]**
  - 박 교사의 관점(기능론적 관점. 은행저축식 교육)
  - 객체화, 비인간화된 종속사회의 구조가 교육에서 나타나는 것을 말한다.
  - 교사와 학생의 관계는 교사는 명령자이고 학생은 수령자의 수직관계이다.
  - 학생은 수동적으로 지식을 받아들이는 존재이다.
  - 지식은 항구불변의 영구성을 가진 보편적인 것이다.
  - 교수-학습은 강의와 설명에 의한 지식의 전달이다.
  - 이 교사의 관점(갈등론적 관점. 문제제기식 교육)
  - 교육은 비인간화와 비인간화시키는 억압을 극복하는 교육방식을 말한다.
  - 교사와 학생의 관계는 수직관계가 아닌 공동탐구자, 상호협동적인 관계이다.
  - 학생은 능동적, 비판적으로 지식을 창조하는 존재이다.
  - 지식은 프랙티스(praxis)적 성격을 가진 실제적이고 가변적인 것이다.
  - 교수-학습은 대화를 통한 지식의 구성이다.

- **각각의 정체성에 대한 설명[3점]**

Marcia는 정체감 유형을 정체감에 대한 위기(crisis) 여부와 현실적인 과업에 참여인 수행(commitment) 여부에 따라 네 가지 범주로 나눈다. 위기는 자신의 존재와 가치관에 대해 재평가하는 기간이며, 수행은 정체감과 관련된 계획, 가치, 신념 등에 대해 능동적으로 의사결정을 내리고 정체감과 관련된 과업에 참여하고 있는 상태를 말한다.

  <앞서 대화에서 알 수 있는 박교사와 이교사가 학생들에 대해 가지는 학생들의 정체감 관점>
  - 이 교사: 정체감 혼미(혼란) 상태. 즉 정체감에 대한 위기상황과 정체감 달성을 위한 과업을 수행하고 있지 않은 상태. (이교사는 학생들이 자기 자신에 대해 진지하게 생각하지 않고, 수동적이며, 학교생활에도 목적이 없다고 간주함)

－박 교사: 정체감 유실 상태. 즉 자신의 정체감에 대한 진지한 고민 없이 외부로부터 부과된 정체감을 무비판적으로 수용하는 상태. (학생들이 학업에는 열심이지만 왜 공부를 해야 하고, 자신이 원하는 대학, 원하는 학과에 왜 가야하는지에 대한 진지한 고민은 아예 없다고 생각함)

• 이 교사의 상담 기법의 명칭과 인간관[3점]
  －이 교사의 상담 기법: 현실치료 기법
  －이 교사의 인간관: 인간은 누구나 스스로 정체감을 계발할 수 있는 존재다. 따라서 자신의 모든 행위에 대하여 스스로 결정하고 책임을 져야 한다. 또한 인간은 자신의 행동, 지각, 바람을 바꿀 수 있고, 행동이 바뀌면 바람이나 지각이 바뀔 수 있다.

• 박교사가 생각하는 비행이론의 명칭과 특징[3점]
  －박교사가 생각하는 비행의 원인: 아노미 이론
  －박교사의 비행 이론의 특징: 현대 사회에서 많은 사람들의 공통 목표가 강조되지만, 그 목표를 달성하기 위해 합법적인 수단을 얻는 기회는 대부분의 사람들에게 사회구조상 제한되거나 완전히 배제가 될 수밖에 없다. 이런 사람들이 합법적/비합법적 여부를 고려하지 않고 목표를 달성하려고 하는 데서 비행행동은 나타난다.

••• 교육학 논술 실전문제 3

학습자는 능력, 성격, 발달 등 다양한 면에서 개인차가 있다. 학교에서는 이러한 개인차를 고려하여 교육활동이 이루어져야 한다. 다음 대화문을 읽고 1) 종국과 수지의 답변에서 알 수 있는 인지양식의 유형과 그 학습양식의 특성, 2) 개별화 학습의 중요성에 대해 설명하시오. 그리고 3) 정교사가 개인차를 고려하여 실시한 평가방법이 무엇인지, 4) 컨설팅 장학을 실시할 경우 지켜야 할 원리에는 무엇이 있는지를 4가지만 제시하시오.

다음은 K중학교 3학년 정교사의 국어 수업 장면과 교무실에서의 대화 장면이다.

(정 교사의 수업 장면)

정 교사: 여러분. 지난 시간 선생님이 내준 숙제 있었죠? 한용운의 '나룻배와 행인'이라는 시에 대해 궁금한 점을 생각해 보고 조사해 오라고 했는데 해 왔죠? 그럼 먼저 종국이. 종국아 넌 어떤 걸 조사해 왔지?

종 국: 네, 저는 한용운님이 어떤 분이고 이 시를 쓴 당시의 시대적 상황이 궁금하여 조사를 하였습니다. 한용운은 1879년에서 1944까지 활동하였던 승려이자 시인, 독립운동가였습니다. 이 시는 일제 강점기에 우리나라를 빼앗긴 상황에서 빼앗긴 조국이 돌아오기를 바라는 마음에 지은 시입니다.

정 교사: 좋아. 종국이는 시가 만들어진 배경에 관심이 있었구나. 그럼 수지. 수지야 넌 네가 조사해 온 걸 발표해 보겠니?

수 지: 네, 전 이 시간 전체 4연으로 되어 있고, 4연에서 1연과 동일하게 말함으로써 시적화자인 내가 떠나가는 행인과의 관계를 강조하고 있습니다. 나는 나룻배, 당신은 행인과 같이 은유법을 사용하고 있습니다.

정 교사: 그래~ 종국이와는 다르게 수지는 시의 구조에 대한 특성, 전체적인 관계성 등을 조사했구나~ 궁금한 점들이 서로 다르고 다양하구나. 그럼 또 어떤 내용을 조사해 왔는지 발표하고 싶은 사람~?

……..

(교무실)

이 교사: 선생님~ 3반은 '나룻배와 행인' 진도 들어갔어요? 시대적 배경뿐만 아니라 하나하나 꼼꼼하게 가르치려니 어떤 아이는 재미있어 하는데, 어떤 아이들은 어렵다고 엄살 부리고….선생님은 어떻게 수업하고 계세요?

정 교사: 저는 전체적인 것은 설명을 해주고, 본인들이 시와 관련하여 궁금한 점을 찾아 조사해 오라고 했죠. 오늘 수업에 발표를 했는데… 어떤 아이는 시가 만들어진 배경에 대해 조사해 왔고, 어떤 아이는 시의 구조에 대해 상세히 조사해 왔고….. 저마다 다양한 주제로 재미있게 수업하고 왔네요. 선생님도 한번 해보세요. 조사를 안 해올까봐 걱정했는데… 저마다 특색있게 잘해와서 덕분에 저도 재미있었네요.

이 교사: 선생님, 그럼 평가는 어떻게 하셨는지요. 학생들마다 다른 내용들을 조사해 온 결과를 수행으로 발표를 했는데요. 학생들 간의 상대적인 서열로 평가를 하셨는지요? 아니면, 교육목표 준거점에 비추어서 평가를 하셨는지요?

정 교사: 저는 학기 초에 학생들에게 국어과목의 기초 진단평가를 실시했어요. 그리고 그 초기 점수에 비해서 학생들이 얼마나 향상되었는지를 평가하고 있어요. 학습자 개인의 차이를 존중해서, 초기 능력에 비해서 향상된 점수로 평가하고 있어요.

이 교사: 개인차를 고려한 개별평가방법이군요. 아주 좋네요. 저도 이러한 평가방법을 사용하고 싶은데 자신이 없네요. 좋은 방안이 없을까요?

정교사: 컨설팅 장학을 신청하면 어떨까요? 자발적으로 하다보니 효과가 좋다고 하던데요.

배 점

- 답안의 논리적 구성 및 표현[총5점]
- 논술의 내용[총15점]
  - 인지양식유형과 특성[4점]
  - 개별화 학습의 중요성[3점]
  - 개인차를 고려한 평가방법[4점]
  - 컨설팅 장학의 원리[4점]

논술 지도

1. 서론쓰기

보통의 서론 쓰기 방식을 활용한다면, 학생의 개인차를 고려한 수업과 평가의 중요성에 대해 언급하는 정도에서 작성하면 된다.

2. 본론

우선, 개인차의 원인으로 인지양식 유형의 차이에 따른 학습양식의 특성을 들 수 있다. 인지양식이란 인지과제에 대해서 일관성 있게 대처하는 개인 특유의 인지패턴을 의미하는 것으로 인지양식에 따라 선호하는 학습방식에도 차이가 있다. 인지양식의 유형은 지각을 할 때 배경이 되는 주변의 장에 영향을 받느냐의 여부에 따라 장의존적 인지양식과 장독립적 인지양식으로 구분할 수 있다. 종국이의 경우 시를 해석하는 데 있어 시를 시대적 배경과 같은 외부 상황과 관련시켰다. 이처럼 외부의 배경이나 맥락과 관련하여 전체적이고 직관적으로 사고를 하는 경우를 장의존적 인지양식이라 한다. 장의존적 인지양식의 학습자의 경우 학습에 있어 교사가 제시한 목표와 피드백이 필요하고, 교사의 안내가 분명한 구조화된 과제를 선호하며, 다른 학생들과의 협력적 학습이 유리하다. 반면 수지는 시 작품 내부의 형식과 표현법에 관심을 가지고 시를 해석하였는데, 이처럼 외부의 배경과는 관계없이 내적인 관련성을 중시하여 분석적이고 논리적으로 사고를 하는 경향을 장독립적 인지양식이라 한다. 장독립적 인지양식의 학습자의 경우 학습에 있어 교사가 목표나 피드백을 제시하는 것보다 자신이 스스로 설정하기를 좋아하고, 비구조화된 학습과제를 선호하며, 개별화된 학습을 더 잘 하는 경향이 있다.

따라서 개별화 학습은 매우 중요하다. 개별화 학습이란 학생이 개별적으로 자신의 학습 진도에 따라 학습한다는 의미도 있지만 때론 수업의 과정에서 교사의 지도를 필요로 하며, 교사의 지도하에 개별 학생이 자신의 진도, 적성에 맞추어 자기주도적으로 자신의 능력을 최대한 개발시켜 나가는 학습을 일컫는다. 즉 수업의 초점을 개별 학습자에게 두고 가능한 한 모든 학생이 의도한 교육목표에 도달할 수 있도록 하기 위해 각 개인의 능력, 적성, 동기 등을 고려하여 적절하고 타당한 수업방법, 절차, 자료의 선택 및 평가 등의 측면에서 교수나 프로그램을 지원받는 것을 의미한다. 동일한 과제를 동일한 방법으로, 동일한 속도로 가르치던 전통적인 방식에서 탈피하고자 개별화 학습을 적용하는 경우가 많다. 개별화 학습을 통해 학습자들은 효율적이고 효과적인 학습을 위해 내재적 동기에 따라 학습활동을 전개할 수 있고, 스스로 설정하거나 계획한 학습목표에 대해 적극적으로 임할 것이다. 또, 자신의 능력수준에 부합되는 개별화된 학습속도를 유지할 수 있고, 목표부터 평가에 이르기까지 자신의 학습에 책임을 질 수 있다. 이에 학습자 개인적으로 특성, 적성, 요구 등에 맞춰 학습기회를 주거나 교수−학습과정에서 학습자들의 인지양식, 학습양식, 선호하는 학습방식, 과제의 수준, 문제해결력 등에 차이가 있음을 인지하고 가능한 개별적 특성을 고려하여 수업이 진행되고, 교육적 효과를 극대화시켜야 할 것이다.

학습자의 다양한 개인차를 고려한 평가방법 중 하나는 성장지향평가이다. 성장지향평가는 교육과정을 통하여 얼마나 성장하였느냐에 관심을 두는 평가방법이다. 교육과정을 통하여 학습자의 최종수준이 얼마나 성장했는지를 과거의 수준과 비교하여 판단하는 평가방법이다. 즉, 최종적인 성취 수준에 관심을 두기보다는 초기 능력 수준에 비추어 얼마만큼 향상되었는지를 보는 평가이다. 따라서 사전 능력 수준과 최종 관찰된 시점에 측정된 능력 수준 간의 차이를 확인하는 것이 평가의 초점이 된다. 예를 들어, 국어시간에 시의 분석능력에 대한 진단평가를 실시한다. 초기 능력을 수량화시킨 다음에, 교육과정을 진행한다. 그리고 마지막으로 보는 총괄평가에서 시의 분석능력을 평가한 후에, 최종능력을 수량화시킨다. 그리고 초기능력과 최종능력 간의 차이점을 기준으로 해서, 차이점수가 많을수록 좋은 성적을 얻게 된다.

성장지향평가의 특징은 학습자의 학업증진과 기회부여를 강조하며 개인차를 강조한다는 점이다. 특히, 성장지향평가는 학생 개인의 개인차를 고려한 1:1 수업에 적합한 평가방법이다. 성장지향평가는 전체 학생을 대상으로 행정적인 처리를 위한 평가방법보다는 개인차를 고려한 개별화 수업에 적용하는 평가방법이다. 학생들 간의 경쟁을 통한 상대적인 서열을 제시하지 않으며, 학생들 간의 전체 공통적인 준거점을 기준으로 점수를 제시하지 않는다. 학생 개별적인 수업을 진행하여 학생들의 성장 정도를 평가하는 데 활용이 된다. 따라서 성장지향평가는 발달적 교육관에 기초한 개별화 수업에 적합한 평가방법이 된다.

한편, 새로운 교수법이나 평가방법 등 전문적인 능력을 개발하는 방안 중 하나로는 컨설팅 장학이 있다. 사례에서 이교사는 역동적 평가에 대한 컨설팅 장학을 신청해서 이에 대한 전문성을 향상시킬 수 있을 것이다. 컨설팅 장학이란 전문성을 갖춘 장학요원들이 교원의 의뢰에 따라 이들이 직무 수행상 필요로 하는 문제와 능력에 관해 진단하고, 그것의 해결과 계발을 위한 대안을 마련하며, 대안을 실행하는 과정을 지원 또는 조언하는 활동이다. 수업을 공개하거나 수업 동영상을 촬영하여 수업 분석 및 컨설팅을 실시하게 된다. 컨설팅 장학이 효과적으로 이루어지기 위해 지켜야 할 원리에는 자발성의 원리, 전문성의 원리, 자문성의 원리, 독립성의 원리, 학습성의 원리, 한시성의 원리가 있다. 여기서 자발성의 원리란 교원이 스스로 그 필요성을 느끼고 자발적으로 도움을 요청함으로써 시작되어야 한다는 것이다. 컨설팅을 함에 있어서 의사결정의 주체는 의뢰인이어야 함을 강조하는 원리이다. 자문성의 원리란 장학요원은 교원을 대신하여 문제를 직접 해결하는 것이 아니라 의뢰인이 자신의 문제를 스스로 진단하고 해결 할 수 있도록 안내, 조언, 지원하는 역할을 수행해야 한다는 것이다. 독립성의 원리는 장학요원은 의뢰인인 교원과의 합의에 따라 독립적으로 객관적인 조언과 도움을 제공해야 한다는 것이다. 끝으로 컨설팅 과정을 통하여 의뢰인과 컨설턴트 모두가 끊임없는 반성과 성찰을 통하여 성장한다는 학습성의 원리가 있다.

3. 결론쓰기

수업에 대한 교사 효능감을 제고하기 위한 학교 차원의 방안으로 공유된 비전, 팀학습을 강조하는 학습조직의 구축, 그리고 이를 지원하기 위한 행정업무 경감 등을 주장하면서 마무리를 짓는 방식을 결론쓰기의 방법 중 하나로 활용할 수 있겠다.

••• 교육학 논술 실전문제 4

다음은 K 중학교에서의 대화 내용이다. 다음 대화문을 바탕으로 학생들의 학업부진을 가져오는 원인을 2가지 관점(① 목표이론과 귀인이론 ② 문화자본)에서 제시하고, 학생들의 학업성취도를 향상시킬 수 있는 방안을 3가지 측면(③ 오수벨의 선행조직자와 포섭과정, ④ 교육목표분류학을 활용한 교육과정 개발 ⑤역동적 평가)에서 논하시오.

김 교사: 저는 요즘 우리 반 아이들 때문에 고민이 참 많아요. 열심히 가르쳐도 성적이 오르지 않는 애들을 보고 있으면 답답해요.

박 교사: 부임한지 얼마 안 되어 여러모로 고민되는 부분이 많지요? 그런 학생들에 대해 좀 더 자세히 말해 주실래요?

김 교사: 일단 몇몇 학생들은 공부는 안하면서 등수만 신경써요.... 반 등수가 떨어진 이유가 운이 없다보니 공부하지 않은 부분에서 많이 출제되었기 때문이래요. 제가 보기엔 노력을 별로 안해서 그런것 같은데 말이에요.... 그러면서 이번 기말고사에서는 꼭 10등 안에 들어야 한다면서 불안해요.

박 교사: 네.. 그렇군요.

김 교사: 또 다른 애들은 가정환경이 좋지 못해서 다양한 문화 활동을 경험하지 못했어요... 그래서 제가 가르치는 내용이나 설명을 잘 이해하지 못하는 것 같아요. 선생님들 중에서 학생들의 학업성취를 높이는 방법에 대해 여러 가지 조언을 해주셨으면 해요.

최 교사: 저는 공부방법이 중요하다고 생각해요.... 많은 자료와 지식을 전달하는 것보다는 체계화시켜 유의미하게 가르쳐야 한다는 것을 강조하고 싶어요. 배우는 지식들을 낱낱이 두는 것이 아니라 때론 비슷한 개념들끼리는 묶기도 하고, 상하위 개념으로 체계화시켜 제시하기도 하고... 방법이나 전략은 찾아보면 많지요~

송 교사: 저는 블룸의 경우 인지적 영역에서 교육목표를 체계화·유형화함으로써 교과 교육과정을 개발할 때 유용한 전략을 제공하고 있다고 생각해요. 이를 참고로 교육과정을 개발하는 것이 좋을 것 같아요....

박 교사: 저는 평가가 중요하다고 생각해요. 학생의 현재 인지수준은 사회적 맥락 속에서 뛰어난 교사나 동료의 대화라는 상호작용을 통해서 향상될 수 있답니다. 학생이 혼자서는 할 수 없지만, 교사나 동료의 언어적인 도움을 통하여 인지적 영역이 발달이 됩니다. 저는 시험을 보는 시간에 학생이 해결할 수 없는 영역에 대해서 언어적인 힌트와 단서를 주어서 최종적으로 발달되는 영역을 평가합니다.

김 교사: 와우, 정말 역동적인 평가를 하시는군요.

논술 지도

1. 서론쓰기

여러 가지 방법이 있겠지만 학업부진 해소의 필요성 및 중요성을 언급하는 정도에서 작성하면 무난한 서론이 될 것이다.

2. 본론

우선, 학업부진의 원인은 목표이론과 귀인이론의 관점에서 살펴볼 수 있다. 즉, 학습자가 설정한 부적절한 목표유형과 귀인유형이 학업 부진의 원인이 될 수 있다는 것이다. 일반적으로 목표는 성취하고자 하는 희망을 의미하는데 목표의 유형은 학습목표와 수행목표로 나누어 볼 수 있다. 학습목표는 학습하는 과제에 초점을 두고 과제숙달과 내용이해에 초점을 두는 반면, 수행목표는 상대적 비교를 통해 자신의 유능감을 드러내고자 하는 자아지향적 목표이다. 어떤 목표를 설정하느냐는 과제선택, 실패 이후의 행동, 능력을 보는 관점, 전략 사용과 같은 학습과 관련된 다양한 행동에 영향을 준다.

그런데 김교사가 지적한 등수에만 신경을 쓰는 학생들은 수행지향적 목표를 지닌 학생들이다. 이 학생들은 유능함을 드러낼 수 있는 쉬운 과제를 선택하는 경향이 있고, 실패를 통제불가능한 능력에 귀인하여 실패시 불안에 빠지기 쉽고, 능력에 대한 고정적 관점을 지니고 피상적 전략을 주로 사용하여 실패이후 자아효능감이 떨어지고 성취에 부정적인 영향을 줄 수 있다. 또한 김교사가 언급한 것과 같이 실패를 학습자 외부의 통제 불가능한 운과 같은 요인에 귀인을 하는 경우 실패 이후 성공에 대한 기대가 낮아지고 투입하는 노력의 양도 적어지며, 그만큼 실제 성공에 대한 가능성도 낮아지게 된다. 심지어 실패를 통제 불가능한 운에 귀인을 하게 되고 그것이 되풀이 될 때 시험불안이나 학습된 무력감에 빠질 수도 있다.

두 번째 학업부진의 원인은 문화자본의 관점에서 설명할 수 있다. 부르디외(Bourdieu)는 문화자본을 사회적으로 추구하거나 소유할 만한 가치가 있는 상징적 부의 전유를 위한 도구라고 하고 언어능력, 문화에 대한 인식, 졸업장 등이 문화자본에 포함된다고 한 바 있다. 일반적으로 문화자본은 고급문화에 대한 취향이나 감상 정도를 통해 측정된다. 그에 따르면 어렸을 때부터 상류계급 문화를 깊숙이 내면화한 아비투스적 문화자본을 소유한 학생들은 교사가 전달하는 학습내용을 잘 이해하고 교사와의 의사소통도 원활하여 학업성취에서 우월한 위치에 있게 된다고 한다. 학교가 중산층 문화를 수용하고 있기 때문에 문화적 자본이 풍부한 학생이 유리할 수밖에 없다는 것이다. 따라서 다양한 문화적 경험이 부족하고 고급문화적 취향을 내면화하지 못한 문화자본이 적은 학생들은 상대적으로 학업성적이

뒤떨어질 수밖에 없는 것이다.

이러한 학생들의 학업성취도를 높이는 방법으로 우선, 교수방법으로서 오수벨의 유의미학습이 이루어지도록 하는 것이다. 유의미학습에서는 선행조직자와 포섭과정을 중시한다. 유의미학습은 교사가 의미가 높은 지식의 구조를 학습들에게 제시하고, 학생들은 기존의 인지구조와 새로운 인지구조를 잘 조화시켜 더 나아가 지식을 적용하고, 활용할 수 있게 도움을 주는 방식이다. 유의미학습을 통해 유의미한 결정체를 만들어 나가는 것이 중요한데 일반적으로는 교수자가 지식을 조직화, 체계화하여 유의미있게 가르쳐야 하고, 그것을 바탕으로 학습자들은 배운 지식과 새로운 지식을 서로 잘 연계하는 유의미한 학습태세를 갖추는 것이 필요하다.

유의미학습을 위해 선행조직자와 포섭의 과정이 중요하다. 선행조직자는 유의미한 결정체를 만드는 첫 번째 단계이기도 하며, 수업의 도입단계에 주어지는 언어적 설명으로 우리가 무엇을 배우고 되고, 기존에 배운 지식과의 연결고리가 되기도 한다. 다음으로, 포섭이란 새로운 명제가 아이디어가 학습자의 머릿속에 이미 조직되어 존재하고 있는 보다 포괄적인 인지구조 속으로 동화 또는 일체화되는 것을 의미한다. 교사가 지식을 낱낱이 쪼개어 가르치고 전달하는 것이 아니라 선행조직자를 바탕으로 포섭의 과정을 거치면서 유의미한 결정체는 점점 확장되고 체계화되어 질 수 있다. 이를 통해 만들어진 유의미한 결정체를 통해 문제를 해결해야 할 때 필요한 지식을 인출하여 적용, 활용할 수 있게 된다.

다음으로 교육목표분류학을 활용한 교육과정 개발을 들 수 있다. 교육과정의 문제를 체계적 관점에서 접근하는 블룸의 경우, 교육과정은 교육목표 상세화, 학습활동과 수업 계열의 구조화, 평가, 행동수정 및 수업개선을 위한 피드백이라는 일련의 순환구조를 이루고 있다고 간주하고 있다. 이 과정에서 블룸은 교육목표의 중요성을 강조하였으며, 특히, 인지적 영역의 교육목표를 분석하여 지식, 이해, 적용, 분석, 종합, 평가 등으로 구분하였다. 그는 이러한 교육목표들은 '~할 수 있다'는 동사의 형태로 표현되어야 하며, 그 내용은 교육과정을 이수하였을 때, 그 결과를 눈으로 확인할 수 있고, 평가 역시 가능한 내용으로 구성되어야 함을 주장하였다. 즉, 블룸에 따르면 교육과정 개발에서 교육목표의 설정이 핵심적인 위치를 차지하며, 최종적으로 평가를 위한 기준으로서 교육목표의 기능이 강조되고 있다. 이러한 경향은 최근 백워드 설계(backward design)의 형태로 재현되어 평가기준(성취기준)을 중심으로 교육목표를 설정하고 이를 바탕으로 교육내용을 선정하는 교육과정 개발로 나타나고 있다.

학업성취를 향상시킬 수 있는 또 다른 방안은 역동적 평가(Dynamic assessment)를 실시하는 것이다. Piaget는 인간의 인지적 능력 수준이 연령의 증가와 함께 고차원적인 발달을 이룬다고 했지만, 반면에 Vygotsky는 인간의 정신적인 인지발달은 사회와의 상호작용의 결과로 제시한다. 즉, 인지발달은 독립적인 활동이 아니라, 사회적문화적 맥락 속에서 성인이나 뛰어난 동료와의 대화를 통해서, 인지적 능력이 향상된다고 본다. 이런 향상된 능력을 근접발달영역이라고 하며, 이와 같은 근접발달영역을 평가하는 방법을 역동적인 평가라고 한다. 역동적 평가는 최종적인 인지적 수준을 평가하는 것보다는 다른 사람들의 언어적인 도움을 받아서 성장되는 잠재적 능력에 대한 평가를 하는 것이다. 역동적인 평가는 학생에게 개념에 대한 힌트를 주고 내재적 동기를 유도하여, 현상의 의미를 깊이 생각하도록 하여 사고를 향상시키게 한다. 그리고 인지적 사고력이 향상되어진 영역을 평가한다.

예를 들어, 시험을 볼 때, 학생에게 과제를 제출하여 문제 풀이를 하도록 한다. 그리고 학생이 문제

풀이를 한 최종 결과를 보고서, 미완성된 문제나 전혀 알지 못하는 문제에 대해서 교사는 핵심적인 힌트를 언어로 제시한다. 이때, 학생의 교사의 언어적인 설명으로 통하여, 인지 능력이 향상되어서 미완성 문제나 전혀 알지 못하는 문제에 대해서 문제를 해결할 수 있게 된다. 이와 같이, 혼자 해결한 최종적인 능력에서 언어적 힌트를 기초로 문제를 해결한 능력 사이의 능력 지점을 근접발달영역이라고 한다. 따라서 역동적인 평가는 평가라는 상황에서 비계로서 의도적인 교수를 함으로서, 발달되어진 인지적 영역을 평가하게 된다.

3. 결론쓰기

결론을 쓰는 방법은 여러 가지가 있다. 그 중 하나는 교사의 전문성 개발을 위한 환경이나 정책을 제시하는 것이다. 즉, 교수학습과 관련된 전문적 능력개발의 지원을 통해 교사의 교수효능감을 제고하는 방안으로서 컨설팅 장학, 단위학교 차원의 연수 등을 활성화해야 함을 주장하면서 마무리 짓는 방법이 있다.

부 록

EDU

교원임용시험 교육학 논술 대비 K 교육학

교 육 학

수험 번호 : (   )   성 명 : (   )

1차 시험	1 교시	1문항 20점	시험 시간 60분

○ 문제지 전체 면수가 맞는지 확인하시오.

다음은 A중학교 초임 교사인 박 교사와 경력 교사인 최 교사의 대화 내용이다. 다음 대화문을 바탕으로 학생들이 수업에서 소극적으로 행동하는 문제를 2가지 관점(① 잠재적 교육과정, ② 문화실조)에서 진단하고, 수업에 소극적인 학생들의 학습 동기를 유발하기 위한 방안을 3가지 측면(① 협동학습 실행, ② 형성평가 활용, ③ 교사지도성 행동)에서 각각 2가지씩만 논하시오. [20점]

박 교사 : 선생님께서는 교직 생활을 오래 하셨으니 학교의 일상적인 업무뿐만 아니라 가르치는 일에서도 큰 어려움이 없으시죠? 저는 새내기 교사라 그런지 아직 수업이 힘들고 학교 일도 낯섭니다.

최 교사 : 저도 처음에는 선생님과 마찬가지로 교직 생활이 힘들었지요. 특히 수업 시간에 반응을 잘 보이지 않으면서 목석처럼 앉아 있는 학생이 있을 때는 어떻게 해야 할지 모르겠더군요.

박 교사 : 네, 맞아요. 어떤 학급에서는 제가 열심히 수업을 해도, 또 학생들에게 질문을 던져도 몇몇은 그냥 고개를 숙인 채 조용히 있습니다. 심지어 어떤 학생은 수업 시간에 아예 침묵으로 일관하기도 하고, 저와 눈도 마주치지 않으려고 해요. 또한 가정 환경이 좋지 않은 몇몇 학생은 다양한 문화적 경험을 가질 기회가 상대적으로 부족해서 그런지 수업에 관심도 적고 적극적으로 참여하지도 않는 것 같아요.

최 교사 : 선생님의 고충은 충분히 공감해요. 그렇다고 해서 수업 시간에 학생들을 그대로 방치해서는 안 됩니다. 교육적으로 바람직하지 않아요.

박 교사 : 그럼 수업에 소극적인 학생들을 적극적으로 참여시킬 수 있는 동기 유발 방안을 고민해 보아야겠네요. 이를테면 수업방법 차원에서 학생들끼리 서로 도와 가며 학습하는 형태로 수업을 진행하면 어떨까요?

최 교사 : 그거 좋은 생각이네요. 다만 학생들끼리 함께 학습을 하도록 할 때는 무엇보다 서로 도와주고 의존하도록 하는 구조가 중요하다는 점을 유의해야겠지요. 그러한 구조가 없는 경우에는 수업활동에 열심히 참여하지 않는 학생들이 많아진다는 문제가 발생할 수 있어요.

박 교사 : 아, 그렇군요. 그런데 선생님, 요즘 저는 수업방법뿐만 아니라 평가에서도 고민거리가 있어요. 저는 학기 중에 수시로 학업성취 결과를 점수로 학생들에게 알려 주고 있는데요. 이렇게 했을 때 성적이 좋은 몇몇 학생들을 제외하고는 나머지 학생들은 자신의 성적을 보고 실망하는 것 같아요.

최 교사 : 글쎄요, 평가결과를 선생님처럼 그렇게 제시할 수도 있겠죠. 하지만 학습 동기를 유발하기 위해서는 평가를 어떻게 활용하느냐가 중요해요.

박 교사 : 그렇군요. 그런데 제가 보기에는 학생들의 수업 참여 정도가 교사의 지도성에 따라서도 다른 것 같아요.

최 교사 : 그렇죠. 교사의 지도성 행동에 따라 달라질 수도 있죠. 그래서 교사는 지도자로서 학급과 학생의 상황을 고려하여 학생들의 학습 동기를 불러일으킬 수 있는 지도성을 발휘해야겠지요.

박 교사 : 선생님과 대화를 하다 보니 교사로서 더 고민하고 노력해야겠다는 생각이 듭니다.

최 교사 : 그래요, 선생님은 열정이 많으니 잘하실 거예요.

──────────〈배 점〉──────────

○ 답안의 논리적 구성 및 표현 [총 5점]
○ 논술의 내용 [총 15점]
  - 잠재적 교육과정 관점에서의 진단 [3점]
  - 문화실조 관점에서의 진단 [3점]
  - 협동학습 실행 측면, 형성평가 활용 측면, 교사지도성 행동 측면에서의 동기 유발 방안 논의 [9점]

2014학년도 교육학 논술시험 분석과 해설

1. 구조 분석

　주지하듯이 2014년 문제는 한 초임 교사의 학급의 학습부진 상황을 둘러싼 교사들 간의 대화를 지문으로 제시하고 이 대화문을 바탕으로 학생들이 수업에서 소극적으로 행동하는 이유를 두 가지 관점(즉 잠재적 교육과정, 문화실조)에서 제시하고, 수업에 소극적인 학생들의 학습동기를 유발하기 위한 방안을 세 가지(협동학습 실행, 형성평가 활용, 교사지도성 행동)에서 각각 두 가지씩만 논하라고 되어 있다. 이러한 문제유형이 앞으로도 반복될 가능성이 높다는 전제 아래 그 특징들을 간단히 짚어 보자.

　1) 이 문제는 학습동기 부진의 원인에 대해서 진단하고 또 그것을 해결할 수 있는 개념적, 이론적 도구를 분명히 제시하고 있다. 그러므로 수험생의 자유로운 답안작성보다는 주어진 문제에 대한 정형화된 논지의 답안을 요구하고 있다. 그러므로 답안의 전체 구조는 문제에 대한 진단과 해결이 주어진 개념에 입각하여 차례로 다루어지고, 그 앞뒤에 수험자가 독자적인 방식으로 서론과 결론을 덧붙이는 방식으로 쓰여져야 한다. 서론과 결론에서는 수험자는 교육에 대한 자신의 이해와 안목 그리고 교직적성을 표현하도록 노력할 필요가 있다.

　2) 이 문제는 완전한 통합형 논술 문제라기보다는 분야별 핵심 내용(잠재적 교육과정, 문화실조, 협동학습, 형성평가, 교사지도성)을 학습 동기라는 커다란 주제 아래 인위적으로 결합시킴으로서 만들어진 문제라고 할 수 있다. 다시 말하면 학습 동기의 문제를 단계적, 심층적으로 분석하여 최종적 해결책을 내놓는 작업을 요구하는 것이 아니라 교육학 각 분야의 개념과 이론이 학습 동기와 어떻게 연관되어 있는가를 평면적으로 드러내 주기를 요구하는 문제이다.

　3) 그러므로 평소에 교육학의 이론과 개념들을 그것이 갖는 교육적 의미와 연관해서 숙지하고 있는 수험생들에게는 그다지 난이도가 높지 않았던 문제라고 할 수 있다. 앞으로도 이런 유형의 문제가 출제된다고 할 때, 시험에 대비하기 위해서는 우선적으로 교육학 전 영역의 기본 개념과 이론을 그 자체로 충실히 학습할 필요가 있고, 다음으로 이러한 지식들을 교육 및 교육학의 문제를 중심으로 서로 연관 짓고 체계화 할 필요가 있다. 거기에 더하여 다양한 교직사례나 현안 문제를 이러한 체계적인 교육학 지식을 활용하여 해결하는 글쓰기 연습을 할 필요가 있다. 이상 기출문제의 특징을 표로 정리하면 다음과 같다.

1	하나의 문제 상황을 제시하고 그것에 대한 진단과 해결방안을 특정한 해당 이론이나 개념에 입각해서 정형화된 답변을 제시하도록 요구하는 제한 반응형의 문제
2	하나의 주제 또는 문제에 대한 집중적이고 심층적인 분석과 해설보다는 그것의 여러 측면을 다양한 교육학 분과에 의해서 평면적으로 해부하는 문제
3	수험자의 독창적이고 고차적인 사고능력보다는 교육학의 기본 개념과 이론들을 숙지하고 적용할 수 있는가를 평가한다는 점에서 난이도는 그리 높지 않은 문제

2. 내용 해설[1]

(1) 잠재적 교육과정

제시문의 두 교사는 수업 시간에 학생들을 "침묵으로 일관하기도 하고, 질문을 던져도 고개를 숙인 채 조용히 있습니다.", "심지어 어떤 학생들은 수업 시간에 아예 침묵으로 일관하기도 하고, 저와 눈도 마주치지 않으려고 해요."라고 묘사하고 있다. 이러한 학생들의 태도는 잠재적 교육과정의 경험에서 비롯되었을 수 있다. 잠재적 교육과정이란 학교의 물리적 조건, 제도 및 행정조직, 사회적·심리적 상황을 통하여 학교에서는 계획한 바 없으나, 학교생활을 하는 동안에 학생들이 은연중에 가지게 되는 경험을 의미한다. 따라서 학교 경험에서부터 연유된 생활방식을 통하여 학습이 이루어진다. 학생들의 수업 태도를 소극적으로 만들게 된 잠재적 교육과정의 요인으로는 군집성, 위계성, 목적성, 강요성을 들 수 있다.

첫째, 군집성의 측면으로 보면, 최근 학교는 과거에 비해 다양한 배경을 가진 학습자에 대한 개개인의 적성과 관심, 흥미를 고려한 수업환경을 제공하여 줄 것을 요구받고 있는데, 현실적으로는 이러한 학습자의 변화를 받아들인 수업환경 조성이 미흡한 상황이다. 특히 다인수 학급, 과밀 교실의 경우에는 개인적 특성이 다르며 가정 배경 또한 다양한 학생들이 모여서 생활하는 수업 환경은 교사나 교육과정 속에서 의도하지는 않았으나 군집성을 띤 소극적인 학생을 만들 가능성을 높이고 있다. 둘째, 위계성 측면에서 보면 전통적으로 우리나라 교사와 학생 간의 엄격한 질서는 권위적인 풍토 조성이 되었을 가능성이 크다는 점이다. 권위적인 교사와 학생 간의 관계는 학생들로 하여금 자신의 생각을 표현하고 수업에 적극적인 참여를 이끌어 내는 데에 장애가 되기도 한다. 이 외에도 학교의 전반적인 풍토나 교칙, 학년 제도에 따라 고착화 된 교육과정 등에 맞추어 생활해야 하는 강요성은 학교가 의도하지는 않았지만 수업에서 학생들의 소극적인 모습을 만들어 낸 원인이 될 수 있다.

(2) 문화실조

학생들이 수업에서 소극적으로 행동하는 또 다른 이유는 문화실조론 차원에서 진단해 볼 수 있다. 문화실조론은 주로 가정의 문화적 자본과 활동이 부족하여 학교에서 학습하는 데 필요한 기초적인 소양을 갖추지 못한 상태를 의미한다. 이 이론에 따르면 가정에서 문화적 자극을 제대로 받지 못한 아동은 지적 '영양실조' 상태가 되어 학습활동에 지장을 받게 된다. 또한 문화적 소양이 부족한 아동들은 교수-학습과정에서 전달되는 메시지를 파악하는 데 어려움을 겪게 된다. 따라서 이 아동들은 학습내용을 제대로 이해하지 못할 뿐만 아니라 교사와 원활하게 의사를 소통할 수 없다. 결과적으로 이 아동들은 학업성적이 뒤떨어지게 되고 학교생활에의 적응에도 어려움을 겪게 될 가능성이 크다. 이러한 문화실조론은 번스타인의 문화실조로서의 언어실조에 관한 해석을 통해서도 찾아볼 수 있다.

---

1 이 부분은 교육문제연구소의 연구교수들이 2014년 교육학 논술시험 시행 직후 연구소 내부 자료에서 개진했 던 견해를 발췌 또는 수정해서 옮겨 놓은 것이다. 내부 회람용이었지만 수험생들이 기출 문제의 성격을 파악하는 데 많은 도움이 된다고 여겨져 여기에 인용한다.

번스타인은 영국사회의 노동계급과 중류계급이 갖고 있는 독특한 구어양식을 각각 대중어와 공식어로 구분하고 노동계급은 제한된 어법을 구사하는 반면 중류계급은 정련된 어법을 구사한다는 점을 지적하였다. 특히, 중류계급의 아동들은 중류계급의 어법으로 의사소통이 이루어지는 학습장면에서 교사로부터 아무런 불편 없이 교육적 메시지를 전달받을 수 있지만, 노동계급 아동은 이에 어려움을 겪게 된다고 한다. 이처럼 문화실조론에 입각해서 볼 때, 문화적 경험이 부족한 학생들이 수업에 관심이 떨어지고 적극적으로 참여하기 어려울 가능성이 크다고 할 수 있을 것이다.

(3) 협동학습

협동학습은 학습능력이 각기 다른 학생들이 동일한 학습목표를 향해 소집단 내에서 함께 활동하는 수업방법이다. 협동학습은 집단목표달성을 위하여 집단 동료 간에 학습활동을 서로 도와주고, 학습활동 자체에 대한 긍정적인 태도를 형성할 수 있기에 학습동기 증진에 효과가 있다고 한다. 그러나 협동학습 자체가 학습자의 참여와 학습동기 증진을 보장하지는 않는다. 협동학습이 지닌 장점을 살리고 학습자의 참여를 극대화하기 위해서 교사는 학습자의 참여를 구조화하는 교수전략이 필요하다.

그런 전략 중 하나는 집단 구성원 간의 긍정적인 상호의존성을 높이도록 구조화하는 것이다. 긍정적 상호의존성이란 다른 사람의 성과가 나에게 도움이 되고 나의 성과가 다른 사람에게도 도움이 되게 하여 각자가 서로 의지하는 관계로 만드는 것을 의미한다. 상호의존성을 높이기 위해 교사는 우선 집단목표를 명시하고, 구성원들에게 구체적인 작업과제를 나누어 분담하고, 학습자원과 자료 및 정보를 서로 나누며 학습하게 함으로써 구조화하는 방법을 사용할 수 있다. 가령 Jigsaw 모형은 5에서 6명으로 구성된 집단 구성원들에게 학습할 단원을 집단의 구성원 수만큼 쪼개어 한 부분씩 할당한 다음, 각 집단에서 같은 부분을 맡은 학생들끼리 따로 전문가 집단을 만들어 토의하고 학습하게 한 후, 자신의 본 집단으로 되돌아와 자기가 학습한 부분을 다른 구성원들에게 가르치게 함으로써 자료에 대한 상호의존성을 구조화한다.

또 다른 협동학습의 활용 전략은 구성원 개개인이 집단 내에서 개별적인 책무성을 갖도록 하는 방법이다. 개별적 책무성이란 무임승차를 방지하기 위하여, 과제를 숙달하는 책임이 각 학생에게 있다는 의미로, 개인에 대한 구체적인 역할을 제시하고, 그에 대한 책임을 묻는 것이다. 즉, 구성원 각자에게 기록자, 자료준비 및 정리자, 시간관리자, 갈등관리자 등의 역할을 부여하고 그 역할에 책임을 지도록 하는 것이다. 개별적 책무성을 적극적으로 활용한 협동학습의 대표적 모형은 각본협동(Scripted Cooperation)이다. 이 모형에서 교사는 스크립트를 사용하여 집단 구성원들의 역할과 활동을 미리 규정함으로써 개인적인 책무성을 구조화하고 있다.

그 외 협동학습 활용 전략으로는 집단보상이 있다. 집단보상은 자신이 속한 집단이 목표를 달성할 때 보상이 주어지기 때문에 집단 구성원들은 자신이 속한 집단의 성공을 위해 서로 최선을 다해 노력할 수 있다. 팀경쟁학습(TGT)은 집단보상을 활용하는 대표적인 협동학습 모형이다. 이 모형은 게임을 이용하여 집단 간의 경쟁을 유도하는데, 각 학생들은 일주일에 한번 다른 집단에 소속된 비슷한 능력을 가진 두세 명의 학생들과 토너먼트를 가지고 승자는 자신의 집단을 위해 승점을 얻게 된다. 집단 내에는 협동을, 집단 간에는 경쟁을 유도함으로써 보상을 구조화한 팀경쟁학습을 하는 동안 학생들은 자신뿐만 아니라 집단의 성취를 위해 다른 구성원들의 노력을 격려하고 촉진하게 된다.

(4) 형성평가

형성평가는 교수－학습이 진행되는 과정에서 교수, 학습의 극대화를 목적으로 실시되는 평가이다. 즉, 교육이 목표대로 잘 진행되고 있는지, 학습자가 내용을 잘 파악하고 있는지를 점검하는 평가이다. 형성평가의 목적은 두 개로 나누어진다. 첫째, 학습 및 교수 활동이 진행되는 도중에 학생에게 송환효과(feed－back)를 주어서 학습효과를 증진시키는 것이다. 둘째, 교육과정 및 프로그램의 수정 및 개선을 위한 정보를 수집하기 위해서 평가를 하는 것이다.

형성평가가 학습자에게 학습 동기를 높여주기 위해서는 다음과 같아야 한다.

첫째, 형성평가를 위해서 학습단원을 위계적으로 세분화해야 한다.

둘째, 형성평가를 위해서 학습단원의 교육목표를 진술해야 한다.

셋째, 형성평가를 위해서 학습자에게 단원에서 반드시 배워야 할 교육목표를 알려주어야 한다.

넷째, 형성평가는 위계적으로 세분화된 교육목표에 따라서 제작되어야 한다.

다섯째, 형성평가는 수시로 평가해야 한다.

여섯째, 형성평가는 수업을 진행하고 있는 교사가 수업목표 달성도를 알아보기 위해서 직접 제작을 해야 한다.

일곱째, 형성평가는 제시된 교육목표 수준에 도달 여부를 알아보는 준거지향평가로 실시해야 한다.

여덟째, 형성평가는 시기적절하게 피드백을 제공함으로써 학습행동에 강화를 주어야 한다. 형성평가의 결과는 반드시 학생들에게 알려주어야 하며 이를 통해서 높은 성적을 얻은 학습자는 자신감을 얻고 낮은 성적을 얻은 학습자는 분발하도록 하게 한다.

아홉째, 형성평가는 학습에서 발생하는 오류와 문제점을 알려주어서 학습곤란의 진단과 교정을 이끌어 주어야 한다. 학생들에게 각자 자신의 답안지를 스스로 채점하도록 하여 자신이 맞은 문항과 틀린 문항을 직접 확인하도록 해야 한다. 이를 통해서 학습곤란과 학습결손을 교정하고 보완할 수 있는 기회를 주어야 한다.

열 번째, 형성평가는 학습곤란을 발견하여서 학습속도를 조절해 주어야 한다. 학습내용은 반드시 위계적으로 제시되어야 하며, 학습곤란이 있는 단원은 속도를 느리게 하여 설명해 주어야 한다.

열한 번째, 형성평가는 교사와 학생 간의 피드백을 통한 상호작용을 형성해 주어야 한다. 교사와 학생 간의 상호작용은 학습자의 학습동기에 긍정적인 영향을 줄 수 있다.

열두 번째, 형성평가는 학습자의 학습수준을 파악하고 학습자 능력 수준에 맞는 개별화 학습을 진행하고 이를 통하여 학습자의 학업 동기를 높여줄 수 있다. 학업수준이 높은 학습자에게는 높은 수준의 단원을 개별적으로 학습시키고, 학업수준이 낮은 학습자에게는 더 쉬운 단원을 제공하여서 문제를 교정할 수 있도록 학습시키는, 개별화 교육은 학습 동기를 더욱 높여줄 것이다.

(5) 교사지도성 행동

수업에 소극적인 학생들의 학습동기를 유발하기 위한 교사지도성은 어떤 한 가지 지도성 유형이 정답이라고 말할 수 없다. 지도성이란 조직 구성원에게 목표를 효율적으로 달성할 수 있도록 영향력을 행사하는 것이기 때문에, 응시자가 이 문제를 논리적이면서 객관적으로 논의할 수 있는 지도성 유형을 잘 찾아야 한다. 즉, 자신이 알고 있는 지도성 유형 중에서 어떤 지도성 유형이 본 문제를 해결할 수 있는지를 잘 판단하는 것이 문제 해결의 관건이다. 예를 들면, 본 문제를 해결하기 위해서는 학생들이 동기가 없고 목표, 비전이 없다는 점에서 보면, Burns와 Bass가 주장하는 변혁적 리더십이나, 수업에 소극적인 학생들은 동기와 교사와의 관계가 좋지 못하다는 점에서 보면 수업에 대한 성숙도(수업능력)가 낮다고 볼 수 있으므로 Hersey와 Blanchard의 상황적 리더십을 선택하면 좋을 것이다. 물론 다른 지도성 유형을 선택하여 논리적으로 제시해도 좋다. 변혁적 리더십을 택할 경우를 상정해 보자.

제시문에 등장하는 학생들은 수업의 학습활동에서 매우 소극적이며 교사의 수업에 무관심하거나 종종 문제행동을 한다. 이런 학생들은 왜 공부를 해야 하는지에 대한 생각이나 목표의식이 없기 때문에 수업시간에 교사와의 상호작용이 거의 발생하지 않는 경우가 많다. 이러한 학습동기가 심각하게 저하된 학생의 동기를 유발해서 목표와 비전을 가지고 수업에 적극적으로 참여할 수 있도록 하려면 교사가 변혁적 리더십을 발휘하는 것이 필요하다.

첫째, 교사와 학생 상호 간에 신뢰 형성, 학생과 강한 감성적 유대감을 형성, 학습동기부여, 비전과 목표 등을 갖도록 하는 리더십을 발휘해야 학생의 수업참여가 유발된다. 물론 수업에 소극적인 학생들에게 이러한 일을 실행하기가 쉬운 일이 아니지만 장기적인 계획하에 지속적인 노력을 하면 점차적으로 변화가 일어날 수 있다.

둘째, 수업능력이 부족한 학생의 의견을 존중하면서, 수업에 집중하면 좋은 학습 성과를 낼 수 있다는 자신감과 가치를 심어주는 리더십을 발휘해야 수업참여 동기가 유발된다. 이러한 일들을 수행하는 과정에서 학생들과의 갈등이나 교사의 자괴감, 무능감 등이 발생할 수 있지만, 교육자로서의 솔선수범과 헌신의 자세, 열린 의사소통, 인내 등이 요구된다.

셋째, 학생중심의 교육과 교사의 전문성 성장을 위한 규범, 가치, 신념을 확립해야 한다. 즉, 교사가 전문성을 확보하고 학생 개개인을 배려하면서, 학생중심의 강력한 카리스마와 열정적인 수업을 학생들에게 보여주어야 학생들이 수업에 적극적으로 참여한다.

변혁적 지도성은 지도자의 강력한 지도성을 강조하여 지도자의 특성과 행동유형에 적합한 상황을 변혁한다는 점에서 상황의 중요성을 경시했다는 비판도 있으나, 기존의 거래적 지도성보다 조직을 변화시키는 데 유용하다는 것이 입증되었다. 따라서 변혁적 지도성을 잘 활용한다면 수업에 소극적인 학생들이 목표와 비전을 가지고 수업에 적극적으로 참여할 수 있는 상황으로 변화시키는 데 유용하다.

교 육 학

수험 번호 : (   )   성 명 : (   )

제1차 시험	1교시	1문항 20점	시험 시간 60분

○ 문제지 전체 면수가 맞는지 확인하시오.

다음은 A 중학교의 학교교육계획서 작성을 위한 워크숍에서 교사들의 분임 토의 결과의 일부를 교감이 발표한 내용이다. 이 내용을 바탕으로 A 중학교가 내년에 중점을 두고자 하는 1) 교육 목적을 자유교육의 관점에서 논하고, 2) 교육과정 설계 방식의 특징, 3) 학습 동기 향상을 위한 학습 과제 제시 방안, 4) 학습조직의 구축 원리를 각각 3가지씩 설명하시오. [20점]

이번 워크숍은 우리 학교의 교육에서 드러난 몇 가지 문제점을 확인하고, 개선 방안을 제시하는 방식으로 진행되었습니다. 주요 내용을 말씀드리면 다음과 같습니다.

먼저, 교육 목적에 관한 문제점과 개선 방안입니다. 우리 학교는 학생들의 합리적 정신을 계발하기 위해 지식 교육을 추구해 왔습니다. 그런데 지난해 도입된 국어, 수학, 영어 교과에 대한 특별 보상제 시행으로 이들 교과의 성적은 전반적으로 상승하였지만, 학교가 추구하고자 한 것과 달리 반별 경쟁에서 이기거나 포상을 받기 위한 것으로 교육 목적이 왜곡되는 경향이 있었습니다. 이러한 교육 목적의 왜곡으로 인하여 교사는 주로 문제 풀이식 수업이나 주입식 수업을 하게 되었고, 학생들은 여러 교과에 스며 있는 다양한 사고방식을 내면화하지 못하는 결과가 초래되었습니다. 이러한 문제점을 보완하기 위하여 내년에는 교육 개념에 충실한 지식 교육, 즉 자유교육 (liberal education)의 이상을 구현하는 데 중점을 두고자 합니다.

다음으로, 교육과정 설계 방식 및 수업 전략에 관한 문제점과 개선 방안입니다. 교육과정 설계 방식 측면에서, 종전의 방식은 평가 계획보다 수업 계획 중심으로 설계되어 있어서 교사가 교과의 학습 목표에 비추어 학생들이 배우는 내용을 올바르게 이해하였는지를 확인하는 데 한계가 있었습니다. 교사는 계획한 진도를 나가기에 급급한 나머지, 학생들의 학습 결손을 예방하지 못하였습니다. 내년에는 학생들의 학습 목표 달성 정도를 확인하는 데 유용한 교육과정 설계를 하고자 합니다. 또한 수업 전략 측면에서 볼 때, 수업에 흥미를 잃어 가는 학생들이 있음에도 불구하고 교사는 학생들의 학습 동기를 높일 수 있는 전략을 적극적으로 사용하는 데 소홀했습니다. 수업 상황에서 학생들이 배워야 할 학습 과제 그 자체는 학생들에게 흥미로울 수도 있고 그렇지 않을 수도 있습니다. 교사가 수업에 흥미를 잃은 학생들에게 학습 과제를 어떻게 제시하느냐에 따라 학습 동기를 높일 수 있습니다. 내년에는 이들의 학습 동기를 향상할 수 있는 학습 과제 제시 방안을 마련하는 데 관심을 기울이고자 합니다.

내년에 우리 학교는 교육 개념에 충실한 지식 교육을 하고, 학생들의 학업 성취와 학습 동기를 향상하는 데 좀 더 세심한 관심을 가져야 할 것입니다. 이 일의 성공 여부는 교사가 변화의 주체로서 자발적인 노력을 얼마나 기울이느냐에 달려 있습니다. 그래서 우리 학교는 교사 모두가 교육 활동에 능동적으로 참여하여, 지식과 학습 정보를 서로 공유하면서 지속적으로 변화해 가는 학습조직(learning organization)을 구축하고자 합니다.

<배 점>

○ 논술의 내용 [총 16점]
- 자유교육 관점에서의 교육 목적 논술 [4점]
- 교육과정 설계 방식의 특징 3가지 설명 [4점]
- 학습 동기 향상을 위한 학습 과제 제시 방안 3가지 설명 [4점]
- 학습조직의 구축 원리 3가지 설명 [4점]
○ 답안의 논리적 구성 및 표현 [총 4점]

2015학년도 교육학 논술시험 분석과 해설

1. 구조 분석

2014년 문제는 한 초임 교사의 학급의 학습부진 상황을 둘러싼 교사들 간의 대화를 지문으로 제시하고 이 대화문을 바탕으로 학생들이 수업에서 소극적으로 행동하는 이유를 두 가지 관점(즉 잠재적 교육과정, 문화실조)에서 제시하고, 수업에 소극적인 학생들의 학습동기를 유발하기 위한 방안을 세 가지(협동학습 실행, 형성평가 활용, 교사지도성 행동)에서 각각 두 가지씩만 논하라고 되어 있었다.

이에 비해 2015년 문제는 교사들의 대화가 아닌 한 중학교의 교사 워크숍 분임토의 결과에 대한 보고서의 내용이 제시문으로 나왔다. 워크숍의 주제는 내년도 학교계획서의 작성이었으며, 제시문은 지난해 교육에서의 문제점을 확인하고 이에 대한 개선방안을 제시하는 내용으로 되어 있다. 이 제시문을 기초로 수험생은 1) 자유교육 관점에서의 교육목적 논술, 2) 교육과정 설계방식의 특징 세 가지 설명, 3) 학습동기향상을 위한 학습과제 제시방안 세 가지 설명, 4) 학습조직의 구축을 위한 원리 세 가지 설명을 하라는 요구를 받았다.

문제의 유형은 조금 달라졌지만, 수험생의 입장에서는 단지 제시문의 특성이 변화했을 뿐 문제에 답하기 위해 필요로 하는 지식과 글쓰기 역량의 수준은 전년도와 대동소이했다고 생각된다. 다시 말해서 교육에 대한 심층적인 탐구보다는 교육학의 기본 개념과 지식을 요구하는 문제였고 또한 논술의 기술이나 역량에서도 창의적이고 자립적인 사고 능력보다는 기본적으로 지식을 알기 쉽고 명료한 언어로 주어진 틀에 따라 배열할 줄 아는 수준을 요구하였다. 또한 문제의 구조적 특성도 전년도와 유사했다. 아래는 2014년 문제에 대해 말한 것을 2015년 문제에 맞추어 약간 수정한 것이다.

1) 2015년 교육학 논술 문제는 완전한 통합형 논술 문제라기보다는 분야별 핵심 내용(자유교육, 교육과정 설계, 학습동기 관련 학습과제 제시방법, 학습조직)을 학교교육의 개선이라는 커다란 주제 아래 인위적으로 결합시킴으로써 만들어진 문제라고 할 수 있다. 이것은 2014년에도 마찬가지였다. 이와 같이 교육학 논술 문제는 수험생의 자유로운 답안작성보다는 주어진 주제에 대한 정형화된 논지의 답안을 요구하고 있다. 그러므로 답안의 전체 구조는 문제의 요구에 입각하여 차례로 다루어지고, 그 앞뒤에 수험자가 독자적인 방식으로 서론과 결론을 덧붙이는 방식으로 쓰여져야 한다.

2) 그런데 2014년 문제가 학습부진이라는 하나의 통일된 주제에 따라서 교육학의 여러 분과를 포함시켰지만, 2015년 문제는 학교교육계획이라는 형식적인 틀을 공유할 뿐 내용적으로는 통일된 줄거리를 갖지 않았다. 따라서 이번 문제의 경우 수험생들은 서론과 결론을 쓰기에 큰 어려움을 겪었을 것으로 예상된다. 긍정적으로 생각하면 그만큼 서론과 결론을 쓰는 데에서 수험생의 교육적 안목과 사고력이 요구되었다고 할 수 있다.

3) 평소에 교육학의 이론과 개념들을 그것이 갖는 교육적 의미와 연관해서 숙지하고 있는 수험생들에게는 그다지 난이도가 높지 않았던 문제라고 할 수 있다. 앞으로도 이런 유형의 문제가 출제된다고

할 때, 시험에 대비하기 위해서는 우선적으로 교육학 전 영역의 기본 개념과 이론을 체계적으로 학습할 필요가 있고, 다음으로 이러한 지식들을 교육 및 교육학의 주요한 문제 또는 학교교육의 현안 문제를 중심으로 서로 연관 짓고 체계화할 필요가 있다. 하지만 그 많은 내용들을 완전히 숙지한다는 것이 과연 가능한가?

4) 여기서 한 가지 다행스러운 점은 2014년 문제에 비해 2015년 문제는 제시문 속에 답안을 작성하는 데 필요한 함축적이거나 중요한 개념들을 숨겨 놓고 있다는 것이다. 아마도 출제자들은 우수한 능력과 많은 준비를 했음에도 단지 시험에 출제된 몇 가지 개념이나 지식의 부족으로 인해 탈락되는 사람이 있을까 우려했던 것으로 보인다. 말하자면, 문제의 요구 네 가지 중 적어도 세 가지에 대해서는 제시문 속에 몇 가지 중요한 힌트들이 포함되어 있다. 그래서 안타깝게도 전혀 기억이 나지 않는 문제가 나와도 제시문의 힌트를 잘 활용한다면 어느 정도 요건을 갖춘 답안을 작성할 수 있을 것이다. 물론 해당 문제에 대한 어느 정도의 '감'(感)을 가지고 있어야 그럴 수 있겠지만 말이다.

다음 절에 제시되는 교육문제연구소의 2015년 교육학 논술 문제 해설과 제시문의 내용을 차분히 대조해 보면 그것을 어느 정도 확인할 수 있을 것이다.

1	하나의 문제 상황을 제시하고 그것에 대한 진단과 해결방안을 특정한 해당 이론이나 개념에 입각해서 정형화된 답변을 제시하도록 요구하는 제한 반응형의 문제
2	하나의 주제 또는 문제에 대한 집중적이고 심층적인 분석과 해설보다는 그것의 여러 측면을 다양한 교육학 분과에 의해서 평면적으로 해부하는 문제
3	수험자의 독창적이고 고차적인 사고능력보다는 교육학의 기본 개념과 이론들을 숙지하고 적용할 수 있는가를 평가한다는 점에서 난이도는 그리 높지 않은 문제

2. 내용 해설[1]

(1) 자유교육의 관점에서 본 교육목적

20세기 후반 피터스, 허스트 등은 자유교육을 새롭게 주창하였는데, 이들에 따르면 교육의 목적은 합리적 정신의 계발 또는 합리성의 추구에 있다. 이러한 합리적 마음의 정신은 학생들을 교과를 통하여 '지식의 형식(forms of knowledge)'에 입문시킴으로서 가능한데, 지식의 형식이란 인간의 경험이 구조화되고 명확해지며, 확장되는 독특한 이해방식이다. 허스트는 8가지의 지식의 형식을 제시하였는데, 수학, 물리학, 인문학, 역사, 종교, 문학, 순수예술, 철학이 그것이다. 요약해보면, 교육은 단지 직업 활동을 위한 준비과정에 그쳐서는 안 되며, 인류의 역사 속에서 검증되어온 합리적 지식들을 체계적으로 잘 가르쳐서 합리적 정신의 소유자가 되도록 하는 것이 교육의 사명이라고 보는 것이 자유교육의 입장이다.

---

1 이 부분은 교육문제연구소의 연구교수들이 2015년 교육학 논술시험 시행 직후 연구소 내부 자료에서 개진했던 견해를 발췌 또는 수정해서 옮겨 놓은 것이다. 내부 회람용이었지만 수험생들이 기출 문제의 성격을 파악하는 데 많은 도움이 된다고 여겨져 여기에 인용한다.

(2) A 중학교 내년도 교육과정 설계방식의 특징

<보기>의 내용에서 교육과정의 설계 방식과 관련된 언급은 "종전의 방식은 평가 계획보다 수업 계획 중심으로 설계되어 있어서 교사가 교과의 학습 목표에 비추어 학생들이 배우는 내용을 올바르게 이해하였는지를 확인하는 데 한계가 있었습니다. 교사는 계획한 진도를 나가기에 급급한 나머지, 학생들의 학습 결손을 예방하지 못하였습니다. 내년에는 학생들의 학습 목표 달성 정도를 확인하는 데 유용한 교육과정 설계를 하고자 합니다"라고 되어 있다. "학습 목표 달성 정도를 확인하는 데 유용한 교육과정 설계"는 결국 평가 중심의 수업을 설계함으로써 수업목표 달성에 초점을 두고자 한다는 것이기 때문에 역행설계 교육과정 설계에 대해 설명해야 한다.

타일러로 대표되는 전통적인 목표 중심 교육과정 설계는 수업목표에 비추어 수업계획을 세워가는 방식으로 목표－평가의 순서로 되어 있다. 하지만 Wiggins & McTighe는 교육과정을 역행설계 방식으로 목표(바람직한 결과, 즉 목적 혹은 성취 기준)에서 시작하여 목표의 성취 결과로서 학습의 증거(수행)를 마련하고 교육 활동을 적절하게 계획하는 반대 방향의 설계 원리를 주장한다.

◆ 역행설계 교육과정의 구조 ◆

바라는 결과확인 (목적설정)	▶	수용할 만한 증거결정 (평가 계획)	▶	학습경험과 수업 계획 (교육과정과 수업 활동 계획)

즉 순서를 바꾸어 평가계획을 먼저 수립한 다음 수업 계획(학습내용의 선정과 조직)을 세우는 방식으로 교육과정의 성취기준과 수업이 괴리되는 현상을 막아야 한다는 입장을 취한다. 이러한 역행설계 방식의 교육과정 설계의 특징은 첫째, 학습자의 학습목표 달성 여부를 쉽게 파악할 수 있다. 성취기준과 수준에 맞는 평가방식을 미리 계획하였기 때문에 이것이 가능하다. 둘째, 학습자의 학습결손을 효과적으로 예방할 수 있다. 성취기준에 근거한 평가를 바탕으로 학생들이 이해하지 못한 내용에 대해서는 다양한 형태의 보충학습을 실시할 수 있기 때문이다. 셋째, 교사의 수업을 개선하는 데에 유용하다. 목표에 부합한 형성평가를 통해서 교수－학습을 개선할 수 있는 다양한 정보를 얻을 수 있기 때문이다.

(3) A 중학교의 학습동기 향상을 위한 학습과제 제시 방안

학습동기는 학습을 의미 있는 것으로 보고 학습활동에 열심히 참여하려는 학습자의 경향성을 의미한다. 학습동기는 학습자의 정의적 인지적 성취에 영향을 준다. 학습동기 향상을 위한 학습과제 제시 방안은 다음과 같다.

첫째, 학습과제 제시 시 선택권을 부여한다. 선택권은 학습자의 자기결정력을 높여 주는 요인으로 학습에 대한 내적 동기를 향상시킬 수 있다.

둘째, 효용가치가 있는 과제를 제시한다. 과제의 효용가치는 그 과제 자체로는 흥미와 중요도는 없지만 다른 목적을 얻기 위한 수단으로서의 가치가 있음을 의미한다. 그 과제가 학생들의 진로나 실생활에 어떤 가치가 있는지를 충분히 숙지하도록 제시함으로써 학습동기를 향상시킬 수 있다.

셋째, 적절한 도전적인 과제를 제시한다. 학습자가 느끼기에 조금 어려운 수준의 도전적인 과제는 유능성의 욕구를 자극하여 학습자의 내적 동기를 높여 주는 요소가 될 수 있다.

※ 참고: **ARCS 모형 중 A, R, C와 관련하여 논의를 전개**하여도 좋음.
① 학습자의 주의를 끌 수 있는 과제를 제시함. 가령 과제와 관련된 탐구적인 질문을 제시함으로써 호기심을 자극하고 학습에 대한 기대감을 갖게 할 수 있음. (혹은 시청각 자료나 신기성을 불러 일으킬 수 있는 자료를 활용하여 지각적 주의를 환기할 수 있음) ② 학습자와 관련성이 있는 과제를 제시함. 학습자의 친숙한 배경지식을 활용하여 학습자의 경험과 과제를 연결하거나, 미래의 실용성과 관련성을 설명하여 학습동기를 향상시킴. ③ 자신감을 불러일으킬 수 있는 과제를 제시함. 학업성취가 학습장의 내적인 요인에 의해 결정될 수 있음을 부각시켜 과제에 대한 자신감을 불러일으킴으로써 동기를 향상시킴.

---

(4) A 중학교 학습조직 구축원리

일반적으로 학습조직이란 지식정보사회의 급격히 변화하는 환경에 대처하기 위하여 구성원들 간에, 개인, 팀, 그리고 조직수준에서 지식 및 정보의 창출과 공유 그리고 활용이 원활한 조직을 말한다. 이러한 조직방식은 현대 학교에 대해서도 응용되고 있다. 예를 들면 사토 마나부 교수의 배움의 공동체 이론과 전문적 학습공동체 이론을 들 수 있다. A 학교가 새로 설정한 교육의 방향과 방식을 성공적으로 완수하기 위해서는 학교 전체가 하나의 학습조직으로 또는 전문적 학습공동체가 되어야 한다. 그러기 위해서는 먼저 학교의 구성원들이 진정한 의미의 자유교육이라는 비전과 가치를 공유하고 이를 실현하려는 과정에 자발적으로 참여해야 한다. 둘째로 이와 연관하여 중요한 역할을 수행해야 하는 사람은 학교의 최고관리자인 학교장의 역할이다. 학습조직이 되기 위해서는 학교장이 먼저 솔선수범하여 학교구성원들과 동료적 관계를 받아들여 권력과 의사결정권한을 분산시키고 공유할 필요가 있다. 이러한 학교장의 지원적이고 공유된 리더십이 없이는 교육적 비전과 가치의 공유는 공염불에 그치기 쉽다. 셋째로는 교과교사회의 등을 활성화하여 교사들이 자발적으로 집단적 학습과 연구를 수행하고 그 결과를 교실현장에서 적용하도록 해야 하며, 또 거기서 획득한 경험과 지식을 수업공개나 교실 공개 등을 통해서 서로 공유하고 상호 피드백을 할 수 있게 해야 한다. 넷째, 이러한 집단학습이나 경험의 공유를 위해서 요구되는 시간과 장소 그리고 상호 의사소통체계를 구축해야 한다.

2016학년도 중등학교교사 임용후보자 선정경쟁시험

교 육 학

수험 번호 : (   )   성 명 : (   )

제1차 시험	1 교시	1문항 20점	시험 시간 60분

◦ 문제지 전체 면수가 맞는지 확인하시오.

다음은 A 중학교에 재직 중인 김 교사가 작성한 자기개발계획서의 일부이다. 김 교사의 자기개발계획서를 읽고 예비 교사 입장에서 **'교사가 갖추어야 할 역량'**이라는 주제로 교육과정 및 평가 유형, 학생의 정체성발달, 조직 활동에 대한 내용을 구성 요소로 하여 서론, 본론, 결론의 형식을 갖추어 논하시오. [20점]

〈자기개발계획서〉

개선 영역	개선 사항
수업 구성	• 학생의 경험을 중시하는 교육과정을 실행할 것 • 학생의 흥미, 요구, 능력을 토대로 한 활동을 증진할 것 • 학생이 관심을 가지는 수업 내용을 찾고, 그것을 조직하여 학생이 직접 경험하게 할 것 • 일방적 개념 전달 위주의 수업을 지양할 것
평가 계획	• 평가 시점에 따라 적절한 평가 방법을 마련할 것 • 진단평가 이후 교수·학습이 진행되는 중간에 평가를 실시할 것 • 총괄평가 실시 전 학생의 학습 진전 상황에 관한 정보를 수집·분석할 것
진로 지도	• 진로를 결정하지 못한 학생의 경우 성급한 진로 선택을 유보하게 할 것 • 학생에게 다양한 진로를 접할 수 있는 충분한 탐색 기회를 제공할 것 • 선배들의 진로 체험담을 들려줌으로써 간접 경험 기회를 제공할 것 • 롤모델의 성공 혹은 실패 사례를 제공할 것
학교 내 조직 활동	• 학교 내 공식 조직 안에서 소집단 형태로 운영되는 다양한 조직 활동을 파악할 것 • 학교 구성원들의 욕구 충족을 위한 자발적 모임에 적극 참여할 것 • 활기찬 학교생활을 위해 학습조직 외에도 나와 관심이 같은 동료 교사들과의 모임 활동에 참여할 것

─〈배 점〉─

◦ 논술의 구성 요소 [총 15점]
  - '수업 구성'에 나타난 교육과정 유형의 장점 및 문제점 각각 2가지 [4점]
  - 김 교사가 실시하려는 평가 유형의 기능과 효과적인 시행 전략 각각 2가지 [4점]
  - 에릭슨(E. Erikson)의 정체성발달이론에 제시된 개념 1가지(2점)와 반두라(A. Bandura)의 사회인지학습이론에 제시된 개념 1가지(1점) [3점]
  - '학교 내 조직 활동'에 나타난 조직 형태가 학교 조직과 구성원에 미치는 순기능 및 역기능 각각 2가지 [4점]

◦ 논술의 구성 및 표현 [총 5점]
  - 논술의 구성 요소와 '교사가 갖추어야 할 역량'과의 연계 및 논리적 형식 [3점]
  - 표현의 적절성 [2점]

2016학년도 교육학 논술시험 분석과 해설

1. 구조 분석

2014년 문제는 한 초임 교사의 학급의 학습부진 상황을 둘러싼 교사들 간의 대화를 지문으로 제시하고 이 대화문을 바탕으로 학생들이 수업에서 소극적으로 행동하는 이유를 두 가지 관점(즉 잠재적 교육과정, 문화실조)에서 제시하고, 수업에 소극적인 학생들의 학습동기를 유발하기 위한 방안을 세 가지(협동학습 실행, 형성평가 활용, 교사지도성 행동)에서 각각 두 가지씩만 논하라고 되어 있었다.

이에 비해 2015년 문제는 교사들의 대화가 아닌 한 중학교의 교사 워크숍 분임토의 결과에 대한 보고서의 내용이 제시문으로 나왔다. 워크숍의 주제는 내년도 학교계획서의 작성이었으며, 제시문은 지난해 교육에서의 문제점을 확인하고 이에 대한 개선방안을 제시하는 내용으로 되어 있다. 이 제시문을 기초로 수험생은 1) 자유교육 관점에서의 교육목적 논술, 2) 교육과정 설계방식의 특징 세 가지 설명, 3) 학습동기향상을 위한 학습과제 제시방안 세 가지 설명, 4) 학습조직의 구축을 위한 원리 세 가지 설명을 하라는 요구를 받았다.

2015년 문제는 2014년 문제의 유형에 비해 조금 달라졌지만, 수험생의 입장에서는 단지 제시문의 특성이 변화했을 뿐 문제에 답하기 위해 필요로 하는 지식과 글쓰기 역량의 수준은 전년도와 대동소이했다고 생각된다. 다시 말해서 교육에 대한 심층적인 탐구보다는 교육학의 기본 개념과 지식을 요구하는 문제였고 또한 논술의 기술이나 역량에서도 창의적이고 자립적인 사고 능력보다는 기본적으로 지식을 알기 쉽고 명료한 언어로 주어진 틀에 따라 배열할 줄 아는 수준을 요구하였다. 또한 문제의 구조적 특성도 전년도와 유사했다.

2014년과 2015년의 문제에 비해 2016학년도 중등교사 교육학논술시험 문제는 조금 다른 특징을 보여주고 있다. 그것은 논술문의 제목을 주었다는 것과 논술자의 입장을 "예비교사"로 좁혀서 제시했다는 것 그리고 서론, 본론, 결론의 형식을 갖추라고 명확하게 요구했다는 것이다. 사실 전년도의 문제들은 건조한 개념설명을 요구하는 쪽에 가까웠고, 그만큼 수험자가 완전한 논술문의 형식을 갖추는 데에 어려움을 느낄 수밖에 없었다. 또한 논술문의 형식을 갖추기 위해 동원해야 하는 지식과 입장이 사람에 따라 매우 달라서 그 부분을 평가하는 데도 가이드라인을 정하기 어려웠을 것으로 예상된다. 2016년 문제는 이런 예상되는 어려움을 피해가려는 노력을 담고 있다고 생각된다.

그러므로 수험자는 "교사가 갖추어야 할 역량"을 제목으로 하여 수업구성, 평가, 진로지도, 조직 활동에 필요한 역량들에 대해서 "예비교사"의 입장에서 서술하되, 반드시 하단에 제시된 '논술의 구성 요소'들을 포함시켜야 한다. 답안은 다음과 같은 구조로 서술하면 좋을 것이다.

1) 서론에서는 좋은 교사가 되기 위해서는 다양한 역량이 필요함을 언급하고, 그 중에서도 수업, 평가, 진로 지도, 다양한 조직 활동 등이 학교교육의 주요 부분임을 언급한 후, 그렇다면 각각의 영역을 위하여 교사가 구체적으로 어떤 역량을 갖추어야 하는지를 살펴보겠다고 말하면서 본론으로 들어가면 좋을 것이다.

2) 본론으로 들어가면 먼저 수업의 구성에 있어서 수요자 중심, 특히 학생중심의 수업이 시대적 요구에 부합함을 언급하고 학생중심 교육과정을 운영할 수 있는 지식과 스킬들을 갖추어야 함을 주장한다.

다음은 평가계획에 대하여 언급한다. 평가는 학습자 개개인의 학업성취도뿐만 아니라, 수업의 진행 과정을 진단하며, 수업목표들의 달성 여부에 대한 진단과 이에 따른 개선점의 도출 등 수업효과성의 제고를 위해 매우 중요하므로 교사가 반드시 갖추어야 할 역량이라는 점을 강조하고, 평가에는 진단평가와 형성평가, 총괄평가가 있으며, 그 각각에 대해 기능과 효과적 시행전략을 서술하면 된다.

그 다음에, 학생들의 진로지도 또한 교사에게 기대되는 중요한 역량임을 언급하고, 에릭슨과 반두라가 제시한 정체성발달이론과 사회인지학습이론의 관점을 언급하면 된다.

끝으로 학교 내 공식적, 비공식적 조직 활동들을 촉진하고 관리하는 역량이 교사에게 필요함을 언급하고 공식적 조직과 비공식적 조직의 순기능과 역기능을 논술하면 된다.

3) 결론부에 가서, 교사가 이상에서 언급한 역량들을 잘 활용하여 아동·청소년들이 미래시대에 행복하고 지혜롭게 살아갈 수 있도록 이끌어줄 수 있기 위해서는 인간에 대한 깊은 이해에 기초한 확고한 교육적 안목과 모든 아이들을 따뜻하게 감싸줄 수 있는 교육적 사랑을 지속적으로 함양해가야 한다는 점을 강조하고 마무리 하면 좋은 논술이 될 것이다.

2. 내용 해설

(1) 교육과정

① 교육과정의 유형

교육과정 학자들에 따라 교육과정을 정의(definition)하는 방식은 다양하다. 상이한 교육과정 정의들 중 비슷한 속성을 가진 것끼리 묶는 작업, 즉 교육과정 유형화 작업 또한 그 기준을 어디에 두느냐에 따라 달라질 수 있다. 가장 대표적인 교육과정 유형화 중 하나가 바로 교육과정의 원천인 지식(학문), 학습자, 사회 중 어디에 더 초점을 두느냐에 따라 구분되는 학문중심 교육과정, 학생중심 교육과정, 사회중심 교육과정이다. 이들 각각의 일반적인 특징을 살펴보면 다음과 같다.

◆ 학문중심, 학생중심, 사회중심 교육과정의 특징 비교 ◆

구분	학문중심 교육과정	학생중심 교육과정	사회중심 교육과정
교육목표	이성 계발	학생 경험의 재구성	사회 적응
교육내용	전통적 지식(고전교육)	학습자의 흥미, 요구	사회인으로 필요한 역량
교육방법	소크라테스식 질문법	Project Method(구안법)	과학적으로 검증된 교육방법
대표적 학자	M. Adler, P. Hirst, R.S. Peters	W.H. Kilpatrick, C. Pratt	R. Tyler, F, Bobbitt

위 제시문에 제시된 교육과정의 유형은 학생 경험의 재구성을 목적으로 학습자의 흥미나 요구를 바탕으로 구안법의 사용을 강조하는 학생중심 교육과정으로 분류될 수 있다.

② 학생중심 교육과정(혹은 경험중심 교육과정)

역사적으로 학생중심 교육과정은 학습자의 현재 흥미, 관심, 요구와는 동떨어진 채 전통적 지식만을 강조하는 학문중심 교육과정을 비판하며 등장하였다. 따라서 학생중심 교육과정의 가장 큰 특징은 **교육과정의 핵심에 학생들의 흥미나 요구 등을 둠으로써 학생들의 학습에 대한 동기유발이 가장 용이하다는 점이다.** 또한 교수-학습방법으로 기존의 강의식 수업을 탈피한 구안법을 강조하여 학습자들의 발견학습을 도울 수 있으며, 학습자들의 다양한 요구와 흥미를 교육과정으로 구성하기 위해 필요한 교사의 교육과정 재구성 역량 신장에도 도움을 줄 수 있다.

하지만 이러한 장점에도 불구하고 John Dewey는 학생중심 교육과정이 기존 학문(혹은 지식)과 연계되지 못한다면 학생들의 경험의 재구성이나 확장을 유도하지 못한다고 비판하였다. 즉 Dewey는 교육의 시작은 심리적인 것에서(아동의 흥미나 요구) 출발하여 논리적인 것으로(학문 혹은 지식) 그 끝을 맺어야 한다고 보았기에, 학습자의 흥미나 요구만 강조하는 학생중심 교육과정을 경계하였다. 또한 학습자의 흥미나 요구를 바탕으로 교육과정을 구성하는 것도 중요하지만 **학습자가 성장하여 성인이 되었을 때 필요한 역량을 길러주기 어렵다**는 단점도 존재한다. 왜냐하면 학생중심 교육과정은 현재 학습자의 흥미나 요구가 아닌 외부에서 학생들에게 부과되는 교육내용을 반대하기 때문에 장래 필요한 역량이 교육과정으로 구성될 수 있는 여지가 줄어들 수 있다.

이러한 이유로 인해 현재 교육과정 개발의 방향은 학문, 학습자, 사회 중 한 가지만을 강조하는 교육과정보다는 각각의 특징들을 체계적으로 종합하려는 시도가 이어지고 있으며, 교사 역시 자신의 전공지식, 학습자, 사회의 요구 등을 종합적으로 판단하여 교육과정을 재구성할 수 있는 능력이 요구된다.

(2) 교육평가

평가는 평가하는 시점에 의해서 **진단평가**(Diagnostic Evaluation), **형성평가**(Formative Evaluation), **총합평가**(Summative Evaluation)로 구분될 수 있다.

① **진단평가**는 학습을 극대화할 수 있는 교수 프로그램을 설정하기 위해서, 교수학습이 시작되기 전에 학생의 특성을 측정하는 평가이다. **진단평가의 기능**은 학습자 능력을 미리 파악하여, **학습자 수준에 맞는 교육목표와 교수학습방법론의 설정**이다. **진단평가의 효과적인 전략**은 다음과 같다. 첫째, 학습자의 **선수학습능력**의 정확한 파악이다. 교육목표를 이수하기 위하여 필요한 능력은 선수학습, 출발점행동, 준비도라고 명칭하며, 이런 능력은 학습자의 학업성공과 실패를 예진하는 변인이 된다. 진단평가는 선수학습이 미달된 학생을 파악하여, 개별화 수업으로 기초능력을 향상시켜주어야 한다. 둘째, 학습자의 **정서적 능력, 신체적 능력, 환경적 능력**의 파악이다. 이런 능력은 학업실패의 중요한 외적 변인이다. 정서적 능력은 동기, 흥미, 태도이며, 신체적 능력은 건강, 질병이며, 환경적 능력은 경제적 환경, 친구 관계, 문화실조이다. 특히, **친구관계**는 학습자의 학업성공과 실패의 매우 중요한 변인으로 부각되고 있다. 따라서 진단평가를 할 때 친구관계를 분류하는 통계기법을 통하여 고립,

왕따, 무시, 인기 집단을 사전 조사하여, 친구관계를 긍정적으로 형성하도록 하는 협동학습과 같은 교수법을 만들어야 할 것이다. 또한 **문화실조**는 문화적 결핍, 문화적 비–혜택의 의미로, 부모 SES가 낮은 저소득계층의 자녀가 양육되어진 환경적인 문화적 결여로 인하여 학업성취가 부진한 경우를 의미할 때 사용되는 개념이다. 가정의 문화적 환경에서 충분한 교육적 자극을 받은 중상류 학생은 학교에 필요한 교육적 소양이 충분하게 된다. 그러나 가정의 문화적 환경에서 불충분한 학생은 기초적인 교육적 소양이 결핍되었기 때문에, 학교에서 가르치는 내용에 직접적으로 영향을 주어 학습실패가 누적되게 된다. 진단평가는 개별적으로 문화실조를 파악하여, 충분한 문화적 소양을 공급하도록 해야 할 것이다.

② **형성평가**는 교수학습이 이루어지는 중간에 학생이 교사가 가르치는 교육목표를 잘 파악하고 있는지를 점검하는 평가이다. **형성평가의 기능**은 다음과 같다. 첫째, **송화효과(Feed–Back)**이다. 교사는 학생에게 지식을 가르치고, 학생은 형성평가를 통하여 자신의 교육목표 달성 여부를 교사에게 전달하게 된다. 그리고 교사는 학습결과를 학생에게 알려주게 되는데, 이때, 자신의 학업결과를 알게 된 학생은 학습동기가 높아지게 된다. 그 이유는 학업능력이 뛰어난 학생에게는 강화를 주고, 학업능력이 늦은 학생에게는 교정의 기회를 주기 때문이다. 이와 같은 교사와 학생 간의 상호작용은 수업의 효율성을 높여준다. 둘째, **교수방법의 개선**이다. 형성평가의 결과는 학생의 학습곤란 내용을 파악하게 해준다. 따라서 교수프로그램의 단점을 분석하여 개선하며 학습의 진행속도와 양도 조절하게 해준다. **형성평가에 효과적인 전략**은 첫 번째로 **행동주의적 방법론**을 제시하고자 한다. 행동주의는 인간은 외부의 자극에 의해서 학습을 한다는 수동적인 인간관을 주장한다. 따라서 행동주의적인 입장에서 학습의 생성은 **자극–반응–강화**의 연결이 핵심이라고 할 수 있다. 따라서 자극–반응–강화의 학습형태는 다음으로 설명한다. 첫째, 모든 교육목표는 Tyler 중심의 행동적인 용어로 세분화시켜야 한다. 이때, 수업 내용은 계열성에 의해서 위계화 되어야 한다. 둘째, 교수학습전략은 이런 수업내용을 반복적으로 가르쳐주어야 한다. 이때, 교사는 지식의 전달자로서 교수방법은 강의식으로 진행해야 한다. 셋째, 학습자에게는 형성평가를 통하여 평가를 하여서 세분화된 교육목표의 성취도를 파악해야 한다. 이때, 평가는 목표점 성취를 알아보는 준거지향평가를 한다. 넷째, 형성평가의 결과를 기초로 하여, 강화와 처벌을 세분화시켜야 한다. 강화를 통해서 가시적인 보상체제를 활용하고, 즉각적인 피드백을 해야 한다. 이와 같이 자극–반응–강화를 교육과정 내용의 위계성에 따라서 반복적으로 이루어지도록 하게 되면, 학습자의 학습동기가 높아지게 된다. 이때, 학습자의 동기는 외적인 흥미요소를 강조하기 때문에 외적 동기가 높아지게 된다. 형성평가 전략은 두 번째로 **개별화 방법론**을 적용하는 것을 논의하고자 한다. 개별화 수업은 교사가 주도적으로 하는 수업이 아니라, 학생 개개인의 적성과 학업수준에 따라서 개별적인 교육과정을 계획하는 수업방법이다. 개별화 방법론은 COATS를 강조한다. C(Contents)는 학생의 능력과 수준에 맞춘 학습내용이며, A(Activity)는 학생의 인지양식에 적합한 학습활동이며, T(Time)는 학생에게 필요한 만큼의 시간허용이며, S(Sequence)는 학생이 명쾌하게 학습할 수 있는 학습내용의 계열성 제시이다. 형성평가 결과를 통하여 학생의 수업목표 달성도를 파악한 후에, 학생 개개인에 맞는 학습내용, 학습활동, 학습시간, 계열제시를 하는 학습전략을 하는 것이다. 이와 같은 전략은 학생 간에 학업성취도의 차이를 줄여줄 수 있을 것이다. 그 이유는 학생의 학업성공과 실패는 학생의 지식능력이 원인이 될 수 있지만, 학생에게 적합한 학습방법론에 의해서 결정될

수도 있기 때문이다. 학생에게 적합한 방법으로 학습기회를 받은 학생은 학업성취에 성공을 할 수 있지만, 적합하지 않는 방법으로 학습기회를 강요받은 학생은 학업성취에 실패할 수도 있게 된다. 따라서 형성평가를 기초로 하여, 학생 개개인에 적합한 수업전략을 설계한다면, 학생들은 교육목표 도달에 성공할 가능성은 더 높아질 수 있을 것이다.

③ **총합평가**는 교수학습이 종료된 이후에 학생이 의도했던 교육목표에 도달했는지를 파악하여 행정적인 의사결정을 하는 평가이다. **총합평가의 기능은 학습자의 교육목표 달성여부를 파악하여 행정적인 성적처리**를 하는 것이다. **총합평가의 전략은 표준화된 도구**의 사용이다. 표준화된 도구는 문항분석(난이도, 변별도, 추측도, 오답지 매력도)과 검사도구분석(신뢰도, 타당도)이 합격되어진 도구를 의미한다. 둘째, 사용목적에 따라서 적합한 **규준지향평가 혹은 준거지향평가**의 사용이다. 이때, 규준지향평가의 경우에는 문항난이도를 다양한 수준으로 제작해야 하며, 준거지향평가의 경우에는 문항난이도를 준거점 수준으로 제작해야 한다. 표준화 도구와 적절한 평가지침에 따른 총합평가는 학습자의 능력을 정확하게 판단해주며, 학습자의 다음과정의 학습에 성공 여부를 예측해 준다. 또한 교수프로그램의 개선자료로도 활용될 수 있다.

(3) 심리학습(진로지도)

① 교사가 갖추어야할 역량 중 세 번째 역량은 **심리적 유예기**에 있는 학생의 정체성발달에 대해 이해하고 학생들에게 **관찰학습**을 통해 다양한 롤 모델을 제시함으로써 적절한 진로지도를 하는 것이다. 중학생은 청소년 시기로 **에릭슨**에 의하면 이 시기는 정체성 대 정체성 혼미에 해당한다. 자아정체성은 자기동일성에 대한 의식적인 자각이며, 자신의 위치, 능력, 역할, 책임에 대한 인식을 의미한다. 청소년들은 나는 누구인가? 나에게 중요하고 가치 있는 것은 무엇인가? 나는 어떤 사람이 될 것인가? 와 같은 근본적인 문제에 대해 고민하면서 지적, 사회적, 도덕적인 여러 측면에서 자아정체성으로 통합하려고 노력한다. 자아정체감이 확립된 청소년의 경우 자신의 진로를 결정하고 진로와 관련된 과업에 적극 참여한다. 그러나 자기존재에 대한 의문을 해결하는 것이 쉽지 않으므로 고민하고 방황하게 된다. 이런 고민과 방황이 길어지면 정체감의 혼미가 오기 쉽다. 청소년기에 자아정체감이 확립되기 전에 정체감에 대한 탐색을 하면서 자신의 진로에 대한 결정을 잠시 보류하게 되는데 이를 **심리적 유예기**라 한다. 심리적 유예기 동안 청소년들은 자신의 정체성에 대한 결정을 잠시 유예한 채, 새로운 역할이나 가치, 신념체계에 대한 끊임없는 탐색을 하면서 진정한 자아를 찾기 위한 노력을 기울이게 된다.

② 교사는 청소년기의 정체성 발달과 관련된 이런 특성을 잘 이해하여, 진로를 결정하지 못한 학생이 성급한 진로 선택을 유보하게 하고, 다양한 진로를 접할 수 있는 충분한 탐색의 기회를 제공하여야 한다. 즉, 학생들이 관찰학습을 통해 자신의 진로를 결정할 수 있게 도와주어야 한다는 것이다. 관찰학습은 모델학습이라고도 하는데, 다른 사람의 행동을 관찰하고 그 행동을 모방함으로써 학습한다는 이론이다. 관찰학습을 제안한 **반두라**는 인간은 다른 사람의 행동을 관찰해 학습하고 점점 자신의 행동을 조절해 나갈 수 있다고 하였다. 이런 관찰학습을 자신의 정체성에 대한 결정을 잠시 유예한 청소년들의 진로지도에 적용함으로써 다양한 모델을 관찰하고, 그 중에서 자신에게 적절한 롤 모델을 선정하여 자신의 진로를 정할 수 있게 지도해야 한다. 이를 위해 선배들의 진로 체험담을 들려 주거나, 다양

한 분야에서 사회적으로 성공한 인물들의 사례를 제시해 줌으로써 간접 경험 기회를 제공해야 한다. 아울러 이들 롤 모델의 성공뿐만 아니라 실패 사례를 제공하여 다양한 방면에서 관찰학습이 이루어 질 수 있도록 해야 한다.

(4) 교육행정

김교사의 자기개발계획서에 나타난 학교 내 조직 활동의 개선 사항은 비공식 조직을 파악하고 이에 활발히 참여하겠다는 것이다. 조직형태에는 공식 조직과 비공식 조직이 있는데, 공식 조직은 조직의 목표달성을 위해 의도적으로 구성된 조직으로서, 주로 공식적인 조직표나 기구표에 나타나는 조직을 말한다. 반면, 비공식 조직은 공식 조직 내에서 자연적으로 형성되는 사람과 사람 사이의 관계체제이 다. 예컨대, 취미활동, 친목회, 동아리, 모임 등의 비공식 집단을 들 수 있다. 공식 조직에 의해 충족되 지 못하는 여러 가지 심리적 기능을 수행하고, 공식 조직의 기능에 직접·간접적인 영향을 미치기 때문 에 중요하다.

비공식 조직의 순기능은 첫째, 공식 조직 내 의사소통을 원활하게 해준다. 학교조직의 공식적인 의사소통은 "명령의 위계"를 거쳐 이루어지는데, 이는 여러 과정을 거쳐야 하며 경직적이다. 따라서 때때로 효율적인 의사소통을 저해하고 문제해결을 어렵게 한다. 반면, 비공식 조직은 비공식적 경로를 통해 의사소통을 원활히 하고 이를 통해 효율적으로 문제를 해결하도록 도와준다. 둘째, 학교조직의 결속력, 유대감을 높여준다. 비공식 조직은 공통의 관심사, 친근감에 기반해서 자발적으로 생긴다. 비공식 조직은 친근감, 동료성을 증진시키고 이를 통해 교사들이 학교에 대한 소속감을 갖게 함으로써 학교조직의 효과성을 높여준다. 셋째, 비공식 조직은 공식 조직에 의해 충족되지 못하는 친근감, 소속 감, 사랑 등의 심리적 욕구를 충족시켜 준다. 이처럼 비공식 조직은 교사들의 심리적 욕구 불만을 해소시켜 줌으로써 학교조직의 안정에 기여한다.

한편, 비공식 조직의 역기능은 다음과 같다. 비공식 조직으로 인해 파벌이 조성되고 이로 인해 정실 행위가 이루어짐으로써 공식 조직의 목표달성을 저해할 수 있다. 또한 공식 조직의 의사소통을 차단하 거나 왜곡하여 비합리적 의사결정이나 편파적 행정행위 등을 초래해 조직의 혼란을 가중시킬 수 있다. 그리고 호손연구에서처럼 비공식 조직과 공식 조직의 규범이 다를 경우 조직의 생산성을 약화시킬 수 있다는 점이다.

2017학년도 중등학교교사 임용후보자 선정경쟁시험

교 육 학

수험 번호 : (   ) 　　　　　성 명 : (   )

제1차 시험	1교시	1문항 20점	시험 시간 60분

◦ 문제지 전체 면수가 맞는지 확인하시오.

다음은 신문 기사의 일부이다. 이를 바탕으로 '2015개정 교육과정의 실질적 구현 방안'이라는 주제로 서론, 본론, 결론의 형식을 갖추어 단위 학교 차원에서의 교육기획, 교육과정 내용의 조직, 학생 참여 중심 수업과 그에 따른 평가의 타당도를 논하시오. [20점]

○○신 문
2016년 ○○월 ○○일

교육부 『2015 개정 교육과정』 발표 이후, 학교 현장의 준비는?

　교육부는 핵심역량을 갖춘 창의융합형 인재 양성을 위한 『2015 개정 교육과정』을 발표하였다. 개정 교육과정에 따르면, 학교 교육에서는 인문·사회·과학기술에 대한 기초 소양 함양을 위한 교육과정을 마련하고, 학생 참여 중심의 수업을 진행하며, 배움의 과정을 평가하는 방향으로 나아가야 한다는 것이다. 새 교육과정을 적용하기 위해 노력하고 있는 중·고등학교 현장의 목소리를 들어 보았다.

◆ **교육기획의 중요성 부각**
　A 교장은 단위 학교에서 새 교육과정이 체계적으로 운영되도록 돕는 교육기획(educational planning)을 강조하였다.

　　새 교육과정은 교육의 핵심인 교수·학습 활동의 중심을 교사에서 학생으로 이동시키는 근본적인 전환을 강조하고 있습니다. 저는 실질적 의미에서 학생 중심 교육이 우리 학교에 정착할 수 있도록 모든 교육활동에 앞서 철저하게 준비할 생각입니다.

◆ **교육과정 재구성 확대**
　개정 교육과정의 취지에 따른 교과 내용 재구성에 대해, B 교사는 다음과 같이 말했다.

　　교사는 내용 조직의 원리를 제대로 파악할 필요가 있습니다. 저는 몇 개의 교과를 결합해 교육과정을 편성·운영해 보려고 합니다. 각 교과의 내용이 구획화되지 않도록 교과 교사들 간 협력을 강화하고자 합니다. 이러한 시도는 교육과정 설계에서 교과 간의 단순한 연계성 이상을 의미합니다.

◆ **학생 참여 중심 수업 운영**
　C 교사는 학생 중심의 교수·학습을 준비하기 위해서 교사 연수 프로그램에 참여하고 있다고 말했다.

　　저는 구성주의 학습환경 설계에 관한 연수에 참여하고 있습니다. 문제 중심이나 프로젝트 중심의 학습 활동을 실행하기 위해서는 적합한 학습 지원 도구나 자원을 학생들에게 제공해야 한다는 것을 알게 되었고, 학습 활동 중에 교사가 수행해야 할 역할에 대해서도 이해하게 되었습니다.

학교 현장의 목소리

◆ **학생 평가의 타당도 확보**
　학생 중심 수업에서의 평가와 관련하여 D 교사는 다음과 같이 말했다.

　　학생 참여 중심 수업에서도 평가의 타당도는 여전히 중요합니다. 타당도에는 준거 타당도와 구인 타당도 등이 있습니다. 그러나 저는 이원분류표를 작성해 평가가 교육목표에 부합하는지를 확인하는 방법으로 타당도를 높이는 방안을 고려하고 있습니다.

<배 점>

◦ 논술의 내용 [총 15점]
　– A 교장이 강조하고 있는 교육기획의 개념과 그 효용성 2 가지 제시 [4점]
　– B 교사가 채택하고자 하는 원리 1가지와 그 외 내용 조직의 원리 2 가지(연계성 제외) 제시 [4점]
　– C 교사가 실행하려는 구성주의 학습 활동을 위한 학습 지원 도구·자원과 교수 활동 각각 2 가지 제시 [4점]
　– D 교사가 고려하고 있는 타당도의 유형과 개념 제시 [3점]

◦ 논술의 구성 및 표현 [총 5점]
　– 논술의 내용과 '2015개정 교육과정의 실질적 구현 방안'의 연계 및 논리적 형식 [3점]
　– 표현의 적절성 [2점]

2017학년도 교육학 논술시험 분석과 해설

1. 구조 분석

2017학년도 중등교사 교육학 논술시험은「2015 개정 교육과정」을 학교 교육에 어떻게 적용할 것인가에 대해 영역별로 논술하라는 문제이다. 따라서 문제지에 나온 논술의 구성요소들을 제시문에 나온 사례를 참작하면서 기술하면 된다.

(1) 서론

「2015 개정 교육과정」이 제시하는 학교교육의 방향과 의의를 간단히 논하고(4차 산업혁명의 시대에 적합한 창의융합형 인재 양성, 자기 주도적 역량의 양성을 위한 수요자 중심 교육 등), 개정 교육과정을 학교교육에 실제로 적용하기 위해서는 어떠한 노력이 필요한가를 알아보기 위해 제시문을 참작하면서 논의해보겠다고 하면서 본론으로 넘어가면 좋을 것이다.

(2) 본론

A: 먼저 교육기획의 개념과 효용성(필요성)을 논술하고 이러한 교육기획 자체가「2015 개정 교육과정」에 부응하는 학생 참여 중심의 교육 방향을 제시해야 한다고 주장한다.

B: 학생 참여 중심 교육기획에 부합하는 교육과정 조직원리를 서술하고 교육과정 재구성의 방향에 대해 언급한다.

C: 학생 참여 중심 교육과정에 적합한 구성주의 학습에 대해 간단히 언급하고, 구성주의 학습을 위한 학습 지원 도구·자원과 교수 활동에 대해 논술한다.

D: 교육의 과정이나 결과에 평가도 학생 참여 중심의 교육과정과 교수−학습 방법에 상응하는 평가가 이루어져야 하며, 이를 위해서는 특히 내용타당도가 중요함을 언급한 다음 내용타당도의 유형과 개념을 서술한다.

(3) 결론

본론에서「2015 개정 교육과정」의 실질적 구현을 위한 방안에 대해 분야별로 논술하였음을 언급하고 이러한 개정 교육과정이 성공적으로 시행되기 위해서는 무엇보다도 교사들과 학교행정가들의 역량과 마인드가 중요하며, 특히 아동·청소년들이 도래하고 있는 4차 산업혁명시대를 잘 준비하여 행복한 삶을 살아갈 수 있도록 이끌어줄 수 있는 교사역량의 개발에 힘써야 함을 강조하고 마무리하면 채점관에게 좋은 인상을 줄 것이다.

2. 내용 해설

(1) 교육행정(교육기획)

교육기획은 학교의 목표를 설정하고 이 목표달성을 위한 최적의 수단, 방법, 절차 등을 미리 결정하고 준비하는 일련의 과정을 의미한다. 다시 말해, 장래에 대한 예측과 분석된 학교 여건을 바탕으로 일정한 목표를 설정하고 이를 달성하는 데 요구되는 합리적인 행동을 예정하고 계획하는 과정을 말한다. 사례에서 A 교장은 「2015 개정 교육과정」이 지향하는 교사중심에서 학생중심으로 교수 학습 활동을 바꾸는, 근본적인 전환이라는 환경변화에 맞춰 학생중심의 교육으로 교육의 목표를 설정하고 이를 달성하기 위한 최적의 수단, 방법, 절차를 철저히 준비하려 하고 있다.

교육기획의 효용성은 첫째, 미래지향적이고 발전적인 학교운영을 가능하게 한다. 장래에 대한 예측과 학교 여건을 고려하여 목표를 설정해서 학교를 운영하므로 교육의 방향이 명확해서 발전적으로 학교를 운영할 수 있다. 둘째, 학교목표달성을 위해 합리적이고 효율적인 운영을 가능하게 한다. 목표달성을 위한 최적의 수단, 방법을 미리 결정하므로 합리적이고 자원이 낭비되지 않는다. 사례에서 A 교장은 교육기획을 함으로써 2015 개정 교육과정이 지향하는 방향에 맞춰 학생중심의 교육으로 교육목표를 설정하므로 미래의 방향에 적합하게 학교를 발전적으로 운영할 수 있다. 또한 교육목표에 맞춰 학교가 운영됨으로써 합리적이고 효율적인 운영을 할 수 있게 될 것이다.

(2) 교육과정(교육과정 내용조직)

교육과정 내용조직의 원리로 Ralph Tyler는 크게 종적 구성과 횡적 구성 원리를 구분하였다. 이를 좀 더 구체적으로 살펴보면 먼저 종적 구성 원리로 교육내용이나 경험을 지속적으로 반복하여 제시하는 계속성(continuity)과 동일한 내용을 반복하기보다는 폭과 수준을 달리하여 구성하는 계열성(sequence)이 요구된다. 한편 횡적 구성 원리로 교육내용의 영역과 범위를 결정하는 스코프(scope)와 교과를 서로 구분하는 인위적 교과 구분선을 제거하고 독립된 별개의 교과를 재구성하여 하나의 내용으로 바꾸는 통합성(integration)을 제시하고 있다.

교사 B가 채택하고자 하는 교육과정 내용조직의 원리는 바로 통합성을 의미한다. 이 때 유의해야 할 사항은 '통합의 수준'이다. 즉 물리, 화학, 생물, 지구과학 등 과목의 수준을 통합하여 과학이라는 교과의 수준에서 통합할 것인지, 아니면 하나의 주제를 중심으로 여러 개의 과목들을 통합할 것인지를 결정할 필요가 있다. 2015 개정 교육과정은 이 두 수준에서 통합을 강조하고 있으며, 특히 주제 중심으로 여러 교과들의 통합이 이루어질 수 있도록 범교과 학습 주제를 다음과 같이 제시하고 있다. 또한 주제 중심으로 과학, 공학, 예술, 수학 등을 통합하는 STEAM 교육 역시 교육과정 내용 조직의 한 예로 볼 수 있다.

> 안전·건강교육, 인성교육, 진로교육, 민주 시민 교육, 인권 교육, 다문화 교육, 통일 교육, 독도 교육, 경제·금융 교육, 환경·지속가능발전 교육

이러한 통합성의 원리 이외에 앞서 Tyler가 제시한 바와 같이 횡적으로 통합된 내용들이 학년 급을 달리할수록 그 수준과 범위를 확장시켜 내용을 구성하는 계열성(sequence)의 원리를 적절히 반영할 필요가 있다. 한 번에 모든 내용을 학습자들에게 가르칠 수 없기에 학습자의 발달단계에 따라 지속할 필요가 있을 것이다.

이처럼 교과의 인위적 구분을 지양하고 각 교과의 벽을 허무는 통합성 및 수직적으로 그 내용의 범위와 수준을 조절하는 계열성을 고려한다면 전체적으로 횡적 구성 원리와 종적 구성 원리가 전체적인 조화를 이룰 수 있도록 균형성(balance) 역시 고려되어야 할 것이다. 이를 통해 한쪽의 지나친 강조나 배제로 왜곡된 교육내용이 조직되지 않았는지 혹은 교육과정 설계 요소들 간 적절한 비중을 보장하고 있는지의 문제를 판단할 필요가 있을 것이다.

(3) 교수이론(구성주의 학습)

C교사가 말한 내용에서 해답을 찾기 위한 키워드가 될만한 부분은 '구성주의 학습환경 설계', '교사가 수행해야 할 역할'이다. 이 키워드에서 떠올릴 수 있는 개념이 교수이론에서 등장한 '조나센(D. Jonassen)의 구성주의 학습환경 설계 모형'이다(하단 그림 참조).

'교수설계' 대신에 '학습환경설계'라는 용어를 사용하는 이유는 구성주의 이론에서는 전통적인 의미의 교수/수업 설계의 비중이 약화되고 학습자 중심의 학습지원 환경의 설계가 보다 강조됨을 알 수 있다.

Jonassen(1999)은 구성주의 학습환경 설계에서 고려해야 할 요소로 문제/프로젝트, 관련사례, 정보자원, 인지적 도구, 대화/협력도구, 사회적/맥락적 지원 등 여섯 가지로 설명했다.

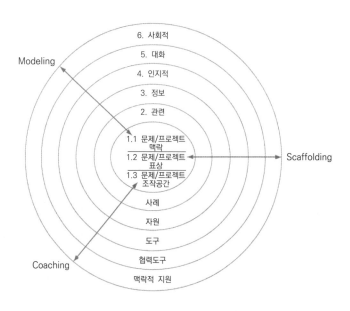

각 요소에 대한 설명은 다음과 같다.

문제/프로젝트	– 학습자가 해결해야 하는 문제, 질문, 주제, 프로젝트 등에 해당하는 것으로 가장 중요한 역할을 함. – 문제 혹은 질문은 학습자가 이미 학습한 내용을 확인하는 성격이 아니라 새로운 학습을 유발하는 성격을 지니고 있음. – 문제를 해결하는 과정에서 그 문제와 관련된 영역의 지식을 새로 학습하게 됨.
관련사례	– 학습자의 지적 모형이나 경험이 부족할 경우에 학습자를 도와줌. – 제공된 관련 사례를 통해 제시된 문제에 포함된 쟁점들을 보다 명확히 파악함.
정보자원	– 학습자가 문제를 규정하고 가설을 설정하기 위해 매우 중요한 기능을 함. – 문제해결에 있어 어떤 정보가 필요한지 결정하고 풍부한 정보 자원을 자료은행이나 자료실에 연결시켜 원할 때 즉시 볼 수 있도록 함. – 자료형태는 문서, 그래픽, 음성, 비디오, 동영상 등 멀티미디어로 제공됨. – 해당 정보자원들은 학습내용과 관련한 것으로 미리 평가, 조직되어 제공되어야 함.
인지적 도구	– 실제 문제를 해결해 가는 인지과정을 지원하고 촉진하는 역할을 함. – 특정한 종류의 인지과정의 학습을 촉진시키기 위한 컴퓨터 도구들로서 사고기술을 시각화하고, 조직하고, 자동화하고, 대체하는 데 사용되는 지적 장치들임.
대화/협력도구	– 학습자 상호 간에 이루어지는 학습활동을 지원하는 수단임. – 다양한 유형의 컴퓨터 매개 통신 수단을 통해 학습자들은 각자의 지식과 정보를 서로 교환하고 협동적인 활동을 수행하면서 지식을 구성해감.
사회적/맥락적 지원	– 구성주의 학습환경을 설계하고 성공적으로 실행하는 데 있어서 중요한 것은 맥락적인 요인을 고려하는 것임. – 참여 교사들에 대한 지원체제나 학생들에 대한 안내 체제 등이 해당됨.

또한, 그림에서 알 수 있듯이, 이런 구성주의 학습환경에서 교수자의 주요 활동은 모델링(modeling), 코칭(coaching), 스캐폴딩(scaffolding)으로 보여진다.

모델링 (modeling)	– 학습자 수행을 지원하는 방안으로 모델링이 있다. 유형으로는 기대되는 수행을 외현적으로 보여주는 '행동 모델링'과 문제 해결과정의 내면적인 추론과정, 의사결정 과정을 설명해주는 '추론 명료화' 방법이 있다.
코칭 (coaching)	– 학습자 수행의 각 세부 단계는 코칭에 의해 구체적으로 향상될 수 있다. 좋은 코치는 학습자의 동기를 향상시키고, 학습자의 수행을 모니터하고 조절하며, 성찰을 야기하며 잘못된 정신적 모형을 수정할 수 있도록 적절한 질문을 던진다.
스캐폴딩 (scaffolding)	– 모델링이 전문가의 수행을 보여주는 것에 초점을 두고, 코칭이 학습의 수행을 조절하는 데 초점을 두고 있다면 스캐폴딩은 학습자가 수행하는 과제에 초점을 두고 있다. 이는 학습자가 자신의 능력 이상의 학습과 수행을 할 수 있도록 임시적인 틀을 제공하는 것이다.

C교사가 말한 내용을 바탕으로 1) 구성주의 학습 활동을 위한 학습 지원 도구·자원에 대한 부분은 Jonassen의 구성주의 학습환경 설계에서 고려해야 할 요소들을 지원도구 및 자원으로 간주하여 이 내용을 바탕으로 기술하고, 2) 교수자의 주요 활동에 대한 내용은 Jonassen의 구성주의 학습환경 설계에서 보여지는 교수자의 모델링, 코칭, 스캐폴딩에 대한 내용을 바탕으로 기술하거나 해당 문제에서 Jonassen의 모형을 정확히 지칭한 것은 아니기 때문에 구성주의에서의 일반적 교수자의 역할, 즉 학습 촉진자, 동료학습자, 코치, 피드백 제공자 등을 떠올려보고 이 내용과 연계하여 기술할 수도 있겠다.

(4) 교육평가(타당도의 유형과 개념)

타당도는 평가도구가 측정하고자 하는 목적에 부합되는 내용을 얼마나 충실하게 측정하는지를 나타내는 지표이다. 즉, 검사도구의 적합성을 측정하는 것이다. 타당도 종류는 내용타당도, 구인타당도, 준거관련타당도, 안면타당도, 결과타당도, 수렴타당도, 판별타당도 등으로 구분할 수 있다.

D교사가 고려하는 타당도는 내용타당도이다. 내용타당도는 학업성취 검사도구일 때 반드시 검정해야 하는 타당도이다. 내용타당도는 전문가를 선정하여 검정한다. 전문가를 통하여, 검사도구의 내용이 전체 수업의 목표와 내용을 논리적이고 충실하게 잘 반영하고 있는지를 분석하는 주관적 평가방법이다. 내용타당도는 교과타당도와 교수타당도로 분류된다. 교과타당도는 교과서의 내용을 기준으로 하여 검사도구 내용이 교과서 내용과 얼마나 일치하는지를 검정하는 타당도이며, 교수타당도는 교사의 강의내용을 기준으로 하여, 검사도구 내용이 교사의 강의내용을 충실하게 반영하는지를 검정하는 타당도이다.

D교사가 검정하는 타당도는 내용타당도 중에서 교수타당도이다. 교수타당도는 교사의 강의내용을 이원분류표로 제시한다. 이원분류표는 왼쪽에 내용소를 쓰고 윗줄 상단에는 행동소를 제시한다. 내용소에는 한 학기 동안 강의한 주제를 지식의 구조로 선정하여 위계적인 순서로 나열하며, 행동소는 학생들이 학습결과를 행동적으로 나타내는 능력특성을 나열한다. 이때, 행동소에는 Bloom의 인지적 영역의 능력인 지식, 이해, 적용, 분석, 종합, 평가 능력 순으로 보통 기술한다. 이원분류표는 교사 강의의 기초가 되며, 검사도구 제작의 청사진이 된다. 따라서 교수타당도는 이원분류표를 분석하여 교사가 강의하는 내용소를 파악하고 학생이 나타내는 행동소를 분석한 후에, 시험문제의 내용이 이원분류표의 내용과 수준에 일치하는지를 검정하는 타당도이다.

내용타당도는 전문가 선정이 핵심이다. 내용타당도는 논리적 타당도, 주관적 타당도, 질적 타당도이기 때문에, 전문가마다 다른 의견을 제시할 수 있기 때문이다. 그러나 최고의 전문가를 선정하여 검정한다면, 이런 문제를 해결할 수 있다.

2018학년도 중등학교교사 임용후보자 선정경쟁시험

교 육 학

수험 번호 : (   )   성 명 : (   )

제1차 시험	1 교시	1문항 20점	시험 시간 60분

○ 문제지 전체 면수가 맞는지 확인하시오.

다음은 A 중학교 학생들의 학업 특성 조사 결과에 관해 두 교사가 나눈 대화 중 일부이다. 대화의 내용은 (1) 교육과정, (2) 수업, (3) 평가, (4) 장학에 관한 것이다. (1)~(4)를 활용하여 '학생의 다양한 특성을 고려하는 교육'이라는 주제로 논하시오. [20점]

박 교사 : 선생님, 우리 학교 학생의 학업 특성을 보면 학습흥미와 수업참여 수준이 전반적으로 낮아요. 그리고 학업성취, 학습흥미, 수업참여의 개인차가 크다는 것이 눈에 띄네요.

김 교사 : 학생의 개인별 특성이 그만큼 다양하다는 것을 의미하겠죠. 우리 학교 교육과정도 이를 반영해야 하지 않을까요?

박 교사 : 그렇습니다. 그런데 교육과정을 개발하는 과정에서 학생의 개인별 특성을 중시하는 의견과 교과를 중시하는 의견 간에 차이가 있습니다. 이를 조율하기 위해서는 시간이 걸리겠지만 적절한 논쟁을 거쳐 합의에 이르는 심사숙고의 과정이 필요합니다.

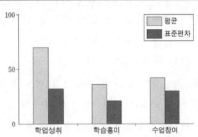
[그림] A 중학교 학생들의 학업 특성
(*3가지 변인의 점수는 서로 비교 가능한 것으로 가정함)

김 교사 : 네, 그렇다면 학생의 다양한 특성을 반영하기 위한 수업 방법으로 어떤 것이 있을까요?

박 교사 : 우리 학교 학생에게는 학습흥미와 수업참여를 높이는 수업이 필요할 것 같아요. 제가 지난번 연구수업에서 문제를 활용한 수업을 했는데, 수업 중에 학생들이 무엇을 해야 하는지 모르는 것 같았어요. 게다가 제가 문제를 잘 구성하지 못했는지 별로 흥미를 보이지 않더라고요. 문제를 활용하는 수업에서는 학생의 역할을 안내하고 좋은 문제를 개발하는 것이 중요하다는 것을 알게 되었어요.

김 교사 : 그렇군요. 이처럼 수업이 학생의 다양한 특성을 반영하게 되면 평가의 방향도 달라질 필요가 있습니다. 앞으로의 평가에서는 학생의 능력, 적성, 흥미에 적합한 목표를 설정하고 그에 따라 수업과 평가가 이루어지는 것도 의미가 있어 보입니다.

박 교사 : 동의합니다. 그러기 위해서는 평가결과를 해석하고 판단하는 기준도 달라질 필요가 있습니다. 예컨대 학생의 상대적 위치가 어느 정도인지를 판단하기보다는 미리 설정한 학습목표에 도달했는지 여부를 중시하는 평가유형이 적합해 보입니다.

김 교사 : 네, 저도 그렇게 생각합니다. 그리고 말씀하신 유형 외에 능력참조평가와 성장참조평가도 제안할 수 있겠네요.

박 교사 : 좋은 생각입니다.

김 교사 : 그런데 저 혼자서 학생의 다양한 특성을 고려해서 교육과정을 개발하고 수업을 설계하고 평가하는 것은 힘들어요. 선생님과 저에게 이 문제가 공동 관심사이니, 여러 선생님과 경험을 공유하고 협력해서 피드백을 주고받는 것이 좋겠어요

─────────────〈배 점〉─────────────

○ 논술의 내용 [총 15점]
 - 박 교사가 제안하는 워커(D. F. Walker)의 교육과정 개발 모형의 명칭, 이 모형을 교육과정 개발에 적용하는 이유 3가지 [4점]
 - 박 교사가 언급하는 PBL(문제중심학습)에서 학습자의 역할 2가지, PBL에 적합한 문제의 특성과 그 특성이 주는 학습 효과 1가지 [4점]
 - 박 교사가 제안하는 평가유형의 명칭과 이 유형에서 개인차에 대한 교육적 해석 1가지, 김 교사가 제안하는 2가지 평가유형의 개념 [4점]
 - 김 교사가 언급하는 교내장학 유형의 명칭과 개념, 그 활성화 방안 2가지 [3점]
○ 논술의 구성과 표현 [총 5점]
 - 논술은 서론, 본론, 결론으로 구성하고 [1점], 주어진 주제와 연계할 것 [2점]
 - 표현이 적절할 것 [2점]

2018학년도 교육학 논술시험 분석과 해설

1. 구조 분석

올해의 중등교사 교육학 논술 출제자들은 '학생의 다양한 특성을 고려하는 교육'이라는 주제를 선택하고 거기에 적합한 교육과정 개발모형, 수업방법, 평가방식 그리고 교내장학의 유형 등에 대해서 서술할 것을 요구한 문제를 출제하였다. 먼저, 몇 가지 눈에 띄는 특징은 다음과 같다.

첫째, 이전처럼 하나의 통일적인 주제 아래 몇 개의 교육학 파트를 도입하고 서론, 본론, 결론의 완결된 형식을 지닌 논술문을 요구한다는 점이다. 이러한 특징은 이제 어느 정도 확고하게 자리 잡은 것으로 보이며 앞으로도 유지될 것으로 보인다. 그러나 여전히 전체 주제에 대해서 수험생이 자신의 생각과 견해를 적극적으로 개진할 여지는 그다지 확대되지 않고 있다고 생각된다. 즉, 점수가 배정된 각각의 문항에 대한 답은 수험자가 자유로운 반응이 아니라 대체로 교과서적인 지식을 가지고 대응해야 한다. 물론 이때 선택 가능한 다양한 지식들 중에서 가급적 전체 주제와 긴밀히 연관된 부분들을 선택하는 편이 답안의 통합성과 밀도를 높여 줄 것이고 따라서 득점에 유리할 것으로 생각된다. 또한 서론과 결론 부분에서 '학생의 다양한 특성'에 대해서 언급하고 또 본론에서도 매 항목에 대해서 학생의 다양성 문제와의 연관성을 언급해 주는 것이 바람직하다. 물론 출제자가 요구하는 답들은 암묵적으로 '학생의 다양한 특성'과 연관되어 있는 것들로 되어 있다. 그럼에도 이러한 연관성들을 논술자가 명시적으로 언급해 줄 필요가 있다. 이것은 논술의 구성과 표현 영역의 '주어진 주제와의 연계성'(2점)에 배당된 점수를 따기 위해 필수적이다.

둘째, 도표와 통계적인 개념들을 제시문에 등장시키고 있다는 것은 새로운 점이다. 하지만 이번 시험은 본격적으로 도표와 통계를 해석하고 언급해야만 문제를 풀 수 있는 유형은 아니었다. 왜냐하면 전체 주제와 지문이 이미 학생의 다양한 특성을 기정사실로서 설명하고 있고, 도표는 이에 대한 보완적인 근거자료로서만 등장하기 때문이다. 또한 도표를 활용하라는 별도의 주문도 보이지 않고 있다. 하지만 이번 시험에서도 제시문의 문제 상황을 더 정확히 이해하는 데에 도표가 큰 기여를 할 수 있었다. 만약 도표에 대한 해석을 포함시킨 답안을 썼다면 채점자에게 좋은 인상을 주었을 것이다. 물론 이에 대한 별도의 배점 항목이 있었던 것은 아니다. 하지만 앞으로는 도표나 통계자료를 수험생이 반드시 스스로 해석할 필요가 있는 문제가 출제될 가능성도 배제할 수 없다. 왜냐하면 세계의 복잡성 증대와 빅데이터 활용 등으로 중등 학교 교육과정에서 도표와 통계에 대한 해독능력이 점점 더 강조되고 있는 추세로 미루어 볼 때, 일반 교사들에게도 이런 능력을 갖추는 일이 중요하다고 생각되기 때문이다. 그러므로 중등 교육학 임용시험 수험생들도 이러한 현실의 움직임에 대비할 필요가 있다.

셋째, 이번 시험에서는 유난히 '명칭'을 묻는 문제가 많이 등장했다는 점이 특이하다. 과거의 시험에서는 주로 어떤 명칭이나 개념을 미리 알려 주고 이를 설명하라는 방식이었지, 직접 명칭을 쓰고 설명하라는 문제는 흔하지 않았다. 이것을 출제자의 편향으로 인한 우연적인 취향이라고 보기에는 그 빈도가 매우 많다. 즉, 4문항 중에서 3문항이 명칭을 밝힐 것을 요구하고 있다. 이것은 교육학 임용 논술 출제기관이 교육학 관련 내용이나 개념에 대한 이해뿐 아니라 그에 대응하는 정확한 용어 사용을 중요시한다는 표시일 수 있다.

2. 내용 해설

(1) 교육과정

Tyler(1949) 이후로 교육과정이 개발되는 과정은 정해진 순서와 매뉴얼에 의해 기술-공학적으로 진행되어야 한다고 이해되었다. 반면에 Walker(1971)는 '숙의(deliberation)'라는 과정을 통해 교육과정이 개발됨을 주장하였다. Kettering project는 Eisner의 주도하에 1967년 가을에 시작되어 2년간 계속된 초등학교 미술과 교육과정 개발 프로젝트이다. 이 과정을 세밀하게 관찰한 Walker는 이를 상세하게 보고하면서 자연주의 모형(naturalistic model)으로 명명하고, 이는 교육과정 개발 과정에서 실제로 일어난 일을 그대로 기술한 것이라고 설명한다.

그는 교육과정 개발 과정을 3단계로 표현한다. ① 토대 다지기(platform), ② 숙의(deliberation), ③ 설계(design)가 그것이다. 먼저 토대 다지기는 숙의에 참여하는 사람들 사이에 합의라고 부를만한 것이 형성되어 있는 상태를 말한다. 토론의 기초가 될 수 있는 개념, 이론, 신념체계 등의 발판이 필요하기 때문에 이 단계는 매우 중요하다고 볼 수 있다. 이런 토대는 참여자의 내면에 잠재되어 있는 것이기 때문에 이를 공식적으로 논의의 시작으로 삼기 위해서는 '정보'라는 매개체가 필요하다. 이는 토대가 뚜렷한 형태로 나타나게 하는 계기로 볼 수 있다. 즉, 토대는 정보와 결합되어 외부로 표현될 수 있다.

잘 다져진 토대를 바탕으로 하여 교육과정을 개발하기 위한 집단적 논의의 과정인 숙의가 이어질 수 있다. 숙의의 과정은 목적이나 문제가 되는 사안을 확인하는 일, 목적을 달성하기 위한 여러 가지 수단이나 대안을 모색하는 일, 수단이나 대안의 타당성을 검토하는 일, 가장 타당한 수단 혹은 대안을 선택하여 문서로 표현하는 과정으로 이루어진다. 즉, 올바른 의미의 숙의는 ① 주어진 교육과정 문제를 가장 설득력 있고 타당한 방법으로 논의, ② 가장 유망한 교육과정 실천 대안을 검토, ③ 대안을 내세우면서 거론한 관련 지식들을 고려, ④ 그 지식이 토대로 하고 있는 바를 검토하기 위해 적절한 논쟁을 벌임으로써 각 대안들이 지닌 장점들의 분석, ⑤ 작은 결정 하나에도 관련된 모든 집단의 입장과 가치 탐색, ⑥ 공정하고 균형 잡힌 판단의 단계를 거쳐야 한다(홍후조, 2002: 255). 한편 Walker(1993)는 잘못된 숙의로서 ① 특정 집단의 견해를 반영하는 파당적 숙의, ② 몇몇 요인만 과도하게 부각하는 제한적 숙의, ③ 숙의의 대상에 대한 근본적인 재검토 내지 재규정이 불가능한 한정적 숙의, ④ 구체적인 실천계획은 사라지고 목적, 이상, 기본원칙, 장기계획, 철학 등만 늘어놓는 유사적 숙의, ⑤ 숙의와 결정에 앞서 의사결정자를 위한 거친 수준의 정보와 의견을 제공하는 공청회로 제시한다(홍후조, 2002a: 255에서 재인용).

이렇게 잘못된 숙의를 경계하며 제대로 된 숙의가 잘 이루어지면 마지막으로 교육과정 설계 단계로서 지금까지 논의된 것을 바탕으로 실제 교육과정 문서로 번역하는 과정을 거치게 된다. 이 때에는 '정책'이라는 매개체가 작용하게 된다. 즉, 숙의를 통하여 최선의 대안이 나왔다고 하더라도 이 대안이 문서화되는 과정에서 실제 교육적 환경의 상황을 고려할 수밖에 없는 것이다. 학제, 행·재정적 조건, 시·공간적 환경 등이 그것이다. 결국 숙의에 의해 선택된 최종적인 대안은 이러한 정책을 고려하여 교육과정 문서로 표현된다.

자연주의 모형을 교육과정에 적용하는 이유는 교육과정 적용의 상황과 밀접하게 관련되어 있다. 일단 교육과정 개발은 학습자, 교사 등 교육과정에 직접적으로 관련되는 요소들에 근거하여 개발되어야 하고, 이 요소들의 특성은 천차만별이다. 즉, 교육과정 개발 과정에서 수많은 특수한 개별 상황들을 고려해야 하는 것이다. 그러므로 어떤 일률적 공식에 의해서 교육과정을 개발하기는 어렵다. 다양한 참여자들이 모여서 오랜 시간 동안 서로 다른 입장을 표현하고 조율하기 위한 상당한 시간을 투여해야 하는 것이다. 이런 의미에서 '숙의' 과정을 중요시하는 자연주의 모형은 학습자의 개별 상황을 고려하기에 적합하다고 볼 수 있다.

또한 교육과정 현상이 나타나는 실제에 근거하여 교육과정을 개발할 수 있다. 교육과정을 개발하는 일은 특정한 시간과 공간이 만들어내는 특수한 문제를 해결하는 방식으로 이루어져야 한다. 어떠한 지침에 의해서 교육과정이 개발될 때는 현장의 실제 문제를 외면하게 되는 상황이 발생할 수 있다. 교육과정 현상이 나타나는 현장이 가지고 있는 행·재정적 조건, 시·공간적 조건, 물리적 조건, 인적 조건 등은 너무 다양하다. 아무리 이상적인 교육과정이 개발되었다고 하더라도 이를 실행하기 어려운 조건에 있는 교육 현장은 난감할 수밖에 없다. 따라서 교육 현장을 잘 이해하고 있는 참여자들이 다양하게 참여하여 그 상황을 공유해나가면서 의견을 조율해 나간다면 보다 현장 적합적인 교육과정이 개발될 수 있다.

더불어 실제적인 교육 상황을 중요하게 생각하는 자연주의 모형에서는 참여자들의 자율적이고 적극적인 참여를 강조하기 때문에, 학교의 교육과정을 개발하는 일에 학교 구성원들의 참여를 이끌어내기 용이하다. 단순히 외부에서 주어진 지침에 의해 수동적으로 교육과정을 개발하는 것이 아니고 현 학교 상황에 대한 분석을 통하여 자유롭게 의견을 개진하여 교육과정을 개발하는 모형이기 때문에, 교사들이 자율적으로 각자의 전문성을 활용하여 참여할 수 있게 되는 것이다. 나아가 교사들은 자신들이 운영하게 될 교육과정 개발에 참여하게 됨으로써 교육과정 전문성을 향상시킬 수 있게 되며, 토대 다지기를 위해 스스로 교육과정 전문성을 키우기 위한 노력에 정진할 수 있게 된다.[2]

이러한 내용을 바탕으로 자연주의 모형에 대해 간단하게 설명하고 이 설명에 근거하여 이유 세 가지를 정리하여 답안을 작성하면 될 것이다.

(2) 교수이론

PBL(문제중심학습)은 학습자들에게 실제적인 문제를 제시하고, 그 제시된 문제를 해결하기 위해 학습자들 상호간에 공동으로 문제해결방안을 강구하고, 개별학습과 협동학습을 통해 공통의 해결안을 마련하는 일련의 과정에서 학습이 이루어지게 되는 학습방법이다(Barrows, 1985). PBL은 보통 다음과 같은 절차로 진행된다.

---

2 더 자세한 내용은 홍후조(2002). 교육과정의 이해와 개발. 서울: 문음사. Tyler, R.(1949). *Basic principle of curriculum and instruction*. University of Chicago Press. Walker, D. F.(1971). A naturalistic model for curriculum development. *School Review, 80(1)*, 51-65. 참조.

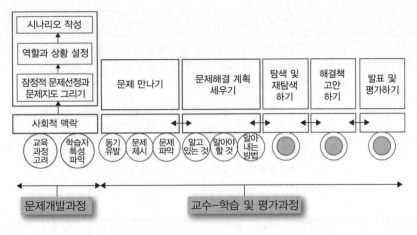

출처: 조연순, 「문제중심학습의 이론과 실제」, 학지사.

PBL이 진행되는 과정을 고려하여 교수자와 학습자의 역할을 구별해 보면 다음과 같다.

PBL에서의 교수자 역할	PBL에서의 학습자 역할
• 개방형 문제개발자 • 학습 안내자 • 학습 촉진자 • 정보 및 피드백 제공자 • 평가자	• 문제 정의자 • 자료 조사자 • 자기주도적/협동학습자 • 문제해결자 • 발표자 및 평가자 • 성찰자
또는	
• 조언자 • 촉진자 • Coaching • 공동학습자 • 과학적, 논리적 진행 비계설정(Scaffolding) • 교육석 Feedback • 학생평가	• 능동적 문제 해결자 • 자기 학습의 주체자 • 협동학습의 능동적 참여자 • 정보추구자(정보탐색자) • 지식과 정보의 통합자 • 반성자(성찰자)

PBL을 잘 운영하고 좋은 문제를 설계하기 위해서는 PBL 문제의 특성을 정확히 이해하는 것이 중요하다. PBL에 적합한 문제의 특성은 다음과 같다.

특성	내용
비구조화	• 문제와 관련된 상황이나 요소가 분명히 정의되어 있지 않다. • 문제해결에 필요한 정보가 충분히 포함되어 있지 않다. • 하나의 정해진 답이 있는 것이 아니라 다양한 해답이나 해결방법을 가지고 있다.
실제성	• 실세계에 사용되는 진짜 문제로 실제적인 특성을 지니고 있다. • 문제를 해결하기 위해 관련된 지식과 기능을 사용할 수 있어야 한다.
관련성	• 학습자 본인이 직접 경험했거나 경험할 수 있는 문제라고 느낄 수 있어야 한다. • 문제상황에서 학습자의 역할에 단서를 줌으로써 관련성을 높일 수도 있다.
복잡성	• 학습자들로 하여금 단순한 역할분담만으로는 해결할 수 없도록 문제가 충분히 길고 복잡해야 한다. • 능력이 뛰어난 한 사람이 혼자 풀어 해결할 수 있는 것이 아니라 조원들이 개념에 대한 공통의 합의를 도출하고, 다양한 해결책을 고안할 수 있어야 한다. • 한 사람의 학습내용이 다른 사람의 학습에 영향을 주는 복잡한 문제이어야 한다.

위와 같은 네 가지 특성을 지닌 문제를 가지고 학습을 하게 되면 다음과 같은 효과가 있다. 첫째, 배운 내용을 어떻게 적용하여 활용할 수 있는지 이론과 실제를 연결함으로써 학습내용과 학습과정에서 흥미가 유발될 수 있다. 둘째, 학습자들은 개인학습에만 집중을 하는 것이 아니라 학습자의 전체 과정에서 책임을 지고 적극적으로 참여함으로써 자기주도학습능력이 향상될 수 있다. 셋째, 직접 문제해결자로 참여하여 스스로 정보를 수집, 분석, 종합, 정리 등의 과정을 거치면서 논리적 사고력, 문제해결능력을 기를 수 있다. 마지막으로 조원들과 함께 역할을 분담하고 맡은 부분을 책임지고 진행하면서 문제를 해결해 가는 과정에서 책임감과 협동심 등을 기를 수 있다.

위의 내용을 바탕으로 학습자의 역할 두 가지, PBL에 적합한 문제의 특성, 그 특성이 주는 학습효과 한 가지라는 문제에 제시되어 있는 조건에 맞게 답을 기술해야 하며, 문제에서는 PBL(문제중심학습)이라고 명시하고 있지만 상위개념으로서 '구성주의' 개념과 특징 등을 확장하여 함께 염두에 두면 좀더 구체적이고 풍부하게 답안을 작성할 수 있다.

(2) 교육평가

교육평가의 종류는 규준평가(Norm Evaluation), 준거평가(Criterion Evaluation), 능력평가(Ability Evaluation), 성장평가(Growth Evaluation)로 분류할 수 있다. 박 교사가 제안한 평가유형은 위의 제시한 평가 중에서 준거평가에 해당된다. 준거평가는 수업에서 적절한 교육목표를 지정하고 교육목표의 최하위점수를 준거로 삼아서, 그 준거점에 비추어서 학습자가 무엇을 얼마나 아는지를 평가하는 것이다. 따라서 준거평가는 교육목표를 얼마나 성취하였는지에 초점을 두기에 목표평가라고도 한다. 준거평가는 평가관과 발달적 교육관에 기초한다. 평가관은 인간의 능력을 가변적인 능력으로 가정하여 모든 학습자의 능력을 교육목표 수준으로 변화시키고, 교육목표를 기준으로 성취된 학습자 능력을 양적인 평가와 질적인 평가로 제시한다. 발달적 교육관은 모든 학습자에게 학습자의 능력, 적성, 흥미에 적합한 교수학습방법을 제공하여 모든 학습자를 교육목표에 도달시킬 수 있다고 본다. 규준평가는 학습자의 개인차를 인정하면서 학습자의 개인차를 최대한 변별하는 것에 초점을 두는 상대적인 등위 중심의 평가를 지향하는 반면에, 준거평가는 학습자의 능력, 적성, 흥미를 고려한 교수학습방법을 적용하여 학습자가 교육목표점을 얼마나 성취하였는지를 보는 능력중심 평가를 지향한다. 즉, 준거평가는 학습자 간 개인차를 평가하기보다는 교육목표 준거점과 학습자 능력 간의 차이를 평가한다. 따라서 준거평가는 학습자 개인차를 인정하거나 변별하기보다는 개인의 능력, 적성, 흥미를 고려하여 학습자 개별맞춤의 교수학습방법론을 적용하여 학습자 개인차를 좁히려는 평가라 할 수 있다.

김 교사가 제안한 평가유형은 능력지향평가와 성장지향평가이다. 능력평가는 학습자가 소유한 능력에 비추어서 얼마나 최선을 다했는지를 평가하는 방법이다. 학습자의 원래 능력과 실제 수행을 했을 때의 능력을 비교하는 평가이다. 성장평가는 학습자의 초기 능력이 교육프로그램을 통하여 얼마나 성장했는지를 평가하는 방법이다. 학습자의 초기능력과 교육이 종결된 후의 후기능력 간의 차이를 비교하는 평가이다. 능력평가는 최종 성취수준이 다른 학생에 비교하여 낮더라도 소유 능력에 비하여 더 최선을 다하여 능력발현을 한다면, 좋은 평가를 얻을 수 있으며, 성장평가는 최종 성취수준이 다른 학생과 비교하여 낮더라도 초기능력에 비하여 많이 향상되었다면, 좋은 평가를 얻을 수 있다. 능력평가와 성장평가는 학습자의 경쟁보다는 최대노력발현 또는 성장을 지향하므로 학습의 개인화를 지행할 때 적합하다.

종합적으로, 준거평가, 성장평가, 능력평가는 학습자의 개인별 특성들, 즉 학업성취, 적성, 흥미, 수업참여를 고려하는 평가방법이라고 할 수 있다.

(3) 교육행정

김 교사가 언급하는 장학은 동료장학이다. 동료장학은 수업 및 교육 활동의 개선을 위하여 교사들이 서로 협동하고 공동으로 노력하는 장학이다. 동료장학은 교내장학에 해당하며 해당 학교 및 학생들에 대한 이해 및 경험을 공유함으로써 보다 타당하고 현실적이고 실천적인 지도·조언이 가능하다는 장점이 있다. A중학교 교사들끼리 서로 협력해서 학생의 다양한 특성을 고려해서 교육과정을 개발하고 수업을 설계하고 평가하는 활동을 함께 공유하고 연구하고 실천하는 것이다. 동료장학을 활성화하기 위한 방안은 여러 가지가 있다. 첫째, 동일한 관심 주제를 가진 교사들의 학교 내 모임인 교사학습동아리를 구성한다. 학생의 다양한 특성을 고려한 교육과정 개발, 수업 설계, 평가방안에 관심이 있는 교사들끼리 자율적으로 학습동아리를 만들도록 한다. 이것은 전문가학습공동체의 구체적인 예에 해당한다. 관심을 함께 하는 교사들의 비공식적인 모임이므로 자발성이 높고 효과적이다. 둘째, 동학년·동교과 교사협의회를 활성화한다. 동학년 또는 동교과 교사협의회는 교사들이 공동 관심사나 공동 과제, 공동 문제의 해결·개선을 위해 공식적·비공식적으로 협의하는 것이다. 동학년 또는 동교과 교사들이 학생의 다양한 특성을 고려한 교육과정 개발, 수업 설계, 평가를 공동으로 연구하고 설계하고 실천해서 수업을 개선할 수 있도록 한다.

그 외에 활성화 방안으로 제시할 수 있는 것은 다음과 같다.

○ 멘토링 활성화: 전문성과 경험이 풍부한 교사(멘토)가 저경력 교사(멘티)를 지도·조언하면서 해당 교사의 수업 전문성 신장을 지원하는 활동.

○ 동학년·동교과 수업연구(공개)의 활성화: 동학년 단위 또는 동교과 단위로 수업연구 과제의 해결이나 수업방법의 개선을 도모하기 위한 수업연구(공개) 활동.

○ 공동 연구과제, 공동 시범 과제 추진 등 연구과제중심의 동료장학 활성화

○ 전문가(적)학습공동체 또는 교원학습공동체의 활성화: 전문가(적)학습공동체는 교사들이 교수·학습을 주목적으로 집단적으로 학습하고 그 결과를 적용하며 개개인의 반성적 실천을 공유함으로써 전문적 발달을 도모하는 집단이다.

2019학년도 중등학교교사 임용후보자 선정경쟁시험

교 육 학

수험 번호 : (   )　　　　　　성 명 : (   )

제1차 시험	1교시	1문항 20점	시험 시간 60분

◦ 문제지 전체 면수가 맞는지 확인하시오.

다음은 ○○중학교 김 교사가 모둠활동 수업 후 성찰한 내용을 기록한 메모이다. 김 교사의 메모를 읽고 '수업 개선을 위한 교사의 반성적 실천'이라는 주제로 학습자에 대한 이해, 교육과정의 편성과 운영, 평가도구의 제작, 교사의 지도성에 대한 내용을 구성 요소로 하여 논하시오. [20점]

#1 평소에 A학생은 언어 능력이 뛰어나고 B학생은 수리 능력이 우수하다고만 생각했는데, 오늘 모둠활동에서 보니 다른 학생을 이해하고 도와주면서 상호작용을 잘 하는 두 학생의 모습이 비슷했어. 이 학생들의 특성을 잘 살려서 모둠을 이끌도록 하면 앞으로 도움이 될 거야. 그런데 C학생은 모둠활동에 참여하는 것을 좋아하지 않았지만 자신의 감정과 장단점을 잘 이해하는 편이야. C학생을 위해서는 자신의 강점을 살릴 수 있는 개별 과제를 먼저 생각해 보자.

#2 모둠활동에 적극적으로 참여하지 못한 학생들이 몇 명 있었어. 이 학생들은 제대로 된 학습경험을 갖지 못한 것이 아닐까? 자신의 학습경험에 대하여 어떻게 느꼈을까? 어쨌든 모둠활동에 관해서는 좀 더 깊이 고민해 봐야겠어. 생각하지 못했던 결과가 이 학생들에게 나타날 수도 있고…….

#3 모둠을 구성할 때 태도나 성격 같은 정의적 요소도 반영해야겠어. 진술문을 몇 개 만들어 설문으로 간단히 평가하고 신뢰도는 직접 점검해 보자. 학생들이 각 진술문에 대한 반응을 등급으로 선택하면 그 등급 점수를 합산할 수 있게 해 주는 척도법을 써야지. 설문 문항으로 쓸 진술문을 만들 때 이 척도법의 유의점은 꼭 지키자. 그리고 평가를 한 번만 실시해서 신뢰도를 추정해야 할 텐데 반분검사신뢰도는 단점이 크니 다른 방법으로 신뢰도를 확인해 보자.

#4 더 나은 수업을 위해서 새로운 지도성이 필요하겠어. 내 윤리적·도덕적 기준을 높이고 새로운 방식으로 학생들을 대하자. 학생들의 혁신적·창의적 사고에 자극제가 될 수 있을 거야. 학생들을 적극 참여시켜 동기와 자신감을 높이고 학생 개개인의 욕구에 특별한 관심을 가지며 잠재력을 계발시켜야지. 독서가 이 지도성의 개인적 신장 방안이 될 수 있겠지만, 동료교사와 함께 하는 방법도 찾아보면 좋겠어.

────〈배 점〉────

◦ 논술의 내용 [총 15점]
- #1과 관련하여 가드너(H. Gardner)의 다중지능이론 관점에서 A, B학생의 공통적 강점으로 파악된 지능의 명칭과 개념, 김 교사가 C학생에게 제공할 수 있는 개별 과제와 그 과제가 적절한 이유 각 1가지 [4점]
- #2와 관련하여 타일러(R. Tyler)의 학습경험 선정 원리 중 기회의 원리로 첫째 물음을 설명하고 만족의 원리로 둘째 물음을 설명, 잭슨(P. Jackson)의 잠재적 교육과정의 개념을 쓰고 그 개념에 근거하여 김 교사가 말하는 '생각하지 못했던 결과'의 예 제시 [4점]
- #3에 언급된 척도법의 명칭과 이 방법을 적용하기 위하여 진술문을 작성할 때 유의할 점 1가지, 김 교사가 사용할 신뢰도 추정 방법 1가지의 명칭과 개념 [4점]
- #4에 언급된 바스(B. Bass)의 지도성의 명칭, 김 교사가 학교 내에서 동료교사와 함께 이 지도성을 신장할 수 있는 방안 2가지 [3점]

◦ 논술의 구성 및 표현 [총 5점]
- 서론, 본론, 결론 형식의 구성 및 주제와의 연계성 [3점]
- 표현의 적절성 [2점]

2019학년도 교육학 논술시험 분석과 해설

1. 구조 분석

이번 교육학 논술 문제는 어떤 교사의 모둠 수업 관련 '성찰일지'를 제시문으로 주고, 이에 기초하여 '수업 개선을 위한 교사의 반성적 실천'이라는 주제 아래서 학습자에 대한 이해(가드너의 다중지능 이론), 교육과정의 편성과 운영(타일러의 학습과정 선정 원리와 잭슨의 잠재적 교육과정), 평가도구의 제작(리커트 척도법과 설문 작성 그리고 신뢰도 측정), 교사의 지도성(Bass의 변혁적 지도성과 동료장학)에 대한 내용을 종합적으로 서술하라고 요구하고 있다.

이 문제의 출제자들은 미래의 교사에게 하나의 중요한 메시지를 던지고 있다. 즉 앞으로 교사는 교직수행에서 '반성적 실천가'로서의 자각을 지녀야 한다는 것이다. 반성적 실천가로서 교사는 간단히 말하면 교육학의 이론과 교육 실천 간의 지속적인 피드백을 통해 자신의 전문적 교육 역량을 지속적으로 발전시켜 나가야 한다. 이런 교사는 우연적으로 형성되는 교육관이나 교수 스타일을 일방적으로 적용하면서 결국 매너리즘에 빠지는 교사가 아니라, 지속적으로 교육학의 개념과 이론을 반성의 무기로 삼아서 자신의 수업과 학급경영 그리고 학생과의 인격적 교류를 꾸준히 개선해 나가는 교사이다.

결국 올해 논술 문제의 핵심은 교사지원자들이 반성적 실천가로서 교사가 갖추어야 할 기초적, 이론적 요소들을 알고 있는지 그리고 그것을 (어느 정도) 현장에서 활용 또는 적용할 수 있을 만큼 숙지하고 있는지를 검사하는 데에 초점을 두고 있다. 출제자들이 반성적 실천가로서의 교사를 바람직한 교사상으로 보고 있다면, 앞으로 교육학 논술 시험 준비는 과거보다 더 실천적인 관점과 맥락을 고려할 필요가 있다. 그리고 이것은 임용시험을 위한 별도의 시험공부도 중요하지만 그 이전에 교직과정에서 교육과정, 교육심리학, 교육행정, 평가 등의 교직과목을 충실하게 수강해 두는 것이 중요하다는 것을 의미한다.

올해의 문제가 특별하고 까다롭게 느껴지는 결정적인 이유는 이러한 실천의 맥락이 강하게 부각되어 있기 때문이다. 과거처럼(특히 첫 해인 2014년) 그냥 형식적으로 제시문을 주고 실제의 논술 내용은 키워드에 대한 지식을 나열식으로 서술하면 되는 방식의 논술 문제는 무엇을 쓸 것인지가 분명하고 채점도 간편했다. 그러나 이번처럼 모둠 수업을 진행하는 교사가 처한 구체적 상황을 제시하고 그로부터 수업활동에 필요한 개념이나 이론을 스스로 찾아서 설명하고 활용하게 할 경우 문제의 난이도는 높아질 수밖에 없다(아마 채점에서의 어려움도 증가할 것이다).

또한 실천의 맥락이 강화되다 보니, 문제의 요구사항도 과거보다 내용적으로 대폭 세분화되고 수적으로도 증가하는 추세를 보였다. 그래서 구체적 수업 상황에 대한 이해력을 갖지 못한 수험생은 다수의 다양한 요구사항들에 현기증을 느꼈을 것이다. 또한 굵직한 개념들만 중심으로 공부하고 그 세부적인 용어나 개념은 건성으로 넘긴 수험생들은 아련한 기억을 되살리느라 곤혹을 치렀을 것으로 보인다. 결국 이번 문제는 하나의 수업 상황에서 등장한 문제를 해결하는 데에 요구되는 이론적 요소들을 골고루 포함시키다 보니 요구사항이 많아지고 또 세부적인 개념과 지식을 묻게 된 것으로 보인다.

이런 유형의 문제를 풀기 위해서는 논술을 시작하기에 앞서 먼저 제시문을 숙독하여 해당 교사가 처한 상황과 문제들을 정확히 이해하고 시작하는 것이 매우 중요하다. 그래야 잡다해 보이는 요구 사항들이 순조롭게 연결되고 또 그에 기초한 순조로운 서술이 가능해진다. 물론 이것은 동시에 교육심리, 교육과정, 교육평가, 교육행정 등등 교육학 영역들에 대한 명료하고 세부적인 이론적 배경 지식이 없이는 불가능하다. 그러므로 수험생들은 이제 이론적 지식과 더불어 상당 정도의 실천적 감각을 갖도록 요구받고 있다. 사실 그것은 미래 세대의 교육이라는 중차대한 과업을 수행하려는 예비 교사라면 마땅히 갖추어야 할 능력이라고 생각된다.

결론적으로 올해의 문제는 교육학을 단지 '적당히 정리하고 암기해서 끝내고 넘어가는 과목'으로 간주해서는 안 된다는 강력한 메시지를 던지고 있다. 이와 더불어 학부 교직과정에서 개별 교직과목들을 충실히 수강하라는 요구를 분명히 하고 있으며, 예비교사들의 실제적 문제해결 능력을 강조하고 있다.

논술문 서술의 형식이나 구조에서는 예년과 크게 달라질 것이 없어 보인다. 이에 대해서는 권말의 기출문제 해설들을 참조하기 바란다.

2. 내용 해설

(1) 교육심리

먼저, 수업 개선을 위해 교사는 학습자에 대한 이해를 반성적으로 하고 이를 수업에 실천할 필요가 있다. 특히 지능이 독립적인 아홉 가지의 다양한 영역으로 구성되며, 학습자는 지능 영역에 따른 강점과 약점이 있다고 하는 다중지능은 학습자를 이해하는 데 큰 함의점을 제공한다. 학습자의 강점인 지능 영역을 활용하여 수업을 설계하거나, 단점인 영역을 강점 영역의 방식으로 수업할 때 수업의 효과를 극대화할 수 있다는 것이다. 제시문의 A학생은 언어지능이, B학생은 논리－수학적 지능이 강점인 동시에 공통적으로 대인관계지능(interpersonal intelligence)에 강점이 있다. 이 **대인관계지능은 다른 사람의 필요와 욕구를 잘 인식하고 이에 적절하게 대처하는 능력**이다. 이 지능이 높은 사람은 **타인의 감정, 동기, 의도를 쉽게 인식하고 의견을 조정하는 능력**이 뛰어나다. A와 B학생처럼 다른 학생을 이해하고 도와주면서 상호작용을 잘 하기 때문에 모둠활동을 통한 학습이 유리하다. 반면 C학생의 경우 자신의 필요와 요구, 그리고 감정에 대해 민감하고 자신의 장점과 단점을 잘 파악하는 자기이해지능(intrapersonal intelligence)이 강점이기 때문에 모둠학습보다는 개별과제를 제공하는 것이 더 효과적이다. C학생을 위해 김 교사가 제공할 수 있는 과제는 자신에 대한 "자서전 쓰기"나 "작용반작용이 자신의 삶에서 어떻게 나타나는가?" 등과 같은 학생 자신의 경험이나 필요와 관련된 과제일 것이다. 그 이유는 C와 같은 학생들은 자기에 대해 비교적 자세하고 정확하게 이해하고, 자신에 대한 반성적 능력이 뛰어나기 때문에 자신과 관련된 과제를 더 잘 학습할 수 있기 때문이다.

참고로 Gardner의 **다중지능이론**(Multiple Intelligence: MI)에 대해서 간략히 소개해 둔다.

① 개념: 인간의 지적 능력은 상대적으로 상호 독립적인 다수의 유형으로 구성되어 있음. Gardner

는 지능을 한 문화권 혹은 여러 문화권에서 가치 있다고 인정되는 문제를 해결하고 산물을 창조해 내는 능력으로 정의함. 각 개인은 강점인 영역과 약점인 영역을 가지고 있음.

② 영역: 신체-운동지능, 언어지능, 공간지능, 논리-수학지능, 음악지능, 대인관계지능, 자기이해지능, 자연이해지능 등 아홉 가지.

지능	의미	예
언어지능	음성 또는 문자 언어를 이해하고, 효과적으로 구사하는 능력	작가, 정치가, 웅변가, 극작가, 언론인 등
논리-수학지능	숫자를 효과적으로 사용하고 추론하는 능력	수학자, 통계학자, 세무사, 과학자, 컴퓨터프로그래머
음악지능	음악적 표현형식을 지각, 변별, 변형, 표현하는 능력	연주가, 작곡가, 음악비평가
신체-운동지능	신체를 활용하고 표현하는 능력	배우, 운동선수, 무용가, 기계공
공간지능	공간지각능력과 공간변형능력	예술가, 건축가, 실내장식가, 항해사, 설계사
대인관계지능	타인의 감정 인식 능력, 조절 능력, 의견조정 능력 등	정치가, 종교인, 교사, 판매원, 치료사, 부모
자기이해지능	자신에 대한 객관적 이해와 실행능력	소설가, 자기 각성을 잘하는 개인
자연이해지능	사물을 구분하고 분류, 활용하는 능력	생물학자, 수렵가, 식물학자
실존지능	삶의 근원적인 것을 추구하는 능력	철학자, 종교인

③ 교수전략
- 서로 다른 지능을 소유한 학생들을 위해 <u>수업방식을 다양화한다.</u>
- 통합주제단원중심의 교육과정을 개발한다.
- 교사와 학생들의 강점에 초점을 맞추어 수업을 설계한다.
- 도제식 교육을 장려한다.
- 다양한 자료를 활용하여 무엇을 어떻게 학습했는가를 평가한다.

(2) 교육과정

이번 교육학 논술 시험에서 교육과정 관련 문항은 다음과 같다.

> "모둠활동에 적극적으로 참여하지 못한 학생들이 몇 명 있었지. 이 학생들은 제대로 된 학습경험을 갖지 못한 것이 아닐까? 자신의 학습경험에 대하여 어떻게 느꼈을까? 어쨌든 모둠활동에 관해서는 좀 더 깊이 고민해 봐야겠어. 생각하지 못했던 결과가 이 학생들에게 나타날 수도 있고……."

"#2와 관련하여 타일러(R. Tyler)의 학습경험 선정 원리 중 기회의 원리로 첫째 물음을 설명하고 만족의 원리로 둘째 물음을 설명, 잭슨(P. Jackson)의 잠재적 교육과정의 개념을 쓰고 그 개념에 근거하여 김 교사가 말하는 '생각하지 못했던 결과'의 예 제시[4점]"

타일러는 목표 설정, 학습경험 선정, 학습경험 조직, 평가로 이어지는 교육과정 개발 모형을 제안하였는데, 이번 2019학년도 시험에서 묻고 있는 것은 2번째 단계인 학습경험 선정과 관련된 것이다. 타일러는 이 학습경험 선정과 관련하여 다섯 가지 원리를 제안한다. 그중 기회의 원리와 만족의 원리를 적용하여 #2의 상황을 설명하라는 문항이 첫 번째 문항이다. 기회의 원리란, 교육과정 개발 모형에서 첫 단계인 목표 설정 단계에서 설정된 목표를 달성하기에 적합한 기회가 되는 학습경험이 선정되었는지를 고려하는 원리이다. 따라서 #2에서 교사가 "이 학생들은 제대로 된 학습경험을 갖지 못한 것이 아닐까?"라는 질문을 던진 것은 자신이 선정한 모둠활동이라는 학습경험이 애초에 설정한 교육목표를 달성하는 데에 적합한 기회를 제공하지 못한 게 아닌지 반성해보는 것이라 할 수 있다. 다음으로 만족의 원리는 선정된 학습경험이 학생의 필요나 흥미, 관심 등을 고려한 것이어서 학생에게 만족을 주는 것인지를 고려해보는 원리이다. 따라서 #2에서 교사가 "자신의 학습경험에 대하여 어떻게 느꼈을까?"라고 자문한 것은, 자신이 제공한 모둠활동이라는 학습경험을 학생이 만족스럽게 경험한 것인지에 대해 반성해보는 것이라 할 수 있다. 모둠활동에 적극적으로 참여하지 못한 학생은 그 학습경험이 만족스럽지 않아서, 참여에 소극적이었을 가능성이 있기 때문이다. 기회의 원리에 맞게 선정된 학습경험이라고 하더라도 학생이 만족스럽게 경험하지 못했다면 이 학습경험은 학생의 학습으로 이어질 가능성이 적기 때문에 학습경험 선정에 있어 만족의 원리 역시 중요하다고 할 수 있다.

한편 #2에서 "생각하지 못했던 결과가 이 학생들에게 나타날 수도 있고..."라는 교사의 고민은 잭슨의 잠재적 교육과정이라는 개념과 연결되어 있다. 잠재적 교육과정은 학교에서 공식적으로 계획한 바가 없음에도 불구하고 학교의 물리적 조건, 제도 및 행정조직, 사회적·심리적 상황, 관습, 관례 등을 통하여 학교생활 속에서 학생들이 은연중에 가지게 되는 경험을 의미한다. 따라서 보통 잠재적 교육과정은 부정적 경험인 경우가 많다. #2에서 교사는 모든 학생들이 적극적으로 모둠활동에 참여할 것을 계획하고 수업 중에 모둠활동을 실행한 것인데, 예상치 못하게 모둠활동에 참여하지 못한 학생들이 나타난 것이다. 그리고 이 학생들은 모둠활동에 참여하지 못한 경험을 하면서 교사가 계획하지 않은 무언가를 경험하게 되었을 것이다. 이는 곧 모둠활동에 적극적으로 참여하지 못한 학생들의 잠재적 교육과정이 되는 것이다. 교사는 이에 대해 반성적으로 성찰하여, 향후에 모둠활동을 다시 실시하게 될 때는, 학생들이 모둠활동과 관련한 잠재적 교육과정을 다시 경험하지 않도록 신중할 필요가 있다. 여기서 모둠활동에 적극적으로 참여하지 못한 학생들이 경험한 잠재적 교육과정의 예로는 자신이 수업에 제대로 참여하지 못했다는 소외감, 박탈감 등과 더불어 학습에 대한 자신감 및 흥미 저하 등을 들 수 있을 것이다.

(3) 교육평가

태도나 성격 같은 정의적 요소를 반영하는 설문지는 Likert 척도법을 사용하여 진술문에 대한 반응을 등급으로 선택할 수 있다. Likert 척도법은 1930년대 미국 사회심리학자 Rensis Likert가 제시한 것으로, 심리검사의 진술문에 응답하는 척도법 중에 하나이다. Likert 척도법을 적용할 때 유의할 점은 다음과 같다.

첫째, 검사도구의 진술문들은 여러 개로 구성해야 한다. 어떤 특성을 알아보기 위하여 측정할 때에는 일련의 다수의 문항들로 구성할 때 더 정확한 의견을 측정할 수 있기 때문이다.

둘째, 동일한 요인에 속한 진술문들은 상호 관련성이 높아야 한다. 하나의 척도를 구성하는 문항은 그 척도를 구성하는 다른 문항들과 관련성을 갖고 있도록 문항을 개발해야 한다.

셋째, 척도의 응답은 제시된 진술문에 대하여 긍정과 부정의 양극단으로 설정해야 한다. 양극단의 정도는 3단계(아니다 – 보통이다 – 그렇다), 4단계(매우 아니다 – 아니다 – 그렇다 – 매우 그렇다), 5단계(매우 아니다 – 아니다 – 보통이다 – 그렇다 – 매우 그렇다) 등 단계별로 제시할 수 있다.

넷째, 척도의 응답은 긍정과 부정의 정도를 동일한 간격으로 구성한다. 원칙적으로 Likert 척도는 서열척도(Ordinal scale)이지만, 일반적으로 인문사회과학에서는 총점을 계산하고 통계처리하기 위하여 등간척도(Interval scale), 비율척도(Ratio scale)로 간주하고 있다.

다섯째, 개별 문항들은 가중치가 동일해야 한다. 총합을 단순 합산 값으로 사용하기 위해서는 개별 문항들의 가중치는 동일한 것으로 가정해야 한다.

이와 같은 심리검사도구의 신뢰도(Reliability) 추정은 문항내적 일관성 신뢰도 중에서 Cronbach α 신뢰도를 사용해야 한다. 신뢰도는 검사도구의 정확성, 일관성을 알아보는 지수로서, 진점수의 변량에 대한 관찰점수의 변량의 비로 나타낸다. 신뢰도 추정 방법은 재검사신뢰도(Test – retest reliability), 동형검사신뢰도(Parallel – form reliability), 반분신뢰도(Split – half reliability), 문항내적 일관성 신뢰도(Internal – item consistency reliability) 등이 있다. 재검사신뢰도는 동일한 피험자에게 동일한 검사도구를 일정한 시간간격으로 실시할 때에 안정성을 알아보는 관점이지만, 검사실시간격에 의한 암기효과나 성숙효과라는 문제점이 있다. 동형검사신뢰도는 동일한 피험자에게 두개의 동형 검사도구를 실시할 때에 동형성을 알아보는 신뢰도이지만, 동일한 검사도구 제작의 어려움이 있다. 반분신뢰도는 검사도구를 한번 실시한 후에 점수를 두 부분으로 분할하여 일관성을 알아보는 신뢰도이지만, 문제점은 반분 방법에 따라 다른 신뢰도계수 추정이 된다는 점이다. 문항내적 일관성 신뢰도는 검사도구의 개별 문항들을 독립된 하나의 검사도구로 간주하여 문항들 간의 일관성을 알아보는 방법이다. KR – 20 신뢰도는 이분척도에만 적용될 수 있고 계산이 복잡하며, KR – 21 신뢰도는 이분척도와 다분척도에 적용 가능하며 계산이 비교적 간단하지만, 문항들의 난이도가 다른 경우에는 신뢰도가 과소 추정된다. Hoyt 신뢰도는 분산분석의 통계기법을 요구하는 어려움이 있다. 그러나 Cronbach α 신뢰도는 이분척도와 다분척도에 적용할 수 있으며 간단하고 안정적인 추정방법이다. 따라서 Cronbach α 신뢰도를 사용하도록 권한다.

(4) 교육행정

4번 지문의 문제를 해결하기 위해서는 우선, 요구하는 답이 무엇인가를 정확하게 파악하는 것이 중요하다. 4번 문제에서 요구하는 답은 전체 주제인 '수업개선을 위한 교사의 반성적 실천'을 위한 교사의 지도성, 즉 지문에서 김 교사가 원하고 있는 대로 수업방식을 변화시키기 위해서 동료교사와 함께 할 수 있는 Bass의 변혁적 지도성 신장 방안 두 가지를 제시하는 것이다. 그것들은 다음과 같다.

Bass의 변혁적 지도성은 지문에서 김 교사가 원하는 바와 같이 교사가 높은 윤리성을 가지고 학생들의 성장욕구를 자극하고 충족시켜 창의적 사고를 할 수 있도록 동기화하여 학습태도를 변화시켜 자신감을 갖게 하여 기대 이상의 학습 성과를 달성하도록 하는 것이다.

이를 위해 첫째, 교사들이 교수-학습을 주목적으로 하여 집단적으로 학습하고, 그 결과를 수업에 적용하며 교사 개개인의 반성적 실천을 공유함으로써 전문적 발달을 도모하는 '교사의 전문적 학습공동체'를 운영하는 것이다. 즉 교사들은 서로 교직윤리를 내면화하고, 학생들의 장·단점을 파악하여 개별적 배려로 강화하고, 학생들의 성장욕구를 자극하여 동기화와 자신감을 높이고, 교사 각자 경험한 교수법을 공유하여 최상의 교수법을 실행함으로써 수업을 개선하여 학생들의 학습 성과를 극대화할 수 있도록 해야 한다. 또한, 교사들은 가치 및 비전을 공유하고, 교사들의 수업 및 교실을 공개하여 서로 피드백을 주고받는 의사소통을 구축해야 한다. 이러한 학습공동체를 통하여 이루어진 자신의 수업에 대한 반성적 성찰은 계속되어야 한다. 교사의 지도성 향상을 위해서 교사들이 함께 할 시간과 장소 부여, 교육과정의 자율권 부여 등은 학교관리자가 우선적으로 적극 지원해주어야 한다.

둘째, 동료장학을 실행하는 것이다. 동료장학은 주로 친밀한 동료교사나 동교과 교사들이 수업개선을 위해 수업관찰을 하는 방식이다. 이를 위해서는 교사들은 교직윤리를 내면화하고, 학생들의 요구는 무엇인지, 학생들을 어떻게 배려하고 동기부여 하는지, 학생들의 장·단점은 무엇인지 등을 동료교사들의 수업관찰과 조언을 통해 면밀히 파악해서 최상의 교수법을 교사 자신의 수업에 적용해야 한다. 동료장학이 긍정적인 효과를 얻기 위해서는 교사들이 서로 열린 마음으로 끊임없이 의사소통하면서 협동하고 공동으로 노력하는 자세가 요구된다. 동료장학이 이루어지는 과정이나 과정 이후에도 수업에 대한 반성적 성찰은 계속되어야 한다.

동료장학은 교사 간의 집단지성을 발휘하는 학습공동체를 형성할 수 있고, 해당 학교의 학생들에 대한 이해 및 경험을 공유함으로써 보다 타당하고 현실적인 수업을 지도할 수 있는 장점이 있다.

동료장학의 방법으로는 동학년 단위나 동교과 단위로 수업연구 과제의 해결이나 방법의 개선을 위한 동학년·동교과 수업연구의 동료장학, 공동연구, 공동시범 과제 등을 위한 연구과제 중심 동료장학, 학습과 관련된 동일한 관심 주제를 가진 교사들의 모임인 교사 동아리, 교수법의 기술을 높이기 위한 동료코치와 동료 연수회 등 다양한 형태의 종류가 있다.

수험생들은 위의 두 가지 방식을 선택하여 기술하든지, 동료장학의 종류 중에 두 가지를 선택하여 위의 지문에서 요구하는 변혁적 지도성과 수업개선을 위한 교사의 반성적 실천의 관점을 생각하면서 기술하면 될 것이다.

교 육 학

수험 번호 : (   )　　　　　　　성 명 : (   )

제1차 시험	1 교시	1문항 20점	시험 시간 60분

○ 문제지 전체 면수가 맞는지 확인하시오.

　　오늘날과 같은 초연결 사회에서는 다수의 사람이 소통하면서 협력하는 것이 중요하다. 이러한 시대적 추이를 반영하여 ○○고등학교에서는 토의식 수업 활성화를 위한 교사협의회를 개최하였다. 다음은 여기에서 제안된 주요 의견을 정리한 것이다. 그 내용은 지식관, 교육내용, 수업 설계, 학교문화의 변화 방향에 관한 것이다. 이를 바탕으로 '토의식 수업 활성화 방안'이라는 주제로 서론, 본론, 결론을 갖추어 논하시오. [20점]

구 분	주 요 의 견
A 교사	○ 토의식 수업을 활성화하려면 먼저 지식을 보는 관점의 변화가 필요함 ○ 교과서에 주어진 지식이 진리라는 생각이나, 지식은 개인이 혼자 만드는 것이라는 생각에서 벗어나는 것이 중요하며, 이와 관련하여 비고츠키(L. Vygotsky)의 지식론이 많은 시사점을 줄 수 있음 ○ 이 지식론의 관점에서 보면, 교사와 학생의 역할도 기존의 강의식 수업에서의 역할과는 달라질 필요가 있음
B 교사	○ 교육과정 분야에서는 교육내용의 선정과 조직방식에 대한 교사의 전문성이 강화될 필요가 있음 ○ 교육내용 선정과 관련해서는 '영 교육과정'에 관심을 가지는 것이 도움이 됨 ○ 교육내용 조직과 관련해서는 생활에 필요한 문제를 토의의 중심부에 놓고 여러 교과를 주변부에 결합하는 방식을 활용할 필요가 있음
C 교사	○ 토의식 수업이 활발하게 이루어지기 위해서는 수업방법과 학습도구도 달라져야 함 ○ 수업방법 측면에서는 학생이 함께 다양한 관점에서 문제를 탐색하며 해답을 찾아가는 데 있어서 정착수업(Anchored Instruction)을 활용할 수 있음 ○ 학습도구 측면에서는 학생이 상호 협력하여 지식을 생성하기 위해 인터넷에서 수집한 정보를 공유하고, 공동으로 수정, 추가, 편집하는 데 위키(Wiki)를 이용할 수 있음(예 : 위키피디아 등) 　- 단, 위키를 활용할 때 발생할 수 있는 문제점에 유의해야 함
D 교사	○ 학교문화 개선은 토의식 수업 활성화를 위한 토대가 됨 ○ 우리 학교의 경우, 교사가 학생의 명문대학 합격이라는 목표 달성에 필요한 수단으로 간주되는 학교문화가 형성되어 있어 우려스러움 ○ 이런 학교문화에서는 활발한 토의식 수업을 기대하기 어려움

─────────────< 배 점 >─────────────

○ 논술의 내용 [총 15점]
　- A 교사가 언급한 비고츠키 지식론의 명칭, 이 지식론에서 보는 지식의 성격 1가지와 교사와 학생의 역할 각각 1가지 [4점]
　- B 교사가 말한 '영 교육과정'이 교육내용 선정에 주는 시사점 1가지, B 교사가 말한 교육내용 조직방식의 명칭과 이 조직방식이 토의식 수업에서 가지는 장점과 단점 각각 1가지 [4점]
　- C 교사의 의견에서 제시된 토의식 수업을 설계할 때 활용할 수 있는 정착수업의 원리 2가지, 위키를 활용할 때 발생할 수 있는 문제점 2가지 [4점]
　- 스타인호프와 오웬스(C. Steinhoff & R. Owens)가 분류한 학교문화 유형에 따를 때 D 교사가 우려하는 학교문화 유형의 명칭과 학교 차원에서 그러한 학교문화를 개선하는 방안 2가지 [3점]

○ 논술의 구성 및 표현 [총 5점]
　- 논술의 내용과 '토의식 수업 활성화 방안'의 연계 및 논리적 형식 [3점]
　- 표현의 적절성 [2점]

<수고하셨습니다.>

 한국교육과정평가원

2020 교원임용시험 교육학논술 대비
K교육학

초판발행	2015년 1월 9일
제2판발행	2016년 1월 9일
제3판발행	2017년 1월 9일
제4판발행	2018년 2월 2일
제5판발행	2019년 2월 2일
제6판발행	2020년 2월 2일

편저자	고려대학교 교육문제연구소
펴낸이	노 현
편 집	배근하
기획/마케팅	이선경
표지디자인	조아라
제 작	우인도·고철민
펴낸곳	㈜ 피와이메이트
	서울특별시 금천구 가산디지털2로 53 한라시그마밸리 210호(가산동)
	등록 2014. 2. 12. 제2018-000080호
전 화	02)733-6771
f a x	02)736-4818
e-mail	pys@pybook.co.kr
homepage	www.pybook.co.kr
ISBN	979-11-6519-036-1 93370

copyright©고려대학교 교육문제연구소, 2020, Printed in Korea

정 가   39,000원

박영스토리는 박영사와 함께하는 브랜드입니다.